Veröffentlichungen der Kommission für geschichtliche Landeskunde in Baden-Württemberg

Reihe B

Forschungen

228. Band

VERÖFFENTLICHUNGEN DER
KOMMISSION FÜR GESCHICHTLICHE LANDESKUNDE
IN BADEN-WÜRTTEMBERG

REIHE B

Forschungen

228. Band

Redaktion:
Isabelle Löffler

100 Jahre Frauenwahlrecht im deutschen Südwesten.
Eine Bilanz

Herausgegeben von
Sabine Holtz und Sylvia Schraut

2020

W. KOHLHAMMER VERLAG STUTTGART

Einbandillustration:

Vorderseite: Ausschnitt aus dem Plakat „Volksgenossen wählt Sozialdemokraten", (vermutlich 1928), von Fritz Gottfried Kirchbach (1888–1942); Württembergische Landesbibliothek/Bibliothek für Zeitgeschichte, (Signatur 3.1/40).

Diese Publikation ist auf alterungsbeständigem, säurefreiem Papier gedruckt.

Kommissionsverlag: W. Kohlhammer, Stuttgart
Gesamtherstellung: Gulde Druck GmbH & Co. KG, Tübingen
Printed in Germany

ISBN 978-3-17-039338-7

Vorwort

2019 jährte sich ein ganz besonderes Jubiläum: In diesem Jahr feierte die erste deutsche Demokratie ihren einhundertsten Geburtstag. Aber nicht nur die Demokratie feierte ein Jubiläum, auch das Frauenwahlrecht. Seit der Mitte des 19. Jahrhunderts hatten politische Aktivistinnen für die Einführung des Frauenwahlrechts gestritten und gekämpft. An der Wahl zur Nationalversammlung am 19. Januar 1919 konnten erstmals deutschlandweit Frauen als Wählerinnen und Gewählte partizipieren. Bereits zuvor durften Frauen am 5. Januar 1919 in Baden an der Wahl zur badischen verfassunggebenden Landesversammlung teilnehmen, am 12. Januar 1919 folgte in Württemberg die Wahl zur verfassunggebenden Landesversammlung, für die Frauen ebenfalls das aktive und passive Wahlrecht besaßen.

Historikerinnen und Historiker lieben Jubiläen. Sie bieten die Möglichkeit, gesellschaftliche Entwicklungen historisch zu verankern und zu hinterfragen, ihre Entstehungsgeschichte und deren Folgen zu beleuchten. Auf Bundesebene, aber auch in Baden-Württemberg haben diese Überlegungen zu zahlreichen Aktivitäten geführt, die eine öffentliche Debatte um Demokratie und Frauenwahlrecht befördern wollten. Viele der Autorinnen und Autoren des vorliegenden Bandes haben mit Vortragsangeboten zu den Aktivitäten rund um das Jubiläum beigetragen. Der Band versteht sich als historische Dokumentation zur Partizipation von Frauen in der Politik seit der Erreichung des Wahlrechts mit einem deutlichen Schwerpunkt in der Zeit der Weimarer Republik, er ist ergänzt um einige Ausblicke auf die weitere Entwicklung.

Für das Zustandekommen dieses Bands ist vielen Dank zu sagen, vorab den Autorinnen und Autoren, die mit ihren Beiträgen den Band überhaupt erst möglich gemacht haben. Unser Dank gilt ferner Lea Schneider M.A., Abteilung Landesgeschichte des Historischen Instituts der Universität Stuttgart, für die umsichtige redaktionelle Bearbeitung der eingegangenen Beiträge. Die Schlussredaktion übernahm Isabelle Löffler M.A. seitens der Kommission für geschichtliche Landeskunde in Baden-Württemberg, die ebenso kompetent und routiniert auch die gesamte Drucklegung verantwortete, wofür wir herzlich danken. Der Kommission gilt überdies unser Dank für die Aufnahme des Bandes in ihre Forschungsreihe. Für einen namhaften Druckkostenzuschuss danken wir ganz herzlich dem Verein Frauen & Geschichte Baden-Württemberg. Wir wünschen uns zahlreiche Leserinnen und Leser.

Tübingen / Mannheim im August 2020
Sabine Holtz, Sylvia Schraut

Vorwort

Inhalt

Vorwort V

Einleitung 1

Start- und Standpunkte

Sylvia Schraut
Angekommen im demokratisierten Deutschland? Weibliche Handlungsspielräume, Chancen und Begrenzungen in Baden und Württemberg (1919–1933) 13

Corinna Schneider
Die Frauenstimmrechtsbewegung in Württemberg (1906–1918) 33

Frank Engehausen
Die Einführung des Frauenwahlrechts in Baden und Württemberg 1918/19: zeitgenössische männliche Perspektiven 55

Christopher Dowe
„Berufen [...], an der Gestaltung des Staates [...] teilzunehmen“ Politische Mobilisierung von Frauen im deutschen Südwesten 1918/19. . . 71

Protagonistinnen der Frauenstimmrechtsbewegungen

Sabine Liebig
„Wir Männer wählen Männer“ – Der Kampf ums Frauenwahlrecht aus der Perspektive der (badischen) Lehrerinnen am Beispiel von Febronie Rommel 93

Ruth Nattermann
Zwischen Mannheimer Liberalismus und Mailänder Radikaldemokratie. Frauenbewegung und Frauenwahlrecht in der Konzeption der deutsch-italienisch-jüdischen Feministin Paolina Schiff (1841–1926) 111

Roland Deigendesch
Für eine „praktische sozialistische Arbeit“: Laura Schradin aus Reutlingen 129

Mirjam Höfner
„... dem ‚genius loci' zuliebe" Dorothee von Velsens Erinnerungen an Heidelberg 1911–1933 147

Sybille Oßwald-Bargende
Richtungsweisend. Die Frauenrechtlerin Marianne Weber als erste parlamentarische Rednerin 169

Mascha Riepl-Schmidt
Clara Zetkin, das Frauenwahlrecht und ihre „Parteikarrieren" in der SPD, der USPD und der KPD 187

Frauenstimmrechtsbewegungen vor Ort

Birgit Heidtke
Aufbruch in neues Gelände. Politische Geschlechterverhältnisse in Freiburg in den konstituierenden Jahren der Weimarer Republik 205

Leonie Richter
Die Folgen des Frauenwahlrechts in Karlsruhe – eine wahlanalytische Herangehensweise 223

Susanne Schlösser
Der Weg zum Frauenwahlrecht – aus der Mannheimer Perspektive gesehen 239

Edeltraud Aubele
„Eure Kinder brauchen Frieden und Brot. Darum Frauen: Wählt!" Frauenwahlrecht und Versorgungskrise 1919 in Ulm 257

Kulturelle Repräsentationen, statistische Spurensuche und Bilanzen

Franziska Dunkel
„Es kommt doch nun auch was danach." 100 Jahre Frauenwahlrecht im Haus der Geschichte Baden-Württemberg 273

Beate Dörr/Mareike Bahn/Corinna Schneider
Feiern für die Demokratie – Die Kampagne „100 Jahre Frauenwahlrecht" machte das Jubiläum in Baden-Württemberg präsent 289

Lea Schneider
Frauen in der Kommunalpolitik. Gemeinderätinnen in der Zeit von 1919 bis 1960 – eine Umfrage unter baden-württembergischen Archiven . . . 301

Gabriele Pieri
Erbinnen der frühen Frauenwahlrechtskämpfe? Weibliche Erfahrungen mit politischer Arbeit in Baden-Württemberg. . . . 309

Christine Eiche
„Ohne Unterschied des Geschlechts“ – Frauen im Gemeinderat . . . 327

Autor*innen- und Herausgeberinnenverzeichnis. . . . 335
Orts- und Personenregister . . . 337

Einleitung

Sabine Holtz und Sylvia Schraut

Aus der Perspektive historischer Geburtstage stellte das Jahr 2019 ein besonders jubiläumsträchtiges Jahr dar. Der Todestag Leonardo da Vincis jährte sich zum 500. Mal, der 250. Geburtstag Napoleons und der 200. Geburtstag Königin Viktorias wurden gefeiert. Gedacht wurde an 100 Jahre Versailler Friedensvertrag und die Errichtung der ersten Deutschen Demokratie, aber auch an den 70. Geburtstag des Grundgesetzes. Im Vordergrund stand in Deutschland vielfach die Erinnerung an die Gründung der Weimarer Demokratie und an die Reichs- und Landesverfassungen von 1919[1]. Dass auch das Frauenstimmrecht 100. Geburtstag feierte, wäre in der Fülle der allgemeinen Gedenkveranstaltungen zu Weimar fast untergegangen, hätte sich nicht die Frauen- und Geschlechtergeschichte dieses Jubiläums angenommen. Dies verwundert umso mehr, als von der Einführung der politischen Gleichberechtigung des weiblichen Geschlechts mehr als die Hälfte der Wahlberechtigten betroffen waren und sind. Neben einigen Großveranstaltungen, so in Berlin, zentralen Ausstellungen, etwa im historischen Museum Frankfurt[2], und zugehörigen Publikationen[3], war es vor allem das Land Baden-Württemberg, in dem der Geburtstag des Frauenstimmrechts mit Hilfe zahlreicher Kulturinstanzen besonders intensiv und vielfältig begangen wurde[4]. Der vorzustellende Sammelband fährt die Ernte der wissenschaftlichen Aktivitäten in Baden-Württemberg rund um den 100. Geburtstag des Frauenstimmrechts ein.

Mit **Start- und Standpunkte** ist der erste Schwerpunkt des Bandes überschrieben. Er präsentiert Beiträge, die sich mit der Auseinandersetzung rund um die Ein-

---

[1] Speziell für den deutschen Südwesten vgl. Sabine Holtz/Gerald Maier (Hg.), Von der Monarchie zur Republik. Beiträge zur Demokratiegeschichte des deutschen Südwestens 1918–1923, Stuttgart 2019 (Veröffentlichungen der Kommission für geschichtliche Landeskunde, Bd. 224) sowie Nicole Bickhoff/Ernst Otto Bräunche/Konrad Krimm, Verfassungen und Verfassungsjubiläen in Baden und Württemberg 1818/19 – 1919 – 2019, hg. von Martin Furtwängler, Stuttgart 2020 (Veröffentlichungen der Kommission für geschichtliche Landeskunde, Bd. 229).

[2] Vgl. „Damenwahl! 100 Jahre Frauenstimmrecht", Ausstellung Historisches Museum Frankfurt, 30.8.2018–20.1.2019.

[3] Vgl. u.a. Dorothee Linnemann (u.a.) (Hg.), Damenwahl! 100 Jahre Frauenwahlrecht, Ausstellungskatalog, Frankfurt 2018; Hedwig Richter/Kerstin Wolff (Hg.), Frauenwahlrecht. Demokratisierung der Demokratie in Deutschland und Europa, Hamburg 2018.

[4] Stellvertretend für andere Veranstaltungen sei hier auf den Festakt des Landtags „Herrengedeck und Frauengedöns – 100 Jahre Frauenwahlrecht" in Kooperation mit dem Frauenrat Baden-Württemberg und dem Verein „Frauen & Geschichte Baden-Württemberg" am 12. Januar 2019, dem Tag der Wahl zur württembergischen verfassunggebenden Landesversammlung, verwiesen.

führung des Frauenwahlrechts aus zeitgenössisch feministischer und männlicher Perspektive befassen und die aufzeigen, wie rasch sich die Feinde des weiblichen Stimmrechts auf dieses einlassen konnten, wie ambivalent aber auch die Folgen für die politische, rechtliche und wirtschaftliche Gleichberechtigung waren.

Sylvia Schraut beschäftigt sich in ihrem einleitenden Überblicksbeitrag mit den Folgen der Einführung des Frauenwahlrechts und der Demokratie im deutschen Südwesten in der kurzen Epoche der Weimarer Republik. Sie verdeutlicht, dass dem aktiven nur begrenzt Erfolge mit dem passiven Frauenstimmrecht nachfolgten. Den wenigen Parlamentarierinnen gelang es weder auf der politischen Bühne noch bezogen auf das Regierungshandeln nennenswerten Einfluss auf Rechtsetzungsprozesse und administrative Maßnahmen zu gewinnen, die darauf ausgerichtet waren, das traditionelle Familienbild zu stabilisieren oder die lästige weibliche Konkurrenz auf dem Arbeitsmarkt auszuschalten. Hierin unterschied sich die Landespolitik wenig oder gar nicht von der Politik auf Reichsebene. In Sylvia Schrauts Beitrag zeigt sich das Beharrungsvermögen der regionale Unterschiede nivellierenden tradierten Geschlechter- und Familienkonzepte.

Corinna Schneider untersucht in ihrem Beitrag die Frauenstimmrechtsbewegung in Württemberg. Obwohl Württemberg, anders als Baden, an der Wende zum 20. Jahrhundert nicht als ein Land mit überdurchschnittlich aktiver Frauenbewegung charakterisiert werden kann, lässt sich für die württembergische Frauenstimmrechtsbewegung ein vom allgemeinen Befund abweichendes Ergebnis feststellen. Sie war besonders aktiv und es gelang ihr in den letzten Jahren vor Kriegsende, Regierung und Parlament mit einer Fülle von Frauenstimmrechtspetitionen zu überfluten. Die aktive württembergische Bewegung scheint von zugezogenen Protagonistinnen im Land etabliert worden zu sein. Doch sie konnte gewinnbringend daran anknüpfen, dass in Württemberg Frauenrechtlerinnen jedweden politischen Lagers bereit waren, in der Frage des Frauenstimmrechts intensiv zu kooperieren.

Frank Engehausen behandelt in seinem Beitrag die männliche Abwehrbastion, die gegen die alte und nun 1919 unversehens umgesetzte Forderung des Frauenwahlrechts im deutschen Südwesten aufgebaut wurde. Einen badischen oder württembergischen Sonderweg in der Auseinandersetzung der männlichen landespolitischen Elite mit der weiblichen Wahlrechtsforderung kann der Verfasser nicht ausmachen. Tatsächlich lassen sich in Baden und Württemberg vor der Revolution die gleichen Abwehrmuster gegen das Frauenstimmrecht ausmachen, derer sich die männlichen Parlamentarier auch auf Reichsebene bedienten. Das vielbeschworene weibliche Wesen diente hier wie dort als Argument. Es lässt sich in den einschlägigen bürgerlichen Diskursen seit der Französischen Revolution beobachten. Der Befund belegt, dass letztlich die Grundlagen der zeitgenössischen Geschlechtervorstellungen im Konzept der bürgerlichen Familie und nicht in regionalen Besonderheiten zu suchen sind.

Christopher Dowe erarbeitet in seinem Beitrag über die politische Mobilisierung von Frauen in den wenigen Wochen zwischen Einführung des Frauenstimmrechts und den Wahlen zu den verfassunggebenden Parlamenten, welch große Anstrengungen die liberalen Parteien und das Zentrum unternahmen, um Frauen als Kandidatinnen zu gewinnen und als Wählerinnen anzusprechen. Dies ist umso bemerkenswerter, als beide politische Lager kurze Zeit zuvor das Frauenstimmrecht noch abgelehnt hatten. Deutlich wird, dass im Südwesten durchaus eigenständige Wege im Demokratisierungsprozess beschritten wurden. Deutlich wird aber auch, dass nicht nur die traditionell frauenfreundlichere Sozialdemokratie, sondern auch die liberalen Parteien und das Zentrum von einer geschlechtergerechten Platzierung von Frauen als Wahlkandidatinnen weit entfernt waren. Und so beschränkte sich auch der imaginierte Einfluss, der den potentiellen Parlamentarierinnen zugeschrieben wurde, auf ein vermutetes weibliches Zivilisierungspotential in den politischen Kampfarenen. Von der politischen Vertretung eigenständiger weiblicher Interessen war keine Rede.

Die folgenden Beiträge nehmen einen Perspektivwechsel vor und stellen jeweils eine **Protagonistin der Frauenstimmrechtsbewegung** in den Vordergrund.

Sabine Liebig beschäftigt sich in ihrem Beitrag mit der Rolle von Lehrerinnen in der Frauenstimmrechtsbewegung. Sie veranschaulicht den typischen Bildungs- und beruflichen Hintergrund zahlreicher Frauenrechtlerinnen am Beispiel der badischen Lehrerin Febronie Rommel (1853–1927). Der Beruf der Lehrerin stellte über weite Strecken des 19. Jahrhunderts den einzigen qualifizierten Beruf dar, der Frauen des Bürgertums, zumeist allerdings nur bis zu ihrer Heirat, offenstand. Es waren in der Folge überwiegend Lehrerinnen, die gebildet und selbstbewusst zuerst die Vertretung ihres Berufsstands, dann die Reform der Mädchenbildung und schließlich den Kampf für Gleichberechtigung und Frauenstimmrecht aufnahmen. Dabei erwies sich das liberal geprägte Klima in Baden, vielleicht auch das rege Engagement des vaterländischen „Badischen Frauenvereins“ als förderlich für die geforderte Reform der Mädchenbildung und die Etablierung der Frauenbewegung als gesellschaftspolitisch wichtige Kraft.

Zu den Beiträgen, die einen biografischen Ansatz wählen, gehört auch das Portrait von Paolina Schiff (1841–1926) von Ruth Nattermann. Die aus Mannheim stammende, als italienische radikal-demokratische Frauenrechtlerin bekannt gewordene Kämpferin für das Frauenstimmrecht auf italienischer und internationaler Ebene, gehört zu den frühen Repräsentantinnen der europäischen Frauenbewegung, die ihre politischen Wurzeln zumeist in den 1848er Revolutionen verorteten. Die Autorin verfolgt den politischen Werdegang der Mitbegründerin der italienischen Frauenbewegung, deren gesellschaftspolitisches Koordinatensystem vom jüdischen Familienhintergrund, Feminismus, radikaldemokratischen Einstellungen, changierend zwischen Internationalismus und Friedensengagement geprägt war, und sie fragt danach, welcher Stellenwert das liberale Klima der Heimatstadt ihrer Kindheit, Baden und die Erinnerung an die 1848er Revolution für die Entwicklung Paolina Schiffs spielten.

Einen biografischen Ansatz hat auch Roland DEIGENDESCH für das Portrait der Reutlingerin Laura Schradin (1878–1937) gewählt. Laura Schradin zählt zu den wenigen reichsweit bekannten südwestdeutschen Frauenrechtlerinnen, die schon seit der Wende zum 20. Jahrhundert aktiv die sozialdemokratische Frauenbewegung mitgestalteten. Dass sie praktische Sozialarbeit und ein Eintreten für die Verbesserung der sozialen Lage von Frauen mit politischem Engagement – seit 1919 im Landtag und im kommunalen Gemeinderat – verband, scheint charakteristisch für die süddeutsche vielfach pragmatisch ausgerichtete sozialdemokratische Parteiarbeit der weiblichen Angehörigen der Sozialdemokratischen Partei Deutschlands (SPD) gewesen zu sein. Schradins Partei hat in den 1920er Jahren ihr großes sozialpolitisches Engagement nicht mit sicheren Listenplätzen für Landtags- und Reichstagswahlen belohnt; dafür war sie als Frauenrechtlerin dann doch wohl zu unbequem. Dieses Schicksal stellt indes keine südwestdeutsche Besonderheit dar.

Mirjam HÖFNER hat den Werdegang der Frauenrechtlerin Dorothee von Velsen (1883–1970) zum Thema ihres Beitrags gemacht. Heute relativ unbekannt, stellte sie eines der zentralen Verbindungsglieder zwischen der „alten“ Frauenbewegung des 19. Jahrhunderts, ihren Weimarer Ausprägungen und deren (scheiternder) Versuche, in der jungen Bundesrepublik wieder Fuß zu fassen, dar. Dorothee von Velsen hat im Laufe ihres Lebens an unterschiedlichsten Orten gelebt. Mit Heidelberg, das sie mehrfach besuchte und wo sie studierte, verband sie jedoch zentrale Erinnerungen an ihre Einbindung in die bürgerliche Frauenbewegung. Und mit Heidelberg verknüpfte sie ihre Entwicklung zur emanzipierten intellektuellen Akademikerin. Die Autorin sucht in ihrer Betrachtung den Stellenwert von Frauenbewegung, Kampf für das Frauenwahlrecht und intellektueller Bildung im Selbstverständnis von Dorothee von Velsen zu ergründen.

Die gleichen Schwerpunkte erkennt Sybille OẞWALD-BARGENDE im parlamentarischen Wirken Marianne Webers, die am 15. Januar 1919 als Abgeordnete der Deutschen Demokratischen Partei (DDP) in der badischen Nationalversammlung eine programmatische Rede hielt, womit erstmals eine Frau in einem deutschen Parlament zu Wort kam. Das für Marianne Weber nur wenige Monate währende Parlaments-Intermezzo wird vor dem Hintergrund ihres schon mehr als anderthalb Jahrzehnte gepflegten Engagements in der bürgerlichen Frauenbewegung, aber auch in Hinblick auf ihre konkrete parlamentarische Arbeit im badischen Landtag analysiert.

Die bekannteste deutsche Vertreterin der sozialistischen Frauenbewegung stellt Clara Zetkin (1857–1933) dar. Ihr Name steht nicht nur schlechthin für die Entfaltung der proletarischen Frauenbewegung, sondern auch für die Durchsetzung des Frauenstimmrechts als sozialdemokratische Forderung 1891, die Internationalisierung der proletarischen Frauenbewegung und die Einführung des Internationalen Frauentags als Kampftag für das Frauenstimmrecht. Ihr Lebensabschnitt in Stuttgart fällt zusammen mit dem Zeitraum, in dem es ihr gelang, die Sozialdemokratie auf die politische Gleichberechtigung des weiblichen Geschlechts zu verpflichten. Es ist vermutlich nicht übertrieben, ihr eine wesentliche Rolle bei der Durchsetzung des Frauenstimmrechts zuzuweisen. Mascha RIEPL-SCHMIDT verfolgt Zetkins wechselhaften parteipolitischen Werdegang und sie analysiert den Stellenwert frauenpolitischer Forderungen im Programm der Sozialistin.

Einen neuerlichen Perspektivwechsel nehmen die Beiträge vor, die das Geschehen rund um die **Frauenstimmrechtsbewegungen vor Ort** aufrollen. Birgit HEIDTKE beschäftigt sich mit den frauenbewegten Aktivistinnen und ihren Aktionen, die in der Revolution und in den ersten Wahlkämpfen der Demokratie in Freiburg sichtbar wurden. Hier waren Repräsentantinnen aller großen politischen Richtungen, sogar eines der raren weiblichen Mitglieder des lokalen Arbeiter- und Soldatenrates im frauenrechtlerischen Sinne tätig. Die ganze Variationsbreite zeitgenössischer parteipolitischer und von Frauenbewegungsvereinen getragener Veranstaltungsarten lässt sich in der Universitätsstadt nachweisen. In Freiburg gab es offenbar auch die gesellschaftspolitische Basis für die Gründung eines Frauenkomitees, das jenseits der tradierten Parteien und politischen Richtungen Frauen politisieren wollte und eine Vertretung von Frauen entsprechend ihrem prozentuellen Anteil an den Wählerinnen auch im Parlament forderte, eine in damaliger Zeit höchst radikale Forderung, die dem universitären Klima der Stadt geschuldet sein mag.

Zu den Beiträgen mit lokaler Perspektive gehört auch die Studie von Leonie RICHTER über die Folgen des Frauenwahlrechts in Karlsruhe, der badischen Residenz im Kaiserreich und Sitz des badischen Parlaments auch nach Gründung der Weimarer Republik. Die Analyse der Wahlkämpfe vor Ort veranschaulicht, wie rasch die nur wenige Monate zuvor dem Frauenwahlrecht skeptisch gegenüberstehenden Parteien zum professionellen Umwerben der weiblichen Wählerin übergingen, ein Verhalten, das schon im Beitrag Christopher Dowes sichtbar wurde. Im kommunalen Wahlverhalten zeichnete sich deutlich die anfänglich große Bereitschaft weiblicher Politikerinnen ab, die junge Demokratie mitzugestalten, aber auch wie schnell die Euphorie zumindest in Sachen Wahlbeteiligung wieder abflaute. Lässt sich der nicht nur in Karlsruhe zu beobachtende beginnende Rückzug aus der Politik als allgemeines Charakteristikum der Demokratieentwicklung in der Weimarer Republik begreifen oder als Ergebnis weiblicher politischer Resignation? Um diese Frage zu beantworten, bedürfte es weiterer Forschung, nicht nur im deutschen Südwesten.

Susanne SCHLÖSSER beschäftigt sich in ihrem Beitrag mit der badischen Hochburg der bürgerlichen Frauenbewegung des Deutschen Reiches, mit Mannheim. Betrachtet wird im Wesentlichen der Zeitraum von 1906 bis 1919 in Hinblick darauf, welche Gruppen und Frauen sich für das Frauenwahlrecht einsetzten, welche Veranstaltungen stattfanden, wie die Diskussionsstränge liefen, wo es zu Zusammenarbeit kam und wo nicht und welche Protagonistinnen schließlich den Sprung in die politischen Gremien schafften. Dabei zeigt sich, dass in der vom liberalen Bürgertum geprägten badischen Industrialisierungsmetropole schon seit 1900 Repräsentantinnen der Frauenbewegung in den kommunalen Kommissionen vertreten waren und die Zusammenarbeit mit Sozialdemokratinnen erprobt wurde. Es waren vor allem Jüdinnen aus dem Wirtschaftsbürgertum, die sich in Mannheim, in Baden und im Reich frauenpolitisch engagierten und den zeitgenössischen Zusammenhang von Frauen- und Judenemanzipation veranschaulichen.

Edeltraud AUBELE thematisiert den Kampf um das Frauenwahlrecht und die ersten Wahlen in der Demokratie am Beispiel von Ulm, der ehemaligen Reichsstadt und späteren württembergischen Oberamtsstadt. Hier in der schwäbischen Mittelstadt (1890: 36.000 Einwohner) waren im Grunde die gleichen Vereine aktiv, die sich auch in anderen größeren oder Großstädten Badens und Württembergs nachweisen lassen. Deutlich wird, wie sehr das Geschehen rund um die Wahlrechtskämpfe einerseits überregional vernetzt war und von außen Impulse erhielt, andererseits von Aktivistinnen vor Ort geprägt war, die außerhalb ihres lokalen Handlungsspielraums keine öffentliche Aufmerksamkeit erregten. Erkennbar ist aber auch das Gewicht, das die soziale Not der Kriegsjahre in den am Gemeinsinn orientierten Handlungen und politischen Perspektiven der Frauenrechtlerinnen einnahm, eine Bedeutung, die miterklären mag, warum es den Frauenrechtlerinnen nicht nur in Ulm nicht gelang, 1919 spezifische Fraueninteressen in den ersten Wahlen zu platzieren.

Mit **Kulturelle Repräsentationen, statistische Spurensuche und Bilanzen** ist der letzte Schwerpunkt des Sammelbandes betitelt. Hier geht es zum einen um den Niederschlag der Geschichte des Frauenwahlrechts in Baden-Württemberg in Museen, zum anderen um beendete oder noch laufende Projekte zur Sichtbarmachung der politischen Pionierinnen des deutschen Südwestens.

Franziska DUNKEL eröffnet den Reigen mit einer Schilderung des Stellenwerts des Frauenstimmrechts in der Dauerausstellung des Hauses der Geschichte Baden-Württemberg und in der Landesausstellung „Vertrauensfragen. Der Anfang der Demokratie im Südwesten 1918–1924“, die vom 30. September 2018 bis zum 11. August 2019 stattfand. Der Beitrag fragt danach, wie man dem Thema in der musealen Präsentation gerecht werden kann – mit Sonderprogrammen oder mit Hilfe der Einbindung in übergeordnete Themen. Beide Wege haben Vor- und Nachteile. In Stuttgart entschieden sich die Ausstellungsmacher*innen für den letzteren integrativen Ansatz. Welche Variante auch immer gewählt wird: Weibliche Teilhabe in Politik und Gesellschaft Badens und Württembergs während der Weimarer Epoche und in der jungen Bundesrepublik sichtbar zu machen, ist keineswegs einfach.

Das gesicherte historische Wissen ist gering, galten doch mindestens bis in die 1970er Jahre weibliche Politiker eher als zu vernachlässigende Größe und ihre Forderungen als nebensächlich. Mit dem Problem der einschlägigen Wissenslücken hatten folglich auch alle historischen lokalen und überregionalen Projekte zu kämpfen, die im Kontext des 100-jährigen Geburtstags des Frauenwahlrechts entstanden. Solche überhaupt zu initiieren, hatte sich unter anderem der Koordinationsausschuss zum Ziel gesetzt, der in Baden-Württemberg auf Initiative der Fachreferentin „Frauen und Politik" der Landeszentrale für Politische Bildung, Beate Dörr, und des Vereins „Frauen & Geschichte Baden-Württemberg" 2017 entstanden war. Beate Dörr, Mareike Bahn und Corinna Schneider schildern in ihrem Beitrag den Werdegang der Koordinationsbemühungen, die im Südwesten eine Großzahl gesellschaftspolitisch und kulturell agierender Institutionen zusammenführten. Mehr als 400 einschlägige Veranstaltungen weist die Homepage der Kampagne aus, die 2018 und 2019 in Baden-Württemberg anlässlich des Geburtstags des Frauenwahlrechts stattfanden. Die Autorinnen ziehen Bilanz über das Erreichte und legen eine Analyse der betreffenden Veranstaltungsarten, ihrer regionalen Verteilung und ihrer Resonanz vor. Deutlich wird: Die Beschäftigung mit der Geschichte in vielen Teilen des Landes stellte keinen historischen „Selbstzweck" dar. Sie zielte auf die Stärkung weiblicher politischer Partizipation in der Gegenwart.

Auch auf die Bemühungen des Koordinationsausschusses „Frauen wählen, Frauen zählen, 100 Jahre Frauenwahlrecht" sind eine Reihe von Projekten zurückzuführen, die sich die Aufgabe stellten, frühe Gemeinderätinnen sichtbar zu machen, so die Umfrage Frauen in der Kommunalpolitik. Gemeinderätinnen in der Zeit von 1919 bis 1960. Sie wurde zu Beginn des Jahres 2018 von der Abteilung Landesgeschichte des Historischen Instituts der Universität Stuttgart unter Leitung von Sabine Holtz durchgeführt und beruht auf der Recherche in 220 baden-württembergischen Stadt- und Kreisarchiven. Die Umfrage machte zuvorderst deutlich, wie wenig über die frühen Gemeinderätinnen in Baden und Württemberg bekannt ist. Überdies erschwerte die im Fall lokal öffentlicher Personen kontraproduktive Datenschutzgesetzgebung die Grundlagenforschung. Dennoch gelang es der Projektbearbeiterin Lea Schneider in Zusammenarbeit mit den Archiven eine Reihe zentraler statistischer Grunddaten zu erheben und auszuwerten. Ihre Analyse macht deutlich, wie notwendig weitere Grundlagenforschung ist, sollen die vorhandenen Wissenslücken gefüllt werden.

Ein weiteres, auf die Erfahrung der frühen baden-württembergischen Gemeinderätinnen in der jungen Bundesrepublik zielendes Oral-History-Projekt führte Gabriele Pieri durch. In einem aufwändigen Rechercheverfahren, das ebenso mit Datenschutzproblemen zu kämpfen hatte, stellte die Projektbearbeiterin Kontakt zu circa 50 ehemaligen Gemeinderätinnen, Landespolitikerinnen und Gewerkschafterinnen her und fragte nach weiblichen Erfahrungen mit politischer Arbeit in Baden-Württemberg. Die Erzählungen spiegeln Wandlungsprozesse seit den späten 1950er Jahren. Gerieten in der Frühphase der Republik in erster Linie Frauen in die Politik, weil sie, von männlichen Politikern gefördert, gleichsam „gefragt wurden", so entwickelte sich im Kontext der zweiten Frauenbewegung auch der neue Typus der selbstbewussten Politikerin, die zunehmend eigenständige Frauenbelange wichtiger nimmt als dies ihre Vorgängerinnen taten.

Es sind die spezifischen Erfahrungen der Gemeinderätinnen und Landespolitikerinnen der Vergangenheit und Gegenwart, die auch das letzte noch laufende Projekt, bearbeitet von Christine Eiche, in den Blick nimmt. Angesiedelt im Haus der Geschichte Baden-Württemberg wird eine Internet-Plattform geschaffen, die den Berichten über und von Politikerinnen Raum bieten soll (Website www.ohne-unterschied.de). Es wird sich erst in Zukunft zeigen, welche geschichtswissenschaftlichen und gesellschaftspolitischen Impulse von den genannten Projekten ausgehen werden.

Welches Fazit ist aus den Beiträgen des Sammelbandes zu ziehen?

In ihrer ganzen Bandbreite haben sie Grundlagenforschung in einem bislang unterbeleuchteten landesgeschichtlichen Themenfeld geleistet. Ähnliche Überblicke liegen in anderen Bundesländern bislang nicht vor. Sichtbar wird, wie aktiv sich die Repräsentantinnen der alten Frauenbewegung des erworbenen neuen Wahlrechts annahmen. Erstaunlich rasch erkannten die männlichen Vertreter der tradierten Parteien, die nicht selten wenige Jahre zuvor zu den Gegnern des Frauenstimmrechts gehört hatten, in den Frauen das neue Wählerpotential. Dies bedeutete freilich nicht, dass die Parteien bereit gewesen wären, Politikerinnen adäquat für die Wahlen aufzustellen oder gar frauenpolitische Forderungen in ihre Programme aufzunehmen. Sichtbar wird auch die Bereitschaft der Wählerinnen, das neue Recht auszuüben. Aber auch sie interpretierten politische Teilhabe zumeist in den tradierten weltanschaulichen und politischen Kontexten und verzichteten in der Regel bewusst oder unbewusst auf die Forderung nach einer eigenständigen Frauenpolitik. Diese Beobachtungen treffen nicht nur auf den deutschen Südwesten zu, sondern stimmen mit den überregionalen Merkmalen der Entwicklung weiblicher politischer Partizipation in der Weimarer Republik überein. Nicht zuletzt verdeutlichen sie die langanhaltende Wirkkraft des in der Französischen Revolution entworfenen bürgerlichen Geschlechtermodells, das den Männern die neue politische Teilhabe und rationales öffentliches Handeln, den Frauen die nun als privat charakterisierten Lebensbereiche im Kontext der Familienarbeit und emotionelle Irrationalität zuschrieb.

Lassen sich jenseits solcher Grundkoordinaten des Politischen landesgeschichtliche Besonderheiten erkennen? Auffällig ist im Südwesten die große Vernetzung unterschiedlicher politischer und weltanschaulicher Lager in der Frauenbewegung, die anscheinend häufiger als auf Reichsebene zusammenarbeiteten. Dieses Phänomen mag sich aus den liberalen Traditionen und den vergleichsweise durchlässigeren Klassenschranken im Südwesten Deutschlands erklären. Bei Baden und Württemberg handelt es sich um zwei Länder, in denen die Frauenbewegung des 19. und frühen 20. Jahrhunderts äußerst unterschiedlich einflussreich war. Baden stellte einen reichsweit sichtbaren Leuchtturm in der bürgerlichen Frauenbewegung dar, eine solche Charakterisierung kann Württemberg nicht für sich beanspruchen. Doch in beiden Ländern waren die weiblichen und männlichen intensiven Bemühungen um die Integration der Frauen in die Wählerschaft nach Ende des Ersten Weltkrieges ähnlich ausgestaltet und für beide Länder lassen sich ähnliche Ergebnisse bezogen auf die geringen Partizipationsmöglichkeiten von Frauen in den politischen Arenen beobachten. Offenbar führte kein linearer Weg von der alten Frauenbewegung in die weibliche politische Teilhabe ab 1919. Hier mag sich negativ niedergeschlagen haben, dass die Repräsentantinnen der Frauenbewegung stets und insbesondere im Ersten Weltkrieg betont hatten, in erster Linie die Interessen der Nation zu vertreten. Für weibliche Sonderinteressen jenseits der tradierten männlich dominierten Parteienlandschaft war hier auch argumentativ kein Raum. Dies sollte sich in Baden und Württemberg rächen, aber keinesfalls nur hier.

Mit seinen unterschiedlichen Schwerpunkten und Zugängen gibt der Band einen aktuellen Überblick über den Stand der Forschung zum Frauenwahlrecht im deutschen Südwesten. Erschöpfend ist das Thema damit mitnichten behandelt. Es entspräche dem Wunsch aller, die an diesem Band mitgewirkt haben, wenn die hier vorgelegten Forschungsergebnisse zu weiteren Studien ermutigten.

Start- und Standpunkte

Angekommen im demokratisierten Deutschland? Weibliche Handlungsspielräume, Chancen und Begrenzungen in Baden und Württemberg (1919–1933)

Sylvia Schraut

Nach dem Ende des Ersten Weltkriegs und der Revolution schien 1919 der Zeitpunkt gekommen, an dem die Frauenbewegung die Ernte einfahren konnte. Seit den 1860er Jahren hatte sie sich für die Gleichberechtigung von Frauen in Bildung, Beruf, Familienrecht und Politik eingesetzt. Große Erfolge hatte sie auf dem Bildungssektor und in der Professionalisierung weiblich konnotierter Sozialarbeit erzielt. Doch insbesondere in der Frage der politischen Gleichberechtigung waren alle Bemühungen im Kaiserreich vergeblich gewesen. Dies sollte sich noch 1918 mit dem allgemeinen aktiven und passiven Frauenstimmrecht und der in der Reichsverfassung und den Landesverfassungen 1919 verankerten staatsbürgerlichen Gleichberechtigung ändern. Das zeitgenössisch vielfach präsentierte Bild der Neuen Frau in der Weimarer Republik weckt den Eindruck eines politischen, gesellschaftlichen und kulturellen Aufbruchs des weiblichen Geschlechts nach dem Ersten Weltkrieg. Doch die Forschung hat herausgearbeitet, dass nur ein kleiner Teil der Frauen ihre Handlungsspielräume beträchtlich erweitern konnten. In der Frage der Gleichberechtigung fiel insgesamt die Bilanz der nur 14 Jahre dauernden ersten deutschen Demokratie sehr viel negativer aus, als dies die alten Frauenrechtlerinnen des Kaiserreiches erwartet haben dürften. Auch die Schlussrechnungen in Baden und Württemberg in Sachen politischer Gleichberechtigung und gleichberechtigter Chancen auf dem Arbeitsmarkt stimmen eher skeptisch, wenn es um die Frage geht, welche Folgen die erste deutsche Demokratie für Frauen zeitigte. Landesgeschichtliche Perspektiven zu den Partizipationsmöglichkeiten von Frauen in Politik und Beruf vor dem Hintergrund der allgemeinen gesellschaftlichen Entwicklung stehen daher im Zentrum der folgenden Ausführungen.

1. Der Kampf um das Frauenstimmrecht in Baden und Württemberg

Als sich 1902 in Hamburg auf Initiative der radikalen Frauenrechtlerinnen Anita Augspurg (1857–1943), Minna Cauer (1841–1922) und Lida Gustava Heymann (1868–1943) der „Deutsche Verein für Frauenstimmrecht" gründete und sich 1904 unter dem neuen Namen „Deutscher Verband für Frauenstimmrecht" dem „Weltbund für Frauenstimmrecht" anschloss, dauerte es nicht lange, bis auch im Großherzogtum Baden und im Königreich Württemberg entsprechende Ortsverbände ins Leben gerufen wurden. Die Reichsstatistik von 1909 verzeichnete von den insgesamt 20 Ortsgruppen mit 2.242 weiblichen Mitgliedern im Reich sechs Niederlassungen im Großherzogtum Baden, aber auch drei im Königreich Württemberg[1], mit jeweils insgesamt 380 beziehungsweise 135 weiblichen Vereinsmitgliedern (Tabelle 1 und Karte 1). Vor dem Hintergrund der insgesamt schwachen deutschen Frauenstimmrechtsbewegung konnte sich der Verband im deutschen Südwesten durchaus sehen lassen.

Land/Ort	Ortsanw. Bevölk. 1905	Anteil an der ortsanw. Bevölk. d. Reiches 1905 in Prozent	Weibl. Mitgl. d. Verbands f. Frauenstimmrecht	Anteil in Prozent der Mitglieder in Prozent	Verhältnis Mitglieder zur Landes-/ Ortsbevölkerung
Reich	60.641.278	100	2.242	100	1 : 27.000
Hamburg	802.670	1,3	140	6,2	1 : 5.700
Preußen	37.293.324	61,5	838	37,4	1 : 44.500
Baden	2.010.728	3,3	380	16,9	1 : 5.300
Davon in					
Baden-Baden	16.298		17		
Freiburg	76.285		68		
Heidelberg	49.151		59		
Karlsruhe	111.200		26		
Konstanz	24.818		107		
Mannheim	162.607		88		
Württemberg	2.302.179	3,8	135	6,0	1 : 17:000
Davon in					
Stuttgart	249.443		86		
Tübingen	16.786		15		
Ulm	51.680		27		

Tabelle 1: Die regionale Verteilung der weiblichen Mitglieder des „Deutschen Verbands für Frauenstimmrecht" im Jahr 1909[2]. (Quelle: Statistik der Frauenorganisationen im Deutschen Reiche, bearbeitet im Kaiserlichen Statistischen Amte, Berlin 1909, S. 66–68; Statistisches Jahrbuch für das Deutsche Reich, 30. Jahrg., Berlin 1909, Gebietseinteilung und Bevölkerung 1905, S. 1–34; Koenig's Städte-Lexikon des Deutschen Reichs, Guben 1906.)

[1] Vgl. zur Frauenstimmrechtsbewegung in Württemberg den Beitrag von Corinna Schneider in diesem Band.

[2] Vgl. Statistik der Frauenorganisationen im Deutschen Reiche, bearbeitet im Kaiserlichen Statistischen Amte, Berlin 1909, S. 66–68; http://digi.econbiz.de/viewer/image/88020284X/64/ (letzter Zugriff: 27.01.2020). Zugrunde gelegt ist hier die Bevölkerungszählung von 1905. Vgl. Gebietseinteilung und Bevölkerung 1905, in: Statistisches Jahrbuch für das Deutsche Reich 30. Jahrg., Berlin 1909, S. 1–34; https://www.digizeitschriften.de/dms/toc/?PID=PPN514401303_1909%7Clog8 (letzter Zugriff: 27.01.2020).

Karte 1: Mitglieder des „Deutschen Bundes für Frauenstimmrecht" 1909. (Quelle: Statistik der Frauenorganisationen im Deutschen Reiche, bearbeitet im Kaiserlichen Statistischen Amte, Berlin 1909, S. 66–68.)

Dabei galt der Verband als ausgesprochen radikal, verfolgte er doch „das Ziel, den Frauen das volle Recht einer Staatsbürgerin zu verschaffen, sie im kommunalen und staatlichen Leben als gleichberechtigt mit dem Manne anerkannt zu sehen"[3]. 1907 hatte er sogar für kurze Zeit im Gegensatz zum Dreiklassenwahlrecht in Preußen und den ähnlichen an der Steuerleistung ausgerichteten Wahlrechten in den übrigen Ländern des Kaiserreiches als Ziel das allgemeine demokratische Frauenstimmrecht in seiner Satzung verankert.

Das Wahlrecht schuldeten die Frauen am Ende des Krieges indes vorrangig nicht der bürgerlichen Frauenbewegung, sondern der Sozialdemokratie. Sie hatte schon

[3] Statistik der Frauenorganisationen im Deutschen Reiche (wie Anm. 2) S. 12.

1891 das allgemeine und gleiche Frauenstimmrecht in ihr Programm aufgenommen. Doch viele weitere Errungenschaften – so zum Beispiel die höhere Mädchenbildung und das Frauenstudium, der Ausbau weiblicher Berufe insbesondere im Bildungs- und sozialen Sektor und die Professionalisierung der Sozialarbeit – verdankten das weibliche Geschlecht und die Gesellschaft der Frauenbewegung. Insbesondere im Großherzogtum Baden hatte der vaterländische staatstragende „Badische Frauenverein" mit seinem rührigen Sozialprogramm ein gesellschaftliches Klima vorbereitet, das die Etablierung von Ortsvereinen auch der radikalen Frauenbewegung erleichterte[4].

2. Weibliche politische Partizipation in der Weimarer Republik

„Die Frauen profitierten von der Revolution", schrieb Alice Salomon (1872–1948), 1919 stellvertretende Vorsitzende des „Bundes Deutscher Frauenvereine" (BDF), in ihren Erinnerungen[5]. „Nun kamen Personen zu politischem Einfluß, die bis dahin beiseite gestanden hatten. Jugend und Frische strömten herzu, unversehens auch die Frauen", so die Heidelbergerin Marianne Weber (1870–1954) über die Aufbruchstimmung 1919[6]. „Es war Ehrensache, auch die Frauenmassen an die Wahlurnen zu bringen."[7]

Tatsächlich waren die revolutionären Umwälzungen für den Großteil der deutschen Frauenrechtlerinnen völlig überraschend eingetreten. Der BDF, der große Dachverband der reichsweiten bürgerlichen Frauenbewegung, reagierte dann aber doch auch rasch auf die politischen Umwälzungen. Am 14. November 1919, fünf Tage nach der Ausrufung der Republik, forderten die Repräsentantinnen der bürgerlichen Frauenbewegung vom Rat der Volksbeauftragten, Frauen das aktive und passive Wahlrecht zur Nationalversammlung zu gewähren. Sie rannten damit offene Türen ein, denn schon zwei Tage zuvor hatte dieser in seinem „Aufruf an das deutsche Volk" unter anderem auch das Frauenwahlrecht proklamiert. In Bayern hatte Kurt Eisner (bestärkt von Anita Augspurg) sogar schon vor dem offiziellen Beginn der Revolution, in der Nacht vom 7. zum 8. November nicht nur die Räterepublik, sondern auch das Frauenwahlrecht ausgerufen. Auch im deutschen Südwesten ging es Schlag auf Schlag. In Baden folgten der Bildung der Übergangsregierung (10. November 1918) vier Tage später der Aufruf zur Wahl

[4] Vgl. hierzu Sylvia SCHRAUT, Lagerbildungen, konfessionelle und regionale Brüche in der Traditionsstiftung der deutschen Frauenbewegung, in: Angelika SCHASER/Sylvia SCHRAUT/Petra STEYMANS-KURZ (Hgg.), Erinnern, Vergessen, Umdeuten? Europäische Frauenbewegungen im 19. und 20. Jahrhundert, Frankfurt a. M./New York 2019, S. 201–231.

[5] Alice SALOMON, Charakter ist Schicksal. Lebenserinnerungen, Weinheim/Basel 1983, S. 170.

[6] Marianne WEBER, Lebenserinnerungen, Hildesheim/Zürich/New York 2004, S. 81. Zu Marianne Weber vgl. den Beitrag von Sybille Oßwald-Bargende in diesem Band.

[7] Ebd., S. 82.

eines verfassunggebenden Parlaments und die Durchführung der Wahl am 5. Januar 1919. Entsprechend der Reichsvorgaben vom 12. November hatte sich die provisorische Regierung auf ein Wahlrecht ohne Unterschied des Geschlechts verständigt. In Württemberg bildete sich noch am 9. November die provisorische Revolutionsregierung. In der auf den Thronverzicht König Wilhelm II. rasch folgenden, am 3. Dezember 1918 veröffentlichten und am 11. Dezember hinsichtlich des Wahldatums (12. Januar 1919) modifizierten Wahlordnung für die Verfassunggebende württembergische Landesversammlung hieß es in § 2: „Wahlberechtigt sind alle Deutschen männlichen und weiblichen Geschlechts [...] die am Wahltag das 20. Lebensjahr vollendet haben [...].“[8] Offenbar hatte es in beiden Ländern in der Revolutionsphase keine größeren Debatten um das Frauenwahlrecht gegeben; Sozialdemokraten und SPD hielten es für eine schon lange anstehende Selbstverständlichkeit.

Die Frauenrechtlerinnen im Reich und in den Ländern begrüßten die unerwartete Entwicklung. Gemäß ihrem überparteilichen Politikverständnis beschränkten sich die führenden Politikerinnen im BDF in den folgenden Wochen politisch (anscheinend oder scheinbar) neutral darauf, das Programm des reichsweiten Frauenverbands zu Ehe, Familie, Beruf und Bildung zu verbreiten und Wahlschulungen für Frauen zu organisieren. Hinter der zur Schau gestellten Überparteilichkeit des BDF verbarg sich indes eine sichtliche Nähe der BDFlerinnen zum Liberalismus allgemein und zur Deutschen Demokratischen Partei (DDP) insbesondere. Dies traf nicht nur für die Frauenrechtlerinnen im fernen Berlin zu, sondern auch auf die Vorstandsdamen des BDF in Baden und Württemberg. Die enge Bindung der Frauenbewegung an den Liberalismus war nicht überraschend, sie hatte sich schon im Kaiserreich ausgeformt. Weibliche Parteimitgliedschaften lassen sich vor 1908 nur in deutschen Ländern mit einer liberalen Vereinsgesetzgebung feststellen, beispielsweise in Hamburg oder in Baden. Anderenorts, so zum Beispiel in Preußen und Bayern, war seit der Restaurationsphase, die der 1848er Revolution folgte, die Partizipation von Frauen in politischen Vereinen, Parteien oder öffentlichen Versammlungen verboten[9]. So organisierten sich die erste weibliche Fabrikinspektorin, die Heidelbergerin Else von Richthofen (1874–1973), und die Heidelbergerinnen Marianne Weber, die spätere Vorsitzende des BDF, sowie Marie Baum (1874–1964), Nachfolgerin Else von Richthofens als badische Fabrikinspektorin und seit 1919 im Vorstand des BDF, in der badischen Sektion des 1896

[8] Vgl. Wahlordnung für die Verfassunggebende württembergische Landesversammlung, in: Staatsanzeiger für Württemberg Nr. 284, 3.12.1918, ferner Bekanntmachung der Provisorischen Regierung über die Vorverlegung der Wahl zur Verfassunggebenden württembergischen Landesversammlung, in: Staatsanzeiger für Württemberg Nr. 292, 12.11.1918.

[9] In Württemberg scheint es angesichts des Fehlens einer Vereinsgesetzgebung in der Epoche des Kaiserreiches keine klare gesetzliche Regelung bezogen auf die politische Teilhabe von Frauen gegeben zu haben. Behördliches Vorgehen gegen Vereine usw. war nur noch im Falle eines Verstoßes gegen die allgemeinen Strafgesetze möglich, doch die Parteien scheinen sich nicht als Vereine konstituiert zu haben.

gegründeten „Nationalsozialen Vereins" Friedrich Naumans und damit in einer Landespartei, die bis zur Gründung der „Fortschrittlichen Volkspartei" 1910 ihre regionale Selbständigkeit behauptete. Nach dem Fall des preußischen Vereinsgesetzes 1908 lassen sich mehr oder weniger alle führenden Frauen des BDF als Mitglieder liberaler Parteien nachweisen. Mitglieder der „Freisinnigen Vereinigung" waren beispielsweise Gertrud Bäumer (1873–1954), Helene Lange (1848–1930) und die Mannheimerin Elisabeth Altmann-Gottheiner (1874–1930). In der „Fortschrittlichen Volkspartei" waren ferner seit 1910 unter anderem die BDF-Vorstandsmitglieder Anna Pappritz (1861–1939), die Mannheimerin Alice Bensheimer (1864–1935) und Alice Salomon. Von 1910 an, so Barbara Greven-Aschoff, waren alle Angehörigen des engeren BDF-Vorstands auch Mitglieder der „Fortschrittlichen Volkspartei". „Sie fanden sich nach 1918 mit den Frauen, die der Demokratischen Vereinigung angehört hatten, in der DDP wieder"[10]. Zahlreiche Frauenrechtlerinnen, die sich im Kaiserreich politisiert hatten, übernahmen kürzer oder länger Aufgaben in den Parteiorganen der DDP in der Weimarer Republik. Genannt seien als Mitglieder des Provisorischen Geschäftsführenden Ausschusses und des Vorstands der DDP die Badenerinnen Marie Baum und Marianne Weber. Im Parteiausschuss der DDP, der vor wichtigen politischen Entscheidungen einzuberufen war, saß unter anderem die Vorsitzende des „Württembergischen Lehrerinnenvereins" Mathilde Planck (1861–1955). Manche der führenden Frauenrechtlerinnen, so zum Beispiel die Gründerin der Sozialen Frauenschule in Mannheim, Marie Bernays (1883–1939), engagierten sich auch in der Deutschen Volkspartei (DVP).

Aber nicht nur die Gallionsfiguren der Frauenbewegung politisierten sich in der Endphase des Kaiserreiches und mehr noch in den revolutionären Monaten. Dass die zeitgenössisch vielfach beschworenen angeblich unpolitischen Frauenmassen es durchaus begrüßten, endlich am politischen Wahlgeschehen beteiligt zu sein, zeigt ihre hohe Beteiligung von 90 Prozent an der Wahl zur Nationalversammlung 1919. 37 Parlamentarierinnen zogen in das Parlament ein. Vier weitere erhöhten im Nachrückverfahren den Frauenanteil. Sie stellten damit lediglich 8,7 Prozent beziehungsweise 9,6 Prozent der Abgeordneten. War das ein Erfolg oder eine Niederlage? Zeitgenössisch saßen weltweit in keinem Parlament mehr Frauen und erst 1983 wurde in der Bundesrepublik Deutschland die Zehn-Prozent-Hürde überschritten.

Auch die Ergebnisse der beiden Wahlen zu den Verfassunggebenden Landesversammlungen in Baden und Württemberg lassen sich in der Frage der Geschlechterparität je nach Perspektive als Niederlage oder Erfolg deuten. Neun weibliche Ab-

---

[10] Vgl. Barbara GREVEN-ASCHOFF, Die bürgerliche Frauenbewegung in Deutschland 1894–1933, Göttingen 1981, S. 143. Für Alice Bensheimer lassen sich für die hier behauptete Parteibindung keine Belege nachweisen.

geordnete waren 1919 im 107-köpfigen badischen Parlament vertreten. In Württemberg wurden 13 Parlamentarierinnen in den 150 Personen umfassenden Landtag gewählt. Sie stellten damit 8,4 Prozent beziehungsweise 8,7 Prozent der Parlamentarier. Jeweils über mehrere Parteien verteilt, waren sie in ihren Fraktionen lediglich eine kleine Minderheit. Sichtlichen Einfluss auf die Ausformulierung der Landesverfassungen im Allgemeinen und in der Frage der Gleichberechtigung gewannen die weiblichen Mitglieder in beiden Ländern nicht. Doch das erwarteten die weiblichen Abgeordneten zu Beginn ihrer Parlamentstätigkeit wohl auch nicht. In Baden nutzte ein Teil der Parlamentarierinnen schon die erste Sitzung der Verfassunggebenden badischen Landesversammlung am 15. Januar 1919, um sich in eigener Sache zu Wort zu melden. Marianne Weber (DDP) erklärte in einem längeren Redebeitrag: „[...] ich bin mir bewußt, daß heute tausende von badischen Frauen mit Freude und Dankbarkeit und mit klopfendem Herzen auf uns schauen und die Tatsache, daß heute zum ersten Mal Frauen in dieses Haus eingezogen sind, die berufen sind an der Gestaltung des Staates, an dem Wiederaufbau des badischen Staates teilzunehmen, als einen Augenblick von geschichtlicher Bedeutung empfinden. Wir Frauen können nur unserer hohen Freude und Befriedigung darüber Ausdruck geben, daß wir zu dieser Aufgabe mitberufen sind, und ich glaube sagen zu dürfen, daß wir besser für sie vorbereitet sind, als vielleicht die meisten von Ihnen glauben."[11] Die Zentrumsabgeordnete Clara Siebert (1873–1963) ergänzte: „Mit Dankbarkeit gedenken wir der Gewissenhaftigkeit unserer Beamten, die es jetzt auch uns moglich machen, sofort auf vorbereitetem Boden im neuen Staat mitzuarbeiten und wir treten ein in diese Arbeit mit dem Worte: Mit Gott!"[12] Da konnte sich im Anschluss die Abgeordnete Therese Blase von der Sozialdemokratischen Partei Deutschlands (SPD) (1873–1930) nicht verkneifen, darauf hinzuweisen, dass ihre Partei schon 40 Jahre für das Frauenwahlrecht gekämpft habe, aber auch sie kam zum Ergebnis: „Wir Frauen, die wir nun in das Parlament eingezogen sind, werden uns in Zukunft fleißig bemühen, mitzuarbeiten, mitzuraten und mitzutaten an den Aufgaben der Nationalversammlung."[13] Doch es war Clara Zetkin (1857–1933), der berühmten Begründerin der sozialdemokratischen Frauenbewegung, in der sechsten Sitzung der württembergischen Nationalversammlung am 29. Januar 1919 vorbehalten, darauf hinzuweisen, dass erst die Revolution und der Zusammenbruch des alten Systems das Frauenwahlrecht ermöglicht hatte[14]. Davon wollten die neuen, häufig alten männlichen

---

[11] Verhandlungen des Badischen Landtags, Protokolle 1919, Heft 523, 1. Sitzung, 15.1.1919, S. 9.

[12] Ebd., S. 10.

[13] Ebd.

[14] Vgl. Rede Clara Zetkins in der 6. Sitzung der verfassunggebenden württembergischen Nationalversammlung, in: Verhandlungen der verfassunggebenden Landesversammlung beziehungsweise des Landtags des freien Volksstaates Württemberg in den Jahren 1919 und 1920, Protokoll-Band 1, 6. Sitzung, 29.1.1919, S. 113. Zu Clara Zetkin vgl. den Beitrag von Mascha Riepl-Schmidt in diesem Band.

Parlamentarier des Kaiserreichs nicht unbedingt etwas hören. Sie hatten noch Mitte 1918 allerlei Gründe zusammengetragen, warum das Wahlrecht mit dem weiblichen Geschlechtscharakter nicht vereinbar sei[15]. Wenige Tage später, am 31. Januar 1919, definierte der Abgeordnete Franz Feuerstein (SPD) anlässlich der ersten Beratung des Verfassungsentwurfs in der württembergischen Nationalversammlung das Frauenstimmrecht als „kulturelles Erfordernis, und nicht nur ein solches von dem Gesichtspunkt aus, daß die Frau in Deutschland schon vor dem Kriege zu Hundertausenden in den Fabriken, in der Industrie usw., auch in Bergwerken, hat arbeiten müssen, also vom beruflichen Standpunkte aus ein Interesse an den politischen und wirtschaftlichen Fragen des Deutschen Reiches und Volkes gehabt hat. Nein, die Frau muß als Mensch überhaupt das Recht haben, die Politik ihres Volkes kennen zu lernen und entscheidend und mitbestimmend darin tätig zu sein."[16] Aber auch der Sozialdemokrat Feuerstein wusste mit wohlgesetzten Worten das zukünftige politische Engagement des weiblichen Geschlechts zu begrenzen. Wie er weiter ausführte, mochte es sein, „daß eine Jahrhunderte alte Entwicklung, die das Recht der Frau in diesem Punkt ganz zurückgesetzt hat, es nicht so dienlich erscheinen ließ, daß die Frau an der aktiven politischen Arbeit des Mannes teilnehme, aber soweit das möglich und nicht durch die besonderen Aufgaben der Frau als Erzieherin der Kinder und Führerin des Haushalts beschränkt ist, können und müssen wir es nur begrüßen, wenn die Frau an den politischen Geschicken und Bestimmungen unseres Volkes ihren gleichmäßigen Anteil hat"[17]. Hier wurde explizit der politischen Partizipation des weiblichen Geschlechts eine Grenze gezogen und diese durch die Stellung der Frau in der Familie begründet.

Insgesamt waren die Wahlerfolge der Frauen 1919 im Reich und in den Ländern ernüchternd und in den folgenden Jahren ging die weibliche politische Repräsentanz auf Reichs- und Länderebene sogar noch weiter zurück. Im Reichstag verringerte sich der Anteil der Parlamentarierinnen bis zum Ende der Republik auf 3,8 Prozent. Damit saßen 1933 21 weibliche Abgeordnete 537 männlichen gegenüber. In den badischen und württembergischen Landtagen spiegelten sich die Entwicklungen des Reichstags (Tabelle 2 und 3).

---

[15] Vgl. den Beitrag von Frank Engehausen in diesem Band.

[16] Vgl. Rede Franz Feuersteins in der 8. Sitzung der verfassunggebenden württembergischen Nationalversammlung, in: Verhandlungen der verfassunggebenden Landesversammlung beziehungweise des Landtags des freien Volksstaates Württemberg in den Jahren 1919 und 1920, Protokoll-Band 1, 8. Sitzung, 31.1.1919, S. 175.

[17] Ebd.

Wahl	Wahlperiode	Zahl der Abgeordneten	Davon weiblich	In Prozent
5.01.1919	Verfassunggeb. Versammlung u. 1. Landtag	107	9 (11)	8,4 Prozent
30.10.1921	2. Landtag	86	9	10,5 Prozent
25.10.1925	3. Landtag	72	7 (8)	9,7 Prozent
27.10.1929	4. Landtag	88	6 (5)	6,8 Prozent (ab 1930 5 Prozent)
5.3.1933	5. Landtag	57 (63)	0	0

Tabelle 2: Geschlechterverhältnisse im badischen Landtag (1919–1933). Die Zahlen in Klammern benennen die veränderte Zahl der weiblichen Abgeordneten angesichts von Austritten, Nachrückverfahren u. ä. (Quelle: Eigene Berechnung auf Basis der Landtagsprotokolle.)

Wahl	Wahlperiode	Zahl der Abgeordneten	Davon weiblich	In Prozent
12.1.1919	Verfassungs- gebende Versammlung	150	13 (12)	8,7 Prozent (ab 7.1919 8,0 Prozent)
6.06.1920	1. Landtag	101	5	5,0 Prozent
4.05.1924	2. Landtag	80	3 (5)	3,75 Prozent (ab 1926 6,25 Prozent)
20.05.1928	3. Landtag	80	3 (4)	3,75 Prozent (ab 1931 5,0 Prozent)
24.04.1932	4. Landtag	80	5	6,25 Prozent
5.03.1933	5. Landtag	60	1	1,7 Prozent

Tabelle 3: Geschlechterverhältnisse im württembergischen Landtag (1919–1933). Die Zahlen in Klammern benennen die veränderte Zahl der weiblichen Abgeordneten angesichts von Austritten, Nachrückverfahren u. ä. (Quelle: Eigene Berechnung auf Basis der Landtagsprotokolle.)

In den 14 Jahren, die die Weimarer Republik überdauerte, zogen lediglich 17 Frauen in das badische und 19 in das württembergische Parlament ein. Die große Mehrheit von ihnen war nur eine Legislaturperiode vertreten. In Baden sollten mit den Zentrumsabgeordneten Clara Siebert und Maria Rigel (1869–1952) und den SPD-Abgeordneten Kunigunde Fischer (1882–1967) und Therese Blase lediglich vier Frauen in allen Landtagen der Weimarer Republik vertreten sein. In Württemberg gelang dies nur der SPD-Abgeordneten Emilie Hiller (1871–1943). So braucht es eigentlich nicht zu verwundern, dass der Einfluss der Parlamentarierinnen gering war und blieb.

Die Forschung hat die typischen Merkmale der Partizipation von Frauen in der parlamentarischen Politik der Weimarer Republik herausgearbeitet: Selbst die frauenfreundlicheren Parteien wie SPD oder die Unabhängige Sozialdemokratische Partei Deutschlands (USPD) waren nicht bereit, Listenplätze geschlechtsparitätisch zu verteilen und so konnte schon bei der Wahl zur Nationalversammlung 1919 nur jede achte der 310 aufgestellten Kandidatinnen ein Mandat erringen, während von den über 1.300 männlichen Kandidaten jeder dritte erfolgreich war. Zwar gerierte man sich im linken Parteienspektrum frauenfreundlicher als im rechten – die Nationalsozialistische Deutsche Arbeiterpartei (NSDAP) sollte seit ihrem Anwachsen in den letzten Jahren der Republik keine einzige Kandidatin aufstellen – doch die insgesamt schlechte Platzierung von Frauen in den Wahllisten kennzeichnet über alle Parteien hinweg die Wahlen in der Weimarer Republik. Regionale Fallstudien belegen überdies, dass Frauen nicht selten weniger Stimmen erhielten als Männer mit vergleichsweise schlechteren Listenplätzen. Auch in der Organisation der Parteien zeigte sich rasch, dass weibliche Parteimitglieder in die für Programmentwicklung und Tagespolitik entscheidenden Parteigremien nur in geringem Maß vordrangen. „So kristallisierte sich im Verlauf der Weimarer Republik schnell die Diskrepanz zwischen aktivem und passivem Wahlrecht heraus: Frauenstimmrecht und Gleichberechtigung manifestierten sich zwar in einer angemessenen Wahlbeteiligung von Frauen, aber keinesfalls in ihrer Mitwirkung in Parteien und Parlamenten.“[18] Überdies konnten die Parlamentarierinnen zu einer eigenständigen sichtbaren und wirksamen Frauenpolitik bestenfalls in der Sozialpolitik vordringen. Neben den wachsenden großen weltanschaulichen Konflikten verblassten allzu häufig die als Sonderinteressen oder Nebenwidersprüche definierten Problemstellungen und Forderungen der Frauen. Insbesondere auf dem Feld der gesellschaftlich unter Druck geratenen Frauenarbeit blieben die Parlamentarierinnen und die Frauenbewegung einflusslos. Hier sollte sich besonders nachteilig auswirken, dass sowohl in der Reichsverfassung wie in den Verfassungen Baden und Württembergs lediglich die staatsbürgerliche Gleichberechtigung der Frauen verankert worden war. Zwar waren die beiden Landesverfassungen sogar weiter als die Reichsverfassung gegangen, denn die zeitlich vor der Reichsverfassung verabschiedeten Landesverfassungen hatten auf die Einschränkung der staatsbürgerlichen Gleichberechtigung mit Hilfe des bedeutungsschweren Wortes „grundsätzlich“ verzichtet. Doch in der politischen Praxis wurde auf Landesebene auch der in den Verfassungen je nach juristischer Interpretation geforderten oder gesicherten staatsbürgerlichen Gleichberechtigung

[18] Ute Gerhard/Christina Klausmann/Ulla Wischermann, Neue Staatsbürgerinnen – die deutsche Frauenbewegung in der Weimarer Republik, in: Ute Gerhard (Hg.), Feminismus und Demokratie. Europäische Frauenbewegungen der 1920er Jahre, Königstein/Taunus 2001, S. 176–209, hier S. 182f.

wenig Gewicht beigemessen. Dies sollte sich besonders im Berufsleben von Männern und Frauen zeigen.

3. Verteilungskämpfe auf dem krisengeschüttelten Arbeitsmarkt

Schon während des Ersten Weltkrieges, in dem viele Frauen männlich konnotierte Arbeitsplätze übernahmen, begann sich die Frauenbewegung mit der Frage zu befassen, wie es wohl nach Kriegsende mit der außerhäuslichen bezahlten Frauenarbeit weitergehen werde. Mit klarem Blick auf die kommenden Herausforderungen hatte die Dozentin an der Mannheimer Handelshochschule, Elisabeth Altmann-Gottheiner, schon 1916 geschrieben: „Es wäre falscher Optimismus, wollte man sich der Hoffnung hingeben, mit dem Eintritt des Friedens würde für die Mehrzahl der während des Krieges neu in das Erwerbsleben eingetretenen Frauen die Notwendigkeit der eigenen Erwerbsarbeit vorüber sein. Das Gegenteil kommt der Wahrheit näher. Nur ein kleiner Teil wird sich in der glücklichen Lage befinden, dem Ehemann wieder allein die Sorge um das tägliche Brot anvertrauen zu können. Selbst in dem günstigen Fall, wo der Gatte gesund heimkehrt, wird es häufig eine Zeit lang dauern, ehe er wieder zu ausreichendem Verdienst kommt. Ist seine Gesundheit aber durch die Anstrengungen des langen Feldzuges erschüttert, so kann der Ehefrau noch längere Zeit die Aufgabe zufallen, die Familie miternähren zu helfen, während die Gattin des Invaliden oder gar die Kriegswitwe, wie bereits vorher erwähnt, dauernd darauf angewiesen sein wird, die Rente durch Arbeitseinkommen zu ergänzen. Die Zahl der lebenslänglich weiter erwerbsbedürftigen Frauen darf also nicht unterschätzt, und es muss in Rechnung gezogen werden, dass zwischen diesen und den heimkehrenden Kriegern ein gewisser Kampf um die Arbeitsstelle entstehen wird.“[19]

Reichlich naiv, einen Wirtschaftsaufschwung nach dem erwarteten (erfolgreichen) Kriegsende imaginierend, forderten noch 1918 die Wirtschaftswissenschaftlerin und Geschäftsführerin beim „Ständigen Ausschuss zur Förderung der Arbeiterinnen-Interessen“ Hilde Oppenheimer in einer mit Hilde Radomski verfassten Studie über „Probleme der Frauenarbeit in der Übergangswirtschaft“ die Steigerung der Frauenarbeit in den höheren Berufen, die Öffnung aller Ausbildungsmöglichkeiten für Frauen, gleiche Entlohnung und die Aufhebung sämtlicher rechtlicher Begrenzungen der Frauenarbeit insbesondere verheirateter Frauen. Doch das Ende des verlorenen Krieges brachte nicht den erwarteten Wirtschaftsaufschwung, sondern im Zuge der Demobilmachung massive Maßnahmen gegen die berufstätige Frau. Vor die Aufgabe gestellt, die heimkehrenden Soldaten wieder wirtschaftlich einzugliedern, herrschte über alle Parteien und Parteiungen

[19] Elisabeth Altmann-Gottheiner, Die Ersetzung der Männer- durch Frauenarbeit, in: Dies. (u.a.) (Hg.), Beiträge zum Wiederaufbau der Arbeitsverhältnisse nach dem Kriege, Stuttgart 1916, S. 30–35, hier S. 34 f., Hervorhebung im Original.

hinweg ein bemerkenswerter Konsens darüber, dass „die Arbeitskraft der Frau dem Wirtschaftsleben wieder in einer ihrer Eigenart entsprechenden Weise einzuordnen [war], sei es durch Rückführung in die Familie, die mit allen Mitteln gefördert werden muß, [...] sei es durch Überführung in Berufe, die entweder schon vor dem Frieden Frauenberufe waren oder sich im Verlauf der wirtschaftlichen Entwicklung als für sie geeignet erwiesen haben. Als oberster Grundsatz muß gelten, daß den männlichen Arbeitskräften [...] eine ausreichende Zahl auskömmlicher Arbeitsplätze gesichert sein muß"[20].

In der gesellschaftlich als umwälzend empfundenen Nachkriegszeit mischten sich offenbar unterschiedliche Zielvorstellungen auf wirtschaftlichem und kulturellem Gebiet. Vordergründig ging es vor allem darum, die heimkehrenden Soldaten wieder in Arbeit zu bringen und die wirtschaftliche Krise zu bewältigen. Doch die zeitgenössischen Debatten verweisen auch auf einen Konfliktstoff, der selten konkret benannt, zumeist aber indirekt mitverhandelt wurde: die Frage nämlich, wie zum einen die durch die wirtschaftlichen Umbrüche, vor allem aber durch den Krieg in Unordnung geratenen Männer- und Frauenrollen wieder in die althergebrachte Geschlechterordnung zurückgeführt und gleichzeitig die Konkurrenz von Frauen auf dem umkämpften Arbeitsmarkt verhindert werden könne. Mit dem Beginn der Demokratie setzte eine Reihe von staatlich verordneten Maßnahmen ein, die darauf zielten, möglichst viele Frauen wieder aus dem Erwerbsleben zu entfernen. Gesellschaftlich konsensfähig war die Vorstellung, dass den von der Front heimkehrenden Soldaten Vorrang auf dem Arbeitsmarkt gebühre. Das gemeinhin akzeptierte staatliche Bemühen, vor dem Krieg berufstätig gewesene Männer wieder mit bezahlter Arbeit zu versorgen, zeigt einerseits, dass der weibliche Kriegsdienst an der sogenannten Heimatfront im Rüstungsbetrieb, als Krankenschwester oder Sozialarbeiterin gesellschaftlich geringer bewertet wurde als der Dienst mit der Waffe. Die Erlasse zur Wiedereingliederung der Soldaten ins Arbeitsleben gerierten sich überdies rasch als Maßnahmen zur Eingliederung der Männer ins Arbeitsleben jenseits der Frage, ob diese vor dem Krieg in Arbeit gestanden hatten. In der Hierarchisierung Arbeitssuchender nach Geschlecht vermengte sich offensichtlich die Kriegsheimkehrerfrage mit den nicht nur im Bürgertum weit verbreiteten Vorstellungen über den männlich gedachten Hauptverdiener gegenüber der Frau, die im Regelfall höchstens das Familieneinkommen aufzubessern habe. Dies zeigte sich auch in Württemberg schon zu Beginn des Jahres 1919. Vom 30. Januar datiert eine Verfügung des Arbeitsministers Alexander Schlicke (SPD) in seiner Funktion als Staatskommissar für die Demobilmachung, „betreffend Ersatz weiblicher Arbeitskräfte durch männliche bei Behörden und kaufm. und technischen Büros und in den Ladengeschäften"[21]. Dort ist zu lesen:

---

[20] Richtlinien des Kriegsamts über die „Überleitung der kriegswirtschaftlichen Frauenarbeit in den Friedensstand", erlassen kurz vor Kriegsende. Zitiert nach Susanne Rouette, Sozialpolitik als Geschlechterpolitik. Die Regulierung der Frauenarbeit nach dem Ersten Weltkrieg. Frankfurt a. M./New York 1993, S. 93.

[21] Veröffentlicht im Staatsanzeiger für Württemberg Nr. 24, 30.1.1919.

„Die Unterbringung der vom Heere entlassenen kaufmännlichen und technischen Angestellten begegnet steigenden Schwierigkeiten und es ist dringend nötig, die weiblichen Arbeitskräfte in Kanzleien, Bürobetrieben und Ladengeschäften in größerem Umfange als bisher durch männliche Arbeitskräfte zu ersetzen." Der Staatskommissar für Demobilmachung verfügte deshalb die Überprüfung seitens Behörden und sonstigen Arbeitgebern die in Kanzleien, Bureaus und Ladengeschäften beschäftigten Frauen, die erst während des Krieges die Angestelltenpositionen übernommen hätten, ob diese „nicht in ihren früheren Beruf (zum Beispiel als Dienstboten oder gewerbliche Arbeiterinnen) zurückkehren können". Der staatlicherseits erfolgten Entlassungsanordnung folgte schon am 1. Februar 1919 eine Anfrage der DDP-Abgeordneten Eugenie Willig (1879–1954) in der Verfassunggebenden württembergischen Landesversammlung an den Arbeitsminister, die von allen weiteren weiblichen Mandatsträgerinnen der DDP (Maria Keinath (1887–1969), Ella Müller (1879–1957), Mathilde Planck, Thekla Kauffmann (1883–1980)) und sechs weiteren männlichen DDP-Abgeordneten unterstützt wurde. „Ist dem Herrn Minister bekannt, daß durch die Verfügung für die Demobilmachung [...] der erstrebte Zweck der Bekämpfung der Arbeitslosigkeit nicht erreicht wird, sondern lediglich an Stelle von Männern Frauen arbeitslos werden, daß insbesondere [...] weibliche Personen, die [...] schon vor dem Krieg beschäftigt waren, betroffen werden?", so die Anfrage, und weiter: „Was gedenkt der Herr Minister zu tun, um diese Personen, wie überhaupt die auf Erwerb angewiesenen Frauen vor Arbeitslosigkeit zu schützen und das gleichmäßige Recht beider Geschlechter auf Arbeit unter Berücksichtigung der Kriegsteilnehmer sicherzustellen?"[22]

Die Anfrage führte in der 13. Sitzung der Landesversammlung am 8. März 1919 zu einer längeren Debatte, in der alle Parteien eine Abgeordnete ans Rednerpult schickten, sofern sie eine Parlamentarierin in der eigenen Fraktion vorweisen konnten. Eugenie Willig (DDP) verwies auf die soziale Not vieler Kriegerwitwen, die Notwendigkeit junger Frauen, zum Einkommen der Herkunftsfamilie beizutragen, und den Frauenüberschuss in Deutschland, der durch den Krieg noch verschärft worden sei und die Heiratsaussichten vieler Frauen schmälere. Sie erlaubte sich ebenso darauf zu verweisen, dass Arbeitslosigkeit „in ihren Wirkungen gleich [sei], einerseits ob sie männliche oder weibliche Personen betrifft, die ihren Lebensunterhalt durch ihrer Hände Arbeit verdienen müssen" und sie fragte auch nach, wie die Verordnung grundsätzlich mit der Gleichberechtigung des weiblichen Geschlechts vereinbar sei[23]. Andere Rednerinnen, so zum Beispiel Luise Rist

[22] Anfrage an den Herrn Arbeitsminister vom 1.2.1919 von Eugenie Willig (u.a.), in: Verhandlungen der verfassunggebenden Landesversammlung beziehungsweise des Landtags des freien Volksstaates Württemberg in den Jahren 1919 und 1920, Beilagen Bd. 1, Stuttgart 1920, Beilage 31, S. 93.

[23] Vgl. Rede Eugenie Willigs in der 13. Sitzung der Verfassunggebenden württembergischen Nationalversammlung, in: Verhandlungen der verfassunggebenden Landesversammlung beziehungweise des Landtags des freien Volksstaates Württemberg, in den Jahren 1919 und 1920, Protokoll-Band 1, 13. Sitzung, 8.3.1919, S. 286.

(1877–1955) (Zentrum) zielten bei allem Verständnis für die Lage der heimkehrenden Soldaten darauf ab, dass Regelungen für diejenigen Frauen gefunden werden müssten, die auf Arbeit angewiesen seien. Aber Luise Rist befürwortete auch die Rückführung von Frauen in haushaltsnahe Berufe, denn: „Die Frauen sind dem Hause viel zu viel entzogen worden, (Zwischenruf: sehr richtig!), und gerade die Beschäftigung in der Hauswirtschaft ist die beste Vorschule der Frau für ihren künftigen Beruf als Hausfrau und Mutter. (Zwischenruf: Sehr richtig!)“[24] Arbeitsminister Schlicke wies jede frauenarbeitsfeindliche Intention weit von sich. Fritz Wider, der Redner der Bürgerpartei/Deutschnationale Volkspartei (DNVP), die keinen weiblichen Mandatsträger vorweisen konnte, hielt es für angebracht, Frauen wieder den landwirtschaftlichen familiennahen Arbeitsbereichen zuzuführen. Auch (die erfahrungsgemäß schlecht bezahlte) Heimarbeit regte er an, da sie doch mit Familienarbeit leichter vereinbar sei. Die Debatte wurde schließlich geschlossen, ohne dass irgendeine konkrete Anregung an das Arbeitsministerium erging, wie der erwarteten Entlassung zahlreicher Frauen aus ihren Arbeitsverhältnissen begegnet werden könne. Sichtbar wurde in den Reden auch, dass Frauenarbeit von der Mehrheit der Diskutierenden als niedere Arbeit vor der Eheschließung verstanden wurde, letztlich eine zu vernachlässigende Größe in der Arbeitspolitik.

Angesichts des Arbeitsplatzmangels in den Wirtschaftskrisen der Nachkriegsgesellschaft sollten die Bestrebungen zur Beschränkung der Frauenarbeit tatsächlich rasch über das Ziel der Reduzierung kriegsbedingter Frauenerwerbsarbeit weit hinausgehen. Bereits im Ende 1919 publizierten Jahrbuch des BDFs für 1920 findet sich ein Artikel von Elisabeth Altmann-Gottheiner zur herrschenden Konkurrenz auf dem Arbeitsmarkt. Sie beschrieb das Chaos der Demobilisierung und den Kampf um Arbeitsplätze in einer vom politischen Wandel durchgeschüttelten Wirtschaft und sie zeigte sich besonders irritiert von den Strategien, mit denen von vielen Seiten gegen weibliche Arbeitskräfte mobilisiert werde. „Die rücksichtslose wirtschaftliche Zurückdrängung des weiblichen Geschlechts aber berührt auf den ersten Blick etwas seltsam in einem Staatswesen, dessen erste Tat nach der politischen Umwälzung die Gewährung der vollständigen politischen Gleichberechtigung an die Frauen war“, so ihr Kommentar[25]. Es gäbe zahlreiche Bespiele in Gastronomie und Handel, dass von Seiten des Publikums die Entlassung von Frauen gefordert werde, die dort schon vor dem Krieg beschäftigt gewesen seien. Gegen die weiblichen Berufskollegen agitierten zum Beispiel die Ausschüsse der „städtischen Hilfsbeamten“. Der „Reichsausschuss der Akademischen Berufs-

---

[24] Vgl. Rede Luise Rists in der 13. Sitzung der Verfassunggebenden württembergischen Nationalversammlung, in: Verhandlungen der verfassunggebenden Landesversammlung beziehungweise des Landtags des freien Volksstaates Württemberg, in den Jahren 1919 und 1920, Protokoll-Band 1, 13. Sitzung, 8.3.1919, S. 294.

[25] Elisabeth Altmann-Gottheiner, Neue Probleme der Frauenarbeit, in: Dies. (Hg.), Jahrbuch des Bundes deutscher Frauenvereine 1920. Die Frau im neuen Deutschland, Leipzig/Berlin 1920, S. 38–50, hier S. 40.

stände“ verlange die Zulassung von Frauen zum zweiten juristischen Staatsexamen zu verhindern, weil zukünftig sonst zu viele Frauen zum Studium animiert würden. Manche Universität beschränke das Frauenstudium, so auch die Universität Heidelberg, zugunsten männlicher Kriegsheimkehrer. In Mannheim verlange die „Arbeitsgemeinschaft der Verbände der kaufmännischen Angestellten“ die Schließung der Handelsschule für Mädchen, damit erst gar nicht konkurrenzfähig ausgebildete Frauen auf den Arbeitsmarkt strömen könnten. Die BDF-Expertin in Sachen Frauenarbeit forderte die Sicherung gleicher Chancen auf dem Arbeitsmarkt für Frauen und Männer. Zur Durchsetzung der Gleichberechtigung auf dem Arbeitsmarkt fehlte es dem BDF indes an Bündnispartnern. Diese waren auch nicht in den Gewerkschaften und in der Sozialdemokratie zu finden.

Fazit: Nicht nur in den Demobilmachungsjahren, auch in der Wirtschaftskrise der frühen 1920er Jahre und mehr noch in den 1930ern zeigte sich, dass neben der bitteren Konkurrenz um bezahlte Arbeit nach wie vor das tradierte Geschlechtermodell und die traditionellen Familienvorstellungen den nennenswerten Ausbau weiblicher qualifizierter Berufsarbeit behinderten. So gelang es dem BDF und den Parlamentarierinnen auch nicht, die Beibehaltung des Beamtinnenzölibats – die Entlassung von Beamtinnen nach ihrer Heirat – zu verhindern. Obwohl Art. 128 Abs. 2 der Weimarer Verfassung ausdrücklich alle Ausnahmebestimmungen gegen Beamtinnen verbot, und auch in den Landesverfassungen Baden und Württembergs der Zugang zu öffentlichen Ämtern allen Frauen und Männern zugestanden worden war, wurde das Beamtinnenzölibat erst über Personalabbauverordnungen, nachfolgend über Ausnahmebestimmungen und 1932 mit dem „Gesetz über die Rechtsstellung der weiblichen Beamten“ bekräftigt. Damit war und blieb ein zentrales Berufsfeld höher qualifizierter Frauen in Schule und Sozialwesen den verheirateten Frauen auch in der Demokratie verschlossen.

4. Kämpfe um das Beamtinnenzölibat

Gerade am Beispiel des Beamtinnenzölibats lässt sich veranschaulichen, dass keinesfalls nur Fragen der drohenden oder faktischen (männlichen) Arbeitslosigkeit die einschlägigen Maßnahmen der (männlichen) Parlamentarier und Regierungsmitglieder bestimmten. Auch in dieser Frage ist ein württembergisches Beispiel erhellend. Denn hier schlug eine Lehrerin den Gerichtsweg ein, um klären zu lassen, inwieweit die Entlassung von Beamtinnen bei der Heirat mit der staatsbürgerlichen Gleichberechtigung vereinbar sei.

Doch zuerst die Vorgeschichte: Mit der Verabschiedung der staatsbürgerlichen Gleichberechtigung (Art. 109) in der Weimarer Verfassung und dem Verfassungsgebot, Nachteile des Beamtenrechts für Frauen zu beseitigen (Art. 128), stand das tradierte Beamtinnenzölibat auf der Tagesordnung des Reichsministeriums des Innern. Seit Sommer 1920 sind Bemühungen auf Reichsebene dokumentiert, gemeinsam mit den Kollegen in den Ländern Richtlinien für den Umgang mit verheirateten Beamtinnen zu erarbeiten. Von Seiten des Reichsministeriums hielt man die Entlassung verheirateter Beamtinnen nicht mehr mit der Verfassung vereinbar. Zwar war man auch in Berlin der Meinung, dass von verheirateten Beamtinnen keine akzeptable Arbeitsleistung zu erwarten sei, doch man hoffte, über Abfindungszahlungen die unerwünschte Zielgruppe zur freiwilligen Aufgabe bewegen zu können und suchte ansonsten mit Regelungen über die Dienstwohnung, etwaige Schwangerschaft der Beamtin und Stillzeiten frauenspezifische Regelungen herbeizuführen. Doch die Ländervertreter wiesen gemeinhin solches Ansinnen weit von sich und sahen im Übrigen keinen Handlungsbedarf, auch nicht in Württemberg. Eine Mischung aus finanziellen und familienrechtlichen Argumenten bestimmte die Diskussionen. Es lassen sich aber auch sehr klare Vorstellungen nachweisen, dass bei allen einschlägigen Bestimmungen der Verfassung letztlich den Vorstellungen über Männer- und Frauenrollen der Vorrang gebühre.

In Württemberg erläuterte beispielsweise im Dezember 1921 das Ministerium des Kirchen- und Schulwesens, man sehe keine Benachteiligung der heiratenden Beamtin durch ihre Entlassung, „da es sich nicht um eine Ausnahmebestimmung im Sinne des Art. 128 Abs. 2 der Reichsverfassung handelt, sondern um eine Bestimmung, die mit der besonderen Eigenart der Frau und deren Wirkung auf die Ausübung amtlicher Tätigkeit Rechnung trägt“[26]. Und das württembergische Arbeits- und Ernährungsministerium konstatierte spitzfindig, es sei zwar richtig, dass das württembergische Beamtenrecht, die Beamtin an und für sich schlechter stelle, wenn sie bei der Heirat entlassen werde, obwohl „bei den weiblichen Beamten mit der Eheschließung an sich ein Mangel an Leistungen in Beziehung auf die Ausübung amtlicher Tätigkeit noch nicht verbunden ist. Andererseits besteht aber bei der verheirateten Beamtin dauernd die Möglichkeit, dass sie nach dem sittlichen Zweck der Ehe und dem gewöhnlichen Lauf der Natur zeitweilig zur Erfüllung ihrer Amtspflichten unfähig wird“[27].

Der schon erwähnte württembergische Rechtsstreit brachte schließlich neue Dynamik in die Diskussionen. Paula Frey, seit 1917 Hauptlehrerin in Hofen, Oberamt Cannstatt, hatte sich im Mai 1921 mit dem damaligen Unterlehrer Hörmann verheiratet, mithin mit einem Mann, der im Vergleich zu seiner Frau in niedrigerer beruflichen Position stand. Die Kündigung durch den katholischen Oberschulrat am Tag ihrer Eheschließung erfolgte mit der Begründung, dass angesichts der großen Zahl arbeitsloser Lehrer und Lehrerinnen Frau Hörmann eine Doppelversorgung nicht zugestanden werden könne. Paula Hörmann begegnete ihrer Kündigung mit einer Klage gegen die württembergische Staatskasse durch alle Ge-

[26] Landesarchiv Baden-Württemberg, Abt. Hauptstaatsarchiv Stuttgart (HStAS) E 130, Bü 611, Bild 5 und 6, Schreiben des Württembergischen Ministeriums des Kirchen- und Schulwesens an das (württ.) Staatsministerium vom 20.12.1921, http://www.landesarchiv-bw.de/plink/?f=1–60206–5 (letzter Zugriff: 27.01.2020).

[27] HStAS E 130, Bü 611, Bild 61 und 62, hier: Bild 62, Schreiben des württ. Arbeits- und Ernährungsministeriums an das Finanzministerium vom 22.9.1921, http://www.landesarchiv-bw.de/plink/?f=1–60206–62 (letzter Zugriff: 27.01.2020).

richtsinstanzen. Ihrer Klage wurde in der ersten Instanz stattgegeben. In zweiter Instanz, dem Oberlandesgericht in Stuttgart, siegte der württembergische Staat, bevor das Reichsgericht endgültig festlegte, dass das Beamtinnenzölibat mit der in der Verfassung festgelegten Gleichberechtigung und der dort verankerten Beseitigung aller Nachteile für Beamtinnen nicht vereinbar sei[28].

Die männliche Mehrheit im Reichsparlament erwies sich in den folgenden Jahren jedoch recht findig darin, sowohl die einschlägigen Paragrafen der Verfassung wie die Urteile des Reichsgerichts in Sachen Gleichberechtigung zu umgehen. Die Basis hierfür schuf das als „Ermächtigungsgesetz" betiteltes Gesetzeswerk vom 13. Oktober 1923[29]. Es ermächtigte die Reichsregierung von den verfassungsgegebenen Grundrechten abweichende Maßnahmen zu treffen, wenn sie diese aus wirtschaftlichen Gründen für erforderlich erachte. 14 Tage später verfügte die „Verordnung zur Herabminderung der Personalausgaben des Reiches" vom 27. Oktober 1923 in Art. 14 Abs. 1: „Das Dienstverhältnis verheirateter weiblicher Beamter und Lehrer im Dienste des Reiches, der Länder und Gemeinden kann jederzeit am 1. Werktag eines Monats zum Monatsende gekündigt werden, sofern nach dem Ermessen der zuständigen Behörde die wirtschaftliche Versorgung des weiblichen Beamten gesichert erscheint"[30]. Die Regelung blieb mit leichten Abänderungen bis zum Ende der Weimarer Republik in Kraft.

Mit Genugtuung konnte die württembergische Regierung abschließend feststellen, durch die Personalabbauverordnung „sei die rechtliche Stellung dieser Beamten ohnehin wieder dem früheren Rechtszustand angenähert worden, insofern die Kündigung des Dienstverhältnisses möglich sei"[31]. Und so blieb es auch in Württemberg beim Beamtinnenzölibat.

Die Konflikte um die weibliche Konkurrenz auf dem Arbeitsmarkt in der ersten deutschen Demokratie lassen sich als Gradmesser dafür interpretieren, wie wenig ernst die Politik Fragen der Gleichberechtigung nahm. Dabei ging es nicht grundsätzlich um weibliche Berufsarbeit. Als lediges Dienstmädchen, ledige Fabrik- oder verheiratete Heimarbeiterin und mithelfende Familienangehörige waren berufstätige Frauen durchaus üblich. Probleme tauchten erst dann auf, wenn Frauen um den Eintritt in höhere, gemeinhin dem Bürgertum vorbehaltene Bildungsberufe kämpften und ihre Arbeitsstellen gar noch als verheiratete Frauen behalten wollten. Beide Unterfangen drohten schon im Kaiserreich die tradierten bürgerlichen Vorstellungen über weibliche Fähigkeiten und die Rollen von Frau und Mann in der (bürgerlichen) Familie zu sprengen. Es gelang der Frauenbewegung in den wenigen Jahren der Weimarer Republik nicht, die alten Abwehrbastionen gegen die quali-

---

28 Vgl. Urteil vom 5.1.1923 - III 474/22 -, Entscheidungen des Reichsgerichts in Zivilsachen (RGZ) 106, 154–157.

29 Reichsgesetzblatt (RGBl.) I, Nr. 98, 1923, S. 943.

30 Reichsgesetzblatt (RGBl.) I, Nr. 108, 1923, S. 999–1010. hier S. 1006.

31 HStAS E 130 b Bü 612, Bild 204–205, hier: Bild 204, Schreiben des Finanzministeriums im Umlaufverfahren an die übrigen Ministerien vom Juni 1924, http://www.landesarchiv-bw.de/plink/?f=1–60207–204 (letzter Zugriff: 27.01.2020).

fiziert ausgebildete, gar studierte Frau auszuhebeln, im Gegenteil, die Abwehrfronten verhärteten sich.

Die Berufsstatistik des Deutschen Reiches von 1925 zeigt, wie wenig die heftigen Abwehrkämpfe insbesondere der männlichen Angestelltenverbände mit der beruflichen Realität vieler Frauen zu tun hatten. Mehr als die Hälfte der 11,5 Millionen weiblichen Erwerbstätigen arbeitete in der Landwirtschaft, weitere zwei Millionen im Dienstleistungsbereich. Bei mehr als einem Drittel handelte es sich um mithelfende Familienangehörige, eine Arbeitsform, in der zeitgleich nur sechs Prozent aller Männer beschäftigt waren. Andererseits lässt sich statistisch nachweisen, dass sich die Zahl der Frauen in modernen gewerblichen Arbeitsverhältnisnissen zwischen 1907 und 1925 von 2,9 Millionen auf 4,5 Millionen beträchtlich vergrößerte. Damit hatten nun drei von fünf außerhalb des Familienbetriebs beschäftigte Frauen (1907: 45,1 Prozent) den Anschluss an die zukunftsweisenden Industrie- und Angestelltenberufe gefunden. Und ihre Zahl erhöhte sich bis 1933 trotz der Wirtschaftskrise weiter. Hier findet sich das Berufsheer der jungen weiblichen Angestellten, die Verkäuferinnen und Büroangestellten, die das Bild der Weimarer Republik so nachhaltig einfärbten. Doch bei gleicher Qualifikation und gleicher Arbeit wurde ihr im Schnitt um ein Drittel geringerer Lohn damit gerechtfertigt, dass sie ja keine Familie zu ernähren hätten. „Frauen ‚vertrieben' die Männer", so Ulla Knapp, „ausschließlich von schlechten Arbeitsplätzen, aus der Landwirtschaft, dem Heimgewerbe und den Persönlichen Diensten, und erhöhten ihren Anteil im modernen Sektor, ohne ein beträchtlich über das Wachstum der männlichen Erwerbspersonen insgesamt hinausgehendes Einströmen der Männer in die modernen Arbeitsformen zu behindern"[32]. Und so richtete sich der mediale Zorn der Gegner der beruflichen Frauenemanzipation gegen ganze 9.650 berufstätige Akademikerinnen 1925 bzw. 16.180 ebensolche 1933.

Dass insgesamt weibliche Berufsarbeit, trotz aller Marginalisierungsversuche, keinesfalls eine zu vernachlässigende Größe darstellte, lässt sich auch für Baden und Württemberg belegen. Der Berufsstatistik von 1925 zufolge waren in Baden 40 Prozent, in Württemberg 43 Prozent der Erwerbstätigen weiblich. Auf eine Ehefrau ohne Haupterwerb kamen in Baden zwei berufstätige Frauen, in Württemberg drei[33]. 4.010 weibliche Angestellte und Beamte im Bereich Bildung, Erziehung, Unterricht standen in Baden 8.852 männlichen gegenüber. In Württemberg zählte man 10.473 männliche und 4.558 weibliche Erwerbstätige in dieser Berufssparte. Nahezu zwei Drittel der männlichen Erwerbstätigen waren in beiden Ländern verheiratet. Auf dieses Privileg mussten die weiblichen Angestellten und Beamten verzichten[34].

---

[32] Ulla Knapp, Frauenarbeit in Deutschland. Bd. 2: Hausarbeit und geschlechtsspezifischer Arbeitsmarkt im deutschen Industrialisierungsprozeß, München 1984, S. 123 f.

[33] Vgl. Volks-, Berufs- und Betriebszählung 1925. Die berufliche und soziale Gliederung der Bevölkerung in den Ländern und Landesteilen, Heft 33, Land Baden, S. 4; Heft 32, Land Württemberg, hg. vom Statistischen Reichsamt, Berlin 1927, S. 4.

[34] Ebd., Heft 33, S. 65; Heft 32, S. 67.

Eine Analyse der Folgen des politischen Eintritts des weiblichen Geschlechts in die Weimarer Republik legte schon 1919 die Angehörige der Führungsriege des BDF, Marie Wegner, vor: „Wiederholt bin ich in letzter Zeit gefragt worden, ob wir nun nachdem wir das Wahlrecht haben, nicht unsere Frauenorganisation auflösen würden, wir hätten doch die Endforderung erreicht. Die Ahnungslosen! Als ob wir nicht das Frauenstimmrecht brauchten, um für die Gleichstellung der Frau mit Nachdruck arbeiten zu können! [...] Jahrzehntelang haben die weiblichen Angestellten ihren männlichen Kollegen gegenüber die schwersten Kämpfe durchzumachen gehabt, die heute noch zu Tage liegen, indem geflissentlich die weiblichen Kolleginnen aus dem Beruf herausgedrängt werden. [...] Zuerst in Heidelberg, dann in Leipzig sind den Frauen die Universitäten wegen Überfüllung verschlossen worden. Warum nur den Frauen und nicht den jüngeren Semestern beiderlei Geschlechts? Ist es der Anfang dazu, dass uns die wenigen Errungenschaften der letzten Jahrzehnte wieder genommen werden sollen. [...] Durch die Einreihung in die Parteien ist den Frauen sicher ein gemeinsames Vorgehen erschwert."[35]

[35] Henriette Bettin, Auf den Spuren von Marie Wegner. 1859–1920. Briefe einer vergessenen engagierten Frauenrechtlerin Anfang des 20. Jahrhunderts, Freiburg 2003, S. 166.

Die Frauenstimmrechtsbewegung in Württemberg (1906–1918)

Corinna Schneider

„Am 21. November 1906 hat sich in Stuttgart ein Zweigverein des Deutschen Verbandes für Frauenstimmrecht unter dem Namen ‚Württembergischer Verein für Frauenstimmrecht' konstituiert." Das berichtete die Schriftführerin Anna von Gottberg in der Ausgabe vom 15. Dezember 1906 der Zeitschrift „Die Frauenbewegung. Organ für das politische Leben der Frau". Als erste Vorsitzende wurde Margarete von Gottberg genannt[1].

Die Gründung fand aus Anlass einer öffentlichen Versammlung statt, auf der die Begründerinnen der Frauenstimmrechtsbewegung in Deutschland Anita Augspurg (1857–1943) und Lyda Gustava Heymann (1868–1943) in Stuttgart über die Ideen des „Deutschen Verbandes für Frauenstimmrecht" sprachen. Ab 1906 initiierte der Dachverband verstärkt die Organisation von Landesvereinen und so gehörte Württemberg neben Baden, Mitteldeutschland und Sachsen zu den frühen Gründungen von Frauenstimmrechtsvereinen auf Landesebene.

Der nachfolgende Aufsatz möchte einerseits der Verbandsgeschichte des „Württembergischen Vereins für Frauenstimmrecht" (WVfF) nachgehen und diese anhand der vorhandenen Quellen nachzeichnen. Andererseits soll aber auch versucht werden, die persönlichen Netzwerke der Akteurinnen des Vereins in Stuttgart in den Blick zu nehmen. Die Quellenlage ist als disparat zu bezeichnen. Leider ist es nicht gelungen, eine Überlieferung des Verbandes selbst ausfindig zu machen[2], so dass sich die Ausführungen vor allem auf die Auswertung der beiden Frauenzeitschriften der bürgerlichen Frauenbewegung in Württemberg „Frauenberuf" (Jahrgänge 1907 bis 1914)[3] und „Frauenwacht" (Jahrgänge 1912 bis 1918)[4] stützen. Daneben wird die Zeitschrift „Die Frauenbewegung" als Verbandszeitschrift des „Deutschen Vereins für Frauenstimmrecht" miteinbezogen, in der zahlreiche Akteurinnen der württembergischen Frauenstimmrechtsbewegung publi-

---

1 Die Frauenbewegung vom 15.12.1906, S. 190.

2 Negativ waren die Nachfragen in den Stadtarchiven Stuttgart, Bensheim und Hannover, den Wirkungsorten der Ersten Vorsitzenden Anna Lindemann.

3 Frauenberuf. Blätter für Fragen der weiblichen Erziehung, Ausbildung, Berufs- u. Hilfsthätigkeit, hg. vom Schwäbischen Frauenverein in Stuttgart, erschienen laut Zeitschriftendatenbank in Stuttgart 1.1897 (15.Sept.) = Probenr.; 1.1897,1 (1.Okt.) bis 23.1920,11. Allerdings sind die Ausgaben 1914 bis 1920 in keiner deutschen Bibliothek nachgewiesen.

4 Frauenwacht. Zeitschrift zur Förderung der Frauenbestrebungen in Württemberg, Organ des Württembergischen Lehrerinnen-vereins und des Stuttgarter Frauenklubs/Verband Württembergischer Frauenvereine, Verein zur Förderung der Volksbildung, erschienen laut Zeitschriftendatenbank in Stuttgart 1.1912/13 bis 8.1919/20.

zierten und deren Beilagen „Parlamentarische Angelegenheiten und Gesetzgebung“ und „Zeitschrift für Frauenstimmrecht“ über die Aktivitäten der Frauenstimmrechtsverbände in Deutschland informierten. Einen ersten Überblick über die bürgerliche Frauenbewegung in Württemberg geben Maja Riepl-Schmidt[5] und Sylvia Schraut[6] und über den „Württembergischen Frauenstimmrechtsverein“ zwischen 1890 und 1914 Andrea Hähnle[7].

Die bürgerliche Frauenbewegung hatte in Württemberg mit der Gründung des „Schwäbischen Frauenvereins“ 1873 Fuß gefasst. Der „Schwäbische Frauenverein“ setzte sich die Berufsbildung von Frauen zum Ziel. Ab 1890 entstanden weitere, vor allem beruflich bedingte Zusammenschlüsse, so der „Württembergische Lehrerinnenverein“, der zu den mitgliedsstärksten Vereinen in Stuttgart gehörte. Die Vereinszeitung „Frauenberuf“, herausgeben vom „Schwäbischen Frauenverein“, war zugleich auch Publikationsorgan weiterer württembergischer Vereine, so bis 1912 des „Württembergischen Lehrerinnenvereins“, der „Frauenlesegruppe“, des „Vereins für weibliche Angestellte in Handel und Gewerbe“, des Vereins „Frauenbildung-Frauenstudium“ Ortsgruppen Stuttgart und Ulm, ab 1905 des „Vereins für Verbesserung der Frauenkleidung“, der in Stuttgart eine der reichsweit größten Ortsgruppen hatte, um nur einige zu nennen. Weitere wichtige Vereine waren der „Deutsch-Evangelische Frauenbund“ (1902), der Zweigverein Stuttgart der „Internationalen Abolitionistischen Föderation“ (1905) und der „Frauenklub“ (1906). Er bot Mittagstisch und Logierzimmer an und sein Vereinshaus wurde zum Treffpunkt der Stuttgarter Frauenvereine, so auch für den 1906 gegründeten „Württembergischen Verein für Frauenstimmrecht“[8]. 1906 schlossen sich die meisten württembergischen Frauenvereine zum „Verband Württembergischer Frauenvereine“ (VWF) unter dem Vorsitz von Mathilde Planck (1861–1955) zusammen und waren darüber Mitglied des „Bundes Deutscher Frauenvereine“ (BDF). Neben Stuttgarter Vereinen finden sich im VWF auch Frauenvereine aus Göppingen, Reutlingen, Tübingen, Ulm, Heidenheim, Heilbronn, Schwäbische Hall und Laupheim. Direkt dem BDF angeschlossen waren dagegen die Ortsgruppen des „Deutsch-Evangelischen Frauenbundes“, die Ortsgruppe Pforzheim des Vereins „Frauenbildung-Frauenstudium“ und seit 1912 der „Schwäbische Frauenverein“ in Stuttgart[9].

---

[5] Maja Riepl-Schmidt, Wider das verkochte und verbügelte Leben. Frauenemanzipation in Stuttgart seit 1800, Stuttgart 1990, hier S. 89–112, bes. S. 98.

[6] Sylvia Schraut, Frau und Mann, Mann und Frau. Eine Geschlechtergeschichte des deutschen Südwestens 1789–1980, Stuttgart 2016, S. 155–160.

[7] Andrea Hähnle, „Herrschen? – Helfen!“. Beobachtungen zur bürgerlichen Frauenbewegung in Württemberg zwischen 1890 und 1914, in: Susanne Jenisch (Hg.), Standpunkte. Ergebnisse und Perspektiven der Frauengeschichtsforschung in Baden-Württemberg, Stuttgart 1993, S. 152–162.

[8] Vgl. Hähnle (wie Anm. 7) S. 153 f.; Riepl-Schmidt (wie Anm. 5) S. 98, 103.

[9] Jahrbuch des BDF 1918, S. 28–31, 86 f., 116.

1. Das erste Jahr des „Württembergischen Vereins für Frauenstimmrecht“

Nach der Gründung des „Württembergischen Vereins für Frauenstimmrecht“ (WVfF) am 21. November 1906 lassen sich erste Aktionen anlässlich der bevorstehenden Landtagswahl in Württemberg im Dezember 1906 und Januar 1907 nachweisen. In einem Rundschreiben an die Kandidaten für die Landtagswahl wurden diese aufgefordert, entweder in Wahlveranstaltungen oder schriftlich zur Frage des Frauenstimmrechts Stellung zu beziehen. „Ferner machten die Mitglieder des Vereins für Frauenstimmrecht Gebrauch von dem günstigen Vereinsgesetz in Württemberg, um den Männern durch fleißigen Besuch der Wahlversammlungen ihre Teilnahme an den politischen Angelegenheiten zu beweisen und ein Umdenken der öffentlichen Meinung in die Wege zu leiten“[10]. Als weitere Aufgaben sah der Verein die Veranstaltung von Diskussionsabenden und Versammlungen für die parlamentarische Schulung der Frauen an. Das Verständnis für Politik sollte durch einen Lesezirkel geweckt werden, der Zeitschriften sämtlicher politischer Parteien zur Verfügung stellte.

Dem WVfF gelang es in den ersten zwölf Monaten seiner Arbeit „die Öffentlichkeit für seine Bestrebungen“ zu interessieren. Bereits im Januar 1907 berichtete die Vorsitzende Margarete von Gottberg über „Die praktische Arbeit“ des Vereins in der Zeitschrift „Frauenberuf“. Sie rief die Frauen dazu auf, öffentliche politische Versammlungen zu besuchen. „Dies geschieht aus zwei Gründen. Einmal sehen die Männer dadurch, daß die Frauen an der Politik Interesse nehmen und die Frauen wiederum lernen das Leben und Treiben politischer Versammlungen kennen.“ Zugleich sollten die Frauen Landtags- und Magistratssitzungen beiwohnen, um einen Einblick in die Landes- und Stadtverwaltung zu bekommen „und meistens wird dieser regelmäßige Besuch zu dem Resultat führen, daß sie mit noch mehr Eifer nach dem Stimmrecht verlangt[en] als zuvor, weil es auch bei diesen Sitzungen nicht angenehm ist, immer zum Schweigen verurteilt zu sein“[11].

Programm des „Deutschen Verbandes für Frauenstimmrecht“ war es auch, die Frauen auf ihre schon bestehenden Wahlrechte aufmerksam zu machen und sie dazu anzuleiten, diese auch zu nutzen. In Württemberg gab das Krankenversicherungsgesetz 1883/1892[12] den Frauen das aktive und passive Wahlrecht zu den Vorstandsämtern mit gleichen Rechten wie den Männern. Der Frauenstimmrechtsbund sah es als seine Aufgabe an, die Frauen zur Ausübung dieses Wahlrechts zu motivieren. „Ist es nicht schmachvoll, wie uns tatsächlich zu Ohren gekommen ist,

---

[10] Die Frauenbewegung vom 15.12.1906, S. 190.

[11] Frauenberuf, Bd. 10 (1907), S. 14 f.

[12] Karl SCHICKER, Das Krankenversicherungsgesetz und das Hülfskassengesetz mit Erläuterungen, Musterstatuten und den sämtlichen Württ. Vollzugsvorschriften, Stuttgart 1893, S. 184, 754.

daß die Männer, sich auf die Indolenz der Frauen berufend, den Schluß ziehen, dass dieselben gar keine solchen oder ähnlichen Rechte haben wollen?“[13]

In einer Teestube[14] in Stuttgart hatte der Verein 1907 einen Tisch belegt, auf dem für seine Mitglieder eine Lesemappe auslag. Sie enthielt die folgenden Zeitungen und Zeitschriften: 1. Die Frankfurter Zeitung, 2. Das Frankfurter Wochenblatt, 3. Die Hilfe, 4. Das freie Wort, 5 Sozialistische Monatsblätter, 6. Soziale Praxis, 7. Die Gleichheit, 8. Der Abolitionist, 9. Märkische Volkszeitung, 10. Die Frauenbewegung, 11. International Women Suffrage Alliance, 13. Der Frauenberuf, 13. Die Frauenrundschau, 14. Die neue Frauentracht, 15. Stuttgarter Morgenpost, 16. Die Cannstatter Zeitung, mithin ein parteiübergreifendes Spektrum von Zeitungen frauenbewegten, sozialpolitischen und allgemein politischen Inhalts. Außerdem entlieh der Verein aus den Bibliotheken Berlin und Hamburg Bücher zur Frauenfrage, die zweimal wöchentlich gegen eine geringe Gebühr nach Hause mitgenommen werden konnten. Gleichzeitig lagen Broschüren zum Verkauf aus. „Wer aus diesem kurzen Überblick über die praktische Arbeit, wie über das was unsern Mitgliedern von dem Verein für einen Jahresbeitrag von nur 3 Mk. geboten wird, daß zweifellos ernste Streben des jungen Vereins erkannt hat, der sollte nicht zögern durch seinen Beitritt die Arbeit der Frauen zu fördern“[15], so die Werbung in eigener Sache.

Der junge Verein unterschied sich damit in seiner dezidiert politischen Ausrichtung und auch in der Offenheit gegenüber der proletarischen Frauenbewegung, die sich im Angebot der „Gleichheit“ zeigt, und in seinem Interesse an internationaler Vernetzung deutlich von der sonstigen bürgerlichen Frauenbewegung in Württemberg. Die Schriftführerin Anna von Gottberg hatte nur wenige Wochen vor der Gründung des WVfF über den ersten Frauentag in Stuttgart in der „Frauenbewegung“ berichtet[16]. Für sie stellte der am 27. und 28. Oktober 1906 stattgefundene erste Verbandstag des Zusammenschlusses der schwäbischen Frauenvereine, des „Verbandes württembergischer Frauenvereine“, „ein genaues Spiegelbild des augenblicklichen Standes der Frauenfrage in Württemberg“ dar und da er ihrer Meinung nach inhaltlich nichts Neues geboten hatte, beschränkte sie sich auf ihre Kritik an diesem. Der Schwerpunkt der Arbeit der württembergischen Frauenvereine liege in der „Volkswohlfahrt“, dagegen fehle es an dem Verständnis für die großen Ziele der Frauenbewegung. Die „Führerinnen“ versäumten es, ihre Mitglieder über die eigentlichen Zwecke und Ziele zu informieren. Dies hätte sich auch deutlich an der Verabschiedung einer Resolution gezeigt, aus der das Wort Politik „ausgemerzt“ worden sei, „weil es einen Teil der Anwesenden beängstigte“. Zur Annahme war dann der folgende Wortlaut gelangt: „Der erste württembergische Frauentag erklärt es für die Pflicht aller Frauen, sich für alle öffentlichen Angelegenheiten zu interessieren und an den Aufgaben der Gemeinde

[13] Frauenberuf, Bd. 10 (1907) S. 14 f.

[14] Es handelte sich um eine Teestube in der Sophienstraße, die von Klara Müller geführt wurde.

[15] Frauenberuf, Bd. 10 (1907) S. 14 f.

[16] Die Frauenbewegung vom 15.11.1906, S. 171 f.

und des Staates mitzuarbeiten." Aber, so von Gottberg, „sind denn die Aufgaben der Gemeinde und des Staates nicht etwa Politik?" Insgesamt fehlten ihr also zielgerichtete Aussagen insbesondere der Vorsitzenden Mathilde Planck, die sie allerdings namentlich nicht erwähnte. Die Arbeitsschwerpunkte der „Frauenbestrebungen" des VWF lagen in den Bereichen Wohltätigkeit, Mädchenbildung, Förderung der Berufstätigkeit der bürgerlichen Frauen und nicht in der Politik. Die Mitglieder des VWF taten sich schwer, wie die Resolution zeigte, die Frauenfrage nicht nur als soziales, sondern auch als politisches Problem zu verstehen.

Die bemängelte unpolitische Haltung der württembergischen Frauenbewegung gedachte der WVfF aufzubrechen. Schon am 7. Januar 1907 leitete die Vorsitzende Margarete von Gottberg im Saal des Münsterhotels in Ulm eine öffentliche Versammlung, auf der Lyda Gustava Heymann über das „Frauenstimmrecht" sprach[17]. Eine Ortsgruppe Ulm wurde gegründet.

Vorträge in Stuttgart folgten, bei denen auch neue Mitglieder geworben wurden. Am 2. Februar 1907 referierte Anna von Gottberg über „Die deutschen Kolonien in ihrer Bedeutung für die Frau"[18]. Privatdozent Dr. Wilhelm Ohr[19] aus Tübingen sprach am 11. März im Vorsaal des Königsbaus Stuttgart in einer öffentlichen Versammlung über „Die politische Eingliederung der Frau". Der „Besuch der Versammlung [sei] für alle Kreise der Bevölkerung, Männer sowie Frauen" zu empfehlen[20]. Die Vorsitzende von Gottberg berichtete über diesen Vortrag in der „Frauenbewegung": „In der Diskussion, die sich lebhaft gestaltete, trat man fast allgemein für das Wahlrecht der Frauen ein, da es eine Forderung der Gerechtigkeit sei. Die nach Schluß der Erörterung stattfindenden Neuanmeldungen überstiegen alle Erwartungen."[21]

Der sechste Diskussionsabend des Jahres 1907 fand am 28. Juni im Vereinslokal „Café Loderbauer" in Stuttgart statt. Anna Lindemann (1866–1941) sprach über „Wie verträgt sich die politische Betätigung der Frau mit ihren natürlichen Aufgaben"[22]. In ihren Ausführungen ging sie von dem Gedanken aus, „daß die Frau das Stimmrecht nicht nur aus wirtschaftlichen Gründen verlangen muß, um ihre Interessen zu vertreten, nicht nur aus Gerechtigkeitsgründen, weil sie nicht länger ein Mensch zweiter Klasse scheinen, sondern auch ganz besonders, weil sie eben ihre natürlichen Pflichten erst in jeder Hinsicht gut und vollkommen erfüllen kann, wenn sie auch äußerlich und politisch dem Manne gleichberechtigt ist". Und weiter führte sie aus, dass es am wichtigsten sei, dass die Frau als Mutter eine „freiere und kräftigere Entwicklung ihrer Persönlichkeit [habe], die ihr die Anteil-

---

[17] Frauenberuf, Bd. 10 (1907) S. 9. Zu Ulm vgl. den Beitrag von Edeltraud Aubele in diesem Band.

[18] Die Frauenbewegung vom 1.3.1907, S. 12.

[19] Wilhelm Ludwig Ohr (1877–1916), Historiker, 1904–1908 Privatdozent für Geschichte in Tübingen, 1912 in München Direktor des „Nationalvereins für das liberale Deutschland".

[20] Frauenberuf, Bd. 10 (1907) S. 65.

[21] Die Frauenbewegung vom 1.4.1907, S. 16.

[22] Frauenberuf, Bd. 10 (1907) S. 162.

nahme am öffentlichen Leben bringen wird [...]. Denn nur ein freier, selbstständiger Mensch kann freie, selbstständige Menschen erziehen"[23].

An diesem Abend wurde auch ein Vorstandswechsel des noch jungen Vereins bekanntgeben. Für Margarete von Gottberg übernahm Clara Elben, und zwar fürs erste bis zur Generalsversammlung und Neuwahl des Vorstandes im Herbst, den Vorsitz. Schriftführerin wurde Anna Lindemann statt Anna von Gottberg[24]; als Schatzmeisterin blieb Margarete Hopf im Amt. Ein Grund für diesen Wechsel wurde in der Presse nicht genannt.

Mit Anna Lindemann wurde eine Nicht-Schwäbin und Mutter in den Vorstand des WVfF gewählt. Anna Lindemann und Clara Elben waren bereits 1898 gemeinsam in Erscheinung getreten, als sie zusammen mit einer Reihe Stuttgarter Honoratiorinnen – Frau Obermedizinalrat Dr. v. Burckhardt, Frau Stadtpfarrer Gerok, Frau Obrist Jaeneke, Frau Oberbürgermeister R. v. Rümelin, Frau Naturheilärztin Wörner – aber auch mit der reichsweit bekannten Sozialdemokratin Clara Zetkin ein Zirkular unterschrieben, das eine Datenerhebung der Generalkommission der Gewerkschaften Deutschlands zur Lage der Arbeiterinnen im graphischen Gewerbe zum Inhalt hatte. Die Redaktion der „Frauenbewegung" merkte dazu an: „Es ist wohl das erste Mal in Deutschland, daß bürgerliche Frauen mit einer sozialdemokratischen Führerin Hand in Hand gehen; die Thatsache wird nur mit Freude begrüßt werden können."[25]

Als „energisches Vorstandsmitglied" wurde Anna Lindemann nur wenige Monate später auf der zweiten Generalsversammlung des „Deutschen Verbandes für Frauenstimmrecht", die vom 24. bis 26. September 1907 in Mannheim und Frankfurt stattfand, als siebentes Mitglied in den Vorstand des Verbands auf Reichsebene gewählt[26].

Am 12. Oktober 1907 fand schließlich die erste Generalversammlung des „Württembergischen Vereins für Frauenstimmrecht, Ortsgruppe Stuttgart" statt. Anna Lindemann betonte nochmals das Hauptziel des Vereins: die „Erkämpfung des allgemeinen, gleichen, direkten und geheimen Wahlrechts für beide Geschlechter zu den gesetzgebenden Körperschaften und den Organen der Selbstverwaltung". Daneben „erachtet es der Verein als seine Aufgabe, seine Mitglieder für die Ausübung der Rechte, die er für die Frauen erstrebt, auch vorzubereiten"[27]. Als Vorsitzende wurde einstimmig die über Württemberg hinaus bekannte Schriftstellerin und Frauenrechtlerin Eugenie von Soden (1858–1930) gewählt, weitere Vorstandsmitglieder wurden Margarete Hopf, Anna Lindemann und Frida Perlen (1870–1933).

---

[23] Ebd, S. 162.

[24] Adreß- und Geschäfts-Handbuch der Königlichen Haupt- und Residenzstadt Stuttgart für das Jahr 1906: Anna von Gottberg, Oberstleutnantswitwe, Augustenstr. 85; Margarete von Gottberg und Margarete Hopf sind nicht verzeichnet.

[25] Die Frauenbewegung vom 15.10.1898, S. 220. Zu Clara Zetkin vgl. den Beitrag von Mascha Riepl-Schmidt in diesem Band.

[26] Frauenberuf, Bd. 10 (1907) S. 241; Die Frauenbewegung vom 1.11.1907, S. 42.

[27] Frauenberuf, Bd. 10 (1907) S. 250.

Im folgenden Monat (29. November 1907) fand die konstituierende Versammlung des „Württembergischen Landesvereins für Frauenstimmrecht“ in Stuttgart statt. „Die Mitglieder in Stuttgart, Ulm, Tübingen und Eßlingen waren durch Delegierte vertreten, der [sic!] Delegierte von Heilbronn war leider am Erscheinen verhindert.“[28] Die Stuttgarter Ortsgruppe hatte eine Satzung vorgelegt, die vom Musterentwurf des Deutschen Verbandes insofern abwich, „als die für Württemberg vorgelegte Satzung zugleich für Landesverein und Ortsgruppen“ gelten sollte. „Diese Änderung ist in den besonderen Verhältnissen Württembergs mit seiner sehr geringen Zahl größerer Städte begründet.“ In den Vorstand wurden gewählt: Anna Lindemann (Degerloch) als Vorsitzende, Frida Perlen (Stuttgart) als Schriftführerin und Margarete Hopf (Stuttgart) als Schatzmeisterin.

Nach der Delegiertenversammlung sprachen auf einer öffentlichen Veranstaltung reichsweit bekannte Persönlichkeiten; die erste Privatdozentin an einer deutschen Hochschule, die im gleichen Jahr in Berlin habilitierte Chemikerin Dr. Gertrud Woker, sprach über das „Frauenstimmrecht und Weiblichkeit“ und der liberale, später sozialdemokratische Politiker Dr. Rudolf Breitscheid aus Berlin über „Die Frau in Staat und Gemeinde“. Gertrud Woker referierte über Einwände gegen die Ausdehnung der bürgerlichen Rechte auf die Frauen, die sich im Wesentlichen auf die Anschauung gründen, dass „die Beschäftigung der Frau mit der Politik sie von ihren Hausfrauenpflichten ablenke und sie verhindere, eine gute Gattin und Mutter zu sein“. Das Gegenteil sei richtig: „Nur die Anerkennung als vollwertige Staatsbürgerin kann sie in den Stand setzen, auch ihrer Aufgabe als Mutter gerecht zu werden“, nämlich ihre Kinder zu freien Menschen zu erziehen. Rudolf Breitscheid gab eine Übersicht über den aktuellen Stand der Frauenstimmrechtsbewegung. Auf den immer wiederkehrenden Einwand, dass die Frau eben ins Haus gehöre, wies er auf die sieben Millionen erwerbstätigen Frauen hin, die schon 1895 ermittelt worden waren. „Wird sie auch in neuester Zeit mehr und mehr in die Tätigkeit der Gemeindebehörden hereinbezogen, so muß sie doch unentwegt an dem vorgesteckten Ziele festhalten, und darf nicht ruhen, bis sie früher oder später doch als verantwortlicher Bürger an den Geschicken ihres Vaterlandes aktiven Anteil nimmt.“[29]

Die Aktivitäten der württembergischen Sektion des „Vereins für Frauenstimmrecht“ im ersten Jahr nach seiner Gründung weisen den Verein insgesamt als eine Organisation aus, die zeitgenössisch selbst in frauenbewegten Kreisen als „radikal“ gegolten haben dürfte. Hervorzuheben ist hier insbesondere, dass sich die württembergischen Aktivistinnen vor Ort nicht scheuten, auch mit Sozialdemokratinnen zusammenzuarbeiten.

---

[28] Die Frauenbewegung vom 1.1.1908, S. 4.

[29] Alle Zitate aus: Frauenberuf, Bd. 10 (1907) S. 299f.

2. Prägende Persönlichkeiten des „Württembergischen Vereins für Frauenstimmrecht“: Anna Lindemann, Frida Perlen und Eugenie von Soden

Wer waren die Repräsentantinnen der württembergischen Frauenstimmrechtsbewegung, die Vorsitzende des Landesvereins Anna Lindemann, die Schriftführerin Frida Perlen und die Vorsitzende der Ortsgruppe Stuttgart Eugenie von Soden?

Anna Lindemann, geboren am 1. Februar 1866 in Hannover als Tochter des königlichen Ober-Bereiters Karl Ernst Lorenz Fehn und seiner Frau Dorothea Wilhelmine Wenzel, heiratete mit 30 Jahren am 28. März 1896 den Sozialdemokraten, freien Schriftsteller und späteren Hochschullehrer Dr. Hugo Lindemann (1867–1949). Über ihre Ausbildung ist noch nichts bekannt, sie war aber wohl bis zu ihrer Heirat als Lehrerin aktiv[30]. Mit ihrem Ehemann zog sie nach der Hochzeit nach Württemberg und wohnte dort in der Panoramastr. 6 in Degerloch bei Stuttgart. Ihr Ehemann war als Schriftsteller und Mitarbeiter der „Schwäbischen Tagwacht“, Organ der Sozialdemokratischen Partei Deutschlands (SPD), tätig und ab 1900 in verschiedenen politischen Ämtern aktiv, im Gemeinderat von Degerloch, im Stuttgarter Bürgerausschuss (nach der Eingemeindung Degerlochs), im Reichstag und ab 1906 in der Zweiten Kammer des Württembergischen Landtages.

Bereits am 28. Juni 1897 gebar Anna Lindemann ihre erste Tochter, Margarete Rose Teresa, die 1916 mit 18 Jahren als Studierende der Landwirtschaft starb[31]. Am 20. Juli 1898 wurde ihre zweite Tochter, Sofie Julie Dora Hilde, geboren[32]. Anna Lindemann war also nicht nur „Ausländerin“ und Mutter, sondern stand zudem den sozialdemokratischen Ideen nahe, als sie mit 41 Jahren den Vorsitz des „Württembergischen Landesvereins für Frauenstimmrecht“ übernahm. Ihr gleichzeitiges Engagement im Verband auf Reichsebene lässt vermuten, dass sie bereits aus Hannover Kontakte in die „radikale“ Frauenbewegung mitbrachte. 1911 wurde sie zur zweiten Vorsitzenden neben der ersten Vorsitzenden Marie Stritt (1855–1928) gewählt. Im gleichen Jahr wurde sie Schriftführerin im „Weltbund für Frauenstimmrecht“. Von 1913 bis 1920 war sie die dritte Vizepräsidentin des Weltbundes[33]. Die Kontakte zu Frauenstimmrechtskämpferinnen anderer Länder nutzte Anna Lindemann, um international bekannte Rednerinnen nach Stuttgart zu holen. So sprachen im März 1911 Annie Furuhjelm, Vizepräsidentin des Welt-

---

[30] Ansbert Baumann, Carl Hugo Lindemann, in: Württembergische Biographien Bd. 3, Stuttgart 2017, S. 126–128, hier S. 127.

[31] Stadtarchiv Stuttgart (StadtA), Familienregister Lindemann/Fehn, Geburtseinträge Margarete bzw. Sofie Lindemann und Sterbeeintrag Margarete Lindemann. Der Sterbeeintrag von Margarete Lindemann vermerkt zur Todesursache: „bei der Klaratanne tot aufgefunden“.

[32] StadtA Stuttgart, Familienregister Lindemann/Fehn, handschriftlicher Vermerk des Sterbedatums von Sofie Lindemann: 15.2.1938 ohne Ort.

[33] Frauenwacht, Bd. 1 (1912/1913) S. 171.

bundes und Präsidentin der finnischen Stimmrechtsorganisation „Federation of Auxiliaries“, und 1913 Mary Sheepshanks, die in ihrer Wohnung in London das Büro des „Weltbundes für Frauenstimmrecht“ beherbergte, jeweils über die Frauenstimmrechtsbewegung in ihren Ländern[34].

Neben ihrer Vorstandstätigkeit in der Frauenstimmrechtsbewegung war Lindemann auch als Rednerin und Schriftstellerin aktiv. So publizierte sie beispielsweise im Jahrbuch des BDFs 1913 die Abhandlung „Die Frauenstimmrechtsbewegung in Deutschland“[35] und im gleichen Jahr „Die Frau als Schöffen bei Jugendgerichten“[36] in der Zeitschrift „Die Frau“. Als Rednerin war sie beispielsweise im Winter 1913 in Berlin unterwegs. Dort hielt sie Vorträge über „Die Frau in der Stadtgemeinde“ (19. Februar beim „Verein Frauenwohl Groß-Berlin“), „Die Gründe gegen das Frauenstimmrecht“ (21. Februar bei der Ortsgruppe Pankow-Niederschönhausen) oder „Gegner des Frauenstimmrechts“ (17. Februar bei den Berliner Ortsgruppen für Frauenstimmrecht) und auch über die Frage der „Mitwirkung von Frauen bei Strafverfahren gegen Jugendliche“ (14. Februar im Auftrag des BDFs, öffentliche Versammlung in den Prachtsälen des Westens, Berlin Spichernstraße)[37].

Nach dem Ersten Weltkrieg war sie als Vertreterin der württembergischen Regierung beim Kongress des „Weltbundes für Frauenstimmrecht“ in Genf anwesend, da sie 1920 „Abteilungsvorsteherin“ der Abteilung Frauenarbeit im Arbeitsministerium in Württemberg geworden war[38]. Vermutlich zog Anna Lindemann danach mit ihrem Ehemann nach Köln, wo dieser Honorarprofessor an der Universität Köln und Direktor des städtischen Instituts für sozialwissenschaftliche Forschung geworden war. Hier scheint sie weiterhin in der Frauenbewegung[39] aktiv gewesen zu sein. Der Entlassung ihres Ehemannes nach der Machtübernahme der Nationalsozialisten 1933 folgte 1939 der Umzug des Paares nach Bensheim-Auerbach. Am 12. Juni 1941 verstarb Anna Lindemann nach

[34] Frauenberuf, Bd. 14 (1911) S. 82; 1913, S. 90.

[35] Jahrbuch des BDF 1913, S. 159–172.

[36] Die Frau. Monatsschrift für das Gesamte Frauenleben Unserer Zeit, Nr. 20, März 1913, S. 353–357.

[37] Die Frauenbewegung vom 1.2.1913, S. 22 und vom 15.2.193, S. 30.

[38] Landesarchiv Baden-Württemberg, Abt. Staatsarchiv Ludwigsburg F 201 Bü 475, betr. Dienstreise der Abteilungsvorsteherin der Abteilung Frauenarbeit nach Genf vom 26.5.1920; ebd. F 201 Bü 535, Reisepass von Anna Lindemann mit Foto und Reisevermerken zu Vorstandssitzungen des Weltbundes nach England, in die Schweiz und nach Holland.

[39] Zu Köln: „10 Uhr pünktlich Gürzenich“. Hundert Jahre bewegte Frauen in Köln – zur Geschichte der Organisationen und Vereine, hg. vom Kölner Frauengeschichtsverein Münster 1995, S. 159, 161; Anna LINDEMANN, Zur Geschichte der ersten deutschen Frauenpolizei, in: Josephine ERKENS (Hg.), Weibliche Polizei, Lübeck 1925, S. 7–17. Später war Anna Lindenmann im „Deutschen Staatsbürgerinnenverband“ aktiv, vgl. Irene STOEHR, Emanzipation zum Staat? Der Allgemeine Deutsche Frauenverein – Deutscher Staatsbürgerinnenverband (1893–1933), Pfaffenweiler 1990, S. 104–106.

kurzer Krankheit in der Alters- und Pflegeanstalt Darmstadt-Eberstadt mit 74 Jahren[40].

Frida Perlen entstammte einer jüdischen Familie aus Ludwigsburg, wo sie am 4. April 1870 als zweitjüngstes von zwölf Kindern geboren wurde. Sie heiratete im Alter von 19 Jahren den aus Esslingen am Neckar stammenden jüdischen Kaufmann Eugen Perlen. Er war zehn Jahre älter als sie und Teilhaber des 1871 von seinem Vater in Stuttgart eröffneten Tuchgeschäfts. Das Ehepaar hatte zwei Söhne, Karl Hans und Alfred, geboren 1891 und 1894. Beide Söhne nahmen am Ersten Weltkrieg teil. Der jüngere, Alfred, fiel bei der Westoffensive im März 1918 in Nordfrankreich. Der ältere, Hans, kehrte kriegsversehrt, geehrt mit der Württembergischen Silbernen Verdienstmedaille und dem EK II zurück.

Wie Frida Perlen Kontakt zur Frauenstimmrechtsbewegung bekam, ist nicht bekannt. Sie soll bereits 1904 im „Deutschen Stimmrechtsbund" aktiv gewesen sein. Seit 1907 war sie im WVfF tätig. Mit den Vorsitzenden des „Deutschen Stimmrechtsbundes" Anita Augspurg und Lyda Gustava Heymann verband sie auch ihr Engagement für den Frieden. Alle drei beteiligten sich am Vorbereitungskomitee für den Internationalen Frauenfriedenskongress 1915 in Den Haag. Frida Perlen konnte jedoch am Kongress nicht teilnehmen, da sie keinen Pass erhielt. Schon am 3. August 1914, am Tag der deutschen Kriegserklärung an Frankreich, zwei Tage nach der deutschen Kriegserklärung an Russland, hatte sie sich nicht gescheut, sich der in weiten Kreisen herrschenden Kriegseuphorie entgegenzustellen. Zusammen mit der Vorsitzenden des „Württembergischen Lehrerinnenvereins" Mathilde Planck – beide waren in der Stuttgarter Zentrale der Deutschen Friedensgesellschaft tätig – sandte sie ein Telegramm an Kaiser Wilhelm II., in dem sie ihn um Bewahrung des Friedens bat[41]. Wie eng „Frauenwahlrecht und Friede" für Frida Perlen zusammengehörten, schildert sie in ihrem gleichnamigen Aufsatz in der „Frauenbewegung" 1917[42]. Nach dem Krieg baute sie in Stuttgart eine Gruppe der „Internationale Frauenliga für Frieden und Freiheit" (IFFF) auf[43]. Sie starb am 22. Dezember 1933 in Freudenstadt.

Eugenie von Soden[44] wurde am 21. Oktober 1858 in Esslingen am Neckar geboren. Sie wuchs mit fünf Geschwistern bei ihren Eltern, dem Juristen Freiherr Theodor August von Soden und seiner Frau Clementine Camerer, in Esslingen auf, wo diese in der Fabrikstraße 18 eine private Töchterschule mit Pensionat führten.

---

40 Schriftliche Auskunft der Meldekarte von Hugo Lindemann im Stadtarchiv Bensheim vom 18.2.2019.

41 Vgl. Franziska DUNKEL, Die Waffen nieder? Frauen und Frieden: Zuschreibungen, Klischees und Klärungen, in: DIES./Corinna SCHNEIDER (Hgg.), Frauen und Frieden. Zuschreibungen – Kämpfe – Verhinderungen, Bonn 2014, S. 23–38, hier S. 35.

42 Die Frauenbewegung vom 1./15.10.1917, S. 59f.

43 Brigitte SCHUCHARD, Frauen. Freiheit. Frieden. 100 Jahr Internationale Frauenliga für Frieden und Freiheit/IFFF. Jubiläumsschrift unter besonderer Berücksichtigung der Geschichte der deutschen Sektion, Berlin 2015, S. 170.

44 Die Darstellung folgt weitgehend https://de.wikipedia.org/wiki/Eugenie_von_Soden (letzter Zugriff: 20.01.2020).

Eugenie von Soden arbeitete später in dem Institut ihrer Eltern mit. Nach dessen Schließung 1892 zog sie mit ihren Eltern nach Cannstatt und versorgte sie bis zu deren Tod. Sie war als Schriftstellerin tätig und gab 1913/1914 „Das Frauenbuch. Eine allgemeinverständliche Einführung in alle Gebiete des Frauenlebens der Gegenwart" heraus. Das Handbuch behandelte in vier Bänden die „Stellung und Aufgaben der Frau im Recht und in der Gesellschaft", „Die Frau als Gattin, Hausfrau und Mutter" sowie „Frauenberufe- und Ausbildungsstätten". Daneben war Eugenie von Soden in der Frauenstimmrechtsbewegung aktiv und leitete als Vorsitzende die Ortsgruppe Stuttgart des WVfF von 1907 bis höchstens 1913[45]. Sie war auch in weiteren Stuttgarter Frauenvereinen engagiert. Im „Verein für weibliche Angestellte in Handel und Gewerbe" leitete sie die Kommission für Unterricht, Belehrung und Unterhaltung. Sie beteiligte sich in der „Frauenlesegruppe" und an der Gründung des Stuttgarter „Frauenklubs". Eugenie von Soden blieb unverheiratet und starb im Frühjahr 1930 im Alter von 71 Jahren in Baden-Baden.

3. Die politische Arbeit der Ortsgruppe Stuttgart des „Württembergischen Vereins für Frauenstimmrecht" bis Kriegsbeginn

Die Mitgliederzahlen des WVfF wuchsen in den ersten Jahren des Bestehens rasch an. 1909 weist die Statistik der Frauenorganisationen im Deutschen Reich[46] für den „Württembergischen Verein für Frauenstimmrecht" insgesamt 138 weibliche und 27 männliche Mitglieder aus Es werden drei Ortsgruppen verzeichnet, in Stuttgart mit 90 weiblichen und 16 männlichen Mitgliedern, in Tübingen hat die Ortsgruppe 16 weibliche und sieben männliche Mitglieder und die Ulmer Gruppe 31 weibliche und drei männliche. Bis 1913 wuchs der Landesverein auf 285 Mitglieder an. Noch 1916 konnte er eine Steigerung der Mitgliederzahlen auf 320 Mitglieder verzeichnen. Damit stellte er den achtgrößten Verein der 20 Mitgliedsvereine des VWF dar[47]. Die Ortsgruppe Stuttgart bildete dabei mit 200 Mitgliedern die größte Ortsgruppe in Württemberg. Das Jahrbuch des BDF 1918 verzeichnet dann einen Rückgang der Mitgliederzahlen im Landesverein auf 257. Über die Tätigkeit der Ortsgruppen in Ulm und Tübingen ist nur wenig überliefert, sie werden gelegentlich ohne nähere Angaben in den Quellen genannt. Bekannt sind die ersten Vor-

---

[45] Ab 1913 wird Anna Lindemann als Vorsitzende der Ortsgruppe Stuttgart im Jahrbuch des BDFs genannt.

[46] Statistik der Frauenorganisationen im Deutschen Reich, bearbeitet im Kaiserlichen Statistischen Amte, Abteilung für Arbeiterstatistik, Berlin 1909, S. 66.

[47] Jahrbuch des BDF 1916, S. 74 f. Vor ihm lagen der „Württembergischer Lehrerinnenverein" (1.200), der „Stuttgarter Frauenklub" (828), die „Vereinigung Württemberg. Verkehrsbeamtinnen" (571), „Ulm Abt. Frauenbildung-Frauenstudium" (524), „Frauenverein Reutlingen" (486), „Frauenverein Heilbronn" (388), „Verein für neue Frauenkleidung und Frauenkultur" (397). Der kleinste Verein war der „Frauenverein Hall" mit 34 Mitgliedern.

sitzenden, Bertha Laupheimer-Gutermann (1860–1932) (Ulm)[48], eine Kämpferin für Mädchenbildung und Frauenstimmrecht, und für Tübingen Mathilde Bärlocher. Die Tübinger Ortsgruppe löste sich nach 1916 auf[49].

Vorträge und Diskussionsabende

Ein Schwerpunkt der Arbeit waren Vorträge und Diskussionsabende in Stuttgart. Die württembergischen Frauen wurden darüber in den Zeitschriften „Frauenberuf“ und „Frauenwacht“ unterrichtet, aber auch überregional wurde in „Die Frauenbewegung“ darüber berichtet. Themenschwerpunkte waren aktuelle Entwicklungen in der Wahlrechtsdiskussion. So fand am 31. Januar 1908 im gelben Saal des Bürgermuseums in Stuttgart eine Diskussionsveranstaltung mit dem bekannten Stuttgarter Mediziner Dr. Ludwig Weil (1874–1960) statt, der über „Das preußische Wahlrecht und seine Bedeutung für das Reich und für Württemberg“ sprach[50].

Die im WFfF engagierten Frauen erhielten neben Informationen aber auch die Möglichkeit, sich im Argumentieren zu üben. So lud die Ortsgruppe Stuttgart am 18. Februar 1908 in den „Frauenklub“ ein. „Der Abend ist als Redeübungs-Abend gedacht, als Thema sind die Argumente in Aussicht genommen, mit denen die arbeitende Frau, die Ehefrauen und Mütter, die wohltätige Frau etc. ihren Anspruch auf politische Gleichberechtigung begründen.“[51]

Weitere Vorträge folgten: Am 23. April 1908 sprach Anita Augspurg über „Die Frau und das öffentliche Leben“[52]. „Die rechtlichen Grundlagen unseres öffentlichen Lebens“ wurden von April bis Mai 1908 in einem Vortragszyklus beleuchtet. Rechtsanwalt Dr. R. Kauffmann sprach über das Königreich Württemberg, das Deutsche Reich, die politischen Parteien und ihre Programme, die Rechtspflege und die soziale Gesetzgebung[53]. Am 19. September 1908 referierte Anna Lindemann über den „Internationalen Frauenstimmrechtskongreß in Amsterdam“ im kleinen Saal des Bürgermuseums. Über die „Die Theuerung und

[48] Postkartenaktion der Stadt Ulm: Frauen bewegen Ulm, Bertha Laupheimer-Gutermann (1860–1932). Siehe auch: https://www.ulm.de/aktuelle-meldungen/obb/obb-fb/postkartenaktion-100-jahre (letzter Zugriff: 30.01.2020). Vgl. zu Bertha Laupheimer-Gutermann den Beitrag von Edeltraud Aubele in diesem Band.

[49] Jahrbuch des BDF 1916, S. 33. Im Jahrbuch des BDF 1918 wird die Ortsgruppe Tübingen nicht mehr genannt. Das Adressbuch Tübingen 1914 verzeichnet eine Mathilde Bärlocher, Direktorswitwe, Nauklerstr. 25.

[50] Frauenberuf, Bd. 11 (1908) S. 21. Für die Jahre 1909 bis 1911 wurden kurze Jahresberichte in der „Frauenbewegung“ veröffentlicht: Die Frauenbewegung vom 1.2.1910, S. 12 und vom 1.6.1911, S. 24.

[51] Frauenberuf, Bd. 11 (1908) S. 40.

[52] Ein Bericht darüber erschien in: ebd., S. 104.

[53] Eugenie von Soden besprach den Vortragszyklus in: ebd., S. 161–163.

die Frauen" sprach am 20. November 1911 die bekannte Sozialdemokratin Tony Breitscheid[54].

Agitation zu bestehenden Wahlrechten von Frauen – Vorstandswahlen der Ortskrankenkassen

Das Wahlrecht von Frauen in die Ortskrankenkassen war ein Schwerpunkt der Arbeit des WVfF in den Jahren vor dem Ersten Weltkrieg. 1909 konnte er als Erfolg verbuchen, es sei bei den „Wahlen zu der hiesigen Ortskrankenkasse" gelungen, „daß eine überraschend große Anzahl weiblicher Wähler an der Wahl der Delegierten teilnahmen und daß bei der späteren Vorstandswahl eine Frau in den Vorstand der Krankenkasse kam, was bisher in Württemberg nicht der Fall war"[55]. Die Wahlen zu den Ortskrankenkassen fanden alle zwei Jahre statt und so bemerkte der Bericht über das Geschäftsjahr 1911, „daß die Vorarbeiten für die diesjährigen Krankenkassenwahlen nach unseren überraschend guten Erfolgen vor zwei Jahren uns hoffen lassen, daß es uns dieses Mal gelingen wird, eine noch umfassendere Vertretung für die Frauen zu erreichen"[56]. Und 1914 konnte Frida Perlen berichten, es hätten sich auf Veranlassung des WVfF verschiedene Frauenvereine Stuttgarts zu einem Frauenausschuss für die Krankenkassenwahlen zusammengeschlossen[57].

Die Forderung nach Mitarbeit in der Gemeindeverwaltung und dem allgemeinen Gemeindewahlrecht

Im Bestreben, Frauen den Zugang zu kommunalen Wahlen und kommunalen Institution zu verschaffen, verfuhr der WVfF zweigleisig. Zum einen versuchte er über Petitionen die Zuziehung von Frauen in kommunalen Institutionen zu erwirken, indem er auf entsprechende fortschrittliche Entwicklungen in anderen Ländern Deutschlands hinwies. Zum anderen informierte er mit Vorträgen die Öffentlichkeit. Im Deutschen Reich, so auch in Württemberg, hatten Frauen kein Gemeindewahlrecht, es war auf männliche steuerzahlende Bürger über 25 Jahre beschränkt. Und noch 1886 wurde die bestehende Rechtslage durch die Hinzusetzung des Wortes „männlich" vor „Bürger" betont, da „Frauenspersonen ein Stimmrecht wohl nicht ausüben können"[58]. Das Bürgerrecht konnten Frauen unter bestimmten Voraussetzungen erwerben. Ein Antrag der SPD im Jahre 1904, die Bürgerrechte auf ledige oder verwitwete Frauen über 25 Jahren zu erweitern und ihnen auch das Gemeindewahlrecht zu gewähren, wurde abgelehnt, da sich alle

54 Frauenberuf, Bd. 14 (1911) S. 283; Die Frauenbewegung vom 1.1.1912, S. 4.
55 Die Frauenbewegung vom 1.2.1910, S. 11 f.
56 Ebd. vom 1.6.1911, S. 24.
57 Frauenwacht, Bd. 2 (1913/1914), 24.1.1914.
58 Ute Rosenbusch, Der Weg zum Frauenwahlrecht, Baden-Baden 1998, S. 113 und Hauptregister des Württembergischen Landtagsprotokoll, Stichwort Frauenfrage, S. 241.

Vertreter der bürgerlichen Parteien einig waren, dass „die Frage des Frauenstimmrechts keine aktuelle, sondern eine der Zukunft sei“[59].

Die Ortsgruppe Stuttgart stellte 1908 im Auftrag des WVfF „aus Anlaß der Einführung der neuen Gemeindeordnung sowie Neubesetzung der Kommissionen infolge der Gemeinderatswahl“ an die Stadt Stuttgart die Bitte, „in dem Umfang, wie es die gesetzlichen Bestimmungen gestatten, Frauen zur Teilnahme an der Gemeindeverwaltung heranzuziehen“[60]. Eugenie von Soden und Anna Lindemann lieferten in der Begründung nicht nur die Themenbereiche, in denen Frauen in der Gemeindeverwaltung mitarbeiten sollten, sondern auch Beispiele aus anderen deutschen Städten. Sie forderten, dass Frauen in der „Armen- und Waisenpflege; Schul- und Bildungswesen (und zwar bitten wir hier, neben den Lehrerinnen, die schon als Vertreterinnen der höheren Mädchenschulen im Schulrat der Stadt Stuttgart sitzen, auch noch solche für die Volkschule und die Mädchenmittelschule, ganz besonders aber noch außerdem Vertreterinnen der Mütter aufnehmen zu wollen); Sittenpolizei; ferner auf dem Gebiete der öffentlichen Gesundheitspflege: die Lebensmittelversorgung, die Bekämpfung der Säuglingssterblichkeit und der Kinderschutz überhaupt, das Wohnungswesen, die Krankenfürsorge“[61] mitarbeiten sollten. In der Begründung führten sie Beispiele aus ganz Deutschland an. Als süddeutsche Stadt geriet hier besonders das badische Mannheim in den Blick, wo Frauen bereits in der „Armendirektion“, im „Waisenrat“ und der „Wohnungskommission“ saßen.

In der Stuttgarter Gemeindeverwaltung gab es Lehrerinnen, die als Vertreterinnen der höheren Mädchenschulen Mitglieder im städtischen Schulrat waren. Speziell zur erweiterten Mitarbeit im Schulrat veranstaltete der WVfF am 26. Oktober 1908 eine Veranstaltung zur „Volkschulnovelle und die Frauen“ im Vorsaal des Königsbaus in Stuttgart. Eingeführt wurde der Vortrag von der Vorsitzenden der Ortsgruppe Tübingen, Frau Brand, die darauf hinwies, dass die Frauen dringend bei der Festlegung der Schulgesetze mitbestimmen sollten. Im Anschluss an den Vortrag und die Diskussion verabschiedete die Versammlung folgende Resolution: „Die am 26. Oktober vom Württembergischen Verein für Frauenstimmrecht einberufene öffentliche Versammlung erklärt es für dringend notwendig, daß in allen Schulbehörden, die über die Ausbildung der weiblichen Jugend zu bestimmen haben, auch Lehrerinnen und andere erfahrene Frauen Sitz und Stimme erhalten. Für ebenso notwendig hält sie die allgemeine Einführung des achten Schuljahrs, die obligatorische Fortbildungsschule für die Mädchen und die obligatorische Einführung des Turnens in der Mädchenschule.“[62]

[59] Nach Hähnle (wie Anm. 7) S. 156.

[60] Frauenberuf, Bd. 11 (1908) S. 27; Die Frauenbewegung vom 1.4.1908, S. 17. Die Redaktion der „Frauenbewegung“ merkte an, dass in der Begründung „wertvolles Tatsachenmaterial über die amtliche Tätigkeit der Frauen im kommunalen Dienst zusammengestellt“ ist, weshalb sie in Auszügen mit abgedruckt ist.

[61] Frauenberuf, Bd. 11 (1908) S. 27; Die Frauenbewegung vom 1.4.1908, S. 17.

[62] Frauenberuf, Bd. 11 (1908) S. 249f.

Am 17. November 1908 referierte Elisabeth Altmann-Gottheiner (1874–1930), Hochschuldozentin aus Mannheim[63] und Aktivistin des BDFs, über „Die Frau in der Gemeindeverwaltung“, ein Vortragsabend, bei dem auch zahlreiche Mitglieder der Stadtverwaltung Stuttgarts anwesend waren. Leider sei von diesen kein Wort des Zuspruchs aber auch kein Rat zu vernehmen gewesen, so Margarete Hopf[64].

Und im „Frauenberuf“ wurde 1910 das Referat von Alice Bensheimer (1864–1935), Vorstandsmitglied des BDFs, über „Die Mitarbeit der Frau in der Gemeinde“, das sie auf dem Bundestag in Heidelberg gehalten hatte, abgedruckt[65].

Am 4. März 1910 sprach Marie Stritt, Vorsitzende des „Deutschen Verbandes für Frauenstimmrecht“, in Stuttgart in einer öffentlichen Versammlung über „Das Gemeindewahlrecht und die Frauen, eine Notwendigkeit für die Frauen und die Gemeinde“[66] und wieder waren auch Vertreter der Gemeinde und der Landesregierung anwesend. Anna Lindemann hatte die Landesregierung persönlich eingeladen. In ihrem Schreiben kündigte sie auch Petitionen zum Gemeindewahlrecht für Frauen an. Daher läge ihr viel daran, dass „auch Vertreter der Regierung von dieser durch das Vertrauen von mehr als 160.000 deutschen Frauen geehrten Fürsprecherin die Begründung unserer Wünsche hören. Ein gewisser Fortschritt in dieser Richtung scheint uns auch für unser Land durchaus zeitgemäß“[67].

Fortschritte in Württemberg wurden jedoch nur langsam erzielt. Durch das Volkschulgesetz von 1910 hatten nicht nur Lehrerinnen das aktive und passive Wahlrecht zu den Ortsschulräten erhalten, auch andere Frauen aus der Gemeinde konnten in die Ortsschulräte berufen werden[68]. Doch Mathilde Planck konstatierte noch 1913, dass „wir das Wahlrecht in der Gemeinde nur schrittweise [erhalten]. Es handelt sich zuerst nur um die Mitarbeit der Frauen in den städtischen Kommissionen, wie sie in Baden seit etwa 3 Jahren schon gesetzlich, wenigstens in den größeren Städten, festgelegt ist. Bei uns ist bis jetzt nur die Zuziehung der Frauen zum Ortschulrat und anderen Schulkollegien vorgeschrieben“[69].

Im Januar 1914 richtete dann schließlich der „Verband Württembergischer Frauenvereine“ vergeblich eine erste Petition an die württembergische Regierung und das Parlament, die um „die Verleihung des Gemeindewahlrechts an die Frauen

---

[63] Frauenberuf, 1. Beilage vom 5.12.1908, o. S., Bericht über den Vortrag.

[64] Die Frauenbewegung vom 1.1.1909, S. 4.

[65] Frauenberuf, Bd. 13 (1910) S. 285–288, S. 293 f., S. 301–303.

[66] Die Frauenbewegung vom 1.4.1910, S. 24; Bericht über den Vortrag in: Frauenberuf, Bd. 13 (1910) S. 66 f.

[67] Landesarchiv Baden-Württemberg, Abt. Hauptstaatsarchiv Stuttgart (HStAS) E 150 Bü 7405, Schreiben des Württembergischen Vereins für Frauenstimmrecht, Degerloch-Stuttgart vom 24.2.1910.

[68] Die Frauenbewegung vom 1.5.1912, S. 72; Bericht über einen Artikel von Anna Blos, Mitglied des Ortschulrates Stuttgart, in: Kommunale Praxis vom 13.4.1912.

[69] Frauenwacht Bd. 1 (1912/1913) S. 19–21. Vgl. zu Baden Rosenbusch (wie Anm. 58) S. 352 f. Baden war mit seiner revidierten Gemeindeordnung von 1910 der erste Staat, der die obligatorische Übertragung kommunaler Ehrenämter an Frauen vorschrieb.

unter denselben Bedingungen wie die Männer dieses Recht ausübten" bat[70]. Doch erst 1918 sollte der WVfF die diesbezügliche Petitionsarbeit vehement aufnehmen.

4. 1913: Der Kampf um das Frauenstimmrecht – aber welches?

Auch in Württemberg wirkten sich die politischen Auseinandersetzungen um die Ausgestaltung des Frauenstimmrechts aus, die 1913 die feministische Stimmrechtsbewegung spalteten. Doch fernab vom Reichsverband scheinen die Aktivistinnen kompromissfähiger gewesen zu sein als im Zentrum der Bewegung. Der „Deutsche Verband für Frauenstimmrecht" unter dem Vorsitz von Marie Stritt hatte sich auf seiner Generalversammlung 1913 in Weimar gespalten. Die ursprünglichen Gründerinnen der organisierten Stimmrechtsbewegung in Deutschland, Minna Cauer, Anita Augspurg und Lyda Gustava Heymann, verließen den Verband und gründeten den „Deutschen Frauenstimmrechtsbund", der „als linker Flügel der deutschen Frauenstimmrechtsbewegung in seinen Satzungen die Forderung des allgemeinen, gleichen, direkten und geheimen aktiven sowie passiven Wahlrechts aufstellte"[71]. In den Zielen des 1916 gegründeten „Reichsverbandes für Frauenstimmrecht" hieß es dagegen nur noch, es sei „den deutschen Frauen die gleichen öffentlichen Rechte im Staats- und Gemeindeleben zu verschaffen wie sie den Männern zustehen, und insbesondere ihnen das aktive und passive Wahlrecht zu den gesetzgebenden Körperschaften und den Organen der Selbstverwaltung zu erringen"[72]. Der württembergische Landesverein verblieb beim „gemäßigten" „Deutschen Verband für Frauenstimmrecht" und gehörte auch nach dessen Fusionierung mit der „Deutschen Vereinigung für Frauenstimmrecht" 1916 dem entstandenen „Reichsverband für Frauenstimmrecht" weiter an[73]. Erst Anfang des Jahres 1918 bildete sich eine „Gruppe Württemberg des Deutschen Frauenstimmrechtsbundes" in Stuttgart. Über die Gründung berichtete die „Frauenwacht" erklärend: „Die Organisation unterscheidet sich von der hier schon bestehenden

[70] Frauenwacht Bd. 2 (1913/1914) S. 92. Der WVfF war Mitglied im VWF; welchen Anteil er an dieser Petition hatte, lässt sich nicht mehr feststellen. Eine Behandlung des Antrags in den Kammern des Württembergischen Landtags scheint im Jahr 1914 nicht stattgefunden zu haben. Die Eingabe des VWF, betreffend die Zulassung der Frauen zum aktiven und passiven Gemeindewahlrecht, wurde in der 21. Sitzung vom 28.1.1914 lediglich an den Ausschuss für innere Verwaltung verwiesen. Verhandlungen der Württembergischen Ersten Kammer, Protokolle 1913–1918, Bd. 28, 21 Sitzung, 28.1.1914, S. 420.

[71] Frauenwacht Bd. 4 (1916) S. 70.

[72] Jahrbuch des BDF 1918, S. 35.

[73] Zur Geschichte auf Bundesebene vgl. Kerstin Wolff, Noch einmal von vorn und neu erzählt. Die Geschichte des Kampfes um das Frauenwahlrecht in Deutschland, in: Hedwig Richter/Kerstin Wolff (Hgg.), Frauenwahlrecht. Demokratisierung der Demokratie in Deutschland und Europa, Hamburg 2018, S. 35–56, hier S. 50 f.; Dies., Unsere Stimme zählt! Die Geschichte des Deutschen Frauenwahlrechts, Überlingen 2018, S. 118 f.; Jahrbuch des BDF 1916, S. 33 und Jahrbuch des BDF 1918, S 38.

Frauenstimmrechtsorganisation durch die programmatische Forderung des allgemeinen, gleichen, direkten und geheimen Wahlrechtes für alle Körperschaften in Reich, Staat und Gemeinde"[74]. Doch die Schriftleitung ergänzte sogleich beschwichtigend: „Um Mißverstände zu vermeiden sei noch angefügt, daß der schon länger bestehende Württ. Verband für Frauenstimmrecht nicht etwa das allgemeine, gleiche Wahlrecht ablehnt. Er führt es nur nicht als besondere Forderung an."[75] Und so kennzeichnet tatsächlich die Stimmrechtsbewegung in Württemberg, dass beide Verbände von nun an gemeinsam agierten.

5. Die Petitionen der württembergischen Frauenvereine zum Frauenstimmrecht im Jahr 1918

Wie sehr der politische Kampf um das Frauenstimmrecht trotz der Spaltung der Bewegung auch in Württemberg 1918 an Fahrt aufnahm, ist an den Aktivitäten der württembergischen Stimmrechtsvereine im letzten Kriegsjahr deutlich abzulesen. Hier ist vor allem die rege Petitionsarbeit zu nennen, die die württembergischen Stimmrechtsvereine entfalteten, ergänzt durch Versuche, die politische Führung des Landes direkt zu beeinflussen. Im Januar forderte der VWF die Landesregierung auf, den Inhalt der Denkschrift „Die Stellung der Frau in der politisch-sozialen Neugestaltung Deutschlands" einer eingehenden Beratung und Beschlussfassung zu unterziehen[76].

Vom März 1918 datiert eine Petition an die Erste Kammer des Württembergischen Landtags, Frauen das Gemeindewahlrecht zu gewähren und sie stimmberechtigt zu allen kommunalen Kommissionen zuzulassen[77]. Die Petition wurde von allen namhaften württembergischen Organisationen der Frauenbewegung unterstützt. Neben Anna Lindemann (WVfF) und Betty Binder-Asch (1892–1964)[78] („Gruppe Württemberg des Deutschen Frauenstimmrechtsbundes") hatten auch Mathilde Planck (VWF), Johanna Daur („Frauenbildung-Frauenstudium, Abteilung Stuttgart"), Anna Blos (1866–1933) („Sozialdemokratische Frauen"),

---

[74] Frauenwacht Bd. 6 (1918) S. 30.

[75] Ebd.

[76] HStAS E 105 Bü 7405, Schreiben des Verbands württembergischer Frauenvereine vom 4.1.1918. Die Denkschrift war bereits im Oktober 1917 gemeinsam vom BDF (Getrud Bäumer) und VWF (Mathilde Planck) an das württembergische Innenministerium in zehn Exemplaren gesandt worden. Vgl. HStAS E 105 Bü 7405, Schreiben des Bundes Deutscher Frauenvereine und des Verbands württembergischer Frauenvereine vom 15.10.1917.

[77] HStAS E 150 Bü 7405, Bitte betreffend die Mitarbeit der Frauen in der Gemeinde vom März 1918.

[78] Seit 4. Juni 2019 wird der Nachlass von Betty Binder-Asch im Archiv der deutschen Frauenbewegung (AddF) in Kassel aufbewahrt. Er konnte für diese Arbeit nicht mehr berücksichtigt werden. Findbuch zum Bestand NL-P-55, Betty Binder-Asch, Kassel 2019.

Emma Werner („Sozialdemokratische Frauen Stuttgarts") und Helene Reis (1865–1938) („Verein Frauenbewegung") die Petition unterzeichnet. So manifestierte sich auch in Württemberg das breite Bündnis zwischen bürgerlichen und sozialdemokratischen Frauen, das die Stimmrechtsbewegung auf Reichsebene kennzeichnete[79]. Gemeinsam forderten die württembergischen Frauenverbände im Mai auch einen Gesprächstermin mit Innenminister Ludwig von Köhler (1868–1953), als dieser sich im Landtag negativ zum Frauenstimmrecht geäußert hatte[80]. Die Unterzeichnerinnen Frida Perlen („Deutscher Frauenausschuss für dauernden Frieden, Gruppe Württemberg"), für die Stimmrechtsverbände Betty Binder-Asch und M. Hörle, für die sozialdemokratischen Frauen Anna Blos, Emma Werner und Clara Zetkin (Unabhängige Sozialdemokratische Partei Deutschlands (USPD) Stuttgart) legten ihrem Schreiben zur Illustration eine Klappkarte bei „Wo haben die Frauen das Stimmrecht?", die 1917 der „Propaganda-Ausschuß des Deutschen Frauenstimmrechtsbundes" entwickelt hatte. Europa erscheint hier als unterentwickelter schwarzer Raum[81].

Im Frühjahr 1918 kam es zu einer wahren Flut von Petitionen zum kommunalen Frauenstimmrecht und zum Eintritt von Frauen in kommunale Kommissionen[82]. Mehrere Mitgliedsverbände des VWF, aber auch weitere nicht im VWF organisierte Frauenvereine wandten sich mit eigenen Petitionen an die Zweite Kammer des Württembergischen Landtags, so der „Verein für Fraueninteressen Heidenheim", der „Verein für Frauenbildung-Frauenstudium Tübingen", der „Frauenverein Göppingen" und der „Frauenverein Hall", der „Verein Frauenbildung-Frauenstudium Abteilung Ulm", der „Nationale Frauendienst Tübingen", der „Schwäbische Frauenverein Stuttgart", die „Nationalen Frauengruppen Göppingen, Stuttgart und Ulm", die „sozialdemokratische Frauengruppe Heilbronn", die dortige „Frauengruppe der Fortschrittlichen Volkspartei". Selbst die konfessionellen Verbände legten Petitionen vor. Für die 17 württembergischen Zweigvereine des „Deutschen Katholischen Frauenbundes" forderte der Zweigverein Stuttgart am

---

79 Wolff, Unsere Stimme zählt (wie Anm. 73) S. 121–123.

80 HStAS E 105 Bü 7405, Schreiben vom 24.5.1918; vgl. auch den Wortlaut in: Verhandlungen der Württembergischen Zweiten Kammer, Protokolle 1918, Bd. 101, 226. Sitzung, 16. Mai 1918, S. 5605.

81 HStAS E 105 Bü 7405, Klappkarte „Wo haben die Frauen das Stimmrecht?" Alle fünf Kontinente werden vorgestellt: Europa, Amerika, Afrika, Asien und Australien. Hell sind dabei die Länder eingefärbt, in denen Frauen das Stimmrecht haben, schwarz die Länder, in denen Frauen keine politischen Rechte haben.

82 Darstellung der Petitionen – wo nichts anderes genannt – nach den Verhandlungen der Württembergischen Zweiten Kammer, Hauptregister 1913–1918, S. 55; Verhandlungen der Württembergischen Ersten Kammer, Protokolle 1913–1918, Bd. 29, 55. Sitzung, 17.6.1918, S. 1136 f.; Bericht des staatsrechtlichen Ausschusses über 16 Eingaben von württembergischen Frauenvereinen betreffend die Mitwirkung der Frau im öffentlichen Leben vom 13.7.1918, Berichterstatter Mohr (Beilage 468), in: Verhandlungen der Württembergischen Zweiten Kammer, Beilagen 1917–1918, Bd. 118, S. 353–366, hier S. 354–356, http://digital.wlb-stuttgart.de/sammlungen/sammlungsliste/werksansicht/?no_cache=1&tx_dlf%5Bid%5D=4828&tx_dlf%5Bpage%5D=1 (letzter Zugriff: 30.01.2020).

Karte 1: Europakarte auf der Grundlage des Faltblattes „Wo haben die Frauen das Stimmrecht", hrsg. vom Propagandaausschuss des Deutschen Frauenstimmrechtsbundes, Hamburg 1917. (Grafik: Axel Bengsch)

19. März 1918 die erweiterte Zuziehung von Frauen zu städtischen Beiräten, die „die ureigenen Aufgabengebiete der Frauen (Familien- und Jugendfürsorge, Volksbildung, Mädchenschulwesen, Wohlfahrtspflege, berufliche Frauenarbeit usw.)" berühren[83]. In ähnlicher Weise petitionierte auch der Landesverband des „Evangelischen Frauenbundes"[84] für die kommunale Einbeziehung von Frauen in allen Fällen, „die das weibliche Geschlecht unmittelbar berühren oder für die die Frau ein tieferes Verständnis besitze". Gefordert wurde ein „Frauenrat als vermittelndes Organ zwischen der Regierung und den Frauen, der gutachtliche Äußerung über die Frauen betreffende gesetzliche Vorlagen abzugeben haben würde und die Vorschlagslisten von geeigneten Frauen als sachverständige Beiräte einzureichen hätte". Zwar lehnte der „Evangelische Frauenbund" die Einführung des aktiven und passiven politischen Frauenwahlrechts dezidiert ab. Er kam aber zum Ergebnis: „Wohl aber werde in der gesetzlich festgelegten Mitarbeit der Frau durch Berufung geeigneter Vertreterinnen in öffentliche Ämter und Behörden und Körperschaften sowie in Parlamentsausschüssen die richtige Form erblickt, in welcher die Frau den ihr gebührenden und notwendigen Einfluß auf das Staatsleben ausüben könne."[85]

Doch an der männlichen parlamentarischen Abwehrfront prallte selbst die rege Petitionstätigkeit der württembergischen Stimmrechtsaktivistinnen ab. Der württembergische Landtag lehnte im Juli 1918 in einer ausführlichen Stellungnahme durch den staatsrechtlichen Ausschuss das Ansinnen der Frauenstimmrechtsvereine ab und reihte sich mit seinen Argumenten in die gängigen reichsweiten Abwehrdebatten ein[86]. Für alle Parteien, außer der SPD, war klar: Die Frau muss „ihrem eigentlichen Beruf als Mutter erhalten und zurückgegeben werden im Interesse der Gesunderhaltung unserer Rasse"[87]. Und das Horrorszenario wurde beschworen, „daß die Frauen, wenn sie gegen die Männer in bestimmten Fragen sich durchsetzen wollten, ein reines Frauenparlament wählen und die von ihnen erstrebte Politik machen könnten"[88].

---

[83] HStAS E 105 Bü 7405, Schreiben des Zweigvereins Stuttgart des Deutschen Katholischen Frauenbundes vom 19.3.1918, unterzeichnet von Freifrau von Linden, die am 24.1.1917 den ersten Zweigverein gegründet hat.

[84] Nach dem Jahrbuch des BDFs 1918 gab es in Württemberg Ortsgruppen in Esslingen (Vorsitzende Anna Grün, 105 Mitglieder), in Heidelberg (Vorsitzende Frau Stadtpfarrer Schlier, 54 Mitglieder), in Stuttgart (Vorsitzende Frl. Marie Schmidt, 181 Mitglieder), in Stuttgart-Cannstatt (Vorsitzende Frau General von Dettinger, 62 Mitglieder), in Tübingen (Vorsitzende Frau Prof. von Froriep, 126 Mitglieder) und in Ulm an der Donau (Vorsitzende Frau San.-Rat Dr. Prinzing, 295 Mitglieder).

[85] Bericht, Berichterstatter Mohr (wie Anm. 82) S. 356–357; HStAS E 105 Bü 7405.

[86] Vgl. den Beitrag von Frank Engehausen zur männlichen Abwehrfront in diesem Band.

[87] Vortrag des im staatsrechtlichen Ausschuss als Mitberichterstatter bestellten Abgeordneten Hasel (Beilage 468), in: Verhandlungen der Württembergischen Zweiten Kammer, Beilagen 1917–1918, Bd. 118, S. 367–374, hier S. 370, http://digital.wlb-stuttgart.de/sammlungen/sammlungsliste/werksansicht/?no_cache=1&tx_dlf%5Bid%5D=4828&tx_dlf%5Bpage%5D=1 (letzter Zugriff: 30.01.2020).

[88] Bericht, Berichterstatter Mohr (wie Anm. 82) S. 362.

Was der württembergischen Frauenstimmrechtsbewegung blieb, war die Hoffnung, die Ablehnung des Landtags in wachsende weibliche Zustimmung für die Stimmrechtsbewegung überführen zu können. Und so empfahl Frida Perlen den Landtagsbericht „allen Frauen Württembergs und im Reich" zur Lektüre, denn: „Wahrlich diese Denkschrift muß die Frauen aufrütteln sich gegen solche einseitige schiefe Darstellung erst recht zu besinnen, daß es für sie im eigenen, im Staats- und im Menschheitsinteresse eine unbedingte Notwendigkeit ist das Frauenwahlrecht für Reich, Staat und Gemeinde zu erlangen, denn dieses Menschenrecht wird in erster Linie dazu beitragen, den dauernden Frieden zu erreichen."[89]

Doch es war letztlich nicht das Frauenstimmrecht, das das Kriegsende und die staatsbürgerliche Gleichberechtigung erkämpfte. Die Entwicklung sollte umgekehrt verlaufen. Der Zusammenbruch des Kaiserreiches angesichts des verlorenen Krieges schuf ein Machtvakuum, das auch das Frauenstimmrecht ermöglichte.

---

[89] Die Frauenbewegung vom 1.10.1918, S. 38–39, hier S. 39.

Die Einführung des Frauenwahlrechts in Baden und Württemberg 1918/19: zeitgenössische männliche Perspektiven

Frank Engehausen

Als Vorkämpfer des Frauenwahlrechts wird man die südwestdeutschen Parlamentarier in der Zeit des Kaiserreichs nicht etikettieren dürfen, auch wenn die Überlegung, die Geschlechtsqualifikation beim Wahlrecht aufzugeben, in der Zweiten Kammer des badischen Landtags sehr früh – möglicherweise erstmals in einem deutschen Parlament – vorgetragen wurde[1]. Einen badischen oder württembergischen Sonderweg zum Frauenwahlrecht gab es nicht und hätte es wohl auch nicht geben können, da in einer so wichtigen politischen Frage vermutlich nur nationale Standards hätten gesetzt werden können. Denen hinkte man übrigens im Südwesten lange Zeit hinterher, wurde doch das demokratische Männerwahlrecht, das im Reich seit 1871 galt, hier erst mit erheblicher Verspätung konsequent umgesetzt mit der Einführung des direkten Wahlverfahrens 1904 in Baden und der Umwandlung der Zweiten Kammer zu einer reiner Volksvertretung 1906 in Württemberg[2]. Auch beim Blick auf die Haltungen der einzelnen Parteien in der Frauenwahlrechtsfrage bis 1918 sind regionale Eigenarten nicht auszumachen, sondern folgten die badischen und württembergischen Landesparteien dem Kurs der Mutterparteien im Reich: vorbehaltlose Zustimmung bei den Sozialdemokraten, zögernde und zunächst nur grundsätzliche, aber noch nicht in programmatische Verbindlichkeit überführte Sympathie bei den Linksliberalen sowie mehr oder minder verhohlene Ablehnung bei den übrigen Parteien.

1. Am Vorabend der Revolution

Was die politisch verantwortlichen Männer in Baden und Württemberg am Vorabend der Revolution von 1918 von dem Frauenstimmrecht hielten, lässt sich anhand der parlamentarischen Beratungen aufzeigen, die im badischen und im württembergischen Landtag während des Ersten Weltkrieges über dieses Thema geführt wurden. Im Karlsruher Ständehaus kam das Thema im Juni 1918 letztmals

---

1 Und zwar in einer Verfassungsreformdebatte im April 1882 von dem demokratischen Abgeordneten Heinrich von Feder. Vgl. Frank ENGEHAUSEN, Heinrich von Feder (1822–1887). Der politische Werdegang eines badischen Demokraten im 19. Jahrhundert (Kleine Schriften des Stadtarchivs Mannheim, Nr. 7), Mannheim 1997, S. 61.

2 Vgl. Landtagswahlgesetz und Wahlkreiseinteilung. Nebst der Verfassungsurkunde für das Großherzogtum Baden, Freiburg i. Br. 1905; Johannes HIEBER, Die württembergische Verfassungsreform von 1906, Stuttgart 1906.

zur Sprache, als die Zweite Kammer über Verfassungsreformfragen debattierte. Der Anlass war ein nationalliberaler Antrag auf Einführung des Proportionalwahlverfahrens bei den Landtagswahlen und auf Reform von Zusammensetzung und Kompetenzen der Ersten Kammer, dem die übrigen Parteien weiterreichende Verfassungsreformforderungen folgen ließen. Der Antrag auf Einführung des Frauenstimmrechts stammte vom Fraktionsvorsitzenden der Fortschrittlichen Volkspartei Oskar Muser (1850–1935), der sich schon vor dem Krieg dafür ausgesprochen hatte und nun den Zeitpunkt für die Aufhebung der Geschlechtsqualifikation beim Landtagswahlrecht gekommen sah[3].

Die Mehrheit des Verfassungsausschusses, der die Reformanträge prüfte, stand der Forderung nach politischer Emanzipation der Frauen jedoch mit großer Skepsis gegenüber, wie dessen Berichterstatter, der Zentrumspolitiker Josef Wittemann[4] (1866–1931), gleich eingangs seiner Ausführungen deutlich machte. Zur Begründung dieses Standpunkts holte er sehr weit aus und rekapitulierte die Diskussionen über die Teilhabe von Frauen an den Staatsangelegenheiten von Aristoteles und Platon bis in die Gegenwart sowie die aktuellen Konjunkturen des Frauenstimmrechts in den USA und in West- und Nordeuropa. Wittemann konzedierte zwar die „Verdienste der Frauenwelt während dieser 4 Kriegsjahre [...], während welcher sie in allen möglichen Berufen an Stelle der im Felde stehenden Männer auf den Büros, in den Fabriken, in den gewerblichen Betrieben, in der Landwirtschaft in unermüdlicher Arbeit für den Fortbestand des gesamten wirtschaftlichen Lebens, für die Munitionserzeugung und die Nahrungsbeschaffung sich abmühten“[5], führte dann aber eine Reihe von Argumenten an, um den Antrag Musers abzulehnen.

Wittemann blieb dabei ganz pragmatisch und versuchte erst gar nicht, seinen Ausführungen irgendwelche prinzipielle Relevanz zu unterlegen. Die weit überwiegende Mehrheit der Frauen, so konstatierte er unter Berufung auf verschiedene politische und publizistische Autoritäten und die geringe Mitgliederzahl der Frauenvereine, wolle „das politische Stimmrecht gar nicht“, und deshalb erscheine es nicht angezeigt, „den Frauen Rechte aufzudrängen, die sie ganz überwiegend

[3] Zu seiner Biographie vgl. Hans-Jürgen KREMER, Muser, Oskar, Rechtsanwalt und liberaler Politiker, in: Bernd OTTNAD (Hg.), Badische Biographien. Neue Folge Bd. 2, Stuttgart 1987, S. 207–209.

[4] Zu seiner Biographie vgl. Clemens SIEBLER, Wittemann, Franz Joseph, Jurist, bad. Minister, MdL-Z, in: Bernd OTTNAD (Hg.), Badische Biographien. Neue Folge Bd. 4, Stuttgart 1996, S. 325–328.

[5] Verhandlungen der Zweiten Kammer der Stände-Versammlung des Großherzogtums Baden, Beilagen 1917/18, Heft 522, Beilage 20a, S. 44. Wittemann erinnerte auch an das „Bismarck'sche Wort vom 13.5.1894 beim Empfang der schlesischen Frauen in Friedrichsruh: „Ich bedaure stets, daß unserer besseren Hälfte des menschlichen Geschlechts bei uns nicht mehr Einfluß auf die politischen Verhältnisse gestattet ist. Wenn unsere Wahlen etwas mehr unter weiblichem Einfluß stattfänden als bisher, dann glaube ich, würden sie nationaler und besser ausfallen. Halten die Frauen fest zur Politik, so halte ich die Politik für gesichert.“ (S. 44 f.).

Abb 1: Der Jurist Josef Wittemann, Zentrum. (Generallandesarchiv Karlsruhe 231 Nr. 2937 (766))

überhaupt nicht oder vorerst selbst nicht wollen". Die „Politisierung der Frau" hielt Wittemann zurzeit auch deshalb für „ausgeschlossen, weil der Krieg der Frau dringendere und wichtigere andere Aufgaben gebracht habe": Ihrem „Hauptberufe als Mutter und Hausfrau" dürfe man sie nicht entziehen „in der Zeit, in der gerade die Volksvermehrung und Volkserstarkung von größter Wichtigkeit" sei. Einen Widerspruch zu den Realitäten der Kriegsjahre sah Wittemann darin nicht; im Gegenteil sei „die Frau aus Fabrik und Wirtschaft möglichst wieder wegzubringen und ihrer eigentlichen Bestimmung zuzuführen"[6]. Kaum minder grobschlächtig waren Wittemanns Nebenargumente: Bei „den vielen Männerverlusten und der starken Überzahl des weiblichen Elements infolge des Krieges" drohe ein „Überwiegen des weiblichen Einflusses in der Politik z. Zt." einzutreten, „was nicht

[6] Ebd., S. 45 f. Zur „Notwendigkeit der Volksvermehrung" führte Wittemann weiter an: „Die politische Frauenbewegung sei zum großen Teil in einem Fahrwasser, welche geradezu volksvermindernde statt vermehrende Tendenz verfolge, wie die Agitation für den Gebärstreik […] und der Neu-Malthusianismus und die Bewegung für Ledigbleiben." (S. 46).

wünschenswert“ sei. Auch erhoffe sich die Sozialdemokratie, „welche die Frauenemanzipation am längsten und intensivsten betreibt, von ihr den größten politischen Vorteil“; für sie sei das Frauenwahlrecht schließlich eine Frage „der Eroberung der politischen Macht durch das Proletariat“[7].

Unterstützung fand Wittemann in der Verfassungskommission in der eigenen, der Zentrumspartei, die sich klar gegen das Frauenwahlrecht aussprach mit Verweis darauf, „daß die Natur und das Wesen der Frau denn doch ganz anders geartet sei als beim Manne. Hier der kalte Verstand, dort das weiche phantasievolle Gemüt. Der Frau seien nach ihrer Natur andere Aufgaben gestellt als dem Manne. Dieser gehöre ins öffentliche Leben, die Frau ins Haus. Der Horizont der Frau sei enger als der des Mannes“[8]. Noch prägnanter war die Meinung des konservativen Mitglieds des Verfassungsausschusses, das sich dem Zentrumsstandpunkt anschloss: „Für die Frauen hätten nach dem Kaiser die 3 K zu gelten: Kinder, Kirche, Küche!“[9] Ebenfalls ablehnend zeigten sich die nationalliberalen Mitglieder des Verfassungsausschusses, die aber anders argumentierten: Das Frauenwahlrecht werde „zweifellos“ kommen, „seine Einführung jetzt sei aber unzeitgemäß und unzweckmäßig“. Wie die Männer sollten sie es sich Schritt für Schritt erkämpfen und sich dabei die politische Reife erst erwerben: „Nach dem Kriege stünden unserem Volke die schwierigsten politischen Aufgaben bevor, die es je gehabt, deren Lösung für die Zukunft unseres Volkes auf Jahrhunderte entscheidend sein könne. Diese Entscheidung dürfe man nicht in die Hand einer politisch ungeschulten und unreifen Mehrheit legen. Das sei aber der Fall, wenn man heute den Frauen das politische Stimmrecht gebe.“[10]

Mit Zentrum, Konservativen und Nationalliberalen und gegen die Minderheit der Sozialdemokratischen Partei Deutschlands (SPD) und der Fortschrittlichen Volkspartei votierte auch der badische Staatsminister Heinrich von und zu Bodman (1851–1929)[11], als er im Verfassungsausschuss gehört wurde. Den bunten Strauß von Argumenten gegen das Frauenwahlrecht erweiterte Bodman noch um ein medizinisches, das er allerdings nicht spezifizierte: „Die warnenden Stimmen namentlich auch der Ärzte würden durch philosophische und sonstige theoretische Erwägungen nicht entgründet.“ Generell sei es Aufgabe der Frau, „Mutter zu sein und Erzieherin. Gerade deshalb sei es nicht wünschenswert, sie derselben zu entziehen durch das Hineinstellen in den politischen Kampf“, und für „ledige Frauen sei auch ohne politische Tätigkeit ein so großes Betätigungsfeld jetzt schon gegeben, auf dem sie alle ihre geistigen Fähigkeiten und Kräfte segensreich auswirken lassen könnten. Die Politik sei dazu nicht noch nötig. Gerade wenn man das Selbst-

[7] Ebd., S. 46.
[8] Ebd., S. 49.
[9] Ebd., S. 50.
[10] Ebd.
[11] Zu seiner Biographie vgl. Gerhard Kaller, Johann Heinrich von und zu Bodman, bad. Staatsminister, in: Bernd Ottnad (Hg.),Badische Biographien, Neue Folge Bd. 1, Stuttgart 1982, S. 68–70.

bestimmungsrecht der Frau betone, müsse man achten, daß die überwiegende Mehrheit der Frauen das Wahlrecht im Staate nicht wollen. Das sei keine Ungleichheit in der Behandlung. Zudem habe die Frau z. B. auch nicht die Wehrpflicht, wie der Mann, eben weil ihre Natur anders"[12] sei.

Ob nun ein einzelnes der Argumente den Ausschlag gab oder ihre Summe, ist unklar. Jedenfalls sprach sich der Verfassungsausschuss der Zweiten Kammer des badischen Landtags gegen die Stimmen der Vertreter von SPD und Fortschrittlicher Volkspartei gegen die Einführung des Frauenwahlrechts aus, und das Plenum folgte dieser Einschätzung in der Kammersitzung vom 7. Juni 1918 „mit großer Mehrheit"[13]. Das genaue Abstimmungsergebnis wurde nicht festgehalten, aber über die Größe der Fraktionen, die in dieser Frage vermutlich geschlossen abstimmten, lässt sich das zahlenmäßige Verhältnis der Unterstützer und der Gegner des Frauenwahlrechts in der Zweiten Kammer des badischen Landtags feststellen. Erstere waren fünf Monate vor der Revolution vom November 1918 gegenüber Letzteren mit 20 zu 53 in der Minderheit.

Noch ein wenig schlechter stand es um die politischen Rechte der Frauen zur gleichen Zeit im württembergischen Landtag, dessen Zweite Kammer ebenfalls im Sommer 1918 die Einführung des Frauenwahlrechts prüfte. Anders als in Baden tat man dies nicht in Zusammenhang mit den allgemeinen Debatten über eine Verfassungsreform, sondern in Reaktion auf verschiedene Eingaben von württembergischen Frauenvereinen, die „die Mitwirkung der Frau im öffentlichen Leben" betrafen. Die Prüfung dieser Eingaben oblag dem staatsrechtlichen Ausschuss der Kammer, dessen Bericht am 13. Juli der Zentrumsabgeordnete Josef Mohr (1872–1947) erstattete[14]. Mohr griff nicht ganz so weit aus wie sein badischer Parteifreund Wittemann, gab aber ebenfalls einen Überblick über die weltweite Entwicklung des Frauenwahlrechts. Dabei hob er hervor, dass die Stimmrechtsbewegungen keinesfalls immer auf die Initiative von Frauen zurückzuführen waren – als gegenteiliges Beispiel nannte er den US-amerikanischen Bundesstaat Wyoming, wo sie als Werbekampagne begonnen habe, um Frauen in diesen „verlorenen Erdenwinkel" zu locken, und in Utah hätten die Mormonen das Frauenstimmrecht eingeführt, „um die Vielweiberei zu erhalten". Auch deshalb sei es verfehlt, „wenn nun deutsche Frauen immer wieder auf die in der Frauenfrage doch ganz anders gelagerten amerikanischen Verhältnisse abheben und aus jenen Forderungen für die deutschen Verhältnisse ableiten"[15].

In der systematischen Erörterung der Ablehnungsgründe setzte Mohr in der Biologie an und erklärte die Frau „ihrer ganzen Naturanlage und Lebens-

[12] Verhandlungen der Zweiten Kammer Baden 1917–1918, Beilage 20a (wie Anm. 5) S. 50.

[13] Verhandlungen der Zweiten Kammer der Stände-Versammlung des Großherzogtums Baden, Protokolle 1917/18, Heft 518, 56. Sitzung, 7.6.1918, S. 120.

[14] Zu Mohrs Biographie vgl. Frank Raberg (Bearb.), Biographisches Handbuch der württembergischen Landtagsabgeordneten 1815–1933, Stuttgart 2001, S. 579.

[15] Landesarchiv Baden-Württemberg, Abt. Hauptstaatsarchiv Stuttgart (HStAS) Q 1/18 Bü 38, Württembergische Zweite Kammer, Beilage 468 vom 13.7.1918, S. 354.

bestimmung nach“ nicht für die Politik und die „politischen Kämpfe geschaffen“. Zwar habe die wissenschaftliche Forschung bei der Frau „kein geistiges Minus“ entdecken können und müsse man ihr zugestehen, „daß sie mit Bezug auf Intelligenz dem Manne ebenbürtig ist“; allerdings sei es „anerkannte Tatsache, daß die Frau mehr Gefühlsmensch, der Mann mehr Verstandesmensch ist“, und dies disqualifiziere sie für die politische Tätigkeit: „Wo rasche Entschlußfähigkeit und große Verantwortung in Frage kommen und besondere Ansprüche an kaltblütiges, von momentanen Stimmungen unabhängiges Handeln gestellt werden, paßt die Frau nicht.“ Hieraus folge, „daß vielmehr auch heute noch die Bestimmung des Weibes seiner ganzen Naturanlage nach die ist, die ihm vom Schöpfer gegeben wurde: Gattin, Mutter, Hausfrau und Erzieherin der Jugend zu sein“. Gerade dieser Bestimmung aber könne sie, so Mohr, nicht nachkommen, wenn man sie in die Politik dränge. Hieraus würden die größten Gefahren entstehen – nicht nur für die Familie, sondern für den ganzen Staat[16]. Dies wüssten übrigens auch die Frauen selbst, die in „übergroßer Mehrheit das Stimmrecht selbst nicht“ wollten. Kurz vor Kriegsbeginn mögen die „organisierten Anhängerinnen des Frauenstimmrechts in Deutschland auf ca. 10000 gezählt“ worden sein; „gewiß ein kleines Häuflein, aber diese kleine Schar verfügt über gewaltige Energien, über lungenfrische Führerinnen und über eine ausgezeichnete Presse, und sie mag auch im Verlauf des Krieges noch Zuwachs erhalten haben. Aber es wäre doch absurd und geradezu eine Vergewaltigung der Mehrheit, wenn nun auf Antrag einer so kleinen Minderheit so bedeutende politische Rechte, mit denen doch auch viel drückende Lasten und Pflichten verbunden sind, der weit überwiegend sich ablehnend verhaltenden Mehrzahl von Frauen aufgezwungen würden“[17].

Die teilweise kruden Argumente des Berichterstatters Mohr fanden im staatsrechtlichen Ausschuss der Zweiten Kammer des württembergischen Landtags breite Zustimmung: Der Vertreter des rechtskonservativen Bundes der Landwirte konstatierte: „Das Frauenwahlrecht gereiche nicht zum Segen der Völker. Wenn die Bewegung in Deutschland zunähme, werde die Reaktion sicher kommen.“ Anders als in Baden zeigte sich in Württemberg das liberale Lager in der Ablehnung des Frauenwahlrechts geschlossen, denn selbst der Vertreter der linksliberalen Fortschrittlichen Volkspartei meinte: „die Lage und die Zustände in Deutschland seien nicht derartig, daß die Einführung des Frauenwahlrechts dem öffentlichen Interesse und den Wünschen der Frauen entsprechen würde“. Lediglich vom sozialdemokratischen Vertreter kam Widerspruch; allerdings wollte er sich „eine sachliche Begründung seiner gegenteiligen Ansicht sparen. Die vorgebrachten Argumente enthalten nichts neues und seien längst widerlegt“[18]. Hochgerechnet auf die Fraktionsgrößen bedeuteten die Voten im staatsrechtlichen Ausschuss, dass nur etwa 18 Prozent der Mitglieder der Zweiten Kammer des württem-

[16] Ebd., S. 358f.
[17] Ebd., S. 361.
[18] Ebd., S. 365.

bergischen Landtags (gegenüber 27 Prozent in der badischen Zweiten Kammer) im Juli 1918 Befürworter des Frauenwahlrechts waren.

2. In der Revolution

Bei aller Einsicht in die grundsätzliche Modernisierungsbedürftigkeit des politischen Systems und trotz des liberalen Selbstverständnisses der Regierungspolitik fanden Verfassungsfragen sowohl in Baden als auch in Württemberg in der letzten Phase des Ersten Weltkriegs praktisch keine Beachtung. Dies änderte sich erst mit dem Beginn der Reichskanzlerschaft Max von Badens (1867–1929), als die Reformdiskussionen in Berlin auch nach Karlsruhe und Stuttgart auszustrahlen begannen[19]. Ihren Ausgangspunkt hatten sie in Baden in einer Besprechung der Parteiführer mit Staatsminister Bodman am 19. Oktober, auf der dieser allerdings nur zu Teilkonzessionen bereit war, und bis diese konkretisiert wurden, vergingen nochmals drei Wochen. Auf die Ankündigung, den Landtag demnächst mit der Einführung der Verhältniswahl bei den Landtagswahlen und der Abschaffung des Klassenwahlrechts bei den Kommunalwahlen befassen zu wollen, reagierte der in Karlsruhe erscheinende sozialdemokratische „Volksfreund" am 4. November mit der Aufforderung an die Parteien, „der Regierung klar zu machen, daß es nun aus zu sein hat mit dem alten Trott und dem Krähwinkler Landsturmtempo. Was hat sich alles im Reich in den verflossenen vier Wochen ereignet, welche einschneidenden Umwälzungen haben da stattgefunden, und da will eine badische Kleinstaatenregierung zwei Monate brauchen zur Vorbereitung und Durchführung von einigen Selbstverständlichkeiten"[20].

Die badischen Parteien bedurften der Aufforderung nicht, die Regierung unter Druck zu setzen, und stellten in diesen Tagen unterschiedliche Reformkataloge auf, deren Ausgestaltung jedoch hinter der politischen Machtfrage zurücktrat, die am deutlichsten von den Sozialdemokraten gestellt wurde. Besonders prägnant formulierte sie der Landtagsabgeordnete Ludwig Marum (1882–1934) in einem Zeitungsartikel vom 7. November, in dem er hervorhob, dass es nun nicht mehr um ein Entgegenkommen der Regierung „in einzelnen an sich wichtigen Fragen" gehe, sondern „ums Ganze! Auch in Baden wie im Reich handelt es sich heute um die Errichtung des demokratischen Volksstaates. [...] Alle Gewalt im Staate gebührt dem Volk, der Volksvertretung und der vom Volk beauftragten Regierung", und die Krone möge sich „auf das Altenteil ihrer monarchischen Ehrenrechte freiwillig" beschränken[21]. Der erste Schritt einer solchen Umwandlung der konstituti-

[19] Zum Kontext vgl. Frank Engehausen, Die Revolution von 1918/19 in Baden und Württemberg – ein Überblick, in: Ders./Reinhold Weber (Hgg.), Baden und Württemberg 1918/19. Kriegsende – Revolution – Demokratie, (Schriften zur politischen Landeskunde Baden-Württembergs, Bd. 48), Stuttgart 2019, S. 13–60, hier S. 14–25.

[20] Volksfreund. Tageszeitung für das werktätige Volk Mittelbadens vom 4.11.1918, S. 1.

[21] Ludwig Marum, Die badische Frage, in: ebd. vom 7.11.1918, S. 2.

onellen in eine parlamentarische Monarchie sollte die umgehende Aufnahme von Vertretern der Mehrheitsparteien des Landtags in die Regierung sein, und erst danach konnten die Pläne für eine Verfassungsreform konkretisiert und in diesem Kontext gegebenenfalls auch geklärt werden, ob auch der weibliche Teil des Volkes Träger der Gewalt im Staate sein sollte. Indes selbst diesen ersten Schritt schaffte man in Baden nicht, da am 9. November die Nachricht vom revolutionären Umbruch in Berlin die bisherigen politischen Handlungsgrundlagen erschütterte.

Ähnlich war die Konstellation in Württemberg, wo am 22. Oktober erstmals im Kabinett über eine Regierungsumbildung gesprochen wurde. Verhandlungen des Staatsministers Karl von Weizsäcker (1853–1926) mit Vertretern der Mehrheitsparteien des Landtags hierüber blieben zunächst ergebnislos, und zu Bewegung kam es erst, als sich die Parteien am 6. November auf ein gemeinsames Vorgehen verständigten und konkrete Pläne für die Zusammensetzung einer parlamentarischen Regierung präsentierten[22]. Anders als in Baden kam diese Regierung auch tatsächlich noch zustande, wenngleich sie nicht einmal 24 Stunden amtieren sollte, bis ihr die Revolution die Legitimation entzog: Am 8. November ernannte der König von Württemberg den Linksliberalen Theodor Liesching (1865–1922) zum neuen Regierungschef, und auch Zentrum, Nationalliberale und SPD wurden ins Kabinett miteinbezogen – letztere mit Hugo Lindemann (1867–1949), für den ein Ministerium für Demobilisation neu geschaffen werden sollte.

Die württembergische Eintagesregierung Liesching, die am Vormittag des 9. November kurz nach ihrer Vereidigung durch König Wilhelm II. entmachtet wurde, als Demonstranten am Wilhelmspalais die rote Fahne hissten, ließe sich leicht als Marginalie abtun; für die Etablierung des Frauenwahlrechts spielte sie allerdings eine kleine Rolle: An jenem 9. November nämlich kündigte diese Regierung in der einzigen Handlung, die der Öffentlichkeit mitgeteilt wurde, an, dass der König in Übereinstimmung mit seinem Kabinett die „Einberufung einer konstituierenden Landesversammlung" angeordnet habe. Sie solle durch „allgemeine gleiche direkte geheime Wahl der württembergischen Staatsangehörigen über 24 Jahre beiderlei Geschlechts gebildet werden". Ihre Aufgabe solle sein, „unserem Staat eine den Bedürfnissen der neuen Zeit genügende Verfassung auf demokratischer Grundlage zu geben"[23].

Die näheren Umstände und damit auch die allgemeinen Motive dieses Versuches, in allerletzter Minute dem Projekt einer Demokratisierung des politischen Systems

[22] Auch in Württemberg ging es also um die Umwandlung der konstitutionellen in eine parlamentarische Monarchie. Wilhelm Keil (1870–1968), der für die SPD an den Beratungen teilnahm, hielt in seinen Lebenserinnerungen fest, dass die Frage „Republik oder Monarchie" überhaupt nicht berührt worden sei: „Sie schien in Württemberg nicht aktuell zu sein. […] Wie hätten wir in Württemberg, wo der Monarch eine mustergültig konstitutionelle Haltung einnahm, die aus dem Zusammenbruch des Heeres hervorgehenden Schwierigkeiten noch vergrößern sollen durch Aufrollung der Frage der Staatsform!"; Wilhelm Keil, Erlebnisse eines Sozialdemokraten. Bd. 2, Stuttgart 1948, S. 19.

[23] HStAS E 130a Bü 195.

auf gesetzlichem Wege mit der ganz unvermittelten Einführung des Frauenwahlrechts Nachdruck zu verleihen, erschließen sich aus den Quellen ebenso wenig wie die Haltungen der einzelnen Regierungsmitglieder, die ja – mit Ausnahme des Sozialdemokraten Lindemann – allesamt Parteien angehörten, die sich noch vier Monate zuvor eindeutig gegen das Frauenwahlrecht positioniert hatten. Unklar ist auch, ob es sich bei diesem erstaunlichen Vorstoß um eine genuin württembergische Idee handelte oder ob der Impuls dazu von Berlin ausging, wo die Mehrheitsparteien des Reichstags am Vortag, dem 8. November, einen Antrag auf Einführung des Frauenwahlrechts eingebracht hatten: „Die Wahlen zum Reichstag und zu den Volksvertretungen aller Bundesstaaten“ sollten nach ihrem Willen nach dem „allgemeinen, gleichen, unmittelbaren und geheimen Wahlrecht nach den Grundsätzen der Verhältniswahl“ stattfinden, und wahlberechtigt sollte „ohne Unterschied des Geschlechtes“ sein, „wer das 24. Lebensjahr vollendet hat“[24].

Nun ließe sich dieser in den Forschungen zu Wahlrechtsfragen und zur politischen Frauenemanzipation kaum einmal beachtete Antrag der Mehrheitsfraktionen des Reichstags vom 8. November zum Anlass nehmen, darüber zu diskutieren, ob das Frauenwahlrecht tatsächlich ein spontanes Produkt des revolutionären Umbruchs war oder ob seine Einführung nicht ohnehin im Zuge der unter Max von Baden begonnenen Verfassungsreformen erfolgt wäre, wenn die Revolution den Demokratisierungsprozess nicht jäh unterbrochen hätte. Hierfür allerdings wären kontrafaktische Spekulationen nötig, die auch berücksichtigen müssten, dass beide Initiativen – der Antrag an den Reichstag vom 8. November und zumal der württembergische Regierungsbeschluss vom 9. November – erst erfolgten, als der Druck der Straße für die Protagonisten der Reformpolitik zu einem handlungsleitenden Faktor wurde und die Revolution damit schon in vollem Gange war.

Auch auf die Frage, welche Bedeutung der Antrag an den Reichstag und der württembergische Regierungsbeschluss für den weiteren Gang der Tagesereignisse hatten, lässt sich keine klare Antwort geben. Einerseits blieben sie insofern folgenlos, als der Reichstag gar nicht mehr zusammentrat, um über das Frauenwahlrecht zu beschließen, und eine konstituierende württembergische Landesversammlung nicht auf Anordnung König Wilhelms II., sondern unter ganz anderen Umständen zustande kam. Andererseits war es aber wohl nicht ohne Belang, dass die bisher in der Frauenwahlrechtsfrage zögerlichen beziehungsweise ablehnenden Parteien, Links- und Nationalliberale sowie Zentrum, ihre Haltung in letzter Minute aus eigenem Antrieb revidierten, womit Widerstände von ihrer Seite gegen die Einführung des Frauenwahlrechts in der Revolution unmöglich gemacht wurden. Diese erfolgte dann bekanntlich am 12. November mit dem Aufruf des Rats der Volksbeauftragten, demzufolge „alle Wahlen zu öffentlichen Körperschaften [...] fortan nach dem gleichen, geheimen, direkten, allgemeinen Wahlrecht auf Grund des proportionalen Wahlsystems für alle mindestens 20 Jahre alten männlichen und weiblichen Personen zu vollziehen“ waren – mit dem Hinweis, dass dies auch

[24] Reichstagsprotokolle 1914/18, Aktenstück Nr. 2002 vom 8.11.1918, S. 3158.

„für die Konstituierende Versammlung, über die nähere Bestimmung noch erfolgen wird“, gelte[25].

Auf Seiten der provisorischen Regierungen, die sich am 9. und 10. November in Baden und Württemberg konstituierten, wurde diese Wahlrechtsvorgabe des Rats der Volksbeauftragten offenkundig widerspruchslos akzeptiert. Zwar gehörten sowohl der neuen Regierung in Karlsruhe als auch jener in Stuttgart – anders als dem Rat der Volksbeauftragten, der allein von der SPD und der Unabhängigen Sozialdemokratischen Partei Deutschlands (USPD) getragen wurde – Vertreter von Links- und Nationalliberalen sowie des Zentrums an[26], die noch bis vor kurzem Gegner des Frauenwahlrechts gewesen waren; ein südwestdeutscher Sonderweg mit einem restriktiveren Wahlrecht als im Rest Deutschlands wäre aber undenkbar gewesen, zumal die Berliner Revolutionsregierung in ihrem Aufruf vom 12. November Grundsätze für sämtliche Wahlen formuliert hatte. Auch hätten Widerstände in einer so elementaren Frage wie dem Wahlrecht wohl unweigerlich zum Auseinanderbrechen der provisorischen Regierungen geführt, in die die badischen und die württembergischen Liberalen und Zentrumspolitiker eingetreten waren, um eine revolutionäre Eskalation mit Eingriffen in die Eigentumsordnung zu verhindern. Eine solche nun vielleicht doch noch zu riskieren, dürfte den Gegnern des Frauenwahlrechts aber diese Prinzipienfrage, wenn sie denn in diesen Tagen überhaupt noch eine war, vermutlich nicht wert gewesen sein.

Da in den provisorischen Regierungen in Karlsruhe und in Stuttgart die ohnehin frauenrechtsfreundlichen Sozialdemokraten mit den Regierungschefs Anton Geiß (1858–1944) und Wilhelm Blos (1849–1927) den Ton angaben und die bürgerlichen Minister ihre Vorbehalte gegen das Frauenwahlrecht entweder inzwischen aufgegeben oder als aktuell inopportun zurückgestellt hatten, gelang dessen Ingangsetzung ganz geschäftsmäßig: In Baden wurde die Wahl einer Verfassunggebenden Landesversammlung nach den revolutionären Reichsrichtlinien und damit inklusive des Frauenwahlrechts bereits am 14. November angekündigt und zwei Tage später durch die einmütige Annahme einer Wahlordnung durch die Regierung fixiert[27]. In Württemberg geschah dies erst Anfang Dezember[28], da die Unabhängigen Sozialdemokraten, die in Stuttgart deutlich stärker waren als in Karlsruhe, den Wahltermin möglichst weit nach hinten schieben wollten. Hinsichtlich der Wahlberechtigung und der Wahlmodalitäten war man sich jedoch auch in Württemberg einig, und man akzeptierte ebenfalls die Berliner Vorgaben.

---

25 Reichs-Gesetzblatt 1918, S. 1303 f.

26 Zur Zusammensetzung der beiden Regierungen vgl. ENGEHAUSEN, Revolution (wie Anm. 19) S. 26 f., S. 39 f.

27 Vgl. Martin FURTWÄNGLER (Bearb.), Die Protokolle der Regierung der Republik Baden, 1. Bd, Die provisorische Regierung November 1918 – März 1919, (Kabinettsprotokolle von Baden und Württemberg 1918–1933, I. Teil), Stuttgart 2012, S. 5.

28 Vgl. Ansbert BAUMANN (Bearb.), Die Protokolle der Regierung des Volksstaates Württemberg, 1. Bd, Die provisorische Regierung und das Kabinett Blos November 1918 – Juni 1920, (Kabinettsprotokolle von Baden und Württemberg 1918–1933 II. Teil), Stuttgart 2013, S. 25.

Dies gilt auch für die bürgerlichen Minister, die möglicherweise noch vorhandene Vorbehalte gegen das Frauenwahlrecht vielleicht auch deshalb zurückstellten, weil sie sich unterdessen mit noch weitergehenden Forderungen konfrontiert sahen: zum Beispiel mit der Eingabe der Frauenrechtsaktivistin Frida Perlen (1870–1933), „den organsierten Frauen in der württembergischen provisorischen Regierung beratende und beschließende Stimme zu geben“[29].

3. Nach der Revolution

Ähnlich geräuscharm wie die Einführung des Frauenwahlrechts in der Revolution verliefen seine erste Erprobung bei den Wahlen zu den Verfassunggebenden Landesversammlungen und seine gesetzliche Verankerung in der Verfassungsarbeit dieser Konstituanten in den ersten Monaten des Jahres 1919. Sowohl in Baden als auch in Württemberg griffen die Landesversammlungen dabei auf Entwürfe zurück, die von Verfassungskommissionen vorbereitet worden waren, die die provisorischen Regierungen eingesetzt hatten – beide waren, wie die provisorischen Regierungen selbst, parteiübergreifend von der Sozialdemokratie bis zu den Rechtsliberalen zusammengesetzt. In Württemberg arbeitete die Kommission nahezu konfliktfrei, und in Baden ergaben sich Kontroversen lediglich durch die Forderung des nationalliberalen Kommissionsmitglieds, das künftige Parlament in zwei Kammern zu konstruieren[30]. Diskussionen über ein Für und Wider des Frauenwahlrechts in den Kommissionen drangen nicht an die Öffentlichkeit und dürfte es auch hinter verschlossenen Türen nicht gegeben haben.

Auch bei den Beratungen über die Verfassungsentwürfe in den Konstituanten spielte das Frauenwahlrecht keine Rolle. In Baden wurde der Kommissionsbericht über den Verfassungsentwurf am 19. März 1919 von dem Juristen Johann Anton Zehnter (1851–1922) erstattet[31], der als Zentrumspolitiker einer Partei angehörte, die noch ein gutes halbes Jahr zuvor das Frauenwahlrecht nicht etwa nur als derzeit untunlich, sondern als grundsätzlich schädlich für die politische und gesellschaftliche Entwicklung des Landes abgelehnt hatte. Warum es dies inzwischen nicht mehr sein sollte, versuchte Zehnter erst gar nicht zu begründen, sondern schwieg über diese Neuerung, durch die sich die Zahl der Wahlberechtigten mehr als verdoppelte. Kontroversen über das Wahlrecht habe es, so Zehnter, in der Verfassungskommission lediglich über das Wahlalter gegeben: Von verschiedenen Seiten sei angeregt worden, das Wahlalter von 20 Jahren, wie es bei den Wahlen sowohl zur

---

[29] Ebd., S. 11. Die Regierung agierte hier ausweichend und legte Perlen am 17. November nahe, „zunächst beim Arbeiter- und Soldatenrat eine Vertretung der organisierten Frauen in die Wege zu leiten“.

[30] Vgl. ENGEHAUSEN, Revolution (wie Anm. 19) S. 45.

[31] Zu seiner Biographie vgl. Paul FECHTE, Zehnter, Johann Anton, Jurist, Zentrumspolitiker, Mitglied des Reichstags, Mitglied des Landtags, in: Bernd OTTNAD (Hg.), Badische Biographien. Neue Folge Bd. 3, Stuttgart 1990, S. 310–313.

badischen als auch zur deutschen verfassunggebenden Versammlung jetzt praktiziert worden war, um ein Jahr anzuheben und damit den Bestimmungen des Bürgerlichen Gesetzbuches über die Volljährigkeit anzugleichen. Indes habe man hiervon Abstand genommen „mit Rücksicht darauf, daß der inzwischen bekannt gewordene Verfassungsentwurf für das Deutsche Reich und die Verfassungsentwürfe anderer Bundesstaaten die Wahlberechtigung ebenfalls mit dem vollendeten 20. Lebensjahre beginnen lassen“[32].

In Anbetracht der Tatsache, dass man selbst in einer Nebenfrage wie der, ob das Wahlalter auf 20 oder 21 Jahre festgelegt werden solle, Abweichungen von dem allgemeinen Trend scheute, verwundert es nicht, dass Grundsatzdiskussionen über das Frauenwahlrecht in der badischen verfassunggebenden Versammlung im März 1919 gar nicht mehr geführt wurden, da in dieser Frage regionale Separatlösungen noch weit weniger möglich erschienen. Dies sah man offenkundig auch in Württemberg so, wo die politische Ablehnung des Frauenwahlrechts durch die Parteien ein halbes Jahr zuvor noch größer gewesen war als in Baden. Den Bericht des Verfassungsausschusses der Verfassunggebenden Landesversammlung erstattete dort am 15. April der vormals national- und inzwischen linksliberale Johannes Hieber (1862–1951), der als Mitglied des königlichen Eintageskabinetts vom 8./9. November 1918 der Einführung des Frauenwahlrechts in Württemberg Pate gestanden hatte beziehungsweise hatte stehen wollen[33]. Auch Hieber konnte von keinen Grundsatzdiskussionen über Geschlechterfragen in Zusammenhang mit den Wahlrechtsberatungen des Verfassungsausschusses berichten. Wie in Baden war auch in Württemberg die Altersqualifikation umstritten; zudem gab es Diskussionen über die Einführung einer Wahlpflicht, die indes letztlich verworfen wurde[34].

Dass die Frauenfrage in den Wahlrechtsberatungen der Verfassunggebenden Landesversammlungen gar nicht aufgegriffen wurde, war insofern nicht erstaunlich, als schon bei deren Eröffnung im Januar 1919 der Eindruck entstanden war, dass das Frauenwahlrecht und die Anwesenheit weiblicher Abgeordneter in den Parlamenten eine Selbstverständlichkeit waren. Bei der Eröffnung der badischen Landesversammlung am 15. Januar waren weder deren frisch gekürter Präsident, der Zentrumsabgeordnete Ferdinand Kopf (1857–1943), noch Anton Geiß als Chef der provisorischen Regierung auf die Beteiligung von Frauen am Zustandekommen der Konstituante eingegangen. Lediglich Eduard Dietz (1866–1940), der im Namen der SPD einige Grundsatzbemerkungen vortrug, begrüßte „insbesondere aufs herzlichste, daß endlich hier in unserem Kreise ein altes Ziel unserer Demokratie und Sozialdemokratie wahr geworden ist, daß wir die Frauen zur sozialen Mitarbeit dank des neuen Wahlrechts in unserer Mitte begrüßen können“[35]. Auch

---

[32] Verhandlungen des Badischen Landtags, Beilagen 1919, Heft 524, Beilage 1a, S. 15.

[33] Zu seiner Biographie vgl. Raberg, Handbuch (wie Anm. 14) S. 354–357.

[34] Verhandlungen der verfassunggebenden Landesversammlung beziehungsweise des Landtags des freien Volksstaates Württemberg. Beilagen 1919–1920, Bd. 1, S. 220–223.

[35] Verhandlungen des Badischen Landtags 1919 (wie Anm. 32) S. 7. Zu seiner Biographie vgl. Detlev Fischer, Eduard Dietz (1866–1940). Vater der badischen Landesverfassung von

wenn niemand Dietz widersprach, ist doch zu vermuten, dass nicht alle männlichen Abgeordneten seine Überzeugung teilten. Dies scheint auch Marianne Weber (1870–1954), die bei dieser Gelegenheit als erste Frau in einem deutschen Parlament überhaupt das Wort ergriff, gemeint zu haben, als sie die geschichtliche Bedeutung der Teilhabe von Frauen „an dem Wiederaufbau des badischen Staates" würdigte und hinzufügte: „Wir Frauen können nur unserer hohen Freude und Befriedigung darüber Ausdruck geben, daß wir zu dieser Aufgabe mitberufen sind, und ich glaube sagen zu dürfen, daß wir besser für sie vorbereitet sind, als vielleicht die meisten von Ihnen glauben."[36]

In der württembergischen Verfassunggebenden Landesversammlung wurde bei der Eröffnung am 23. Januar, die von dem wenige Tage zuvor in Stuttgart stattgefundenen Spartakusaufstand überschattet war, auf irgendeine Würdigung des Frauenwahlrechts oder der erstmaligen Teilnahme von Frauen an der parlamentarischen Arbeit ganz verzichtet. Nur indirekt nahm der stellvertretende Vorsitzende der provisorischen Regierung, der Sozialdemokrat Hugo Lindemann, darauf Bezug, als er die von Zentrum und Liberalen vorgetragene These, die nun im Vollzug befindlichen demokratischen Reformen hätten auch ohne Revolution erreicht werden können, zurückwies. Lindemann wollte in diesem Kontext nur „an eine dieser Errungenschaften erinnern, an das Frauenwahlrecht. Bitte denken Sie einige Monate nur zurück an die Verhandlungen, die über eine Eingabe des Vereins für Frauenstimmrecht und anderer Frauenvereine in dem Staatsrechtlichen Ausschuß geführt wurden. Die Haltung aller Parteien war damals vollständig ablehnend und es sind damals die Forderungen der Frauen auf die Gewährung des Stimmrechts in der Gemeinde abgelehnt worden mit Gründen, die nach meiner Auffassung, wie ich es auch in dem Ausschuß seinerzeit ausgesprochen habe, zum größten Teil durch die Vorgänge des Weltkriegs, die Teilnahme der Frau an der sozialen und wirtschaftlichen Arbeit in ihm, widerlegt waren. Ich glaube nicht, daß ohne Revolution das Frauenwahlrecht in Deutschland so schnell und so vollständig gekommen wäre"[37].

Die historische Tatsache der Einführung des Frauenwahlrechts in der Revolution wurde bei deren rechtlichem Abschluss, so wird man das Ausbleiben jeglicher Diskussionen darüber in den badischen und württembergischen Verfassungsberatungen im Frühjahr 1919 wohl werten dürfen, nicht noch einmal bekräftigt, sondern bloß zur Kenntnis genommen. Das gleiche Bild zeigt sich beim Blick in die

1919. Ein Karlsruher Juristenleben (Schriftenreihe des Rechtshistorischen Museums, Bd. 16), Karlsruhe 2008; Andreas Hunkel, Eduard Dietz (1866–1940). Richter, Rechtsanwalt und Verfassungsschöpfer (Rechtshistorische Reihe, Bd. 384), Frankfurt a. M. u. a. 2009.

[36] Verhandlungen des Badischen Landtags 1919 (wie Anm. 32) S. 9. Zu ihrer Biografie vgl. Bärbel Meurer, Marianne Weber. Leben und Werk, Tübingen 2010 sowie den Beitrag von Sybille Oßwald-Bargende in diesem Band.

[37] Verhandlungen der verfassunggebenden Landesversammlung beziehungsweise des Landtags des freien Volksstaates Württemberg, Protokolle 1919–1920, Bd. 1, 5. Sitzung, 28.1.1919, S. 84. Zu seiner Biographie vgl. Raberg, Handbuch (wie Anm. 14) S. 506 f.

staatsrechtliche Literatur dieser Jahre, die die Einführung des Frauenwahlrechts nur konstatierte, aber nicht diskutierte[38]. In seinen 1919 erschienenen Erläuterungen zur badischen Verfassung kommentierte der seinerzeitige Kommissionsberichterstatter Zehnter den entsprechenden Verfassungsparagraphen nur mit dem knappen Satz: „Die Ausdehnung der Wahlberechtigung auf das weibliche Geschlecht ist neu"[39], und auch in dem maßgeblichen Kommentar zur badischen Verfassung von Karl Glockner (1861–1946), der wie Zehnter der Verfassunggebenden Landesversammlung selbst angehört hatte, ist nicht wesentlich mehr zu dieser Frage zu erfahren; immerhin skizzierte er noch die Genese des Frauenwahlrechts, das er „erstmals in der Kundmachung der bad. vorläufigen Volksregierung vom 14. Nov. 1918" anerkannt sah[40].

Eine Erklärung dafür, dass die Kritik am Frauenwahlrecht zumindest im öffentlichen Diskurs mit seiner Einführung in der Revolution schlagartig verstummte, dürfte wohl am ehesten in der fundamentalen verfassungsrechtlichen Bedeutung des Wahlrechts zu suchen sein, denn wer einmal politische Partizipationsrechte besaß, dem konnten sie kaum wieder entzogen werden. Zwar gab es in der deutschen Geschichte durchaus Beispiele für Wahlrechtsverschlechterungen – etwa die Einführung des Dreiklassenwahlrechts in der preußischen Gegenrevolution von 1849 oder die in Sachsen zur Abwehr der Sozialdemokratie durchgeführten Experimente mit Klassen- und Pluralwahlrecht in den Jahren 1896 und 1909[41]; in beiden Fällen waren aber gesellschaftliche Großgruppen „nur" diskriminiert und nicht vollständig politisch entrechtet worden. Vor diesem Hintergrund wäre eine Aufhebung oder auch nur eine Einschränkung des Frauenwahlrechts 1919 wohl kaum denkbar gewesen, zumal sich die verfassunggebenden Versammlungen selbst delegitimiert hätten, wenn sie allzu weit von den Wahlrechtsbestimmungen abgewichen wären, denen sie ihre Existenz verdankten.

Zur Akzeptanz des Frauenwahlrechts – auch wenn es eine widerwillige gewesen sein mag – dürfte auch beigetragen haben, dass zumindest ein Teil der Argumente, die noch im Sommer 1918 dagegen angeführt worden waren, weggefallen war. Dies galt für die taktischen Einwände von liberaler Seite, mit denen die Frage vertagt werden sollte, ebenso wie für das von allen Gegnern vorgetragene Zentralargument, dass die Frauen selbst das Frauenwahlrecht gar nicht wünschten. Die hohe Beteiligung auch von Frauen an den Wahlen zu den verfassunggebenden Versammlungen im Reich und in den Ländern entkräftete dies überdeutlich. Es blieb im Grunde also nur der biologistisch-psychologische Einwand, dass die Frau als

---

[38] Vgl. etwa Adolf TECKLENBURG, Wahlrecht und Wahlverfahren, in: Gerhard ANSCHÜTZ (u.a.) (Hg.), Handbuch der Politik. 1. Bd.: Die Grundlagen der Politik, Berlin/Leipzig ³1920, S. 368.

[39] Johann Anton ZEHNTER, Die Badische Verfassung vom 21. März 1919. Mit einer Vorgeschichte und Anmerkungen, Mannheim u. a. 1919, S. 63.

[40] Karl GLOCKNER, Badisches Verfassungsrecht, Karlsruhe ²1930, S. 38.

[41] Vgl. dazu Simone LÄSSIG, Wahlrechtskampf und Wahlreformen in Sachsen (1895–1909), Weimar u. a. 1996.

vermeintliches Gefühlswesen zur Beurteilung politischer Fragen gar nicht in der Lage sei. Dies mochte, wer es 1918 für plausibel gehalten hatte, auch 1919 noch meinen; es auch zu sagen, wurde aber zunehmend inopportun, zumal die ersten mit Beteiligung von Frauen durchgeführten Wahlen deutlich gezeigt hatten, dass gerade die Parteien, in denen die Gegnerschaft zum Frauenwahlrecht besonders ausgeprägt gewesen war, von dessen Einführung am stärksten profitierten: das Zentrum und die nun in der Deutschnationalen Volkspartei (DNVP) formierten Konservativen, wie das badische Statistische Landesamt bereits 1921 in einer ersten Datenerhebung zu nationalen und kommunalen Wahlen feststellte[42]. Das Frauenwahlrecht wurde somit rasch von einem verfassungsrechtlichen zu einem soziologischen Problem, indem nicht mehr interessant war, ob Frauen wählten, sondern wie sie wählten.

[42] Über die Deutschen Nationalversammlungswahlen in Baden, die Badischen Gemeinde-, Bezirksrats- und Kreisabgeordnetenwahlen und das Frauenwahlrecht, bearb. vom Badischen Statistischen Landesamt, Karlsruhe 1921. Zu den zeitgenössischen wahlsoziologischen Befunden vgl. auch Hans Beyer, Die Frau in der politischen Entscheidung (Soziologische Gegenwartsfragen, 2. Heft 1932), Stuttgart 1933.

„Berufen […], an der Gestaltung des Staates […] teilzunehmen". Politische Mobilisierung von Frauen im deutschen Südwesten 1918/19

Christopher Dowe

„Es sei mir gestattet, nicht als Parteiangehörige, sondern als Frau einige Worte zu ihnen zu sprechen, denn ich bin mir bewusst, daß heute tausende von badischen Frauen mit Freude und Dankbarkeit und mit klopfendem Herzen auf uns schauen und die Tatsache, daß heute zum erstenmal Frauen in dieses Haus eingezogen sind, die berufen sind, an der Gestaltung des Staates, an dem Wiederaufbau des badischen Staates teilzunehmen, als einen Augenblick von geschichtlicher Bedeutung empfinden."[1] Mit diesen Worten begann die erste Rede einer weiblichen Abgeordneten in einem deutschen Parlament. Sie stammen von der Wissenschaftlerin, Frauenrechtlerin und Liberalen Marianne Weber (1870–1954), die für die Deutsche Demokratische Partei (DDP) in die badische Verfassunggebende Nationalversammlung gewählt worden war und in der Eröffnungssitzung am 15. Januar 1919 das Wort ergriff. Marianne Weber betonte, dass Frauen besser für die Erarbeitung einer neuen Verfassung vorbereitet seien, als vielleicht die meisten der männlichen Volksvertreter glauben würden. Weber verwies darauf, dass Millionen von Frauen seit Jahrzehnten „draußen außerhalb des Hauses ihren Unterhalt selbst erwerben und auf eigenen Füßen stehen" mussten und sich „die harte Luft des Draußenlebens um ihren Kopf" wehen ließen. Tausende Frauen hatten zudem wahrend des Krieges Männerarbeit geleistet und ein Heimatheer gebildet, ohne welches das Frontheer keine Munition und keine Kleidung gehabt hätte. Und Tausende Frauen hätten schließlich „seit vielen Jahrzehnten, durchdrungen von tiefem sozialen Verantwortlichkeitsgefühl, mitgewirkt an der Lösung der schweren sozialen Aufgaben". Dabei hätten sie sich auch „geschult, zu allen Angelegenheiten des öffentlichen Lebens, und zur Gesetzgebung, soweit sie das weibliche Geschlecht betraf, Stellung zu nehmen", so dass sich Marianne Weber berechtigt sah, „sagen zu dürfen, daß wir nicht unvorbereitet in dieses Haus einziehen".

Nicht in den Blick nahm die liberale Politikerin, was sich in den Wochen vor ihrer Rede vollzogen hatte: eine ungeheure politische Mobilisierung des weiblichen Bevölkerungsteils, die sich zwischen dem Zusammenbruch der alten politischen Ordnung und den Januarwahlen des Jahres 1919 vollzog. Marianne Webers Perspektive wird heute von Spezialistinnen für die Frauengeschichte wie Kerstin Wolff (* 1967) aufgegriffen, die mit Recht das ganze 19. Jahrhundert in den Blick

[1] Verhandlungen des Badischen Landtags, Protokolle 1919, Heft 523, 1. Sitzung, 15.1.1919, S. 9. Ebd. auch die folgenden Zitate. Zu Marianne Weber vgl. Bärbel MEURER, Marianne Weber. Leben und Werk, Tübingen 2010 und den Beitrag von Sybille Oßwald-Bargende in diesem Band.

nehmen und die Geschichte der Frauenbewegung und der Frauenstimmrechtsbewegung vor 1918 betonen. Wer wie Kerstin Wolff im Rahmen eines solchen Überblicks von einer Kampfphase ab Frühjahr 1917 ausgeht und diese mit der Verkündung des Frauenwahlrechts auf Reichsebene am 12. November 1918 enden lässt[2], verlässt bei der Wahl des Endpunktes die bewegungsgeschichtliche Argumentation zugunsten eines etatistisch gedachten Ereignisses. Diesem Beschluss des Rates der Volksbeauftragten auf Reichsebene, der schon am 9. November angekündigt wurde[3], wäre nicht nur aus einer föderalen Perspektive der 7. November in Bayern[4], der 9. November in Württemberg[5] oder der 14. November in Baden[6] an die Seite zu stellen, also die Daten, an denen in diesen Ländern das Frauenwahlrecht verkündet wurde. Wichtiger ist, dass es keineswegs zwingend war, dass dieser Beschluss eines revolutionären Gremiums in Berlin dauerhaft die politische Praxis im ganzen Reich prägen würde. Wie offen und unübersichtlich die Situation in Berlin um den 12. November 1918 war, zeigt nicht nur ein Blick in die Quellen[7]. Auch zwei Episoden der württembergischen Geschichte sensibilisieren für mögliche alternative Entwicklungspfade, die sich schließlich doch nicht durchsetzten. Im Wahlkreis Ravensburg-Weingarten erfolgte am 14. November eine Nachwahl für den württembergischen Landtag, die noch vor den Umbrüchen angesetzt worden war. Trotz der Revolution fand die Wahl nach dem alten Wahlrecht und unter Ausschluss des weiblichen Bevölkerungsteils statt[8]. Am 17. November lehnte die neue revolutionäre Regierung Württembergs eine Eingabe der Stuttgarter Frauenrechtlerin Frida Perlen (1870–1933) ab, die das neue Kabinett um Mitglieder der organisierten Frauenbewegung ergänzt sehen wollte, und verwies die Petentin

---

[2] Kerstin Wolff, Auch unsere Stimme zählt! Der Kampf der Frauenbewegung um das Wahlrecht in Deutschland, in: Ariadne 73/74 (2018) S. 11–19.

[3] Vgl. Ute Rosenbusch, Der Weg zum Frauenwahlrecht in Deutschland, Frankfurt a. M. 1998, S. 455 f. Text des Aufrufs der neuen Reichsregierung vom 9.11.1918, abgedruckt in: Peter Longerich (Hg.), Die Erste Republik. Dokumente zur Geschichte des Weimarer Staates, München/Zürich 1992, S. 48 f. Zur Einordnung siehe Angelika Schaser, Zur Einführung des Frauenwahlrechts vor 90 Jahren am 12. November 1918, in: Feministische Studien 1 (2009) S. 97–110; Gisela Bock, 100 Jahre Frauenwahlrecht: Deutschland in transnationaler Perspektive, in: Zeitschrift für Geschichtswissenschaft 66 (2018) S. 395–412.

[4] Vgl. Rosenbusch (wie Anm. 3) S. 457.

[5] Vgl. Ansbert Baumann (Bearb.), Die Protokolle der Regierung des Volksstaates Württemberg, 1. Bd.: Die provisorische Regierung und das Kabinett Blos November 1918 – Juni 1920 (Kabinettsprotokolle von Baden und Württemberg 1918–1933 II. Teil), Stuttgart 2013, S. XXVIII; Rosenbusch (wie Anm. 3) S. 457 Anm. 1119.

[6] Michael Braun, Der Badische Landtag 1918–1933 (Handbuch der Geschichte des deutschen Parlamentarismus), Düsseldorf 2010, S. 72 f.; Rosenbusch (wie Anm. 3) S. 457 Anm. 1119.

[7] Vgl. etwa Heinz Hürten/Georg Meyer (Hgg.), Adjutant im preußischen Kriegsministerium Juni 1918–Oktober 1919. Aufzeichnungen des Hauptmanns Gustav Böhm (Beiträge zur Militär- und Kriegsgeschichte, Bd. 19), Stuttgart 1977.

[8] Peter Eitel, Ravensburg im 19. und 20. Jahrhundert. Politik, Wirtschaft, Bevölkerung, Kirche, Kultur, Alltag, Ostfildern 2004, S. 218.

an die Arbeiter- und Soldatenräte[9]. Dass sich der 12. November im Rückblick als demokratiegeschichtliche Zäsur erweisen sollte, entschied sich in den folgenden Wochen bis zu den Januarwahlen. Ganz wesentlich Anteil daran hatte, dass sich die weibliche Bevölkerung in ungeahntem Umfang politisch engagierte und sich ihre neuen demokratischen Mitbestimmungsmöglichkeiten zu eigen machte. Einmal mehr zeigte sich, dass Demokratie und damit auch ihr zentraler Bestandteil Frauenwahlrecht gelebt werden muss, um wirksam zu werden.

Drei Wege der politischen Teilhabe und Mobilisierung eröffneten sich Frauen ab Mitte November 1918, die in unterschiedlichem Umfange angenommen wurden: Frauenversammlungen, Mitarbeit in der Rätebewegung und Engagement für und in Parteien. An den „nationalen Burgfrieden“ der Kriegsgesellschaft und den „Nationalen Frauendienst“ anknüpfend, veranstalteten Frauenorganisationen wie in anderen Regionen Deutschlands parteiübergreifende Veranstaltungen, in denen Frauen gezielt über anstehende politische und gesellschaftliche Grundfragen informiert, Fragen des neuen Wahlrechts erörtert und politische Forderungen erhoben wurden[10]. An manchen Orten erhielten zudem politische Parteien die Möglichkeit, ihr Programm in Kurzvorträgen den Zuhörerinnen zu präsentieren. Von ihrer Reichweite waren diese Veranstaltungen zeitlich wie räumlich begrenzt, fanden sie doch schwerpunktmäßig Ende November und Anfang Dezember 1918 statt und eher im städtischen Umfeld als auf dem Land. Danach wurden entsprechende Angebote, die sich vom eigenen Anspruch her an alle Frauen unabhängig von ihrer politischen und sozialen Verortung richteten, durch die Lagerbildung des beginnenden Wahlkampfes zunehmend verdrängt[11].

Ein weiteres politisches Tätigkeitsfeld für Frauen bot die entstehende Rätebewegung. Von ganz wenigen Ausnahmen abgesehen verstanden sich die südwestdeutschen Räte noch prononcierter als die Räte anderer deutscher Regionen als Garanten der Errungenschaften der Revolution, die die angekündigten demokratischen Wahlen von verfassunggebenden Versammlungen gewährleisten wollten und sich als ergänzende Organe der regulären Verwaltung verstanden, um die sozialen und wirtschaftlichen Herausforderungen der direkten Nachkriegszeit zu meistern[12]. Das Berufsgruppen- und arbeitsstättenbezogene Konstituierungsprinzip der meisten Räte hemmte in vielen Fällen Frauenengagement, waren Frauen

---

9 Vgl. Protokolle (wie Anm. 5) S. 11.

10 Zu Freiburg vgl. Birgit Heidtke, Reden vor vollen Sälen, in: Momente 1 (2019) S. 8f.

11 Vgl. exemplarisch Schwäbisch Hall: Heike Krause, Schwäbisch Hall zwischen Zusammenbruch und Neuanfang 1914 bis 1920, in: Andreas Maisch/Daniel Stihler (Hgg.), Schwäbisch Hall 1914–1918. Eine Stadt und ihre Region im Ersten Weltkrieg (Veröffentlichungen des Stadtarchivs Schwäbisch Hall, Bd. 29), Schwäbisch Hall 2014, S. 27–79, hier S. 76; Ursula Orthen, Der Haller Frauenverein 1914–1919, in: ebd., S. 423–426, hier S. 426.

12 Regionale und lokale Räteorganisationen in Württemberg 1918/19, bearb. von Eberhard Kolb/Klaus Schönhoven (Quellen zur Geschichte der Rätebewegung in Deutschland 1918/1919, Bd. 2), Düsseldorf 1976; Peter Brandt/Reinhard Rürup, Volksbewegung und demokratische Neuordnung in Baden 1918/19, Sigmaringen 1991.

doch – trotz des verstärkten Einsatzes im Rahmen der Kriegswirtschaft – gerade in den Berufsgruppen, die besonders stark in der Rätebewegung engagiert waren, nicht vertreten oder deutlich unterrepräsentiert[13]. Die gerade für die ersten Tage der Revolution zentralen Soldatenräte waren rein männlich. Aber auch in den Arbeiterräten, der zweiten wichtigen Räteform, dominierten die Männer, auch wenn es Arbeiterrätinnen gab. Für den Großraum Stuttgart ermöglicht eine günstige Überlieferungslage abzuschätzen, wie weit sich Frauen in den Räten engagierten. Ab dem 11. November 1918 wurden die Arbeiterräte der Region konsequent in den Betrieben gewählt, nachdem ihre Vorgänger oft durch Akklamation zustande gekommen waren[14]. Diese aus einer demokratischen Wahl auf Ebene der Betriebsstätten hervorgegangenen Arbeiterräte entsandten Delegierte in die Vollversammlung des Großstuttgarter Arbeiterrates, von dessen 319 Mitgliedern sich neun als Frauen identifizieren lassen[15]. In Offenburg bestand der am 11. November konstituierte übergeordnete Arbeiterrat aus 19 Männern und zwei Frauen[16]. In den meisten anderen Kommunen, vor allem im ländlichen Raum, waren die Räte reine Männergremien, wenn es denn entsprechende Räte gab[17]. Die in wenigen Großstädten entstandenen Räte geistiger Arbeiter, die kaum politisches Gewicht entwickeln konnten, wandten sich auch an Frauen. Der elfköpfige Arbeitsausschuss des Stuttgarter Gremiums etwa hatte mit Anna Blos (1866–1933) auch ein weibliches Mitglied[18]. Auf überregionaler Ebene schwand der Frauenanteil hingegen dramatisch. Von den 489 aus ganz Deutschland entsandten Delegierten des Reichsrätekongresses, der Mitte Dezember in Berlin zusammen-

---

[13] Vgl. auch Axel WEIPERT, „Frauen für die Räte, die Frauen in die Räte"? Konzepte und Praxen von Frauen in der Rätebewegung 1918–1920, in: Ariadne 73/74 (2018) S. 40–47, hier S. 46.

[14] Regionale und lokale Räteorganisationen (wie Anm. 12) S. LIX.

[15] Christopher DOWE, Räte und Demokratie, in: Vertrauensfragen. Der Anfang der Demokratie im Südwesten 1918–1924, hg. vom Haus der Geschichte Baden-Württemberg, Stuttgart 2018, S. 54–57, hier S. 57. Das Ausgangsmaterial befindet sich im Landesarchiv Baden-Württemberg – Hauptstaatsarchiv Stuttgart E 135a Bü 13. Gunther MAI, Die Sozialstruktur der württembergischen Arbeiter- und Bauernräte 1918/19, in: Internationale Wissenschaftliche Korrespondenz zur Geschichte der deutschen Arbeiterbewegung 15 (1979) S. 375–404, hier S. 385 mit leicht abweichenden Zahlen, da dort auch die später Nachrückenden berücksichtigt werden.

[16] Peter BRAND/Reinhard RÜRUP (Bearb.), Arbeiter-, Soldaten- und Volksräte in Baden 1918/19 (Quellen zur Geschichte der Rätebewegung in Deutschland 1918/1919, Bd. 3), Düsseldorf 1980, S. 231.

[17] Vgl. etwa EITEL (wie Anm. 8) S. 218 f.; Wolfram WETTE, Politik im Elztal 1890–1990. Ein historisches Lesebuch, Waldkirch 1990, S. 62–73; BRAND/Reinhard RÜRUP (wie Anm. 16) S. 249, S. 258 f. Anm. 1; Bernhard KLAR, Weil im Dorf 1918–1919. Krieg – Not – Revolution – Demokratie (Weilimdorfer Heimatblatt Nr. 41/2.2019), Stuttgart 2019, S. 15.

[18] Hans-Joachim BIEBER, Bürgertum in der Revolution. Bürgerräte und Bürgerstreiks in Deutschland 1918–1920 (Hamburger Beiträge zur Sozial- und Zeitgeschichte, Bd. 28), Hamburg 1992, S. 130.

trat, waren gerade einmal zwei Frauen, Clara Noack (1873–1962) aus Dresden und Käthe Leu (1881–1933) aus Danzig[19].

Zudem ist davon auszugehen, dass spätestens ab Anfang 1919 die niedrige Einbindung von Frauen in die Rätebewegung noch weiter zurückging. Das erklärt sich nicht nur mit dem generellen Bedeutungsverlust der Räte nach den Januarwahlen, sondern auch und wesentlich durch Veränderungen der Beschäftigtenstruktur. Denn im Südwesten wie in anderen deutschen Regionen wurden, um die zurückkehrenden Soldaten in den Arbeitsmarkt zu integrieren, Frauen in großem Umfange entlassen[20]. Den männlichen wie weiblichen Arbeitslosen gelang es in der Regel nicht, sich zu organisieren. Ein örtlicher Arbeitslosenrat, der am 29. Januar 1919 in Mannheim von 2.000 Arbeitslosen gewählt wurde, um die Erhöhung der städtischen Unterstützung zu erreichen, setzte sich aus drei Männern und drei Frauen zusammen, fand aber andernorts keine Nachahmung[21].

Auf theoretischer Ebene wurden 1918/19 zwar über Modelle für Frauen- oder Hausfrauenräte diskutiert, doch fanden diese Überlegungen kaum Eingang in die politische Praxis[22]. Ungeachtet eklatanter Überlieferungslücken ist davon auszugehen, dass etwa ein Frauenrat aus Lörrach ohne Kenntnis entsprechender theoretischer Debatten entstand. Wann und wie dieser Frauenrat gewählt wurde, ist unklar. Er entsandte Ende November 1918 zwei Vertreterinnen in den örtlichen Volksrat[23].

Zentral für die Mobilisierung südwestdeutscher Frauen sollten die politischen Parteien werden. Parteien warben um Frauen als Wählerinnen, als Parteimitglieder und als Kandidatinnen. Und – interessierte Frauen besuchten in großer Zahl Veranstaltungen der politischen Parteien, traten diesen bei, beteiligten sich lokal, regional und national an den Wahlkämpfen und übernahmen in Parteien und in Parlamenten Ämter und Funktionen. Schließlich und endlich nahmen auch die nicht in Parteien engagierten Frauen ihr Wahlrecht im Januar 1919 wahr und gaben den von den Parteien nominierten Kandidatinnen und Kandidaten ihre Stimme.

---

[19] Kathleen CANNING, Das Geschlecht der Revolution, in: Alexander GALLUS (Hg.), Die vergessene Revolution von 1918/19, Göttingen 2010, S. 84–116, hier S. 107; Sabine ROSS, Biographisches Handbuch der Reichsrätekongresse 1918/19 (Handbücher zur Geschichte des Parlamentarismus und der politischen Parteien, Bd. 11), Düsseldorf 2000, S. 11, 27, 172, 194.

[20] Vgl. Richard BESSEL, „Eine nicht allzu große Beunruhigung des Arbeitsmarktes“. Frauenarbeit und Demobilmachung in Deutschland nach dem Ersten Weltkrieg, in: Geschichte und Gesellschaft 9 (1983) S. 211–229. Wie der Mannheimer Arbeiterrat damit umzugehen suchte, vgl. BRAND/ RÜRUP (wie Anm. 16) S. 204; ferner Susanne ROUETTE, Sozialpolitik als Geschlechterpolitik. Die Regulierung der Frauenarbeit nach dem ersten Weltkrieg, Frankfurt/New York 1993.

[21] Vgl. BRAND/ RÜRUP (wie Anm. 16) S. 346–349.

[22] Vgl. CANNING (wie Anm. 19) S. 107 f.; WEIPERT (wie Anm. 13) S. 43–45.

[23] Vgl. Hubert BERNNAT, 125 Jahre Arbeiterbewegung im Dreiländereck. Die Geschichte der Lörracher SPD von den Anfängen 1868 bis zur Nachkriegszeit 1948, Lörrach 1993, S. 108.

Wie groß Vorbehalte gegen das Frauenwahlrecht noch im letzten Kriegsjahr waren, verdeutlichen die mehrheitlich ablehnenden Reaktionen der südwestdeutschen Parlamente 1917/18, als Frauenorganisationen zusammen mit sozialdemokratischen und liberalen Kreisen forderten, das Frauenwahlrecht auf kommunaler und/oder Länderebene einzuführen[24]. Unmittelbar nach der Verkündigung des Frauenwahlrechts begann dann jedoch ab Mitte November 1918 ein sich wechselseitig verstärkender Prozess, in dem die Parteien des gesamten politischen Spektrums um Frauen warben und Frauen in Parteiversammlungen strömten, den Parteien beitraten und selbst für die politischen Ziele ihrer Parteien öffentlich eintraten.

Sozialdemokraten, Unabhängige Sozialdemokraten und das Zentrum hatten gegenüber anderen Parteien einen gewissen Startvorteil, weil sie ohne Veränderungen ihrer Organisationsform in die neue Zeit traten, während Liberale und Konservative sich mit Wandlungen ihrer Parteiorganisationen konfrontiert sahen. Die Sozialdemokratie konnte zudem schon in der Vorkriegszeit weibliche Mitglieder vorweisen. In Baden gehörten der Partei 1913/14 2.668 Frauen an (10,5 Prozent aller Mitglieder), im Juni 1919 waren es 5.232 weibliche bei 35.494 männlichen Mitgliedern (12,8 Prozent)[25]. Zählte die württembergische Sozialdemokratische Partei Deutschlands (SPD) unmittelbar vor dem Krieg 3.856 Frauen in ihren Reihen (9,5 Prozent), waren es im Frühjahr 1919 3.934 (12,4 Prozent)[26]. Auch wenn diese Zahlen eine gewisse Kontinuität nahelegen, ist doch von großen örtlichen Unterschieden und Kontinuitätsbrüchen auszugehen, da die Einführung der Kriegswirtschaft, der Kriegsdienst zahlreicher Männer und die Parteispaltung weitreichende Auswirkungen auf die jeweiligen Ortsvereine haben konnten. Ein Beispiel für einen solchen starken Wandel war der SPD-Ortsverein des heute zu Heilbronn gehörenden Sontheim, der Ende 1912 bei 20 weiblichen 96 männliche Mitglieder besaß (17,2 Prozent), während es Ende 1919 60 Frauen bei 125 Männern waren (32,4 Prozent)[27]. Die Arbeiterpartei blieb 1918 aber nicht bei ihrem Organisationsgrad

---

[24] Vgl. ROSENBUSCH (wie Anm. 3) S. 440–445; Elke KOCH, Frauen – Männer – Stadtgesellschaft. Heilbronn und die „Frauenfrage" von 1900 bis 1918 (Quellen und Forschungen zur Geschichte der Stadt Heilbronn, Bd. 12), Heilbronn 2002, S. 611–616 und die Beiträge von Frank Engehausen und Corinna Schneider in diesem Band.

[25] Vgl. Klaus-Peter MÜLLER, Politik und Gesellschaft im Krieg: Der Legitimitätsverlust des badischen Staates 1914–1918 (Veröffentlichungen der Kommission für geschichtliche Landeskunde in Baden-Württemberg Reihe B, Bd. 109), Stuttgart 1988, S. 244; Jörg SCHADT/Michael CAROLI (Hgg.), Im Dienst an der Republik. Die Tätigkeitsberichte des Landesvorstands der Sozialdemokratischen Partei Badens 1914–1932 (Veröffentlichungen des Stadtarchivs Mannheim, Bd. 4), Stuttgart u. a. 1977, S. 61.

[26] Vgl. Gunther MAI, Kriegswirtschaft und Arbeiterbewegung in Württemberg 1914–1918 (Industrielle Welt, Bd. 35), Stuttgart 1983, S. 119.

[27] Vgl. Albert GROSSHANS, 100 Jahre SPD Heilbronn 1874–1974, Heilbronn 1974, S. 63.

stehen, sondern schuf zur Ergänzung der bestehenden Strukturen viele neue lokale Frauengruppen[28].

Die Unabhängige Sozialdemokratische Partei Deutschlands (USPD) konnte zwar ebenso wie die SPD von der Rekrutierung von Frauen seit der Vorkriegszeit (durch die SPD) profitieren, ihr Wirken wurde jedoch gerade in den ersten Wochen und Monaten dadurch beschränkt, dass sich ihre Mitglieder und Unterstützer auf wenige Hochburgen in bestimmten größeren Städten und einzelnen Landgemeinden verteilten. Dies prägte und beschränkte ihre Möglichkeiten der Frauenarbeit. Zudem schwächte in diesem Punkt die sich allmählich vollziehende Abspaltung der Spartakisten die USPD. So musste der spartakistische Flügel der USPD am 6. Januar 1919 in Heidenheim bei einer Wahlkampfveranstaltung sowohl die Hauptrednerin Berta Thalheimer (1883–1959) als auch die Versammlungsleiterin Roberta Gropper (1897–1993) von außerhalb kommen lassen, da sich die örtliche USPD dem nichtparlamentarischen Kurs der Spartakisten entzog und die Veranstaltung boykottierte[29]. Anarchistisch-syndikalistische Frauenorganisationen machten 1918/19 den Arbeiterparteien im Südwesten noch keine Konkurrenz, sondern entstanden erst ab 1921[30].

Durch eine überaus intensive Frauenarbeit zeichneten sich Liberale und Zentrumspartei aus. Die Liberalen stützten sich dabei auf die historisch gewachsene enge Verflechtung mit der bürgerlichen Frauenbewegung. Der Prozess der Neubildung der DDP bremste die Frauenarbeit der Liberalen kaum. In Württemberg verfügte die neue liberale Partei bereits im Dezember 1918 über einen Landesfrauenausschuss[31], der bei der Aufstellung der Kandidierendenlisten für die Verfassunggebende Landesversammlung im heftigen Ringen mit anderen innerparteilichen Interessengruppen jeden sechsten Listenplatz einer Kandidatin sichern konnte[32]. Lokale liberale Frauenausschüsse entstanden vielerorts[33]. In Baden engagierte sich besonders eine Gruppe Frauenrechtlerinnen um Marianne Weber für die Liberalen und hielt Wahlkampfreden von der Kurpfalz bis an den Bodensee[34]. Wie intensiv sich Frauen für die DDP im Wahlkampf einbrachten, zeigen

[28] Etwa in Schorndorf vgl. 100 Jahre SPD Ortsverein Schorndorf, hg. vom SPD-Ortsverein Schorndorf, Schorndorf 1991, S. 87.

[29] Vgl. Christoph BITTEL, Heidenheim im Umbruch (Veröffentlichungen des Stadtarchivs Heidenheim a.d. Brenz, Bd. 13), Heidenheim a.d. Brenz 2004, S. 153.

[30] Vgl. Helge DÖHRING, Syndikalismus im „Ländle". Die Freie Arbeiter-Union Deutschlands in Württemberg (1918–1923), Lich 2006, bes. S. 105–111; Vera BIANCHI, Der Syndikalistische Frauenbund zu Beginn der Weimarer Republik, in: Ariadne 73/74 (2018) S. 72–79.

[31] Vgl. Klaus SIMON, Die württembergischen Demokraten. Ihre Stellung und Arbeit im Parteien- und Verfassungssystem in Württemberg und im Deutschen Reich 1890–1920 (Veröffentlichungen der Kommission für Geschichtliche Landeskunde in Baden-Württemberg Reihe B, Bd. 52), Stuttgart 1969, S. 213.

[32] Vgl. ebd., S. 214 f.

[33] Etwa in Schwäbisch Hall im Januar 1919, vgl. KRAUSE (wie Anm. 11) S. 76.

[34] Vgl. Marianne WEBER, Lebenserinnerungen, Bremen 1948, S. 81–84.

exemplarisch die Veranstaltungen der Partei am 11. und 12. Januar 1919 im Südbadischen, als bei 17 von 40 Wahlkampfauftritten Rednerinnen mitwirkten[35].

Die katholische Zentrumspartei profitierte einerseits von der aktiven Unterstützung der mitgliederstarken katholischen Frauenorganisationen, andererseits engagierten sich Teile des Klerus aktiv im Wahlkampf und motivierten zögerliche Frauen, waren doch im Katholizismus bis 1918 die Vorbehalte gegen das von den weltanschaulichen Gegnern in der SPD und bei den Liberalen geforderte Frauenwahlrecht hoch gewesen. Selbst die katholischen Frauenorganisationen, die sich bewusst als Teil der Frauenbewegung verstanden, hatten sich angesichts eines internen Streits zwischen Befürworterinnen und Gegnerinnen des Frauenwahlrechtes bis Kriegsende in dieser Frage für neutral erklärt[36].

Angesichts des Zusammenbruchs der alten Ordnung setzte sich im Südwesten der demokratische Flügel des politischen Katholizismus durch und drängte auf aktive Mitgestaltung des Umbruchs. Anders als in anderen Regionen des Reiches entsandten die badische wie die württembergische Zentrumspartei Minister in die revolutionären Regierungen. Ungeachtet von Vorbehalten und Ablehnung von Revolution als politisches Mittel unterstützten Pfarrer und Kapläne wie die Ordinariate in Freiburg und Rottenburg diesen Kurs, der auf die Schaffung einer parlamentarischen Demokratie und deren aktive Mitgestaltung abzielte, um katholische Interessen wirksam zu vertreten und durchzusetzen. Wichtigstes Ziel war, schnellst möglich eine Verfassunggebende Landesversammlung zu wählen. Der Verweis auf das „kulturkämpferische" Vorgehen der sozialdemokratisch-sozialistischen Revolutionsregierung Preußens diente in Württemberg wie Baden als abschreckendes Beispiel für die Folgen eines katholischen Rückzugs aus der Regierung wie als Rechtfertigung des anderen badischen beziehungsweise württembergischen Weges und half, zögerliche Katholikinnen und Katholiken dazu zu bringen, ihre Teilhabemöglichkeiten konsequent wahrzunehmen[37].

Neben Zeitungsaufrufen und Flugblättern diente eine Welle von Veranstaltungen dazu, für das neue Frauenwahlrecht und die Zentrumspartei zu werben. In Esslingen etwa führten alle katholischen Vereine und die örtlichen Zentrumspolitiker am 1. Dezember 1918 einen Frauentag durch, bei dem auch der Diözesanpräses der Arbeiter- und Arbeiterinnenvereine sprach[38]. Im Badischen unterstützte bereits im Dezember 1918 ein neugegründeter Frauenausschuss der Zentrumspartei Bemühungen um eine politische Mobilisierung, wandte sich in Flugblättern und Auf-

---

[35] Vgl. Freiburger Zeitung vom 11.1.1919, 2. Morgenblatt, S. 4.

[36] Vgl. Gisela Breuer, Frauenbewegung im Katholizismus: Der Katholische Frauenbund 1903–1918 (Geschichte und Geschlechter, Bd. 22), Frankfurt am Main 1998, S. 212; Antonia Schilling, Frauenwahlrechtsdebatten und Politikerinnen in der katholischen Frauenbewegung 1916–1923, in: Ariadne 73/74 (2018) S. 48–55.

[37] Vgl. grundlegend Michael Kitzing, Für den christlichen und sozialen Volksstaat. Die Badische Zentrumspartei in der Weimarer Republik (Beiträge zur Geschichte des Parlamentarismus und der politischen Parteien, Bd. 163), Düsseldorf 2013. Für Württemberg fehlt eine entsprechende Studie.

[38] Vgl. Deutsches Volksblatt Stuttgart vom 3.12.1918.

rufen an die Öffentlichkeit und ermunterte die Katholikinnen zu politischem Engagement. Damit kam den badischen Zentrumspolitikerinnen eine Vorreiterrolle zu. Auf Reichsebene sollte ein vergleichbares Gremium erst 1922 gegen viele innerparteiliche Bedenken und Widerstände geschaffen werden[39].

Typisch für die Diözese Rottenburg war die große Bedeutung des „Katholischen Frauenbundes“ für die politische Mobilisierung von Frauen[40]. Exemplarisch sei auf das Oberamt Ravensburg verwiesen, in dem der Ravensburger „Katholische Frauenbund“ die Aufklärungsarbeit über das neue Wahlrecht übernahm, in Stadt und Umlandgemeinden Frauenveranstaltungen durchführte und wesentliche Teile der Werbung um potentielle Wählerinnen übernahm[41]. Aber auch andere katholische Vereine und Verbände führten politische Frauenveranstaltungen durch, etwa die katholischen Arbeiterinnenvereine[42]. Schließlich öffneten sich die als Jugendorganisation der Zentrumspartei fungierenden „Windthorstbunde“ und der traditionell für die Wahlwerbung der Partei wichtige „Volksverein für das katholische Deutschland“ auf allen Ebenen für Frauen[43].

Ein Blick nach Baden sensibilisiert für Unterschiede. In Württemberg besaß das katholische Vereins- und Verbandswesen eine große Bedeutung für die Wahlagitation auf örtlicher Ebene. Dies entsprach nicht nur Absprachen auf Reichsebene, sondern erklärte sich auch mit kaum ausgebildeten Parteistrukturen. Die badische Zentrumspartei bestimmte dank ihrer stärker ausgeprägten Strukturen federführend das Werben um Frauenstimmen, während die katholischen Frauenorganisationen in Baden nur eine nachgeordnete, wenn auch nicht unwichtige Rolle übernahmen[44].

Ähnlich wie die Zentrumspartei mit ihrer Frauenarbeit Unterstützung bei katholischen Vereinen und Verbänden fand, profitierten die konservativen Parteien des deutschen Südwestens, die in Baden und auf Reichsebene als Deutschnationale firmierten und sich auf württembergischer Landesebene auf Bürgerbund, Bauernpartei und Weingärtnerbund verteilten, vom Engagement evangelischer Frauenorganisationen und einzelner protestantischer Pfarrer wie Theophil Wurm (1868–

39 Vgl. Birgit Sack, Zwischen religiöser Bindung und moderner Gesellschaft: Katholische Frauenbewegung und politische Kultur in der Weimarer Republik (1918/19–1933) (Internationale Hochschulschriften, Bd. 266), Göttingen 1998, S. 55–60.

40 Vgl. Christopher Dowe, „Unsere Waffe ist der Stimmzettel! Wir wählen alle!“ Katholische Wahlwerbung von und für Frauen im deutschen Südwesten 1918/1919, in: Markus Raasch/Andreas Linsenmann (Hgg.), Die Frauen und der Politische Katholizismus. Akteurinnen, Themen, Strategien, (Veröffentlichungen der Kommission für Zeitgeschichte Reihe C, Bd. 1), Paderborn 2018, S. 239–266.

41 Deutsches Volksblatt Stuttgart vom 9.12.1918. Ebd. auch zu Heilbronn sowie zu Stuttgart vom 25.11.1918.

42 Am 26. November 1918, vgl. Deutsches Volksblatt Stuttgart vom 27.11.1918.

43 Vgl. etwa Deutsches Volksblatt Stuttgart vom 22.11.1918.

44 Vgl. Dowe, Waffe (wie Anm. 40) S. 247 f.

1953)[45]. Allerdings setzte die konsequente konservative Werbung um Frauenstimmen erst um und nach Weihnachten 1918 und damit Wochen später als bei den anderen Parteien ein. Erste Frauengruppen der konservativen Parteien entstanden als Teil der örtlichen Parteiorganisationen im unmittelbaren zeitlichen Umfeld der Januarwahlen und danach[46]. Eine Stuttgarter Besonderheit war, dass die Bürgerpartei über ihre Geschäftsstelle „stark beschäftigte[n]" Frauen für den Wahltag eine Haushaltshilfe vermittelte, damit die Hausherrin wählen gehen konnte[47].

Unabhängig von der parteipolitischen Verortung und jenseits von organisatorischen Details standen alle sich politisch engagierenden Frauen und Männer 1918/19 vor der großen Herausforderung, gesellschaftlich akzeptierte Vorstellungen von Frauenrollen in der Politik zu entwickeln und zu einem Teil der neu entstehenden politischen Kultur der ersten deutschen Demokratie zu machen[48]. Dabei griffen Ideen und gelebte politische Praxis ineinander und beeinflussten sich wechselseitig. Diese Konstruktionsprozesse gedachter sozialer Ordnungen sollen exemplarisch am Beispiel der württembergischen und badischen Zentrumspartei vorgestellt und spezifische Vorstellungen von der Wählerin, der Wahlkämpferin und der zukünftigen Abgeordneten skizziert werden. Frauen wie Männer, ihre Reden wie symbolisches Handeln, Vorträge wie gedruckte Texte prägten diese gesellschaftlichen Konstruktionsprozesse sozialer Rollen. Dabei schrieben sich katholische Vorstellungen von Familie ebenso in diese Konstruktionsprozesse ein wie die große gesellschaftliche Vielfalt, die den Katholizismus in Württemberg wie in Baden ausmachte, der sowohl großstädtische wie ländliche Räume und soziale Gruppen vom Adel bis zu unterbürgerlichen Schichten umfasste[49].

Nicht in theoretischen Erörterungen, sondern in den konkreten im Wahlkampf vorgetragenen Rechtfertigungen des Frauenwahlrechts finden sich die ersten Vor-

---

[45] Vgl. Reinhold Weber, Bürgerpartei und Bauernbund in Württemberg (Beiträge zur Geschichte des Parlamentarismus und der politischen Parteien, Bd. 141), Düsseldorf 2004, S. 164–169. Siehe auch Süddeutsche Zeitung Stuttgart vom 4.1.1919, 2. Bl. Am 3. Januar 1919 bestritten zwei evangelische Pfarrer in Neuenbürg eine konservative Veranstaltung zum Thema „Frauenstimmrecht und Frauenpflicht", vgl. Süddeutsche Zeitung Stuttgart vom 7.1.1919, 2. Bl. Nicht spezifisch für den Südwesten Carol Woodfin, Reluctant Democrats: the Protestant Women's Auxiliary and the German National Assembly Elections of 1919, in: The Journal of the Historical Society 4 (2004) Heft 1, S. 71–112.

[46] Vgl. Süddeutsche Zeitung Stuttgart vom 5.1.1919, 2. Bl.; vom 7.1.1919, 2. Bl.; vom 9.1.1919, 2. Bl. Einen Sonderweg ging die Calwer Ortsgruppe, in deren Gründungsvorstand am 7.1.1919 fünf Frauen und fünf Männer gewählt wurden und die „einmütig" ablehnte, eine separate Frauengruppe innerhalb der Ortsgruppe zu gründen. Vgl. Süddeutsche Zeitung Stuttgart vom 10.1.1919, 2. Bl. Zu Freiburg vgl. Freiburger Zeitung vom 11.1.1919, 2. Morgenblatt.

[47] Vgl. Süddeutsche Zeitung Stuttgart vom 5.1.1919, 2. Bl.; vom 7.1.1919, 2. Bl.

[48] Canning (wie Anm. 19). Julia Sneeringer, Winning Women's Votes: Propaganda and Politics in Weimar Germany, Chapel Hill 2002 konzentriert sich in ihrer Arbeit vor allem auf die imaginierten Vorstellungen von der Wählerin.

[49] Vgl. Dowe, Waffe (wie Anm. 40).

stellungen von der katholischen Wählerin. Vier Formen dieser Rechtfertigungen lassen sich für die Zeit bis zu den Wahlen für die Nationalversammlungen im katholischen Südwesten erkennen. Eine weit verbreitete pragmatische Rechtfertigung des Frauenwahlrechts arbeitete mit dem Hinweis, dass dem jetzt so sei, man möge sich auf den Boden der Tatsachen stellen, und diente dazu, das Wiederanknüpfen an grundsätzliche Vorbehalte diskursiv zu verhindern. Einer anderen Erklärungsfigur zufolge war das Frauenwahlrecht eine Notwendigkeit der Zeit und Teil der Entwicklung der modernen Gesellschaften, zu denen auch Deutschland gehöre. Ein dritter Ansatz rechtfertigte das Frauenwahlrecht mit dem wichtigen Beitrag von Frauen für die nationale Volksgemeinschaft im Krieg. Entweder ließen sich daraus direkt Partizipationsansprüche ableiten oder Kriegseinsatz und weiblicher Kriegsbeitrag wurden in Orientierung an bürgerlich-liberale Vorstellungen als das Durchlaufen einer kollektiven „Reifephase" beschrieben, die die so geistig „gereiften" Frauen in die Lage versetzt hätten, vollberechtigte politische Bürgerinnen zu werden. Galt in älteren liberalen Vorstellungen des 19. Jahrhunderts der Erwerb von Bildung und Besitz als Voraussetzung für politische Partizipation der Männer, kam nun nicht nur im Katholizismus dem Dienst in der und für die Nation diese Funktion zu. Die inklusive Seite des Nationalismus zeitigte nun auch für Frauen politische Folgen. Eine vierte katholische Rechtfertigung des Frauenwahlrechts setzte bei den polaren bürgerlichen Geschlechtervorstellungen des 19. Jahrhunderts an und verband mit Frauen in der Politik die Hoffnung, Staat und Gesellschaft wieder zu „heilen". Denn der Zusammenbruch der alten politischen und gesellschaftlichen Ordnung, die Revolution, die extremen Konfrontationen und Gewalt in der Politik erschienen bei dieser Deutung als männlich konnotierte und von Männern verursachte Fehlentwicklungen, die durch die Teilhabe von Frauen an der Politik korrigiert werden müssten[50].

Grundsätzlich basierten die sich ausbildenden Kollektivvorstellungen von katholischen Wählerinnen auf der Unterscheidung zwischen der politisch aktiven und der zu aktivierenden Frau. Die politisch aktive Frau wurde analog den Vorstellungen von interessierten und informierten männlichen Zentrumsanhängern konstruiert. Ihr wurden eine gute Allgemeinbildung und breitere Kenntnisse des politischen Systems, der Politik wie der sozialen Frage zugeschrieben. Sie lese regelmäßig der Zentrumspartei nahestehende Tageszeitungen, habe sie möglichst abonniert und bilde sich mit Lektüre von Broschüren und Büchern zu politischen und sozialen Themen weiter. Zudem besuche sie Versammlungen der Zentrumspartei, katholischer Vereine und Verbände und trete der Volkspartei des deutschen Katholizismus bei. Die katholische Wahlkämpferin konnte entsprechend als besondere Ausprägung dieses Typus von katholischer Wählerin imaginiert werden. Doch war allen klar, dass die aktive Wahlkampfrednerin wie ihr männliches Pendant eher selten zu finden war[51].

[50] Ebd., S. 252–258.
[51] Ebd., S. 254 f.

Dementsprechend wurde die große Mehrheit der katholischen Frauen als politisch zu aktivierend imaginiert. Jenseits vielfältiger Detailunterschiede lassen sich mit einem nationalen und einem religiösen zwei Argumentationsstränge unterscheiden. Ersterer appellierte an nationale Gesinnung und Verantwortungsgefühl. Katholikinnen als Deutsche und Staatsbürgerinnen sollten gerade in der Umbruchzeit ihren Beitrag zur Herstellung von Frieden, Völkerversöhnung, Ruhe und Ordnung, zur Schaffung sozialer Sicherheit und sozialer Gerechtigkeit sowie zur Errichtung einer demokratischen Staatsordnung leisten. Damit ging diese Form der an Frauen gerichteten Wahlwerbung weit über Themen des religiöskulturell-sozialen Spektrums hinaus, die zeitgenössisch vielfach als typisch weiblich bezeichnet wurden, und deckte sich mit nationalen Ansprachen an katholische Männer. In der nationalen Argumentation konnten so ein Stück weit traditionelle geschlechterdivergierende Politikkonzepte unterlaufen werden. Der religiöse Argumentationsstrang der Imaginierung der katholischen Wählerin knüpfte hingegen an bipolare Geschlechtervorstellungen an und zielte darauf ab, zentrale Glaubensinhalte für die politische Mobilisierung zu nutzen. Ihm zufolge sollten katholische Frauen wählen gehen, um „heilige Güter" der Kirche in Staat und Gesellschaft zu schützen, um eine katholische Erziehung in der Schule zu gewährleisten und so das Seelenheil nachwachsender Generationen zu retten. Der ergänzende Appell, nicht nur selbst wählen zu gehen, sondern auch Männer und Söhne anzuhalten, Zentrum zu wählen, war nicht nur ein Widerhall auf religiöse Veränderungen der Kriegs- und Nachkriegszeit, die als Glaubensabfall gedeutet wurden, sondern knüpfte auch an traditionelle katholische Vorstellungen von der besonderen Bedeutung der katholischen Frau als Mutter an, die die göttlich gewollte Familie schützen, bewahren und mit wahrem katholischen Geist erfüllen sollte. Mit diesen Argumenten hofften katholische Wahlkämpferinnen und Wahlkämpfer auch solche katholischen Frauen anzusprechen, die nicht mit nationalen Appellen erreichbar waren und trotz aller Bemühungen um staatsbürgerliche Bildung als an Politik uninteressiert erschienen, insbesondere in abgelegenen ländlichen Gebieten[52].

Mit Blick auf ihre Reichweite von untergeordneter Bedeutung, aber aufgrund ihres Entstehungskontextes interessant, war eine dritte Imagination der katholischen Wählerin, die die Katholikin als zu beschützend beschrieb. Diese Vorstellung entstand in Folge von Wahlkampfpolemiken zwischen der Mehrheitssozialdemokratischen Partei Deutschlands (MSPD) und dem Zentrum. Manche Sozialdemokraten hatten im Wahlkampf antiklerikale Vorstellungen bemüht, politische Stellungnahmen von katholischen Geistlichen kritisiert und katholische Frauen als unmündiges und von den Geistlichen zur Stimmabgabe für die Zentrumspartei genötigtes Stimmvieh imaginiert. Darauf antworteten einige katholische Wahlkämpfer vor allem in Baden mit einer Debatte über das Wahlgeheimnis. In dieser katholischen Gegenerzählung war es der sozialdemokratische

[52] Ebd., S. 255–257.

oder sozialistische Mann, der mit allen Mitteln seine katholische Ehefrau unter Druck setzen und zwingen würde, gegen ihren Willen die MSPD zu wählen. Dies gelte es zu verhindern und das Wahlgeheimnis zu sichern[53].

Neben Vorstellungen von der katholischen Wählerin entstanden auch Imaginationen von der katholischen Wahlkämpferin, die stark durch das Auftreten der ersten katholischen Politikerinnen geprägt wurden[54]. Für Baden wären hier vor allem Klara Philipp (1877–1949)[55] und Clara Siebert (1873–1963)[56] sowie Maria Beyerle (1882–1968)[57] zu nennen. In Württemberg profilierte sich keine Katholikin in vergleichbarem Maße. Größere Bekanntheit erzielten hier Theresia Zimmerle (1891–1970)[58], Theodora Aberle (1887–1963)[59] sowie ab etwa Mitte Dezember Luise Rist (1877–1955), die bis 1933 im Landtag sitzen sollte[60]. Ein aussichtsreicher Listenplatz bedingte aber keineswegs besonderes Wahlkampfengagement, wie das Beispiel der bestplatzierten Württembergerin Amelie von Soden (1869–1953) zeigte, die sich im Wahlkampf, wenn man die Zeitungsberichterstattung als Maßstab nimmt, völlig zurückhielt[61].

Die katholischen Wahlkämpferinnen wurden in der katholischen Öffentlichkeit – mit Nuancen in Abhängigkeit von Rednerin und jeweiligem Veranstaltungsverlauf – unter Rückgriff auf zeitgenössische Vorstellungen von bürgerlichen Frauen beschrieben. Entsprechend waren Charakterisierungen wie „warm“ oder „tiefes Gemüt“ gern verwendete Attribute, die oft durch Hinweise auf eine tiefe Verwurzelung im katholischen Glauben ergänzt wurden[62].

---

[53] Ebd., S. 258.

[54] Ebd., S. 245–251.

[55] Vgl. Ina Hochreuther, Frauen im Parlament. Südwestdeutsche Abgeordnete seit 1919, Stuttgart 1992, S. 41 f.; Clemens Siebler, Philipp, Klara Maria Theresia, in: Bernd Ottnad (Hg.), Badische Biographien Neue Folge, Bd. 4, Stuttgart 1996, S. 219 f.

[56] Vgl. Michael Kitzing, Siebert, Clara, in: Neue Deutsche Biographie 24 (2010), S. 324 f., https://www.deutsche-biographie.de/gnd137889151.html#ndbcontent (letzter Zugriff: 24.03.2020).

[57] Vgl. Clemens Siebler, Maria Anna Beyerle, in: Bernd Ottnad (Hg.), Baden-Württembergische Biographien, Bd. 1, Stuttgart 1994, S. 23 f.

[58] Vgl. Anton Laubacher, Theresia Zimmerle, in: Joachim Köhler (Hg.), Katholiken in Stuttgart und ihre Geschichte, Ostfildern 1990, S. 214.

[59] Geboren am 9.7.1887 in Leutkirch, gestorben am 15.4.1963 in Heidelberg, war sie während der Weimarer Republik Dozentin an der Sozialen Frauenschule in Heidelberg und Vertraute von Maria Gräfin von Graimberg.

[60] Trotz Position 4 auf der Liste engagierte sich Luise Rist nur in sehr beschränktem Umfange im Wahlkampf. Vgl. zu ihr August Hagen, Luise Rist, in: Ders., Gestalten aus dem Schwäbischen Katholizismus. Teil 4, Stuttgart 1963, S. 183–209; Joachim Köhler, Luise Rist, geb. Freyler, in: Ders. (Hg.), Katholiken in Stuttgart und ihre Geschichte, Ostfildern 1990, S. 201 f.

[61] Zu Amelie von Soden vgl. Sack (wie Anm. 39) S. 420; Georg Ott-Stelzner, Amelie von Soden, in: Joachim Köhler (Hg.), Katholiken in Stuttgart und ihre Geschichte, Ostfildern 1990, S. 206.

[62] Dowe, Waffe (wie Anm. 40) S. 245–251.

Stimmen, denen zufolge Frauen als Wahlkämpferinnen nicht zum katholischen Frauen- und Familienbild passten, fanden sich in der ausgewerteten zentrumsnahen Tagespresse des Südwestens nicht[63]. Doch dürfte es sie auch im Südwesten gegeben haben[64]. Teile des preußischen politischen Katholizismus äußerten sich im Wahlkampf 1918/19 offen gegen das Frauenwahlrecht[65]. Aber auch die südwestdeutschen Liberalen waren vor entsprechenden Stimmen nicht gefeit. Ein Haller Linksliberaler etwa äußerte nach der Revolution seine Ablehnung des Frauenwahlrechts in der örtlichen Tageszeitung[66], während seine Partei sich im abzeichnenden Wahlkampf als besonders frauenfreundlich zu inszenieren suchte.

Typisch für den Zentrumswahlkampf im Südwesten war, dass bei Veranstaltungen zwei Redende auftraten, unabhängig davon, ob sich die Versammlung an Soldaten, Frauen oder Männer und Frauen richteten. Als Vortragende wurden oft, und im Wahlkampf zunehmend mehr, je ein Mann und eine Frau gewonnen. Wer mit wem gemeinsam auftrat und über welche Themen sprach, variierte. Dabei hatten weibliche Rednerinnen insbesondere in den ersten Wochen thematische Schwerpunkte bei der Sozial- und Kultuspolitik sowie dem Verhältnis von Staat und Kirche und weniger bei Aspekten der Demobilisierung, der Außenpolitik oder der Kriegsschuldfrage. Doch behandelten in zeitlicher Nähe zu den Wahlen zunehmend auch Rednerinnen letztere Themen und unterliefen damit aus den klassischen bipolaren Geschlechtervorstellungen hergeleitete Themenzuweisungen. Katholische Wahlkämpferinnen hatten es in kurzer Zeit erreicht, dass ihnen die Kompetenz zugeschrieben wurde, alle wichtigen politischen Themen zu besetzen[67].

Schließlich ist hervorzuheben, dass gute Rednerinnen auch gemeinsam mit den männlichen Spitzenpolitikern ihrer Partei auftraten. Dabei konnten sie – wie männliche Newcomer – durch das Ansehen und die Popularität von Politikern wie Constantin Fehrenbach (1852–1926), Joseph Schofer (1866–1930), Joseph Wirth (1879–1956), Adolf Gröber (1854–1919) oder Johannes Baptist von Kiene (1852–1919) eine Aufwertung ihres eigenen politischen Gewichtes erzielen[68]. Eine württembergische Besonderheit war, dass mit Joannes Baptista Sproll (1870–1949) ein Weihbischof auf der Liste der Zentrumspartei für die Verfassunggebende Landesversammlung kandidierte und in der Konstituante mitarbeiten sollte. Das hatte zuletzt der Mitgründer der Zentrumspartei auf Reichsebene, der Mainzer

---

63 Ebd., S. 242 f.

64 Vgl. aber P. Cassian OCap in der im Südwesten weit verbreiteten Zeitschrift Monika. Zeitschrift für katholische Mütter und Hausfrauen 51 (1919), Nr. 1–2 vom 9.1.1919, S. 5–6. Vgl. zu ähnlichen Argumentationen Stefan Gerber, Pragmatismus und Kulturkritik. Politikbegründung und politische Kommunikation im Katholizismus der Weimarer Republik (1918–1925) (Quellen und Forschungen aus dem Gebiet der Geschichte, NF H. 26), Paderborn u. a. 2016, S. 245.

65 Vgl. Sneeringer (wie Anm. 48) S. 38.

66 Vgl. Krause (wie Anm. 11) S. 75.

67 Dowe, Waffe (wie Anm. 40) S. 249.

68 Ebd.

Bischof Wilhelm Emanuel von Ketteler (1811–1877), getan, der bis 1872 im Reichstag saß. Dass Joannes Baptista Sproll am 17. Januar 1919 mit der Arbeitersekretärin Eckard[69] in Mergentheim gemeinsam bei einer Zentrumsveranstaltung auftrat, kam einer bischöflichen Approbation der katholischen Wahlkämpferinnen gleich und ist in seiner symbolischen Wirkung kaum zu überschätzen[70].

Zahlreiche der für den südwestdeutschen Katholizismus beschriebenen Vorstellungen besitzen Parallelen in den anderen politischen Lagern. Der Appell an nationale und religiöse Motive findet sich etwa auch in der konservativen Mobilisierung von Frauen, jedoch mit einem stärkeren nationalen Akzent und einer eigenen protestantisch eingefärbten Semantik. Ähnliches gilt für Rechtfertigungen des Frauenwahlrechts unter Verweis auf den Beitrag von Frauen zur nationalen Kriegsanstrengung oder für die Vorstellung, dass politisch aktive Frauen infolge ihres qua Geschlecht ausgleichenden Wesens einen Wandel der politischen Kultur herbeiführen könnten und sollten. Solche Argumentationen waren keineswegs spezifisch katholisch oder konservativ, sondern finden sich bei allen gesellschaftlichen Gruppen, die national argumentierten und die die bipolaren bürgerlichen Geschlechtervorstellungen des 19. Jahrhunderts teilten, bis in die Sozialdemokratie hinein[71]. Doch beruhen diese Beobachtungen nur auf punktuellen Sondierungen in der Tagespresse und der Durchsicht zahlreicher lokalgeschichtlicher Studien. Systematische Untersuchungen wie für den südwestdeutschen Katholizismus fehlen. Befunde zu Berlin oder der Reichsebene lassen sich nicht einfach auf Deutschland als Ganzes oder auf die Verhältnisse im Südwesten übertragen. Die föderalen Prägungen Deutschlands und die Unterschiede zwischen der Reichshauptstadt und den anderen Teilen Deutschlands nicht angemessen reflektiert zu haben, ist denn auch die zentrale Schwäche der ansonsten sehr anregenden Studie von Julia Sneeringer über die Frauenwahlwerbung in der Weimarer Republik, die sich im Wesentlichen auf Berliner Quellen stützt[72].

Bei der Nominierung von Frauen für die verfassunggebenden Versammlungen reagierten die meisten Parteien im Südwesten ähnlich und griffen auf Kandidatinnen zurück, die über Spitzenpositionen im parteinahen Verbands- und Vereinswesen

---

[69] Ihr Vorname ließ sich nicht eruieren. In den Quellen wird sie als „Frl.“ oder „Arbeitersekretärin“ bezeichnet und trat 1918/19 im Wahlkampf unter anderem auch in Stuttgart, Tuttlingen und Weil der Stadt bei Zentrumswahlveranstaltungen auf.

[70] Vgl. Christopher Dowe, „Eintreten für das Zentrum heißt Eintreten für die Freiheit“. Württembergs Katholiken und die Chancen des politischen Neuanfangs 1918/19, in: Katholisches Sonntagsblatt Nr. 3 vom 20.1.2019, S. 40f. Siehe Deutsches Volksblatt Stuttgart vom 18.1.1919, S. 3.

[71] Vgl. zum Beispiel Karlsruher Sozialdemokratinnen: Lisa Sterr, Aufbrüche, Einschnitte und Kontinuitäten - Karlsruher Frauen in der Weimarer Republik und im „Dritten Reich“, in: Susanne Asche (u. a.) (Hg), Karlsruher Frauen 1715–1945. Eine Stadtgeschichte (Veröffentlichungen des Karlsruher Stadtarchivs, Bd. 15), Karlsruhe 1992, S. 293–390, hier S. 296.

[72] Sneeringer (wie Anm. 48).

agitatorische und organisatorische Erfahrungen mit sich brachten[73]. Die Arbeiterbewegung hatte insofern einen Vorteil, als dass sie auf weibliche Parteimitglieder zurückgreifen konnte, die schon Jahre lang in der Partei Verantwortung und Funktionen übernommen hatten. Die Badenerin Therese Blase (1873–1930) etwa gehörte seit 1912 dem SPD-Landesvorstand an[74]. Je konservativer und je ländlicher sich eine Partei verstand, desto geringer waren die Chancen für eine weibliche Kandidatin, einen vorderen Listenplatz zu erhalten. Der Verein der Landwirte Oberschwabens sowie die Deutsche Friedenspartei nominierten für die Wahlen zur Verfassunggebenden Landesversammlung keine Frau, der Württembergische Bauernbund eine Kandidatin auf dem 14. von 45 Plätzen, der Württembergische Weingärtnerbund ebenfalls eine Politikerin auf Platz sechs von 20, während die Württembergische Bürgerpartei sechs Frauen bei 63 Plätzen aufstellte, die an Position 14, 18, 23, 39, 47 und 57 antraten. Auf der Liste der württembergischen Zentrumspartei stand die erste Frau an vierter Stelle unmittelbar hinter Weihbischof Sproll und hatte ebenso wie zwei weitere Kandidatinnen gute Aussichten, gewählt zu werden[75]. Für die SPD zog Laura Schradin (1878–1937)[76] auf dem fünften Listenplatz als bestplatzierte Frau in den Wahlkampf, bei der USPD Clara Zetkin (1857–1933)[77]. Vergleichbar wie in Württemberg sah es in Baden aus[78].

Zentral für die Aufstellung und öffentliche Rechtfertigung der Kandidatenlisten waren ausgeklügelte innerparteiliche Proporze, die darauf abzielten, unterschiedliche soziale Gruppen zu berücksichtigen. Vor diesem Hintergrund taten sich die Parteien mit der Kategorie Geschlecht schwer. Die Württembergische Bürgerpartei etwa wies nur eine ihrer drei auf aussichtsreichen Plätzen nominierten Kandidatinnen als Vertreterin der Wählerinnen aus, während die anderen beiden als für die Gruppen der Arbeiterinnen und der freien Berufe stehend aufgeführt wurden[79]. Ähnlich agierten auch das württembergische und badische

---

[73] Vgl. die Kandidierendenlisten für die jeweiligen Wahlen. Siehe Arthur Blaustein (Hg.), Führer für die Wahlen zur Badischen Nationalversammlung, Mannheim/Berlin/Leipzig (4.-5. Tausend) [1918], S. 77–93. Bekanntmachung der Landeswahl-Kommission über die Wahlvorschläge für die Wahl zur Verfassungsgebenden württembergischen Landesversammlung. Vom 3. Januar 1919, abgedruckt u. a. im Staatsanzeiger für Württemberg vom 4.1.1919.

[74] Schadt/Caroli (wie Anm. 25) S. 40–44.

[75] Vgl. Bekanntmachung der Landeswahl-Kommission über die Wahlvorschläge für die Wahl zur Verfassungsgebenden württembergischen Landesversammlung. Vom 3. Januar 1919, abgedruckt u. a. im Staatsanzeiger für Württemberg vom 4.1.1919.

[76] Vgl. Gustav Adolf Rieth, Laura Schradin, ein Leben für das Recht der Frau, in: Reutlinger Geschichtsblätter N. F. 17 (1978) S. 7–37. Zu Laura Schradin vgl. auch den Beitrag von Roland Deigendesch in diesem Band.

[77] Vgl. Tânia Puschnerat, Clara Zetkin. Bürgerlichkeit und Marxismus. Eine Biographie, Essen 2003 und den Beitrag von Mascha Riepl-Schmidt in diesem Band.

[78] Vgl. Blaustein (wie Anm. 73) S. 77–93.

[79] Vgl. Süddeutsche Zeitung Stuttgart vom 4.1.1919.

Abb. 1: Marianne Weber mit ihren DDP-Fraktionskollegen. (Stadtarchiv Karlsruhe 8/ PBS oIV 3*)

Zentrum[80]. Dass Frauen mehr als die Hälfte der Wahlberechtigten stellten, war zwar für alle Parteien wichtig für die Wahlwerbung. Daraus aber die Konsequenz zu ziehen, dass Frauen mehr als die Hälfte der Kandidatinnen stellen könnten, das tat keine Partei[81].

Für die Schaffung der gesellschaftlichen Vorstellungen von Wählerinnen und weiblichen Abgeordneten spielte – und das zeigen die katholischen Beispiele mehr als deutlich – das Geschlecht der Konstruierenden keine Rolle. Vielmehr bezogen bestimmte Männer und bestimmte Frauen gleiche Position, während sich die Haltung anderer Frauen mit der anderer Männer deckte. Das galt selbstredend auch für Forderungen und Inhalte aller Politikfelder. Dementsprechend war es aus zeitgenössischer Wahrnehmung auch nicht zwingend, dass Frauen entsprechend ihrem Bevölkerungsanteil in den Verfassunggebenden Versammlungen vertreten sein sollten. Doch völlig unbekannt war ein solches geschlechterparitätisches Denken zeitgenössisch nicht, forderte doch eine überparteiliche Frauenversammlung am 2. Januar 1919 in Freiburg von den politischen Parteien „eine Vertretung durch Frauen, die der Zahl der wahlberechtigten Frauen entspricht, in allen

[80] Vgl. Anzeiger vom Oberland Biberach vom 30.12.1918, Titel; Badischer Beobachter Karlsruhe vom 22.11.1918, Mittagsblatt; vom 16.12.1918, Abendblatt; vom 24.12.1918, Abendblatt; Deutsches Volksblatt Stuttgart vom 30.12.1918, S. 1.

[81] Vgl. Heide-Marie LAUTERER, Parlamentarierinnen in Deutschland 1918/19–1949, Königstein/Taunus 2002, S. 66–69.

sie unmittelbar berührenden Frauenfragen (Ehe, Beruf usw.) und in den sie mittelbar interessierenden Kulturfragen der angeführten Art“[82].

Welchen Umfang die politische Mobilisierung von Frauen zwischen Mitte November 1918 und Mitte Januar 1919 im Südwesten erreichte, davon zeugen unzählige Zeitungsberichte über politische Veranstaltungen, die sehr gut von Frauen besucht waren und die zahlreiche Frauen motivierten, den örtlichen Parteiorganisationen beizutreten. Noch wichtiger als Indikator für den Grad der politischen Mobilisierung von Frauen ist die Wahlbeteiligung im Januar 1919. Zwar gibt es für die Wahlen zu den Verfassunggebenden Landesversammlungen in Baden und in Württemberg keine nach Geschlechtern getrennte Statistiken, doch spricht die insgesamt sehr hohe Wahlbeteiligung von 90,9 Prozent in Württemberg und 88,1 Prozent in Baden dafür, dass eine übergroße Mehrheit der weiblichen Wahlberechtigten ihre neuen Teilhabemöglichkeiten wahrnahm. Bei der Wahl der Deutschen Nationalversammlung am 19. Januar 1919 wurde die Wahlbeteiligung statistisch nach Geschlecht erfasst. In Württemberg und Hohenzollern, die wahltechnisch zusammengefasst wurden, gingen 89,2 Prozent der männlichen und 88,5 Prozent der weiblichen Wahlberechtigten wählen. In Baden betrugen die entsprechenden Werte 85,1 und 83,7 Prozent[83]. Damit hatten die weiblichen Wahlbeteiligten bei ihren ersten Wahlen aus dem Stand annähernd die Beteiligungsquoten erreicht, auf die sich Männer im Südwesten in einem ein Jahrhundert dauernden Prozess hinaufgearbeitet hatten. Dies ist hervorzuheben, auch wenn bei den folgenden Wahlen die Wahlbeteiligung der Frauen zurückgehen sollte[84].

Noch etwas ist mit Blick auf die politische Kultur der Weimarer Republik zu betonen. Im Rahmen der hier skizzierten sozialen Konstruktion von Vorstellungen von der Rolle der Frau in der Politik wurde quer zur Parteizugehörigkeit der Hoffnung Ausdruck gegeben, Frauen würden der politischen Kultur durch ihr vermittelndes, ausgleichendes natürliches Wesen eine andere Prägung geben[85]. So sehr sich hier bipolare bürgerliche Geschlechtervorstellungen des 19. Jahrhunderts niederschlugen, so sollte man jedoch eine demokratiegeschichtliche Einordnung dieser Vorstellungen nicht vergessen. Denn es handelte sich auch um ein neues, anderes Modell von Politik, bei dem Frauen und Männer als integrale Bestandteile des politischen Prozesses gedacht wurden. Doch nicht nur das. Es scheint hier auch ein geschlechtlich aufgeladener Gegenentwurf auf, der einen evolutionären

---

[82] Vgl. Freiburger Zeitung vom 4.1.1919, 1. Morgenblatt.

[83] Vgl. Julius Hartwig, Wie die Frauen im Deutschen Reich von ihrem politischen Wahlrecht Gebrauch machen, in: Allgemeines Statistisches Archiv 17 (1928) S. 497–512, hier S. 500; Die Wahlen zum Badischen Landtag am 30. Oktober 1921, hg. vom Badischen Statistischen Landesamt, Karlsruhe 1922, S. 20.

[84] Vgl. Hartwig (wie Anm. 83) S. 497–512; Ders., Das Frauenwahlrecht in der Statistik, in: Allgemeines Statistisches Archiv 21 (1931) S. 167–182; Helen Boak, Women in the Weimar Republic, Manchester 2013, S. 63–133.

[85] Zu den südwestdeutschen Katholizismen siehe oben. Aus Reichsperspektive Boak (wie Anm. 84) S. 89; vor allem mit Berliner Befunden Sneeringer (wie Anm. 48) S. 16 f., S. 37 f. Zur weiteren Entwicklung mit Fokus auf Berlin vgl. ebd., S. 273.

politischen Prozess erstrebt und Revolution und Straßenpolitik eine Absage erteilt. Dies richtete sich nicht nur gegen Gewaltandrohung und Gewalteinsatz im öffentlichen Raum, sondern auch gegen das Sprengen von Wahlveranstaltungen des politischen Gegners oder das Niederschreien abweichender Meinungen[86], Verhaltensweisen also, die nicht nur punktuell das revolutionäre Geschehen geprägt hatten, sondern die auch zur männlich geprägten Politiktradition der wilhelminischen Zeit[87] gehört hatten. Schließlich liegt hier eine wichtige Intervention zugunsten von Zivilität und gegen Bellizität[88] vor, herrschte doch zu den Januarwahlen ein immer wieder befristeter Waffenstillstand und noch kein Frieden, waren Gewehre, Handgranaten und automatische Waffen in der Nachkriegszeit ubiquitär und prägten kriegerisches Denken und Handeln viele Bereiche von Politik und Gesellschaft so stark, dass Historiker in den letzten Jahren die Zeit nach 1918 sehr fruchtbar als Nachkrieg beforscht haben[89]. Inwiefern sich ein solches weiblich konnotiertes Politikverständnis gegen konkurrierende männlich aufgeladene behaupten konnte und welche Auswirkungen es auf die Akzeptanz von Demokratie besaß, das ist für den Volksstaat Württemberg wie die Republik Baden erst noch genauer und in einer längeren Perspektive zu untersuchen[90]. Damit ließe sich nicht nur das landesgeschichtliche Wissen zur politischen Kultur nach 1918 um eine weitere Dimension ergänzen, sondern könnte auch darüber hinausgehend ein Beitrag zum international diskutierten Forschungsfeld gender and citizenship[91] geleistet werden.

---

86 Explizit thematisiert etwa in Weber (wie Anm. 34) S. 83 f.

87 Vgl. dazu Andreas Gawatz, Wahlkämpfe in Württemberg. Landtags- und Reichstagswahlen beim Übergang zum politischen Massenmarkt (1889–1912) (Beiträge zur Geschichte des Parlamentarismus und der politischen Parteien, Bd. 128), Düsseldorf 2001; Margret Lavinia Anderson, Lehrjahre der Demokratie. Wahlen und Politische Kultur im deutschen Kaiserreich, Stuttgart 2009.

88 Vgl. zu Bellizität und Bellizismus Rüdiger Bergien, Die bellizistische Republik. Wehrkonsens und „Wehrhaftmachung" in Deutschland 1918–1933 (Ordnungssysteme, Bd. 35), München 2012; Jörn Leonhard, Bellizismus und Nation. Kriegsdeutung und Nationsbestimmung in Europa und den Vereinigten Staaten 1750–1914 (Ordnungssysteme, Bd. 25), München 2008.

89 Vgl. international resümierend zuletzt Robert Gerwarth, Die Besiegten. Das blutige Erbe des Ersten Weltkriegs, München 2017.

90 Skeptisch, da heutige Paritätsvorstellungen zugrunde legend Sylvia Schraut, Angekommen im demokratisierten „Männerstaat"? Weibliche Geschichte(n) in der Weimarer Republik, in: Ariadne 73/74 (2018) S. 8–18, hier S. 10. Ähnlich auch Kirsten Heinsohn, Konservative Parteien in Deutschland 1912 bis 1933. Demokratisierung und Partizipation in geschlechterhistorischer Perspektive (Beiträge zur Geschichte des Parlamentarismus und der politischen Parteien, Bd. 155), Düsseldorf 2010. Zu Berlin vgl. Sneeringer (wie Anm. 48) S. 273.

91 Vgl. dazu Canning (wie Anm. 19).

Protagonistinnen der Frauenstimmrechtsbewegungen

„Wir Männer wählen Männer“ – Der Kampf ums Frauenwahlrecht aus der Perspektive der (badischen) Lehrerinnen am Beispiel von Febronie Rommel

Sabine Liebig

Mit ihrem Tagebucheintrag vom 28. November 1919 über den Ausspruch des Pfarrers „Wir Männer wählen Männer“[1] im Gemeinderat von Sasbachwalden in Baden brachte die Lehrerin Febronie Rommel (1853–1927) die Haltung der meisten Männer in der Weimarer Republik zum Frauenwahlrecht auf den Punkt, und zwar nicht nur vor der Einführung des Frauenwahlrechts, sondern auch danach.

Febronie Rommel[2], Netzwerkerin und Aktivistin, deren Nachlass aus dem Stadtarchiv Freudenstadt den Ausgangspunkt für die These der engen Bindung von Lehrerinnenvereinen und Frauenwahlrecht unterstützt, stammte aus Altheim bei Ehingen in Württemberg. Sie unterrichtete nach der Ausbildung an einem Lehrerinnenseminar in Württemberg an verschiedenen höheren Mädchenschulen im Elsass, zuletzt an der Straßburger höheren Töchterschule, und ging 1911 zusammen mit ihrer Lebensgefährtin Martha Moritz (1849–1921) in den Ruhestand, den sie in einem Haus in Sasbachwalden/Baden verbrachten. Das Haus stand stets offen für Kolleginnen und Freundinnen aus der Lehrerinnen- und Frauenbewegung, die dort die Zeit mit den beiden Frauen genossen[3].

Febronie Rommel steht für die Vielzahl der Lehrerinnen, die sich politisch engagierten – und das nicht nur in der Bildungspolitik. Die Lehrerinnen stellten die größte Gruppe der organisierten Frauen und hatten als eine der ersten Berufsorganisationen erfahren, dass sie nur eine Verbesserung ihrer Situation erreichen konnten, wenn sie ein Mitspracherecht in den entsprechenden beruflichen und politischen Gremien hatten. Ihnen ging es um die Gleichstellung der Frau in allen Bereichen, um gerechte Bezahlung, gleichberechtigten Zugang zu allen beruflichen Positionen (auch Führungspositionen), um juristische Besserstellung und politische Partizipation. Die Autorin M. T. brachte die Forderungen in der Zeitschrift „Die Lehrerin“ im November 1918 auf den Punkt: „Die alten Mehrheitsparteien [...] haben [...] das demokratische Stimmrecht für alle Frauen [...] verlangt, das dann

---

[1] StadtA Freudenstadt, N. 3.39, Febronie Rommel, Kriegstagebuch vom 28.11.1919; vgl. auch den Beitrag von Birgit Heidtke in diesem Band.

[2] Alles, was über Febronie Rommel bekannt ist, stammt aus ihrem Nachlass im StadtA Freudenstadt (N.3.39), aus Recherchen im Helene Lange Archiv Landesarchiv Berlin, aus der Staatsbibliothek Preußischer Kulturbesitz Berlin, aus Recherchen im Stadtarchiv Bühl, aus dem Diözesanarchiv, der katholischen Kirchenverwaltung Allmendingen, der Stadtverwaltung Sasbachwalden und der Stadtverwaltung Schelklingen bei Ulm.

[3] Im Nachlass von Febronie Rommel finden sich sehr viele Briefe mit Besuchsanfragen oder Dankesschreiben für die schöne Zeit in Sasbachwalden.

erst durch die Regierung [...] zuerkannt worden ist [...]. Dieses Recht gibt uns die Möglichkeit der Durchführung dessen, wofür wir uns mit unserer Arbeit schon stets eingesetzt haben, zwingt uns zum Bekenntnis. Ein solches Bekenntnis, das uns alle – alle Berufsgenossinnen – eint, ist der Glaube an Vaterland und Freiheit, an Gerechtigkeit und darum wahre Demokratie."[4]

Im Kampf um das Stimmrecht wurde sehr deutlich, welche Widerstände die Frauen überwinden mussten, um ihre Ziele zu erreichen, denn die Argumente gegen das Frauenstimmrecht waren genau dieselben wie gegen Frauenbildung und Frauenerwerbstätigkeit – dieselben alten Vorbehalte, die längst entkräftet waren, wurden von den Gegnern immer wieder aufgewärmt. Selbst wenn der badische Ministerpräsident Heinrich von Bodman das Frauenstimmrecht erst einmal für Ulk[5] hielt, konnten die Gegner es nicht verhindern. Am 5. Januar 1919 durften die badischen Frauen als erste große Frauengruppe in der deutschen Geschichte wählen, gefolgt von den württembergischen Frauen am 12. Januar und allen deutschen Frauen am 19. Januar 1919.

1. Lehrerinnen – aktiv in der Politik

Die Lehrerinnen waren nicht nur in ihren Lehrerinnenvereinen organisiert, sondern zusätzlich in anderen Frauenvereinen, und ab 1902[6] auch im „Deutschen Verein für Frauenstimmrecht" mit Sitz in Hamburg, der aufgrund der Stadtverfassung gegründet werden konnte. In der badischen Verfassung fehlte ebenfalls der Passus, dass Frauen keinen politischen Vereinen angehören oder solche gründen durften, denn in § 5 des Vereins- und Versammlungsrechts stand nur, dass Minderjährige keine Mitglieder in politischen Vereinen sein können und dass sie an den Verhandlungen in den Versammlungen nicht teilnehmen dürfen[7], Frauen wurden demnach nicht explizit ausgeschlossen.

---

[4] M. T. (wahrscheinlich Margarete TREUGE), An die Leserinnen, Hamburg, den 15.11.1918, in: Die Lehrerin. Organ des Allgemeinen Deutschen Lehrerinnenvereins 35 (1918) Heft 35/36, S. 142–143, hier S. 142. Die gesamte Zeitschrift kann online eingesehen werden: http://www.digizeitschriften.de/dms/toc/?PID=025290185 (letzter Zugriff: 02.04.2020).

[5] Der Volksfreund vom 3.3.1910, Erstes Blatt, S. 3. Alle Karlsruher Zeitungen sind online zu finden unter https://digital.blb-karlsruhe.de/zeitungen/topic/view/2965491 (letzter Zugriff: 26.03.2020).

[6] Anita Augspurg hatte 1902 in der Hamburger Verfassung eine Gesetzeslücke entdeckt, die die Bildung von politischen Vereinen für Frauen nicht verbot. So gründete sie den „Deutschen Verein für Frauenstimmrecht" (DVF), in dem Frauen aus allen Ländern, in denen ein Vereinsverbot für Frauen bestand, Mitglied werden konnten.

[7] Großherzoglich Badisches Regierungsblatt Nr. 14 vom 26.2.1851, zitiert nach Susanne ASCHE, Fürsorge, Partizipation und Gleichberechtigung – die Leistungen der Karlsruherinnen für die Entwicklung zur Großstadt (1859–1914), in: DIES. (u. a.) (Hg.), Karlsruher Frauen. 1715–1945, (Veröffentlichungen des Karlsruher Stadtarchivs, Bd. 15), Karlsruhe 1992, S. 171 - 256, hier S. 241.

Die badischen Frauen nutzten aber erst im Mai 1906 diese Gesetzeslücke für eigenständige politische Vereinsgründungen, als nach einer Reihe von Vorträgen in badischen Städten die Mitbegründerin und Schriftführerin des „Deutschen Verbandes für Frauenstimmrecht", Adelheid von Welczeck, den „Badischen Verein für Frauenstimmrecht" mit Sitz in Mannheim gründete[8].

Zusammen mit anderen Frauenvereinen organisierten Ortsgruppen des badischen Frauenstimmrechtsvereins Veranstaltungen zum Wahlrecht, zum Beispiel mit dem Verein „Frauenbildung-Frauenstudium" in Karlsruhe: Im April 1907[9] und im Dezember 1908[10] hielt Lida Gustava Heymann (1868–1943) hier Vorträge zum Frauenstimmrecht, Anita Augspurg (1857–1943) sprach in Konstanz.

Frauen, die sich für das Stimmrecht engagierten, wie beispielsweise Augspurg oder Hedwig Dohm (1831–1919) waren Lehrerinnen, beziehungsweise hatten Lehrerinnenseminare besucht, die die einzige höhere Bildungsmöglichkeit für Mädchen und Frauen boten. Augspurg und Dohm hatten jedoch nie als Lehrerinnen gearbeitet. Einige der Weimarer Parlamentarierinnen waren Lehrerinnen, wie an folgenden Reichstagsabgeordneten zu sehen ist:

Clara Zetkin (1857–1933; Kommunistische Partei Deutschlands, KPD)
Hedwig Dransfeld (1871–1925; Zentrum)
Dr. Gertrud Bäumer (1873–1954; Deutsche Demokratische Partei, DDP)
Toni Pfülf (1877–1933; Sozialdemokratische Partei Deutschlands, SPD)
Dr. Elsa Matz (1881–1959; Deutsche Volkspartei, DVP)
Helene Weber (1881–1962; Zentrum)
Dr. Anna Siemsen (1882–1951; SPD)
Dr. Christine Teusch (1888–1968; Zentrum)

Unter den badischen Frauen, die aktiv in der Politik waren und für die Wahlen kandidierten, waren die Lehrerinnen recht gut vertreten: Für die Wahl zur Nationalversammlung war Dr. Johanna Kohlund[11] (1878–1968), eine Lehramtspraktikantin, für die DDP auf Listenplatz 13[12]. Für den badischen Landtag hatte Anna Goegg, Privatlehrerin aus Renchen, auf Platz 33 für die SPD kandidiert – ohne Erfolg. Maria Beyerle stand für das Zentrum auf Platz drei der Liste des I. badischen Wahlkreises

---

[8] Adelheid von Welczeck, Das Frauenstimmrecht in den verschiedenen Ländern, Gautzsch bei Leipzig 1908, S. 14, online verfügbar unter https://www.meta-katalog.eu/Record/13029addf#?c=&m=&s=&cv=15&xywh=-3300%2C0%2C8447%2C2621 (letzter Zugriff: 25.03.2020). Zur Frauenstimmrechtsbewegung in Württemberg vgl. den Beitrag von Corinna Schneider in diesem Band.

[9] Der Volksfreund vom 29.4.1907, S. 3.

[10] Vgl. Karlsruher Tagblatt vom 8.12.1908, Erstes Blatt, S. 1; Bericht über den Vortrag in: Der Volksfreund vom 14.12.1908, S. 7.

[11] Https://www.alemannische-seiten.de/wissen/johanna-kohlund-1878–1968.php (letzter Zugriff: 25.03.2020).

[12] Vgl. Gemeindearchiv Sasbachwalden, Mappe Nr. 1228, S. 6–8.

(Konstanz-Villingen-Waldshut)[13] und zog in den badischen Landtag ein. Johanna Kuhn, Hauptlehrerin in Rastatt, belegte Platz 24 auf der Zentrums-Liste zum III. badischen Wahlkreis (Kreise Baden und Karlsruhe) und war chancenlos. Marie Riegel, Hauptlehrerin in Mannheim, hingegen stand auf Platz vier der Zentrums-Liste zum IV. badischen Wahlkreis (Mannheim-Heidelberg-Mosbach)[14] und errang einen Wahlerfolg. Sie zog in den badischen Landtag ein.

2. Vereinsarbeit

Die Stimmrechtlerinnen in Baden und im gesamten Kaiserreich hatten den Vorteil, dass sie an die Erfahrungen ihrer bisherigen Vereinsarbeit anknüpfen konnten. Vor allem die Lehrerinnen waren sehr gut organisiert und vernetzt. Abgesehen von den regionalen Lehrerinnenvereinen, wie zum Beispiel dem „Verein Badischer Lehrerinnen“[15], gehörten fast alle Lehrerinnenvereine ab 1890 dem Dachverband des „Allgemeinen Deutschen Lehrerinnenvereins“ (ADLV, 27. Mai 1890–7. Mai 1933) an[16]. Zu den Gründerinnen gehörten Helene Lange (1848–1930), Marie Loeper-Housselle (1837–1916) und Auguste Schmidt (1833–1902), die gleich in den Vorstand gewählt wurden. Febronie Rommel (damals noch Lehrerin im Elsass) war von 1890 bis 1907 die erste Schriftführerin und danach zweite Vorsitzende.

Helene Lange, Frauenrechtlerin, Lehrerin und Kämpferin für eine bessere Frauen- und Mädchenbildung, hatte schon 1895 zwei Aufsätze publiziert, die unter dem Titel: „Intellektuelle Grenzlinien zwischen Mann und Frau. Frauenwahlrecht“[17] gemeinsam erschienen sind. Marie Loeper-Housselle verfasste 1897 zur Information aller organisierten Lehrerinnen in der vereinseigenen Zeitschrift „Die Lehrerin in Schule und Haus“, deren Herausgeberin sie war, eine Zusammen-

---

[13] Acher- und Bühler Bote vom 30.12.1918.

[14] Ebd.

[15] Febronie Rommel, Deutscher Lehrerinnenkalender für das Jahr 1892. Im Auftrage des Vorstandes des Allgemeinen Deutschen Lehrerinnenvereins, S. 213. Febronie Rommel gab wohl ab 1887 einen Kalender für Lehrerinnen heraus. Wann die letzte Ausgabe erschienen ist, kann momentan nicht rekonstruiert werden, aber es waren einige Jahrgänge. 1900 erschien der 14. Jahrgang des Kalenders. Febronie Rommel führte u. a. alle Lehrerinnenvereine, Informationen zu Pensionskassen und Lehrerinnenheimen, ihr wichtig erscheinende historische Daten, Statistiken über die Anzahl der Lehrerinnen und ihre Gehälter, neue Gesetze und Verordnungen und Ereignisse wie z. B. Mond- und Sonnenfinsternisse auf.

[16] Sabine Liebig, Allgemeiner Deutscher Lehrerinnen Verein (ADLV), in: Digitales Deutsches Frauenarchiv, URL: https://www.digitales-deutsches-frauenarchiv.de/akteurinnen/allgemeiner-deutscher-lehrerinnen-verein-adlv (letzter Zugriff: 26.03.2020).

[17] Helene Lange, Intellektuelle Grenzlinien zwischen Mann und Frau. Frauenwahlrecht, Berlin [^{2}1899]. Beide Aufsätze sind online als PDF verfügbar: http://www.addf-kassel.de/fileadmin/user_upload/Dossiers/Frauenwahlrecht/AddF_Buchnr_19526.pdf (letzter Zugriff: 26.03.2020).

Abb. 1: Febronie Rommel, Oberlehrerin an der Strassburger Höheren Mädchenschule mit ihrem III. Kurs im Sommer 1896. (Stadtarchiv Freudenstadt, Nachlass von Febronie Rommel, Karton 8, N 3.39)

fassung dieser Publikation[18]. Helene Lange bewies, dass Männer und Frauen in gleicher Weise wissenschaftlich arbeiten können und gleichermaßen vernunftbegabt sind[19]. Diesen Gedanken führte sie in ihrem zweiten Aufsatz „Frauenwahlrecht"[20] logisch fort: Sie erläuterte, dass sich bei den Männern die Erkenntnis durchgesetzt habe, dass keine gesellschaftliche Gruppe die andere vertreten könne, sondern jede Gruppierung für sich selbst sprechen müsse, damit ihre Interessen gewährleistet und durchgesetzt würden. Im Gegensatz dazu nahmen sich die Männer jedoch heraus, für die Frauen zu sprechen und zu sorgen. So formulierte sie: „Es wird uns danach nicht Wunder nehmen, wenn wir finden, daß überall, wo Männer im großen für die Fraueninteressen eingetreten sind, ihr eigener Vorteil im Hintergrund stand."[21] Selbst diejenigen Männer, die ehrlich die Anliegen der Frauen im Parlament vertreten wollten, könnten es nicht. Deshalb gäbe es nur einen Weg: „Nur die Frau versteht alle Bedürfnisse und Interessen ihres Geschlechtes ganz, [...] so kann nur die Frau die Frau als Geschlecht schützen. Und die einzige Form, in der das wirksam und auf die Dauer geschehen kann, ist das Frauenstimmrecht (aus dem sich konsequenter Weise auch das passive Wahlrecht ergiebt [sic!]), der Einfluß auf die Gesetzgebung."[22] Und sie argumentierte weiter,

[18] Marie Loeper-Housselle, „Intellektuelle Grenzlinien zwischen Mann und Frau" „Frauenwahlrecht", in: Die Lehrerin in Schule und Haus 13 (1896/97) Heft 17, S. 673–676.
[19] Vgl. Lange (wie Anm. 17) S. 10.
[20] Ebd., S. 25.
[21] Ebd., S. 28.
[22] Ebd., S. 29.

dass es nur logisch sei, dass das allgemeine Stimmrecht das Frauenstimmrecht einschließt. Der Behauptung, Frauen wollten das Stimmrecht gar nicht, entzog sie die Grundlage, indem sie anführte, dass die Männer das Stimmrecht trotz einer großen Zahl von uninteressierten männlichen Nichtwählern ja auch bekommen hätten. Auf den nächsten Seiten entkräftete sie jedes der immer angeführten, stets gleichen Argumente gegen das Frauenstimmrecht.

Die beiden Aufsätze in der Lehrerinnenzeitschrift machen deutlich, wie wichtig das Thema für die Lehrerinnen schon 1897 war. Ein Grund für die zusammenfassende Darstellung beider Aufsätze war, dass er denjenigen als Denkanstoß dienen sollte, die dem Frauenwahlrecht distanziert und ablehnend gegenüberstanden, denn schließlich war Helene Lange eine angesehene und einflussreiche Frau in der bürgerlichen gemäßigten Frauen- und Lehrerinnenbewegung.

Das Frauenstimmrecht wurde immer wieder in der Zeitschrift thematisiert. Manche Autorinnen teilten sogar die radikalen Ansichten einer Anita Augspurg, die Gerichte müssten weiblich besetzt werden, weil Männer im Hinblick auf Sexualdelikte völlig unfähig seien[23] sich in die Situation der Frauen einzufühlen und so gerechte Urteile zu fällen. Martha Prinzhorn vom Leipziger Lehrerinnenverein vertrat diese Position in ihrem Artikel „Tendenzen unserer Gesetzgebung und die Forderung des Frauenstimmrechts". Anhand sehr detaillierter Beispiele zeigte sie die völlige Rechtlosigkeit vor allem der verheirateten Frauen auf und schloss mit dem Appell: „Es ist die Pflicht jeder Frau, [...] sich mehr als es die deutsche Frau im Durchschnitt tut, um Politik zu kümmern – besonders um die Frauen- und Frauenstimmrechtsbewegung – dann wird sie sich jetzt selbst zur Mitarbeit gedrängt fühlen. Je mehr das geschieht, desto schneller wird die Forderung der Frauen nach Erlangung des Stimmrechts erfüllt werden."[24]

3. Zusammenarbeit von Lehrerinnenvereinen und Frauenvereinen

Der Meinung, dass die Frauen nur dann ihre rechtlose Situation ändern könnten, wenn sie durch ihr Wahlrecht in den politischen Gremien mitwirkten, war auch Febronie Rommel. An ihr wird sehr gut der Zusammenhang deutlich zwischen dem Engagement der Frauen in der Bildung und dem Engagement in Politik und Gesellschaft. Beides sind zwei Seiten einer Medaille und können nicht getrennt be-

---

[23] Vgl. Susanne KINNEBROCK, Anita Augspurg (1857–1943). Feministin und Pazifistin zwischen Journalismus und Politik. Eine kommunikationshistorische Biographie (Frauen in Geschichte und Gesellschaft, Bd. 39), Herbolzheim 2005, S. 253.

[24] Martha PRINZHORN, Tendenzen unserer Gesetzgebung und die Forderung des Frauenstimmrechts, in: Die Lehrerin. Organ des Allgemeinen Deutschen Lehrerinnenvereins 31 (1914) Heft 6, S. 41–43, hier S. 43.

trachtet werden[25], denn der Kampf für das Frauenstimmrecht gehört in die Reihe der Forderungen zahlreicher sozialer Bewegungen dieser Zeit. Sowohl lokal als auch überregional arbeiteten Frauenstimmrechtsvereine und Frauenvereine Lehrerinnenvereine zusammen. Im ADLV war die Zusammenarbeit von Frauenbewegung und Lehrerinnenbewegung sehr deutlich: Auguste Schmidt gehörte sowohl dem Vorstand des „Allgemeinen Deutschen Frauenvereins" (ADF, 18. Oktober 1865–24. September 1933) als auch dem Vorstand des ADLV an. 1894 wurde dann der „Bund Deutscher Frauenvereine" (BDF, 28./29. März 1894–15. März 1933) unter dem Vorsitz von Gertrud Bäumer als Dachverband der bürgerlichen Frauenvereine ins Leben gerufen. Durch Gertrud Bäumer und Helene Lange, die ab 1898 eine Arbeits- und Lebensgemeinschaft bildeten, blieben auf der Vorstandsebene die Verbindungen zwischen beiden Dachverbänden gewahrt. Der ADLV war im BDF selbstverständlich auch Mitglied.

4. Handlungsspielräume

Febronie Rommel setzte sich schon in jungen Jahren für ihre Berufsgruppe und die Mädchenbildung ein. Sie kämpfte für eine verbesserte Mädchenbildung und vor allem für das achte Schuljahr für Mädchen an Volksschulen. Febronie Rommels politisches Engagement begann ebenfalls sehr früh und sie nutzte die ihr zur Verfugung stehenden Möglichkeiten klug aus, indem sie zahlreiche Zeitungs- und Zeitschriftenartikel verfasste. Schon mit 20 Jahren wehrte sie sich 1873 mit klaren Worten gegen die Diffamierung eines männlichen Kollegen, der seinen Berufsstand durch die Lehrerinnen in Gefahr sah[26].

Diese Begebenheit und die Missachtung der Belange der Lehrerinnen durch die Lehrer auf den Lehrerversammlungen machten ihr deutlich, dass Frauen ihre Rechte nur dann erfolgreich durchsetzen konnten, wenn sie eigene Berufsorganisationen und Publikationsorgane hätten. Deshalb regte sie 1884 ihre Freundin Marie Loeper-Housselle an, eine Lehrerinnenzeitschrift zu gründen: „Die Lehrerin in Schule und Haus" (1884–1910/11), umbenannt in „Die Lehrerin" (1911–1923) sowie „Die Deutsche Lehrerinnenzeitung" (1924–1933)[27]. Der ADLV nutzte ab 1890 die Lehrerinnenzeitung als sein Publikationsorgan, das von allen organisierten Lehrerinnen, so auch den badischen, bezogen und gelesen wurde.

---

[25] Vgl. auch Kerstin Wolff, Auch unsere Stimme zählt. Der Kampf der Frauenbewegung um das Wahlrecht in Deutschland, in: Aus Politik und Zeitgeschichte (APuZ) 68 Nr. 42 (2018), S. 11–19, http://www.bpb.de/apuz/277331/auch-unsere-stimme-zaehlt-der-kampf-der-frauenbewegung-um-das-wahlrecht-in-deutschland (letzter Zugriff: 26.03.2020).

[26] Vgl. StadtA Freudenstadt, N. 3.39, Karton 7, Bü 34, „Der Vereinsbote", Wochenbeilage zur „Quartalsschrift für Erziehung und Unterricht" 25 (1873).

[27] Vgl. Bibliothek für Bildungsgeschichtliche Forschung: https://bbf.bsz-bw.de/cgi-bin/koha/opac-detail.pl?biblionumber=870148 (13.4.2019).

5. Haltung zum Frauenwahlrecht

Febronie Rommel gehörte zum gemäßigten Flügel der bürgerlichen Frauenbewegung, aber ihre Haltung zum Frauenstimmrecht war kompromisslos. Sicherlich vertrat sie nicht die radikalen Ansichten der Frauen, wie Anita Augspurg oder Sophie von Harbou, deren Unterlagen sich in ihrem Nachlass befinden[28], aber sie wollte auch nicht warten, bis die Männer den Frauen irgendwann einmal das Wahlrecht gnadenhalber zugestehen würden. Bereits 1901 auf der siebten Generalversammlung des ADLV in Bonn (26.–28. Mai)[29] hatte sie einen Antrag eingebracht, der dazu dienen sollte, die Frauen auf eine mögliche parlamentarische Mitarbeit vorzubereiten: „Die Vorsitzende teilt mit, daß der Antrag, eine solche Geschäftsordnung aufzustellen, von Frl. Rommel gestellt wurde und vom Vorstand angenommen war, als Antrag I des Landesvereins Preußischer Volksschullehrerinnen einlief: ‚Der Vorstand wolle der nächsten Generalversammlung eine Geschäftsordnung vorlegen.' Begründung: Durch eine festgelegte Geschäftsordnung wird die parlamentarische Schulung der Mitglieder und ihre Selbständigkeit gefördert."[30]

Dieser Antrag legt den Schluss nahe, dass Febronie Rommel schon früh daran dachte, die Frauen in politischer Arbeit zu schulen, damit sie gut vorbereitet seien auf den Tag, an dem sie ihre volle politische Teilhabe, also das Wahlrecht, bekämen.

1914 erschien in „Die Lehrerin" ein weiterer Artikel von E. Kisbye, der zum einen die Lehrerinnen aufforderte, sich für ihre politischen Rechte einzusetzen und zum anderen möglichen Gegnern gleich die Begründung für das Frauenstimmrecht lieferte. Das erste Argument, das am Schluss nochmals aufgegriffen wurde, lautete, dass die Arbeit der Lehrerinnen sehr zum „Gedeihen des Volksganzen"[31] beitrage. Damit sie diesen Einfluss über die Schule ausüben könnten, sei für sie die politische Arbeit eine Notwendigkeit.

Im zweiten Argument führte Kisbye an, dass der Staat in das Leben der Lehrerinnen sehr stark eingreife. Die Lehrerinnen hätten deshalb ein sehr großes Interesse am Entstehen von staatlichen Anordnungen und sie müssten sich deshalb dort besonders einbringen[32], denn alle Gesetze und Verordnungen beträfen sie direkt.

---

[28] Z.B. StadtA Freudenstadt, N. 3.39, Karton 6, Bü 32, Beilage der Frauenbewegung. Parlamentarische Angelegenheiten und Gesetzgebung. Redigiert von Anita Augspurg 20 (1904). Satzungen des Weltbundes für Frauenstimmrecht; StadtA Freudenstadt, N. 3.39, Karton 7, Bü 38, Deutscher Verband für Frauenstimmrecht: Aussprüche bedeutender Persönlichkeiten zur Frage der politischen Gleichberechtigung der Frau. Im Auftrag des Verbandes für Frauenstimmrecht zusammengestellt von Sophie von HARBOU, Dresden 1914.

[29] Verhandlungen der VII. Generalversammlung des Allgemeinen deutschen Lehrerinnenvereins in Bonn vom 26. bis 28. Mai 1901, in: Die Lehrerin in Schule und Haus 17 (1900/01) Heft 17, S. 749–759.

[30] Ebd., S. 757.

[31] E. KISBYE, Das politische Gewissen der Lehrerin, in: Die Lehrerin. Organ des Allgemeinen Deutschen Lehrerinnenvereins 31 (1914) Heft 2, S. 9–12, hier S. 9.

[32] Vgl. ebd., S. 10.

Des Weiteren argumentierte sie, zunächst habe kein Mitspracherecht für Frauen bestanden, aber die wirtschaftliche Entwicklung habe zur Entstehung von Berufsorganisationen beigetragen, in denen die Frauen den Männern in bestimmten Bereichen gleichgestellt würden. Hiermit eröffneten sich für die Frauen ganz neue Möglichkeiten: „Aus diesem Gedanken heraus sind die gesetzlichen Berufsvertretungen entstanden, die Gewerbe- und Kaufmannsgerichte, die Handwerks-, Handels- und Arbeitskammern, die Behörden des Versicherungswesens. Diese Einrichtungen gelten für männliche wie für weibliche Berufsangehörige. Doch wollte man im Anfang der Frau nirgends Sitz und Stimme in diesen Körperschaften geben. Man begründete dies damit, daß man ‚vermeiden wolle, der Frau zum ersten Male ein politisches Recht zu erteilen'. Die Logik der wirtschaftlichen Entwicklung ist stärker gewesen als dieser Grundsatz. Man sieht sich hier und da veranlaßt, auf diesen Gebieten die Frau rechtlich dem Manne gleichzustellen, wie z.B. in der neuen Reichsversicherungsverordnung. Mit einem solchen Anlauf zur Mündigsprechung aber eröffnet man der heutigen Frauenwelt eine ganz neue Perspektive. Die berufstätige politisch selbständige Frau allein ist imstande ein richtig abgemessenes Urteil über Wert und Unwert der Frauenarbeit und ihre Bedeutung im Wirtschaftsleben herauszufordern."[33]

Das nächste Argument lautete: Lehrerinnen erzögen Mädchen und die Staatsbürgerkunde sei notwendig, um die Mädchen so auf das Leben vorzubereiten, dass sie dort gut zurecht kämen. Daraus folgerte sie, dass dies den Lehrerinnen nur durch eigene praktische Erfahrungen möglich sei, und diese erhielten sie ausschließlich durch die Praxis der politischen Teilhabe[34].

Dann argumentierte Kisbye: Die Mitglieder aller Berufsorganisationen seien stimmberechtigt, nur die Lehrerinnen nicht. Diese könnten immer nur Wünsche äußern und Eingaben machen, die jedoch – und hier griff sie Helene Langes Argument auf, dass Männer keine Fraueninteressen vertreten – nicht von den Männern gehört würden. Kisbye berief sich auf das im Mai 1908 erlassene Reichsvereinsgesetz: „‚Die Frauen, die auf den selbständigen Erwerb ihres Lebensunterhaltes angewiesen sind, haben [sich] durch ihre wirtschaftlichen und politischen Interessen [...] auch in der Form von Vereinen und Versammlungen verständigen können.' --- Von dem weiteren Verfolg [sic!] dieser Interessen ist zwar noch nicht die Rede. Die Logik der Tatsachen wird auch hier ihre Macht beweisen."[35]

Mit dem letzten Argument griff Kisbye wieder auf den Beginn ihres Artikels zurück: Lehrerinnen könnten sich durch ihr Stimmrecht mit ihrem Wissen, ihren Fähigkeiten und ihren Fertigkeiten überall gewinnbringend für den gesamten Staat einbringen[36].

---

[33] Ebd.
[34] Ebd.
[35] Ebd., S. 11.
[36] Vgl. ebd., S. 12.

6. Vernetzung

Auf der siebten Generalversammlung 1901 in Bonn wurde ein weiterer Gesichtspunkt deutlich – die Bedeutung des ADLV für die Belange aller Frauen: „Frau Professor Krukenberg schloß hierauf die Reihe der Begrüßungen mit folgender Ansprache: ‚Hochgeehrte Versammlung! Im Namen des Rheinisch-Westfälischen Frauenverbandes heiße auch ich Sie am Rheine herzlich willkommen. Die Verhandlungen des Allgemeinen Deutschen Lehrerinnenvereins sind ja nicht nur für Fachleute, für Lehrerinnen von Interesse. Sie sind von weitgehender Bedeutung für die ganze deutsche Frauenwelt. [...] so im ganzen Frauen- und Lehrerinnenvereine zusammenwirken in allen gemeinsamen Fragen, uns unserem Ziele näher zu bringen: Frauen herauszubilden, wie unsere Zeit sie verlangt. [...] Der ganzen Frauenbewegung haben sie mit die Richtung gegeben. [...] mögen die Frauen- und Lehrerinnenvereine sich immer wieder zusammenfinden zu gemeinsamen Thun'"[37].

Wie gewohnt waren Vertreterinnen des „Vereins Badischer Lehrerinnen", gegründet 1888 unter dem Protektorat von Prinzessin Maria Maximilianowna, genannt Prinzessin Wilhelm von Baden, bei der Generalversammlung dabei. Der badische Lehrerinnenverein war schon sehr früh, als sechster Verein, dem ADLV beigetreten. Einige badische Lehrerinnen aus Ladenburg und Offenburg waren bereits bei der Gründung des ADLV 1890 anwesend[38].

Febronie Rommel, die jahrelang einen Lehrerinnenkalender herausgegeben hatte, beschrieb den Verein so: „Der **Hauptzweck** des Vereins, Gründung eines **Heims** ist erreicht. Der Verein besitzt in **Lichtenthal** bei Baden-Baden ein Heim mit großem Garten. Er hat auch eine eigene Krankenkasse. Die **Fortbildung** seiner Mitglieder fördert der Verein durch Versammlungen in den Abteilungen zum Zwecke der Besprechung von Berufsangelegenheiten. In den **Verein aufgenommen** werden alle badischen Ln., außerbadische nur, wenn der Vorstand dafür stimmt. **Eintrittsgeld:** 2 Mark. **Jahresbeitrag:** 3,5 oder 7 Mark, je nach Höhe des Gehaltes. Vereinsvermögen ca. 150 000 Mark. Zahl der Mitglieder 542 ordentliche, 306 außerordentliche. **Vorsitzende:** Frl. M. Lanz, Schriftführerin: Frl. Hertrich, Karlsruhe."[39]

Die Vertreterinnen der badischen Lehrerinnen auf den alle zwei Jahre stattfindenden Generalversammlungen berichteten anschließend stets in ihrer badischen Organisation über die Beschlüsse und Debatten der reichsweiten Treffen. So schilderte 1911 das „Karlsruher Tagblatt" im Juli die Mitgliederversammlung des badischen Lehrerinnenvereins, auf der die Inhalte der zwölften Generalversammlung in Nürnberg vorgestellt wurden: „Den Glanzpunkt der

---

[37] Verhandlungen der VII. Generalversammlung des Allgemeinen deutschen Lehrerinnenvereins in Bonn vom 26. bis 28. Mai 1901 (Fortsetzung), in: Die Lehrerin in Schule und Haus 17 (1900/01) Heft 20, S 804–815, hier S. 808–809.

[38] Vgl. StadtA Freudenstadt, N. 3.39, Karton 6, Bü 31, Protokollbuch vom 27.V.1890 bis 29.II.96.

[39] Rommel (wie Anm. 15) S. 160. Hervorhebungen im Original.

Generalversammlung bildete der Vortrag von Margarete Treuge – Berlin über das Verbandsthema: ‚Die staatsbürgerliche Erziehung der Mädchen als Aufgabe der Schule'. Die Referentin erwies aus dem Wesen [...] des konstitutionellen Staates mit sozialen Abgaben, der nicht mehr als eine selbständige Macht über den Bürgern steht, sondern als die Summe seiner Bürger betrachtet werden muß, die Notwendigkeit, staatsbürgerlicher Erziehung. Sie darf sich nicht nur auf Knaben erstrecken, denn auch die Tätigkeit sowohl der im Beruf stehenden als auch der verheirateten Frau ist von entscheidender Bedeutung für das Allgemeinwohl und reiht die Frau in die Zahl der den Staat bildenden Faktoren ein."[40]

Die Zusammenfassung von Treuges Vortrag, der in Teilen schon in Heft 1 „Die Lehrerin" von 1910 abgedruckt wurde, zeigt die kluge Argumentation der Lehrerinnen mit Blick auf die politische Partizipation von Frauen – ohne das Wort Frauenwahlrecht zu benennen. Die Argumentation lautete: Die staatsbürgerliche Erziehung sei notwendig, damit die Frauen sich noch besser als bisher für das Allgemeinwohl der Gesellschaft einsetzen können. Deshalb müsse die Schule die Mädchen auf diese Aufgabe vorbereiten[41]. An dieser Stelle nutzten die Lehrerinnen die herrschende Meinung über die Rolle der Frauen in der Gesellschaft, sich für das Wohl der Allgemeinheit im sozialen Bereich zu engagieren. Gegen dieses Argument konnten weder die Gegner des Wahlrechts, noch die Antifeminist*innen etwas einwenden, da die bisherige Ordnung, deren Zerfall sie fürchteten, scheinbar bestehen blieb. Geschickt verknüpfte Treuge dann im letzten Abschnitt, „daß politische und soziale Betätigung heute gar nicht mehr von einander zu trennen und zu isolieren sind"[42]. Etwas später, 1911, wurde sie in ihren Thesen deutlicher: „Neben den Möglichkeiten pädagogischer, ethischer und ökonomischer Einwirkung, die der Frau schon in ihrem natürlichen Lebenskreis gegeben sind, eröffnen sich ihr neuerdings politische Rechte durch Mitarbeit in der Verwaltung und im politischen Parteileben, die eine Vorbereitung verlange, welche bereits in der Schule beginnen muß."[43]

7. Frauenwahlrecht auf kommunaler Ebene

Sicherlich kannten einige Lehrerinnen und Frauenstimmrechtlerinnen die politische Mitwirkung auf Gemeindeebene, denn vereinzelt bestand auf kommunaler Ebene bereits ein Frauenwahlrecht, beispielsweise bei der Wahl zu Verwaltungsorganen, in evangelischen Kirchengemeinden und bei den Sozialver-

[40] Karlsruher Tagblatt vom 13.7.1911, Drittes Blatt, S. 2.

[41] Vgl. Margarete TREUGE, Staatsbürgerliche Erziehung, in: Die Lehrerin. Organ des Allgemeinen Deutschen Lehrerinnenvereins 27 (1910) Heft 1, S. 5–6.

[42] Ebd., S. 6.

[43] Margarete TREUGE, Die staatsbürgerliche Erziehung der Mädchen als Aufgabe der Schule, in: Die Lehrerin. Organ des Allgemeinen Deutschen Lehrerinnenvereins 27 (1911) Heft 49, S. 385–386, hier S. 385.

sicherungen (vor allem Krankenkassen) wie Anita Augspurg herausgefunden hatte[44].

Dies war auch in Baden bekannt, denn das Unterhaltungsblatt zum „Volksfreund" hatte am 7. November 1911 berichtet, dass in Elsass-Lothringen Frauen an den Kirchenratswahlen teilnehmen durften: „Frauenstimmrecht für den Kirchenrat. Das Oberkonsistorium der Kirche Augsburgischer Konfession in Elsaß-Lothringen hat mit 14 gegen 7 Stimmen das Frauenstimmrecht für den Kirchenrat angenommen [...] Elsaß-Lothringen ist danach der erste deutsche Bundesstaat, der den Frauen das Kirchenwahlrecht zugesteht."[45]

Febronie Rommel hatte, obwohl katholisch, sicher davon gehört, denn sie hielt auch im Ruhestand sehr engen Kontakt zu ihrer alten Heimat. Sie gehörte nach wie vor als Mitvorsitzende dem elsass-lothringischen Lehrerinnenverein an, so dass sie alle Informationen das Elsass betreffend erhielt.

Aber auch in Baden wurde bekannt, dass Frauen in bestimmten Bereichen wählen durften. Der „Volksfreund" druckte am 19. Oktober 1912 folgenden Aufruf: „Der badische Frauenstimmrechtsverein fordert noch einmal die zur Reichsversicherung der Angestellten wahlberechtigen Frauen dringend auf, ihr Wahlrecht am Sonntag, den 20. Oktober zwischen 10 Uhr vormittags und 6 Uhr nachmittags in den Turnhallen der Gutenberg-, Leopold- und Schillerschule auszuüben. [...] Kein Vergnügen am Sonntag für weibliche Angestellte, bevor sie gewählt haben."[46]

Die Durchsetzung des kommunalen Wahlrechts wäre für viele bürgerliche Frauen ein erster Schritt zum nationalen (vollen) Wahlrecht gewesen. Febronie Rommel vertrat diesen Standpunkt zwar nicht explizit, thematisierte ihn aber in einem Artikel rückwirkend nach den badischen Landtagswahlen[47]. Sie schrieb, dass viele Frauen zunächst lieber das Gemeindewahlrecht erhalten hätten, mit der Begründung, dass die Gemeinde die erweiterte Familie sei und so die Frau in allen Fragen – die Gemeinde betreffend – äußerst kompetent sei, weil sie die Fähigkeiten, die sie als Mutter in der Familie erworben habe, „ins Größere übertragen, auch innerhalb der Gemeinde"[48] anwenden könne. Vor allem sei die Mitarbeit der Frauen in den Gemeinden so wichtig, weil sich ihre Standpunkte und Erfahrungen nicht immer mit denen der Männer deckten, und die Frauen deshalb unbedingt in der Gemeindeverwaltung mitarbeiten und mitentscheiden müssten[49].

---

[44] Vgl. Kinnebrock (wie Anm. 23) S. 253.
[45] Der Volksfreund vom 7.11.1911, Unterhaltungsblatt zum Volksfreund.
[46] Der Volksfreund vom 19.10.1912, Zweites Blatt, S. 6, Hervorhebung im Original.
[47] Vgl. StadtA Freudenstadt, N 3.39, Karton 6, Bü 33, Febronie Rommel, Die Gemeindewahlen und die Frauen, in: Badische Nachrichten vom 27.2.1919, dritte und vierte Seite der Ausgabe.
[48] Ebd.
[49] Ebd.

8. Engagement für das Frauenwahlrecht

Am 28. April 1914 berichtete die „Straßburger Post" darüber, dass Febronie Rommel bei einer Versammlung mit dem Titel „Für und wider das Frauenstimmrecht" des „Vereins für Frauenbildung" (wohl in Straßburg) das Frauenwahlrecht vehement befürwortete. Hierbei ist sehr interessant, dass sie mit dem Jahr 1848 – also mit Louise Otto Peters – begann und dann anführte: „[...] aber an den sozialen und wirtschaftlichen Fragen hat die Frau ebensogut ein Lebensinteresse, wie der Mann. Oder gehen sie der Geburtenrückgang, die soziale Fürsorge, der Kampf wider den Schmutz in Wort und Bild nichts an? Hier trägt sie die gleiche Verantwortung wie der Mann und darum hat sie mitzureden."[50] Sie kritisierte, dass die Frauen nur die Möglichkeit von Petitionen hätten, um überhaupt mitzureden, doch das reiche nicht aus, denn die Männer würden die Gesetze machen, die die Frauen in jeder Hinsicht beschränkten: „Die Gesetze allein von Männern gemacht, haben für die Frauen eine Reihe von Härten"[51]. Hier bezog sie sich deutlich auf Helene Langes Aufsätze von 1895[52]. Febronie Rommel zählte die geschlechtsspezifischen Ungerechtigkeiten auf: „[...] in der Ehe stehen alle Herrschafts- und Vermögensrechte dem Mann zu, die elterliche Gewalt ist im Grunde nur eine väterliche, als Erzieherin ihrer Kinder ist die Mutter in ihren Befugnissen vielfach beschränkt, um nur einiges zu nennen."[53]

Und sie zeigte weitere diskriminierende Umstände für die Frauen auf, wobei sehr deutlich wurde, dass sie aus eigener Erfahrung, beziehungsweise aus der Erfahrung ihrer Kolleginnen sprach: „Auch sonst wird die Frau vielfach zurückgesetzt. Für ihre Ausbildung hat der Staat weniger Geld – das achte Schuljahr ist in Elsaß-Lothringen noch nicht eingeführt [...] – Staat und Industrie sehen in ihr die billige Arbeitskraft, im öffentlichen Dienst hat sie keine Beförderungsaussichten."[54] Und als Lösung sah sie nur eines: „Erst wenn die Frau das Stimmrecht hat, wird sie gehört werden, werden sich die Dinge für sie bessern."[55] Sie rechtfertigte, warum die Frauen das Stimmrecht verdienten – und hier war sie ganz auf der Linie der gemäßigten Frauen: „Beanspruchen kann sie das, denn sie leistet Steuern und Arbeit wie der Mann und der Wehrpflicht des Mannes steht ihre Mutterschaftsleistung gegenüber."[56] Den Begriff der Mutterschaftsleistung wählte sie klug, denn durch das so genannte Lehrerinnenzölibat, konnten aktive Lehrerinnen in der Regel keine leiblichen Mütter sein, weil sie als uneheliche Mütter oder verheiratete Frauen den Schuldienst quittieren mussten. Mütter im Geiste konnten sie für ihre

50 StadtA Freudenstadt, N 3.39, Karton 6, Bü 33, Straßburger Post vom 28.4.1914, Morgenausgabe.
51 Ebd.
52 Vgl. LANGE (wie Anm. 17) S. 29.
53 Straßburger Post (wie Anm. 50).
54 Ebd.
55 Ebd.
56 Ebd.

Schülerinnen allerdings sein und hier war Febronie Rommel ein leuchtendes Beispiel[57]. Somit verhinderte sie durch ihre geschickte Wortwahl den Ausschluss von „Nichtmüttern“ vom Wahlrecht.

Um zu beweisen, dass Gesellschaften nicht unter dem Frauenwahlrecht litten, führte sie an: „Und was mancherlei Befürchtungen anlangt, so zeigt die Erfahrung, daß Staaten, die den Frauen das Stimmrecht gegeben haben, nicht darunter gelitten haben.“[58]

Obwohl sich Febronie Rommel vor dem Krieg öffentlich für das Frauenstimmrecht eingesetzt hatte, erwähnte sie in ihrem Kriegstagebuch erstaunlicherweise weder die Verkündung des Frauenwahlrechts noch die Wahlen, obgleich sie ihr Tagebuch bis 1921 führte. Im Vordergrund stand für sie offenbar der verlorene Krieg und vor allem der Verlust Elsass-Lothringens, mit allen Folgen für die deutsche Bevölkerung. Doch in ihrer Rolle als zweite Vorsitzende des ADLV war sie mitverantwortlich für einen Aufruf am 30. November 1918 in der Zeitschrift „Die Lehrerin“, in dem der Vorstand des ADLV den Lehrerinnen eine bedeutende Rolle bei den anstehenden Wahlen zusprach: „An die deutschen Lehrerinnen. In wenigen Wochen werden die Wahlen zur Nationalversammlung stattfinden. [...] Bei allen Wahlen werden die Frauen das Stimmrecht ausüben. Zum erstenmal zur Mitbestimmung aufgerufen, haben die Frauen sofort an Entscheidungen mitzuwirken, wie sie in ähnlicher Tragweite niemals einer Wählerschaft anvertraut gewesen sind. Und diese schwere Verantwortung für die deutsche Zukunft trifft einen großen Teil der Frauen ganz unvorbereitet. In wenigen Wochen muß die Politisierung der Frauen vollzogen werden. Dabei müssen alle mitwirken, die durch geistige Bildung und praktische Schulung im Beruf zu Führerinnen der anderen bestimmt und geeignet sind. Die Lehreinnen müssen nicht nur selbst vollzählig, jede einer Partei beitreten und ihr Wahlrecht ausüben, sie müssen sich auch den Parteien zur Verfügung stellen, um die anderen Frauen aufzuklären und heranzuziehen. Die Lehrerinnen, als der geistig führende unter den weiblichen Berufsständen, müssen jetzt alle Kraft zur Erziehung der Frauen zu Bürgerinnen einsetzen. Wo stehen die Lehrerinnen politisch? Darüber haben wir als Berufsorganisation keine Weisung zu geben. Jede muß ihren Standpunkt selbst wählen. [...] Kolleginnen, seid euch der Macht bewußt, die jetzt in eure Hände gegeben ist! Stellt euch alle ohne Unterschied in den Dienst der wichtigsten, dringendsten Arbeiten, die es jetzt für jede deutsche Frau gibt! Laßt keinen Tag vergehen, ohne irgendwo, auf irgendeine Weise aus der Masse der Frauen pflichtbewusste Wählerinnen erweckt zu haben! [...]“[59].

Der Text fasst sehr gut zusammen, vor welchen Problemen die Frauen standen und was der Vorstand des ADLV von den Lehrerinnen erwartete. Febronie

[57] In ihrem Nachlass befinden sich unzählige Briefe von ehemaligen Schülerinnen, aus denen hervorgeht, wie gerne sie Febronie Rommel hatten.

[58] Straßburger Post (wie Anm. 50).

[59] An die deutschen Lehrerinnen, in: Die Lehrerin. Organ des Allgemeinen Deutschen Lehrerinnenvereins 35 (1918/19) Heft 35/36, S. 141.

Rommel, hatte sich die anstehenden Wahlen sehr zu Herzen genommen, denn sie engagierte sich, trotz ihrer 66 Jahre, in vielfältiger Weise. Sie hielt Vorträge in Freiburg und Baden-Baden, ganz im Sinne des Aufrufs, um die Frauen zu mobilisieren und zu informieren, wie sie in einem Brief an Helene Lange schrieb: „Verehrtestes liebes Fräulein Lange! [...] Am Samstag spreche ich in Freiburg zur badischen Wahl am 5. Januar und am Sonntag in Baden-Baden. Das hilft mir Gottlob über die so schweren Gedanken übers Elsaß u. a. hinweg. Es steht dort auch meine Pension auf dem Spiel – obwohl das noch das Geringere zeigt, doch auch ein Stein. In herzlicher Verehrung und Treue, wie immer Ihre F. Rommel"[60].

Ihr Vortrag kam sehr gut an, wie die „Freiburger Zeitung" vom 2. Dezember 1918 berichtete[61]. Der Brief und ihr Auftritt legen den Schluss nahe, dass Febronie Rommel in Baden geschätzt und als Rednerin eingeladen wurde, weil ihr die Veranstalter*innen eine positive und motivierende Wirkung auf die Wählerinnen zutrauten.

Dabei ist festzuhalten: Die Vorbereitung der deutschen Frauen auf die Wahlen gelang in diesem sehr kurzen Zeitraum von knapp zwei Monaten zwischen Verkündung des Frauenwahlrechtes und den ersten Wahlen nur, weil wirklich alle Frauenvereine zusammenarbeiteten und eine wahre Meisterleistung vollbrachten. Sie motivierten eine sehr hohe Anzahl von Frauen, die Informationsveranstaltungen zu besuchen, obwohl viele Frauen mit dem Ende des Ersten Weltkrieges von anderen Sorgen und Nöten geplagt waren[62].

Des Weiteren mussten die Parteien dazu gebracht werden, Frauen auf die Wahllisten zu setzen. Hier galt es große Widerstände zu überwinden, denn außer der SPD (ab 1891) und der DVP (ab 1918) hatten alle anderen Parteien das Frauenstimmrecht abgelehnt, ja sogar bekämpft. Nun umwarben gerade diese Parteien die Frauen als Wählerinnen. Doch versuchten sie geschickt, weibliche Abgeordnete zu verhindern, indem sie sie – wenn überhaupt – auf Listenplätze setzten, auf denen sie wenig Chancen hatten, gewählt zu werden. Das erklärt auf Reichsebene, aber auch in Baden, den geringen Anteil von Frauen in den Parlamenten der jungen Republik.

9. Ergebnisse der ersten Wahlen in Baden aus Frauenperspektive

Schon 1921 legte das Badische Statistische Landesamt eine erste Analyse des weiblichen Wahlverhaltens vor. Es sollte „die von den Frauen mit dem Stimmzettel zum Ausdruck gebrachte politische Gesinnung ergründen [...] Es müssen einwandfreie

60 Helene Lange Archiv Berlin 85/107, Brief vom 26.11.1918.

61 Freiburger Zeitung vom 2.12.1918, Morgenblatt, S. 2 unter der Überschrift Freiburger Stadtanzeiger.

62 Vgl. Marie Stritt, Frauenwahlrecht in Deutschland, in: Die Staatsbürgerin. Monatszeitschrift des Deutschen Reichsverbandes für Frauenstimmrecht 9 (1918) S. 73.

Unterlagen für die Beurteilung der Frage geschaffen werden, welche Bedeutung der Einführung des Frauenwahlrechts für den Wahlerfolg der Parteien zukommt“[63].

Dieser Aufgabe kam das Landesamt in seiner Broschüre nach und stellte folgendes Ergebnis fest: „Frauen sind zur Deutschen Nationalversammlung aus Baden nicht abgeordnet worden, wohl aber waren 6 (14 v. H.) der 42 badischen Ersatzmänner weiblichen Geschlechts. Ganz verschwindend klein sind auch die Zahlen der in die übrigen vier Vertretungskörper gewählten Frauen, nämlich nur 838 (1,8 v. H.) weibliche Gemeinde- und Stadtverordnete, 14 (0,1 v. H.) weibliche Gemeinde- und Stadträte, 4 (0,4 V. H.) weibliche Bezirksräte und 7 (1,6 v. H.) weibliche Kreisabgeordnete.“[64] Das Landesamt folgerte: „Die der Übersicht gleichfalls beigefügten Verhältniszahlen der gewählten Frauen zu den Gesamtzahlen aller Vertreter sollen vor Augen führen, welch bescheidener Einfluß den Frauen nach ihrer geringen Vertreterzahl in den Gemeindekollegien auf Grund der Wahlen vom Frühjahr 1919 erst zukommt.“[65] Letztendlich profitierte das Zentrum am stärksten vom Frauenwahlrecht in Baden und auf Reichsebene. Die Angst des Bürgertums, die Frauen würden der SPD zur stärksten Kraft verhelfen, bewahrheitete sich nicht[66]; eine für die SPD sehr bittere Erfahrung[67].

10. Engagement in der Politik nach den Wahlen 1919

Febronie Rommel engagierte sich nach den Wahlen im Januar weiterhin dafür, dass sich Frauen für die Gemeinderatswahlen aufstellen ließen. In einem Zeitungsartikel im Februar 1919 formulierte sie mit Blick auf die Gemeinderatswahlen im Mai 1919: „Wenn daher gefragt wird: Welche Vertreter benötigen wir? So muß, meine ich, die Antwort lauten: Neben tüchtigen Männern auch tüchtige Frauen.“[68] Sie betonte weiter die Notwendigkeit der persönlichen Eignung und nicht die Bedeutung der Partei, der diese Person angehörte. Und gerade bei den Frauen gelte mehr denn je: „‚Freie Bahn dem Tüchtigen‘. Muß dieser Grundsatz alle leiten, so doch ganz besonders die Frauen, wenn es sich um die Auswahl ihrer Vertreterinnen handelt. Denn jedes Versagen fällt hier nicht nur auf die Eine, sondern wird als ein Mangel für alle gebucht.“[69]

Febronie Rommel sah die Frauen in einer zentralen Rolle in der Kommunalpolitik: „Hier, in verantwortlicher Mitarbeit am Gemeindewohl, schärft sich der

---

[63] Über die Deutschen Nationalversammlungswahlen in Baden, die Badische Gemeinde-, Bezirksrats- und Kreisabgeordnetenwahlen und das Frauenwahlrecht, bearbeitet im Badischen Statistischen Landesamt, Karlsruhe 1921, S. 3.

[64] Ebd., S. 12.

[65] Ebd., S. 16.

[66] Vgl. Acher- und Bühler Bote vom 8.1. und 18.1.1919.

[67] Vgl. Das Ergebnis der badischen Nationalwahlen, in: Der Volksfreund vom 6.1.1919, S. 1; Der künftige badische Landtag, in: Der Volksfreund vom 13.2.1919, S. 3.

[68] StadtA Freudenstadt (wie Anm. 47).

[69] Ebd.

Blick für die großen und verwickelten Anforderungen, denen der Staat zu genügen hat. – Es wäre ein sonderbarer Widerspruch, wenn wir zwar weibliche Abgeordnete hätten, aber ohne Vertretung blieben da, wo eine große Zahl von Frauen mitzureden und mitzuentscheiden gar wohl befähigt ist: auf unseren Rathäusern."[70]

Sie selbst setzte die aufgestellten Forderungen um und kandidierte mit 66 Jahren für die Gemeinderatswahlen in Sasbachwalden. Leider ist anhand der fertigen Wahllisten nicht zu erkennen, ob sich mehr Frauen zur Kandidatur bereit erklärt hatten und abgelehnt worden waren. Als einzige Frau unter sieben Männern belegte Febronie Rommel Platz drei bei der Kreisabgeordnetenwahl auf der Wahlvorschlagsliste III[71] in Sasbachwalden und wurde auch in den Gemeinderat gewählt, wo sie ihr Amt sehr gewissenhaft und engagiert ausübte.

Ihre langjährige Freundin Dr. Dr. Bertha Kipfmüller[72], die im Juli 1919 einige Wochen zu Gast war, schrieb dazu in ihr Tagebuch: „Frl. Rommel ist hier so eine Art Bürgermeister. Sie ist ‚Kommissar' für die Lebensmittel. Es waren gerade 10 Zentner grüne Erbsen zur Verteilung angekommen. Das machte ihr viel Mühe"[73], und weiter „Febronie war in Sasbach und kam müd und abgehetzt heim von der Bürgermeisterei. Sie hat die ganze Gemeindeliste zu schreiben für die Lebensmittel"[74]. Zwei Tage später: „Nachmittag arbeitete Febronie wieder an den verdammten Lebensmittellisten und abends fragte sie mich um Rat. Ich schlug ihr alphabetische Ordnung vor."[75]

Ein weiterer Hinweis auf ihr Engagement ist ein Brief von Jenny Apolant, der Leiterin der „Zentralstelle für Gemeindeämter der Frau" in Frankfurt. Sie schrieb: „Meine Freundin sagte mir, dass die Sasbachwaldener den vernünftigen Gedanken hatten, Ihnen das Bürgermeisteramt anzubieten. Wie schön, wenn Sie sich zur Annahme entschliessen könnten, ein Feiertag 1. Ordnung für die Frauenbewegung!!! [...] Leben Sie wohl, verehrtes Ortsgruppenmitglied u. seien Sie herzlich gegrüsst von Ihrer ergebenen Jenny Apolant."[76]

Febronie Rommel nahm das Amt nicht an, denn in der Bürgermeisterliste von Sasbachwalden taucht sie nicht auf[77].

---

70 Ebd.

71 GemeindeA Sasbachwalden, Mappe Nr. 1252, Anlage 2, S. 13. Protokoll der Gemeindeverordneten, Bezirksräte und Kreisabgeordneten.

72 Bertha Kipfmüller und Febronie Rommel lernten sich wohl bei der Gründung des ADLV am 27.5.1890 in Friedrichsroda kennen.

73 Tagebucheintrag von Bertha Kipfmüller aus Pappenheim am 16.6.1919. (Die Tagebücher von Dr. Bertha Kipfmüller wurden von ihrem Großneffen Hans-Peter Kipfmüller aus der Kurzschrift übertragen. Die Tagebücher befinden sich an der PH Karlsruhe als freundliche Leihgabe).

74 Ebd., 18.7.1919.

75 Ebd., 20.7.1919.

76 StadtA Freudenstadt, N 3.39, Karton 4, Bü 25, Brief von Jenny Apolant vom 16.10.1919.

77 GemeindeA Sasbachwalden, Mappe Nr. 241. Bürgermeister Graber (Schmiedemeister) wird von 1907 bis 1920 in der Liste geführt, dann folgte 1920 bis 1934 Andreas Maier (Landwirt).

Wo sie parteipolitisch genau stand, lässt sich nicht eruieren, aber wie aus ihren Tagebucheintragungen hervorgeht, vertrat sie eine positive Haltung gegenüber der DDP[78]. Das war sicher mit ein Grund, dass sie 1920 der Bitte des Vorsitzenden des Ortsvereins Bühl/Baden der DDP, Ludwig Jaekle, nachkam, Frauen in seinem Wahlkreis für Politik zu gewinnen. Er konstatierte selbstkritisch: „Was mir aber leider nicht gelungen ist, das ist das Interesse der Frauen für die demokratische Sache so zu wecken, wie es die Zeitverhältnisse verlangen und bedingen. [...] ob Sie nicht geneigt wären, hier einmal einen Vortrag zu übernehmen über ein zeitgemäßes Thema, welches besonders für die Frauen bestimmt wäre. Sie kennen Land und Leute und bei Ihrer hervorragenden Veranlagung würden Sie sicher das richtige finden."[79] So wie es aussieht, hatte Febronie Rommel den Vortrag angenommen, denn auf dem Brief ist eine Vortragsstruktur vermerkt, die sie am 24. März 1920 an Herrn Jaekle geschickt hat:

> „1. Polit. Pflichten der Frauen im Volksstaat.
> 2. Rechte und Pflichten da.
> 3. Erziehungsaufg. im demokr. Staat.
> 4. Die Frau und die Politik."[80]

11. Schlussbetrachtung – Wertschätzung

Febronie Rommel konnte aufgrund ihres langen Engagements in der Lehrerinnenbewegung auf einen großen Erfahrungs- und Wissensschatz zurückgreifen, der sehr nützlich war im Kampf um das Frauenstimmrecht. Sie hatte wie viele engagierte Frauenrechtlerinnen mit Lehrberuf während des Kaiserreichs für das Frauenwahlrecht plädiert und für die politische Teilhabe der Frauen in allen Bereichen des staatlichen Verwaltungsapparates. So konnte sie 1919 den Frauen vor allem in Baden deutlich machen, welche Möglichkeiten der neue Staat für sie bot, was aber die Teilhabe gleichfalls für Anforderungen an sie stellte. Stellvertretend für die vielen engagierten Lehrerinnen in Baden legte sie durch ihr Eintreten für Gleichberechtigung in Beruf und Gesellschaft, zusammen mit anderen passionierten Frauen, die Grundlage für die Frauenrechte von heute.

---

[78] StadtA Freudenstadt, N. 3.39, Kriegstagebuch (wie Anm. 1).

[79] StadtA Freudenstadt, N 3.39, Karton 4, Bü 28, Brief von Ludwig Jaekle, Vorsitzender des Deutsch-Demokratischen Ortsvereins Bühl am 19.3.1920.

[80] Notiz auf dem o. g. Brief (wie Anm. 79).

Zwischen Mannheimer Liberalismus und Mailänder Radikaldemokratie. Frauenbewegung und Frauenwahlrecht in der Konzeption der deutsch-italienisch-jüdischen Feministin Paolina Schiff (1841–1926)

Ruth Nattermann

Eine Episode aus dem Leben der umtriebigen Paolina Schiff verdient Beachtung. Geboren 1841 in Mannheim, aufgewachsen im habsburgischen Triest, seit 1860 sesshaft in der lombardischen Metropole Mailand, bittet die mittlerweile 55-jährige Kosmopolitin auf dem internationalen Frauenkongress 1896 in Berlin eine Kollegin, ihren auf Deutsch verfassten Vortrag für sie zu verlesen. Das Italienische war ihre sprachliche Heimat geworden[1]. Als feministische Pionierin blieb Schiff gleichzeitig ihrem stets transnationalen Lebensstil verbunden, mit dem sie die betont europäische Ausrichtung der frühen italienischen Frauenbewegung maßgeblich prägte. In Italien wie auf europäischer Ebene war die Protagonistin deutsch-jüdischer Herkunft mit Politikern, Frauenrechtlerinnen und Mitgliedern der internationalen Friedensbewegung eng vernetzt. Ihre verschlungene Biografie ist ein bedeutendes Beispiel für jüdische Emigrationswege und Integrationsstrategien, aber auch Ausdruck einer komplizierten Beziehung zum Judentum und eines kontinuierlichen Kampfes gegen die doppelte Marginalisierung als Frau und Jüdin.

Trotz Schiffs historischer Relevanz als eine der ersten Privatdozentinnen Italiens, ihrer Bekanntheit in der zeitgenössischen europäischen Frauenbewegung wie in Literaten- und Politikerkreisen, Mitgründerin der ersten italienischen Frauenrechtsorganisation und internationale Netzwerkerin, ist sie heutzutage sowohl in Deutschland als auch in Italien eher unbekannt. Mit Mussolinis Machtübernahme 1922 wurde Schiff als Feministin, Sozialistin und Jüdin zum ideologischen Feindbild des Faschismus, der sie mit Erfolg aus dem öffentlichen Leben wie dem kollektiven Gedächtnis heraus drängte. Die Akteurin starb 1926 zurückgezogen in Mailand. Erst in den letzten Jahren hat die einschlägige Frauen- und Geschlechtergeschichte begonnen, Paolina Schiff als die wahrscheinlich bedeutendste zeitgenössische Vermittlerin zwischen italienischem und internationalem Frauenrechtsdiskurs wiederzuentdecken[2].

---

[1] Vgl. Rosalie SCHÖNFLIES (u. a.) (Hg.), Der internationale Kongress für Frauenwerke und Frauenbestrebungen in Berlin, 19. bis 26. September 1896. Eine Sammlung der auf dem Kongress gehaltenen Vorträge und Ansprachen, Berlin 1897, S. 45.

[2] Unter den biographischen Skizzen vgl. den Beitrag von Stefania BARTOLONI, in: Dizionario Biografico degli Italiani, Bd. 91, hg. vom Istituto della Enciclopedia Italiana, Rom 2018, S. 486–488; den Beitrag von Beatrice PISA in: Rachele FARINA (Hg.), Dizionario biografico delle donne lombarde, Mailand 1995, S. 994–995, sowie den Eintrag in Emilio GIANNI, Dal radicalismo borghese al socialismo operaista. Dai congressi della Confe-

Im Mittelpunkt dieses Beitrags stehen zentrale Themen und Konstellationen der transnationalen Biografie der deutsch-italienisch-jüdischen Feministin. Hinterfragt werden lebensgeschichtliche und gesellschaftspolitische Gründe für ihre Entwicklung zur Pionierin der Frauenbewegung und Vorkämpferin des Frauenwahlrechts. Die Untersuchung stützt sich auf unveröffentlichte Egodokumente, zeitgenössische Zeitschriften und amtliche Texte. Schiffs soziokulturelle Ursprünge im revolutionären Mannheim der 1840er Jahre wie ihre lebenslange Verortung in transnationalen Netzwerken, so die These, bildeten zentrale Voraussetzungen für ihre Entfaltung zur Protagonistin der von Beginn an europäisch agierenden italienischen Frauenbewegung. Zunächst erfolgt ein Einblick in Paolina Schiffs erste Prägungen im politischen Aufbruchsklima der badischen Stadt, bevor ihr zunehmendes Interesse an der italienischen Einigungsbewegung und ihre Nähe zum italienisch-jüdischen Bürgertum während ihrer Jugendzeit in Triest thematisiert werden. Schiffs Zugang zu den Kreisen der lombardischen Radikaldemokratie während ihres Studiums in Pavia und ihr Engagement für die europäische Frauen- und Friedensbewegung stehen im Mittelpunkt des zweiten Teils. Im dritten Abschnitt werden Paolina Schiffs Aktivitäten als Pionierin der organisierten italienischen Frauenbewegung untersucht und der Fokus auf ihr herausragendes Engagement für das Frauenwahlrecht gerichtet, das – anders als in Deutschland und vielen anderen europäischen Ländern – den italienischen Frauen nach Ende des Ersten Weltkriegs nicht gewährt wurde. Zudem lassen sich Momente antisemitischer und antifeministischer Vorurteile bereits vor der faschistischen Machtübernahme im Leben der Akteurin nachweisen. Auf diese Weise wird die Biografie Paolina Schiffs zum Spiegel der Errungenschaften wie der Rückschläge der frühen italienischen Frauenbewegung, in der Jüdinnen überdurchschnittlich stark vertreten waren.

---

derazione Operaia Lombarda a quelli del Partito Operaio Italiano (1881–1890), Mailand 2012. Zu Schiffs gesellschaftspolitischem Engagement vgl. Annarita Buttafuoco, Le origini della Cassa Nazionale di Maternità, Arezzo 1992, S. 13–18; Maurizio Ridolfi, La democrazia radicale nell'Ottocento Europeo. Forme Della Politica, Modelli Culturali, Riforme Sociali, Mailand 2005, S. 330. Zu ihrem Engagement in der europäischen Friedensbewegung und Hinwendung zum Interventionismus während des Ersten Weltkriegs vgl. Ruth Nattermann, Vom Pazifismus zum Interventionismus. Die italienische Frauenrechtlerin Paolina Schiff (1841–1926), in: Franziska Dunkel/Corinna Schneider (Hgg.), Frauen und Frieden? Zuschreibungen – Kämpfe –Verhinderungen, Opladen/Berlin/Toronto 2015, S. 73–85. Zu Schiffs Bedeutung als Privatdozentin vgl. Simonetta Polenghi, "Missione naturale", istruzione "artificiale" ed emancipazione femminile. Le donne e l'università tra Otto e Novecento, in: Dies./Carla Ghizzoni (Hgg.), L'altra metà della scuola. Educazione e lavoro delle donne tra Otto e Novecento, Turin 2008, S. 283–318.

1. Deutsch-jüdische Ursprünge im revolutionären Mannheim und politisch-kulturelle Prägungen im habsburgischen Triest

Paolinas Großvater wurde 1771 als Samuel Schwalbach in Hanau geboren. Bei der Namensreform der badischen Juden wandelte er seinen Familiennamen in Schiff um. Nach Mannheim kam Samuel 1797 vermutlich durch seine Heirat mit der Mannheimer Jüdin Augusta Fuld (1771–?). Die Bedingungen für die Ansiedlung von Juden fielen in der badischen Stadt generell günstig aus. Gefragt waren wirtschaftliche Initiativen in den Bereichen Handel, Industrie und den Dienstleistungen, zumal die zunehmende städtische Bevölkerung mit lebensnotwendigen Gütern versorgt werden musste und die Transport- und Verkehrswege laufend verbessert wurden[3]. Mannheim galt damals als das „deutsche Jerusalem". Bereits um 1780 gab es hier über 1.000 jüdische Gemeindemitglieder, was einem Anteil von fünf Prozent an der Gesamtbevölkerung entsprach. Er lag damit weit über dem zeitgenössischen jüdischen Anteil in europäischen Großstädten wie Berlin, Königsberg oder Wien[4].

Paolinas Vater Samson (1807–1885) war der fünfte Sohn von Samuel und Augusta Schiff. Die vergleichsweise freien Verhältnisse, in denen er Anfang des 19. Jahrhunderts in Mannheim aufwuchs, waren eine unmittelbare Folge des Badischen Judenedikts von 1809. Mit ihm erhielten die Juden die staatsbürgerliche Gleichstellung, jedoch wurde auch die traditionelle jüdische Gemeindeverfassung beseitigt und von den Juden die Assimilation an die Mehrheitsgesellschaft verlangt. Die staatliche Schulpflicht betraf nun auch jüdische Kinder. Diese rechtlich insgesamt vorteilhaften Ausgangsbedingungen ermöglichten Paolina Schiffs Vater eine sorgfältige Erziehung und die Ausbildung zum Silberschmied. In Baden wurden die damals in vielen deutschen Staaten entstehenden Handwerksvereine für Juden von der Regierung offiziell gefördert und konnten insofern besonders viele jüdische Lehrlinge bis zum Abschluss ihrer Ausbildung betreuen[5].

Nach dem frühen Tod seiner ersten Frau heiratete Samson Schiff 1838 die Näherin Barbara Maier. Aus der Ehe gingen acht Kinder hervor: Paolina, die als Pauline am 28. Juli 1841 in Mannheim geboren wurde, war die drittälteste. Die Erfahrungen ihrer Mutter, die neben ihrer Tätigkeit als Näherin acht Kinder großzog, sensibilisierten Paolina Schiff nachhaltig für die schwierigen zeitgenössischen Bedingungen der Frauenarbeit. Dass sie in den 1880er Jahren als nunmehr etablierte Frauenrechtlerin die erste italienische Frauengewerkschaft für die Näherinnen der Mailänder Textilindustrie gründete und das europaweit wegweisende Projekt einer

[3] Vgl. Stefi Jersch-Wenzel, Bevölkerungsentwicklung und Berufsstruktur, in: Michael Brenner/Stefi Jersch-Wenzel/Michael A. Meyer (Hgg.), Deutsch-jüdische Geschichte in der Neuzeit, Bd. 2: Emanzipation und Akkulturation 1780–1871, München 2000, S. 57–95, hier S. 65.

[4] Vgl. ebd., S. 64.

[5] Vgl. ebd., S. 85; Dies., Rechtslage und Emanzipation, in: Brenner/Jersch-Wenzel/Meyer, (wie Anm. 3) S. 15–56, hier S. 32.

Mutterschaftsversicherung für Fabrikarbeiterinnen entwickelte, ging wohl auch auf die eigene familiäre Erfahrung mit den existentiellen Problemen arbeitender Frauen und Mütter zurück[6].

Paolina Schiff wuchs in einer Zeit auf, die zutiefst vom zeitgenössischen revolutionären Klima geprägt war. Tatsächlich erfolgte der Startschuss zu den deutschen Revolutionen von 1848/49 im Großherzogtum Baden. Sylvia Schraut hat hervorgehoben, dass viele der Initiatoren und Abgeordneten der Nationalversammlung von 1848 durch die badische „politische Schule" gegangen waren, und nur in Baden konnte eine Revolutionsregierung mithilfe der Armee und der Beamtenschaft für kurze Zeit die Macht übernehmen[7]. Der politische Aufbruch, der in Mannheim zu spüren war, kann an der damals siebenjährigen Paolina Schiff nicht vorbeigegangen sein. Die Einführung der Pressefreiheit, die Abschaffung adeliger Privilegien und die Entstehung einer politischen Öffentlichkeit, in der über Bürgerrechte, Reformen und Verfassungsfragen debattiert und gestritten wurde, bildeten zentrale Momente im späteren gesellschaftspolitischen Engagement der Feministin. Die Tatsache, dass die 1848er Revolution auch Frauen neue Chancen der politischen Partizipation und Positionierung eröffneten – als Teilnehmerinnen von Versammlungen wie als Fahnenstickerinnen für die politischen Vereine und Bürgerwehren – nahm das Mädchen Paolina womöglich aus nächster Nähe wahr.

Bezeichnenderweise fanden die zeitgenössischen demokratischen Ideen Befürworter in Schiffs Familie. Susanne Schlösser berichtet, dass dem Familienbogen im Mannheimer Stadtarchiv ein Schriftstück der königlich-sächsischen Polizei-Direktion aus dem Jahr 1854 beiliegt, welches explizit die „laut bekundeten demokratischen Gesinnungen" eines Onkels von Paolina, dem Sprachenlehrer Adolph Schiff, festhält[8]. Paolina Schiff muss von Kindesbeinen an von dem Interesse ihrer

---

[6] Zur Gründung der Frauengewerkschaft durch Paolina Schiff vgl. die Berichte in der Zeitschrift La Donna XIV, 1 (Dicembre 1883), S. 9–11; Franca Pieroni Bortolotti, Alle origini del movimento femminile in Italia 1848–1892, Turin 1963, S. 194. Zu Schiffs Mutterschaftsversicherung vgl. Annarita Buttafuoco, Le origini della Cassa Nazionale di Maternità, Arezzo 1992, S. 13–21; Dies., Motherhood as a Political Strategy. The role of the Italian Women's Movement in the creation of the Cassa Nazionale di Maternità, in: Gisela Bock/Patricia Thane (Hgg.), Maternity and Gender Policies: Women and the Rise of the European Welfare States, 1880s-1950s, London 1994, S. 187–191; Ruth Nattermann, Unrecognized Transnationalism. A Counter History of the Early Italian Women's Movement, in: Angelika Schaser/Sylvia Schraut/Petra Steymans-Kurz (Hgg.), Erinnern, vergessen, umdeuten? Europäische Frauenbewegungen im 19. und 20. Jahrhundert, Frankfurt a. M./New York 2019, S. 338–360, hier S. 352–354.

[7] Sylvia Schraut, Frau und Mann, Mann und Frau. Eine Geschlechtergeschichte des deutschen Südwestens 1789–1980, Stuttgart 2016, S. 86. Zu den „Revolutionsbühnen" in Baden und Württemberg vgl. Dieter Langewiesche, Württemberg und Baden. Zwei Länder in der Revolution 1848/49 – ein Vergleich, in: Freiheit oder Tod. Die Reutlinger Pfingstversammlung und die Revolution von 1848/49, hg. vom Haus der Geschichte Baden-Württemberg, Stuttgart 1998, S. 6–19.

[8] Die Verfasserin dankt Dr. Susanne Schlösser (Marchivum Mannheim) für diesen Hinweis.

Familie an den politischen Entwicklungen geprägt worden sein. Eine langfristige Verbundenheit mit ihren Mannheimer beziehungsweise badischen Ursprüngen lässt sich vor allem in ihrer Nähe zu der 1867 in Genf entstandenen „Internationalen Friedensliga" nachweisen. Interessanterweise befand sich unter ihren Gründern auch der Renchener Amand Goegg (1820–1897), der zu den führenden Köpfen der badischen Revolution gehört hatte und Mitglied der Revolutionsregierung gewesen war. Zusammen mit seiner Ehefrau, der Schweizer Feministin Marie Goegg, geborene Pouchoulin (1826–1899), zählte Paolina Schiff in den 1870er Jahren zu den Pionierinnen der europäischen Friedensbewegung. Es war dieses transnationale, radikaldemokratisch geprägte Umfeld, aus dem sich auch die erste Frauenbewegung in Italien entwickeln sollte[9].

Was Paolinas Erziehung angeht, so müssen Samson Schiff und Babette Maier ihr und ihren sieben Geschwistern eine weitgefächerte Ausbildung ermöglicht haben. Dies zeigen sowohl die erfolgreichen Karrieren der Söhne im wirtschaftlichen und künstlerischen Bereich als auch Paolina Schiffs ausgezeichnete Bildung in Literatur, Geschichte und Sprachen, die in ihren Briefen und Publikationen klar ersichtlich ist. Als Vertreter des akkulturierten jüdischen Bürgertums offen für den zeitgenössischen liberalen Diskurs, boten die Schiffs ihren Söhnen und Töchtern wohl eine weitgehend säkulare Erziehung[10]. Paolinas Vater, der 1885 in Mailand starb, ist in der jüdischen Sektion des dortigen Monumentalfriedhofs beigesetzt, jedoch weist sein Grabstein keinerlei jüdischen Attribute auf[11]. Auch die Urne Paolina Schiffs wurde im jüdischen Teil des Mailänder „Cimitero Monumentale" beigesetzt. Die Protagonistin selbst blieb unverheiratet und kinderlos; die laizistische, akkulturierte Tendenz der Schiffs indessen lässt sich an den seit Ende des 19. Jahrhunderts zunehmenden Eheschließungen von Familienmitgliedern mit Nichtjuden und Nichtjüdinnen nachweisen[12].

Aus der überlieferten Korrespondenz der Akteurin geht hervor, dass sie sich spätestens im Erwachsenenalter vom Judentum distanzierte, wenn auch nicht zum

---

[9] Vgl. Ruth NATTERMANN, Feministinnen in der europäischen Friedensbewegung. Die Association Internationale des Femmes (1868–1914), in: Maria BÜHNER/Maren MÖHRING (Hgg.), Europäische Geschlechtergeschichten, Stuttgart 2018, S. 67–79. Zu Marie Goegg vgl. Alessandra ANTEGHINI, Parità, pace, libertà. Marie Goegg e André Léo nell'associazionismo femminile del secondo Ottocento, in: Helen RAPPAPORT (Hg.), Encyclopedia of Women Social Reformers, Bd. 2, Santa Barbara 2001, S. 259–261.

[10] Paolinas 1845 geborener Bruder Friedrich Schiff machte sich im Kunsthandwerk als Eisengießer, vor allem in Venedig, einen Namen. Der älteste Halbbruder Paolinas, Wilhelm (Guglielmo) Schiff wurde nach seinem Studium in Venedig und Wien ein erfolgreicher Bildhauer. Zum rasch steigenden Anteil jüdischer Jungen an der Schülerschaft der Mannheimer Gymnasien seit den 1860er Jahren vgl. Simone LÄSSIG, Jüdische Wege ins Bürgertum. Kulturelles Kapital und sozialer Aufstieg im 19. Jahrhundert, Göttingen 2004, S. 234. Zum ausgeprägten weltlichen Bildungsstreben deutsch-jüdischer Mädchen seit den 1860er Jahren vgl. Stefanie SCHÜLER-SPRINGORUM, Geschlecht und Differenz, Paderborn 2014, S. 62.

[11] Das Grab befindet sich auf dem Cimitero Monumentale Milano, Campo II, No. 95.

[12] Vgl. BARTOLONI (wie Anm. 2) S. 487.

Christentum konvertierte. Vermutlich wurde Paolina Schiff im Laufe ihres Lebens Atheistin. In einem Brief aus dem Jahr 1890 wandte sie sich explizit gegen den jüdischen Patriarchen Moses. Gleichzeitig wurde deutlich, dass ihr auch die christliche Religion fernstand. Letztlich war der Text Ausdruck ihres areligiösen und antiklerikalen Weltbilds, das vermutlich auf ihre weltliche, liberale Erziehung in Mannheim zurückging und sich aufgrund der geistigen Einflüsse von Giuseppe Mazzini (1805–1872) in Italien noch verstärkte: „Moses und Christus, beide Juden; einer jedoch steht am Anfang einer Geschichte, während der andere Sohn einer reichen Evolution ist. Warum muss man immer zu Moses, dem Ursprung, dem kraftvollen, heftigen Moses zurückkehren [...] der erfüllt von göttlichem Zorn gegenüber der Sklaverei, ‚männlich aber nicht menschlich' ist [...] Ich sage dabei nicht, dass Jesus das letzte Wort gesprochen hat, oder dass mir die Demut des Evangeliums ans Blut geht"[13].

Im Jahr 1850 – Paolina war neun Jahre alt – wanderte ihr Vater Samson Schiff nach Triest aus. Das Motiv waren mit großer Wahrscheinlichkeit berufliche Möglichkeiten, die dem Silberschmied in der damals habsburgischen Hafenstadt in Aussicht gestellt wurden. Sein ältester Bruder Leopold hatte sich als Kaufmann bereits seit beinahe zwei Jahrzehnten in Triest etabliert und war dort mit seiner Familie ansässig. Paolinas Mutter zog mit den acht Kindern 1852 ebenfalls in die Hafenstadt. In den kommenden Jahren fertigte Samson Schiff sowohl für die Synagoge als auch die Kirchen Triests zahlreiche Kultobjekte an. Daneben arbeitete er im Auftrag verschiedener vermögender Familien und für den Bruder des österreichischen Kaisers, Erzherzog Ferdinand Maximilian, der sich damals nahe der Hafenstadt das Schloss Miramare erbauen ließ. Schiffs Familie kam in der Triestiner Zeit zu großem Wohlstand[14].

In denselben Zeitraum fiel auch das zunehmende Interesse Paolina Schiffs an der italienischen Einigungsbewegung. Sie selbst, ihre Eltern und Geschwister integrierten sich in die italienischsprachige Bevölkerung der Stadt, wofür Verbindungen zu den dort ansässigen jüdischen Familien offenbar eine entscheidende Rolle spielten. Das Haus ihres Onkels, des wohlhabenden Geschäftsmanns Leopold Schiff, bildete einen beliebten Treffpunkt jüdischer Gelehrter, in dem auch die junge Paolina gesellschaftliche und kulturelle Kontakte knüpfen konnte[15]. Der Schiff-Nachkomme Frank Gent bescheinigt seinen Vorfahren eine ausgeprägt

[13] Paolina Schiff an Felice Cavallotti vom 16.5.1890, Archivio Fondazione Feltrinelli Milano, Fondo Felice Cavallotti, Serie Attività politica, 36/2. - Dieses und alle folgenden Quellenzitate wurden von der Verfasserin vom Italienischen ins Deutsche übersetzt.

[14] Vgl. Luisa CRUSVAR, Sansone Schiff di Mannheim. Attività e Opere di un Argentiere Ebreo nella Trieste di Metà Ottocento, in: Atti e Memorie della Società Istriana di Archeologia e Storia Patria XLI (1993) S. 149–168.

[15] Zum Hause Leopold Schiffs vgl. Tullia CATALAN, La Comunità ebraica di Trieste (1781–1914). Politica, società e cultura, Triest 2000, S. 116.

italophile Haltung, die auch irredentistische Züge annahm[16]. Die Faszination, die der Irredentismus, das heißt die angebliche Befreiung der „unerlösten Gebiete" – darunter Trient und Triest –, auf viele Juden ausübte, war vom Projekt des italienischen Risorgimento und seines impliziten Emanzipations-Versprechens nicht zu trennen[17]. In der Triestiner Erfahrung liegen mit großer Wahrscheinlichkeit die Wurzeln für die später offensichtlichen anti-österreichischen Positionen Paolina Schiffs. Die Tatsache, dass sie während des Ersten Weltkriegs im Widerspruch zu ihren pazifistischen Idealen zu einer Befürworterin des italienischen Kriegseintritts wurde, muss im Zusammenhang mit dem pro-italienischen, häufig irredentistischen Milieu in Triest interpretiert werden, in dem sie aufwuchs[18]. Die Identifizierung der Schiffs mit den Zielen der italienischen Einigungsbewegung stellte wohl auch den Beweggrund für den Umzug der Familie 1860 von Triest nach Mailand dar. Mit der Niederlage Österreichs war die Lombardei im Jahr zuvor an das Haus Sardinien-Piemont gefallen, das die Keimzelle des entstehenden italienischen Königreichs bildete. Juden erhielten nun auch dort die volle Gleichberechtigung.

2. Zugang zur lombardischen Radikaldemokratie und transnationalen feministischen Netzwerken

Für die mittlerweile neunzehnjährige Paolina Schiff begann mit dem Umzug ein neuer Lebensabschnitt. Die lombardische Metropole galt damals als die europäischste Stadt Italiens. Nach der Kindheit in Mannheim und der Jugend in Triest muss Mailand mit seiner kulturellen Vielseitigkeit und seinem industriellen Fortschritt eine besondere Faszination auf die junge Frau ausgeübt haben. Auch der Aufenthalt im benachbarten Pavia, wo die Akteurin Literaturwissenschaften studierte, wurde zu einem Meilenstein in ihrem Leben[19]. Ihre Zeit an der Universität Pavia bildete den Ausgangspunkt für die vielfältigen Kontakte, die Schiff in den folgenden Jahren zu Persönlichkeiten des politischen wie kulturellen Lebens knüpfte. Entscheidenden Einfluss auf ihre intellektuelle Entwicklung hatte die Begegnung mit dem Radikaldemokraten, Anwalt und Dichter Felice Cavallotti (1842–1898), der in Pavia sein Juraexamen ablegte und später dort Literaturwissenschaften unterrichtete. Er wurde Ende der 1870er Jahre Schiffs wichtigster Mentor. Durch die universitären, republikanischen Netzwerke Pavias erhielt die Prota-

---

[16] Die Verfasserin dankt Dr. Frank Gent (Crediton, U.K.) für diesen Hinweis. Zum zeitgenössischen Irredentismus vgl. u. a. Cesare Pagnini, Risorgimento e Irredentismo nella Venezia Giulia, Gorizia 1994.

[17] Vgl. dazu auch Ulrich Wyrwa, Gesellschaftliche Konfliktfelder und die Entstehung des Antisemitismus. Das Deutsche Kaiserreich und das Liberale Italien im Vergleich, Berlin 2015, S. 83.

[18] Vgl. Nattermann, Vom Pazifismus zum Interventionismus (wie Anm. 2) S. 83–85.

[19] Vgl. Pisa (wie Anm. 2) S. 994.

gonistin Zugang zum inneren Kreis zeitgenössischer italienischer Politiker, die maßgeblich von den republikanischen Ideen der nationalen Identifikationsfigur Giuseppe Mazzini geprägt waren. Der hier vorherrschende Antiklerikalismus, Laizismus und die häufige Identifizierung mit dem zeitgenössischen Frauenemanzipationsdiskurs bildeten eine zentrale Voraussetzung dafür, dass die aus Deutschland stammende Frau jüdischer Herkunft bald als intellektuelle wie politische Mitstreiterin akzeptiert wurde. Paolina Schiff wiederum kamen ihre hervorragende Bildung, ihr politisches Interesse und ihre interkulturellen Fähigkeiten beim Eingang in die lombardischen Politiker- und Intellektuellenkreise zugute.

Die älteste erhaltene Nachricht der Akteurin an Felice Cavallotti stammt vom 7. Juli 1876. Im selben Jahr wurde die von Sardinien-Piemont geprägte politische „Rechte" durch die „Linke" („Sinistra storica") unter dem Mazzini-Anhänger Agostino Depretis (1813–1887) in Italien abgelöst. Vermutlich erkannte Paolina damals die Möglichkeit, mithilfe des Radikaldemokraten Cavallotti, der wie sie selbst aus dem universitären Milieu Pavias stammte, gesellschaftspolitisch aktiv zu werden. In betont höflichem, gleichzeitig leicht ironischem Ton bat sie ihn um einen Gesprächstermin: „Sehr geehrter Herr Felice Cavallotti, ich erlaube mir, geehrter Herr, Sie darum zu bitten, mich morgen ungefähr um zwei Uhr in Ihrem Büro zu empfangen. Der Beweggrund für mein Kommen besteht darin, dass ich Ihnen eine literarische Arbeit vorlegen möchte, die mir von dritter Seite anvertraut worden ist. – Ich bin sicher [...] freundlich empfangen zu werden und füge nichts weiter hinzu als die Bitte, mir nachzusehen, werter Herr, wenn ich Ihnen eine Viertelstunde von Ihren vielen edlen Beschäftigungen raube. Mit der größten Hochachtung [...] Paolina Schiff."[20]

Die damals fünfunddreißig Jahre alte Paolina Schiff war bereits journalistisch wie schriftstellerisch tätig, als sie aus eigenem Antrieb heraus eine Begegnung mit Cavallotti herzustellen suchte. Unter seinen Zeitgenossen galt er als der wahre politische Erbe der Protagonisten der italienischen Einigungsbewegung, Giuseppe Mazzini und Giuseppe Garibaldi. Das Zusammentreffen zwischen der geistreichen Gelehrten deutsch-jüdischer Herkunft und dem ein Jahr jüngeren italienischen Patrioten, der sich als Dichter und Politiker dem Ideal sozialer Gerechtigkeit verschrieben hatte, war offenbar von Erfolg gekrönt. Die im Nachlass Cavallottis aufbewahrten Briefe der Literaturwissenschaftlerin sind ein Zeugnis der engen Freundschaft und Zusammenarbeit, die im Laufe der kommenden Jahre zwischen ihnen entstand. In Schiffs Korrespondenz der Jahre 1880 bis 1896 spiegeln sich nicht nur ihre genaue Kenntnis und scharfsinnige Beobachtung der politischen Lage sowie ein leidenschaftliches Interesse für soziale Fragen wider, sondern auch das von großer intellektueller Offenheit getragene und keineswegs unkritische

[20] Paolina Schiff an Felice Cavallotti vom 7.7.1876, Archivio Fondazione Feltrinelli Milano, Fondo Cavallotti, Corrispondenza 1849–1916.1. Corrispondenza ricevuta 1860–1898, Fasc. Paolina Schiff.

Vertrauensverhältnis zu ihrem Adressaten. Cavallotti wiederum, der seit 1873 Abgeordneter war und in seiner ersten Parlamentsrede „Ehrlichkeit, Gerechtigkeit und Gleichheit, Freiheit und Fortschritt sowie den Mut der eigenen Überzeugungen" als die neue Religion und Waffe des jungen Italien bezeichnet hatte[21], muss die aus dem liberalen deutsch-jüdischen Bürgertum stammende Gelehrte auf selbstverständliche Weise in den Kreis seiner politischen und intellektuellen Weggefährten integriert haben.

In Schiffs Mailänder Zeit fiel jedoch nicht nur ihre Annäherung an die italienische Radikaldemokratie. Es war gleichzeitig der Beginn einer zunehmend intensiveren Beschäftigung mit der Frauenfrage und eines außerordentlichen Engagements für die organisierte Frauenbewegung. In Mailand traf die Akteurin auf eine bedeutende Gruppe junger Aktivistinnen, die sich für die Rechte von Frauen engagierten. Schiff schloss sich dem Kreis um die fast gleichaltrige Mailänderin Anna Maria Mozzoni (1837–1920) und der vierzehn Jahre jüngeren Feministin russisch-jüdischer Herkunft Anna Kuliscioff (1855–1925) an[22]. Anna Maria Mozzoni war bereits 1864 mit der Schrift „Die Frau und ihre sozialen Beziehungen" an die Öffentlichkeit getreten und avancierte zu einer der zentralen Figuren der frühen italienischen Frauenbewegung. Eine weitere Weggefährtin fand Paolina Schiff in der wenige Jahre jüngeren Aktivistin Alessandrina Ravizza (1846–1915), deren Mutter Deutsche war. Ähnlich wie Schiff war Ravizza in einem multikulturellen Umfeld aufgewachsen; sie selbst beherrschte acht Sprachen. Gemeinsam initiierten die beiden Frauen 1879 die Mailänder Armen-Küche, engagierten sich für Bildungsprojekte und kostenlose medizinische Hilfe für mittellose Männer, Frauen und Kinder[23].

Schiffs zunehmend bedeutendere Rolle in der italienischen wie internationalen Frauenbewegung seit den 1870er Jahren muss als ein Resultat ihrer ideologischen Positionierung verstanden werden: Mit ihren Verbindungen zu Vertretern der Radikaldemokratie, die Paolina Schiff an die internationale Friedensbewegung heranführten, und ihren Kontakten zu führenden zeitgenössischen Feministinnen wie Mozzoni, Kuliscioff und Ravizza befand die Akteurin sich an einer Schnittstelle gesellschaftspolitischen Engagements. Der wohlhabende familiäre Hinter-

[21] Vgl. Discorsi parlamentari di Felice Cavallotti. Pubblicati per deliberazione della Camera dei Deputati, Rom 1914, in: Giancarlo Iacchini, Felice Cavallotti, http://radicalsocialismo.it/i-nostri-maestri/felice-cavallotti/ (letzter Zugriff: 02.04.2020).

[22] Zu Mozzoni vgl. u.a. Rachele Farina, Politica, amicizie e polemiche lungo la vita di Anna Maria Mozzoni, in: Emma Scaramuzza (Hg.), Politica e amicizia. Relazioni, conflitti e differenze di genere (1860–1915), Mailand 2010, S. 55–72. Zu der aus einer russisch-jüdischen Familie stammenden Ärztin Anna Kuliscioff (eigentlich: Anja Rosenstein), die entscheidenden Anteil an der Gründung der sozialistischen Partei Italiens hatte, vgl. u.a. Marina Addis Saba, Anna Kuliscioff. Vita privata e passione politica, Mailand 1993.

[23] Zu Ravizza vgl. Emma Scaramuzza, La santa e la spudorata. Alessandrina Ravizza e Sibilla Aleramo. Amicizia, Politica e scrittura, Neapel 2004.

grund und die verwandtschaftlichen Beziehungen der Schiffs nach Deutschland und England förderten zusätzlich ihre Entwicklung zur internationalen Aktivistin.

Zweifellos waren die skizzierten Beziehungsnetzwerke richtungweisend für Paolina Schiffs geistige wie politische Entwicklung. Der Historikerin Franca Pieroni Bortolotti zufolge besaß die Protagonistin eine „lebendige, menschliche Sensibilität, die sich mit der Forderung nach weiblicher Unabhängigkeit verband". Auch hebt sie ihre Fähigkeit zu Vermittlung und Ausgleich zwischen unterschiedlichen politischen Lagern hervor[24]. Dass Schiffs Einsatz für die Frauenemanzipation bis zum Ersten Weltkrieg mit einem bemerkenswerten Interesse für die Friedensbewegung einherging, erklärt sich aus der Entstehungsgeschichte der italienischen Frauenbewegung. Feminismus, Pazifismus und Europagedanke bildeten bestimmende Motive im Engagement der Pionierinnen[25]. Die italienische Frauenbewegung war in ihrer Frühzeit Teil einer deutlich größeren und komplexeren Bewegung, deren Ziel die Bewahrung des Friedens und der Einheit Europas darstellte. Im Jahr 1868 hatte Marie Goegg in Bern die „Internationale Frauenorganisation" gegründet. Sie war die weibliche Sektion der von den Radikaldemokraten Europas getragenen „Internationalen Liga für Frieden und Freiheit" („Ligue de la Paix et de la Liberté"), der auch Amand Goegg und Felice Cavallotti angehörten. Marie Goeggs Frauenvereinigung sollte ihre Mitglieder zur Bildung nationaler Friedenskomitees anregen, um die Arbeit der Friedensliga zu unterstützen[26].

Paolina Schiff war aufgrund ihrer transnationalen Verortung von Beginn an in die Initiativen der Schweizerin eingebunden. Ihr Engagement wurde von der Überzeugung getragen, dass Pazifismus nur in Verbindung mit Frauenemanzipation funktionierte[27]. Die Forderung nach dem Frauenwahlrecht, die einen zentralen Bestandteil des Programms der internationalen Frauenorganisation bildete, blieb eine Konstante in den Aktivitäten der Protagonistin.

Ihr Durchbruch als Aktivistin der Frauen- und Friedensbewegung ereignete sich Ende der 1870er Jahre. Bei einer von Marie Goegg geleiteten Sitzung der internationalen Frauenorganisation wurde eigens auf das Engagement der neuen Anhängerin Paolina Schiff in Italien hingewiesen. Diese investiere viel Energie in die propagandistische Verbreitung der parlamentarischen Initiativen des Mazzinianers Salvatore Morelli (1824–1880)[28]. Der Jurist und Schriftsteller hatte 1861 sein bahn-

[24] Vgl. Pieroni Bortolotti, Alle origini (wie Anm. 6) S. 196 f.

[25] Vgl. Franca Pieroni Bortolotti, La Donna, La Pace, L'Europa. L'Associazione internazionale delle donne dalle origini alla prima guerra mondiale, Mailand 1985.

[26] Zur Entstehungsgeschichte, den Akteurinnen und Zielen der „Internationalen Frauenorganisation" vgl. Nattermann, Feministinnen in der europäischen Friedensbewegung (wie Anm. 9). Zur 1867 gegründeten „Internationalen Friedensliga" vgl. André Durand, Gustave Moynier and the peace societies, in: International Review of the Red Cross 314 (Oktober 1996) S. 532–550.

[27] Vgl. Ruth Nattermann, La paix des Dames. Paolina Schiff, La pace gioverà alla Donna? Italie 1890, in: Julie Le Gac/Fabrice Virgili (Hgg.), L'Europe des Femmes. XVIIIe-XXIe siécle, Paris 2017, S. 90–93.

[28] Vgl. Pieroni Bortolotti, La Donna (wie Anm. 25) S. 179.

brechendes Werk über die Notwendigkeit der Frauenemanzipation veröffentlicht und sich seitdem für das Frauenwahlrecht, den Abolitionismus, die Gleichstellung von Ehepartnern, die Rechte unehelicher Kinder und die Scheidung stark gemacht[29]. Als Morelli mit nur sechsundfünfzig Jahren in Armut starb, ergriff Schiff die Initiative, dem „Abgeordneten der Frauen" ein Denkmal in seiner Wahlheimat Neapel zu errichten. Sie wollte ihm einen Platz im öffentlichen Bewusstsein sichern, um die fortdauernde Aktualität seiner Ideen zu unterstreichen und an die ausstehende Lösung der Frauenfrage zu mahnen. Bereits 1881 gelang es ihr, ein lombardisches Komitee zu gründen, dessen Mitglieder sich mit den Intentionen des Verfechters der Frauenemanzipation identifizierten und Spenden für die Errichtung des Denkmals sammelten. Obwohl die erforderliche Summe schließlich zustande kam und auch die Skulptur vollendet wurde, scheiterte das Projekt letztlich am Widerstand konservativer Kreise[30]. Dennoch hatte Schiffs Initiative propagandistischen Erfolg. In dem von ihr gegründeten und angeführten Komitee hatte sich gezeigt, dass es in Mailand und der Lombardei eine ansehnliche Gruppe von Akteuren und Akteurinnen gab, die bereit waren, Emanzipationsforderungen von Frauen in die Öffentlichkeit zu tragen und entsprechende Projekte zu finanzieren. Das „Comitato Lombardo" wurde damit zu einer wichtigen Voraussetzung für die Gründung der ersten italienischen Frauenorganisation.

3. Pionierin der organisierten italienischen Frauenbewegung und Vorkämpferin des Frauenwahlrechts

Die „Liga zur Förderung der Fraueninteressen" („Lega promotrice degli interessi femminili") entstand nicht zufällig in Mailand und im selben Jahr wie das Denkmal-Komitee zu Ehren Morellis. Gegründet wurde die Liga von Paolina Schiff und Anna Maria Mozzoni[31]. Die von Morelli geforderte Gleichberechtigung von Frauen im politischen Leben, in der Familie und bei der Arbeit sowie der Einsatz im Kampf gegen den sogenannten „weißen Sklavinnenhandel" fanden eine Fortsetzung im Programm der neuen Vereinigung. Es wurde in voller Länge am

[29] Morellis Schrift „La donna e la scienza o la soluzione del problema sociale" erschien erstmals 1861 und wurde ins Französische und Englische übersetzt. Zu Morelli vgl. u.a. Emilia SAROGNI, L'Italia e la donna. La vita di Salvatore Morelli, Turin 2011.

[30] Vgl. den Brief von Paolina Schiff an Felice Cavallotti vom 30.3.1886, Archivio Fondazione Feltrinelli Milano, Fondo Felice Cavallotti, Corrispondenza 1849–1916.1. Corrispondenza ricevuta 1860–1898, Fasc. Paolina Schiff. Zum Denkmal-Projekt vgl. PIERONI BORTOLOTTI Alle origini (wie Anm. 6) S. 173; PISA (wie Anm. 2) S. 994.

[31] Zur Planungs- und Entstehungsphase der Lega vgl. PIERONI BORTOLOTTI, Alle origini (wie Anm. 6) S. 172–174; Elisabeth DICKMANN, Die italienische Frauenbewegung im 19. Jahrhundert, Frankfurt am Main, 2002, S. 145–153; Annarita BUTTAFUOCO, Vie per la cittadinanza. Associazionismo politico femminile in Lombardia tra Otto e Novecento, in: Ada Gigli MARCHETTI/Nanda TORCELLAN (Hgg.), Donna lombarda. 1860–1945, Mailand 1992, S. 21–45, hier S. 21–29.

5. Februar 1881 in der Frauenrechtszeitschrift „La Donna" abgedruckt. Die Betonung auf der Relevanz des Frauenstimmrechts für die Veränderung beziehungsweise Verbesserung sozialer Missstände entsprach Schiffs entschiedenem Einsatz für die politische Emanzipation von Frauen: „In Erwägung des enormen Rückstands, in dem sich die soziale Situation der Frauen [...] heute befindet, eingedenk ihrer Erniedrigung, Herabsetzung und Ausbeutung, haben sich einige Bürgerinnen eine Organisation, die ‚Liga zur Förderung der Fraueninteressen', geschaffen [...] In Erwägung, dass die Frauen vom Staat von allen Rechten ausgeschlossen sind – bis auf diejenigen, die sie für steuerpflichtig und für straffähig erklären – , eingedenk ihrer untergeordneten Stellung in der Familie und am Arbeitsplatz [...] und eingedenk der Verordnungen der Sittenpolizei, die die Frau außerhalb des allgemeinen Rechts stellt und in Sklaverei gefangen hält [...] Eingedenk schließlich der Tatsache, dass kein legaler Weg für die Frauen besteht, diesem Zustand ein Ende zu bereiten, da ihnen das Wahlrecht verweigert wird: erkennt die Liga, dass die Komplexität dieser Bedingungen dem modernen Bewusstsein widerspricht und sich im fortschreitenden Wandel die Demokratie mehr oder weniger hart, aber konsequent durchsetzen wird."[32]

Konkret beabsichtigten die Organisatorinnen, die Frauenvereinigung von Mailand aus über ganz Italien auszudehnen und im Parlament, den Handelskammern, Syndikaten, Gerichten sowie auf Kongressen die sozialen und politischen Interessen von Frauen zu vertreten. Ein vorrangiges Ziel Schiffs und Mozzonis bestand darin, sich als Vertreterinnen der neugegründeten Liga auf der bevorstehenden Nationalversammlung in Rom explizit für das Frauenstimmrecht einzusetzen[33]. Das zeitgenössische italienische Wahlrecht war generell revisionsbedürftig. Nicht nur Frauen, auch die Mehrheit italienischer Männer durfte aufgrund des an Besitz, Bildung und soziale Stellung gebundenen Klassenwahlrechts nicht wählen. Von den Grundsätzen einer demokratischen Verfassung, wie sie sich gerade die Radikaldemokraten und -demokratinnen während des italienischen Einigungsprozesses erhofft hatten, war das Wahlrecht im italienischen Einheitsstaat insofern weit entfernt[34].

Bei den Vorbereitungen zur Beteiligung der Liga an der Nationalversammlung nutzte Paolina Schiff gezielt ihre Kontakte zum Kreis um Felice Cavallotti für den Gewinn ideeller wie materieller Unterstützung. Grundsätzlich ging es der Feministin darum, die Frauenfrage auch zu einem Anliegen von Männern und als generelles gesellschaftspolitisches Problem sichtbar zu machen. So bat Schiff im März 1882, wenige Wochen vor den entscheidenden parlamentarischen Diskussionen um die Wahlrechtsreform, den Mailänder Radikaldemokraten Giuseppe

[32] Programma della Lega promotrice degli interessi femminili, in: La Donna XII, 16 (Febbraio 1881), S. 242 f.

[33] Vgl. La Donna XII 15 (Gennaio 1881) S. 238.

[34] Vgl. Raffaele Romanelli, Alla ricerca di un corpo elettorale. La riforma del 1882 e il problema dell'allargamento del suffragio, in: Paolo Pombeni (Hg.), La trasformazione politica nell'Europa liberale, 1870–1890, Bologna 1986, S. 171–211.

Marcora (1841–1927)[35] um Teilnahme an einer öffentlichen Vortragsreihe der Liga mit einem Beitrag zum Thema Frauenwahlrecht. Wie Paolina Schiffs Mentor Cavallotti stammte auch Marcora aus dem Kreis der „äußersten Linken" („Estrema Sinistra"); wie Cavallotti und Schiff selbst hatte auch er in Pavia studiert. In ihrem charakteristischen, leicht ironischen Stil schrieb die Feministin an den ehemaligen Kommilitonen: „Die Liga, die in Ihnen einen ernsthaften Verfechter [ihrer Sache] erkennt, wendet sich vertrauensvoll an Sie, um Sie zu einer ihrer Vortragsveranstaltungen [einzuladen] [...] Würde Ihnen das Thema ‚Die Frau und ihr politisches Stimmrecht' zusagen? Ich hoffe, verehrter Herr Marcora, dass Sie sich uns mit Wort und Tat zur Verfügung stellen werden, und fühle mich versucht, Ihnen bereits im Voraus zu danken."[36] Tatsächlich blieb Marcora auch in den kommenden Jahren mit der Frauenvereinigung verbunden, wie man den erhaltenen Briefen Schiffs an ihn entnehmen kann.

Die Hoffnungen, welche die junge italienische Frauenorganisation in die großangekündigte Wahlreform gesetzt hatte, wurden jedoch zutiefst enttäuscht. Im Mai 1882 setzte sich weder das allgemeine Wahlrecht für Männer durch, noch erhielten die Frauen das Stimmrecht. Selbst im linken Parteienspektrum war die Gegnerschaft gegen das Frauenwahlrecht groß[37]. Während viele Akteure für die Ausweitung des Wahlrechts auf die italienische Arbeiterschaft und die Landarbeiter eintraten, erschien ihnen das politische Bewusstsein von Frauen für eine Wahlbeteiligung als zu „schwach entwickelt"[38]. Die Forderung nach politischer Partizipation durch die Beteiligung an freien Wahlen geriet im Zuge dieses Scheiterns daher innerhalb der Liga zunächst wieder in den Hintergrund. Paolina Schiff selbst jedoch hielt an dem ursprünglichen Programm fest und setzte ihr Engagement für das Frauenstimmrecht auch in den kommenden Jahrzehnten fort. Ihre transnationale Vernetzung kam derartigen Initiativen entgegen, wie sich vor allem anhand ihrer Präsenz und Stellungnahmen auf internationalen Veranstaltungen nachweisen lässt.

Seit Ende der 1880er Jahre erschien Schiffs Name zunehmend in Verbindung mit Veranstaltungen, die sich mit den historischen und sozialen Grundlagen des Pazifismus beschäftigten. 1887 wirkte sie beim Aufbau der lombardischen Union der „Gesellschaft für Frieden und internationalen Ausgleich" mit und übernahm zusammen mit dem späteren Mailänder Friedensnobelpreisträger Teodoro Moneta (1833–1918) deren Vorsitz[39]. Während dieser Zeit hielt die Protagonistin zahlreiche

---

[35] Der Jurist war von 1904 bis 1919 Vorsitzender der italienischen Abgeordnetenkammer und wurde 1921 zum Senator ernannt.

[36] Paolina Schiff an Giuseppe Marcora vom 25.3.1882, Museo del Risorgimento Milano – Civiche Raccolte Storiche, Archivio Giuseppe Marcora.

[37] Vgl. Gabriele Boukrif, „Der Schritt über den Rubikon". Eine vergleichende Untersuchung zur deutschen und italienischen Frauenstimmrechtsbewegung (1861–1919), Münster 2006, S. 170f.

[38] Vgl. Dickmann (wie Anm. 31) S. 149.

[39] Der Journalist und Schriftsteller Moneta leitete von 1867 bis 1895 die bedeutende Mailänder Tageszeitung „Il Secolo" und war seit den 1880er Jahren an führender Stelle in

Vorträge zu einschlägigen Themen, um ein öffentliches Bewusstsein für die Notwendigkeit eines gewaltlosen Zusammenlebens zu schaffen. Innerhalb der laizistischen Führungsschicht des italienischen Einheitsstaats und der nationalen wie internationalen Frauenbewegung genoss die lebhafte, scharfsinnige und interkulturell gebildete Akteurin deutsch-jüdischer Herkunft am Ende des 19. Jahrhunderts großes Ansehen.

Konservative katholische Kreise dagegen erklärten Schiff offen den Krieg. In der antijudaistisch und antifeministisch ausgerichteten Zeitschrift „La Civiltà Cattolica" erschien 1890 als unmittelbare Reaktion auf Schiffs Abhandlungen über den Pazifismus ein diffamierender Artikel, der sich im Kern gegen ihre Person wandte. Der „Civiltà Cattolica" zufolge befand die deutsch-italienisch-jüdische Feministin sich „außerhalb des häuslichen Lebens, zwischen politischen und literarischen Wettbewerben, in den Akademien und den Treffpunkten der Gelehrten, zwischen dem Klatsch der Tagespresse und dem Geschwätz öffentlicher Kundgebungen"[40].

Mit großer Wahrscheinlichkeit spielte der Autor hier auf Schiffs Teilnahme an der internationalen Friedenskundgebung vom Januar 1889 in Mailand an. Bei der internationalen Veranstaltung war Paolina Schiff die einzige Frau, die sich zusammen mit Vertretern aus zahlreichen europäischen Ländern, darunter auch dem deutschen Sozialdemokraten Wilhelm Liebknecht (1826–1900), an den öffentlichen Diskussionen beteiligte. Die Veranstaltung richtete sich vor allem gegen den Zusammenschluss Italiens mit Deutschland und Österreich-Ungarn im Dreibund. Italien erhoffte sich von dem Bündnis Rückhalt für seine Kolonialpolitik gegenüber Frankreich und Großbritannien. Die Vorbereitung der Eroberung Äthiopiens und der allgemeine Vormarsch des Kolonialismus wurden von Pazifisten mit großer Besorgnis beobachtet. Die Mailänder Kundgebung, an der sich vor allem Sozialdemokraten, Sozialisten und Anarchisten beteiligten, bildete insofern eine öffentliche Anklage gegen den Kurs der italienischen Regierung. Über die Referate der Teilnehmer führten die Behörden genauestens Protokoll. Zu Paolina Schiff, die als Frau und aufgrund ihres deutsch-jüdischen Namens den Beobachtern offenbar besonders ins Auge fiel, wurden eigens Informationen über ihre Herkunft und ihren familiären Hintergrund angefordert. Ein Schreiben der Mailänder Polizei an das Innenministerium in Rom hielt fest: „Paolina Schiff Tochter von Samson und von Mayer [sic!] Barbara geboren in Mannheim (Baden)"[41].

Selbstbewusst nutzte die Akteurin trotz der polizeilichen Beobachtung den Anlass, um erneut auf die benachteiligte Rolle von Frauen in Politik und Gesellschaft aufmerksam zu machen. Ein Telegramm, das von der Mailänder Präfektur nach

---

der italienischen wie internationalen Friedensbewegung aktiv. Er erhielt 1907 den Friedensnobelpreis.

40 „Cose che non hanno sugo; ossia Paolina Schiff", in: La Civiltà Cattolica 41 (1890) Heft 969, S. 463.

41 Archivio Centrale dello Stato, Roma, Fondo Francesco Crispi, Fasc. 332: Comizio per la pace a Milano 1889.

Rom gesandt wurde, hielt fest, dass die Feministin in ihrer Rede die Partizipation von Frauen im öffentlichen Leben explizit gefordert habe[42]. Ihr Appell war eine direkte Mahnung an den italienischen Ministerpräsidenten Francesco Crispi (1818–1901). Dieser hatte sich bereits in den Jahren zuvor entschieden gegen das Frauenwahlrecht ausgesprochen, da seiner Ansicht nach „die Frauen traditionellerweise zu stark an die private Sphäre gebunden" waren[43]. Schiff selbst setzte in Bezug auf Frieden und Frauenemanzipation große Hoffnungen auf Wilhelm Liebknecht, den sie bei der Veranstaltung persönlich kennenlernte. Er stammte aus einem politischen Umfeld, das sie wohl an ihre eigenen Ursprünge erinnerte: Bekanntermaßen hatte Liebknecht sich als Radikaldemokrat an der badischen Revolution 1848 aktiv beteiligt und war nach deren Niederschlagung zunächst in die Schweiz, dann nach England ins Exil gegangen. Mit ihm blieb die Aktivistin auch in den Jahren nach der Mailänder Friedenskundgebung in Verbindung. Der Tod des Politikers im Jahr 1900 machte eine langfristige Zusammenarbeit zugunsten der Rechte von Frauen in Europa jedoch zunichte[44].

Trotz der widrigen politischen Lage ließ Paolina Schiff auch in der Folgezeit nicht davon ab, zentrale Themen wie Frauenwahlrecht und Frauenarbeit, vor allem den Schutz und die Unterstützung arbeitender Mütter, im Rahmen internationaler Konferenzen zu diskutieren. Auf dem internationalen Kongress für Frauenwerke und Frauenbestrebungen 1896 in Berlin referierte sie unter anderem über die Rechtsstellung italienischer Frauen im bürgerlichen Gemeinde- und Handelsgesetz. Ein zentrales Anliegen Schiffs war das Handelsstimmrecht für Frauen, das in ihren Augen eine bedeutende Voraussetzung für die Durchsetzung des Frauenwahlrechts auf nationaler Ebene bildete[45].

Der Kampf um das Frauenstimmrecht intensivierte sich mit Beginn des 20. Jahrhunderts. Während der Ära des liberalen Ministerpräsidenten Giovanni Giolitti (1842–1928) beteiligte sich auch Paolina Schiff, nunmehr über 60-jährig, weiterhin aktiv an den betreffenden Initiativen und Gesetzesvorschlägen. Im Jahr 1912 wurde schließlich das allgemeine Wahlrecht für Männer (ab 30 Jahren) in Italien eingeführt. Frauen jedoch sprach man nach wie vor die politische Emanzipation ab. Ein Teilerfolg war die nach Kriegsende verabschiedete „Legge Sacchi" vom Juli 1919. Das neue Gesetz ermöglichte Frauen die Ausübung fast aller Berufe und beseitigte die rechtlichen Befugnisse des Ehemanns über die Ehefrau. Die während des Ersten Weltkriegs in Italien wie auch in Deutschland und zahlreichen anderen

[42] Ebd., Telegramm vom 15.1.1889.

[43] Vgl. Anna Maria Isastia, La battaglia per il voto nell'Italia liberale, in: Marisa Ferrari Occhionero, (Hg.), Dal diritto di voto alla cittadinanza piena, Rom 2008, S. 31–35.

[44] In einem Brief von 1890 versprach Liebknecht der „Freundin", wie er Schiff bezeichnete, sich auf der bevorstehenden Mai-Kundgebung der Arbeiterbewegung in London persönlich für die Einführung gerechter Arbeitsbedingungen für Frauen einzusetzen; vgl. Paolina Schiffs Abschrift des Briefes von Liebknecht aus dem Jahr 1890 (ohne Monatsangabe), die sie an Felice Cavallotti sandte, Archivio Fondazione Feltrinelli Milano, Fondo Felice Cavallotti, Serie Attività politica, 36/2.

[45] Vgl. Bericht von Paolina Schiff, in: Schönflies (wie Anm. 1) S. 45–47, hier 46.

europäischen Ländern vorangetriebenen Bemühungen um das Frauenwahlrecht scheiterten jedoch an der Schwäche des liberalen Systems. Im Juni 1920 fiel die vom Liberalen Francesco Saverio Nitti (1868–1953) angeführte Regierung, noch bevor sie die Diskussion um das Frauenwahlrecht vor den Senat bringen konnte[46]. Damit war die von Paolina Schiff und ihren Mitstreiterinnen erhoffte Einführung des Frauenwahlrechts wiederum in weite Ferne gerückt.

Der folgenschwere Verlauf der italienischen Nachkriegsgeschichte ist bekannt: Nur vier Jahre nach Ende des Krieges, im Oktober 1922, übernahm Mussolini in Italien die Macht. Auch die faschistische Bewegung nahm das Frauenwahlrecht in ihr Programm auf. In Wahrheit jedoch waren Mussolinis Vorstellungen von der Teilhabe von Frauen an der sogenannten nationalen „Erneuerung" mehr als unklar. Obwohl er ihnen zunächst das Wahlrecht ankündigte, ließ er in den kommenden Jahren von seinen Versprechen sukzessive ab, reduzierte deutlich den Anteil der in Frage kommenden Wählerinnen in seinen Plänen, unterstützte 1925 ein Gesetz für ein begrenztes Frauenwahlrecht in den Kommunalwahlen und schaffte 1926 schließlich die Wahlen ganz ab: eine „Stufenentwicklung in umgekehrte Richtung", wie sie Pieroni Bortolotti zurecht bezeichnet hat[47]. Für Paolina Schiff bedeutete diese Entwicklung die politische Umkehrung all dessen, wofür sie seit Jugendzeiten gekämpft hatte.

Die Bedeutung der gebürtigen Mannheimerin für die Etablierung der organisierten italienischen Frauenbewegung und ihrer transnationalen Ausrichtung kann nicht hoch genug eingeschätzt werden. Antifeministischer und antisemitischer Polemik zum Trotz gelang es der in europäischen Politiker- und Intellektuellenkreisen verorteten Vorkämpferin, einen zentralen Beitrag zur Vernetzung italienischer Feministinnen, Friedensaktivistinnen und -aktivisten auf internationaler Ebene zu leisten, die für die frühe italienische Frauenbewegung bis zum Ersten Weltkrieg wegweisend blieb. Zahlreiche soziale Projekte, darunter die erste italienische Frauen-Gewerkschaft und die sich von Italien auf Europa ausbreitenden Mutterschaftsversicherungen, gingen auf Schiffs Initiative zurück. Die Durchsetzung des Frauenwahlrechts, das während der faschistischen Diktatur ausgeblendet und erst nach dem Ende des Zweiten Weltkriegs in Italien realisiert wurde, blieb zeitlebens eines ihrer vorrangigen Ziele. Noch kurz vor ihrem Tod engagierte sich die unermüdliche Protagonistin für die Obdachlosenheime in Mailand, denen sie einen großzügigen Teil ihres Vermögens testamentarisch vermachte. Womöglich reichen die geistigen Wurzeln für das vielfältige gesellschaftspolitische Engagement der Feministin deutsch-jüdischer Herkunft in die revolutionäre Mannheimer Aufbruchsstimmung der 1840er Jahre zurück. Schiff war in einem politischen Klima aufgewachsen, das gerade auch Frauen neue ge-

---

[46] Zum Kampf für das Frauenwahlrecht in Italien nach dem Ersten Weltkrieg vgl. Ninfa Contigiani, La forzatura delle pareti domestiche e la cittadinanza „mediata", in: Paolo Passaniti (Hg.), Lavoro e cittadinanza femminile. Anna Kuliscioff e la prima legge sul lavoro delle donne, Mailand 2016, S. 99–121, hier S. 112–117.

[47] Vgl. Victoria de Grazia, Le donne nel regime fascista, Venedig 1992, S. 63.

sellschaftliche Mitwirkungsmöglichkeiten eröffnet hatte. Mit ihrer konsequenten Beteiligung an Öffentlichkeitsarbeit, der Frauenbewegungspresse, Kongressen und parlamentarischen Initiativen knüpfte sie an zentrale Momente ihrer Mannheimer Vergangenheit an, die sie von Kindheit an geprägt hatten. Paolina Schiffs lebenslanger Einsatz zugunsten der Rechte von Frauen wie sozial benachteiligter Gruppen bildet den sichtbaren Beweis für ihre intellektuellen und organisatorischen Fähigkeiten, vor allem aber für ein Selbstverständnis auf der Grundlage des Ideals sozialer Gerechtigkeit.

Für eine „praktische sozialistische Arbeit“: Laura Schradin aus Reutlingen

Roland Deigendesch

Noch ehe der Rat der Volksbeauftragten am 12. November 1918 in Berlin das allgemeine und damit auch das Frauenwahlrecht aller Deutschen verkündete, war in Reutlingen eine Frau in den Arbeiterrat dieser fünftgrößten Stadt Württembergs gewählt worden. Es handelte sich um Laura Schradin (1878–1936), eine Gewerkschafterin, Sozialdemokratin und Frauenrechtlerin, die als Praktikerin und als ebenso originelle wie unerschrockene Rednerin in Erinnerung geblieben ist. Einer umfassenden und kritischen Würdigung dieser bemerkenswerten Frau setzt eine ausgesprochen lückenhafte Quellenlage gewisse Grenzen: Die Archive der Reutlinger Sozialdemokratischen Partei Deutschlands (SPD) und der Gewerkschaften scheinen im Nationalsozialismus vernichtet worden zu sein[1], der Verlust großer Teile der städtischen Registraturen – darunter auch der Gemeinderatsprotokolle – durch Luftangriffe 1945 tat das Übrige. Somit sind es heute im Heimatmuseum Reutlingen verwahrte Nachlasssplitter Laura Schradins, Landtagsprotokolle, Broschüren und Presseveröffentlichungen sowie erinnerte Geschichte[2], auf die sich die folgenden Seiten stützen.

Laura Schradin wurde am 7. September 1878 in Reutlingen als zweites von fünf Kindern des Weingärtners Johannes Pfenning (1841–1905) und der aus Pfrondorf bei Tübingen stammenden Wochenbettpflegerin Barbara Künstle (1849–1920) geboren. Der Vater galt als Reutlinger Original mit einer gehörigen Portion Eigensinn, wenn nicht Sturheit, die eine gewisse Berühmtheit durch die anschauliche Schilderung seiner Tochter in einer Landtagsdebatte über Weinpreise erlangte: „[…] ich hatte meinem Vater oft erklärt, mit demselben Eigensinn könne er an der Achalm und am Georgenberg Orangen, Zitronen, Datteln und Feigen pflanzen

---

[1] Erhalten hat sich ein Protokollband der Gemeinderatsfraktion der SPD der – allerdings lückenhaft – die Jahre 1910 bis 1926 abdeckt, StadtA Reutlingen S 1 Nr. 135, vgl. ansonsten die Festschrift 100 Jahre SPD Reutlingen, hg. von dem SPD-Ortsverein Reutlingen, [Reutlingen] 1972.

[2] Vor allem die ihrer 1910 geborenen Tochter Hedwig, von der sich Interviews erhalten haben (u. a. StadtA Reutlingen S 111 Nr. 197–198) sowie des Schwiegersohns, des Kunsthistorikers und Denkmalpflegers Gustav Adolf Rieth (1902–1984), vgl. Ders., Laura Schradin, ein Leben für das Recht der Frau, in: Reutlinger Geschichtsblätter NF 17 (1978) S. 7–37. Kürzere Biographien liegen vor mit Ina Hochreuther, Laura Schradin, in: Dies., Frauen im Parlament. Südwestdeutsche Abgeordnete seit 1919, Stuttgart 1992, S. 85–87; Christina Klausmann, Art. Schradin, Maria Laura, Politikerin, Frauenrechtlerin, in: Maria Magdalena Rückert (Hg.), Württembergische Biographien, Bd. 1, Stuttgart 2006, S. 251–252 sowie in: 150 Jahre Schulgeschichte. Jubiläumsschrift zum 150-jährigen Bestehen der Laura-Schradin-Schule in Reutlingen, hg. von der Laura-Schradin-Schule, Reutlingen 2017, S. 61–66.

Abb 1: Die Sozialdemokratin Laura Schradin. (Heimatmuseum Reutlingen, Inv.-Nr. 1991/287)

und auch mit demselben Erfolg, wie es bei seinen edlen Weinstöcken der Fall sei."[3] Die Eltern, für diese Zeit recht ungewöhnlich, trennten sich, und wie viele Kinder und Jugendliche hatte die junge Laura schon früh durch eigene Arbeit zum Familieneinkommen beizutragen[4].

Der Weinbau war im alten, reichsstädtischen Reutlingen neben dem Leder- und Textilhandwerk der am stärksten besetzte Erwerbszweig, die Weingärtnerzunft die zahlenmäßig größte in der Stadt. Doch befand sich diese bis in das Mittelalter zurückreichende Kultur zu Schradins Zeit schon lange im Niedergang und die

[3] Württembergische bzw. baden-württembergische Landtagsprotokolle (1797–1996), hier: Zeitraum 1919–1933, Landtagsprotokolle 1919–1920. Online unter https://www.wlb-stuttgart.de/literatursuche/digitale-bibliothek/digitale-sammlungen/landtagsprotokolle/digitale-praesentation/zeitliche-gliederung/zeitraum-1919-1933/ (letzter Zugriff: 07.04.2020) (im Folgenden: Landtagsprotokolle), Bd. 3, S. 1686.

[4] Ebd.: „18 Jahre hindurch, während meiner ganzen Jugend und meiner Kinderjahre haben wir in Reutlingen keinen Wein erzeugen können, den man als Wein hätte verkaufen können, sondern man mußte zentnerweise Zucker hineinwerfen, daß es einen auch nur einigermaßen guten Haustrunk gegeben hat."

Industrialisierung hatte seit den 1860er Jahren an Fahrt aufgenommen; 1895 lag der Arbeiteranteil in der Stadt bei 47,2 Prozent, 1907 sollten es mehr als die Hälfte aller Erwerbstätigen sein[5]. Auch Laura Pfenning „ging in die Fabrik“; 1896 trat sie als Ungelernte in die Reutlinger Weberei Hecht und Groß ein[6]. Ohne Fachausbildung zählte sie zu den angelernten Kräften, die zwar einen besseren Verdienst als durch Heimarbeit[7] oder gar in der häuslichen Landwirtschaft erzielen konnten, die aber andererseits wirtschaftlichen Konjunkturen bei sehr fordernder Arbeit ausgeliefert waren. Pfenning, die sich mit 18 Jahren vom eigenwilligen Vater befreit hatte, wäre wohl die Letzte gewesen, sich dem abwartend auszusetzen und schlug zwei im Grunde zeittypische Wege ein: Sie schloss sich der organisierten Arbeiterbewegung an und suchte ihre Lage durch Bildung zu verbessern. 1897 trat sie der Reutlinger SPD bei, die, wie allenthalben nach der Aufhebung der Sozialistengesetze im Deutschen Reich (1890) einen bis dahin ungekannten Aufschwung erlebte[8]. Neben der solidarischen Vertretung von Arbeiterinteressen suchte sie aber auch nach Möglichkeiten, ihre Situation aus eigener Kraft zu verbessern. In Reutlingen ermöglichte die reichsweit beachtete Frauenarbeitsschule – mithin die Vorgängereinrichtung des heutigen, nach Laura Schradin benannten beruflichen Gymnasiums[9] – Frauen und Mädchen eine qualifizierte Ausbildung für die Textilindustrie und damit besseren Verdienst und ein eigenes Auskommen. Sie mochte dieses Vorbild im Kopf gehabt haben, als sie sich wenige Jahre später als „Weblehrerin“ bei der Zentralstelle für Gewerbe und Handel bewarb, offenbar vergeblich[10]. Allerdings ließ sie das Thema künftig nicht mehr los.

Mit hinreichend eigener Anschauung der wirtschaftlichen und sozialen Lage der Textilarbeiterinnen versehen, wurde sie als gewerkschaftliche Vertrauensfrau für die wiederum der Zentralstelle für Gewerbe und Handel unterstellten Gewerbeinspektion[11] gewählt. In diese Zeit, 1904, fiel auch die Heirat mit dem aus

---

[5] Hermann Schindler, Die Reutlinger Wirtschaft von der Mitte des 19. Jahrhunderts bis zum Beginn des Ersten Weltkrieges (Tübinger wirtschaftswissenschaftliche Abhandlungen, Bd. 8), Tübingen 1969, S. 142.

[6] Zum Folgenden Rieth (wie Anm. 2) S. 13–18.

[7] Zur Lage der Heimarbeiterinnen vgl. den Bericht der Stuttgarter SPD von 1913, abgedruckt in: Peter Scherer/Peter Schaaf (Bearb.), Dokumente zur Geschichte der Arbeiterbewegung in Württemberg und Baden 1848–1949, Stuttgart 1984, S. 185–188, hier S. 186 sowie Willy A. Boelcke, Sozialgeschichte Baden-Württembergs 1800–1989, Stuttgart 1989, S. 281.

[8] 1897 konnte die Partei erstmals ein Mandat im Gemeinderat erringen. Zur Entwicklung vgl. Christoph Rieber, Das Sozialistengesetz und die Sozialdemokratie in Württemberg 1878–1890 (Schriften zur südwestdeutschen Landeskunde, Bd. 19), Stuttgart 1984, bes. Bd. 2, S. 750 f.; Paul Landmesser/Peter Pässler (Bearb.), Wir lernen im Vorwärtsgehen! Dokumente zur Geschichte der Arbeiterbewegung in Reutlingen 1844–1949, Heilbronn 1990, S. 151–154.

[9] 150 Jahre Schulgeschichte (wie Anm. 2).

[10] Rieth (wie Anm. 2) S. 13 f.

[11] Zur Zusammenarbeit der Gewerkschaften mit der Gewerbeinspektion vgl. Maja Christ-Gmelin, Die württembergische Sozialdemokratie 1890–1914. Ein Beitrag zur Geschichte

alter Reutlinger Familie stammenden Fritz Schradin (1868–1922), der als Prokurist ebenfalls bei Hecht und Groß beschäftigt war. Die Vertretung der Interessen von Arbeitern, insbesondere aber von Frauen und Kindern, war ihr auf den Leib geschnitten, vermochte sie doch auf diesem Weg eigene Erfahrungen in praktische Verbesserungsvorschläge umzumünzen. Sie forderte die Einschränkung von Kinderarbeit und regte eigene Frauenversammlungen an[12]. Berichte in der 1911 gegründeten Reutlinger SPD-Zeitung „Freie Presse" zeigen ihr Engagement für die alltäglichen sozialen Belange der Arbeiter und vor allem der Arbeiterinnen. 1912 referierte sie bei einer Versammlung der Reutlinger Frauengruppe der SPD über die „Tätigkeit der Frau in der Gemeindeverwaltung" und stellte Wohnungsaufsicht, Gesundheit und Schulpolitik als „Frauenthemen" in den Mittelpunkt. Sie selbst war zudem im Rahmen der kommunalen Armenfürsorge als ehrenamtliche Armen- und Waisenpflegerin tätig. Die Frau, so Schradin, vermöge bei all diesen Problemen „sehr viel beizutragen, indem sie treu zu ihrer Organisation hält und nach Kräften für diese agitiere"[13]. 1914 befasste sie sich auf einer gut besuchten Versammlung mit den Ursachen des Geburtenrückgangs und prangerte die hohe Kindersterblichkeit in Arbeiterfamilien an. Die Ursachen lagen für Sie unzweideutig im kapitalistischen Wirtschaftssystem begründet. Ihre Forderungen indes waren sehr konkret und weit entfernt von sozialen Utopien. Umso mehr war die Rede von den Wohnverhältnissen, wo es „besonders viel [...] zu verbessern" gebe[14].

Laura Schradin, die die Agitation für das Frauenwahlrecht in Reutlingen gerne auch anderen überließ[15], befasste sich durchaus auch theoretisch mit der Rolle der Frau in der Gesellschaft. Ein Exemplar von Bebels „Die Frau im Sozialismus" aus ihrem Besitz hat sich erhalten. In fein säuberlicher Schrift schrieb sie ein kämpferisches Gedicht auf das Vorsatzblatt, das im Ton der „Internationalen" einsetzt und an Frauen und Mädchen appelliert[16].

---

des Reformismus und Revisionismus in der deutschen Sozialdemokratie, Stuttgart 1976, S. 65–67, 79 f.

12 Landmesser/Pässler (wie Anm. 8) S. 166 f.

13 Freie Presse vom 6.7.1912, abgedruckt bei Landmesser/Pässler (wie Anm. 8) S. 201 f.

14 Freie Presse vom 9.3.1914, Heimatmuseum Reutlingen (im Folgenden: HMR) Inv.-Nr. 1991/298; Rieth (wie Anm. 2) S. 22.

15 Auf einer Versammlung zum Frauenwahlrecht in Reutlingen 1912 sprach die „Genossin Müller", vgl. Freie Presse vom 13.5.1912, abgedruckt bei Landmesser/Pässler (wie Anm. 8) S. 202–204. Von Schradin sind kaum direkte Äußerung zu diesem Thema überliefert. Allenfalls auf einer Versammlung in der Reutlinger „Bundeshalle" im März 1914 taucht das Stichwort auf, damals äußerte sie: „[...] die Frauen hätten zwar das Recht, Kinder zu gebären [...] der Frau aber das Recht geben, an den Geschicken des Volkes mitzuarbeiten, dazu könne sich der Staat aber nicht entschließen" (wie Anm. 14). Gleichwohl kann vorausgesetzt werden, dass sie das Frauenwahlrecht unterstützte, vgl. dazu ihre Äußerungen im Wahlkampf 1918 (wie Anm. 49).

16 Es handelt sich um die 1901 im Dietzverlag in Stuttgart erschienene Ausgabe, StadtA Reutlingen DB 5834. Das Gedicht lautet: „Wacht auf, ihr Mädchen und ihr Frauen / die ihr das Joch der Arbeit tragt / den Feind erfaßt schon Schreck und Grauen / wenn ihr euch

Ihre Parteiarbeit, über die nur vereinzelte Nachrichten überkommen sind, blieb nicht unbeachtet. Auch Clara Zetkin[17], die seit 1891 in Stuttgart lebte und mit der sie später wegen politischer Meinungsverschiedenheiten brach, hielt damals offenbar große Stücke auf sie[18]. So verwundert es nicht, dass sie 1906 als Delegierte für den Bezirk Stuttgart/Cannstatt/Ludwigsburg zur vierten sozialdemokratischen Frauenkonferenz nach Mannheim entsandt wurde. Dass sie damals bereits für die sozialistische Frauenbewegung warb, macht ihr dortiger Redebeitrag deutlich, eine Art Philippika gegen die württembergischen Verhältnisse: „[...] aus Württemberg kann ich leider nicht über große Erfolge in der Frauenbewegung berichten. Daran trägt die Hauptschuld die Gleichgültigkeit der männlichen Genossen in Württemberg, die der Meinung sind, die Frauen betrieben die Agitation nur als Sport. Der Gewerkschaftssekretär Raether in Stuttgart meinte, erst sollte man die Männer zu organisieren suchen, dann erst kämen die Frauen dran. Die Frauen seien zu dumm, um in den Versammlungen die Referate zu verstehen. [...] Es gehört eine Roßnatur dazu, um bei solchen Redensarten kühl und ruhig zu bleiben. Beim Landesvorstand stellten wir den Antrag, er möge einige Hundert Mark auswerfen für eine Person, die mich in der Agitation unterstützen sollte. Er wies mich an das städtische Komitee, von da wurde ich zum Parteisekretariat geschickt. Es tut mir leid, daß ich hier über die Rückständigkeit der württembergischen Genossen Klage führen muß. In anderen Staaten, wie z. B. in Preußen, wo kein freies Vereinsrecht herrscht, unterstützen die Genossen die Genossinnen bei ihrer Arbeit. Ich hoffe, daß die Verhandlungen der Frauenkonferenz dazu beitragen werden, daß auch in Württemberg diese Verhältnisse sich bessern werden [...].“[19]

---

früh zu rühren wagt / Man stürzt in Laster, Schmach und Sünde / die Mädchen oft, mit bittrem Hohn, / Man trennt die Mutter von dem Kinde / Und zahlt ihr einen Hungerlohn / Man spricht mit frommer Heuchlermiene / von Häuslichkeit und Eheglück / Und treibt die Frau in die Fabrik / dass sie sich dort ihr Brot verdiene / Wach auf, bedrängtes Weib, und schütze / Ehr und Leib, ‘s ist Zeit, ‘s ist Zeit / ‘s ist höchste Zeit!“

[17] Zu den Stuttgarter Jahren der linkssozialistischen Frauenrechtlerin vgl. Paul Sauer, Stuttgart als Zufluchtsort für verfolgte Sozialdemokraten. Ein Zentrum der Arbeiterbewegung im Zweiten Kaiserreich, in: Zeitschrift für Württembergische Landesgeschichte (ZWLG) 48 (1989) S. 352 f. Vgl. auch den Beitrag von Mascha Riepl-Schmidt in diesem Band.

[18] In einem Schreiben des Verbands junger Arbeiter und Arbeiterinnen vom 6.9.1907 heißt es: „Genossin Zetkin lobte Sie so, daß ich hoffe, Sie tragen diese Bürde trotz Ihrer anstrengenden Arbeit für unsere Partei auch noch für die proletarische Jugendbewegung.“, HMR Inv.-Nr. 1991/275. Abdruck (mit falscher Jahresangabe) bei Landmesser/Pässler (wie Anm. 8) S. 204 f. In Stuttgart hatte 1905 die erste Internationale Jugendkonferenz stattgefunden, im Anschluss entstanden auch in Württemberg sozialistische Jugendorganisationen, vgl. Manfred Scheck: Zwischen Weltkrieg und Revolution. Zur Geschichte der Arbeiterbewegung in Württemberg 1914–1920 (Dissertationen zur neueren Geschichte, Bd. 10), Köln/Wien 1981, S. 46 f.

[19] Konferenz der sozialdemokratischen Frauen (Fortsetzung aus der 1. Beilage), in: Der Vorwärts. 3. Beilage des „Vorwärts“ Berliner Volksblatt vom 23.9.1906, S. 13–15 hier S. 14, http://fes.imageware.de/fes/web/ (12.1.2019). Vgl. auch Christ-Gmelin (wie Anm. 11)

Ganz ohne Echo dürfte dieses Donnerwetter nicht geblieben sein, jedenfalls findet sich im Bericht des Landesvorstands der württembergischen SPD vom selben Jahr eine entschuldigende Passage, wonach in Oberschwaben „bei der sehr schwachen Organisation schon der Männer in diesem Landesteil [...] uns diese Agitationstour zurzeit nicht sehr zweckmäßig erscheint“[20]. Auch auf dem zeitgleich zum Internationalen Sozialistenkongress in Stuttgart 1907 veranstalteten Frauenkongress nahm sie teil, wenn auch nicht als offizielle Delegierte.

Selbstbewusste Auftritte waren sicherlich durch Schradins Naturell begünstigt, sie dürften aber auch durch Schulungen gefördert worden sein. Wie schon angedeutet, war für die auch kulturell sehr interessierte Frau[21] Wissenserwerb und Bildung als Weg zur Verbesserung ihrer persönlichen Lage und die der Arbeiterschaft insgesamt ein wichtiges Thema. Neben beruflich-fachlichen Kursen, die sie zum Teil zusammen mit ihrem Mann besuchte[22], bemühte sie sich um Kontakt zu dem für Tübinger Verhältnisse ausgesprochen links stehenden Nationalökonomen Robert Wilbrandt (1875–1954)[23], der sich intensiv mit der Lage der Arbeiter und den Schriften Karl Marx' befasste und wie schon früher in Berlin die Volksbildungsbewegung unterstützte. „Akademische Volks-Unterrichtskurse“ wurden nicht nur in Tübingen, sondern ab 1910 auch in Reutlingen angeboten[24]. Vermutlich sind es die Früchte einer solchen geistigen, von Lektüre begleiteten Auseinandersetzung, die in Form zweier sprechender Schriftzeugnisse in Schradins Nachlass vorliegen[25]. In einem mit Verbesserungen und Randvermerken von fremder Hand versehenen Aufsatzheft befasst sich die junge Frau unter anderem auf sechs Seiten unter der Überschrift „Reutlingen. Meine Heimat!“ mit den durch die Industrialisierung hervorgerufenen Veränderungen in der Stadt. Vor dem Hintergrund einer glanzvollen reichsstädtischen Vergangenheit zeichnet sie ein umso düstereres Bild der Gegenwart: „Großindustrie hat Gegensätze gefördert, welche die Städte in

S. 137, die sinngemäß aus anderer Quelle zitiert, Laura Schradins Namen aber nicht nennt.

20 Landesarchiv Baden-Württemberg – Hauptstaatsarchiv Stuttgart (im Folgenden: HStAS), P 2 Bü 1. Schradin war laut „Präsenzliste“ nicht anwesend, jedenfalls nicht als offizielle Delegierte.

21 Rieth (wie Anm. 2) S. 17 erwähnt Schradins Interesse an Käthe Kollwitz, aber auch an schwäbischen Künstlern.

22 Ebd., S. 14 f. Im Landtag erwähnt sie später, dass sie sich stenographische Kenntnisse angeeignet habe, vgl. Landtagsprotokolle (wie Anm. 3) Bd. 3, S. 1844.

23 Seit Oktober 1908 Professor für Volkswirtschaft in Tübingen, zur Person vgl. Helmut Marcon/Heinrich Strecker (Hgg.), 200 Jahre Wirtschafts- und Staatswissenschaften an der Eberhard-Karls-Universität Tübingen. Leben und Werk der Professoren, Bd. 1, Stuttgart 2004, S. 38 f., S. 389–398.

24 Rieth (wie Anm. 2) S. 14 f.; Landmesser/Pässler (wie Anm. 8) S. 162 f.

25 Die folgenden Zitate nach HMR Inv.-Nr. 1991/320, undatiert. Abdruck in: 100 Jahre SPD (wie Anm. 1) S. 36. Wenigstens zwei Korrekturhände versahen die Seiten in roter und blauer Schrift mit Anmerkungen, an einer Stelle signiert mit „L“. Dieser fasste am Ende zusammen: „Eigenartige schöne Arbeit“, während der andere resümierte: „Die Gedankenfolge sollte noch etwas klarer geordnet werden“.

ihrem Aufblühen hemmen.“ Kapitalisten bereicherten sich durch Kinderarbeit, jeder lebe für sich, Wohnungsnot und hygienische Verhältnissen seien brennende Probleme. „Volksbildung“ und „Volksgesundheit“ sind zwei Forderungen, die sich daraus folgerichtig ergaben.

Bei der zweiten Schrift handelt es sich um ihre verschiedentlich abgedruckte Arbeit „Wissen ist Macht“, die den durch Wilhelm Liebknecht in Deutschland popularisierten Leitsatz aufgreift und auf originelle Weise und nicht ohne Pathos für Arbeiterbildung wirbt[26]. Mit einem in der bürgerlichen Gedankenwelt – Schopenhauer und Shakespeare werden erwähnt – fußenden Wissens- und Bildungsbegriff blickt die Verfasserin zuversichtlich auf die Chancen, gesellschaftliche Verhältnisse, vor allem aber die Lage jedes einzelnen Arbeiters durch Bildung zu verbessern. Wirkliche Bildung, nicht rein funktional-anwendungsbezogenes Schulwissen, befördere die „Kraft seiner [des Arbeiters, d. Verf.] Persönlichkeit“, ja die „Ausbildung seiner Individualität“ und verheiße zudem jedem ganz praktisch die Chance auf eine bessere „Lebenshaltung“. „Wir wollen ein Volk von Denkern großziehen, welches durch Wissen und Arbeit auf den Höhen der Menschheit wandeln soll“, so schließt ihr Aufruf, sich den Bildungsangeboten von Partei und Gewerkschaften zu öffnen. Nicht unerwähnt bleiben soll der Schluss, der nach einer dem Kommunistischen Manifest entnommenen Wendung Goethe das letzte Wort zubilligt: „Wir haben ja nur Ketten zu verlieren, wenn wir in das Reich der Erkenntnis eindringen. Dazu brauchen wir nur: mehr Licht!“[27]

Ihre Stärken lagen indes weniger in theoretischen oder konzeptionellen Überlegungen. Stark war Laura Schradin stets dann, wenn sie auf dem sicheren Grund eigenen Erfahrungswissens konkrete wirtschaftliche, soziale und politische Verbesserungen herbeiführen konnte. Dies zeigt sich nirgends besser als in ihrer weithin beachteten Initiative der Reutlinger Kriegsflickwerkstätten während des Ersten Weltkriegs.

Schradin begrüßte den Krieg gewiss nicht, stand aber treu an der Seite der nach heftigen Auseinandersetzungen auch in Württemberg dominierenden Mehrheitssozialdemokratie, die sich 1914 zu Kriegskrediten und „Burgfrieden“ bekannte[28]. Sie wurde auch später auf diesem Kurs nicht wankend. Während gerade in Stuttgart schon längst Abspaltungstendenzen der den Krieg ablehnenden Linken spürbar wurden, bestätigte 1916 die Berliner Reichskonferenz der Sozialdemokraten, an der Schradin als eine von 15 württembergischen Delegierten teilnahm, nochmals

---

[26] Rieth (wie Anm. 2) S. 18–20; Landmesser/Pässler (wie Anm. 8) S. 199 f. Die Vorlage: HMR Inv.-Nr. 1991/276. Das Stück ist datiert auf den 19.2.1909 und mit Laura Schradin als Verfasserin bezeichnet.

[27] Ebd.

[28] Christ-Gmelin, (wie Anm. 11) S. 207 f.; Scheck (wie Anm. 18) S. 51–59, S. 81–83; Jürgen Mittag, Die württembergische SPD in der Weimarer Republik. Eine sozialdemokratische Landtagsfraktion zwischen Revolution und Nationalsozialismus, Vierow 1997, S. 53 f. Die Reutlinger SPD hatte sich 1914 der Haltung der Reichstagsfraktion zur Bewilligung der Kriegskredite angeschlossen, Laura Schradin zählte zu den Befürwortern, vgl. Landmesser/Pässler (wie Anm. 8) S. 223.

die „Pflicht zur Landesverteidigung“[29]. In diesem existentiellen Ringen sollten auch die Frauen ihren Beitrag leisten. „Frauenarbeit im Krieg“, lautete der programmatische Titel der von Schradin 1917 herausgegebenen Broschüre[30]. „Frauenarbeit“ war nun keine Reutlinger Besonderheit, allenthalben trugen Frauen durch Heimarbeit, Verwundetenpflege, schließlich in der Rüstungsindustrie ihren Teil bei[31]. Schradins eigene Initiative zielte indes weniger auf „vaterländische“ Gesichtspunkte, ihr ging es vielmehr um die Linderung der schieren Notlage all jener Frauen, deren Männer eingezogen oder durch die Umstellung der Wirtschaft auf den Krieg arbeitslos geworden waren, die, wie es ihre Parteigenossin Anna Blos ausdrückte, „durch den Krieg des Ernährers beraubt wurden“[32]. Ihnen sollte im Rahmen einer auf Kriegsproduktion ausgerichteten Wirtschaft ein häusliches Auskommen gesichert werden – „praktische sozialistische Arbeit“[33], wie Laura Schradin es sah. 1915 erhielt sie, vermittelt durch die Zentralleitung des Wohltätigkeitsvereins, Militäraufträge für Näharbeiten. Mit Unterstützung von verschiedenen Seiten organisierte sie den Nähbetrieb und Räumlichkeiten hauptsächlich in Gasthaussälen der Stadt und sorgte für die notwendige Ausstattung. Zunächst ging es um die Fertigung von Lazarett- und Leibwäsche, von Drillichjacken, Brot- und Zwiebackbeuteln, aber auch von Drahtscherentaschen und „Patronenstreifen“[34]. Diese Arbeit, die nach ihren Angaben etwa 500 Frauen Lohn und Einkommen sicherte, wurde mit der Rohstoffverknappung 1916 zusehends unmöglich. Aus dieser Notlage heraus entstanden in der zweiten Jahreshälfte die sogenannten Kriegsflickwerkstätten[35]. In den zwölf dieser über das Kriegsende hinaus bestehenden Einrichtungen in Reutlingen und Betzingen arbeiteten die Frauen gebrauchte oder beschädigte Wäsche, Uniformen und Ausrüstungsteile auf. Am 4. August 1916 mit 200 Arbeitskräften begonnen, steigerte sich der

---

[29] Protokolle der Reichskonferenzen der Sozialdemokratischen Partei Deutschlands, hier S. 174. Online-Edition der Bibliothek der Friedrich-Ebert-Stiftung, http://library.fes.de/parteitage/index-rk.html (letzter Zugriff: 08.04.2020). Vgl. dazu auch die Sicht von Wilhelm Keil, Erlebnisse eines Sozialdemokraten, Bd. 1, Stuttgart 1947, S. 330–331.

[30] Schradins Broschüre „Frauenarbeit im Krieg“, HMR Inv.-Nr. 1991/319. Der Titel erinnert an die ebenfalls 1917 erschienene Broschüre von Anna Blos, Frauenarbeit im Kriege, Berlin 1917. Allerdings widmet sich Blos darin ausschließlich der – überwiegend ehrenamtlichen – Beschäftigung von Frauen in den Kommunalverwaltungen.

[31] 1917 stieg der Anteil der Frauen an der Arbeiterschaft in Württemberg auf rund 43 Prozent, vgl. Scheck (wie Anm. 18) S. 74.

[32] Blos, Frauenarbeit (wie Anm. 30) S. 5.

[33] Schradin (wie Anm. 30); Rieth (wie Anm. 2) S. 26.

[34] Frauenarbeit im Krieg. Führer von der Leitung der Kriegsflickwerkstätten Reutlingen, Stuttgart o. J. [1917], S. 3 f., HMR Inv.-Nr. 1991/266. Die Aufzählung entspricht im Wesentlichen dem, was vom Bekleidungsamt des XIII. Armeekorps vielerorts an Frauenwerkstätten vergeben wurde, vgl. HStAS M 1/6 Bü 1377.

[35] Auch diese Instandsetzungsarbeiten wurden nach einem Erlass des Kriegsministeriums vom 28.7.1916 aus sozialen Gründen generell an die Zentralleitung des Wohltätigkeitsvereins zur Verteilung an die mit Frauen besetzten Werkstätten im Land vergeben, HStAS M 1/6 Bü 1378.

Produktionsumfang so sehr, dass 1917 annähernd zehnmal so viele Arbeiterinnen beschäftigt werden konnten[36].

Die Kriegsflickwerkstätten standen nicht nur unter den Vorzeichen der Rohstoff- sondern auch einer fatalen Lebensmittelknappheit und einer außerordentlichen Arbeitsbelastung der Frauen. Die Folgen ließen nicht auf sich warten. Der Reutlinger Sanitätsrat Julius Gayler berichtete der Ortskrankenkasse 1917 über eine Vielzahl von offenbar erschöpfungsbedingten Erkrankungen bei Frauen[37]. Laura Schradin verfolgte zusammen mit ihrem Mann unter dem Eindruck dieser Befunde die Idee, aus Erträgen, die in den Werkstätten erwirtschaftet werden konnten, ein Erholungsheim für die arbeitenden Frauen zu schaffen und stiftete dazu Mittel in Höhe von 85.000 Mark. Zudem erwarb sie ein geeignetes Grundstück bei Trochtelfingen auf der Schwäbischen Alb als Bauplatz. Auch wenn sich das Vorhaben während des Krieges und danach aufgrund der Geldentwertung nicht realisieren ließ[38], zeigt das Erholungsheimprojekt einmal mehr ihren zupackenden, praktisch orientierten Sinn. Schradin suchte eigenständig nach machbaren und wirksamen Hilfen, wo sie einmal eine Notlage erkannt hatte.

Vereinzelte Schreiben im Schradin'schen Nachlass bezeugen den Wunsch und die Dankbarkeit der Menschen, das Familieneinkommen durch die Arbeit in den Kriegsflickwerkstätten absichern zu können[39]. Aber auch Kritik blieb nicht aus. Von Seiten der Textilarbeitergewerkschaft kam der Vorwurf der „Lohndrückerei“, Schradin wurde als „Umlernesozialistin“ attackiert[40]. Die so Gescholtene ver-

---

[36] Oberbürgermeister Emil Hepp nennt in einem Schreiben vom August 1918 1.403 Arbeiterinnen in den Werkstätten sowie 400 Heimarbeiterinnen als Höchststand im März 1917, „bis in neueste Zeit konnten noch 900 Arbeiterinnen beschäftigt werden“. Abgedruckt in: LANDMESSER/PÄSSLER (wie Anm. 8) S. 235.

[37] Hierzu die Denkschrift des Verwalters Mangold für die AOK Reutlingen über die Errichtung eines Erholungsheims für weibliche Beschäftigte, 20.9.1917, HMR Inv.-Nr. 1991/357. Vgl. dazu auch SCHECK (wie Anm. 18) S. 80.

[38] Ein späterer handschriftlicher Randvermerk Schradins auf dem Gutachten Mangolds (wie Anm. 37) verrät immerhin, dass die AOK Reutlingen unter anderem mit diesen Mitteln die sogenannte Staufenburg bei Lichtenstein-Unterhausen Mitte der 1920er Jahre dann doch noch als Erholungsheim erwerben und einrichten konnte.

[39] HMR Inv.-Nr. 1991/278–280. Eine Fußnote ist es wert, dass sich Willy Keil, wohl der älteste Sohn des prominenten Sozialdemokraten Wilhelm Keil, nach Kriegsende für ein neues Arbeitshemd bedankte, ebd. Inv.-Nr. 1991/281.

[40] Angesichts einer grassierenden Teuerung waren gewerkschaftliche Klagen über die Entwicklung der Arbeitseinkommen sicherlich nicht ganz grundlos, der Vorwurf der „Lohndrückerei“ kam immer wieder auf. Doch dürfte der diesbezügliche, in der von Clara Zetkin redigierten Frauenbeilage der Leipziger Volkszeitung vom 11.1.1918 lancierte Artikel „Arbeitsbedingungen der Arbeiterinnen. Praktische Arbeit einer ‚Umlernesozialistin‘ zur Vertretung der Arbeiterinneninteressen“, https://digital.slub-dresden.de/werkansicht/dlf/155333/3/0/ (letzter Zugriff: 08.04.2020) auch noch andere Hintergründe gehabt haben. Schradin selbst vermutete in einer wenig später verfassten Replik, die als Manuskript im Nachlass vorliegt (HMR Inv.-Nr. 1991/319) siehe auch RIETH (wie Anm. 2) S. 26), „anarchosozialistische“ Kreise und griff ihrerseits den Textilarbeiterverband an, dessen Arbeit sie schon seit Langem kritisch beurteilte, vgl. LANDMESSER/

merkte bitter, dass sich ausgerechnet ein Protagonist dieser Gewerkschaft, Ferdinand Hoschka, der sich später der Unabhängigen Sozialdemokratischen Partei Deutschlands (USPD) anschließen sollte, nach Reutlingen gewandt und um Rat bei der Einrichtung vergleichbarer Werkstätten gebeten hätte[41]. Misstrauisch beobachtete außerdem die Kirche Schradins Wirken, dies allerdings hatte eine Vorgeschichte.

Wie in allen industriell geprägten Städten kämpfte die Kirche auch in Reutlingen gegen „religiöse Gleichgültigkeit", ja „offene Religionsverachtung", die man gerade innerhalb der Arbeiterschaft ausgemacht hatte[42]. 1908 wurde deshalb gezielt für die Arbeiterwohnbezirke im Norden der Stadt eine neue Kirchengemeinde geschaffen. Deren erster Pfarrer Gotthold Kneile erinnerte sich später, dass ihm zu Amtsantritt besonders der Wunsch mit auf den Weg gegeben wurde, „die Vorurteile der Arbeiter gegen die Kirche" zu überwinden[43]. Zurückgehende Taufzahlen, Indifferenz, wenn nicht Feindseligkeit gegenüber der Kirche, fanden immer wieder Eingang in die Pfarrberichte. Entsprechend argwöhnisch wurden Äußerungen von Sozialdemokraten gegenüber der Kirche verfolgt. Laura Schradin, die etwa zeitgleich mit ihrem Eintritt in die SPD aus der evangelischen Kirche ausgetreten war, scheint mit ihrer Meinung zur Kirche auch in ihrer Funktion als Armenpflegerin nicht hinter dem Berg gehalten zu haben. 1915 gelangte so eine Beschwerde an den Reutlinger Dekan Gotthilf Herzog, die manche böse Ahnung zu bestätigen schien. Eine Hilfesuchende war mit ihrer Bitte um Unterstützung für einen Konfirmandenanzug von Schradin an den Pfarrer weiterverwiesen worden: Wenn dieser der Meinung sei, ihr Junge benötige einen solchen Anzug, dann solle die Kirche auch die entsprechende Hilfe dafür bereitstellen. Für den Dekan war dies nun ein unzweideutiger Angriff auf die Kirche. Von der Stadtverwaltung um Stellungnahme aufgefordert, leugnete Schradin den Vorgang keineswegs, im Gegenteil: „Ich kann Ihnen auch nicht verschweigen, daß ich denselben Rat an ungefähr noch zwei Dutzend Frauen arbeitsloser und ausmarschierter Männer, denen wie es mir offen-

---

PÄSSLER (wie Anm. 8) S. 225. Die Vermutung liegt überdies nahe, dass sich mit den Vorwürfen gegen Schradin auch der auf der württembergischen Frauenkonferenz der SPD am 24.6.1917 offen zutage getretene Streit über die Redaktion der „Gleichheit", bei der Clara Zetkin das Nachsehen hatte, ein Ventil verschaffte. Vgl. dazu den Bericht im „Vorwärts" vom 7.7.1917, S. 4, http://fes.imageware.de/fes/web/ (letzter Zugriff: 08.04.2020).

[41] HMR Inv.-Nr. 1991/319; RIETH (wie Anm. 2) S. 23–25. Zu Hoschka und der politischen Ausrichtung des Textilarbeiterverbands in Württemberg vgl. SCHECK (wie Anm. 18) S. 63.

[42] Landeskirchliches Archiv Stuttgart (im Folgenden: LKA Stuttgart) A 29 Nr. 3765: Pfarrbericht Reutlingen 1860 unter Dekan J. F. K. Beck.

[43] LKA Stuttgart, DA Reutlingen Nr. 1439, S. 4. Kneile nahm bezeichnenderweise später als Herausgeber des Gemeindeblatts immer wieder zu sozialen Fragen Stellung, vgl. Michael TRAUTHIG, Im Kampf um Glauben und Kirche. Eine Studie über Gewaltakzeptanz und Krisenmentalität der württembergischen Protestanten zwischen 1918 und 1933 (Schriften zur südwestdeutschen Landeskunde, Bd. 27), Leinfelden-Echterdingen 1999, S. 174, S. 273 ff.

bar wurde, niemand helfen wollte, gegeben habe. Auch diese Frauen kamen nicht zur Armenpflegerin, sondern als Frau zur Frau.“ Etwas spitz verwies sie auf ihren schon lange zurückliegenden Kirchenaustritt und schloss damit, ihr Amt niederzulegen, wenn „es bedingt, daß man der evangelischen Landeskirche anzugehören hat“ [44]. Der Vorgang, davon ist auszugehen, war dem Dekan noch vor Augen, als nun Beschwerden über die Kriegsflickwerkstätten bei ihm eingingen, wonach dort auf Frauen antikirchlich und im sozialistischen Sinne eingewirkt werde. Herzog wandte sich darauf an den Oberbürgermeister und ersuchte ihn, „antireligiöse Propaganda“ in den Werkstätten zu unterbinden[45]. Oberbürgermeister Emil Hepp indes war nun, anders als zwei Jahre zuvor, unter dem Eindruck der sozialpolitischen Bedeutung dieser Einrichtung, für die er sich 1918 noch persönlich beim Kriegsministerium einsetzen sollte[46], nicht mehr ohne weiteres gewillt, den Bedenken des Dekans nachzukommen. Zusammen mit dem Stadtpfleger verschaffte er sich durch Vernehmung Schradins und mehrerer Frauen ein eigenes Bild und kam so zur Überzeugung, dass „keinerlei unerlaubte politische und antireligiöse Beeinflussung der Arbeiterinnen“ erfolgt sei[47].

Die Verdienste, die sich Laura Schradin während des Kriegs um das Auskommen vieler Familien erworben hatte, sicherte ihr das Vertrauen der Arbeiterfamilien in Reutlingen. Diese Basis und ihr bereits vor dem Krieg auch auf größeren Bühnen unter Beweis gestelltes unerschrockenes Auftreten ließen es folgerichtig erscheinen, dass sie nun auch politische Verantwortung übernahm. Schradin, die sich stets dann in ihrem Element fühlte, wenn es um „praktische“ Arbeit für Frauen ging, machte sich bei den bald nach der Novemberrevolution einsetzenden Wahlkämpfen zu den verfassunggebenden Landes- und Nationalversammlungen vehement dafür stark, dass die Frauen ihr nun endlich gewonnenes Wahlrecht auch wahrnahmen.

In Reutlingen wie andernorts wurde diese neue – und große – Wählergruppe von fast allen Parteien intensiv umworben. Der dort 1918 ins Leben gerufene „Verein für Volksbildung“ etwa veranstaltete eigens „staatsbürgerliche Vorträge für Frauen“[48]. Auch Laura Schradin wirkte in diesem Sinn, und keineswegs nur in Reutlingen. Auf einer Veranstaltung im Tübinger „Löwen“ am 12. Dezember 1918 äußerte sie, „der 9. November sei für sie ein Tag der größten Freude ihres Lebens-

---

[44] StadtA Reutlingen Sozialfürsorge Einzelfallakten Nr. 10997.

[45] Rieth (wie Anm. 2) S. 25. Das Folgende nach HMR Inv.-Nr. 1991/315–318.

[46] Das Schreiben Hepps vom 19.8.1918 abgedruckt in: Landmesser/Pässler (wie Anm. 8) S. 235.

[47] Dass Schradin für Eintritte in die SPD warb, dürfte den Zeitgenossen allerdings kaum verborgen geblieben sein. Der „Vorwärts“ notierte nur 14 Tage nach diesem Vorgang, dass es Schradin in wenigen Wochen gelungen sei, nicht weniger als 200 Frauen neu für die SPD zu gewinnen, Der Vorwärts vom 29.6.1917, S. 3, http://fes.imageware.de/fes/web/ (letzter Zugriff: 08.04.2020).

[48] Vgl. Andreas Bauer, Die ersten Wahlen in Reutlingen, in: Reutlinger Geschichtsblätter NF 57 (2018) S. 115–132.

gewesen [...] Es ist nun die Aufgabe auch der Frauen, das Errungene zu schützen und gegen Angriffe, welche uns sowohl von rechts wie von links drohen, zu verteidigen". Und: „Die Frauen haben sich in einem viereinhalbjährigen Kriege als Heldinnen im Entbehren gezeigt; sie sollen nun aber auch beweisen, daß sie des ihnen zugefallenen Geschenkes des Wahlrechts würdig sind und sich zur Mitarbeit beim Aufbau des zukünftigen Volksstaats bereit zeigen."[49]

Schradin stand nach Wilhelm Keil an fünfter und damit sehr aussichtsreicher Stelle auf der Wahlvorschlagsliste der SPD und wurde am 12. Januar 1919 als eine von 52 sozialdemokratischen Abgeordneten in die Verfassunggebende Landesversammlung gewählt. Darunter waren lediglich vier Frauen, eine weniger als bei der Deutschen Demokratischen Partei (DDP), die mit nur 38 Mandaten über deutlich weniger Abgeordnete verfügte[50]. Die SPD heimste damals in Reutlingen 7.065 Stimmen ein, ein sensationelles, in Weimarer Zeit nie wieder erreichtes Ergebnis von annähernd 44 Prozent der abgegebenen Stimmen. Auch ohne die USPD übertrafen die (Mehrheits-)Sozialdemokraten damit die in der DDP zusammengeschlossenen und in Reutlingen traditionell starken Liberalen deutlich[51].

Als Berufsbezeichnung Schradins notierten die Landtagsprotokolle schlicht „Hausfrau"[52]. Laura Schradin wohnte während der Stuttgarter Sitzungswochen im Hotel Continental in der Königstraße 84[53]. Sie gehörte dem Fraktionsvorstand ihrer Partei an und war in etlichen Ausschüssen aktiv: Am 16. April wurde sie in den Sonderausschuss für den Entwurf eines Wohnungsbürgschaftsgesetzes gewählt, zudem gehörte sie dem Verfassungs- und 1920 auch dem Volkswirtschaftlichen Ausschuss an. Schließlich arbeitete sie im Volksschulausschuss mit und wurde am 30. April in den Ausschuss zur Beratung des Landtagswahlgesetzes berufen[54]. Wie auch heute geschah dort der Großteil der Parlamentsarbeit. Darüber

[49] Landmesser/Pässler (wie Anm. 8) S. 307. Auch in Oberschwaben sind Wahlkampfauftritte dokumentiert, so in Ravensburg unter dem Motto „Die deutsche Frau, die Freieste der Freien" und in Ehingen/Donau zu „Die Frau im neuen Deutschland", vgl. Ludwig Dorner, 100 Jahre SPD Ehingen (Donau) 1914–2013; die Vergangenheit kennen, die Gegenwart gestalten, die Zukunft bedenken, Ehingen ^{2}2014, S. 73.

[50] Carl Raith, Die Wahlen zur verfassungsgebenden Württ. Landesversammlung und deutschen Nationalversammlung am 12. und 19. Januar 1919 nach Oberämtern und Gemeinden, Stuttgart 1919, S. 9f. sowie jetzt im landeskundlichen Portal leo-bw, https://www.leo-bw.de/themen/landesgeschichte/19.-und-20.-jahrhundert/hundert-jahre-frauenwahlrecht (letzter Zugriff: 08.04.2020).

[51] Raith (wie Anm. 50) S. 40; Landmesser/Pässler (wie Anm. 8) S. 623; zu den Wahlen in Reutlingen vgl. Bauer (wie Anm. 48) bes. S. 125–126.

[52] Landtagsprotokolle (wie Anm. 3) Registerbd. 1919–1920, S. 45; zum Folgenden siehe auch Rieth (wie Anm. 2) S. 2832.

[53] Für die freundliche Auskunft schuldet der Verfasser dem Stadtarchiv Stuttgart herzlichen Dank.

[54] Frank Raberg (Bearb.), Biographisches Handbuch der württembergischen Landtagsabgeordneten 1815–1933, Stuttgart 2001, S. 834–835; Landtagsprotokolle (wie Anm. 3) Bd. 1, S. 341; Bd. 3, S. 1972; Beilagen Bd. 1, S. 182; Bd. 2, S. 908.

hinaus war sie Ansprechpartnerin für die Alltagsnöte der Menschen ihres Wahlkreises, doch ist dieser Aspekt kaum dokumentiert[55].

Im Plenum gehörte sie nicht zu den häufigen Rednern ihrer Fraktion[56], doch kann dies nicht darüber hinwegtäuschen, dass sie sich bei „ihren" Themen Arbeitsschutz, Schulbildung und – vor allem soziale – Belange der Frauen, mit Fleiß, Beharrlichkeit und wenn nötig auch kämpferisch einsetzte.

Im Volkswirtschaftlichen Ausschuss war sie – sozusagen als Fachfrau – federführend für ihre Fraktion bei der Behandlung eines Antrags zur Höchstpreisverordnung bei Wein tätig und erwies sich in der anschließenden Landtagsdebatte vom 11. Februar 1920 als durchaus rauflustige Kontrahentin der Bürgerlichen. Albert Rapp von der Bürgerpartei trug sie besonders nach, sie in öffentlichen Versammlungen ihrer Ansicht nach verfälschend wiedergegeben zu haben, mit ihrem Zorn hielt sie nicht hinterm Berg: „Ja Herr Abgeordneter Rapp, da sind Sie wieder einmal ein ganz besonderer Kappenmacher gewesen!", um dann gleich hinzuzusetzen, dass sie es von ihrer Heimatstadt gewohnt sei, Fraktur zu reden: „Ich bin nicht gewöhnt, mich in diplomatischen Ausdrücken zu bewegen. Von meiner Heimatstadt Reutlingen weiß man, daß man dort ziemlich deutlich und herb zu reden gewohnt ist"[57].

Ungeachtet der eher marginalen Materie wird hier doch eine Argumentationsstrategie erkennbar, die sich durch fast alle ihre Debattenbeiträge zieht: Selten einmal geht Laura Schradin von abstrakten, verallgemeinernden Überlegungen aus, stets sucht sie das konkrete Beispiel, um politische Anliegen anschaulich, nachvollziehbar und plausibel werden zu lassen. Zumeist diente das heimatliche Reutlingen als Erfahrungsraum. Was beim Weinbau durch ihre eigene Biografie noch naheliegend erscheinen musste, lässt sich auf anderen Feldern in gleicher Weise belegen: Gelegentlich der Anfrage der Zentrumsabgeordneten Eugenie Willig am 8. März 1919 zur Entlassung weiblicher Lehrkräfte im Zuge der Demobilisierung ergriff sie vehement für die „vorwiegend aufgrund wirtschaftlicher Not" während des Kriegs zur Arbeit genötigten Frauen Partei und regte deren Weiterbeschäftigung etwa in Fortbildungsschulen an. Dazu dann das Beispiel:

---

[55] 1919 wandte sie sich wegen eines vermuteten Missstands in Wohnungsangelegenheiten der Gemeinde Gomaringen (Kreis Tübingen) und wegen „Untätigkeit des Ortsvorstehers" an das Ministerium des Innern, vgl. HStAS E 151/08 Bü 369. Die Tochter Hedwig Rieth erinnert sich an viele und tränenreiche Besuche notleidender Frauen im Hause Schradin, StadtA Reutlingen S 111 Nr. 197.

[56] Vgl. auch die Auswertung von Mittag (wie Anm. 28) S. 138 (Graphik S. 141). Auch wenn man, anders als Mittag, nur die Verfassunggebende Versammlung betrachtet, ändert sich an diesem Befund nichts.

[57] Landtagsprotokolle (wie Anm. 3) Bd. 3, S. 1686f. Der schwäbische Ausdruck „Kappenmacher" bezieht sich auf einen zuvor ausgeführten Vorwurf Rapps. Der, so Schradin, „[...] hat allerdings vorhin gesagt, daß eben jeder Redner in den Versammlungen das herausgreife, was ihm unter seine Kappe passe. Ja, Herr Abg. Rapp, da sind Sie wieder einmal ein ganz besonderer Kappenmacher gewesen, wenn Sie die Beratungen des Volkswirtschaftlichen Ausschusses so aufgefaßt haben."

„Wir haben in Reutlingen das Technikum für Textilindustrie. Reutlingen ist ja ein großer, bedeutender Sitz der Textilindustrie. Öffnen Sie die Pforten den tüchtigen Frauen und vermeiden Sie die Härten, die die Demobilmachungsorder für die Entlassung der weiblichen Angestellten ergibt."[58] Und den Vorschlag des Abgeordneten Fritz Wider (Bürgerpartei), Frauen doch besser in Heimarbeit zu beschäftigen, zurückweisend, berichtete sie wiederum aus Reutlingen: „Ich kann Ihnen nur sagen, ich habe diese feingestrickten Kinderjäckchen schon oft als Träger von Dyphtherie und Scharlach angesehen."[59]

Fast genau auf Jahr und Tag wiederholte sich der Streit um die Entlassung von Lehrerinnen zu Gunsten der heimgekehrten männlichen Kollegen. In der intensiven Debatte vom 12. März 1920, in der auch Clara Zetkin das Wort ergriff[60], plädierte Schradin nachdrücklich für eine Beschäftigungsperspektive der Frauen und machte dazu konkrete Vorschläge. Angesichts von Klassengrößen sogar in Oberstufen von über 50 bis zum Teil über 60 Schülern, von denen sie aus Reutlingen wusste, drängte sie auf mehr Lehrerstellen und griff ihre schon im Vorjahr geäußerte Idee wieder auf, in Fachschulen berufsorientierte Bildungsmöglichkeiten und damit auch mehr Lehrerstellen zu schaffen[61]. Außerdem verwies sie auf den nun wegen der anstehenden modernen Fürsorgegesetze notwendig werdenden Aufbau einer Jugendamtsverwaltung, die ebenfalls Berufsperspektiven bieten würde. In dieser Auseinandersetzung zeigte Schradin indes, dass sie konkrete lokale Beispiele zwar gerne und bewusst einsetzte, jedoch keineswegs auf sie alleine angewiesen war. Ihr Argument für die Weiterbeschäftigung und auch die Ausbildung von Frauen im Lehrerberuf war nämlich eine „Gabe" der Frau zur Erziehung: „Aber die Seele des Kindes weiß doch die Frau ihrer ganzen Veranlagung nach viel besser zu erfassen und viel besser auszubilden, als der Mann. Das liegt in unserer eigenen Natur begründet."[62]

Die Debatte um die entlassenen weiblichen Lehrkräfte verbindet auf ideale Weise zwei Themen, für die Laura Schradin seit Langem eintrat: Frauenrechte und Bildung. Dazu fügt sich ihre Mitarbeit im Schulausschuss der Verfassunggebenden Landesversammlung bei der Beratung des Schulgesetzes, das die württembergischen Verhältnisse an die Weimarer Reichsverfassung anzupassen hatte. Es waren nicht die heiß umstrittenen, „ideologischen" Themen wie die Einführung der achtjährigen Schulpflicht oder der Religionsunterricht, bei denen sie sich zu Wort meldete, sondern – typischerweise – praktische Regelungsgegenstände, die soziale Aspekte berührten. Ihr letzter bekannter Redebeitrag vom 4. Mai 1920 widmete sich der Lernmittelfreiheit und einer Erweiterung des Artikels 22 des

58 Landtagsprotokolle (wie Anm. 3) Bd. 1, S. 292–294.

59 Ebd., S. 295 f.

60 Unter Protest von rechter Seite sagte Zetkin unter anderem: „Ich stelle die Tätigkeit des Menschenerziehens über die Tätigkeit des [...] Menschentötens", Landtagsprotokolle (wie Anm. 3) Bd. 3, S. 1840.

61 Ebd., S. 1843–1845.

62 Ebd.

Schulgesetzes im Sinne einer Förderung begabter Kinder ärmerer Familien in den sogenannten Mittelschulen. Während sie die – von Artikel 145 der Weimarer Reichsverfassung ohnedies vorgegebene – Lernmittelfreiheit, wiederum mit konkreten Beispielen unterfüttert, verteidigte, ging die Ergänzung von Absatz 3 Artikel 22 des Schulgesetzes wohl auf sie selbst zurück. Schradin brachte diesen Passus im Ausschuss ein und setzte ihn gegen die Widerstände der bürgerlichen Parteien in namentlicher Abstimmung auch durch[63].

Das Mandat für die Verfassunggebende Landesversammlung 1919 bis 1920 sollte ihr einziges auf Landes- oder Reichsebene bleiben. Alle weiteren Kandidaturen scheiterten an den drastischen Stimmverlusten der SPD ab den Wahlen des Jahres 1920[64]. Hinzu kam, dass Laura Schradin, die im Alter von 19 Jahren der SPD beigetreten war, um die Mitte der 1920er Jahre der Partei den Rücken kehrte[65]. Später engagierte sie sich in der neu gegründeten „Volksrechtspartei“ (Reichspartei für Volksrecht und Aufwertung), für die sie 1932 sogar bei den Landtagswahlen kandidieren sollte. Die Volksrechtspartei hatte sich vor allem die Vertretung der durch die Inflation Verarmten auf die Fahnen geschrieben – ein Schicksal, das Laura Schradin und ihren bereits 1922 verstorbenen Mann auch ganz persönlich hart getroffen hatte[66]. Das Einkommen für sie und ihre Tochter bestritt sie nun als Angestellte des 1891 gegründeten Konsumvereins Reutlingen[67].

Neben ihrer politischen Arbeit auf Landesebene war sie auch auf kommunaler Ebene über alle persönlichen Schicksalsschläge hinweg fast rastlos aktiv. Am 10. November 1918 wurde Schradin als einzige Frau in den Reutlinger Arbeiterrat gewählt und befasste sich dort wohl vor allem mit Fragen der Lebensmittelversorgung und -verteilung[68]. Es ist anzunehmen, dass sie auch an der großen Demonstration von Arbeitern und Soldaten am Vormittag des 11. November teilnahm, der mit – je

[63] Ebd., S. 2009, die Rede Schradins ebd., S. 2006 f.

[64] Rieth (wie Anm. 2) S. 32; Landmesser/Pässler (wie Anm. 8) S. 623; zur Entwicklung in Württemberg vgl. Scheck (wie Anm. 18) S. 279 f.

[65] 1924 kandidierte sie bei den Landtagswahlen letztmals für die SPD, vgl. Raberg (wie Anm. 51) S. 835. Nach den Erinnerungen der Tochter erfolgte der Parteiaustritt wesentlich aufgrund dogmatischer Positionen vor allem des Gewerkschaftsflügels, vgl. das Gespräch mit der Tochter Hedwig Rieth am 15.3.1988, StadtA Reutlingen S 111 Nr. 198.

[66] Rieth (wie Anm. 2) S. 32 f.

[67] Zum Reutlinger Konsumverein, der 1929 200 Beschäftigte hatte, vgl. Landmesser/Pässler (wie Anm. 8) S. 155–157.

[68] Darauf deutet der Eintrag vom 24.6.1919 im Protokoll der SPD-Fraktion des Reutlinger Gemeinderats, StadtA Reutlingen S 1 Nr. 135. Dort beschwerte sich Genosse Stein über Schradin wegen negativer Äußerungen über die Fraktion im Arbeiterrat bei der „Milchversorgungssache“. Schradin wird aber von ihrem Kollegen Ruff verteidigt, der eher die Partei in der Pflicht sah, die sie energischer hätte unterstützen müssen. Im Juli desselben Jahres berichtete Schradin in der Fraktion über die Organisation der Lebensmittelverwaltung.

nach Schätzung – 4.000 bis 6.000 Teilnehmern auf dem Marktplatz endete und die Revolution auch in Reutlingen augenfällig werden ließ[69].

Laura Schradin wurde 1919 und 1922 jeweils auf drei Jahre in den Reutlinger Gemeinderat gewählt, schied dann im Februar 1925 aber vorzeitig aus gesundheitlichen Gründen aus[70]. Neben der Lehrerin Elisabeth Zundel war sie die erste Frau im Stadtparlament. Ihr Engagement innerhalb der SPD-Fraktion und im Gemeinderat, das sich durch den Verlust der Protokollüberlieferung nur mehr bruchstückhaft nachzeichnen lässt, entsprach allem Anschein nach ihren Schwerpunkten in der Verfassunggebenden Landesversammlung: Zusammen mit ihrer Fraktionskollegin Zundel setzte sie sich für die Belange von Schulen, Kindern und Frauen ein[71].

Laura Schradin, dies sollte deutlich geworden sein, arbeitete energisch und unerschrocken daran, die soziale Lage der in der Hochindustrialisierung und später durch Krieg und Kriegsfolgen ins Hintertreffen Geratenen zu verbessern, in erster Linie die der Frauen und Kinder in Arbeiterfamilien. Auseinandersetzungen ging sie nicht aus dem Weg und immer mehr gelangte sie zu einer eigenständigen, von Parteilinien unabhängigen Haltung. Im Rahmen der Kriegsflickwerkstätten zeigte sie zur Genüge, dass sie sich vom Lagerdenken zu lösen vermochte und zur pragmatischen Zusammenarbeit mit Fabrikanten, Behörden und der Militärverwaltung bereit war[72]. Bei allem sozialen Engagement konnte sie mit zuweilen zuspitzenden Worten aber auch polarisieren. Wenig verwunderlich sind dabei Vorbehalte von kirchlicher Seite, doch fällt auf, dass sie bei den Gemeinderatswahlen

---

[69] Vgl. Lukas Kuhn, „Ohne eigentliche Störung der öffentlichen Ordnung“. Der November 1918 in Reutlingen, in: Reutlinger Geschichtsblätter NF 57 (2018) S. 71–79.

[70] StadtA Reutlingen Hauptamt vorl. Nr. 228; Rieth (wie Anm. 2) S. 32. Dem Hinweis von Dr. Marco Birn, Kreisarchiv Reutlingen, verdankt sich die Kenntnis, dass Schradin überdies als erste weibliche Abgeordnete der Amtsversammlung des Oberamts Reutlingen gelten kann. Nach Ausweis der Sitzungsprotokolle (Kreisarchiv Reutlingen R 01/1 Nr. 10) vertrat sie am 27.3.1923 den Reutlinger Delegierten und Fraktionskollegen Eugen Weit sowie am 3.7.1924 Jakob Kurz. Die Amtsversammlungsabgeordneten wurden damals nicht direkt gewählt, sondern von den Gemeindekollegien entsandt.

[71] Im Oktober 1919 gab es eine gemeinsame Stellungnahme Schradins und Zundels zu hauswirtschaftlichen Pflichtkursen für unterstützungsbedürftige weibliche Erwerbslose, im Folgemonat monierte Schradin die Schlechterstellung weiblicher Beschäftigter im öffentlichen Dienst. Im Februar 1920 prangerten beide Gemeinderätinnen Missstände „die jeder Beschreibung spotten“ im städtischen Kinderheim an, vgl. StadtA Reutlingen C 50 (Ersatzdokumentation Gemeinderatsprotokolle) §§ 1580, 1624, 1794 (1919) und 300 (1920). Auch aus den spärlichen Erwähnungen von Schradins Voten im Protokoll der Stadtratsfraktion der SPD ergeben sich im Wesentlichen diese Themen, vgl. StadtA Reutlingen S 1 Nr. 135 (Sitzungen vom 3.7. und 10.11.1919; 27.1., 20.3. und 24.2.1920).

[72] Am 16.9.1915 fand eine Besprechung der Militärverwaltung „über Arbeitsfähigkeit der Betriebe“ statt, an der neben den Militärbehörden Vertreter der Industrie-, der Arbeiter- und der Wohlfahrtsseite teilnahmen. Für die Arbeiterschaft nahm neben Gewerkschaftsvertretern Laura Schradin aus Reutlingen teil, vgl. HStAS M 1/6 Bü 1377.

1919 hinter ihrer weit weniger prominenten Parteigenossin Elisabeth Zundel zurückblieb[73].

Nach der sogenannten Machtergreifung Hitlers war sie hellsichtig genug, die heraufziehende Katastrophe zu erkennen. Durch ihren Schwiegersohn ist bekannt, dass sie half, den verfolgten Graphiker und Kommunisten Eberhard (Edo) Leitner eine Zeitlang zu verstecken[74]. Seit 1933 lebte sie, die schon länger gesundheitlich angeschlagen war, in Tübingen und wurde dort 1935 nach regimekritischen Äußerungen wegen „Beleidigung von Partei und Kreisleiter“ zu einigen Wochen Gefängnis verurteilt. Am 8. März 1937 erlag Laura Schradin in Tübingen den Folgen eines Schlaganfalls[75]. Ihr heute noch bestehendes Grab fand sie an der Seite ihres Mannes auf dem Friedhof „Unter den Linden“ in Reutlingen, ihrer Heimat.

[73] Amtsblatt für Reutlingen vom 16.5.1919 sowie Gabriel Pscheidt, Der Reutlinger Gemeinderat im Moment der Revolution 1918, in: Reutlinger Geschichtsblätter NF 57 (2018) S. 151–152. Bei ihrer Wiederwahl 1922 allerdings vermochte sie das drittbeste Stimmergebnis auf sich vereinigen, vgl. Amtsblatt für Reutlingen vom 13.12.1922. Zundel, 1919 mit einem Mandat auf sechs Jahre versehen, stand damals nicht zur Wahl.

[74] Rieth (wie Anm. 2) S. 34. Leitner (1907–1991) wurde indes noch 1933 nach der durch den Reichstagsbrand ausgelösten Verfolgungswelle verhaftet und ins KZ Heuberg verbracht. Nach erneuter Verhaftung kam er später nach Buchenwald, überlebte aber den NS-Terror. Vgl. die nach Leitners Angaben zusammengestellten Daten in StadtA Reutlingen Sozialfürsorge Einzelfallakten Nr. 7184 sowie ebd. OB Kalbfell Nr. 545.

[75] Rieth (wie Anm. 2) S. 34 f.

„… dem ‚genius loci' zuliebe". Dorothee von Velsens Erinnerungen an Heidelberg 1911–1933

Mirjam Höfner

Im Jahre 1925 war es soweit. Die 41-jährige Dorothee von Velsen (1883–1970) immatrikulierte sich an der Heidelberger Universität[1] – sieben Jahre nachdem sie und ihre Mitstreiterinnen den Erhalt des Frauenwahlrechts und die Ausrufung der politischen Gleichberechtigung[2] in der Weimarer Republik als einen großen Erfolg verbuchen konnten. Mit der Immatrikulation erfüllte sich die damals national wie international bekannte Frauenrechtlerin den Wunsch nach geistiger, „stiller und gesammelter Tätigkeit"[3]. Auch Marianne Weber (1870–1954) freute sich, dass die jüngere Freundin aus Berlin ihrer Einladung zum Studium in Baden Folge leistete[4]. So schrieb von Velsen in ihren 1956 publizierten Memoiren über ihren Umzug nach Heidelberg: „Ich hatte mein Studium […] in Berlin begonnen. Aber es stand fest, daß […] ich, um zu eigener Arbeit zu gelangen, diese Stadt verlassen müsse. Marianne Weber hatte mich aufgefordert, nach Heidelberg zu ziehen und ihre Wohnung zu teilen."[5] Und weiter schrieb sie: „Nachdem ich in Berlin Geschichte, Volkswirtschaft und auch ein wenig Staatsrecht gehört hatte, sattelte ich nun auf die Nebenfächer Kirchengeschichte und Philosophie um. […] Ich besuchte nur die Kollegs, die unbedingt erforderlich waren; die philosophischen übrigens mehr dem genius loci zuliebe als aus innerem Bedürfnis."[6]

Die Erinnerungen der Frauenrechtlerin von Velsen offenbaren ein zwiegespaltenes Verhältnis zu ihrem einstigen Studium: Erstens deklarierte sie das Studieren als wertvolle „eigene Arbeit", doch zweitens habe sie lediglich den notwendigen prüfungsrelevanten Studienaufwand betrieben. Darüber hinaus sei ihre Festlegung auf das Nebenfach Philosophie dem Anpassungsdruck an den – noch zu definierenden – „genius loci", das heißt den „Geist des Ortes" Heidelberg, geschuldet. Woher mag dieser autobiografisch geschilderte Zwiespalt rühren?

Meine Antwort lautet: Aus dem Umstand, dass sie eine Frau war[7]. Der geschilderte Widerspruch von Velsens resultierte aus einem vergeschlechtlichten

---

[1] Vgl. Dorothee von Velsen, Im Alter die Fülle. Erinnerungen, Tübingen 1956, S. 283.

[2] Kerstin Wolff, Wir wollen die Wahl haben! Wie die Frauen im deutschen Kaiserreich für das politische Wahlrecht stritten, in: Ariadne 73/74 (2018) S. 22–31, hier S. 30.

[3] Von Velsen, Im Alter (wie Anm. 1) S. 265.

[4] Ebd.; vgl. Bärbel Meurer, Marianne Weber. Leben und Werk, Tübingen 2010, S. 464. Zu Marianne Weber vgl. auch den Beitrag von Sybille Oßwald-Bargende in diesem Band.

[5] Von Velsen, Im Alter (wie Anm. 1) S. 279.

[6] Ebd., S. 283.

[7] Geschlecht begreife ich mit Joan Scott im Sinne von „gender". Das bedeutet, dass das, was (mehrheitlich) binär als weiblich oder männlich aufgefasst wird, sozial konstruiert und damit wandelbar ist. Damit werden sowohl historische Unterschiede zwischen Männern

„genius"-Verständnis, welches von einer fortbestehenden Ungleichberechtigung von Frauen und Männern nach 1918 zeugt. Denn obwohl Frauen in der Weimarer Verfassung als gleichberechtigt galten und sich das politische Wahlrecht nach jahrzehntelangen Bemühungen erkämpft hatten, gab es weiterhin geschlechtsbezogene ungerechtfertigte Annahmen, wie jene, dass Genie und Intellektualität als männliche Kompetenzen galten[8]. Frauen dagegen, gedacht als das „Andere"[9], erwarben den Intellektuellenstatus ob der ihnen zugeschriebenen Weiblichkeit nur durch verlustreiche Anpassungsleistung – falls überhaupt[10]. Dieser vergeschlechtlichte „genius"-Begriff beeinflusste auch Dorothee von Velsen, sowohl während ihrer erinnerten Zeit zwischen 1911 und 1933 als auch während des Publikationszeitpunkts 1956[11], und dient im Folgenden dem Ausloten der geschlechtergeschichtlichen Zäsur 1918[12]. Zu Beginn frage ich dementsprechend: Wie schilderte Dorothee von Velsen ihren Umgang mit zeitgenössischen patriarchalischen Geschlechtsvorurteilen an der Heidelberger Universität? Welche Studienerfahrungen beschrieb sie? Wie erinnerte sie ihre Position gegenüber Kommilitoninnen und Kommilitonen,

und Frauen als auch die einhergehenden gesellschaftlichen Ungleichheiten greifbar. Vgl. Joan W. SCOTT, Gender: A Useful Category of Historical Analysis, in: American Historical Review 91 (1986) S. 1053–1075, hier S. 1054.

[8] Vgl. Karin HAUSEN, Die Polarisierung der ‚Geschlechtscharaktere'. Eine Spiegelung der Dissoziation von Erwerbs- und Familienleben, in: Werner CONZE (Hg.), Sozialgeschichte der Familie in der Neuzeit Europas. Neue Forschungen, Stuttgart 1976, S. 363–393; Gitta BENKER/Senta STÖRMER, Grenzüberschreitungen. Studentinnen in der Weimarer Republik (Frauen in Geschichte und Gesellschaft, Bd. 21), Pfaffenweiler 1991, S. 10.

[9] Vgl. Simone DE BEAUVOIR, Le deuxième sexe, Bd. 1: Les faits et les mythes, Paris 1949.

[10] Vgl. Regina-Maria DACKWEILER, Weiblich, feministisch, Intellektuelle: Paradoxie oder Tabu?, in: GENDER – Zeitschrift für Geschlecht, Kultur und Gesellschaft 7/3 (2015) S. 12–30.

[11] Auch heute unterliegen Vordenkerinnen einer „Ausblendung" in der intellectual history; Johanna GEHMACHER, Rezension über: Ingrid Gilcher-Holtey (Hg.), Eingreifende Denkerinnen. Weibliche Intellektuelle im 20. und 21. Jahrhundert, Tübingen 2015, in: Neue Politische Literatur 61/2 (2016) S. 308–309, hier S. 308; denn das historisch wirkmächtige Konstrukt des männlichen Intellektuellen zeitigt exkludierende Auswirkungen auf intellektuelle Frauen. Anne KWASCHIK, Selbstentwürfe intellektueller Frauen als Herausforderung an die Intellektuellengeschichte. Am Beispiel von Simone de Beauvoir und Colette Audry, in: Querelles. Jahrbuch für Frauen- und Geschlechterforschung 15 (2010) S. 165–181, hier S. 165 f.; vgl. Karin HAUSEN, „Eine eigentümliche Gewissheit … dass Intellektuelle im 20. Jahrhundert ausnahmslos unter Menschen männlichen Geschlechts zu finden seien", in: Gesa DANE/Barbara HAHN (Hgg.), Denk- und Schreibweisen einer Intellektuellen im 20. Jahrhundert. Über Ricarda Huch, Göttingen 2012, S. 179–220, hier S. 183.

[12] Kirsten Heinsohn argumentiert überzeugend für das Jahr 1908 als maßgeblichere Zäsur in der Frauen- und Geschlechtergeschichte; Kirsten HEINSOHN, Ambivalente Entwicklungen. 150 Jahre Frauenbewegung, Politik und Parteien, in Ariadne 67/68 (2015) S. 40–48, hier S. 42. Auch Johanna Gehmacher und Maria Mesner plädieren für „eine breite Diskussion" der Relevanz jeweiliger Periodisierungen, insbesondere für Kategorien und Theoriebildung im Konzept der Moderne; Johanna GEHMACHER/Maria MESNER, Dis/Kontinuitäten. Geschlechterordnungen und Periodisierungen im langen 20. Jahrhundert, in: L'Homme Z. F. G. 25/2 (2014) S. 87–1010, hier S. 92.

Dozenten und Professoren? Angesichts des zugrundeliegenden Intellektuellenbegriffs erscheint von Velsens Darstellung ihres bis heute intellektuell „mythisch"[13] aufgeladenen Studienortes bemerkenswert. Die promovierte Historikerin präsentierte das geistesgeschichtlich prestigeträchtige Heidelberg als einen zentralen Ort autobiografischen Geschehens. Denn bereits lange Zeit vor ihrem Studium lernte sie die Stadt im Jahr 1911 auf einer Frauenbewegungsveranstaltung als weiblich geprägt und demonstrativ „geistvoll" kennen. Inwiefern lud also von Velsen mit ihrer Autobiografie anhand ihrer dargestellten Erfahrung des „genius loci" den Intellektuellenbegriff auf[14]? Erzählte sie zwei geschlechtsdifferente, unverbundene, gar hierarchisierte „Geister"? Oder stellen sich ihre erinnerten intellektuellen Frauen und Männer als differente, aber gleichwertige Ideenträger*innen dar, deren Gedanken sich zu einem einheitlichen, gleichermaßen männlich wie weiblich geprägten Heidelberger „genius loci" verflochten? Da sich von Velsens Heidelberg-Erzählungen sowohl vor als auch nach der Implementierung der politischen Gleichberechtigung von 1918 abspielen, ziele ich darauf ab, die Zäsur unter Einbezug des impliziten Intellektuellenbegriffs aus der autobiografischen Perspektive einer bürgerlichen und frauenbewegten Vordenkerin des 20. Jahrhunderts kritisch zu beleuchten.

1. Dorothee von Velsen (1883–1970) – autobiografische Einblicke

Mit Dorothee von Velsen konzentriere ich mich auf die Erinnerungen einer als Frauenrechtlerin und Publizistin bekanntgewordenen Frau, die sich zeitlebens politisch, sozial- und kulturreformerisch engagierte[15]. Ihr Nachlass zeugt von einem umtriebigen Leben, das in weiten Teilen durch öffentliche, gemeinsinnige Tätigkeiten gekennzeichnet war[16]: Von Velsen hatte im Rahmen der großen bürgerlichen Frauenbewegung nahe der richtungsweisenden Gruppierung um Helene Lange (1848–1930) und Gertrud Bäumer (1873–1954) national wie international ge-

[13] Vgl. Norbert Greiner, Heidelberg als akademische Lebensform, in: Karlheinz Sonntag (Hg.), Heidelberger Profile. Herausragende Persönlichkeiten berichten über ihre Begegnung mit Heidelberg, Heidelberg 2012, S. 31 60, hier S. 45; vgl. Jan Assmann, Leben im Mythos, in: ebd., S. 9–30, hier S. 30.

[14] Vgl. Eva Kreisky, „Intellektuelle als historisches Modell", in: Dies. (Hg.), Von der Macht der Köpfe. Intellektuelle zwischen Moderne und Spätmoderne, Wien 2000, S. 11–53; Barbara Vinken, Die Intellektuelle: gestern, heute, morgen, in: Aus Politik und Zeitgeschichte (APuZ) 40 (2010) S. 13–25; Ingrid Gilcher-Holtey (Hg.), Eingreifende Denkerinnen. Weibliche Intellektuelle im 20. und 21. Jahrhundert, Tübingen 2015.

[15] Vgl. Mirjam Höfner, Über Dorothee von Velsen (18831970), in: Digitales Deutsches Frauenarchiv, 2018, https://www.digitales-deutsches-frauenarchiv.de/akteurinnen/dorothee-von-velsen#actor-content-about (letzter Zugriff: 20.04.2020).

[16] Dorothee von Velsens Nachlass liegt im Bundesarchiv Koblenz (im Folgenden: BArch) sowie im Archiv der deutschen Frauenbewegung in Kassel (im Folgenden: AddF Kassel), hier überliefert im Nachlass des Staatsbürgerinnenverbandes.

wirkt, aber auch liberalpolitische sowie protestantisch geprägte Kreise mitgestaltet[17]. Als sie mit 72 Jahren ihren „narrativen Selbstentwurf“[18] publizierte, verortete sie sich überwiegend in der – auch international tätigen – „Frauenbildungsbewegung“[19]. An dieser Stelle betone ich nachdrücklich, dass es beim Genre Autobiografie das geschichtswissenschaftliche „Grundproblem“[20] des Realitätsbezugs gibt. Damit verweise ich auf den konsequent mitzudenkenden Entstehungshintergrund samt autobiografischem „Konstruktionscharakter“[21] jeder selbstverfassten Lebenserzählung. Von Velsen entwarf sich demnach als Frauenrechtlerin, deren Lebensgeschichte als „vielversprechende[s] Identifikationsangebot“[22] interpretiert werden kann. Ihr Buch reihte sich ein in einen regelrechten „Autobiografie-Boom nach 1945“[23]. Von Velsen, im Jahr 1956 nunmehr über 20 Jahre im oberbayerischen Dörfchen Ried ansässig, adressierte neben einstigen Mitstreiterinnen und Mitstreitern sicherlich eine jüngere Frauengeneration[24] sowie eine spätere Historiker*innenzunft[25], um damit ihre eigene sowie vieler Frauen Lebensleistung einem drohenden Vergessen zu entreißen[26]. Von Velsen bewies somit nicht nur ein Traditions-, sondern auch ein demonstratives Selbstbewusst-

---

[17] Ihre Publikationsliste umfasst Kurznachrichten, Zeitschriftenartikel und Monografien, Stand April 2020 zähle ich 173 Titel. Mit meinem Dissertationsprojekt zu Dorothee von Velsen (1883–1970) möchte ich auch das Desiderat eines „Gesamtüberblick[s]“ über ihre Schriften einlösen. Gudrun WEDEL, Weltoffen und unbekannt: Dorothee von Velsen, in: Irina HUNDT (Hg.), Über Grenzen hinweg. Zur Geschichte der Frauenstimmrechtsbewegung und zur Problematik der transnationalen Beziehungen in der deutschen Frauenbewegung, Berlin 2007, S. 221–235, hier S. 233, Anm. 42.

[18] Volker DEPKAT, Zum Stand und zu den Perspektiven der Autobiographieforschung in der Geschichtswissenschaft, in: BIOS 23/2 (2010) S. 170–187, hier S. 176.

[19] Damit betonte von Velsen die bildungsreformerische Absicht der großen bürgerlichen Frauenbewegung um 1900. VON VELSEN, Im Alter (wie Anm. 1) S. 386.

[20] Dorle KLIKA, Autobiographien als Kinder ihrer Zeit, in: BIOS 29/2 (2016) S. 275–287, hier S. 279.

[21] Vgl. Angelika SCHASER, Einleitung, in: DIES. (Hg.), Erinnerungskartelle. Zur Konstruktion von Autobiographien nach 1945 (Herausforderungen. Historisch-politische Analysen, Bd. 14), Bochum 2003, S. 7–16, hier S. 16.

[22] Ebd., S. 7.

[23] Angelika SCHASER, Erinnerungskartell. Der Nationalsozialismus in den Darstellungen der Liberalen nach 1945, in: DIES. (Hg.), Erinnerungskartelle (wie Anm. 21) S. 49–80, hier S. 49.

[24] Vgl. VON VELSEN, Im Alter (wie Anm. 1) S. 380.

[25] Vgl. Angelika SCHASER, Eingeschrieben? Geschlecht in Autobiographien der ersten Politikerinnen in Deutschland, in: L'Homme Z. F. G. 24/2 (2013) S. 23–38, hier S. 24.

[26] Vgl. Angelika SCHASER/Sylvia SCHRAUT/Petra STEYMANS-KURZ (Hgg.), Erinnern, vergessen, umdeuten? Europäische Frauenbewegungen im 19. und 20. Jahrhundert, Frankfurt a. M. 2019. Ihre Autobiografie war damit zugleich Teil der frauenbewegten organisatorischen Wiederaufbaubemühungen nach 1945 – ein schwieriges Vorhaben nach zwölf Jahren Nationalsozialismus sowie angesichts der gesamtgesellschaftlich befürworteten „Normalisierung“, das heißt der Manifestierung hierarchisierter Geschlechterverhältnisse in den 1950er Jahren. Vgl. Hanna SCHISSLER, The Project of „Normalization“: Thoughts on Gender in West Germany, in: DIES. (Hg.), The Miracle Years: A Cultural History of West Germany 1949 to 1968, Princeton 2001, S. 359–375, hier S. 359.

sein: Denn das insbesondere vom männlichen, weißen, privilegierten und europäischen Bürgertum adaptierte Genre Autobiografie bzw. Biografie zeugt von einer „Ideologie des Individuums"[27], das einer eigenen Geschichte würdig sei[28].

Am 29. November 1883 kam die gebürtige Oberschlesierin Dorothee von Velsen zur Welt. Als zweite von drei Töchtern Anna Loerbroks' (1856–1910, verheiratete von Velsen) und Gustav Julius von Velsens (1847–1923) wurde sie im heute polnischen Zabrze (zwischen 1915–1946 alias „Hindenburg O.S.") in eine traditionelle Bergbau- und preußische Beamtenfamilie hineingeboren[29]. Sie beschrieb, wie sie als Tochter aus gehobenem Bürgertum eine umfangreiche lutherische, preußisch-staatsloyale und vor allem mädchentypische Erziehung genossen hatte[30]: Der Zugang zu höherer oder gar akademischer Bildung blieb damals gemäß dem bürgerlichen Geschlechterideal den Söhnen vorbehalten[31]. So erinnerte von Velsen – trotz anfänglicher Freude an der „Berliner Geselligkeit"[32], trotz regelmäßiger Familienreisen nach Italien und trotz Auslandsaufenthalten in England und Frankreich – ein „wachsendes Ungenügen"[33] angesichts weiblicher „Nutzlosigkeit"[34].

Auf der Suche nach sinnvoller Tätigkeit ließ sie sich in der 1908 von Alice Salomon (1872–1948) neu eröffneten „Sozialen Frauenschule"[35] bis 1910 zur staatlich anerkannten Fürsorgerin ausbilden. Doch weniger die zeitgenössische „soziale Frage" habe sie ergriffen, als vielmehr „der Kampf der Frauen um das Recht der eigenen Lebensführung"[36]: Die Schule erwies sich als Knotenpunkt der bürgerlichen Frauenbewegung, die sich seit 1894 unter dem Dachverband „Bund Deutscher Frauenvereine" (BDF) organisierte. Strategisch erfolgreich deklarierte der BDF um 1900 die zunehmend professionalisierte weibliche Fürsorgearbeit als

---

[27] Johanna Gehmacher, zitiert in: Katharina Prager, Berthold Viertel. Eine Biografie der Wiener Moderne, Wien/Köln/Weimar 2018, S. 28.

[28] Vgl. ebd.

[29] Vgl. Mirjam Höfner, „Weltoffene" Interventionen. Dorothee von Velsen (1883–1970) und die Internationalisierung der deutschen Frauenbewegung in der Weimarer Republik, in: Ariadne 73/74 (2018), S. 82–89, hier S. 83; Walter Serlo, Bergmannsfamilien in Rheinland und Westfalen, Bd. III (Westfälische Lebensbilder, Sonderreihe Rheinisch-Westfälische Wirtschaftsbiographien), Münster 1936, S. 80f.

[30] Vgl. Kerstin Wolff, Dorothee von Velsen, in: Hiram Kümper (Hg.), Historikerinnen. Eine biobibliographische Spurensuche im deutschen Sprachraum (Schriftenreihe des Archivs der deutschen Frauenbewegung, Bd. 14), Kassel 2009, S. 211–214, hier S. 211.

[31] Bekanntermaßen galt es um 1900 „Mädchen in gesittete junge Damen zu verwandeln", also „die Bereitschaft zum Dienen zu fördern und mit hausfraulichem Selbstbewusstsein zu kombinieren". Sylvia Schraut, Bürgerinnen im Kaiserreich. Biografie eines Lebensstils, Stuttgart 2013, S. 15.

[32] Seit 1900 lebte die Familie von Velsen in Berlin. Vgl. von Velsen, Im Alter (wie Anm. 1) S. 82f.

[33] Ebd., S. 86.

[34] Ebd., S. 81.

[35] Ebd., S. 100, S. 104.

[36] Ebd., S. 101.

„Frauenarbeit“[37] und schulte zahllose Frauen, auf die die deutschen Militärs im Ersten Weltkrieg dankbar zurückgriffen. Unter diesen mitunter im deutschbesetzten Osteuropa eingesetzten Kriegsfürsorgerinnen war auch Dorothee von Velsen. Engagiert im frauenbewegten „Nationalen Frauendienst“, definierte sie retrospektiv die Kriegstätigkeiten – analog zum späteren Studium – stolz als „eigenes Arbeitsfeld“[38]. Die Kriegsjahre lesen sich in von Velsens Autobiografie im Stil des Goethe'schen Bildungsromans als wichtige Etappe ihrer Lehrjahre[39], auf der sie fern der Heimat verantwortungsvolle und „schwierige Aufgaben“[40] bewältigt hatte. Von diesen wurde sie zu Kriegsende abrupt entbunden; mit ihrer Rückkehr in den väterlichen Haushalt übernahm sie erneut selbstverständlich dessen Führung, welche sie unhinterfragt bereits seit dem Tod der Mutter 1910 verantwortet hatte[41] und bis zum Tod des Vaters 1923 ausübte[42].

Zurück in Berlin habe von Velsen das Jahr 1918 als „revolutionäres Intermezzo“[43] erlebt. Dies kommt fast einer doppeldeutigen Formulierung gleich, mit Blick auf die kurze und letztlich trügerische Hoffnung auf ein egalitäres Geschlechterverhältnis mit Erhalt der verfassungsmäßigen und politischen Gleichberechtigung; bekanntermaßen verschärfte sich die Geschlechterhierarchie in den Folgejahren der Weimarer Republik und des Nationalsozialismus[44]. Der Gleichberechtigungsartikel trat in von Velsens Darstellung allerdings zurück. Sie bettete das Jahr 1918 vornehmlich in die Erzählung über grundlegende Schwierigkeiten der bürgerlichen Mehrheit mit der ersten deutschen Demokratie. Die „fehlende politische Schulung“ des regelrecht orientierungslosen Bürgertums erkläre mitunter „die Ereignisse des Jahres 1933“[45]. Einzig der Hinweis, dass „die Wahl mir und [...] vielen Frauen ein feierlicher Augenblick“ gewesen sei, „während die Söhne [meiner

---

37 Zum Zusammenhang von Frauenbewegung und Fürsorge um 1900 siehe bspw. Iris SCHRÖDER, Arbeiten für eine bessere Welt. Frauenbewegung und Sozialreform 1890–1914, Frankfurt a.M. 2001; Ann Taylor ALLEN, Feminismus und Mütterlichkeit in Deutschland, 1800–1914, Weinheim 2000; Mirjam HÖFNER, Fürsorge und Frauenfrage um 1900. Mannheim und München im Vergleich, in: ZGO 166 (2018) S. 407–426.

38 VON VELSEN, Im Alter (wie Anm. 1) S. 141, S. 203.

39 Johann Wolfgang VON GOETHE, Wilhelm Meisters Lehrjahre. Ein Roman, Bd. 4, Frankfurt a.M./Leipzig 1796; vgl. SCHASER, Eingeschrieben? (wie Anm. 26) S. 37.

40 Vgl. VON VELSEN, Im Alter (wie Anm. 1) S. 146, S. 162–164.

41 Vgl. ebd., S. 104.

42 Vgl. ebd., S. 233, S. 264.

43 Ebd., Kapitel 11, S. 233–245, vgl. S. 23.

44 Für die Jahre der Weimarer Republik war das im Verfassungsparagrafen 109 angeführte Wort „grundsätzlich“, also dass „Männer und Frauen [...] grundsätzlich die gleichen staatsbürgerlichen Rechte und Pflichten [haben]“, ausschlaggebend für die legitime Weiterführung altbekannter Ungleichheitsverhältnisse zwischen Frauen und Männern. Vgl. Kirsten HEINSOHN, „Grundsätzlich“ gleichberechtigt. Die Weimarer Republik in frauenhistorischer Perspektive, in: Aus Politik und Zeitgeschichte (APuZ) 18–20 (2018), online einsehbar unter: https://www.bpb.de/apuz/268362/grundsaetzlich-gleichberechtigt-die-weimarer-republik-in-frauenhistorischer-perspektive (letzter Zugriff: 22.04.2020).

45 Ebd., S. 235.

Schwester] neugierig aus der Ferne zusahen"[46], liest sich als freudiges Erlebnis. Dessen geschlechtliche Markierung stellte eine deutliche Absage an den traditionell bürgerlichen – auch während der 1950er Jahre kolportierten – Topos der angeblich „apolitischen Frauen" dar[47].

Trotz oder gerade wegen vieler zeitgenössischer Vorbehalte gegenüber der Demokratie als Staatsform war für Dorothee von Velsen der Erhalt des Gleichberechtigungsstatus' offensichtlicher Auftakt für umfassendes Engagement. Ihr erster Schritt war die Zusage zu kulturpolitischer Arbeit in der Deutschen Demokratischen Partei (DDP), zu der sie von ihren Mitstreiterinnen aufgefordert wurde[48]. „Erst nach einigem Schwanken schloß ich mich" dem für Frauen neuartigen Tätigkeitsgebiet an, denn „gleich mir wußte die große Mehrzahl der Frauen nicht, wohin sie politisch gehörte; auch ungezählten Männern ging es so"[49]. Doch machte sich von Velsen sogleich an die „[spannende] Arbeit für die Wahlen"[50] und beschrieb, dass die Stimmung „desto leidenschaftlicher" wurde, „je näher der Wahltag rückte"[51]. Sie selbst mischte unerschrocken mit, „verfaßte unter anderem Plakate und Aufrufe", als eine „Rotte Matrosen [...] sich aller Drucksachen bemächtigte" und ein „junger Matrose mir seine Faust unter die Nase [hielt] [...]: Er mochte Protest oder Tränen erwartet haben; da ich aber nach meinem Mantel griff, erklärte er, mich noch einmal laufen lassen zu wollen. Ich habe immer bedauert, um diese Verhaftung gekommen zu sein"[52]. Während sie als Frau im politisch motivierten Straßenkampf von 1918 offensichtlich anders, da „bedauerlicherweise" mit mehr Schonung behandelt worden war, bot ihr auch die Parteipolitik insgesamt offenbar keine Arbeitsperspektive: „Ich hätte, um an einem aussichtsreichen Platz kandidieren zu können, von der Pike auf dienen müssen [...]. Ich brachte keine Gefolgschaft mit. Auch enttäuschten mich die Sitzungen der Parteileitung [...]. Ich vermißte den selbstlosen Einsatz, wie ich ihn aus den Frauenvereinen kannte, das rein sachliche Interesse, den Schwung und die Hingabe."[53] Trotz eines demokratischen Neubeginns waren die bereits gefestigten und vorgeformten (Männer-) Strukturen samt Habitus welche, die (geschlechtsbedingte) Ungleichheit politischer Teilhabe beförderten – zumindest erklärte von Velsen damit selbst ihre Vorliebe für Frauenbewegungsarbeit, die sie nach 1918 sukzessive ausbaute.

Insbesondere im „Allgemeinen Deutschen Frauenverein" (ADF), der ab 1923 den Untertitel „Staatsbürgerinnenverband" trug und diesen schließlich ab 1928 im

[46] Ebd., S. 237.
[47] Vgl. HEINSOHN (wie Anm. 12) S. 40; bspw. Elke SCHÜLLER, Frau sein heißt politisch sein. Wege der Politik von Frauen in der Nachkriegszeit am Beispiel Frankfurt a.M. 1945–1956, Königstein im Taunus 2005.
[48] Vgl. VON VELSEN, Im Alter (wie Anm. 1) S. 235.
[49] Ebd.
[50] Ebd.
[51] Ebd., S. 236.
[52] Ebd., S. 236 f.
[53] Ebd., S. 237 f.

„Obertitel“[54] führte, sollte Dorothee von Velsen während der Weimarer Republik ihre – außerparlamentarische – Politkarriere machen[55]: Bis zur Selbstauflösung des Vereins unter dem Druck der nationalsozialistischen Gleichschaltung 1933 hatte sie dessen Vorsitz inne[56]. Wie viele ihrer Mitstreiterinnen kämpfte sie für mehr kommunalpolitische Beteiligung von Frauen, interessierte sich selbst jedoch in erster Linie für weibliche Staatsarbeit im Sinne von internationaler Verständigungsarbeit[57]. Kurzum, sie gestaltete den von ihr geführten, seit 1865 bestehenden und prestigeträchtigen Frauenverein gegen äußere und innere (Polit-) Widerstände als „Fachverband zur Politisierung der Frau“[58], der sich mit zeitgenössisch „aktuellen Frauenforderungen“[59] auseinandersetzte. Dabei fiel von Velsen die schwierige Aufgabe zu, nicht allein zwischen den Frauenbewegungsgenerationen, sondern auch zwischen den Frauenbewegungsorganisationen in BDF und ADF hinsichtlich der konkreten Arbeitsinhalte zu vermitteln[60]. Das Frauenwahlrecht galt ihr wie vielen erfahrenen Frauenrechtlerinnen als Voraussetzung und notwendiges Instrument für die verfassungsmäßig deklarierte Gleichberechtigung – nicht als deren bereits erreichte Einlösung.

Die Wahl ihres Wohnortes Berlin begründete sich in von Velsens familiärer Verpflichtung: Während sie ab 1914 im väterlichen „Haushalt leicht vertretbar“[61] war, ging sie mit Beginn der Republik fraglos ihrer „häusliche[n] Tätigkeit [nach], die nur im Verwalten und in einer gewissen Repräsentation“[62] bestanden habe. Diese – auch körperlich anstrengende – Hausarbeit wertete von Velsen retrospektiv ab: Schließlich hatte sie neben der väterlichen Haushaltsführung „genügend Zeit, meinen Interessen nachzugehen“[63]. Dass diese Interessen mitunter der Inflation und den daraus resultierenden Geldnöten geschuldet waren, verschwieg sie nicht[64].

---

54 Angelika Schaser, Frauenbewegung in Deutschland 1848–1933 (Geschichte kompakt), Darmstadt 2006, S. 97.

55 Sie bekleidete zu diesem Zeitpunkt drei verantwortungsreiche Positionen: neben dem Vorsitz des ADF/Staatsbürgerinnenverbandes auch die Leitungen der Kulturabteilung der DDP sowie der BDF-Geschäftsstelle.

56 Vgl. Auflösung des Deutschen Staatsbürgerinnen-Verbandes, 1933, Helene-Lange-Archiv (HLA) Berlin, B Rep. 235–15–01, Nachlass Dorothee von Velsen, https://www.digitales-deutsches-frauenarchiv.de/meta-objekt/aufloesung-des-deutschen-staatsbuergerinnen-verbandes--seite-6–0636/BRep235150122AuflsungdesDeutshla (letzter Zugriff: 20.04.2020).

57 Höfner, „Weltoffene" Interventionen (wie Anm. 29); vgl. Irene Stoehr, Emanzipation zum Staat? Der Allgemeine Deutsche Frauenverein – Deutscher Staatsbürgerinnenverband (1893–1933), Pfaffenweiler 1990, S. 107 Anm. 50, S. 100.

58 Zitiert in Stoehr (wie Anm. 58) S. 108.

59 Ebd., S. 109.

60 Vgl. ebd., S. 99.

61 Für ihren Vater war es im Ersten Weltkrieg „selbstverständlich, daß sich ehrenamtlich zur Verfügung stellte, wer dazu in der Lage war“. von Velsen, Im Alter (wie Anm. 1) S. 145.

62 Ebd., S. 104.

63 Ebd.

64 Vgl. ebd., S. 239.

In jedem Fall leistete von Velsen seit ihrer Rückkehr nach Berlin ab 1918 ein beeindruckendes Pensum, im Zuge dessen sie intensive Bekanntschaften machte.

Auch die Beziehung zwischen Dorothee von Velsen und Marianne Weber ergab sich über die BDF-Organisationsarbeit, dessen Vorsitz die in Heidelberg wohnhafte Weber zwischen 1919 und 1924 innehatte[65]. Da die Entfernung zwischen Heidelberg und der Berliner Geschäftsstelle – als zentraler Ort der BDF-Arbeit – sehr groß war, führten von Velsen und Weber einen regen Briefverkehr über organisatorische Angelegenheiten. Als sich Weber seit dem Tod ihres Mannes Max Weber (1864–1920) jedoch lieber mit dessen geistiger wie materieller Nachlasspflege beschäftigte, oblag es in erster Linie von Velsen die BDF-Geschäfte zu verwalten[66]. Dabei brachte sie der trauernden Witwe großes Verständnis entgegen, woraus sich eine intensive Brieffreundschaft entwickelte[67]. So griffen sowohl Marianne Weber als auch Gertrud Bäumer auf von Velsens Organisationsgeschick zurück um die seit 1918 um ihre Existenz bangende Frauenbewegung[68] neu zu justieren[69]. Ihre mannigfaltigen Verpflichtungen weckten schließlich in ihr „den Wunsch, den ganzen organisatorischen Betrieb hinter mich zu werfen."[70] Als sie im Jahr 1923 stattliche Erbin ihres liebevoll verehrten Vaters wurde, gestaltete sie ihr Leben – nunmehr ohne familiäre Verpflichtungen – neu. Sie bestand 1925 „ohne Mühe"[71] die universitäre Begabtenprüfung in Berlin und folgte nach nur einem Semester der nachdrücklichen Einladung Webers, ihrem Studium in Heidelberg nachzugehen.

2. Unter Männern: als Studentin an der Heidelberger Universität

Bei ihrer Ankunft in Heidelberg wohnte Dorothee von Velsen entgegen der ursprünglichen Planung nicht bei Marianne Weber, da diese ihre Adoptivtochter bei

[65] Weber war lediglich „nominell" bis 1924 an der Spitze, inoffiziell hat sie bereits 1921 die Verantwortung an ihre spätere Nachfolgerin Emma Ender (1875–1954) abgegeben; vgl. SCHASER, Frauenbewegung (wie Anm. 55) S. 100, S. 109.

[66] Vgl. Angelika SCHASER, Helene Lange und Gertrud Bäumer. Eine politische Lebensgemeinschaft, Köln/Weimar/Wien ²2010, S. 250.

[67] In von Velsens Nachlass befindet sich die ausführlich aufbewahrte Korrespondenz zwischen ihr und Weber, vgl. AddF Kassel NL-K-08, 9-3.

[68] Vgl. Sylvia SCHRAUT, Angekommen im demokratisierten „Männerstaat"? Weibliche Geschichte(n) in der Weimarer Republik, in: Ariadne 73/74 (2018), S. 8–18, hier S. 13–15.

[69] Denn auch Bäumer, ihres Zeichens stellvertretende BDF-Vorsitzende, war nach 1918 mit „ihrer Tätigkeit als Ministerialrat im Reichsministerium des Innern" beschäftigt; vgl. SCHASER, Helene Lange und Gertrud Bäumer (wie Anm. 67) S. 200, S. 250; vgl. Marianne Weber an Dorothee von Velsen vom 22.08.1922, BArch N 1543/2, Bl. 12–13, hier Bl. 12r. Bei ihrer Tätigkeit, die sie unter anderem eng mit Schriftführerin Alice Bensheimer (1864–1935) ausübte, wurde von Velsen offenbar kritisch beäugt. Vgl. MEURER (wie Anm. 4) S. 426.

[70] VON VELSEN, Im Alter (wie Anm. 1) S. 239.

[71] Ebd., S. 265.

sich unterzubringen hatte[72]. Doch halfen ihr die Weber'schen Beziehungen auf der Suche nach einer Unterkunft. Von Velsen lernte ihren Vermieter Professor Friedrich Carl von Duhn (1851–1930) samt seiner Tochter, alias seiner „Hausfrau"[73], kennen. Sie zeichnete ihn als Prototypen des Heidelberger Bildungsbürgertums, von dem große Teile „im geistig-politischen Milieu des Kaiserreichs verwurzelt waren"[74]: Ein „Typ des Gelehrten aus der Welt Mommsens", der noch „Bildung im Goetheschen [sic] Sinn" praktizierte und dem überhaupt die Antike als „Maßstab aller Dinge" galt[75]. Es amüsierte von Velsen, dass ihr ihre Herkunft aus altphilologisch versierter Familie im Hause von Duhns sogar ein Zimmer in höherer Etage ermöglichte[76]. Allerdings erhob sie Mitte der 1950er Jahre schwere Vorwürfe gegen jene bürgerliche Schicht, die „die Demokratie, die Arbeit der Volksvertretungen [...] [mit] spöttischer Geringschätzung abgetan"[77] habe. Darin wären „die Voraussetzungen für das Aufkommen einer nationalistischen Gesinnung gegeben"[78] gewesen. Nichtsdestotrotz hatte von Velsen in diesem patriarchalisch gezeichneten, „geistreichen"[79] Heidelberg ihren Platz gefunden und ihre Studien begonnen.

Während sie in Berlin noch „Volkswirtschaft und ein wenig Staatsrecht gehört hatte"[80], entschied sich von Velsen nun neben ihrem Hauptfach Geschichte für die Nebenfächer Kirchengeschichte und Philosophie[81]. Letzteres, wie eingangs erwähnt, jedoch weniger aus innerem Antrieb, als vielmehr aus Anpassung an den „genius loci" Heidelbergs. Diesen beschrieb sie als von Männern geprägt und gestaltet: So sei die philosophische Fakultät in „die Lager Jaspers und Rickert gespalten", eine Teilung, die von Velsen mit dem Hinweis auf die „unfreundlichen Sticheleien" Heinrich Rickerts (1863–1936) gegenüber dem „stets sachlich und überlegen-zurückhaltend[en]" Karl Jaspers (1883–1969) auch als Generationenkonflikt darstellte[82]. Besonderes Interesse habe sie an einzelnen Dozenten gehabt, deren Verhalten sie genauestens studierte: Darunter Jaspers, bei dem es sie „faszinierte [...] zu verfolgen, wie während des Sprechens die logischen Verbindungen gleichsam neu in ihm entstanden"[83]. Doch empfand sie das „Gebiet des Denkens um des Denkens willen"[84] als „müßiges Spiel im Gegensatz zur Theo-

---

[72] Vgl. ebd., S. 279.
[73] Ebd., S. 281.
[74] Andreas Cser, Kleine Geschichte der Stadt und Universität Heidelberg, Leinfelden-Echterdingen 2007, S. 214.
[75] Von Velsen, Im Alter (wie Anm. 1) S. 281.
[76] Vgl. ebd., S. 280 f.
[77] Ebd., S. 282.
[78] Ebd.
[79] Ebd., S. 289.
[80] Ebd., S. 283.
[81] Vgl. ebd.
[82] Ebd., S. 286.
[83] Ebd.
[84] Ebd.

logie, die ihr System auf einem festen Grunde baut oder doch auf einem Grund, der ihr fest steht"[85]. Lieber gab sie sich mit „reinstem Genuß […] den exegetischen Vorlesungen"[86] des evangelischen Theologen Martin Dibelius (1883–1947) hin. Auch lernte sie beim sympathisch-bayerisch gezeichneten Ludwig Curtius (1874–1954)[87], dem universitären Nachfolger ihres Vermieters Professor von Duhn am Archäologischen Institut. Bei Professor Willy Andreas (1884–1967) hörte sie Neuere Geschichte[88] und bei Hans von Schubert (1859–1931), „dessen aufrichtiges Christentum"[89] sie wertschätzend betonte, studierte sie Dogmengeschichte[90]. Zudem führte von Velsen den als ‚George-Kreis-Eleve' bekannten Friedrich Gundolf[91] (1880–1931) als einen ihrer Dozenten an. Freilich sei überhaupt „die Atmosphäre Stefan Georges [1868–1933] in der Stadt zu spüren" – und auch „die alten Gebäude […] atmeten noch den Geist einer Vergangenheit, die der Versenkung [i.e. der Konzentration; die Verfasserin] besser gedient hatte als die Gegenwart"[92].

Von Velsen nannte augenscheinlich einflussreiche Männer, die den „Geist" Heidelbergs und ihre akademische Laufbahn wegweisend geprägt hatten. An dieser Stelle gilt es sich zu vergegenwärtigen, dass ihr Buch nur eine gute Dekade nach den Verbrechen des Zweiten Weltkriegs erschien. Wie viele zeitgenössische Autobiografien zeichnete auch von Velsen einen bildungsbürgerlichen, in ihrem Falle stark christlich gefärbten „Anspruch"[93] als eine ihrer „Grundüberzeugungen"[94] – in deutlicher Abgrenzung zum Nationalsozialismus. Nun galt der Großteil ihrer Dozenten Mitte der 1950er Jahre als Kritiker nationalsozialistischen Gedankenguts, die erklärende Angebote zur Vergangenheitsbewältigung unterbreiteten: Karl Jaspers, maßgeblich am Wiederaufbau der Universität Heidelberg beteiligt, stellte 1946 öffentlich die von ihm ausdifferenzierte „Schuldfrage"[95], Martin Dibelius näherte sich im selben Jahr diesem Thema aus theologischer Perspektive[96] und Ludwig Curtius, der noch 1937 von den Nationalsozialisten in den vorzeitigen Ruhestand versetzt worden war, wurde 1952 mit dem prestigeträchtigen Orden „Pour le Mérite" ausgezeichnet – im selben Jahr, in dem er seine

---

[85] Ebd., S. 285 f.
[86] Ebd., S. 286.
[87] Vgl. ebd., S. 283.
[88] Vgl. ebd., S. 285.
[89] Ebd.
[90] Vgl. ebd.
[91] Gundolf war einstiger Mitherausgeber des Jahrbuchs für die geistige Bewegung. Vgl. Christophe Fricker (Hg.), Friedrich Gundolf – Friedrich Wolters. Ein Briefwechsel aus dem Kreis um Stefan George, Köln/Weimar/Wien 2009, S. 28–29.
[92] Von Velsen, Im Alter (wie Anm. 1) S. 287.
[93] Schaser, Einleitung (wie Anm. 21) S. 13.
[94] Ebd.
[95] Karl Jaspers, Die Schuldfrage, Heidelberg 1946.
[96] Vgl. Friedrich Wilhelm Graf (Hg.), Selbstbesinnung des Deutschen. Martin Dibelius, Tübingen 1997.

(geschönten) „Lebenserinnerungen“[97] publiziert hatte. Als deren geistige Schülerin dargestellt, ermöglichte von Velsen sich das Selbstnarrativ, Teil eines demokratisch gesinnten und geistig hochzuschätzenden, letztlich aber (wohlgemerkt mitschuldig[98]!) gescheiterten Umfelds während der Weimarer Republik gewesen zu sein.

Das Gesamtbild der Universität Heidelberg erscheint in der Retrospektive Dorothee von Velsens als ein von namhaften Männern dominiertes, zu denen sie stets ein professionell distanziertes Verhältnis wahrte. Ihre Schilderungen lesen sich zuweilen wie jene einer teilnehmenden Beobachterin: Traf beispielsweise Gundolf „mit Täubler, dem Ordinarius für alte Geschichte, zusammen, [...] so funkelte es von Anspielungen und Sarkasmen“[99]. Andere Professoren nahm sie aus einer ähnlich musternden Perspektive wahr, ohne etwaige persönliche Anekdoten mit ihnen zu erwähnen[100]. Auch blieben ihre männlichen Kommilitonen namenlos: „Mancher Ephebe saß [...], den Kopf an das Gesims gelehnt, den Blick gedankenschwer nach den Höhen gerichtet“[101]. Ihre Mitstudenten subsumierte die zu Beginn ihres Studiums 41-Jährige unter „schöne und begabte Knaben“[102]. Diese scharten sich zunächst als „Schwarm“[103] um einen professoralen Geist, bei späterer Darstellung traten sie als moralisch verwerfliche junge Männer auf, die „verfemte[n]“ Professoren mit Blicken „wie Spießruten“[104] folgten und von denen am Ende „die meisten auf den Schlachtfeldern [blieben]“[105]. Doch gab es in von Velsens Erinnerungen auch Frauen im akademischen Milieu Heidelbergs.

Eine der vielen akademisch gebildeten Frauen in von Velsens Autobiografie und ihre einzig genannte Kommilitonin war Ruth von Schulze-Gaevernitz (1898–1993). Auf der Suche nach Unterricht im Griechischen erhielt von Velsen, die „in der angenehmen Lage [war], studieren zu können, solange ich wollte“[106], von der von Duhn'schen Tochter den hilfreichen Tipp sich an von Schulze-Gaevernitz zu wenden. Im Gegensatz zu von Velsens finanzieller Selbstbestimmtheit suchten deren Eltern „sie zum Abschluß zu drängen, indem sie ihr den Wechsel sperrten“

97 Die Selbstdarstellung in den Lebenserinnerungen von Curtius gilt heute in Bezug auf seine eigentliche Nähe zum Faschismus als fast schon „gefälscht“. Vgl. Wolfgang Schieder, Mythos Mussolini. Deutsche in Audienz beim Duce, München 2013, S. 118.

98 Vgl. von Velsen, Im Alter (wie Anm. 1) S. 289.

99 Ebd., S. 287.

100 Vgl. ebd., S. 285.

101 Ebd, S. 287.

102 Ebd., S. 283.

103 Ebd.

104 Ebd., S. 316 f.

105 Ebd., S. 288. Ihre Schilderung entspricht Arne Lankenaus Forschungsergebnissen zu Heidelberger Studentenverbindungen. Vgl. Matthias Stickler, Rezension von: Arne Lankenau: „Dunkel die Zukunft – Hell der Mut!“. Die Heidelberger Studentenverbindungen in der Weimarer Republik 1918–1929, Heidelberg 2008, in: sehepunkte 10 (2010) Nr. 5 [15.05.2010], http://www.sehepunkte.de/2010/05/15571.html (letzter Zugriff: 20.04.2020).

106 Von Velsen, Im Alter (wie Anm. 1) S. 283.

– und die Studentin hatte „Ursache [...], einen Verdienst zu suchen"[107]. Kurzerhand wurde die spätere Altertumsforscherin[108], die in Heidelberg laut von Velsen unter dem Spitznamen „Kleopàtra"[109] bekannt war, ihre Lehrmeisterin im Griechischen[110]. Interessant ist, dass von Schulze-Gaevernitz wohl regelmäßig an ihrem Fenster nächtliche Besuche von männlichen Kommilitonen erhielt, „denen eine Seminararbeit auf den Fingern brannte"[111]: Sie half den ratsuchenden jungen Männern „stets bereitwillig [...] und gleich vom Fenster aus mit den nötigen Stellen belegt"[112]. Mit dieser Anekdote stellte von Velsen heraus, dass auf das benötigte Wissen einer Frau – zu der sie offensichtlich ein näheres Verhältnis als zu den genannten Männern pflegte – seitens der Studenten zwar oft und gerne, jedoch unbedingt heimlich und auf unkonventionellem Wege zurückgegriffen wurde.

Während die jungen Männer von der Straße und damit von außen an das Zimmer von Schulze-Gaevernitz' herantraten, hatte Dorothee von Velsen Zugang zu den Privatgemächern „Kleopàtras". Die Wahl des Spitznamens verweist nicht nur auf eine machtvolle, sondern auch erotisierte Frauenfigur[113]. Vorsichtig mache ich an dieser Stelle auf einen etwaigen lesbischen Subtext aufmerksam[114]. So wisse von Velsen, die offensichtlich genaue Kenntnis von den nächtlichen Fensterbesuchen hatte, zwar „nur von ungefähr" über die Namensgebung „Kleopàtras" Bescheid, doch „ohne schön zu sein, wie ihr Übername es verlangt hätte, war er ihr trotzdem durchaus angemessen"[115]. Zudem habe „das Inventar ihres kleinen Zimmers [...] klassische Vorstellungen [erweckt]. Da stand eine Sfaira, ein Weltgerüst, daneben die Statuette eines griechischen Mädchens, das auf den Namen Agallis getauft war"[116]. Agallis war dem Mythos nach eine der (innig geliebten) Jüngerinnen um die offen lesbisch lebende und „wichtigste Lyrikerin des klassischen Altertums"[117] Sappho (ca. 612-ca. 557 v. Chr.). So habe Sappho bei der heterosexuellen Eheschließung Agallis' ein Gedicht vorgetragen, welches – für die unwissenden Hochzeitsgäste aufgrund der Wortwahl nicht erkennbar – bei Kenntnis der fraulichen Beziehung als sehnsüchtiges Liebesgedicht auf Agallis interpretiert werden

---

107 Ebd., S. 284.

108 O. A., Ruth von Schulze-Gaevernitz, Indexeintrag: Deutsche Biographie, https://www.deutsche-biographie.de/pnd127288546.html (letzter Zugriff: 04.04.2020).

109 Von Velsen, Im Alter (wie Anm. 1) S. 284.

110 Vgl. ebd.

111 Ebd., S. 285.

112 Ebd.

113 Vgl. Manfred Clauss, Kleopatra, München ^{4}2010, S. 7.

114 Von Velsen setzte sich häufiger mit lesbischer Liebe auseinander. Vgl. Dorothee von Velsen, Über die Freundschaft, in: Die Frau 30 (1923) S. 367–374; vgl. auch Margit Göttert, „... als würde die geheime Kraft der Erde einem mitgeteilt!" Frauen, ihre Freundschaften und Beziehungen in der alten Frauenbewegung, in: L'Homme 4/1 (1993) S. 40–56, hier S. 53.

115 Von Velsen, Im Alter (wie Anm. 1) S. 284.

116 Ebd.

117 Luise F. Pusch, Art. Sappho, in: FemBio. Frauen Biographieforschung, http://www.fembio.org/biographie.php/frau/biographie/sappho/ (letzter Zugriff: 04.04.2020).

konnte[118]. Der Verweis auf Agallis könnte somit als ein für das eingeweihte Lesepublikum erkennbarer Hinweis auf die menschliche Nähe zwischen ihr und ihrer „Freundin“[119] Ruth von Schulze-Gaevernitz gelesen werden. Doch ob nun sexuell liiert oder nicht: In jedem Fall betonte von Velsen neben der reziproken Produktivität weiblicher Universitätsnetzwerke vor allem die Intellektualität ihrer jüngeren Lehrerin, die „stundenlang auf das geistreichste reden konnte“[120] und schließlich – aufgrund von von Velsen'schem Nachdruck – trotz Schreibschwierigkeiten ihre Dissertation zu einem Ende brachte[121].

Das studentische Selbstbild Dorothee von Velsens setzte sie übrigens weit vor ihrer Immatrikulation an: So erzählte sie sich als wissenschafts- und bildungsinteressierte junge Frau, die bereits vor dem Ersten Weltkrieg „allabendlich“ die Erfahrungen teilte, welche ihre jüngere Schwester Ruth von Velsen (1892–1970) als Studentin machte und mit der sie bisweilen „gemeinsam Versammlungen und Vorträge“ besuchte[122]. Mitte der 1920er Jahre dann selbst an der Berliner Universität immatrikuliert, stellte von Velsen ihr akademisches Lernen als „schülerhaftes Verfahren“ dar, was ihr „aber zur Festigung von Grundbegriffen zustatten kam“[123]. Als Heidelberger Studentin beschrieb sie sich als fleißige und wissbegierige Frau, die sich teilweise „mühsam“[124] auch „spröden“[125] Stoff aneignete. Sie erarbeitete sich das Vertrauen der Institutsdiener und damit exklusiven Zugang zu besonderen hübschen Flecken des Universitätsgeländes[126]. Bemerkenswerterweise verortete sie sich retrospektiv weniger in zentralen universitären, traditionell von Männern kreierten und männlich dominierten Denkräumen wie beispielsweise Bibliothek oder Seminarräume im Inneren der Universität. Ihre eigene geistige Tätigkeit fand offenbar weniger an diesen althergebrachten Bildungsorten statt, wo sie in ihren Schilderungen ihre männlichen Dozenten sowie Kommilitonen positionierte. Nein, Dorothee von Velsen bewegte sich vielmehr zwischen diesen männerdominierten Räumen, i.e. sie beschrieb ihren Universitätsaufenthalt häufig als einen, den sie auf Wegstrecken zwischen verschiedenen Seminaren verbrachte. Damit verortete sie sich tendenziell in der Peripherie zentraler Räume der Wissens-

---

118 Vgl. die Lesart des Altphilologen Jachmann (1887–1979), die von Velsen bekannt gewesen sein dürfte. Günther Jachmann, Sappho und Catull, in: Rheinisches Museum für Philologie N. F. CVII, S. 1–33, hier S. 9f.; http://www.rhm.uni-koeln.de/107/Jachmann.pdf (letzter Zugriff: 05.04.2020).

119 Von Velsen, Im Alter (wie Anm. 1) S. 291.

120 Ebd., S. 285.

121 Vgl. ebd. Dr. phil. Ruth Gaevernitz siedelte noch vor 1933 aufgrund ihrer jüdischen Konfession nach England über und war dort als Religions- und Altertumswissenschaftlerin tätig; Randy Schoenberg, Art. Ruth Gaevernitz, in: Geni [03.03.2017], https://www.geni.com/people/Ruth/6000000002765851162 (letzter Zugriff: 20.04.2020).

122 Von Velsen, Im Alter (wie Anm. 1) S. 105.

123 Ebd., S. 266.

124 Ebd., S. 286.

125 Ebd., S. 285.

126 Vgl. ebd., S. 286.

produktion, welche sie dadurch als individuell eigene – gar ‚spezifisch weibliche'(?) – Orte des geistigen Arbeitens labelt. Dabei beschritt sie nicht zuletzt auch Wege einer weiteren namhaften Frau, Marianne von Willemer[127] (1784–1860). Genau wie sie war von Velsen am liebsten im theologischen Institutsgarten, in dem sie „einen Kirchenvater studierend, unter den alten Bäumen"[128] saß. Erst als sie gegen Ende der 1920er Jahre zu Forschungszwecken nach Breslau reiste, äußerte sie sich explizit geschlechtlich markiert und behauptete im dortigen „Auditorium maximum [...] als einzige Frau und fast als einziger Laie"[129] im Fach Kirchengeschichte aufgefallen zu sein. Dennoch waren die Monate des Durchstöberns[130] der schlesischen Archive für von Velsen „Monate großen Glücks"[131], vermutlich auch, da sie sich ohne zwischengeschaltete akademisch-männliche Instanz selbständig mit den historischen Quellen auseinandersetzen konnte.

In Heidelberg fühlte sich Dorothee von Velsen dagegen zunehmend unwohl. Sie vermisste einen gerade für studierende Frauen mit raren Berufsperspektiven wichtigen Rückhalt[132]. Sie zeigte sich überzeugt, dass insbesondere Studentinnen der Theologie selbigen bedurft hätten, „denn sie fanden es nicht leicht, ihre Berufspläne mit sich und der offiziellen Kirche in Übereinstimmung zu bringen"[133]. Nur allzu gerne besuchte von Velsen das Ehepaar Dora (geborene Naumann, 1868–1945) und Paul Martin Rade (1857–1940) in Marburg, ein linksliberal und kulturprotestantisch geprägtes Haus[134]. In deren Nähe umzuziehen hatte sie sogar in Erwägung gezogen, denn die beiden „gewährten Verständnis und Zuspruch"[135]. In Heidelberg dagegen war für von Velsen die anfänglich „heimatliche Luft"[136] einer nunmehr „allzu geistreichen und subjektiv differenzierten Atmosphäre"[137] gewichen. Vor allem störte sie sich rückblickend an den zunehmenden „[Straßen-] Schlachten der [nationalsozialistischen] Jünglinge", die „[ä]ltere Personen (auch mir geschah es) [...] mit Steinen bewarfen, wenn sie ihren Abscheu äußerten"[138] –

---

127 Marianne von Willemer wurde post mortem bekannt als einzig überlieferte Mitautorin an einem Goethe'schen Werk, dem „West-östlichen Divan", erschienen 1919 und erweitert 1927. Vgl. Hans PYRITZ, Goethe und Marianne von Willemer: Eine biographische Studie, Stuttgart 1941, S. 26f.

128 VON VELSEN, Im Alter (wie Anm. 1) S. 286.

129 Ebd., S. 293.

130 Vgl. ebd., S. 289.

131 Ebd., S. 290.

132 Vgl. ebd., S. 288; BENKER/STÖRMER (wie Anm. 8) S. 1.

133 VON VELSEN, Im Alter (wie Anm. 1) S. 288.

134 Vgl. Anne-Christin NAGEL, Art. Martin Rade, in: Neue Deutsche Biographie 21 (2003), S. 86, online einsehbar unter https://www.deutsche-biographie.de/pnd118597612.html#ndbcontent (letzter Zugriff: 20.04.2020).

135 VON VELSEN, Im Alter (wie Anm. 1) S. 288.

136 Ebd., S. 282. Zwischen Weber und von Velsen kam es gegen Ende der 1920er Jahre zudem wohl zu persönlichen, aber vorübergehenden Unstimmigkeiten. Vgl. MEURER (wie Anm. 4) S. 464.

137 VON VELSEN, Im Alter (wie Anm. 1) S. 289.

138 Ebd., S. 315.

dagegen kam auch das Weber'sche Haus als geistig widerständiger Ort nicht an[139]. Die nunmehr bald 50-Jährige beschloss, sich „nach einem anderen Wohnort umzusehen“[140]. Sie verließ schließlich als Dr. phil. von Velsen 1933 ein Heidelberg, das in ihrer Schilderung von einem zunehmend maskulinistisch[141] aufgeladenen Geist dominiert und für nationalistisches Gedankengut anfällig erschien, zugunsten des kleinen oberbayerischen Dörfchens Ried bei Kochel am See[142]. Sie ließ damit ein Heidelberg hinter sich, das sie als junge Frau mit einem ganz gegenteilig geschilderten Geist kennengelernt hatte.

3. Unter Frauen: als Mitstreiterin frauenbewegter Akademikerinnen

Die 27-jährige Dorothee von Velsen kam erstmals im Mai 1911 nach Heidelberg. Sie besuchte die Generalversammlung des bürgerlichen BDF, auf der sie sich als eine unter vielen mit den „Ideen der Frauenbewegung“[143] auseinandersetzte. Seit ihrem Eintritt in die Berliner „Soziale Frauenschule“ 1909 hatte sie peu à peu die ihr imponierenden Vordenkerinnen persönlich kennengelernt. Deren auf gleiches Recht ‚spezifisch weiblicher‘ Gleichwertigkeit pochendes Emanzipationsprogramm, das in seiner Argumentationslogik auf der traditionell dichotom konstruierten binären Geschlechteridee beruhte, hatte sie (als diskursive Strategie) im Ringen um die Erweiterung von Frauenrechten überzeugt und so beschloss sie, „nur der Frauenbewegung zu dienen“[144]. Angesichts ihrer Lebensleistung auf dem Gebiet wirkte dieser Beschluss durchaus authentisch – diese Geschichte gilt es jedoch an anderer Stelle ausführlich zu erzählen. Im Jahre 1911 nahm von Velsen jedenfalls „[m]it anderen jungen Mädchen ähnlicher Herkunft […] [an der] großen Frauentagung teil“, wo sie „unzertrennlich stundenlang auf der Galerie [saßen] und einander die Prominenten [zeigten]“[145].

---

[139] Vgl. ebd., S. 331.

[140] Ebd., S. 289. Ihre Dissertation publizierte sie 1931 im Jahr ihres Studienendes: Dorothee von Velsen, Die Gegenreformation in den Fürstentümern Liegnitz-Brieg-Wohlau. Ihre Vorgeschichte und ihre staatsrechtlichen Grundlagen, Leipzig 1931.

[141] „Maskulinismus“ ist ein Begriff, der sich auf misogyne und antifeministische Verhaltensweisen bezieht, welche auf der Annahme einer naturgegebenen Überlegenheit des Mannes gegenüber der Frau beruhen. Vgl. bspw. Christa Hämmerle, Genderforschung aus neuer Perspektive? Erste und noch fragende Anmerkungen zum Neuen Maskuli(ni)smus, in: L'Homme Z. F. G. 23/2 (2012) S. 111–120, online unter: http://dx.doi.org/10.25595/1122 (letzter Zugriff: 04.05.2020).

[142] „In Heidelberg sah ich 1933, krank vor Widerwillen, den Aufzug am ersten Mai, den die Stadt hingerissen feierte.“ Von Velsen, Im Alter (wie Anm. 1) S. 316.

[143] Auf der BDF-Tagung im Mai 1911 wurde in Heidelberg unter anderem die verbandseigene „Propaganda-Zentrale“ gegründet. Oda Cordes, Marie Munk (1885–1978). Leben und Werk, Köln/Weimar 2015, S. 132, Anm. 199.

[144] Von Velsen, Im Alter (wie Anm. 1) S. 103.

[145] Ebd., S. 104.

Das Aufgebot weitbekannter, hoch gebildeter Frauenrechtlerinnen um Helene Lange und Gertrud Bäumer war auf der Heidelberger Tagung offenbar ein beeindruckendes. Von Velsen sah dort „die schon sehr kranke" Ika Freudenberg (1858–1912) „zum ersten und einzigen Male"[146], welche als wegweisendes BDF-Vorstandsmitglied sowie langjährige Vorsitzende des „Münchner Vereins für Fraueninteressen" insbesondere in Bayern gewirkt hatte[147]. Weiterhin erinnerte von Velsen, dass „zu den markantesten Erscheinungen [...] Clara Lang [Jahrgang 1865] [gehörte], die Vorsitzende des Verbandes Pfälzischer Frauenvereine"[148]. Sie habe zu Kriegszeiten „Hervorragendes in Lazaretten" geleistet[149]. Auch verschwieg von Velsen nicht deren Nähe zur ebenfalls anwesenden und „rechts"[150] [sic] gesinnten Mitstreiterin Marie Meyer-Rottmannsdorf (?-1945), die sich 1945 das Leben nahm, „um den Untergang von Stadt und Reich [...] nicht mitansehen zu müssen"[151]. Die bürgerliche Frauenbewegung bot demgemäß ein breites, auch gegenüber rechtsnationalem Gedankengut offenes politisches Spektrum, bestand aber in jedem Fall aus außergewöhnlich engagierten, konsequent wie verantwortungsbewusst agierenden und die junge von Velsen beeindruckenden gebildeten Frauen. „[V]or allem" habe sie 1911 „Marianne Weber kennengelernt, deren grundlegendes Buch ‚Ehefrau und Mutter in der Rechtsentwicklung' ich Wort für Wort gelesen hatte"[152]. „Anmutig, in fließendem Gewande, machte sie die Wirtin"[153]. Alles in allem fühlte sich von Velsen unter den auf der Heidelberger Tagung anwesenden Frauen als „von höheren Wesen umgeben, unterschiedlicher Grade zwar, aber alle mir unendlich überlegen"[154].

Auch verehrte die junge von Velsen Dr. Else Jaffé-von Richthofen (1874–1973), eine der „schönen Geister", die sich regelmäßig in deren Hause trafen und die „über ungewöhnliche gesellschaftliche Gaben"[155] verfügte. Es fällt auf, dass von Velsen bei den meisten der intellektuellen Frauen deren gastgeberische und haushälterische Qualitäten betonte – wohlgemerkt ein Anspruch, den sie in ihren Schilderungen Männern gegenüber nicht erhob. Eine gute Haushaltsführung hatte wohl Mitte der 1950er Jahre noch immer als eine unerlässliche Eigenschaft für die gesellschaftliche Hochschätzung geistig arbeitender Frauen zu sein, wie es schon um 1900 der Fall

146 Ebd., S. 121.
147 Vgl. Höfner, Fürsorge (wie Anm. 37) S. 416f.
148 Von Velsen, Im Alter (wie Anm. 1) S. 121. „Sie war die erste Abgeordnete der Pfalz. Frau Clara Lang feiert auf Hofgut Monbijou ihren 96. Geburtstag", in: Die Rheinpfalz (Ludwigshafen)/Zweibrücker neueste Nachrichten vom 15.11.1961, http://www.rpb-rlp.de/107t01117352 (letzter Zugriff: 21.04.2020).
149 Von Velsen, Im Alter (wie Anm. 1) S. 122.
150 Ebd.
151 Ebd., S. 122f.
152 Ebd., S. 120; vgl. Marianne Weber, Ehefrau und Mutter in der Rechtsentwicklung. Eine Einführung, Tübingen 1907.
153 Von Velsen, Im Alter (wie Anm. 1) S. 120.
154 Ebd., S. 121.
155 Ebd., S. 126.

gewesen war[156]. Auch bei Marie Baum (1874–1964), einst Nachfolgerin von Richthofens als zweite Gewerbeinspektorin im badischen Karlsruhe, war von Velsen oft zu Gast[157]. Und schließlich hatte von Velsen „mehrere Wochen mit Ricarda Huch [1864–1947] in der hübschen Heidelberger Wohnung, dicht unter dem Schlosse, verlebt"[158]. Insgesamt beschrieb sie ihren vertrauten Umgang mit den intellektuellen Frauen sowie ihre enge Verbundenheit mit deren Ideen und Tätigkeiten. Insbesondere ihr Verhältnis zu Marianne Weber war „von meiner Seite von großer Zuneigung getragen"[159]. Und während all jene Frauen ihr anfänglich als „Halbgötter"[160] erschienen, waren sie im Verlauf der gemeinsamen Arbeit „plötzlich ganz irdisch geworden"[161] – was der von Velsen'schen Wertschätzung letztlich keinen Abbruch tat. Im Gegenteil, vielmehr habe sie als damaliges „Mädchen"[162] die Adaption und Identifikation mit den Ideen und Praxen geistreicher Frauen als ermutigende, „leidenschaftliche Frische"[163] erlebt.

An der Darstellung Ricarda Huchs machte von Velsen darüber hinaus deutlich, dass intellektuelle Frauen durchaus außerhalb des Hauses ihrer Arbeit nachgingen. Denn Huch verbrachte, obwohl sie „mit größter Selbstverständlichkeit einen Teil der häuslichen Arbeiten [übernahm], [...] den Nachmittag scheinbar müßig gern in einem Café"[164]. Um etwaigen Missverständnissen über inadäquaten Müßiggang vorzubeugen, erläuterte von Velsen, dass Huch dabei „in Wirklichkeit der Aufnahme neuer Eindrücke hingegeben" war, schließlich „bereitete [sie] damals ihre deutsche Geschichte vor"[165]. Frauen nahmen und schufen sich also ihre (separaten)

---

156 Vgl. Sophie Pataky (1860–1915), die betonte, „daß die schreibende Frau [...] dort, wo sie es sein kann, eine überaus aufopfernde, pflichttreue, hingebungsvolle Hausfrau, Gattin und Mutter ist". Sophie Pataky, Vorwort, in: Lexikon deutscher Frauen der Feder. Eine Zusammenstellung der seit dem Jahre 1840 erschienenen Werke weiblicher Autoren nebst Biographieen [sic] der lebenden und einem Verzeichnis der Pseudonyme, hg. von Dies., Berlin 1898, S. V-XIII, hier S. VII.

157 Baum hatte ihren Wohnsitz ab 1928 in Heidelberg und war dort Lehrbeauftragte am Institut für Sozial- und Staatswissenschaften, was von Velsen nicht erwähnte. Vgl. Hiltrud Schroeder, Art. Marie Baum, in: FemBio. Frauen Biographieforschung, http://www.fembio.org/biographie.php/frau/biographie/marie-baum/ (letzter Zugriff: 21.04.2020).

158 Von Velsen, Im Alter (wie Anm. 1) S. 127.

159 Ebd., S. 265.

160 Ebd., S. 123.

161 Die postulierte, bereits auf das Jahr 1912 festgesetzte „Entgötterung" Gertrud Bäumers (vgl. ebd.), deute ich als retrospektive Konstruktion, zum einen aufgrund persönlicher Befindlichkeiten zwischen beiden Frauen seit spätestens 1934 und zum andern angesichts des nach 1945 angekratzten Prestiges Bäumers, die sich massiven Vorwürfen ob der ununterbrochenen Herausgabe des Bewegungsorgans „Die Frau" ausgesetzt sah.

162 Ebd., S. 104.

163 Ebd., S. 127.

164 Ebd.

165 Ebd. Die „Deutsche Geschichte" ist ein dreibändiges Werk, dessen dritter Band jedoch nicht mehr im nationalsozialistischen Deutschland publiziert wurde: Ricarda Huch, Römisches Reich Deutscher Nation, Berlin 1934; Dies., Das Zeitalter der Glaubens-

Räume in Heidelberg, in denen sie Männern Zutritt gewährten, jedoch erhielten diese bei Weitem nicht dieselbe Anerkennung wie unter ihresgleichen[166]. Zu guter Letzt datierte von Velsen selbst den „Beginn einer langen Tätigkeit als Rednerin" auf das Jahr 1911, als sie in einem Heidelberger Gasthaus „vom Augenblick hingerissen, den Dank des Nachwuchses" an die frauenbewegten Vordenkerinnen darbrachte[167]. In der Retrospektive von Velsens war Heidelbergs „genius loci" von 1911 also ein weiblich besetzter, dessen Atmosphäre sie als inspirierend erinnerte. Oder, wie Marianne Weber 1924 augenzwinkernd an von Velsen schrieb, „das kleine Heidelberg ‚verplatzt' [sic!] mal wieder von Geist – sogar die Frauen!"[168]

4. Unter Intellektuellen: Heidelbergs erinnerte „Geister"

Dorothee von Velsen legte 1956 eine anschauliche Autobiografie vor, deren Darstellung des Heidelberger „genius loci" sich bestens zur eingangs erwähnten Diskussion der historiografisch breit anerkannten (und vornehmlich politikgeschichtlichen) Zäsur 1918 aus frauen- und geschlechtergeschichtlicher Perspektive eignet[169]. Grundlegend gilt es bei selbstentworfenen Lebenserzählungen die Entstehungs- und Rahmenbedingungen samt narrativem Konstruktionscharakter zu berücksichtigen. So diente von Velsens Studienbericht zur Weimarer Republik auch ihrem den Nationalsozialismus ablehnenden Nachkriegsselbstnarrativ, indem sie sich nach 1945 als geistige Schülerin von zeitgenössisch anerkannten Nationalsozialismuskritikern entwarf. Dies betont einmal mehr das Genre Autobiografie als jeweils zeitgenössisch relevanten Kommunikationsort[170] und Raum für soziale Aushandlungsprozesse. Die folgenden Ausführungen legen den Fokus auf die von Velsen'sche Illustration Heidelbergs, an der sie einen um Frauen erweiterten Intellektuellenbegriff ausformulierte – und dabei die Zäsur 1918 durchaus relativierte.

Von Velsen war ihr Leben lang aktiv in der Frauenbewegung engagiert und auch weit vor Erhalt des Frauenwahlrechts an den weiblichen Emanzipationsbestrebungen beteiligt. Sie war somit für geschlechtsbedingte Ungleichheiten sensibili-

spaltung, Berlin 1937; Dies., Untergang des Römischen Reiches deutscher Nation, Zürich 1949.

166 Beispielhaft erzählte von Velsen eine Anekdote über Max Webers unerkannte Anwesenheit auf der BDF-Versammlung 1911, bei der die Frauen sachorientiert die „Bundessatzung erörterten, ohne zu ahnen, daß einer der bedeutendsten Köpfe Deutschlands neben ihnen stand". Von Velsen, Im Alter (wie Anm. 1) S. 120.

167 Ebd., S. 121.

168 Marianne Weber an Dorothee von Velsen vom 26.11.1924, BArch N1543/2, Bl. 48–49, hier Bl. 49.

169 Heinsohn, Ambivalente Entwicklungen (wie Anm. 12) S. 42.

170 Vgl. Volker Depkat, Biographieforschung im Kontext transnationaler und globaler Geschichtsschreibung. Einleitung zum Schwerpunkt, in: BIOS 28/1 (2015) S. 3–18, hier S. 7.

siert: Geprägt von der bürgerlichen Idee der binären Geschlechterpolarität, wollten sie und ihre Mitstreiterinnen diese im Sinne einer differenten Gleichwertigkeit umgedeutet wissen. Vor diesem Hintergrund beschrieb von Velsen ihre an der Heidelberger Universität erforderte, zuweilen mühsame, aber am Ende erfolgreich gemeisterte Anpassungsleistung an das von Männern vorgegebene und dominierte Wissens- und Bildungssystem. Dagegen galt ihr die selbständige wissenschaftliche Quellenarbeit in Archiven fern der männlich dominierten Universität als eine demonstrativ beglückende Tätigkeit, was die grundsätzliche weibliche Kompetenz zum wissenschaftlichen Arbeiten unterstreicht und der traditionellen Idee von „genius" als essentialisierte männliche Eigenschaft eine klare Absage erteilt: Allein die Rahmenbedingungen gelte es auf spezifisch weibliche Arbeits- und Denkweisen (samt teilweise andersgelagerter Inhalte) auszuweiten und entsprechend anzupassen[171].

So war ihr Studium auch maßgeblich von Frauen geprägt: Sie erzählte von der wichtigen reziproken weiblichen Unterstützung im männerdominierten Umfeld und vom ermutigenden historischen Bewusstsein um zukunftsweisende Schritte einzelner Frauen auf ungewohnten Wegen. Im Übrigen seien durchaus auch Kommilitoninnen eine zwar heimliche, im Einzelfall aber sogar unerlässliche Stütze für das akademische Voranschreiten junger Männer gewesen. Heidelberg in den 1920er Jahren war für von Velsen also ein männlich dominierter Studienort, an dem bei genauerem Hinsehen die (wenigen) Frauen – auf ihre eigene Weise und an möglichst selbstgewählten Lernorten – den intellektuellen Geist gleichwertig mitgestalteten. Und das, angesichts mangelnder Berufsaussichten für Frauen, unter ungleich schwereren Bedingungen.

Doch damit nicht genug: Bereits lange vor Einführung der politischen Gleichberechtigung 1918 war der Heidelberger „genius loci" aus frauengeschichtlicher Perspektive mit einem weiblichen Figurenaufgebot besetzt[172]. In Heidelberg waren weit vor Erhalt der politischen Gleichberechtigung intellektuelle Vordenkerinnen zusammengekommen, um an gesellschaftlich und weltpolitisch relevanten Ideen zu arbeiten und diese schließlich erfolgreich in die Praxis einzuflechten. Letzteres

---

171 Eine offensichtliche ideelle Kontinuität zur Frauenbewegung der Jahrhundertwende. Vgl. Helene LANGE, Intellektuelle Grenzlinien von Mann und Frau. Frauenwahlrecht, Berlin ²1900.

172 Im Vergleich zu heutigen Heidelberg-Studien, die außer Marianne Weber kaum eine intellektuell arbeitende Frau zu nennen vermögen oder aber sie auf die Rolle der Geliebten, der Gattin oder des Familienmitglieds einer androzentrischen Geschichte reduzieren, war für von Velsen das kleine badische Städtchen ein zentraler Frauenort. Vgl. Eberhard DEMM, Else Jaffé-von Richthofen. Erfülltes Leben zwischen Max und Alfred Weber, Düsseldorf 2014; Stefan BREUER, Kritische Theorie. Schlüsselbegriffe, Kontroversen, Grenzen, Tübingen 2016, S. 223; Helene TOMPERT, Lebensformen und Denkweisen der akademischen Welt Heidelbergs im Wilhelminischen Zeitalter. Vornehmlich im Spiegel zeitgenössischer Selbstzeugnisse, Lübeck 1969; Hubert TREIBER/Karol SAUERLAND (Hgg.), Heidelberg im Schnittpunkt intellektueller Kreise. Zur Topographie der „geistigen Geselligkeit" eines „Weltdorfes": 1850–1950, Opladen 1995.

auch zum Wohl der eigenen Nation – ein offensichtlich unabdingbarer Hinweis Mitte der 1950er Jahre. Frauen schufen sich selbst also semiöffentliche Denkräume, die gegen Ende der 1920er Jahre gar zum geistig widerständigen Hort gegen eine zunehmend maskulinisierte Umgebung wurden: So erzählte von Velsen von jungen Männern, vornehmlich aus dem universitären Verbindungswesen, die, verführt vom konservativen, antidemokratischen Bürgertum in blinder Aggression dem Nationalsozialismus folgend, gebildete und intellektuelle Frauen wie Ruth von Schulze-Gaevernitz sowie letztlich sie selbst aus der Stadt vertrieben.

Hat Dorothee von Velsen 1918 als Zäsur erzählt? Ja und nein. Ja, denn das Kriegsende entsprach für von Velsen einer Rückführung in familiäre Verpflichtungen, um das sie ihr mannigfaltiges, zum Teil neuartiges politisches Engagement herum zu gestalten hatte. Und nein, denn der Erhalt des Frauenwahlrechts und die Zulassung von Frauen in die große Politik erscheinen bei von Velsen eher als Intermezzo denn als nachhaltige Zäsur, v.a. in Bezug auf die über 1918 hinausweisende, von ihr zu Recht kritisierte Geschlechterhierarchie. So betonte sie, dass die gegen Ende der 1920er Jahre wieder zunehmend von Männern festgelegten gesellschaftlichen Rahmenbedingungen, basierend auf überholten Geschlechtszuschreibungen samt sozialer Raumzuweisungen, als notwendige Spirale ins Übel hätten führen müssen. Sie bot also in ihrer Autobiografie die Lesart, dass es womöglich erst gar nicht zum Nationalsozialismus gekommen wäre, wenn Gesellschaft und Politik in der Weimarer Republik von Frauen wie Männern gleichermaßen gestaltet und gestaltbar gewesen wären. Um ihre Aussage zu unterstreichen, marginalisierte sie ihre eigene parteipolitische Tätigkeit im Rahmen ihrer Lebenserzählung. In Bezug auf ihre Arbeit in der DDP kommt sie konsequenterweise gar zu dem (nachvollziehbaren) Schluss, dass ihre Mitarbeit an den gegebenen politischen Männerstrukturen letztlich von Beginn an zum Scheitern verurteilt gewesen sei. Kurzum, im Gegensatz zu ihren frauenpolitischen Arbeiten gab sie ihrer eigenen, nach 1918 geleisteten DDP-Politarbeit keinen adäquaten Raum in ihrer Autobiografie, was die über 1918 hinausweisende, von ihr präsentierte Kontinuität frauenfeindlicher Politstrukturen unterstreichen half. Gleiches gilt für ihre frauenpolitischen Bewegungskreise von 1911, deren programmatische Stoßrichtung sie zwar als einen weiblichen „Aufbruch"[173] schilderte, welcher jedoch auch nicht von langer Dauer war. So verknüpfte von Velsen ihre Heidelbergdarstellung (prototypisch) mit dem Bild einer Stadt in den 1920ern, die geprägt war

173 Von Velsen, Im Alter (wie Anm. 1) S. 127. Diesen Aufbruch datierte von Velsen bemerkenswerterweise auf die Jahre nach der – von Kirsten Heinsohn als frauen- und geschlechtergeschichtliche Zäsur vorgeschlagenen – Jahreszahl 1908. Vgl. Heinsohn (wie Anm. 12) S. 42 Sp. 2. In diesem Jahr wurde das Vereinsrecht reichsweit modifiziert und die über ein halbes Jahrhundert währende explizite juristische Ausgrenzung von Frauen aus politischen Vereinigungen und Vereinen beendet. Somit zeigen auch von Velsens Erinnerungen, dass diese Entscheidung von 1908 bemerkenswerterweise eher weibliche Handlungsspielraumerweiterungen nach sich zog als der Erhalt des Frauenwahlrechts 1918 aus frauengeschichtlicher Perspektive.

von einer maskulinen Eroberung der Straße als Aushandlungsort des Politischen bei gleichzeitiger Zurückdrängung des Weiblichen aus der öffentlichen Sphäre, was letztlich im menschenverachtenden und zerstörerischen System des Nationalsozialismus geendet habe. Die politische Gleichberechtigung von 1918 habe demnach keine frauenemanzipatorischen Auswirkungen auf die geschlechtshierarchische Gesinnung des Bürgertums gezeitigt.

Darüber hinaus verweist von Velsens Autobiografie auf die (bis heute) androzentrische Kontinuität der intellectual history. Diesem männlich konnotierten Intellektuellenverständnis beabsichtigte die Autorin etwas entgegenzusetzen, indem sie die Erzählungen zum mythischen Ort Heidelberg symbolisch um eine frauengeschichtliche erweiterte und den „genius loci" somit metaphorisch weiblich auflud. Zwar erscheinen beide „Geist"-Versionen von 1911 und ab 1925 als gleichwertig, aber vordergründig unverbunden. Dies mag der intendierten Aussage von Velsens Mitte der 1950er Jahre geschuldet sein, welche die politische Verantwortung für 1933 eindeutig männlichen Politikern zuschrieb[174]. Jedoch verflocht von Velsen die Intellektuellennarrative über die Verortung ihrer Erinnerungen in der symbolträchtigen Stadt Heidelberg zu einem sich ergänzenden, männlich wie weiblich besetzten „Geist". Einen exakt solchen, utopisch anmutenden und um Frauen erweiterten „genius loci" fand Dorothee von Velsen unter anderem in Marianne Webers heimatlich anmutendem Haus, denn dort „trafen sich regelmäßig alle freien, der politischen Selbstverantwortung zugewandten Menschen [...] zu oft geistreicher Aussprache"[175].

174 Vgl. von Velsen, Im Alter (wie Anm. 1) S. 130.
175 Ebd., S. 282, Hervorhebung der Verfasserin.

Richtungsweisend. Die Frauenrechtlerin Marianne Weber als erste parlamentarische Rednerin

Sybille Oßwald-Bargende

Am 15. Januar 1919 war es endlich soweit: Zum ersten Mal in der Geschichte stand eine Frau am Redepult eines deutschen Parlaments. Es war Marianne Weber (1870–1954), die als Abgeordnete der Deutschen Demokratischen Partei (DDP) in der badischen Nationalversammlung an diesem denkwürdigen Tag das Wort ergriff.

Abb. 1: Marianne Weber, Porträtfotografie von Alfred Bischoff, 1920. (Haus der Geschichte Baden-Württemberg HdG 2016/0196)

Obwohl Marianne Webers Rede einen Wendepunkt der Parlamentsgeschichte markiert, hat sie sich nicht im kollektiven Gedächtnis eingeprägt. Vielleicht liegt es daran, dass sie in Karlsruhe gehalten wurde und damit fern von Berlin, wo sich zu diesem Zeitpunkt die Ereignisse überschlugen. Am Tag, an dem Marianne Weber im Karlsruher Ständehaus als erste weibliche Abgeordnete in einem deutschen

Parlament ihre Stimme erhob, wurden in der Reichshauptstadt die beiden sozialistischen Führungspersönlichkeiten Rosa Luxemburg und Karl Liebknecht ermordet. Noch in Unkenntnis dieser schockierenden Morde war die Eröffnung der badischen Nationalversammlung[1] der Aufmacher in der Abendausgabe der „Vossischen Zeitung" vom 15. Januar 1919. Das Flaggschiff des Berliner Journalismus erwähnte darin zwar die neun Frauen unter den 107 Abgeordneten, nicht jedoch, dass zu diesen mit Marianne Weber eine prominente Vertreterin der bürgerlichen Frauenbewegung gehörte.

Die heimischen Zeitungen immerhin berichteten über Marianne Webers Rede. Der „Volksfreund", ein SPD-Blatt, lobte „die warmherzige Weise", mit der Marianne Weber „die allgemeine Bedeutung dieses Momentes" gewürdigt habe[2]. Der „Badischen Presse", eine unabhängige Tageszeitung, fiel positiv auf, dass „Frau Marianne Weber, mit glücklicher Erfassung des Wesentlichen darauf abhob, wie die Frauen der Volksvertretung über die Parteigrenzen hinaus durch die Interessen ihres Geschlechts wie durch ein besonderes gemeinsames Band verknüpft werden"[3]. Dagegen zeigte sich die „Karlsruher Zeitung", zugleich „Badischer Staatsanzeiger", erstaunt, weil „[g]anz unerwartet [...] auch die Frauen, die zum ersten Male im hohen Hause eingezogen sind, das Wort [nahmen]; die kurzen Erklärungen, wie sie sich ihre Mitarbeit denken, machten sichtlich einen guten Eindruck"[4]. Der „Badische Beobachter", die Zeitung der Zentrumspartei, schließlich monierte, dass Marianne Weber „gegen die Vereinbarung und ohne jede vorherige Fühlungnahme mit den übrigen Frauen der Nationalversammlung [...] das Wort [ergriffen habe], um im Namen der Frauen draußen den Dank für das erworbene Wahlrecht und das Gelöbnis treuer Mitarbeit abzugeben"[5].

Vielleicht liegt es an der raschen Abfolge von 25 Parlamentseröffnungen zwischen dem Jahresende 1918 und dem Frühjahr 1919, weshalb Marianne Webers Rede über den badischen Raum hinaus kaum beachtet wurde. Von den insgesamt 117 weiblichen Abgeordneten (unter insgesamt 1.918, was einem Anteil von gerade einmal 6,1 Prozent entsprach)[6], hatte am 19. Dezember 1918 die Sozialdemokratin Erna Weiland (1888-?) als Erste die Chance, vor einem Parlament zu sprechen. Aber die einzige Abgeordnete der Verfassunggebenden Versammlung von Mecklenburg-Strelitz blieb an diesem Tag stumm.

---

1 „Eröffnung der badischen Nationalversammlung", in: Vossische Zeitung vom 15.1.1919, Abendausgabe, S. 1.

2 „Die Eröffnung der Nationalversammlung", in: Volksfreund vom 16.1.1919, S. 1.

3 „Die Regierung u[nd] die bad[ische] Nationalversammlung", in: Badische Presse vom 16.1.1919, Mittag-Ausgabe, S. 1.

4 „Die Eröffnung der badischen Nationalversammlung", in: Karlsruher Zeitung. Badischer Staatsanzeiger vom 16.1.1919, S. [3].

5 „Die Eröffnung der Badischen Nationalversammlung", in: Badischer Beobachter vom 16.1.1919, Abendblatt, S. 1.

6 Vgl. die tabellarische Zusammenstellung bei Dorothee von Velsen, Die Frau und die Volksvertretung. Eine statistische Studie, in: Jahrbuch des Bundes Deutscher Frauenverein 1920 (1919) S. 23–28, hier S. 27.

Es lassen sich weitere Vermutungen anstellen, weshalb sich Marianne Weber und ihre Rede nicht ins kollektive Gedächtnis eingeprägt haben. So eignete sie sich weniger offensichtlich als Ikone der ersten Parlamentarierinnengeneration als die streitbare Clara Zetkin (1857–1933) oder Marie Juchacz (1879–1956), die üblicherweise als erste deutsche Parlamentsrednerin gewürdigt wird[7]. Für die beiden Sozialistinnen war die Revolution nicht zuletzt wegen des Gewinns für die Frauen uneingeschränkt positiv. Eine Sichtweise mit der sich die liberale Marianne Weber schwer tat. Sie zweifelte, ob die Frauenmassen der ihnen durch den „blutigen Karneval" der Revolution in den Schoß geworfenen politischen Mündigkeit und Mitverantwortung gewachsen seien[8].

Dazu kommt, dass Marianne Webers Parlamentszeit nur von kurzer Dauer war. Bereits nach der Sommerpause legte sie ihr Mandat nieder. Auch machte sie selbst wenig Aufhebens von diesem Lebensabschnitt, den sie in ihren Lebenserinnerungen „Parlamentarisches Zwischenspiel" betitelt[9]. Als eine Art teilnehmende Beobachterin beschreibt Marianne Weber darin mit distanzierter Empathie das Entstehen eines demokratischen Staatswesens und das Interagieren ihrer Parlamentskollegen[10]. Der eigene Anteil am politischen Aufbruch schrumpft im Rückblick auf die Rolle als weibliches Schmuckstück der DDP-Fraktion[11]. Eine größere Bedeutung misst sie dagegen der (nach ihrer Meinung) verpassten Chance bei, ihren Mann, den Soziologen Max Weber (1864–1920), auf hohe politische Positionen zu berufen[12]. Nicht von ungefähr wird Marianne Weber in Wissenschaftskreisen bis heute vorrangig als dessen Nachlassverwalterin und Biographin wahrgenommen[13].

Doch handelt es sich bei Marianne Webers Rede wirklich nur um einen Zufall oder eine Marginalie der Geschichte? Der Redetext selbst liefert den Schlüssel zu einer adäquaten Bewertung. Trotz konziliantem Tonfall hielt Marianne Weber in gerade einmal knapp drei Minuten eine programmatische Rede, die erhellende Rückschlüsse auf das politische Selbstverständnis einer Vertreterin der ersten Parlamentarierinnengeneration erlaubt[14].

---

[7] Helga GREBING, Frauen in der deutschen Revolution 1918/19 (Kleine Schriften Stiftung Reichspräsident-Friedrich-Ebert-Gedenkstätte, Bd. 17), Heidelberg 1994, S. 10f. Zu Clara Zetkin vgl. auch den Beitrag von Mascha Riepl-Schmidt in diesem Band.

[8] Marianne WEBER, Die Frauen und die Demokratische Partei, in: Frankfurter Zeitung und Handelsblatt vom 8.12.1918, Erstes Morgenblatt, S. 1 sowie DIES., Lebenserinnerungen. Nachdruck der Ausgabe Bremen 1948, Hildesheim/Zürich/New York 2004, S. 81 f.

[9] Ebd., S. 79.

[10] Zu Marianne Webers soziologischem Blick auf die parlamentarische Arbeit vgl. Isabelle BERREBI-HOFFMANN (u. a.) (Hg.), Marianne Weber, sociologue, féministe et analyste de la vie parlementaire, in: Revue française de science politique 64 (2014) S. 459–467.

[11] WEBER, Lebenserinnerungen (wie Anm. 8) S. 92 und S. 111.

[12] Ebd., S. 85.

[13] Selbst Marianne Webers Biographin sitzt dieser Sichtweise auf; vgl. Bärbel MEURER, Marianne Weber. Leben und Werk, Tübingen 2010.

[14] Wiedergabe des Wortlauts in: Verhandlungen des badischen Landtags, Protokolle 1919, Heft 523, 1. Sitzung, 15.1.1919, S. 2–15, hier S. 9. Daraus auch die folgenden Zitate.

Marianne Weber formulierte den Anspruch der Frauen auf politische Partizipation und betonte ihre Kompetenz: Sie verwies auf die lange und erfolgreiche Mitwirkung der Frauen im sozialen Bereich und auf ihre Leistungen, die sie für das Gemeinwesen zuletzt während des Krieges erbracht hatten. Durch eine Art von Schule der Partizipation seien Frauen also gegangen und hätten dort gelernt, „zu allen Angelegenheiten des öffentlichen Lebens, und zur Gesetzgebung, soweit sie das weibliche Geschlecht betraf, Stellung zu nehmen“. Unausgesprochen entkräftete Marianne Weber damit gängige Einwände gegen die politische Teilhabe von Frauen, als da wären: Sie seien wegen ihrer Emotionalität für das rationale politische Geschäft ungeeignet. Oder: Frauen interessierten sich überhaupt nicht für Politik. Oder: Das Wahlrecht fuße auf dem mit dem Wehrdienst gleichgesetzten Dienst am Vaterland. Schließlich betonte Marianne Weber, sie verstehe sich nicht nur als Parteipolitikerin, sondern als Vertreterin ihres Geschlechts. Für „die Interessen unseres Geschlechts“ wolle sie sich gegebenenfalls über Parteigrenzen hinweg und gemeinsam mit ihren Parlamentskolleginnen einsetzen – aber immer im „Interesse des Ganzen und [...] unseres badischen Vaterlandes“.

Als Marianne Weber am 15. Januar 1919 ans Redepult des Karlsruher Ständehauses trat, war sie bereits seit langem als Aktivistin der bürgerlichen Frauenbewegung und als wissenschaftliche Publizistin bekannt. Auch politisch war Marianne Weber damals schon kein unbeschriebenes Blatt mehr. Dieser Werdegang war Marianne Weber nicht zwangsläufig in die Wiege gelegt.

Die 1870 in Oerlinghausen geborene Marianne Schnitger, so der Geburtsname, wuchs, obwohl mütterlicherseits aus reicher Familie stammend, in psychosozial bedrückenden Verhältnissen bei ihrer Großmutter väterlicherseits auf. Ihr Vater, ein Arzt, zeigte Anzeichen einer psychischen Störung und konnte sich nach dem frühen Tod seiner Frau wohl allein schon deshalb nicht um seine einzige Tochter kümmern. Im Haushalt der Großmutter lebten außer zwei ebenfalls psychisch kranken Onkeln noch zwei unverheiratete Tanten, die als Lehrerinnen eine prekäre Existenz fristeten. Der Großvater mütterlicherseits finanzierte schließlich Marianne Schnitgers „Finishing“ in einem renommierten Hannoveraner Mädchenpensionat (1887–1889) und (nach einem Zwischenspiel als Haustochter bei einer Tante in Oerlinghausen) ab 1892 den Besuch der Damenklasse eines Berliner Kunstmalers.

Berlin eröffnete Marianne Schnitger nicht zuletzt im Haus von Verwandten neue Welten. Max Weber senior (1836–1897), ein Großonkel, war ein bekannter nationalliberaler Politiker[15]. Seine Frau Helene (1844–1919), eine „Virtuosin in Sachen Wohltätigkeit“[16], hatte 1887 Helene Langes berühmte Petition für eine verbesserte

[15] Der Bruder von Max Weber senior, Carl David Weber, war Marianne Schnitgers Großvater mütterlicherseits. Vgl. zu seinem politischen Wirken ausführlich Guenther ROTH, Max Webers deutsch-englische Familiengeschichte 1800–1950, Tübingen 2001, S. 371–445.

[16] So Guenther ROTH, Marianne Weber und ihr Kreis. Einleitung, in: Marianne WEBER, Max Weber. Ein Lebensbild, München 1989, S. IX-LXXI, hier S. XIV.

Mädchenbildung und die Zulassung des Frauenstudiums unterzeichnet[17]. Bei Familie Weber verkehrten Persönlichkeiten aus Wissenschaft und Politik sowie Menschen, die sich sozial engagierten. Nicht zuletzt entdeckte Marianne Schnitger hier ihre Zuneigung zum ältesten Sohn des Hauses, dem jungen, vielversprechenden Hochschullehrer Max Weber. 1893 wurde Hochzeit gefeiert, nachdem Max Weber seine Braut darauf eingeschworen hatte, als „Kameraden" die „hohe See" des Lebens gemeinsam zu meistern[18]. Diese „Gefährtenehe" (so Marianne Weber) schränkte sie jedenfalls nicht auf ein Hausfrauendasein ein, sondern ließ ihr Raum zur persönlichen Entfaltung. Schon seiner Braut empfahl Max Weber allerdings, sich nicht auf „geistige Bildung" zu kaprizieren, sondern sich ein „unangreifbares Gebiet" zu suchen, „auf welchem ich nicht, wie auf dem Gebiet des Denkens, mit Dir concurrieren kann"[19].

Marianne Weber fand ihre Freiräume als Publizistin[20], Aktivistin der bürgerlichen Frauenbewegung und schließlich als liberale Politikerin. Ihre Interessen entwickelten sich nicht sukzessive, sondern parallel und sich immer mehr verschränkend. Zugute kamen Marianne Weber bei ihrem Selbstfindungsprozess die gesellschaftlichen Kreise, in denen sie sich bewegte, und Netzwerke, die sie knüpfte, sowie das im Hinblick auf die Frauenemanzipation günstige politische und gesellschaftliche Klima in ihrer neuen Heimat Baden[21]. In Freiburg im Breisgau, wohin Max Weber 1894 als Professor berufen wurde, stillte Marianne Weber ihren intellektuellen Hunger als Gasthörerin bei Kollegen ihres Mannes (noch hatten auch im späteren Musterland Baden Frauen bis 1900 kein Anrecht auf ein ordentliches Studium). Heraus kam eine erste, 1900 erschienene wissenschaftliche Arbeit mit dem Titel „Fichte's Sozialismus und sein Verhältnis zur Marx'schen Doktrin". Mit der 1907 erschienenen dickleibigen Studie „Ehefrau und Mutter in der Rechtsentwicklung" legte Marianne Weber ein Grundlagenwerk über die Entstehung patriarchaler Strukturen vor, das sie zur gefragten Expertin für Ehe- und Sittlichkeitsfragen machte. Mit Georg Simmel (1858–1918) stritt sie sich auf akademischem Niveau um die Frage, ob das „Menschsein" oder das „Weibsein" das

---

17 Zu Helene Webers karitativen Anliegen vgl. ROTH, Familiengeschichte (wie Anm. 15) S. 523–527.

18 Seine Beziehungsvorstellungen erläuterte Max Weber seiner Braut Marianne Schnitger in einem Brief vom 16.1.1893, in: Max WEBER, Briefe 1887–1894 (Max Weber Gesamtausgabe, Abteilung II: Briefe, Bd. 2), Tübingen 2017, S. 302–305.

19 So in einem Brief vom 14.6.1893, ebd., S. 400–401.

20 Vgl. zum Überblick „Bibliographie Marianne Weber" in MEURER (wie Anm. 13) S. 636–639.

21 Als Überblick zur Situation in Baden die Beiträge von Barbara GUTTMANN, Der „friedliche Krieg zwischen den Geschlechtern". Die Frauenbewegung im Großherzogtum Baden (Teil 1), in: Susanne JENISCH (Hg.), Standpunkte. Ergebnisse und Perspektiven der Frauengeschichtsforschung in Baden-Württemberg, (Frauenstudien Baden-Württemberg, Bd. 1), Tübingen, Stuttgart 1993, S. 124–131, sowie Susanne ASCHE, Fürsorge und Emanzipation – oder Rassehygiene. Die Frauenbewegung im Großherzogtum Baden (Teil 2), in: ebd., S. 132–142.

Wesen der Frau ausmache. Marianne Weber gelangte zu der Erkenntnis, dass die moderne Frau ihren Lebenssinn selbst finden und rechtfertigen müsse, ohne aber von der Vorstellung eines spezifisch weiblichen Wesens und dessen besonderem Stellenwert für die Gesellschaft abzurücken[22].

Schon in Freiburg verkehrte Marianne Weber nicht nur in Hochschulkreisen, sondern bereits in Frauengruppen[23]. Heidelberg, ab 1897 Max Webers nächste akademische Station, wurde dank Marianne Weber zu einem „Hotspot" der bürgerlichen Frauenbewegung. Hier zeigte sich ihr besonderes Talent, Ideen aufzugreifen und zu adaptieren. Noch 1897 gründete Marianne Weber die Heidelberger Sektion des Vereins „Frauenbildung-Frauenstudium", dessen Hauptanliegen Bildungsgerechtigkeit für Frauen war. Die Vortragsreihen des Vereins (mit namhaften Universitätsprofessoren und Vertreterinnen der Frauenbewegung als Referenten und Referentinnen) wurden ein fester Bestandteil des Heidelberger Gesellschaftslebens. Neben eher „unverfänglichen" allgemeinbildenden Themen aus Geschichte, Theologie oder Medizin stellte ein zweiter Veranstaltungsstrang damals „heiße Eisen" wie die Mädchenschulreform, den Wandel des weiblichen Bildungsideals oder die Koedukation zur Diskussion. Frauenerwerbs- und Berufsfragen wurden ebenso thematisiert wie die Forderung nach dem Frauenstimmrecht oder Überlegungen zu Bürgerpflichten der Frau[24].

Der Verein „Frauenbildung-Frauenstudium" war so etwas wie die Keimzelle für weitere Aktivitäten[25]. Nicht zuletzt kümmerte sich Marianne Weber um sozial benachteiligte Frauen (das waren in der Universitätsstadt vor allem Dienstmädchen und Kellnerinnen). Ob bei der Einrichtung der Heidelberger Rechtsschutzstelle oder der Gründung von Mädchen- und Frauengruppen für soziale Hilfsarbeit, ob bei Petitionen, die sich gegen die Eröffnung eines Bordells richteten oder für das Frauenwahlrecht bei Kirchenwahlen warben, Marianne Weber war als Initiatorin oder Unterstützerin dabei, machte sich über ihren Heimatort hinaus als Organisatorin und Netzwerkerin einen Namen. Bereits 1901 wurde sie erstmals Vorstandsmitglied des „Bundes Deutscher Frauenvereine" (BDF). Seither gehörte sie zum Führungskreis dieser „Pressure group" der bürgerlichen Frauenbewegung. Im Schatten ihrer Freundin Gertrud Bäumer (1873–1954) stehend, gilt Marianne Weber als eher gemäßigt denn als progressiv, als eine, die zur konservativen Wende

---

[22] Vgl. zu diesem Streit Ingrid Gilcher-Holtey, Modelle „moderner" Weiblichkeit. Diskussionen im akademischen Milieu Heidelbergs um 1900, in: Mario Rainer Lepsius (Hg.), Lebensführung und ständische Vergesellschaftung (Industrielle Welt, Bd. 47), Stuttgart 1992, S. 176–205, hier S. 180–186 und S. 203.

[23] Sehr allgemein bei Weber, Lebenserinnerungen (wie Anm. 8) S. 55 f.; desweiteren Hinweise mit Bezug auf Marianne Webers Korrespondenz mit ihrer Schwiegermutter Helene bei Meurer (wie Anm. 13) S. 87–93.

[24] Einen Eindruck von den vielfältigen Vortragsangeboten vermittelt Ferdinand Rösiger, Chronik der Stadt Heidelberg für die Jahre 1907–1909, Heidelberg 1913, S. 215–218.

[25] Vgl. Gilcher-Holtey (wie Anm. 22) hier S. 189–196; Klaus Kempter, Camilla Jellinek und die Frauenbewegung in Heidelberg, in: Bärbel Meurer (Hg.), Marianne Weber. Beiträge zu Werk und Person, Tübingen 2004, S. 111–126, hier insbes. S. 114 und S. 123.

des BDFs beigetragen hat. Ihre Beiträge in der Bundespresse[26] waren stets klug und reflektiert, zeichneten sich aber durch einen Touch von Zögerlichkeit aus: Eine Sexualreform? Ja, aber bitte unter Wahrung persönlicher „ethischer Integrität" und ohne die Institution Ehe prinzipiell in Frage zu stellen. Frauenerwerbstätigkeit ja, als Folge sozioökonomischer Zwänge und als Chance auf Selbstverwirklichung, aber bitte möglichst als harmonische Dreifaltigkeit aus Ehe-Familie-Beruf und unter dem Vorbehalt, dass die Persönlichkeit die Mehrfachbelastung erlaubte[27]. Doch nicht nur zu Ehe- und Sexualreform, zu Frauen in Wissenschaft und Beruf bezog Marianne Weber Stellung, sondern auch zum Verhältnis von Frauenbewegung und Parteipolitik – ein im BDF ebenfalls umstrittenes Thema. Das „Centralblatt des Bundes deutscher Frauenvereine" druckte in seiner Dezember-Ausgabe des Jahres 1901 eine Replik von Marianne Weber auf Helmut von Gerlach (1866–1935) ab, die zuerst im Hausblatt des Nationalsozialen Vereins „Die Zeit" erschienen war[28]. Helmut von Gerlach, ein Mitstreiter Friedrich Naumanns (1860–1919), hatte die bürgerliche Frauenbewegung aufgefordert, sich wie ihr linker Flügel um Minna Cauer (1841–1922) und Anita Augspurg (1857–1943) und nach dem Vorbild ihrer proletarischen Schwesterbewegung parteipolitisch zu positionieren. Mit dem Hinweis auf den universellen Anspruch der bürgerlichen Frauenbewegung wies Marianne Weber die Aufforderung Helmut von Gerlachs entschieden zurück. Im Gegensatz zur proletarischen Frauenbewegung, die sich als Teil des Klassenkampfes verstehe und sich ausschließlich an Proletarierinnen wende, sei die bürgerliche Frauenbewegung nicht politisch, sondern ethisch motiviert und appelliere an „ihr ganzes Geschlecht als solches". Oberstes Ziel der bürgerlichen Frauenbewegung sei „die Beseitigung aller äußeren Schranken, die ihrer [der Frauen] Entwickelung zur vollen Menschlichkeit entgegenstehen". Natürlich, so konzedierte Marianne Weber, hätten auch Frauen politische Interessen, allerdings seien sie so vielfältig und unterschiedlich wie die materielle Lage von Frauen. Folglich hing für Marianne Weber eine parteipolitische Präferenz immer von individuellen Beweggründen ab. Konsequenterweise konnte sie damit auch dem Gedanken an eine einheitliche Frauenpartei nichts abgewinnen.

Derartige Überlegungen muten zum damaligen Zeitpunkt wie reine Gedankenspiele an. Nach wie vor besaßen Frauen kein Wahlrecht und eine Parteimitgliedschaft war (jedenfalls auf Reichsebene) prinzipiell ausgeschlossen. Trotzdem fanden immer mehr Frauen eine parteipolitische Heimat, so auch Marianne Weber. Sie schloss sich dem Lager des Liberalismus an, in das sie gewissermaßen eingeheiratet hatte. Ihr Schwiegervater, Max senior, war Nationalliberaler. Ihr Mann, Max junior, war mit jungen Linksliberalen, darunter Friedrich Naumann, be-

[26] Zum Überblick vgl. die Zusammenstellung von Marianne Webers Publikationen bei Meurer (wie Anm. 13) S. 636–639.

[27] Zu diesen Debatten im BDF und Marianne Webers Positionen vgl. Roth, Familiengeschichte (wie Anm. 15) S. 573–581.

[28] Marianne Weber, Politik und Frauenbewegung, in: Centralblatt des Bundes deutscher Frauenvereine 3 (1901) Heft 17, S. 1–2. Daraus auch die folgenden Zitate.

freundet und beteiligte sich an deren Diskussionen, wie durch eine Neuausrichtung des Liberalismus Antworten auf die drängenden sozialen Probleme der Zeit zu geben seien[29]. Auch ihre Schwiegermutter Helene Weber gehörte zum Unterstützerkreis von Friedrich Naumann. Ihr Schwager Alfred Weber (1868–1958) wiederum gründete schließlich im November 1918 die DDP, der Marianne Weber im Gegensatz zu ihrem Mann ohne Zögern sofort beitrat[30].

Marianne Webers Parteikarriere begann jedoch nicht erst mit diesem Beitritt zur DDP. Da das Vereinsgesetz des Großherzogtums Baden keine Hürden für die Parteimitgliedschaft von Frauen aufbaute[31] (wie sie bis 1908 in Preußen und einigen anderen Staaten des Kaiserreichs galten) trat Marianne Weber dem dortigen Ableger des Nationalsozialen Vereins, einem Vorläufer der DDP, bei. Ihrer Schwiegermutter berichtete sie am 20. Dezember 1903 vom ersten Besuch einer Vereinsversammlung. Weil es dort um „Schulfragen" ging, „mußte ich wohl oder übel um die Anschauungen meines Geschlechts zur Geltung zu bringen, zum ersten Male vor einer Männermasse auch etwas piepen"[32]. Es blieb nicht beim „Piepen", denn Marianne Weber stieg rasch in den Vorstand der Heidelberger Ortsgruppe auf[33]. Gemeinsam mit zwei anderen Mitgliedsfrauen der ersten Stunde, Marie Baum (1874–1964) und Else Jaffé-von Richthofen (1874–1973), erwirkte sie 1906 einen Passus im Programm der badischen Nationalsozialen, der „die staatsbürgerliche Gleichstellung der Frau mit dem Mann auf dem Gebiet des kommunalen und staatlichen Wahlrechts" verlangte[34].

Der Liberalismus übte nicht nur auf Marianne Weber eine große Anziehungskraft aus. Auf dessen Ideale und Versprechen setzten weitere Größen der bürgerlichen Frauenbewegung wie Helene Lange (1848–1930) und Gertrud Bäumer[35]. Sie

---

[29] Vgl. die Einleitung zu Max Weber, Landarbeiterfrage, Nationalstaat und Volkswirtschaftspolitik. Schriften und Reden 1892–1899 (Max Weber Gesamtausgabe, Abteilung I: Schriften und Reden, Bd. 4,1), Tübingen 1993, S. 26–38.

[30] Vgl. Max Webers Brief an Else Jaffé vom 15.1.1918, zit. nach Max Weber, Briefe 1918–1920 (Max Weber Gesamtausgabe, Abteilung II: Briefe, Bd. 10,1), Tübingen 2012, S. 305.

[31] Das badische Vereinsgesetz von 1867 verzichtete bewusst auf die Unterscheidung von politischen und unpolitischen Vereinen, da es generell auf Einschränkung der Vereinsfreiheit verzichtete in der Annahme, dass die öffentliche Meinung der beste Schutz gegen staatsfeindliche Umtriebe sei, vgl. Werner Schultze, Öffentliches Vereinigungsrecht im Kaiserreich – 1871 bis 1908, Frankfurt a. M. 1973, S. 178 f. Anm. 135, und S. 271, Anm. 122.

[32] Vgl. Marianne Webers Brief an ihre Schwiegermutter, Bestand Max Weber-Schäfer, Deponat Bayerische Staatsbibliothek München (im Folgenden: BSB München), Ana 446. Das genaue Beitrittsdatum ist ebenso wenig bekannt, wie seit wann die badischen Nationalliberalen weibliche Mitglieder aufnahmen.

[33] Laut Max Weber, Briefe 1903–1905 (Max Weber Gesamtausgabe, Abteilung II: Briefe, Bd. 4), S. 489.

[34] Zitiert nach: Elisabeth Altmann-Gottheiner, Die deutschen politischen Parteien und ihre Stellung zur Frauenfrage, in: Zeitschrift für Politik 3 (1910) S. 581–598, hier S. 594; Agnes von Zahn-Harnack, Die Frauenbewegung. Geschichte, Probleme, Ziele, Berlin 1928, S. 289.

[35] Vgl. dazu und zum Folgenden: Angelika Schaser, Bürgerliche Frauen auf dem Weg in die linksliberalen Parteien (1908–1933), in: Historische Zeitschrift 263 (1996) Heft 3, S. 641–680.

hofften und glaubten, die liberalen Ideale von Freiheit und Verantwortung des Individuums sowie vom Recht auf Entfaltung der Persönlichkeit müssten für Mann und Frau gleichermaßen gelten. Doch mussten sie lernen: Theorie und Praxis klafften im Liberalismus auseinander. So blieben Frauen bis zum Ende des Kaiserreichs gewissermaßen Liberale zweiter Klasse und wurden mit ihren Forderungen nach Emanzipation von den meisten ihrer Gesinnungsgenossen auf Abstand gehalten. Das änderte sich schlagartig mit der Revolution und der Gewährung des aktiven und passiven Frauenwahlrechts, denn wie alle Parteien, so entdeckten auch die Liberalen das riesige Stimmenreservoir, aus dem sie schöpfen wollten[36]. Da lag es nahe, auf parteipolitisch engagierte Frauenrechtlerinnen als Zugpferde in den anstehenden Wahlkämpfen auf Reichs- und Länderebene zu setzen. Dass Marianne Weber als ein solcher Magnet den Sprung in die badische Nationalversammlung schaffen würde, stand wegen des geltenden Wahlverfahrens mit gebundenen Listen schon bei ihrer Nominierung so gut wie fest. Sie war, wenn auch „über den Kopf meiner hiesigen Parteifreunde [hinweg]“[37], auf Listenplatz vier der DDP für den Wahlkreis Mannheim-Heidelberg-Mosbach nominiert.

Marianne Weber führte einen überaus engagierten Wahlkampf, denn sie teilte die verbreitete Sorge, die Neuwählerinnen könnten sich des wie „der Dieb in der Nacht“ über sie gekommenen Wahlrechts nicht würdig erweisen[38]. Bis an die Grenzen ihrer physischen Belastbarkeit ging sie auf Stimmenfang, erläuterte auf unzähligen Wahlveranstaltungen landauf, landab und in Pressebeiträgen, weshalb die Ausübung des Wahlrechts so wichtig sei. Entgegen ihrem früheren Credo, keine einzelne Partei könne die Interessen der Frauen vertreten, warb sie nun für die DDP als die Partei für Frauen.

Marianne Weber machte keine Wahlversprechen, sondern vertrat Positionen. Am 8. Dezember 1918 erschien auf Seite Eins der „Frankfurter Zeitung“ ihr Beitrag „Die Frauen und die Demokratische Partei“[39]. Ausgehend von den großen Versprechen des Liberalismus auf uneingeschränkte Menschenwürde und Freiheit des Einzelnen formulierte sie drei Forderungen der Frauen sowohl an ihre Partei, als auch an das neue Staatswesen. Erstens: „unseren Pflichtenkreis selbst abzugrenzen und unsere Doppelaufgaben als Gattinnen und Mütter und als Bürgerinnen nach eigenem Gewissen in Einklang zu bringen“. Zweitens: „unsere eigenen Interessen und unsere besonderen Ansichten im Gemeinschaftsleben zur Geltung

---

36 Christiane Pfanz-Sponagel, Vom Frauenverein zum Mandat. Frauen, Frauenbewegung und Politik im Rhein-Neckar-Raum 1890–1933 (Mannheimer historische Forschungen, Bd. 21), Ludwigshafen 2004, S. 153, Anm. 16, geht von einem „Überschuss“ von 100.000 weiblichen Stimmen aus.

37 So Marianne Weber in einem Brief an ihre Schwiegermutter Helene Weber vom 29.12.1918, BSB München Bestand Max Weber-Schäfer, Ana 446.

38 Zu ihrem Unbehagen über eine unzureichende Vorbereitung der „Frauenmassen“ auf das neue Wahlrecht vgl. Weber, Die Frauen (wie Anm. 8) S. 1; die bürgerliche Frauenbewegung setzte zur Mobilisierung der weiblichen Wahlberechtigten extra eine Werbegruppe ein, vgl. Schaser (wie Anm. 34) hier S. 669–670.

39 Weber, Die Frauen (wie Anm. 8).

zu bringen". Drittens: an der Gesetzgebung mitzuwirken und nicht nur wie bisher schon „in der öffentlichen Wohlfahrtspflege und Fürsorge jeglicher Art" unentbehrlich zu sein[40].

Am Vorabend der Wahl richtete Marianne Weber in der „Heidelberger Zeitung" „Ein letztes Wort an die Frauen!"[41]. Darin warnte sie davor, konservativ oder das Zentrum zu wählen, weil diese Parteien „die politische Mündigkeit der Frau, überhaupt die Gleichstellung mit dem Manne schroff abgelehnt" hätten. Da ihr offensichtlich kein frauenspezifisches Argument gegen die Sozialdemokratie einfiel, beschwor sie allgemein die von dieser Seite drohende Gefahr eines utopischen Zukunftsstaates und wirtschaftlicher Experimente herauf. Ihr Appell an die Wählerinnen, die Liste der DDP zu wählen, gipfelte in dem Schlusssatz: „Wenn ihr freie aufrechte und zugleich gewissenhafte Menschen mit eigenem Urteil seid[,] dann laßt ihr euch nicht durch Schlagworte und undurchführbare Ideen blenden, sondern dann stellt ihr euch auf den Boden einer Partei die allen Volksgenossen dienen und in nüchterner zäher Arbeit das Erdreich für ein gesittetes aufrechtes selbstsicheres deutsches Menschentum bereiten will."

Die Mobilisierung der Wählerschaft und insbesondere der Wählerinnen gelang grandios, wie ein Stimmungsbericht vom Wahlgeschehen in Heidelberg illustriert: „Der Wahltag [...] verlief trotz lebhaften Lebens und Treibens auf den Straßen ruhig. Gegen früher hat sich im äußeren Bild nicht viel verändert. Zettelverteilung, Plakatausträger, Schlepper, Autos, [...] kurzum der bekannte Wahlmechanismus, wie wir ihn von früheren Wahlen her kennen, dagegen als neue Note, die Frauen an der Wahlurne. Wer etwa befürchtet hatte, daß die Frauen der Bedeutung der Wahlen sich nicht bewußt wären, ist gründlich eines besseren belehrt worden. Der Andrang der Frauen zur Wahlurne war das charakteristische Merkmal des Wahltages. Ihnen ist es auch in erster Linie zuzuschreiben, daß die Wahlbeteiligung in den meisten Bezirken 90 v. H. in einem sogar 94 v. H. erreichte."[42]

Die DDP ging als drittstärkste Kraft (22,78 Prozent) aus der Wahl am 5. Januar 1919 hervor, hinter den Mehrheitssozialdemokraten (MSPD) (36,63 Prozent) und dem Zentrum (32,06 Prozent). Abgeschlagen auf dem vierten Platz landete die Deutschnationale Volkspartei (DNVP) (7,03 Prozent). Die Unabhängigen Sozialdemokraten (USPD) (1,5 Prozent) schaffte es erst gar nicht in die badische Nationalversammlung. In der Universitätsstadt Heidelberg allerdings wurde die DDP unangefochtene Nummer Eins in der Wählergunst (37,23 Prozent) und ließ die MSPD (29,93 Prozent) deutlich hinter sich. Zentrum (18,02 Prozent), DNVP (11,19 Prozent) und die USPD (mit dem marginalem Ergebnis von 1,41 Prozent) folgten. Was

---

[40] Ebd.

[41] Marianne WEBER, Ein letztes Wort an die Frauen!, in: Heidelberger Zeitung vom 4.1.1919, S. 2.

[42] Die Wahlen zur badischen Nationalversammlung. Wahlergebnisse aus Heidelberg, in: Heidelberger Zeitung vom 6.1.1919, S. 1–2, hier S. 1. Auf Landesebene lag die Wahlbeteiligung bei 88 Prozent, vgl. Michael BRAUN, Der Badische Landtag 1918–1933 (Handbuch der Geschichte des deutschen Parlamentarismus), Düsseldorf 2009, S. 606.

die Parteipräferenzen der Geschlechter anbelangt, so liegen nur Ergebnisse für wenige Wahlkreise vor, nicht jedoch für Baden und Heidelberg. Deshalb kann man nur vermuten, dass sich das sogenannte Weimarer Muster, demzufolge Frauen signifikant das Zentrum bevorzugten und deutlich seltener als Männer die Linksparteien wählten[43], auch hier bewahrheitete.

Im Hinblick auf das passive Wahlrecht war das Ergebnis ernüchternd: Lediglich neun von 107 Sitzen gingen an Parlamentarierinnen, von denen jeweils vier dem Zentrum beziehungsweise der Sozialdemokratischen Partei Deutschlands (SPD) angehörten. Marianne Weber war gar in der 25-köpfigen DDP-Fraktion der weibliche Solitär[44].

Entsprechend scharf kommentierte die Zeitschrift „Die Frau im Staat": „Die [badischen] Demokraten haben sich ein glänzendes Zeugnis für Ihre politische Reife ausgestellt! Sie haben die Frauen mit Ausnahme von Heidelberg überall dorthin gestellt, wo sichere Aussicht war, dass sie keinem männlichen Kandidaten ‚wehe tun' würden."[45] Und Max Webers Sicht auf den Wahlerfolg seiner Frau mutet angesichts dessen reichlich ironisch an: Marianne „ist in der badischen Nationalversammlung und macht dort die Gesetze unter denen ich zu leben habe – *noch* feministischer kann man doch nicht sein! Sie als *einzige* von der Familie und kein Mann ist da drin!"[46] (Max Weber und sein Bruder Alfred waren bei der Kandidatenaufstellung der DDP für die Wahl zur deutschen Verfassunggebenden Versammlung durchgefallen.) Konnte Marianne Weber in dieser Konstellation mehr sein, als bloß die einflusslose Alibifrau der DDP?

Eine gesichts- und farblose Hinterbänklerin war Marianne Weber jedenfalls, was ihre Sichtbarkeit im Plenarsaal anbelangte, nicht: „Die vier Frauen des Zentrums sitzen zusammen in der obersten Reihe. Die einzige weibliche Vertreter[i]n bei der Demokratie hat auf dem Platze des früheren Abg[eordneten] Geck [mittig in der dritten Sitzreihe] sich niedergelassen, während die vier sozialdemokratischen weiblichen Abgeordneten in verschiedenen Gruppen ihre Plätze einnehmen."[47] Als Schriftführerin und damit Mitglied des Parlamentspräsidiums „thronte" Marianne Weber sogar gelegentlich unübersehbar über dem Plenum. Doch erkannte sie das Gönnerhafte der „Ehrung", weil damit lediglich das Abzeichnen von Protokollen

---

[43] Gabriele BREMME, Die politische Rolle der Frau in Deutschland. Eine Untersuchung über den Einfluß der Frauen bei Wahlen und ihre Teilnahme in Partei und Parlament, Göttingen 1956, S. 243.

[44] Ein Gruppenfoto anlässlich der Ersten ordentlichen Landesversammlung in Baden in der Festhalle Karlsruhe zeigt Marianne Weber als einzige Frau inmitten der Fraktionsmitglieder der Deutschen Demokratischen Partei, Postkarte, 30. März 1919; vgl. den Beitrag von Christopher Dowe, S. 71 ff.

[45] Gertrud BAER, Die weiblichen Abgeordneten in den Parlamenten, in: Die Frau im Staat 1 (1919) Heft 2, S. 6–7, hier S. 7.

[46] Max Weber in einem Brief an Martha Riegel vom 29.1.1919, zit. nach: WEBER, Briefe 1918–1920 (wie Anm. 29) S. 414 f. Hervorhebungen im Original.

[47] Die bad[ische] Nationalversammlung, in: Badischer Beobachter vom 15.1.1919, Mittagblatt, S. 2.

Abb. 2: Die badische Nationalversammlung im Karlsruher Ständehaus, Frühjahr 1919, mit Marianne Weber mittig in der dritten Reihe. (Generallandesarchiv Karlsruhe 231 J-Ac A 56a)

verbunden sei[48]. Zu dieser repräsentativen Aufgabe kam dann aber immerhin noch die Mitgliedschaft in der Petitionskommission dazu.

Im Plenum ergriff Marianne Weber nach ihrer „Jungfernrede" vom 15. Januar 1919 erstmals am 13. März 1919 wieder das Wort und äußerte sich zur Städte- und Gemeindeordnung[49]. Am 20. März 1919 bezog sie in der Verfassungsdebatte Stellung zu den Paragrafen 9 und 11 („Staatsbürgerliche und politische Rechte der Badener")[50]. Am 18. Juni 1919 stellte sie mit sieben ihrer Parlamentskolleginnen den Antrag, verwitweten Müttern die alleinige Zuständigkeit für die religiöse Erziehung ihrer Kinder zu verbriefen[51]. Am 4. Juli 1919 begründete sie die Inter-

---

[48] Weber, Lebenserinnerungen (wie Anm. 8) S. 86.

[49] Marianne Webers Redebeitrag in: Amtliche Berichte über die Verhandlungen der verfassunggebenden badischen National-Versammlung, Protokolle 1919, 9. Sitzung, 13.3. 1919, Sp. 273–343, hier Sp. 285–288.

[50] Amtliche Berichte über die Verhandlungen der verfassunggebenden badischen National-Versammlung, Protokolle 1919, 12. Sitzung, 20.3.1919, Sp. 431–502, hier Sp. 472–475.

[51] Marianne Weber (u.a.), Antrag. Die religiöse Erziehung der Kinder betr., in: Verhandlungen des badischen Landtags. Beilagenheft (1919) S. 276.

pellation ihrer Fraktion „den Schutz der weiblichen Angestellten und Arbeiter gegen Erwerbslosigkeit betreffend“[52]. Am 1. August 1919 referierte sie schließlich als Berichterstatterin die Meinung der Petitionskommission zum Antrag des „Reichsausschusses für akademische Berufsstände“, der gefordert hatte Studentinnen vom Universitätsstudium auszuschließen[53]. Marianne Weber beteiligte sich am parlamentarischen Diskurs also immer dann, wenn es um Frauenbelange ging. Beharrlich, ja beinahe mantramäßig, betonte sie, das Recht auf Selbstverwirklichung sei ein unumstößliches, Frauen genauso wie Männern zustehendes Menschenrecht. Bei aller Entschiedenheit wurde sie dabei nicht müde zu versichern: Es gehe nicht darum, die Frau ihrer genuinen Aufgabe als Hausfrau, Ehefrau und Mutter zu entfremden, sondern die spezifischen weiblichen Fähigkeiten für das große Ganze zu nutzen. Immer wieder kam Marianne Weber deshalb auf die Komplementarität der weiblichen und männlichen Berufs- und Tätigkeitsfelder zu sprechen, was Konkurrenz im Prinzip ausschließe. Was allerdings wirklich genuin weiblich sei, das stand für Marianne Weber wiederum nicht unumstößlich fest, sondern sollte sich erst in einem freien Wettbewerb zwischen den Geschlechtern herausschälen.

Marianne Weber machte sich also entsprechend ihrer Ankündigung vom 15. Januar 1919 wirklich daran, Politik für Frauen zu machen. Schon am 6. Februar 1919 berichtete sie ihrer Freundin Marie Baum, einer liberalen Abgeordneten in der Weimarer Nationalversammlung, geradezu euphorisch, wie „stolz u[nd] befriedigt“ sie sei, „daß die Spuren der weibl[ichen] Abgeordneten in der Verfassung kenntlich sein werden[,] indem in den ‚Grundrechten‘ jedenfalls die Verfassungskommission vier unscheinbare Wörtlein auf meinen Antrag aufgenommen hat: ‚ohne Unterschied des Geschlechts‘“[54]. In der badischen Verfassung vom 31. März 1919 war damit ein weitergehender Gleichheitsgrundsatz festgeschrieben als in der Weimarer Verfassung vom 31. Juli 1919, da letztere die Gleichheit von Männern und Frauen durch das kleine Wörtchen „grundsätzlich“ einschränkte. Nur, war dieser Erfolg wirklich Marianne Weber zu verdanken?

Tatsächlich erwähnte der Bericht der Verfassungskommission vom 19. März 1919 einen einstimmig angenommenen Antrag, besagte vier „Wörtlein“ in Paragraph 9 einzufügen, womit er vollständig lautete: „Alle Badener ohne Unterschied des Geschlechts sind vor dem Gesetze gleich.“ Von wem der besagte Antrag stammte, vermerkte der Bericht jedoch nicht, ebenso wenig, welches Mitglied der Verfassungskommission im Weiteren den Wunsch geäußert hatte, einen wortgleichen Passus in Paragraph 11, der die Zulassung zu den öffentlichen Ämtern

---

[52] Marianne Webers Antragsbegründung in: Amtliche Berichte über die Verhandlungen der verfassunggebenden badischen National-Versammlung, Protokolle 1919, 35. Sitzung, 4.7.1919, Sp. 1333–1372, hier Sp. 1345–1350.

[53] Marianne Webers Bericht in: Amtliche Berichte über die Verhandlungen der verfassunggebenden badischen National-Versammlung, Protokolle 1919, 43. Sitzung, 1.8.1919, Sp. 1645–1672, hier Sp. 1662.

[54] Universitätsbibliothek Heidelberg (im Folgenden: UB Heidelberg) Heid. Hs. 3675 EE 2.

regelte, aufzunehmen[55]. Konnte die Antragstellerin tatsächlich Marianne Weber gewesen sein, obwohl sie kein ordentliches Kommissionsmitglied war, sondern nur gelegentlich Fraktionskollegen vertrat[56]? Hatte sie vielleicht nur im Hintergrund ihre Fraktionskollegen entsprechend beeinflusst? Und warum erwähnte der Bericht lediglich die Änderung dieser beiden Paragraphen, nicht jedoch Paragraph 3, der das aktive und passive Wahlrecht „ohne Unterschied des Geschlechts" garantierte? Vielleicht deshalb, weil er mit den besagten vier „Wörtlein" dem ersten, von dem Juristen und Sozialdemokraten Eduard Dietz (1866–1940) stammenden Verfassungsentwurf entsprach? War Marianne Weber allenfalls die „Hebamme" und Eduard Dietz der „Vater" dieses Gleichheitsgrundsatzes? Nicht genug damit, der Dietz-Entwurf enthielt einen weiteren, in der endgültigen Verfassung fehlenden fundamentalen Passus: „Alle Landesgesetze, welche die Frau in öffentlich- und privatrechtlicher Beziehung gegenüber dem Manne benachteiligen, sind abgeschafft."[57] Die Fixierung dieses Grundsatzes wäre eine wirkliche Revolution gewesen – oder vom Standpunkt Marianne Webers aus betrachtet wahrscheinlich eine unrealistische Utopie.

Statt derartiger Utopien verfolgte Marianne Weber eine Politik konkreter Schritte. Ihre Stoßrichtung deutete sie im bereits zitierten Brief an Marie Baum vom 2. Februar 1919 folgendermaßen an: „Du kannst also in Baden jedenfalls Frau Minister werden – ob auch Oberbürgermeister u[nd] Richterin, das ist freilich nicht so ganz sicher, denn das Beamtengesetz wird ja auch noch mitsprechen."[58]

An der heißen Diskussion, welche Auswirkungen Paragraph 11 der Verfassung auf das seit 1888 geltende Beamtenrecht und die damit verbundene Lehrerinnenfrage hatte, wirkte Marianne Weber mit[59]. Längst war der öffentliche Dienst zu einem wichtigen Arbeitsfeld für Frauen geworden, doch waren sie nicht zuletzt im Schuldienst diskriminierenden Bedingungen unterworfen[60]. Entsprechend kreiste die Debatte im Verfassungsausschuss um Fragen, die stark von alten Vorstellungen

---

55 Johann Anton ZEHNTER, Bericht der Verfassungs-Kommission der Badischen verfassunggebenden Nationalversammlung zu dem Entwurf eines Gesetzes, betreffend die badische Verfassung, samt einschlägigen Petitionen, in: Verhandlungen des badischen Landtags, Beilagen 1919, Heft 524, Beilage Nr. 1a, S. 9–61, hier S. 25.

56 Die Sitzungsprotokolle verzeichnen Marianne Weber erstmals am 18.2.1919 als Vertreterin, vgl. Landesarchiv Baden-Württemberg – Generallandesarchiv Karlsruhe (im Folgenden: GLAK) 231, Nr. 2612.

57 Eduard DIETZ, Zum Entwurf einer badischen Verfassung, in: Detlev FISCHER, Eduard Dietz: (1866–1940). Vater der badischen Landesverfassung von 1919. Ein Karlsruher Juristenleben (Schriftenreihe des Rechtshistorischen Museums Karlsruhe, Bd. 16), 2. erw. Aufl., Karlsruhe 2012, S. 98–132, hier S. 110.

58 UB Heidelberg, Heid. Hs. 3675 EE 2.

59 Laut Protokoll meldete sich Marianne Weber am 26. und 27.5.1919 mehrfach zu Wort, GLAK (wie Anm. 54).

60 Vgl. Gudrun KLING, Die rechtliche Konstruktion des ‚weiblichen Beamten'. Frauen im öffentlichen Dienst des Großherzogtums Baden im 19. und 20. Jahrhundert, in: Ute GERHARD (Hg.), Frauen in der Geschichte des Rechts. Von der frühen Neuzeit bis zur Gegenwart, München [Sonderausg.] 1997, S. 600–613, hier insbes. S. 606–609.

über die Geschlechterordnung behaftet waren[61]: Kann eine Lehrerin Vorgesetzte von Männern sein? Soll künftig das Prinzip „gleicher Lohn bei gleicher Leistung" gelten oder soll die seitherige Regelung, die das Lehrerinnengehalt auf maximal drei Viertel eines Lehrergehalts deckelte, beibehalten werden? Wie stand es mit dem „Versorgerprinzip"? War es nicht legitim, dass ein (männlicher) Haushaltsvorstand mehr verdiente als eine (weibliche) Einzelperson? Aber konnten denn nicht auch Frauen Haushaltsvorstand sein? Was war mit den vielen Frauen, die für Familienangehörige sorgten? Galten Ehefrauen und Kinder mehr als der Hilfe bedürftige Eltern und Geschwister? Besonders kontrovers wurde schließlich die Frage diskutiert, ob eine verheiratete Lehrerin aus dem Dienst ausscheiden müsse, also das berüchtigte Beamtinnenzölibat weiterhin gelten solle[62]? Geschlechtervorstellungen entlarvten zudem jene Debattenpunkte, in denen es um ein „Job-Sharing" für Lehrerinnen ging oder um ein Teilzeitmodell („eine Lösung, die unter Umständen für die an körperlicher Leistungsfähigkeit hinter dem Manne zurückstehende Beamtin die zweckmäßigste sein könne", so Marianne Weber).

Die „grundsätzliche dienstliche Gleichsetzung mit dem Manne" sei erreicht worden, resümierte Marianne Weber die Debatte im Verfassungsausschuss. In ihre Debattenbilanz hatte sich also das verräterische Wörtchen „grundsätzlich" eingeschlichen: Grundsätzlich könne bei gleichen Voraussetzungen auch eine Frau Leitungsfunktionen übernehmen; grundsätzlich dürfe es keine Gehaltsunterschiede mehr allein wegen der Geschlechtszugehörigkeit geben, jedoch durch den Familienstand; grundsätzlich sei die Weiterbeschäftigung einer verheirateten Lehrerin erlaubt, sofern sie es schaffe, Beruf und Ehe unter einen Hut zu bringen, und keine dienstlichen Belange dagegen sprächen.

Um die Frage weiblicher Berufstätigkeit und geeigneter Tätigkeitsfelder ging es Marianne Weber auch bei der Ausgestaltung der badischen Gemeindeordnung. Für sie stand die besondere weibliche Eignung für die Mitwirkung an kommunalen Aufgaben fest, sei der Gemeindehaushalt doch „eine Art erweiterter Familienhaushalt"[63]. Dabei dachte sie besonders an den professionellen Einsatz von Frauen im Schul-, Fürsorge-, Wohnungs- oder Polizeiwesen.

Arbeitsplätze waren allerdings im Nachkriegsbaden ein knappes Gut. Wie überall im Reich brach auch hier die Wirtschaft ein, schrumpfte der Bedarf an Arbeitskräften dramatisch. Dazu kam die Aufgabe, die zurückkehrenden Soldaten wieder in den Arbeitsprozess einzugliedern. Die scheinbar naheliegende Lösung war, den Arbeitsmarkt von „überflüssigen" weiblichen Arbeitskräften zu befreien, von jener weiblichen „Heimarmee", welche die Kriegswirtschaft am Laufen gehalten hatte. Mit besonders harten Bandagen wurde im Handelsgewerbe gekämpft. Ein be-

[61] Vgl. zu den in Baden seit 1888 geltenden Regelungen und den ihnen zugrundeliegenden Vorstellungen ebd., S. 609–612.

[62] Vgl. Marianne Weber, Frauenberufsfragen im badischen Verfassungsausschuss, in: Heidelberger Tageblatt, General-Anzeiger vom 20.6.1919, S. 3.

[63] Marianne Weber, Frauenaufgaben in der Gemeindeverwaltung, in: Heidelberger Tageblatt, General-Anzeiger vom 22.5.1919, S. 3–4.

sonders dreister Fall ereignete sich in Mannheim, wo der „Schutzverband stellenloser Kaufleute und Büro-Angestellter e.V." bei Firmen vorgab, zur sofortigen Entlassung des weiblichen Büropersonals berechtigt zu sein. Diesen Vorfall nahm Marianne Weber zum Anlass, um namens der DDP-Fraktion eine parlamentarische Anfrage zu stellen. Sie wollte von der badischen Regierung erfahren, wie sie sich „zum Schutz der weiblichen Angestellten und Arbeiter" stelle[64]. In der mündlichen Begründung der Anfrage führte Marianne Weber eindringlich die häufig existentielle Not der von Entlassung betroffenen Frauen vor Augen, verwies auf den „Frauenüberschuss" (den sie auf zwei Millionen bezifferte) und die sich daraus ergebene „sittliche" Notwendigkeit, Alternativen zum familiären Glück zu eröffnen. Zugleich erkannte Marianne Weber aber den Vorrang von Familienvätern an, wenn es um Stellen ging, die vor dem Krieg mit Männern besetzt gewesen oder für die Frauen keine ausreichende Qualifikation besaßen oder wenn die Stelleninhaberin tatsächlich nicht auf Erwerbsarbeit angewiesen war. Damit verhedderte sich Marianne Webers Argumentation in einem Dilemma, aus dem sie lediglich mit einem Appell an männliche Fairness gegenüber dem „schwächeren Geschlecht" heraus fand: „Wie schwer es auch heute Millionen Männern gemacht ist, ihre Existenz wieder neu aufzubauen, sie sollten doch nie vergessen, daß sie trotz allem die Stärkeren sind und daß der Daseinskampf draußen auf dem Arbeitskampf für die Frau nach ihrer ganzen Eigenart noch unendlich viel schwerer ist als für sie. Und gerade, weil die Männer von der Natur die kräftigeren Ellenbogen bekommen haben, so sollten sie sich ihnen den Frauen gegenüber nicht bedienen, sondern sie sollten sich die ihnen gebührenden Stellungen nur durch bessere, höhere Leistungen erringen."[65]

Marianne Webers parlamentarische Tätigkeit war von kurzer Dauer. Schon nach der Sommerpause kehrte sie nicht mehr in den badischen Landtag zurück. Der Grund dafür war ein Umzug nach München. Ihr Mann hatte einen Ruf an die dortige Universität erhalten. Es liegt nahe, deshalb von einem typisch weiblichen Verzicht auf die eigene Karriere zu seinen Gunsten zu reden. Doch folgte Marianne Webers Mandatsverzicht nicht einfach Konventionen, sondern entsprach ihrem theoretisch fundierten Modell der modernen Frau, die familiäre Pflichten mit einer selbstbestimmten Aufgabe verband.

Marianne Weber verstand sich als „Berufsmensch"[66] und stürzte sich voller Elan und Pflichtgefühl in das Politikerinnendasein. Im Innersten neigte sie jedoch einer anderen Aufgabe zu. Ihrer innersten Neigung entsprach allerdings auch nicht das Amt, das sie noch im Jahr 1919 übernehmen sollte: Selbst den BDF-Vorsitz empfand sie mehr als eine Verpflichtung, die sie von ihrer eigentlichen Berufung zur Intellektuellen und Publizistin abhielt[67].

---

[64] Marianne Webers Antragsbegründung, in: 35. öffentliche Sitzung (wie Anm. 51).
[65] Ebd., Sp. 1350.
[66] So bezeichnete sich Marianne Weber in einem Brief an ihren Mann vom 2.6.1919, Bestand Max Weber-Schäfer, Deponat BSB München, Ana 446.
[67] Weber, Lebenserinnerungen (wie Anm. 8) S. 112f.

Marianne Webers politisches Handeln war geprägt von der Unterscheidung zwischen allgemeiner und Frauenpolitik. Man kann sie damit zum Kreis jener ersten liberalen Parlamentarierinnen zählen, die bewusst Frauenpolitik als Komplementärpolitik dachten, statt sie als Querschnittspolitik zu definieren. Die Folge: Sie engten nicht nur den eigenen, sondern durch ihr Vorbild auch den Handlungsspielraum nachfolgender Politikerinnengenerationen ein. Hätten sie andere Weichen stellen können? Von ihrem Erfahrungshorizont und von ihrem Weltbild aus wohl nicht. Politisch sozialisiert in der Zeit des langen und mühsamen Kampfes um das Frauenstimmrecht musste ihnen das Konstrukt der Komplementärpolitik als wirkungsvoller Hebel erscheinen, um zunächst politische Teilhabe und in der Folge eine sukzessive Veränderung der Geschlechterbeziehung und -verhältnisse zu erwirken.

Beharrlich und auf Sichtbarkeit bedacht, arbeitete Marianne Weber auf ihre politischen Ziele hin, bestand darauf, den Standpunkt der Frauen trotz männlicher Kritik und Widerstände zu verdeutlichen. Um „im Namen der Frauen der Verfassung den Segen zu geben", habe sie sich weder durch Fraktionsabsprachen noch ihre Fraktionskollegen von einer Wortmeldung in der Verfassungsdebatte abhalten lassen, berichtete (oder monierte) etwa das Zentrumsblatt „Badischer Beobachter"[68].

Marianne Weber war auf Verstetigung weiblicher Präsenz im Parlament bedacht. Deshalb plädierte sie schon damals für eine Frauenquote. Die Idee war nicht ganz neu. Als Ende November 1918 das neue Wahlgesetz entworfen wurde, forderte Minna Cauer, eine entschiedene Verfechterin des Frauenwahlrechts, erfolglos, eine Frauenquote für die Wahllisten festzuschreiben. Minna Cauers Vorschlag kommentierte Hugo Preuss, der zuständige Staatssekretär im Innenministerium, lediglich mit dem lakonischen Satz: „Sie fürchtet wohl, dass die Frauen sonst zu schlechte Plätze auf den Listen bekommen."[69] Eine Befürchtung, die sich wie gezeigt in der Realität rasch bewahrheitete.

Marianne Webers Quoten-Vorschlag war bescheiden. Gerade einmal 10 bis 15 Prozent der Abgeordnetensitze sollten Frauen vorbehalten sein. Mehr sei nicht nötig, um „die besonderen Fraueninteressen und den ‚weiblichen Kulturwillen' zur Geltung [zu] bringen"[70]. Im Sinn hatte Marianne Weber auch eine Gesetzesvorlage für ein Nachrückverfahren: Im Fall des vorzeitigen Ausscheidens einer Parlamentarierin während der Legislaturperiode sollte der freiwerdende Parlamentssitz

---

[68] „Die Beratung der neuen Verfassung", in: Badischer Beobachter vom 24.3.1919, Mittagblatt, S. 1.

[69] Vgl. Elke STOLZE, „Newcomerinnen" in den Parlamenten. Politikerinnen in der Weimarer Republik, in: Ulrike GILHAUS/Julia PAULUS/Anne KUGLER-MÜHLHOFER (Hgg.), Wie wir wurden, was wir nicht werden sollten. Frauen im Aufbruch zu Amt und Würden, Essen 2010, S. 115–126, hier S. 115 und S. 123, Anm. 1. Ebenfalls im November 1918 hatte Toni Sender, Mitglied des Vollzugsauschusses des Arbeiter- und Soldatenrates, auf der USPD-Frauenkonferenz angeregt, eine den Anteil der weiblichen Beschäftigten widerspiegelnde Frauenquote für Betriebsräte einzuführen; vgl. GREBING (wie Anm. 7) S. 13.

[70] Marianne WEBER, Parlamentarische Arbeitsformen. Eine Plauderei, in: Frauenfragen und Frauengedanken. Gesammelte Aufsätze, Tübingen 1919, S. 262–278, hier S. 275.

einer Nachrückerin vorbehalten sein. Aber allein schon bei ihren eigenen Fraktionskollegen stieß sie mit dieser Idee auf völliges Unverständnis. Sie nannten den Vorschlag schlichtweg eine unzumutbare „lex specialis und eine Privilegierung des weibl[ichen] Geschlechts“[71]. Damit war schon auf Fraktionsebene jede weitere Diskussion im Keim erstickt, denn auch Marianne Webers beschwichtigender Hinweis, „daß von faktischer Gleichstellung der Frauen in den Parteien nicht die Rede sei und daß sicher auch in Zukunft immer nur eine verschwindende Anzahl von Sitzen (10 %) den Frauen zugestanden würden“, verpuffte wirkungslos[72].

Marianne Webers besonderes Augenmerk galt der politischen Bildung von Frauen. In Zeitungsbeiträgen berichtete sie für ein größeres Publikum über die Frauenpolitik im badischen Landtag[73]. Mit einer kleinen Broschüre wollte sie „Parlamentarische Arbeitsformen“ näherbringen. Als Untertitel wählte sie „Eine Plauderei“, wohl um bei den Adressatinnen die Hemmschwelle, sich mit Politik zu beschäftigen, abzubauen[74]. Wie wenig dieses Vorhaben gelang, darauf deutet die im Verlauf der Weimarer Republik besonders unter der weiblichen Wählerschaft sinkende Wahlbeteiligung hin. Vielleicht war es das eigentliche Dilemma liberaler Politikerinnen wie Marianne Weber, dass sie ihre Geschlechtsgenossinnen letztendlich trotz großen Bemühens nicht erreichten. Oder haben nicht vielmehr auch die Wählerinnen die Chance verkannt, ihre Interessen in den Parlamenten durch Frauen vertreten zu lassen?

---

[71] Marianne Webers Brief an ihren Mann vom 15.6.1919, Bestand Max Weber-Schäfer, Deponat BSB München, Ana 446.

[72] Ebd.

[73] Vgl. Weber, Frauenaufgaben (wie Anm. 61); Dies., Neue Frauenrechte in der badischen Verfassung, in: Heidelberger Zeitung vom 25.3.1919, S. 1; Dies., Frauenberufsfragen (wie Anm. 60).

[74] Vgl. Weber, Arbeitsformen (wie Anm. 66).

Clara Zetkin, das Frauenwahlrecht und ihre „Parteikarrieren“ in der SPD, der USPD und der KPD

Mascha Riepl-Schmidt

Die Sozialistin Clara (Klara) Zetkin[1] (1857–1933) stellte sich im Herbst 1918 im Alter von 61 Jahren in Stuttgart für die Unabhängige Sozialdemokratische Partei Deutschlands (USPD)[2] zur Wahl. Ihre Kandidatur war jetzt möglich geworden, weil am 12. November 1918 das allgemeine, gleiche, geheime und direkte Wahlrecht vom gesamtdeutschen Rat der Volksbeauftragen verkündet worden war. In Württemberg waren dann bei der Wahl vom 12. Januar 1919 150 Mitglieder – darunter 13 Frauen – für die Verfassunggebende Landesversammlung des neuen Freien Württembergischen Volksstaats[3] gewählt worden und diese zogen in das jahrhundertealte Landtagsgebäude in der Stuttgarter Kronprinzstraße ein. Hier hatten zuvor die Landstände des Königreichs Württemberg getagt. Die ab 1919 sich konstituierende[4] und zwei Jahre tagende Verfassunggebende Versammlung des

[1] Clara Zetkin lebte von 1891 bis 1920 in Stuttgart, vgl. Mascha Riepl-Schmidt, Clara Zetkin, geb. Eißner, gesch. Zundel (1857–1933), Stadtlexikon Stuttgart: Suchbegriff Clara Zetkin unter https://www.stadtlexikon-stuttgart.de/dts/ (letzter Zugriff: 11.05.2020). Zu Clara Zetkin vgl. ferner: Setsu Ito, Clara Zetkin in ihrer Zeit – für eine historisch zutreffende Einschätzung ihrer Frauenemanzipationstheorie, in: Ulla Plener (Hg.), Clara Zetkin in ihrer Zeit. Neue Fakten, Erkenntnisse, Wertungen, Material des Kolloquiums anlässlich ihres 150. Geburtstages am 6. Juli 2007 in Berlin (Rosa Luxemburg Stiftung, Manuskripte, Bd. 76), Berlin 2008, S. 22–27; Mascha Riepl-Schmidt, Ihre beste Zeit? Clara Zetkins Leben in Stuttgart, in: Astrid Franzke/Ilse Nagelschmidt (Hgg.), „Ich kann nicht gegen meine Überzeugung handeln“. Clara Zetkin zum 150. Geburtstag (Reihe Diskurs, Streitschriften zur Geschichte und Politik des Sozialismus, Heft 27), Leipzig 2008, S. 22–40; Dies., Wider das verkochte und verbügelte Leben. Frauenemanzipation in Stuttgart seit 1800, Stuttgart/Tübingen 1990/1998, S. 157–172; Dies., Progromstimmung vor den Toren der Hauptstadt, Clara Zetkin in ihrer Sillenbucher Zeit, in: Herrmann G. Abmayr (Hg.), Sillenbuch und Riedenberg, Stuttgart 1995, S. 104–113.

[2] Die USPD war 1917 in Gotha mitten im Ersten Weltkrieg von Karl Kautsky und anderen Sozialisten gegründet worden, die die Kriegskredite der SPD ablehnten.

[3] Am Ende des Ersten Weltkriegs wurde durch die – in Württemberg unblutige – Novemberrevolution aus dem Königreich Württemberg ein Volksstaat. Die Grenzen blieben dabei unverändert. Die Landesverwaltung Württemberg garantierte laut der neuen Verfassung von 1919, die diejenige des Königreichs von 1819 ersetzte, nun im neuen Bundesstaat des Deutschen Reiches ein demokratisches Regierungssystem. Die Staatsform einer demokratischen Republik wurde im Verfassungstext mit den Worten „Freier“ Volksstaat umschrieben.

[4] Aufgrund der schwierigen innenpolitischen Lage konnte die Verabschiedung eines vorläufigen Verfassungsentwurfs erst am 26.04.1919 stattfinden. Die endgültige Verabschiedung der Verfassung erfolgte im September 1919. Zum Landtagspräsidenten wurde der Sozialist Wilhelm Keil gewählt. Zum ersten und seither einzigen sozialdemokratischen Ministerpräsidenten wurde im März 1919 Wilhelm Blos (seit 1877 MdR) von

Freien Volksstaates Württemberg war die Vorläuferinstanz des Landesparlaments und damit die Legislative Württembergs während der Weimarer Republik.

137 männliche und 13 weibliche Abgeordnete waren nun gewählt worden: Zur Sozialdemokratischen Partei Deutschlands (SPD) gehörten bei 52 Sitzen vier Frauen, zur Deutschen Demokratischen Partei (DDP) bei 38 Sitzen fünf Frauen, zum Zentrum bei 31 Sitzen drei Frauen. Die USPD hatte mit vier Sitzen nur eine Frau platzieren können und das war Clara Zetkin. Sie hatte schon 1907 den Text des neuen Wahlrechts mitgestaltet, das von 1918 an alle 20-jährigen männlichen und weiblichen Personen – wie es damals hieß – zur Wahl rief. Endgültig durchgefochten hatte sie die Etablierung des Frauenstimmrechts als sozialdemokratischen Programmpunkt schon während des Internationalen Sozialistenkongresses 1907 in Stuttgart. Es war der erste Internationale Sozialistenkongress – der VII./XII.[5] Internationale Sozialistenkongress, der in verschiedenen Ländern abgehalten wurde und gleichzeitig der erste, der in Deutschland stattfinden konnte. Vom 18. bis zum 24. August war die alte Liederhalle in Stuttgart der rotbeflaggte Tagungsort des Sozialistenkongresses gewesen, der mit 884 Delegierten aus allen Kontinenten getagt hatte. Unter ihnen waren zum Beispiel Lenin (1870–1924), Rosa Luxemburg (1871–1919), Jean Jaurès (1859–1914), George Bernard Shaw (1856–1950), der SPD-Patriarch August Bebel (1840–1913) und Clara Zetkin, die hier zur Vorsitzenden des neu begründeten Sozialistischen Internationalen Frauensekretariats gewählt werden sollte[6]. Am Samstag jedoch, dem 17. August, hatten sich unter der Ägide von Clara Zetkin, der langjährigen Redakteurin der Arbeiterinnenzeitung „Die Gleichheit“, zum ersten Mal Genossinnen aus 15 Ländern zusammengefunden. Die bürgerliche Presse war wegen der zu erwartenden hämischen Berichterstattung zur Vorsicht ausgeschlossen worden. Die Genossinnen waren entschlossen, in der ersten Internationalen Sozialistischen Frauenkonferenz für ihre ureigene politische Selbständigkeit auch innerhalb der Partei zu kämpfen. Es galt, sich trotz unterschiedlicher nationaler Standpunkte zum ersten Mal auch auf internationaler Ebene über die Form des Frauenstimmrechts zu einigen und die Forderung nach dem Frauenwahlrecht überhaupt zu formulieren[7].

Clara Zetkin hatte diese Konferenz ins Leben gerufen und sie begriff sie als wichtigstes Forum der proletarischen Frauenbewegung überhaupt. Die Stuttgarter Redakteurin war der Motor dieses weltweiten Vernetzungsunterfangens, die die

---

der Verfassunggebenden Landesversammlung zum württembergischen Staatspräsidenten gewählt. Er war davor am 10.11.1918 auf dem Höhepunkt des Stuttgarter Revolutionsgeschehens zum Vorsitzenden der provisorischen Landesregierung ernannt worden. Sein Amt legte er im Juni 1920 nieder, nachdem die Sozialdemokraten eine empfindliche Wahlniederlage erlitten hatten.

[5] Es gibt unterschiedliche internationale Zählweisen, die höhere Nummerierung entspricht Lenins Zählung.

[6] Clara Zetkin hatte bis 1917 dieses Amt inne.

[7] Vgl. „Um das Frauenwahlrecht“, in: Die Gleichheit. Zeitschrift für die Interessen der Arbeiterinnen (im Folgenden: Gleichheit) vom 22.7.1907, S. 123–125.

internationale und nicht nur die nationale politische Emanzipation der Arbeiterinnen im Sinn hatte. Viele der Teilnehmerinnen hatten sich schon 1896 in London beim dortigen II./ XI.[8] Sozialistenkongress zum gemeinsamen Kampf verabredet. Sie waren entschlossen, ihr ureigenes politisches Mandat auch gegen die vielen männlichen Genossen durchzusetzen, für die der Klassenkampf alle Prioritäten hatte. Denn trotz eines Parteibeschlusses zur politischen Beteiligung der Genossinnen hingen viele der Genossen der Meinung an, dass durch die politische Aktivität der Genossin das Heim leide und dass die Kameradin vor allem dem Mann den Rücken frei zu halten habe.

In Stuttgart versuchten nun die streitbaren Genossinnen, die sozialistischen Frauenbewegungen der verschiedensten Länder zu vereinen, regelmäßige Kontakte zu garantieren und sich vor allem über die unterschiedlichen Ansätze im Frauenstimmrecht miteinander zu verständigen, ohne dass vorerst irgendeine Chance bestand, es auch umzusetzen. Sie wollten die volle „menschliche Emanzipation des weiblichen Geschlechts" erobern und seine soziale Mündigkeit. Das Frauenwahlrecht war der fünfte und letzte Punkt der Sitzung und das Hauptthema der Frauenkonferenz. Auf nationaler Ebene war schon 1906 während der sozialdemokratischen Frauenkonferenz in Mannheim eine Resolution für das aktive und passive, allgemeine, gleiche, geheime und direkte Frauenwahlrecht beschlossen worden[9].

Die bekämpften anderen Versionen fielen 1907 am Ende durch – zum Beispiel die als „Damenwahlrecht" kritisierte Vorstellung weiter Kreise der bürgerlichen Frauenwahlrechtsbewegungen, die nur den weiblichen Angehörigen der höchstbesteuerten Familien die Wahlberechtigung bringen sollte, ebenso wie das sogenannte „beschränkte" Wahlrechtskonzept[10], das nur Witwen und unverheiratete Frauen zur Wahl zulassen wollte, auch „um so die letzte Stufe der sozialen Emanzipation des Besitzes und nicht der politischen Gleichberechtigung zu gewährleisten"[11] und eine Version des Dreiklassenwahlrechts, das zum Teil auch sozialistische Genossinnen für angemessener hielten.

Zur Referentin für das Plenum war die Genossin Zetkin gewählt worden, die am 20. August zuerst in einer nun „gegenderten" Frauenstimmrechtskommission dieser Sozialistischen Internationale die vorher in der Frauenkonferenz beschlossene Resolution zur Diskussion stellte. Sie war trotz der Spaltung der sozialistischen Frauen in einen konservativen und in einen für Clara Zetkins Vorschlag argumentierenden Flügel zustande gekommen. In ihrem Redebeitrag betonte Clara Zetkin, „dass der Kampf für das Frauenwahlrecht nicht losgelöst werden kann von den Wahlrechtskämpfen des männlichen Proletariats"[12].

---

[8] Vgl. Anm. 5.

[9] Vgl. Resolution zur Internationalen Konferenz sozialistischer Frauen das Frauenwahlrecht betreffend, in: Gleichheit vom 19.8.1907, S. 143.

[10] Vgl., Gleichheit vom 22.7.1907, S. 135.

[11] Ebd.

[12] Vgl. Clara Zetkin, Die Arbeiterinnen- und Frauenfrage der Gegenwart (Berliner Arbeiterbibliothek, Heft 3), Berlin 1889, S. 40.

Die in diesem Zitat deutlich werdenden persönlichen Koordinaten der sozialistischen Pazifistin und dezidierten Frauenrechtlerin Clara Zetkin-Zundel – so nannte sie sich seit ihrer Heirat im Jahre 1899 mit dem 19 Jahre jüngeren Maler Georg Friedrich Zundel (1875–1948) – wurden in und nach der Weimarer Republik und in der Folgezeit für viele Klischees benutzt, die die Politikerin später auch in der BRD als „rote Emanze“ in Misskredit zogen, in der DDR dagegen als kommunistische „Heldin der Arbeiterbewegung“ auf ein Podest stellten.

1. Biografische Einblicke

Mit charakteristischen Daten ihrer vielschichtigen Biografie soll Clara Zetkin hier ohne die unterschiedlichen Einschätzungen und Vereinfachungen beschrieben werden, die versuchten, sie als Frau und Politikerin verfremdet, versteinert oder überhöht zu überliefern. Wie kaum eine andere Politikerin hat sie Menschen und ideologische Weltanschauungen polarisiert. Sie wurde von ihren Anhängerinnen und Anhängern geliebt, umjubelt und verehrt, von ihren Gegnern und den jeweiligen Obrigkeiten gehasst, verfolgt, verhaftet und ins Gefängnis gesteckt. In der DDR wurde sie zur Parteiikone eines proletarisch interpretierten Heldinnentums, in der Bundesrepublik dagegen am liebsten verschwiegen oder als Stalinistin gebrandmarkt, die sie nie gewesen ist.

Durch ihre Herkunft und die demokratisch bestimmte Atmosphäre ihrer Familie wurde ihr späteres Leben geprägt. Clara Eißner aus Wiederau war das älteste Kind des Kantors, Organisten und Schullehrers Gottfried Eißner (1806–1875) und seiner als junge Witwe geheirateten Frau Josephine Richter, geborene Vitale (1822–1906), die in ihren späten dreißiger Jahren dreifache Mutter wurde[13]. Die von ihren französischen Vorfahren übernommenen Ideale der Französischen Revolution gab die Mutter an ihre eigenen Kinder weiter. Sie sympathisierte mit der deutschen 1848er Revolution und war eine aktive Vertreterin der bürgerlichen Frauenemanzipationsbewegung. In ihrer zupackenden und temperamentvollen Art war sie sicher ein Vorbild für die Tochter Clara[14]. Die Eißners haben auch im Bereich der Mädchenausbildung ihre fortschrittliche Haltung bewiesen. 1872 zogen sie nach Leipzig, um der Tochter durch eine Ausbildung gleichberechtigte Berufschancen zu ermöglichen, nicht um – wie damals üblich – ihre Heirats-

[13] Die Kinder Clara Josephine, Arthur Gottfried und Gertrud Luise Eißner wurden freiheitlich und tolerant erzogen. Clara bekam die Vornamen beider Ehefrauen des Vaters, denn Eißners verstorbene erste Frau hieß Klara Richter. Außerdem gilt die Komponistin und Pianistin Clara Schumann als Namenspatronin.

[14] Mitte der 1860er Jahre hatte sie einen Turnverein in Wiederau mitbegründet, leitete einen Kursus für das Mädchenturnen. 1870 wurde sie Mitbegründerin des Frauenvereins in Wiederau und dessen 1. Vorsitzende und stand in Verbindung mit Louise Otto-Peters und Auguste Schmidt, den Gründerinnen des „Allgemeinen Deutschen Frauenvereins“ (ADF seit 1865).

chancen zu erhöhen. 1873 bekam Clara Eißner einen Ausbildungsplatz in dem von Auguste Schmidt begründeten Lehrerinnenseminar, dem „Steyberschen Institut", das der bürgerlichen Frauenbewegung verpflichtet war. Sie verfeinerte dort ihre Französischkenntnisse und lernte dazu noch Italienisch und Englisch. Die erworbene Bildung und ihr außergewöhnliches Geschichtswissen sollten es ihr später, besonders in der schwierigen Pariser Emigrationszeit, ermöglichen, ihren Lebensunterhalt und den ihrer Kinder zu verdienen und eine eigene selbständige Existenz zu begründen.

Doch 1878 hatte sie nach ihrem glänzenden Schulabschluss nicht den Weg der bürgerlichen Frauenbewegung beschritten, war nicht lange Gouvernante und Hauslehrerin geblieben, sondern hatte in einem Zirkel russischer Studenten die Ideen und Werke von Karl Marx (1818–1883) und Ferdinand Lassalle (1825–1864) kennengelernt. Als mit Hilfe der Sozialistengesetze ebenfalls 1878 die sozialistische Partei verboten wurde, trat sie in die SPD ein. Im Leipziger Ortsverein der Partei war auch ihr späterer Freund und Parteigenosse, der in Odessa geborene russische Revolutionär Ossip Zetkin (circa 1850–1889) tätig. Damals erlernte er bei einem Leipziger Sozialdemokraten das Tischlerhandwerk. 1880 wurde der brillante Redner und Schriftsteller aus Leipzig ausgewiesen. Clara Zetkin folgte ihm kurze Zeit später in die Pariser Emigration und wurde fortan mit dem Nachnamen Zetkin bekannt. Die Söhne Maxim (1883–1965) und Kostja (Konstantin) Zetkin (1885–1980) wurden in Paris geboren und teilten dort mit den Eltern die Not des Emigrantenlebens. Nach dem Tod Ossip Zetkins entwickelte Clara Zetkin 1889 in ihrer Rede „Über die Arbeiterinnen- und Frauenfrage der Gegenwart"[15]auf der II. Sozialistischen Internationale in Paris die grundlegenden Themen auch ihres zukünftigen Engagements. Mit ihren Söhnen kehrte sie 1890 nach der Aufhebung des Sozialistengesetzes nach Deutschland zurück und konnte durch die Vermittlung August Bebels im Stuttgarter sozialistischen Verlagshaus J.H.W. Dietz von 1891 bis 1917 die Redaktion der „Gleichheit. Zeitschrift für die Interessen der Arbeiterin" übernehmen.

Diese Frauenzeitung der SPD verdankte Clara Zetkin eine hohe Auflagensteigerung und wurde zum Forum des Kampfes der Sozialistinnen für eine eigene politische Mündigkeit. Mit ihrem Aufruf zur Internationalen Sozialistischen Frauenkonferenz 1907 in Stuttgart[16] und durch ihre Berichterstattung über die Frauenkonferenz hat die „Gleichheit" auch heute noch einen hohen Stellenwert als frauenpolitische und frauengeschichtliche Quelle[17].

---

[15] Vgl. ZETKIN, Die Arbeiterinnen- und Frauenfrage (wie Anm. 10).

[16] Vgl. Berufung der Ersten Internationalen Frauenkonferenz sozialistischer Frauen von Ottilie Baader, Vertrauensfrau der sozialdemokratischen Frauen Deutschlands, Berlin SW 68, Lindenstr. 8, in: Gleichheit vom 22.7.1907, S. 123.

[17] Vgl. „Die internationalen Tagungen zu Stuttgart", in: Gleichheit vom 19.8.1907, S. 139f.

2. Der Internationale Frauentag

Von größerer historischer Bedeutung aber als die erste Internationale Frauenkonferenz in Stuttgart ist die II. Internationale Konferenz sozialistischer Frauen, die am 26. und 27. August 1910 in Kopenhagen stattfand. Dort nämlich riefen die sozialistischen Genossinnen den Internationalen Frauentag aus[18]. Wie die vorhergehende und die folgende Konferenz wurde sie kurz vor dem Kongress der Sozialistischen Internationale abgehalten, um dann dort die wichtigsten Resolutionen vorlegen zu können. Clara Zetkin hatte gemeinsam mit Käte Duncker (1871–1953)[19] und anderen Genossinnen den Antrag für die Durchführung eines internationalen Frauentages, der in erster Linie der Agitation für das Frauenwahlrecht dienen sollte, zur Abstimmung gebracht. Die mehr als 100 Delegierten aus 17 Nationen, darunter zwölf aus Deutschland, nahmen den Antrag einstimmig an. Clara Zetkin hatte sich wiederum vehement gegen eine Gruppe von Delegierten gewandt, die ein selektives Wahlrecht als ersten Schritt befürworteten. Sie dagegen hatte sich auch auf dieser Konferenz gegen die Widerstände aus den eigenen Reihen für das allgemeine, gleiche, geheime und direkte Wahlrecht für alle Frauen eingesetzt. Unterstützt wurde sie wieder durch die russische Frauenrechtlerin Alexandra Kollontai (1872–1952) und Rosa Luxemburg. Der Frauentag sollte ein Zeichen des Kampfes gegen Militarismus und den drohenden Krieg setzen. Es wurde eine Friedensresolution verabschiedet, die die sozialen Gegensätze, die durch die kapitalistische Produktionsweise verursacht würden, als Kriegsgrund benannte. Die sozialistischen Frauen und Mütter wurden aufgefordert, Arbeiterinnen darüber aufzuklären und ihre Kinder im Geiste des Sozialismus und für den Kampf zur Erhaltung des Friedens zu erziehen. Unter dem Kampfruf „Heraus mit dem Frauenwahlrecht" gingen am ersten Internationalen Frauentag, am 19. März 1911, allein in Deutschland mehr als eine Million Frauen auf die Straße und forderten für alle Frauen soziale und politische Gleichberechtigung.

Sieben Jahre später, 1918/19, riefen alle Frauenverbände der neuen Republik, von der proletarischen Frauenbewegung über den „Bund Deutscher Frauenvereine" (BDF) bis hin zu den konfessionellen Verbänden, im Vorfeld der Wahlen zur Weimarer Nationalversammlung ihre Mitglieder zu einer regen Wahlbeteiligung auf, um das Werden der neuen Republik mitzubestimmen. Nach dem Krieg gab es über eine Million mehr stimmberechtigte Frauen- als Männer. Auf diese weiblichen Stimmen waren alle Parteien – egal wie sie zum Frauenwahlrecht standen – überaus begierig.

---

[18] Diese internationale Entscheidung brachte die deutsche Parteiführung, die zuvor einen nationalen Frauentag abgelehnt hatte, in nacheifernden Zugzwang.

[19] Paula Kathinka Duncker, geborene Döll (1871–1953), wurde 1893 Lehrerin in der Steyberschen Höheren Mädchenschule in Leipzig, 1907 die zweite Redakteurin der „Gleichheit" und die Verantwortliche für die Kinderbeilage. Sie schloss Freundschaft mit Clara Zetkin. 1910 nahm sie an der Internationalen Frauenkonferenz in Kopenhagen teil und hielt ein Referat über Mutterschafts- und Kinderfürsorge.

Aber reichte die 1919 umgesetzte, wenn auch noch kleine, württembergische Frauenpräsenz von 8,7 Prozent im Landesparlament für einen politisch kulturellen Aufbruch in Württemberg oder mit einem Frauenanteil von knapp 10 Prozent gar im Reich? Auch die ersten 13 Landtagsfrauen in Stuttgart mussten aufpassen, dass sie als Anfängerinnen im politischen Ratschlag überhaupt zu Wort kamen und problemlos als Staatsbürgerinnen die politische Bühne betreten konnten. Als zum Beispiel die SPD-Politikerin Marie Juchacz (1879–1956)[20] ihre erste Rede in Weimar hielt, hatte sie nicht die ungeteilte Aufmerksamkeit der Herren Abgeordneten, die der Parlamentspräsident – wie das Protokoll verzeichnet – mehrmals zur Ruhe ermahnen musste. In ihrem Debüt am Rednerpult verwies Marie Juchacz darauf, „dass das politische Recht der Frauen, wählen zu gehen, ihnen zu Unrecht vorenthalten worden sei"[21]. Zuvor hatte sie festgestellt, dass sie „im Einverständnis vieler zu sprechen [glaube], dass wir deutschen Frauen dieser Regierung nicht im althergebrachten Sinne Dank schuldig sind"[22].

Nicht nur Clara Zetkin, sondern auch manch eine Frau der bürgerlichen Frauenbewegung, hat nach der Einführung des Wahlrechtsgesetzes geäußert, dass mit dem neuen Wahlrecht an sich nicht viel gewonnen sei, wenn der Staat und die Gesellschaft sich nicht wandelten. Zetkin durfte zwar als eine der ersten 13 württembergischen Abgeordneten, aber erst in der sechsten Sitzung der Verfassunggebenden Versammlung im württembergischen Landtag am 29. Januar 1919 das Wort ergreifen und wetterte darüber – immer wieder von provokativen und höhnische Heiterkeit erregenden Zwischenrufen unterbrochen –, dass die Äußerungen rechtslastiger Politiker, den Frauen sei das Wahlrecht geschenkt worden, ganz und gar nicht zuträfen. Ironisch konstatierte sie: „Ich bin als Frau kleingläubig und keineswegs überzeugt, ob wohl ohne die Revolution das Frauenwahlrecht gekommen wäre"[23]. Sie zeigte sich mit dieser Rede und allen noch folgenden nicht demütig verständnisvoll, sondern kam immer wieder herablassend streitbar und politisch akribisch auf die vergangene Kriegstreiberei zurück, verurteilte deren angebliche Notwendigkeit und die schmerzlichen Folgen des nun beendeten Völkermords. Sie befürchtete die rechtsstaatlichen Schwierigkeiten, die in der Folge nicht nur die Frauen betrafen und bezichtigte die „Mehrheitssozialisten" des Revisionismus, der die Unterdrückung der sozialen Revolution verstärkt habe. Sie agierte auf diese Weise gegen die württembergische Regierung, die ab März 1919

[20] Die Mitbegründerin der Arbeiterwohlfahrt (AWO) Marie Juchacz, geborene Gohlke, (1879–1956), war von 1919 bis 1933 MdR. Als es 1917 zur Spaltung der Sozialdemokraten und zur Gründung der USPD kam, erhielt die Sozialistin von Friedrich Ebert die Stelle als Frauensekretärin im zentralen Parteivorstand, die zuvor Clara Zetkin innegehabt hatte. Sie übernahm außerdem die Redaktionsleitung der Frauenzeitung „Gleichheit".

[21] Verhandlungen der verfassunggebenden Deutschen Nationalversammlung, Protokolle 1919, Bd. 326, 11. Sitzung, 19.2.1919, S. 177.

[22] Ebd.

[23] Verhandlungen der verfassunggebenden Landesversammlung beziehungsweise des Landtags des freien Volksstaates Württemberg, Protokolle 1919–1920, Bd. 1, 6. Sitzung, 29.1.1919, S. 113.

vom „gemäßigten" SPD Ministerpräsidenten Wilhelm Blos (1849–1927) angeführt wurde.

Die Weimarer Verfassung hatte zwar den Staat auf den Schutz der Mutterschaft und das Wohlergehen von Kindern verpflichtet und erstmals die staatliche Zuständigkeit für Fragen der Wohlfahrtspflege festgelegt. Eine uneingeschränkte rechtliche Gleichstellung von Männern und Frauen, wie sie die Abgeordneten der SPD und der USPD gefordert hatten, war dagegen nicht konsensfähig: Der Artikel 109 schrieb ihnen lediglich „grundsätzlich" dieselben staatsbürgerlichen Rechte und Pflichten zu. Ein leidvolles und heftig umstrittenes Kapitel war außerdem der Kampf um die Liberalisierung und Entkriminalisierung des § 218 und des § 219 a.

Die formale und legale Rechtlosigkeit der Frauen in der Weimarer Republik, die schon bei der Reichsgründung 1871 durch das geforderte und 1900 in Kraft getretene Bürgerliche Gesetzbuch (BGB) trotz des weiblichen Sturms der Ablehnung betoniert worden war, blieb in der staatlichen und gesellschaftlichen Praxis sanktioniert. Das familiäre und auch berufliche Eingeschränktsein der Frauen kann beispielhaft auch am Zölibatsverdikt festgemacht werden. Verheiratete Frauen durften auch in der Weimarer Republik als Beamtinnen nicht im Amt bleiben. Ihre Bezüge waren außerdem geringer als die ihrer Kollegen. Dazuhin galt das familiäre Oberhaupt – der Vater und Patriarch – zum Beispiel der Schule gegenüber weiterhin als alleinige rechtskräftige Instanz. In diesem Zusammenhang ist auch das prekäre Kapitel der Lehrerinnen und Schülerinnen in der deutschen Bildungsgeschichte einzuordnen: Lehrerinnen hatten sich spätestens im frühen 19. Jahrhundert gegen die traditionell sanktionierte Benachteiligung von Mädchen und Frauen gewandt. Sie waren bis zur Jahrhundertwende vom 19. ins 20. Jahrhundert immer die zweite Wahl gewesen. Jungen durften sie nur ausnahmsweise unterrichten, die Mädchenbildungslehrpläne waren ihrem kleineren Verstand angepasst und im Vergleich zu den Lehrplänen für Jungen entsprechend reduziert worden. Dass Mädchen endlich zu Beginn des 20. Jahrhunderts in Deutschland das Abitur ablegen und studieren durften, hatte einen langen Kampf erfordert.

Die zur Lehrerin ausgebildete Clara Zetkin hat in ihren Parlamentsreden stets versucht, mit ihrer hervorragenden Bildung zu punkten und hat es auch nie an literarischen Reminiszenzen und historischen Assoziationen fehlen lassen. Die aus vielen Regionen stammenden württembergischen Parlamentarierinnen, die sich wie ihre Gesinnungskolleginnen aus den anderen deutschen Kleinstaaten bereits lange vor 1918 für das Frauenwahlrecht verkämpft und sich auch in die bislang vernachlässigte Mädchen- und Frauenbildung mit Reformen eingemischt hatten, waren im Bereich der Bildung und der beruflichen Rechte auch der Arbeiterinnen engagiert tätig gewesen oder waren in der kommunalen Armenfürsorge und Wohlfahrtsarbeit aktiv. Tatkräftig und mutig mischten sich diese Frauen mit verschiedenster Herkunft und mit unterschiedlichem Bildungsstand nun öffentlich in die Politik ein und gehörten so zu den ersten Frauen im politischen Geschäft, die sich legitim für ihre demokratisch verbürgten Rechte einsetzen konnten. Die nun parlamentarisch amtierenden Frauen hatten sich vorher zum Beispiel als Armenrätinnen, als Gewerkschaftsangestellte, als Mitarbeiterinnen der weiblichen Handels- und Büroangestellten, als Fabrikpflegerinnen, Lehrerinnen und Journalistinnen in der Arbeiterbewegung und im „Verband Württembergischer Frauenvereine“ profiliert und verfochten alle – wenn auch in unterschiedlicher Färbung – die Ziele der Frauenemanzipation und Gleichberechtigung. Trotz ihres (für damalige Zeiten ungewöhnlichen) Engagements und ihrer schlechteren Listenplätze blieben sie aber, von wenigen Ausnahmen abgesehen, nur höflich oder widerstrebend geduldete Randerscheinungen. Sie veränderten das Parlament optisch[24], mussten aber noch lange auf bessere Umgangsformen warten. In den ihnen zugeteilten und zugestandenen (sozial ausgerichteten) Ausschüssen hatten sie jedoch selbstverständlich dem straffen Fraktionszwang ihrer Parteien zu gehorchen.

Und doch: Die bisher aus der staatsbürgerlichen Gleichheit ausgeschlossenen Frauen wurden durch ihre Wählbarkeit trotz aller Hindernisse zu Wegbereiterinnen der Demokratie und erhofften – wenn auch in unterschiedlicher Begründung – die Umsetzung der Ziele der weiblichen Gleichberechtigung.

3. Clara Zetkins Stuttgarter Zeit und der Beginn ihrer Laufbahn als Parlamentarierin

Als Sozialistin mit internationalem Einfluss und als unabdingbare Pazifistin war Clara Zetkin der Stuttgarter Polizeibehörde seit ihrer Ankunft in der Stadt ein Dorn im Auge. Da sie in der Pariser Emigrationszeit ihren Lebensgefährten und den Vater ihrer zwei Söhne Ossip Zetkin nicht geheiratet hatte, war sie jedoch Deutsche, also Sächsin geblieben. Die Stuttgarter Polizeibehörden hätten sie bald nach ihrer Niederlassung gerne ausgewiesen. Wegen falscher Namensführung wurde sie vorgeladen. Dieses Vergehen konnte ihr aber nicht nachgewiesen werden. Zu guter Letzt wurde ihr Name als „Schriftstellername“ akzeptiert. Obwohl sie nicht vorbestraft war, wurde aber eine Überwachung angeordnet. Die 1883 und 1885 in Paris geborenen Söhne Maxim und Kostja trugen dem französischen Namensrecht entsprechend ganz legal den Nachnamen Zetkin. Die Geschichtsschreibung der DDR hat Clara Zetkins „angebliche“ Heirat mit Ossip Zetkin stets bekräftigt und von ihrem späteren Ehemann Georg Friedrich Zundel nie Notiz genommen.

Seit dem 4. Januar 1892 war die Redakteurin in Stuttgart gemeldet und wohnte zunächst zusammen mit ihren Söhnen in der Rotebühlstraße 147. Ihre Nachbarn

---

[24] Die Kleider der weiblichen Abgeordneten – bequeme Reformkleider und die tragbarere Kleidung der „Zwanziger Jahre“ hatten die frühere, eher von Korsetten bestimmte weibliche Garderobe ersetzt – veränderten zusammen mit den Trägerinnen selbst das Bild und das Aussehen des Plenarsaals. Auch die männlichen Parlamentarier unterlagen einer neuen Kleiderordnung und waren gebeten, sich auch in ihren Anzügen zu demokratisieren. Sie hatten auf Orden, „feldgraue“ Uniformen, herrschaftliche Anzugsausstattungen und vor allem auf den „schwarzen Rock“ zu verzichten.

waren die Familien von Robert Bosch (1861–1942), mit der sie nicht nur wegen gesellschaftspolitischer Gemeinsamkeiten befreundet war und die von Karl Kautsky (1854–1938), der 1891 das Erfurter Grundsatzprogramm der SPD konzipiert hatte. Die vorerst noch wenig Deutsch sprechenden Söhne besuchten in Stuttgart zuerst die „Hayer'sche Elementarschule" in der Rotebühlstraße, anschließend das altsprachliche „Karls-Gymnasium" in der Tübinger Straße, machten dort ihr Abitur und studierten nach Beendigung der Schule Medizin.

1899, nach der Eheschließung Clara Zetkins mit dem Maler Georg Friedrich Zundel, wohnte die Familie zuerst in der Blumenstraße 34 in der Dachgeschosswohnung. Als sich die finanziellen Verhältnisse der Eheleute durch Ausstellungen, Aufträge, Vorträge und Veröffentlichungen besserten, bauten sie sich in der Kirchheimer Straße 14 in Sillenbuch ein Haus, das Zundel selbst entworfen hatte und das Lenin die „Datsche Zundel" nannte. Das riesige Gelände rund ums Haus war ein wichtiger Ort für seltene Ruhephasen und für die emsige Gartenarbeit der Familie, die zum Beispiel die Freundin Rosa Luxemburg immer wieder mit ihr teilte. Das Haus wurde auch ein Treffpunkt vieler Freundinnen und Genossinnen, vieler Freunde und Genossen und ihrer Kinder. Nicht selten fanden Hausmusiken statt, in denen die Söhne Geige spielten und mit der Mutter am Klavier zusammen musizierten. Zusammen mit Friedrich Westmeyer[25] und Georg Friedrich Zundel eröffnete Clara Zetkin am 9. Mai 1909 das Sillenbucher Waldheim, das sie zur Erholung für Arbeiter und ihren Familien unweit des Zetkin-Zundelschen Wohngelände mitbegründet und mitfinanziert hatte. Es heißt heute Clara-Zetkin-Haus und ist immer noch ein kultureller und politischer Treffpunkt auf einer der am Waldrand gelegenen Höhen Stuttgarts.

1915 organisierte sie in Bern – in der neutralen Schweiz – eine nicht genehmigte Konferenz sozialdemokratischer Frauen der am Weltkrieg beteiligten Staaten und rief mit einem Manifest zum „Kampf gegen den Krieg" auf. Auf der Heimreise wurde sie an der Grenze verhaftet, wegen Landesverrats in Gewahrsam genommen und trotz Krankheit wochenlang ins Gefängnis gesteckt. Wegen ihrer Antikriegshaltung wurde sie während des ganzen Krieges immer wieder inhaftiert. Das Sillenbucher Haus wurde bewacht, ihre Post beschlagnahmt, die Hunde vergiftet und ihre Söhne im Militärdienst schikaniert. Georg Friedrich Zundel hatte sich als Freiwilliger gemeldet und der Armee das Familienauto zur Verfügung gestellt. Den „Nationalen Frauendienst", den Frauenvereine aller Richtungen gründeten, um im sozialen Dienst für Verwundete in Lazaretten und für notleidende vaterlose Familien zu sorgen, unterstützte sie nicht. Sie sah in ihm eine Verlängerung des Krieges in der Heimat.

---

[25] Der Gewerkschaftler, Redakteur und Sozialist Johann Friedrich Westmeyer (1873–1917) ging wie andere Stuttgarter Parteigenossen und -genossinnen wegen seiner Kriegsablehnung zum Spartakusbund. Im März 1917 bekam er seinen Stellungsbefehl. Noch im August 1917 wurde Westmeyer als Nachrückkandidat von der Stadtdirektion Stuttgart als Gemeinderatsmitglied vereidigt. Am 14.11.1917 starb er bei Reims in einem Kriegslazarett der Westfront.

Clara Zetkin teilte die Verzweiflung vieler Menschen, aber sie wollte nach dem Ende des Krieges trotz der hereinbrechenden Inflation, der Weltwirtschaftskrise und der massiven Arbeitslosigkeit nicht aufgeben. Aber auch ihre eigene private Situation wurde zunehmend desolater. Zundel entfernte sich von ihr. Ihre Freundschaft mit dem „Roten Bosch“ hatte nun für Clara Zetkin schmerzliche Folgen. Doch das allmähliche Auseinanderleben der Eheleute Zundel-Zetkin lag nicht nur an der neuen Frau an Zundels Seite, an der von ihm als junges Mädchen porträtierten Boschtochter Paula (1889–1974), die seine zweite Ehefrau werden sollte. Lange hatte Clara Zetkin sich gegen eine Trennung gewehrt, die dann erst 1928 mit einem Scheidungsprozess in Berlin besiegelt wurde. Stuttgart hatte sie inzwischen verlassen. Das Wohnhaus wurde verkauft und sie wohnte als Reichstagsabgeordnete seit Beginn der zwanziger Jahre im Wechsel im eigenen Haus in Berlin-Birkenwerder und lange Zeit im Moskauer Kreml. Ihre beiden Söhne lebten in Moskau ganz in ihrer Nähe.

30 Jahre lang hat die kultur- und kunstengagierte Politikerin in Stuttgart gearbeitet und politisch agiert. Diese Jahre waren für sie und für die Stadt eine Zeit der prägenden Veränderungen. Die Arbeiterbewegung war gewachsen. Ihr Frauenanteil war jedoch bis 1907 relativ gering gewesen. Nach der ersten Internationalen Sozialistischen Frauenkonferenz in Stuttgart stiegen die Mitgliederzahlen der Genossinnen jedoch sprunghaft an. Clara Zetkins radikaler Antikriegskurs, der jede Kriegsunterstützung und die von ihren Genossen im Reichstag abgesegneten Kriegskredite verwarf, führte schließlich zum Bruch mit der SPD und zu ihrer Entlassung als Redakteurin der „Gleichheit“. Auch die Stuttgarter SPD- Politikerin, Lehrerin und Stimmrechtskämpferin Anna Blos (1866–1933), geborene Tomasczewska, hatte dort historische Biografien vergessener Frauen beigesteuert.[26]

Fast 20 Jahre ihrer Stuttgarter Zeit hatte Clara Zetkin im Sillenbucher Haus gelebt und gearbeitet. Von hier aus schrieb sie viele Briefe in alle Welt, erhielt aber auch unsägliche Drohbriefe. Ihre eigene politische Radikalisierung von der Sozialistin zur Kommunistin war vielen der ihr verbundenen Sillenbucher und Stuttgarter nicht recht. Die Rechtsradikalisierung des deutschen Staates hat dann auch die guten oder die zusehends missgünstiger werdenden lokalen Nachbarschaftsverhältnisse zusehends verschlechtert.

4. Clara Zetkins Parteikarrieren

Clara Zetkin, die vor allem gesellschaftlich benachteiligte Frauen im Blick hatte, sah in ihren selbst definierten eigenen politischen Aufgaben und wohl auch in der

[26] Sie schaffte es 1919 als einzige Frau der insgesamt 19 Abgeordneten aus Württemberg in den Reichstag gewählt zu werden und geriet damit wie ihr kurzfristig politisch erfolgreicher Mann Wilhelm Blos in Missachtung und weltanschauliche Konkurrenz zur Genossin Zetkin.

Abb 1: Clara Zetkin mit Stuttgarter SPD-Parteigenossen. (Mascha Riepl-Schmidt)

Abfolge ihrer unterschiedlichen Parteizugehörigkeiten mehr Möglichkeiten, in gesellschaftliche Veränderungen eingreifen zu können.

In der SPD hatte sie innerparteilich Karriere gemacht und verfügte zunächst über Autorität auch innerhalb ihrer frauenpolitisch wichtigen Arbeit. Von 1895 bis 1913 war sie als erste Frau in die Kontrollkommission der Partei gewählt worden, von 1909 bis 1917 arbeitete sie im Parteivorstand. Sie sprach auf Parteitagen und wurde nach der Gründung des Internationalen Frauensekretariats dessen Erste Sekretärin. Die „Gleichheit" war zum Organ auch der internationalen Frauenbewegung geworden. Nach der Mitbegründung des Spartakusbundes wechselte sie zur USPD, der sie nicht lange treu blieb. Ihre SPD-Genossin Luise Zietz (1865–1922)[27] wurde Mitglied des Zentralkomitees der neuen Partei. Auch sie musste Sanktionen über sich ergehen lassen: Sie verlor im Mai 1917 ihre Position als Frauensekretärin im zentralen Parteivorstand der SPD. Viele ehemalige SPDlerinnen wurden zudem in der Frauenorganisation der USPD aktiv oder arbeiteten

[27] Die ausgebildete Kindergärtnerin, SPD- und spätere USPD-Politikerin Luise Catharina Amalie Zietz, geborene Körner (1865–1922), organisierte 1911 zum ersten Mal den 1910 in Kopenhagen beschlossenen Internationalen Frauentag in Deutschland. Sie schrieb regelmäßig für die sozialdemokratische Frauenzeitschrift „Gleichheit". 1917 zählte Luise Zietz zu den Gründungsmitgliedern der USPD und dessen Zentralkomitee, dem sie auch als Reichstagsabgeordnete ab 1919 bis zu ihrem Tod angehörte.

an der USPD-Frauenzeitung „Die Kämpferin" mit. Im Juni 1917 übernahm Clara Zetkin die Redaktion der neu gegründeten Frauenbeilage der „Leipziger Volkszeitung", die sie bis April 1919 leitete. Trotz ihrer angegriffenen Gesundheit hatte sie vor allem in Stuttgart – ebenso wie ihre Mitstreiterinnen – Tatkraft und Präsenz in der Novemberrevolution 1918 gezeigt. In Artikeln und auf Kundgebungen waren Rosa Luxemburg und Clara Zetkin vor allem für die Gewinnung der Frauen für den Rätegedanken eingetreten. Anna Blos war als sozialistische Frauenstimmenfängerin anders unterwegs: Sie hatte am 3. November 1918 in Stuttgart ad hoc öffentliche Versammlungen zum Frauenwahlrecht organisiert, um den Tag, der ursprünglich in Berlin vom Soldaten- und Arbeiterrat dazu bestimmt worden war, die Deutsche Republik auszurufen, kurzfristig in ihrem Sinne inhaltlich auszufüllen und zu gestalten[28].

Clara Zetkin hatte sich schon 1918 mit der russischen Revolution solidarisch erklärt, war Kommunistin geworden und glaubte an die „Weltrevolution". Dennoch hatte sie aus taktischen Gründen nach Kriegsende für die USPD in Württemberg kandidiert. Danach war sie von 1920 bis 1933 für die Kommunistische Partei Deutschlands (KPD) angetreten und hat sich als Reichstagsabgeordnete weiterhin für die Arbeiterklasse und die politische Gleichberechtigung der Frau eingesetzt[29].

Auf dem Parteitag im März 1919 trat sie der KPD bei und gehörte nun offiziell zu den führenden Köpfen der Partei. Sie arbeitete von 1921 bis 1933 als Sekretärin der Internationalen Kommunistischen Frauenbewegung, von 1922 bis 1933 war sie die Vorsitzende der „Internationalen Arbeiterhilfe" und ab 1925 Präsidentin der „Roten Hilfe Deutschlands". Zwischen 1919 und 1924 war sie außerdem Mitglied der Zentrale und Mitglied des politischen Büros, von 1927 bis 1929 des Zentralkomitees der KPD, dem seit 1919 auch Käte Duncker und Rosa Luxemburg bis zu ihrer Ermordung angehörten. Die Zeitschrift „Die Kommunistin", die am 1. Mai 1919 erstmals erschien, diente der Unterstützung der kommunistischen Frauenbewegung.

---

[28] In Stuttgart hatte der endgültige Termin, der 9. November, der erst am Ende der dies bestimmenden Sitzung in Berlin beschlossen worden war, nicht bekannt gegeben werden können, da der für Stuttgart teilnehmende USPD-Politiker Ferdinand Hoschka vor dem Ende der Berliner Sitzung und der Festlegung des neuen Termins den letzten Zug nach Stuttgart hatte besteigen müssen. Die Nachricht der Terminverschiebung war dann trotzdem durchgesickert.

[29] Nach der letzten Reichskonferenz des Spartakusbundes vom 29. bis 31.12.1918 waren Rosa Luxemburg und Käte Duncker am 1.1.1919 die Mitbegründerinnen der Kommunistischen Partei Deutschlands (KPD/Spartakusbund). Nach der Niederlage der revolutionären Berliner Arbeiterräte im Januar 1919 musste Rosa Luxemburg ständig ihre Wohnung wechseln, weigerte sich aber, Berlin zu verlassen; Käte Duncker wurde inhaftiert. An den Wahlen zur Nationalversammlung am 19.1.1919, nahm die KPD nicht teil. Sie vertrat einen dogmatischen Sozialismus und forderte, die begonnene Revolution durch die Machtergreifung der Arbeiterräte in den Betrieben fortzusetzen und auszuweiten. Für die Linken stand die Wahl auch im Schatten der Ermordung von Rosa Luxemburg und Karl Liebknecht durch rechtsgerichteten Offiziere des ehemaligen kaiserlichen Militärs am 15.1.1919.

Im Herbst 1920 reiste Clara Zetkin das erste Mal in die Sowjetunion, auch weil sie mit dem Ehepaar Wladimir Iljitsch Lenin und Nadeschda Krupskaja (1869–1939) freundschaftlich verbunden war. Sie war zudem ständiges Mitglied des Exekutivkomitees der Kommunistischen Internationale und seines Präsidiums. Als Leiterin des Westeuropäischen Internationalen Frauensekretariats publizierte sie von 1921 bis 1925 die Monatsschrift „Die Kommunistische Fraueninternationale“, die im Auftrag der Exekutive der III. Internationale und des Internationalen Kommunistischen Frauensekretariats in Moskau erschien. Im Juni 1923 formulierte sie ihre Thesen zum Klassencharakter des Faschismus, der im Jahr zuvor in Italien an die Macht gekommen war. Auf dem V. Weltkongress der Kommunistischen Internationale 1924 referierte sie über das Verhältnis der Arbeiterklasse zur Intelligenz und über deren Einbeziehung in die revolutionäre Bewegung. Mit Josef Stalin (1878–1953), dem obersten Machthaber der Sowjetunion, und seiner Führungsmannschaft stand sie nicht selten im Widerspruch. Sie wagte es in Moskau, Stalin die Stirn zu bieten, hielt mit innerparteilichen Dissidenten weiterhin Kontakt und versuchte, ihnen bei der Ausreise aus Russland zu helfen. Die Genossen warfen ihr dann während der Sitzung des Exekutivkomitees der Kommunistischen Internationale im Dezember 1928 ihre sozialdemokratische Herkunft vor und verwiesen sie in die innere Emigration – „als unzuverlässige, abgelebte und mit dem Virus des Sozialdemokratismus infizierte Genossin“[30]. Krank, isoliert und kontrolliert von KPD und Komintern sei sie „aus der geistigen Verbannung nie mehr aufgetaucht“[31].

Trotz ihres hohen Alters und ihrer sich verschlechternden Gesundheit verfolgte Clara Zetkin entgegen dieser Aussage mit berechtigten Vorahnungen den Kampf gegen den wachsenden Faschismus. Gesundheitlich schon sehr angeschlagen und offen durch die Nationalsozialisten angefeindet, eröffnete sie 75-jährig am 30. August 1932 als Alterspräsidentin den neugewählten Reichstag. Vor der versammelten Naziprominenz und unter dem Gejohle dieser Provokateure forderte sie die „Einheitsfront aller Werktätigen gegen den Faschismus“ und zwar über alle trennenden politischen, gewerkschaftlichen, religiösen und weltanschaulichen Einstellungen hinweg. Doch ihr Appell verhallte. Sie kritisierte ebenso die Ohnmacht des Reichstages, die Allmacht des Präsidialkabinetts und äußerte am Ende die Hoffnung, „trotz meiner jetzigen Invalidität das Glück zu erleben, als Alterspräsidentin den ersten Rätekongress Sowjetdeutschlands zu eröffnen“[32]. Dass diese falsche Verortung am Schluss ihrer Eröffnungsrede nur ihrem Wunschdenken entsprach, ist sicher. Zu ihrem Schutz verließ sie anschließend das Reichstagsgebäude

---

30 Vgl. Gisela Notz, Proletarische Frauen und ihr Weg zum Kommunismus, in: Marxistische Blätter vom 20.12.2009, ohne Seitenangaben, https://www.linksnet.de/artikel/25165 (letzter Zugriff: 12.05.2020).

31 Ebd.

32 Ebd.

verkleidet. Zusammen mit ihrem Sohn Kostja[33], der die Mutter tatkräftig als „Sekretär" unterstützte, nahm sie einen Hinterausgang und kehrte nie mehr nach Deutschland zurück. Die Eröffnung eines von ihr erhofften Rätekongresses war obsolet geworden. Clara Zetkin, die 1882 während des Sozialistengesetzes bereits nach Frankreich hatte fliehen müssen, ging nun erneut ins Exil, diesmal in die Sowjetunion. Als sie am 20. Juni 1933 in Archangelskoje in der Nähe von Moskau starb und danach an der Kremlmauer beigesetzt wurde, schlossen sich 600.000 Menschen dem Trauerzug an.

5. Der Stellenwert der Frauenemanzipation in Clara Zetkins Politikverständnis

Der Schutz der Arbeiterinnen hat in Clara Zetkins lebenslangem Engagement und in der beharrlichen Kontinuität ihrer Emanzipationsvorstellungen immer Priorität behalten. Dabei hatte sie schon in den 1880er Jahren bis zum Ende ihrer Pariser Emigrationszeit die Frauenfrage nicht als gegen Männer gerichtet verstanden, sondern als eine objektive Folge der wirtschaftlichen Entwicklung. In ihrem eigenen Leben konnte sie die wirtschaftliche Abhängigkeit von Männern nur überwinden. Aversionen, die im Allgemeinen gegen die Überordnung nur eines Geschlechts berechtigt waren, versuchte sie einzuordnen und zu begründen. Zumeist war es ihr möglich, die sie persönlich betreffenden Angriffe auf einer geistigen politischen und künstlerischer Diskussionsebene zu relativieren. Während ihrer Freundschaft und ihren Auseinandersetzungen mit Lenin war sie darauf bedacht, ihm in ihrem eigenen Verständnis, Frauen-, Ehe- und Familienthemen aufklärerisch und kontrovers zu seinen eigenen Ansichten zu präsentieren[34]und konstatierte: „Die meisten Männer – und auch die Proletarier nicht – denken daran, wie manche Mühe und Plage sie der Frau erleichtern, ja ganz abnehmen könnten, wenn sie bei ‚Weiberarbeit' zugreifen wollten"[35].

Sie kämpfte weiterhin gegen das Verbot der Frauenerwerbsarbeit und legte großen Wert auf die weibliche Unabhängigkeit. Clara Zetkin wollte auch für die oft zur Gebärmaschine reduzierten Frauen erreichen, dass eine nicht gesundheitsschädigende und eine vom Gesetzgeber als kriminell eingestufte „Familienplanung" möglich würde, anstatt sie unter Zuhilfenahme des § 218 zu unterbinden.

[33] Nach dem Tod Clara Zetkins bekam Kostja Zetkin nach eigenen Äußerungen Schwierigkeiten mit den Machthabern in der Sowjetunion. Der literarische Nachlass Clara Zetkins, der ihm testamentarisch bestimmt war, wurde ihm nie ausgehändigt. Schließlich verließ Kostja Zetkin die Sowjetunion Mitte der dreißiger Jahre und konnte über die Tschechoslowakei, die Schweiz und Frankreich unter jahrelangen schwierigen Bedingungen in die USA emigrieren. Das Zetkin'sche Nachlasskonvolut wird immer noch – eventuell „bereinigt" – im Moskauer Archiv verwahrt und kann nur von ausgesuchten Forscher*innen eingesehen werden.

[34] Clara Zetkin, Erinnerungen an Lenin, Berlin 1929, unter anderem S. 61 und 81.

[35] Ebd. S. 74.

Dagegen verstand sie es als vorübergehende Notwendigkeit, dass erwerbstätige Frauen ihren häuslichen „Herrn“ und den kapitalistischen, versklavenden „Herrn“ noch akzeptieren müssten. Clara Zetkin, die stets die Rolle der Mütter verteidigte, setzte sich aber auch für Schwangerenschutzbestimmungen ein. Sie forderte jedoch auch eine Kindererziehung nicht nur durch die Mütter, sondern auch durch ausgebildete Erzieher und Pädagogen, sicher in der Absicht, die sogenannte häusliche Bestimmung auch der Arbeiterinnen zu relativieren und sie daraus zu befreien.

Von 1891 bis 1917 begriff sie als Chefredakteurin der „Gleichheit“ ihre Stellung als Plattform, um die sozialistische Frauenbewegung zu stärken, aber auch, um unter anderem die Themen der Erziehung, der Kunst- und Literaturkritik, der Friedens- und Antikriegsbewegung zu definieren und ihre Wichtigkeit zu unterstreichen. Die Ausrichtung der sozialistischen und sogenannten proletarischen Frauenbewegungen feuerte sie nicht zuletzt mit ihren Berichterstattungen zum Internationalen Frauentag und zum Frauenwahlrecht an und bestimmte sie maßgebend mit, ohne die bürgerlichen Anstrengungen und Erfolge der in sich oft uneinigen, unterschiedlichen anderen Frauenbewegungen wertzuschätzen. Dass auch die „linken“ Frauenbewegungen sich gegenseitig kritisierten oder blockierten, hatte für sie wohl einen notwendigen Prozesscharakter.

Bestärkt durch viele Zeitzeuginnen- und Zeitzeugeninterviews, jahrzehntelanges Quellenstudium und die vielfache Durchsicht des Zetkin'schen Nachlasses in den Berliner Archiven[36] bin ich der Meinung, dass Clara Zetkin trotz oder auch wegen ihrer unterschiedlichen Parteizugehörigkeiten im linken Parteienspektrum der Weimarer Republik nie das auch durch ihre eigene redaktionelle Tätigkeit überlieferte und bewahrte Postulat des Kampfes um die weibliche Gleichberechtigung angezweifelt oder dies entsprechend der sich verhärtenden ideologischen Zuspitzungen der KPD uminterpretiert hat. Das Los der Frauen war für sie kein Nebenwiderspruch in einem bald siegreich gewähnten Klassenkampf, der alle gesellschaftlichen Ungleichheiten in sich aufheben würde. Für Clara Zetkin – der beharrlich Unerschrockenen und Kontinuität Bewahrenden – waren nur die Frauen selbst in der Lage, ihre Mündigkeit einzufordern und unter Beweis zu stellen, ihre Emanzipation, ihre ureigenen sozialen und menschlichen Interessen auszufechten und durchzusetzen.

[36] Hier sei die Stiftung Archiv der Parteien und Massenorganisationen der DDR im Bundesarchiv Berlin (SAPMO-BArch, Ostberlin) genannt, die erst ab 1989 konsultiert werden konnte. Davor war der Zugang westdeutschen Besuchern nicht erlaubt gewesen. Dieser Zetkin'sche Nachlass befindet sich im heutigen Bundesarchiv Berlin. Eine textkritische Werkausgabe wurde bislang nicht erstellt.

Frauenstimmrechtsbewegungen von Ort

Aufbruch in neues Gelände. Politische Geschlechterverhältnisse in Freiburg in den konstituierenden Jahren der Weimarer Republik

Birgit Heidtke

Als am 9. November 1918 in Berlin die Republik ausgerufen wurde, bestimmten auch in Freiburg demonstrierende Soldaten das Bild der Stadt. Der revolutionäre Umbruch verlief relativ ruhig und fast ohne gewaltsame Auseinandersetzungen. Nachdem sich im Laufe des Tages ein Soldatenrat formiert hatte, kamen die Freiburger Sozialdemokraten[1] zusammen, um aus ihren Reihen einen Arbeiterrat zu bilden. Unter den 16 Gewählten war auch die Sozialdemokratin Marie Haack (1867–1943). Vor einer vieltausendköpfigen Menge verkündete der Arbeiter- und Soldatenrat vor der Etappenkommandatur im Hotel National am 9. November, dass er die Befehlsgewalt über die Truppen übernommen hatte und für die Aufrechterhaltung von Ruhe und Ordnung Sorge tragen würde. Ein Aktionsausschuss des Freiburger Stadtrates trug dem Arbeiter- und Soldatenrat an, eine gemeinsame provisorische Regierung zu bilden. Damit wurde Marie Haack die erste Frau in der Geschichte Freiburgs, die ein politisches Mandat für die Kommune übernahm[2].

1. „Ein verschließbarer Schrank" - Marie Haack, Arbeiterrätin

Marie Haack übernahm diese Verantwortung zu einem Zeitpunkt, als das Stadtbild vor allem von Soldaten geprägt war. Der Kriegsausgang hatte Freiburg wieder zu einer grenznahen Stadt gemacht, die zur Durchgangsstation der demobilisierten Soldaten wurde. Man bereitete ihnen einen ehrenvollen Empfang. An den Eingängen zur Stadt waren Triumphbögen aufgestellt, die Hauptstraßen beflaggt und mit Blumengirlanden geschmückt. Auch viele Zivilpersonen, zunächst vor allem ausgewiesene Staatsbeamtinnen und -beamte, die ab den 1870er Jahren in die elsässischen Reichslande übersiedelt waren, suchten nun Zuflucht in der Stadt. In

[1] Wie in anderen badischen Städten erweiterte sich der Arbeiter- und Soldatenrat Freiburgs in den folgenden Wochen um Vertreter aus dem Bürgertum, der christlichen Gewerkschaften und schließlich auch der Unabhängigen Sozialdemokratischen Partei Deutschlands (USPD) und benannte sich Anfang Dezember 1918 in Volksrat um. Vgl. Heiko Haumann, Enttäuschte Hoffnungen auf eine neue Gesellschaft. Revolution und Räte 1918–1920, in: Ders./Hans Schadek (Hgg.), Geschichte der Stadt Freiburg, Bd. 3: Von der badischen Herrschaft bis zur Gegenwart, Stuttgart 1992, S. 265–277.

[2] Ebd., S. 267 f.; Birgit Heidtke, Frauenstimmrecht und Frauenpolitik, in: Dies./Christina Rössler, Margarethas Töchter, Stadtgeschichte der Frauen von 1800 bis 1950 am Beispiel Freiburgs, Freiburg 1995, S. 252–285.

dieser Umbruchzeit war es die vordringlichste Aufgabe des provisorischen Stadtrats, eine öffentliche Grundversorgung für alle sicherzustellen[3].

Über Marie Haacks politische Arbeit im Arbeiterrat und ihre Befugnisse in den Monaten des Übergangs bis zur ersten Kommunalwahl im Mai 1919 ist nur wenig überliefert.

Die der Sozialdemokratischen Partei Deutschlands (SPD) nahestehende Freiburger Tageszeitung „Volkswacht" publizierte nach der Erklärung des gleichen Wahlrechts für beide Geschlechter am 28. November 1918 einen Leitartikel, der vor allem mit Sorge auf die zukünftigen Wählerinnen schaute und kritisierte, dass auch 20-jährige Frauen ohne Einschränkungen gleich gestellt worden waren: „Es ist ein Unding, vorauszusetzen, daß in diesem Alter die Bedeutung der politischen Fragen für den Staat und die Gesellschaft von Mädchen und Frauen in vollem Umfange erkannt wird, und man befürchtet mit Recht, daß sich die Frauen von der Reaktion, vom Rückschritt zur Bekämpfung aller freiheitlichen Bestrebungen mißbrauchen lassen. [...] Wir wünschen ganz dringend, daß sich die badischen Frauen und Mädchen als Elemente des Fortschritts erweisen und der Partei die Stimme geben, welche ihnen das Wahlrecht überhaupt zugebilligt hat, nämlich der Sozialdemokratie!"[4] Der Artikel verwies in diesem Zusammenhang auch auf die Frauen in den Arbeiter- und Soldatenräten und führte dabei Marie Haack für Freiburg an. „So sucht die Sozialdemokratie auf allen Gebieten die Frauen in den Dienst der Öffentlichkeit zu stellen."[5]

Wenn die „Volkswacht" in der Folgezeit über Marie Haack berichtete, dann vor allem über ihre Parteiarbeit. Haack war Vorsitzende der Frauenabteilung in der Freiburger SPD und engagierte sich im Ende November 1918 einsetzenden Wahlkampf. Nur ein einziges Arbeitsfeld, das Marie Haack im Arbeiterrat etablierte, ist in der „Volkswacht" dokumentiert: ihr frauenpolitisches Engagement in der „Dienstbotenfrage". So organisierte Haack im November und Dezember 1918 Versammlungen für Hausangestellte, auf denen Forderungen zum Arbeitsschutz und zu ihren persönlichen Rechten an die provisorische Landesregierung adressiert wurden. Verlangt wurde hier unter anderem eine gesetzliche Regelung der Arbeits-

---

[3] Haumann (wie Anm.1); Aus der Stadt Freiburg; Der Arbeiter- und Soldatenrat, in: Volkswacht. Tageszeitung für das werktätige Volk Oberbadens (im Folgenden: Volkswacht) vom 16.11.1918, S. 3.

[4] Volkswacht, Frauenwahlzeitung vom 20.11.1918, S. 2f.

[5] Ebd. In der Realität waren die Frauen in den Arbeiterräten jedoch extrem unterrepräsentiert. Das gilt sowohl für die kommunalen Arbeiterräte, in denen, nach derzeitigem Stand der Forschung, häufig gar keine oder nur einzelne Frauen delegiert waren als auch für seine Zentralorgane. Hierzu: Anja Weberling, Zwischen Räten und Parteien. Frauenbewegung in Deutschland 1918/19, Pfaffenweiler 1994; Sabine Ross, Politische Partizipation und nationaler Räteparlamentarismus. Determinanten des politischen Handelns der Delegierten zu den Reichsrätekongressen 1918/19; eine Kollektivbiografie, in: Historical Social Research, Supplement 1999, online einsehbar unter: https://nbn-resolving.org/urn:nbn:de:0168-ssoar-285933 (letzter Zugriff: 13.05.2020).

zeiten von Dienstbotinnen, die üblicherweise im Haushalt der Arbeitgeber*innen lebten. „Als Mindestforderung sind ferner gewünscht, ein verschließbares Zimmer und ein verschließbarer Schrank", berichtete die „Volkswacht."[6]

Obwohl Marie Haack im Juli 1919 auch die erste Frau werden sollte, die in der konstituierenden Sitzung des Freiburger Bürgerausschusses als gewählte Stadtverordnete das Wort ergriff[7], lässt sich ihre Biografie nur fragmentarisch nachvollziehen. Haack, geborene Kuhn, war 52 Jahre alt, als sie 1919 in das Stadtparlament gewählt wurde. Im Verzeichnis der Stadtverordneten wird sie als „Kaufmannsgattin" bezeichnet und ist im Adressbuch außerdem als „Hühneraugenoperateurin" zu finden. Sie unterhielt eine Praxis am Münsterplatz. Mit ihrem Mann Carl wohnte sie im Arbeiterquartier Kronenmatten. Haack engagierte sich seit 1913 in der Frauenabteilung der SPD und übernahm dort 1919 den Vorsitz. Als aktive Sozialdemokratin machte sie bereits während des Krieges realpolitische Erfahrungen im „Nationalen Frauendienst", in dem Vertreterinnen der Frauenverbände aller politischen Lager, besonders in der kommunalen Verwaltung, Verantwortung übernahmen. Haack, 1922 wiedergewählt, schied auf eigenen Wunsch 1924 in der laufenden Wahlperiode als Stadtverordnete aus. Ihre leitenden Ämter in der SPD gab sie bereits 1921 auf. Die Motive für ihren Rückzug aus der Politik sind unbekannt. Mit 76 Jahren starb sie 1943 in Freiburg[8].

Marie Haack ist ein eindrückliches Beispiel dafür, wie wenig von Frauen dieser ersten Generation deutscher Parlamentarierinnen überliefert wurde. Das gilt auch für einige der weiblichen Landtagsabgeordneten in Baden. So gibt es von Luise Kräuter (1891–1937), die 1919 als Freiburger Abgeordnete der SPD in den Landtag gewählt wurde, nur spärlichste biografische Informationen. Im Archiv des Landtags fehlt selbst ein Foto von ihr. Bei männlichen Hinterbänklern ist das kein einziges Mal der Fall[9]. Luise Kräuter gehörte mit 28 Jahren zu den jüngsten Abgeordneten der Badischen Nationalversammlung. Sie legte ihr Mandat im September 1919 nieder und begründete dies damit, dass neben ihrer Berufstätigkeit als Filialleiterin eines Ladens des örtlichen Konsumvereins und den Arbeiten in der Familie – sie hatte kurz vor ihrem Austritt geheiratet – nicht genügend Zeit für ihre politischen Aufgaben bliebe. Auch über die Freiburgerin Helene Platenius

---

[6] Der Volksrat, in: Volkswacht vom 18.12.1918, S. 3. Zu weiteren Aktionen in diesem Feld berichtete die Volkwacht auch in den nächsten Wochen: 23.11.1918, S. 3 f.: Der Arbeiter- und Soldatenrat; 31.12.1918, S. 3: Das Zentrum und die Dienstmädchen; 29.3.1919, S. 3: Verband der Hausangestellten.

[7] Die erste Tagung des neuen Stadtparlaments, in: Volkswacht vom 19.7.1919, S. 4 und S. 7.

[8] Adreßbuch der Hauptstadt Freiburg im Breisgau für das Jahr 1907, Abt. 1, Gewerbeverzeichnis. Adreßbuch (...) 1913, Abt. 1 Einwohner und Firmenverzeichnis; Amtliches Einwohnerbuch der Hauptstadt Freiburg im Breisgau, 1925/26, Abt. 6, Behörden; HEIDTKE, Frauenstimmrecht (wie Anm. 2); StadtA Freiburg, Auskunft aus dem Sterbebuch.

[9] Ina HOCHREUTHER, Frauen im Parlament. Südwestdeutsche Parlamentarierinnen von 1919 bis heute, hg. vom Landtag von Baden-Württemberg, 3. aktualisierte und fortgeschriebene Aufl., Stuttgart 2012.

(1874–1961), als Nachrückerin für die Deutsche Demokratische Partei (DDP) 1920 im Landtag, gibt es nur karge biografische Daten[10].

Diese Quellenlage markiert Leerstellen im Aufbruch der Frauen in die Parlamente. Sie spiegelt eindrücklich die Grenzen wider, in denen sich die Politikerinnen der Weimarer Republik zu bewegen hatten. Als Politikerinnen standen sie allenfalls im Schummerlicht der Öffentlichkeit.

Doch vor der Konstituierung der Parlamente, im Wahlkampf von 1918/19 sah das anders aus. Alle Parteien richteten Wahlversammlungen eigens für die neuen Wählerinnen aus und präsentierten dabei Kandidatinnen der Öffentlichkeit. Die Freiburger Zeitungen berichteten in den Wochen nach der Revolution ausführlicher als gewohnt über diese Veranstaltungen und räumten auch darüber hinaus Frauenbelangen und Frauenstimmen mehr Platz ein.

2. „Mit Maß und Würde am politischen Leben beteiligen" – Febronie Rommel, bürgerliche Feministin

Der ausdrücklich an Frauen gerichtete Wahlkampf startete in Freiburg am 30. November mit gemäßigten Tönen. Wie in anderen badischen Städten[11], koordinierte ein überparteilicher „Vorbereitender Frauenausschuss" eine Wahlversammlung im Freiburger Paulussaal, mit dem Ziel, „Frauen und Mädchen aller Stände" unabhängig anzusprechen. Obwohl auch Sozialdemokratinnen im Frauenausschuss vertreten waren, konnte die Veranstaltung nur aus bürgerlicher Perspektive als unabhängig bezeichnet werden. Redner*innen der SPD kamen auf dem Podium nicht zu Wort[12].

Nach einleitenden Worten der Versammlungsleiterin, Frau[13] Geheimer Hofrat von Below, hielt unter dem Titel: „Die politischen Rechte und Pflichten der deutschen Frau in der Gegenwart" im großen, voll besetzten Paulussaal die Hauptrede Febronie Rommel, eine gestandene Vertreterin der bürgerlichen Frauenbewegung. Rommel hatte ihre berufliche und politische Karriere im Elsass realisiert, wo sie in Straßburg bis 1911 als Oberlehrerin am Seminar der Höheren

---

10 Ebd., S. 53 f. und S. 56; Mandatsniederlegung, in: Volkswacht vom 24.9.1919, S. 3.

11 So unter anderem in Baden-Baden und Lörrach. Die „Volkswacht" berichtete am 28.11.1918, dass eine allgemeine Frauenwahlversammlung in Lörrach, vom dortigen „Frauenrat" verantwortet wurde. (Aus der Stadt Lörrach, in: Volkswacht vom 28.11.1918, S. 4). Ob in Lörrach über diese Veranstaltung hinaus ein Frauenrat bestand, ließ sich in der Recherche nicht klären.

12 Ob die Freiburger Veranstaltung auf die Kampagne des BDFs zurück ging, Wählerinnen in überparteilichen Veranstaltungen aufzuklären und für eine Wahl zur Verteidigung eines zukünftigen Staates in parlamentarischen demokratischen Strukturen zu gewinnen, lässt sich auf Grund der Quellenlage nicht klären. Zu dieser Kampagne Weberling (wie Anm. 5) S. 33–35.

13 Belows Vorname wird in den Berichten nicht erwähnt und ließ sich leider nicht recherchieren.

Mädchenschule unterrichtete. Rommel war im „Bund Deutscher Frauenvereine" (BDF) organisiert, in leitender Funktion unter anderem auch im „Allgemeinen Deutschen Lehrerinnenverband"[14]. Sie schilderte im Dezember 1918 ihr Engagement in Sachen Frauenstimmrecht in einem Brief an Helene Lange: „Am Samstag sprach ich in Freiburg zur badischen Wahl am 5. Januar und am Sonntag in Baden-Baden. Das hilft mir Gottlob über die so schweren Gedanken übers Elsaß u. a. hinweg."[15]

In ihrer Freiburger Rede, wiedergegeben in der bürgerlich-liberalen „Freiburger Zeitung", bewertete Febronie Rommel die politische Mündigkeit der Frauen als neuen „Geschichtstag für Deutschland und tief eingreifendes Ereignis für die Frauenwelt [...]. Mann und Frau müßten jetzt Seite an Seite ihre Entschließungen treffen"[16]. Nach einem Rückblick auf den Kampf um das Frauenstimmrecht seit 1848 stellte Rommel Bedenkenträgern der politischen Gleichstellung den Appell entgegen, „die Frau solle sich mit Maß und Würde am politischen Leben beteiligen, das beeinträchtige in keiner Weise ihre Hauptaufgabe [in der Familie, Anmerkung der Verfasserin]". Sie empfahl den Frauen, einer Partei beizutreten, um dort Frauenbestrebungen Einfluss zu sichern. Eindringlich appellierte sie an ihre Zuhörerinnen, vom Wahlrecht in dieser bedeutungsvollen Zeit auch Gebrauch zu machen: „Jetzt seien die großen Kulturgüter zu wahren und für eine richtige Wohlfahrtspflege zu sorgen."

Im Anschluss an Rommels Rede übernahm es der Verleger und Bürgerrat Otto Bielefeld, die Frauen im Detail mit dem „Wesen und der Technik der Wahl bekannt zu machen".

Alle Freiburger Tageszeitungen hoben anerkennend das große politische Interesse der Frauen hervor und berichteten auch über die folgenden, von den Parteien ausgerichteten Veranstaltungen für die Wählerinnen. Sie schrieben von überfüllten Sälen und einem aktiven weiblichen Publikum, das nachfragte und in der Diskussion das Wort ergriff. Allein in der ersten Dezemberwoche wurden in Freiburg sechs Wahlversammlungen für Frauen abgehalten. Den größten Zulauf hatten wohl die Veranstaltungen von Zentrum und SPD. Beide Parteien sollten im Januar 1919 dann auch jeweils eine gewählte weibliche Abgeordnete für Freiburg in die Badische Nationalversammlung entsenden – Luise Kräuter für die SPD, Mathilde Otto für das Zentrum[17].

---

[14] Sabine Liebig, Febronie Rommel. Mosaiksteine eines engagierten Lehrerinnenlebens. 1853–1927. (Lebensbilder aus Baden-Württemberg, Bd. 25), Stuttgart 2018, S. 238–267. Vgl. auch den Beitrag von Sabine Liebig in diesem Band.

[15] Für dieses Zitat danke ich Sabine Liebig, die Febronie Rommels Nachlass bearbeitet und mir diesen Brief überließ.

[16] Politische Frauen- und Mädchenversammlung, in: Freiburger Zeitung vom 2.12.1918, Morgenblatt, S. 2. Hieraus auch die folgenden Zitate.

[17] Heidtke, Frauenstimmrecht (wie Anm. 2) S. 276.

Abb. 1: Mathilde Otto war in die Weimarer Republik die einzige Frau im Freiburger Stadtrat. Hier eine Aufnahme aus dem Jahr 1919. (Archiv Deutscher Caritasverband, Archiv Elisabeth-Schwesternschaft Freiburg)

3. „Eine reife Frucht, die wir uns verdient haben" – Mathilde Otto, Caritassekretärin

Die Frauenversammlung des Zentrums im Katholischen Vereinshaus am 1. Dezember 1918 war laut der katholischen Lokalzeitung, dem „Freiburger Boten", mit 1.500 Menschen so überfüllt, dass ein zweiter Saal eröffnet und beide Hauptreden parallel vorgetragen werden mussten. Dieser Umstand sorgte dafür, dass die Kandidatin Mathilde Otto (1875–1933) und der ehemalige Reichstagspräsident Richard Fehrenbach in gleicher Rangfolge auftreten konnten[18].

[18] Eine glänzende Kundgebung Freiburger Frauen für das Zentrum, in: Freiburger Tagespost vom 2.12.1918, Morgenblatt, S. 3; Freiburger Nachrichten, in: Freiburger Tagespost vom 4.12.1918, Morgenblatt, S. 2.

Mit Otto, Referentin für Familienfürsorge im Deutschen Caritasverband, stellte das Zentrum, das bis zur Revolution als radikaler Gegner des Frauenwahlrechts hervorgetreten war, eine kompetente Kandidatin auf, die während des Krieges über die katholischen Frauenvereine hinaus in der öffentlichen Sozialfürsorge Verantwortung übernommen hatte. Mathilde Otto war 43 Jahre alt, als sie 1919 in den Landtag einzog. Als Tochter eines Tabakfabrikanten aus der Ortenau hatte sie eine private, katholische Schulbildung genossen, die sie in Freiburg mit der Ausbildung zur Lehrerin fortsetzte. Wie vielen gut ausgebildeten Bürgerinnen dieser Generation fehlte ihr das Abitur, doch bildete sie sich privat fort und besuchte u. a. Vorlesungen an der Rechts- und Staatswissenschaftlichen Fakultät der Universität Freiburg. In dieser Zeit arbeitete sie außerdem ohne Gehalt im Deutschen Caritasverband, wo sie die freiwillige Familienfürsorge katholischer Frauen auf moderne Füße stellte. Mathilde Otto repräsentierte 1919 als Landtagsabgeordnete und als Stadtverordnete das Freiburger Zentrum. Wie ihre sozialdemokratische Kollegin Luise Kräuter gab sie Ende 1919 ihren Sitz im Landtag auf[19], behielt aber ihr Mandat im Stadtparlament. Sie war die einzige Frau, die in Freiburg während der Weimarer Republik aus dem Bürgerausschuss in den Stadtrat gewählt wurde und bekleidete dieses Amt von 1922 bis 1926. In ihrem Engagement für die Soziale Arbeit war Mathilde Otto tief verankert im christlichen Glauben. Mithilfe ihres Privatvermögens gründete sie mit einer Gruppe von Caritasfürsorgerinnen 1925 die Schwesternschaft St. Elisabeth. Für dieses Projekt und auch aufgrund einer schweren Erkrankung zog sich Otto 1926 aus der Politik zurück. Mit 57 Jahren starb Mathilde Otto 1933 in Freiburg[20].

In ihrer Rede am 1. Dezember 1918 entwarf Mathilde Otto die neuen politischen Perspektiven für die Frauen und nannte hier zuerst die unmittelbaren Friedensaufgaben; konkret wünschte sie die Teilnahme von Frauen an den Friedensverhandlungen und ihren Einsatz für den Völkerbund. In allen Politikbereichen sollten Frauen sich für ihre Interessen einsetzen, so Otto, beispielsweise für erwerbstätige Frauen, in Fragen der Kinder- und Jugendfürsorge, für eine bessere Mädchenbildung. Ihren Optimismus in dieser Zeit des Übergangs der Frauen in die parlamentarische Politik dokumentiert eindrucksvoll die im „Freiburger Boten“ zusammengefasste Rede. Für eine katholische Politikerin vertrat sie dabei sehr fortschrittliche Positionen. Sie begrüßte das Wahlrecht als „reife Frucht [...] die wir uns verdient haben in vier Jahre langen Opfern und Kriegsleistungen“. Die politischen Aufgaben der Frauen sah sie keineswegs nur im Sozialen und in der

---

[19] Ottos Gründe für die Mandatsniederlegung sind leider nicht bekannt. Da sie bis zu ihrer Erkrankung 1926 kommunal- und sozialpolitisch engagiert blieb, lässt sich vermuten, dass sie diese politischen Handlungsfelder bevorzugte.

[20] Heidtke, Frauenstimmrecht (wie Anm. 2) S. 277 f.; Hans-Josef Wollasch, Mathilde Otto (1875–1933), „Armenfürsorgerin“. Eine (fast) vergessene Frau der Caritas. Erweiterter Sonderdruck aus Caritas 89, Jahrbuch des Deutschen Caritasverbandes, Freiburg 1988; Hochreuther (wie Anm. 9) S. 54–56. Die Schwesternschaft St. Elisabeth besteht bis heute. (http://www.elisabethschwestern.de) (letzter Zugriff: 12.05.2020).

Vertretung von Frauenbelangen, wenn sie die Frauen dazu aufrief, „mit Herz und Seele [...] den Friedensaufgaben" entgegen zu treten und die Mitarbeit an der neuen Verfassung als wichtigstes politisches Arbeitsfeld benannte[21].

4. „Bisher war die Frau im öffentlichen Leben ausgeschaltet" – sozialdemokratische und bürgerliche Stimmen

Auch Marie Haack und Marie Martzloff (1876–1952) beflügelte zwei Tage später auf der Frauenversammlung der SPD am 3. Dezember eine vergleichbare Aufbruchsstimmung, als sie im Saal des Kolosseum sprachen; einem großen, von der Arbeiterbewegung frequentierten Gasthaus am Rand der südlichen Altstadt. Haack und Martzloff konnten sich als einzige auf die parteieigene Tradition berufen, da ihre Partei sich seit langem für die politische Gleichstellung der Frau ausgesprochen hatte. Als konkrete politische Aufgabenfelder benannten sie unter anderen die Vertretung der Interessen erwerbstätiger Frauen, einen öffentlich finanzierten Gesundheitsschutz für Frauen und Kinder und eine Reform des Ehe- und Rentenrechts. Und wie ihre Kollegin vom Zentrum forderten sie, dass Frauen sich nun auf allen Gebieten der Politik betätigen sollten. So zitierte die „Volkswacht" Marie Martzloff[22] mit den Worten: „Bisher war die Frau im öffentlichen Leben ausgeschaltet. Die Männer haben für sie die Gesetze gemacht. Das soll anders werden."[23]

Die abschließenden Worte dieser Versammlung kamen Wilhelm Engler zu, dem langjährigen Vorsitzenden der Freiburger SPD, Stadtrat und Gewerkschaftspolitiker. Seiner Rede räumte die „Volkswacht" doppelt so viele Zeilen ein wie seinen Vorrednerinnen und zitierte ihn abschließend mit dem väterlichen Bonmot: „Wir Männer urteilen verstandesmäßig, die Frau gefühlsmäßig, das gibt einen guten Ausgleich in der Politik."[24]

---

[21] Die Bewegung der Freiburger Zentrumsfrauen, in: Freiburger Tagespost vom 4.12.1918, S. 3; HEIDTKE, Frauenstimmrecht (wie Anm. 2) S. 257f.

[22] Marie Martzloff wurde im Mai 1919 mit 43 Jahren zur Stadtverordneten der SPD gewählt. Ihr jüngstes von drei Kindern war zu diesem Zeitpunkt vier Jahre alt. Martzloff war die erste Vorsitzende der Frauenabteilung der SPD, die in Freiburg erst 1909 etabliert wurde. Marie Martzloff, geborene Ehret, stammte aus Neustadt im Schwarzwald und war Ehefrau des Gewerkschaftssekretärs Philipp Martzloff, 1918/19 Minister für Wohnungswesen in Baden. Philipp Martzloff war führend in der Freiburger SPD, saß im Landtag und Bürgerausschuss. In der NS-Zeit erlitt er KZ-Haft von 1933 bis 1934 und von 1944 bis zur Befreiung. Nach 1945 war er Mitglied der Badischen Regierung. Vgl. Vereinigung der Verfolgten des Naziregimes – Bund der Antifaschisten, Kreisvereinigung Freiburg (Hg.), Verfolgung, Widerstand, Neubeginn in Freiburg. Eine Dokumentation, 2. erweiterte Auflage, Freiburg 1989, S. 28f.

[23] Die Bedeutung des Wahlrechts für die Frauen, in: Volkswacht vom 5.12.1918, S. 2.

[24] Ebd. Genau gemessen wurde Englers Rede mit 64 Zeilen, Haacks mit 30 und Marie Martzloffs mit 36 Zeilen bedacht.

Es erstaunt, dass Freiburger Vertreterinnen der bürgerlichen Frauenbewegung im Wahlkampf 1918 nicht prominent an die Öffentlichkeit traten. Sowohl auf der Frauenwahlversammlung der nationalkonservativen Deutschnationalen Volkspartei (DNVP) als auch bei der Veranstaltung der demokratisch-liberalen DDP im Dezember 1918 hielten Männer die Hauptreden. Laut „Freiburger Zeitung"[25] trat bei der DNVP Frau Hinsberg, die Vorsitzende des Vereins „Frauenbildung-Frauenstudium", als Versammlungsleiterin auf und schwor in ihren einleitenden Worten die Frauen auf eine Verteidigung des Vaterlands an der Wahlurne ein. Die Leiterin der DDP-Versammlung wurde im Pressebericht nicht einmal namentlich ausgewiesen[26]. Obwohl sich die Redner programmatisch sehr deutlich unterschieden, war diesen beiden Veranstaltungen gemeinsam, dass hier vor allem Grundsatzpositionen der Partei vorgetragen wurden und – abgesehen von eindringlichen Mahnungen an das weibliche Publikum, ihr Wahlrecht verantwortungsvoll wahrzunehmen – Fragen der politischen Teilhabe von Frauen und Fraueninteressen nicht zur Sprache kamen. Angesichts des Images von Freiburg als Hochburg der bürgerlichen Frauenbewegung seit den 1890er Jahren[27], verwundert diese Leerstelle. Woran es lag, kann nur vermutet werden, doch lässt sich festhalten, dass weder das nationalkonservativ-rechte, noch das fortschrittlich-liberale Lager in Freiburg in der Lage waren, während des Wahlkampfes für die Verfassunggebenden Nationalversammlungen Frauen als Kandidatinnen aufzubauen[28].

Im ersten Stadtparlament Freiburgs 1919 sollten zwei weibliche Stadtverordnete der DDP vertreten sein: Lina Wäldin[29] (1869–1950), langjährige Vorsitzende des

[25] Politische Frauenversammlungen, in: Freiburger Zeitung vom 6.12.1918, Abendblatt, S. 2. Hinsbergs Vorname ließ sich nicht recherchieren.

[26] Freiburger Zeitung vom 8.12.1918, Erstes Blatt, S. 2.

[27] Christina Rössler, Frauenbildung im 19. Jahrhundert, in: Heidtke/Rössler (wie Anm. 2) S. 102–110; Grete Borgmann, Freiburg und die Frauenbewegung, Ettenheim 1973; Ute Scherb, „Ich stehe in der Sonne und fühle, wie mir die Flügel wachsen". Studentinnen und Wissenschaftlerinnen an der Freiburger Universität von 1900 bis in die Gegenwart, S. 24–40; Heidtke, Frauenstimmrecht (wie Anm. 2) S. 262–271.

[28] Auch auf der zweiten DDP-Frauenversammlung Ende Dezember 1918 sprach keine Freiburgerin, sondern die Kunsthistorikerin Marie Luise Gotheim (1863–1931) aus Heidelberg; vgl. Volkswacht vom 27.12.1918, S. 5. Auf der Freiburger Wahlliste der DDP für den Badischen Landtag waren vier von 30 Kandidierenden Frauen. Helene Platenius, gesellschaftlich engagiert im „Badischen Frauenverein", hatte den vordersten weiblichen Listenplatz auf Position elf. Sie rückte im Februar 1920 nach und schied bereits im Oktober desselben Jahres wieder aus. Platenius, 1874–1961, geborene Stoll, war Tochter eines Waldshuter Stuhlfabrikanten. Sie war 1918 Witwe eines höheren Staatsbeamten; vgl. Wahlkommissariatsbezirk Freiburg, Liste der DDP, in: Volkswacht vom 30.12.1918, S. 6; Hochreuther (wie Anm. 9) S. 56.

[29] Lina Wäldin, geborene Kobe, geboren 1869 in Freiburg, zog 1911 mit ihrem Mann von Nordbaden nach Freiburg. Verheiratet mit einem Lehrer, unterlag Wäldin, die selbst Lehrerin war, dem Beamtinnenzölibat und konnte ihren Beruf nach der Heirat 1908 nicht mehr ausüben. In Freiburg war sie im Lehrerinnenverband und „Verein für Frauenstimmrecht" engagiert. Mit dem Umzug des Ehepaars Wäldin nach Feuerbach im Markgräfler Land schied Lina Wäldin 1920 aus dem Freiburger Bürgerausschuss aus; vgl.

örtlichen „Vereins für Frauenstimmrecht" und Dr. Else Liefmann (1881–1970), die als Kinderärztin während des Krieges den öffentlichen Säuglings- und Kinderschutz mit aufbaute[30].

Für die Protagonistinnen in den Wahlwerbeveranstaltungen von SPD und Zentrum lässt sich festhalten, dass aus ihren Reden – soweit sie in der Presse überliefert wurden – Selbstbewusstsein bezogen auf die eigene politische Kompetenz und Zuversicht angesichts neuer Handlungsräume von Frauen sprach. Diese Reden lassen erahnen, was die politisch agierenden Frauen sich erhofften – als hätte es nun in ihrer Hand gelegen, als Gleiche unter Gleichen am Aufbau des neuen Staates und seiner Gesetze teilzuhaben.

5. „Abseits der Parteien ein freies Wort" – der radikale Ansatz im Freiburger „Frauenkomitee"

Am Ende des Wahlkampfes von 1918/19, in dem sich abzeichnete, dass es realpolitisch auf eine parlamentarische Republik in den hergebrachten politischen Strukturen hinauslaufen würde, trat in Freiburg eine Frau an die Öffentlichkeit, die den Versuch unternahm, ein Frauenbündnis jenseits der Parteien zu initiieren. Die Sozialdemokratin Margarethe Braun (1874-?) warb über Anzeigen in den Weihnachtsausgaben der Freiburger Tageszeitungen 1918 für die von ihr selbst verantwortete Veranstaltung. Unter dem Titel „Revolution und Frauenstimmrecht" lud sie am 28. Dezember zu einem Vortrag in den Gartensaal des gutbürgerlichen Kaffeehauses „Kopf" am Münsterplatz, um „abseits der Parteien ein freies Wort an die deutsche Frau" zu richten[31]. In ihrer – offenbar mitreißend vorgetragenen – Rede begründete sie ihre Idee, über ein außerparteiliches Frauenbündnis eine eigenständige politische Vertretung der Frauen zu realisieren.

„Die uns bekannte Rednerin […] betrachtete […] durch einen geschichtlichen Überblick […] die Stellung der Frau im Laufe der Jahrhunderte bis in die Gegenwart", berichtete die „Volkswacht" und gab aus ihrer Rede unter anderem wieder: „Die gewaltigsten Mächte: Staat, Kirche, Wissenschaft usw., […] haben sie in ihrem heiligsten Recht als Gattin, Mutter und auch als Staatsbürgerin brutal unterdrückt. […] Aus der Vergangenheit müßten die Frauen notwendig den Schluß ziehen, daß jetzt, in der Geburtsstunde ihrer heißersehnten politischen Rechtsstellung, sie in geschlossener Einheit ihre Rechte und Forderungen gegenüber den Parteien zu stellen und nötigenfalls durchzusetzen haben werden."[32]

StadtA Freiburg, Auskunft aus der Einwohnerkartei; Julia Littmann, Vor 100 Jahren kämpfte die Freiburgerin Lina Wäldin für das Frauenwahlrecht, in: Badische Zeitung vom 7.3.2019, S. 22. Littmann fasst hier Forschungsergebnisse von Clemens Hauser zusammen, der zur regionalen Frauenstimmrechtsbewegung arbeitet.

[30] Heidtke, Frauenstimmrecht (wie Anm. 2) S. 279.

[31] Freiburger Zeitung vom 24.12.1918, Zweites Blatt, S. 5.

[32] Revolution und Frauenstimmrecht, in: Volkswacht vom 2.1.1919, S. 3.

„Volkswacht“ und „Freiburger Bote“ berichteten ausführlich über die Veranstaltung. Im zentrumsnahen „Freiburger Boten“ sah sich die Vorsitzende des Frauenausschusses des Zentrums, Tille Sieglitz, in der Pflicht für eine kritische Replik auf Braun, da es dieser gelungen war, sogar im Presseorgan des Zentrums eine Anzeige ihrer Veranstaltung zu platzieren, „und dadurch ihre gefährlichen Tendenzen auch in die besten deutschen Frauenkreise hineinzutragen“. Sieglitz zerriss unter anderem Brauns kritische Äußerungen zur Rolle der Kirche und führte weiter an: „Die sexuelle Frage behandelte sie dann mit einer Gründlichkeit, wie es sich tatsächlich vor einer Versammlung von Männern und Frauen nicht geziemt hat. Aber nach ihrer Ansicht muss ja die ‚Prüderie zwischen beiden Geschlechtern' aufhören. Pfui vor solchen Frauen!“[33]

Aus Brauns Initiative entsprang eine weitere Versammlung, die in der Folgewoche unter dem Namen eines „provisorischen Frauenkomitees“[34] im Harmoniesaal abgehalten wurde. Dort diskutierten und verabschiedeten die Anwesenden ein politisches Programm. Es wurde, als Forderungskatalog in neun Punkten schriftlich gefasst, vervielfältigt und versehen mit den Unterschriften aller, die es bekräftigen wollten, in die Zeitungsredaktionen Freiburgs gebracht[35]. Die „Freiburger Zeitung“ veröffentlichte dieses Dokument einen Tag vor den Wahlen zur Badischen Nationalversammlung ungekürzt und ohne Kommentar unter dem Titel „Frauenforderungen“[36]. Eine „aus allen Berufsständen und Parteien am 2. Januar in Freiburg einberufene Frauenversammlung hält folgende Forderungen für in erster Linie erstrebenswert und bittet die bestehenden Parteien, sich zu diesen Forderungen klar und unzweideutig zu äußern“. Punkt 1 reklamierte eine „Vertretung durch Frauen, die der Zahl der wahlberechtigten Frauen entspricht, in allen sie unmittelbar berührenden Frauenfragen (Ehe, Beruf, usw.) und in den sie mittelbar berührenden Kulturfragen der angeführten Art“. Die hier formulierte Einschränkung auf bestimmte Politikfelder sollte wohl den Anspruch der Versammlung auf eine unmittelbar in Kraft tretende Entscheidungshoheit der Frauen in allen Schlüsselfragen zum Geschlechterverhältnis bekräftigen. Grundsätzlicher und auf längere Sicht erhoben die Freiburgerinnen dann in Punkt 2 Anspruch auf eine „allmähliche Erziehung und Hinzuziehung der Frau zu den gesetzgebenden Körperschaften über die großen, die ganze Nation berührenden Fragen wirtschaftlicher, sozialer und politischer Natur“. Konkret postulierte das Programm des „Frauenkomitees“ unter Punkt 6 nicht weniger als die „Umgestaltung der Ehegesetzgebung unter Mitwirkung von Frauen mit der in Punkt 1 geforderten Ver-

[33] Von der Sorte Braun, in: Freiburger Bote für Stadt und Land vom 31.12.1918, Morgenausgabe, S. 1–2.

[34] Die öffentliche Frauenversammlung aller Stände und Parteien, in: Volkswacht vom 4.1.1919, S. 3.

[35] Ebd.

[36] Freiburger Zeitung vom 4.1.1919, Erstes Morgenblatt, S. 1; auch alle folgenden Zitate des Forderungskatalogs. Das vollständige Manifest ist veröffentlicht bei Heidtke, Frauenstimmrecht (wie Anm. 2) S. 272 f.

treterzahl. Eherecht, gesetzlicher Schutz gegen Vergewaltigung und Mißbrauch jeder Art der Frau in der Ehe. Güterrecht. Ehescheidung". In weiteren Punkten folgten so präzise Vorschläge, wie die „Mitwirkung der Frauen bei der Aufstellung der Wählerlisten" oder eine „völlige Gleichstellung der Geschlechter in der Ausbildung und Zulassung zu allen Ämtern, Berufen und Hantierungen". Auch die rechtliche und soziale „Hebung" lediger Mütter und ein „ausreichender Mutter- und Wöchnerinnenschutz" waren in diesem Manifest niedergelegt.

Es gehört zu den Errungenschaften der Revolution von 1918/19, dass im demokratischen Aufbruch selbst radikale feministische Stimmen in der Presse veröffentlicht wurden. Diese Berichte verschaffen Einsichten in über lange Zeitstrecken verschüttete Positionen der Frauenbewegung und machen erstaunliche Traditionslinien nachvollziehbar. Das Manifest des Frauenkomitees schloss mit dem Nachsatz: „Von der Äußerung der Parteien zu diesen Forderungen machen die zu unserer Bewegung stehenden Frauen ihre Wahlentscheidung abhängig. Die Nichtberücksichtigung dieser Forderungen durch die bestehenden Parteien würde den einmütigen Zusammenschluß der Frauen notwendig machen zur Erreichung ihrer Ziele."

Den Reaktionen in der Presse ist zu entnehmen, dass die Frauen des Freiburger Komitees in dem Bewusstsein handelten, am Beginn einer „Frauenbewegung" zu stehen, die sich von Freiburg aus in einer „Wellenbewegung" verbreiten und „überall den ‚Kampf der Frau um Freiheit aus der bisherigen [angeblichen, Anmerkung der Verfasserin] Knechtschaft' hervorrufen" würde[37]. Der „Freiburger Bote" zog erneut alle Register mit dieser Polemik gegen die „utopistischen Resolutionen" des Komitees. Die „Volkswacht" bemerkte im Anschluss an das Manifest des Komitees: „Die Gründung einer Frauenpartei halten wir für aussichtslos. Die Sozialdemokratie ist von jeher für die berechtigten Forderungen der Frauen restlos eingetreten, sie wird dies auch in Zukunft tun. Darum, fortschrittlich und freiheitlich gesinnte Frauen, wählt morgen sozialdemokratisch und schließt euch unserer Partei an."[38]

Leider sind, abgesehen von der Initiatorin, keine weiteren Angehörigen des Frauenkomitees überliefert. Und es lässt sich nicht beantworten, ob die Freiburgerinnen tatsächlich eine Parteigründung beabsichtigten oder ob sie mit dem angekündigten „einmütigen Zusammenschluss" andere politische Organisationsformen im Auge hatten. Ebenso bleibt offen, ob und welche Aktivitäten auf dieses Manifest folgten. Denn Mitte Januar 1919, nach den Wahlen zu den Verfassunggebenden Versammlungen der Republik, wurde das kurze Licht, das in der Freiburger Presselandschaft auf diese radikale Initiative gerichtet war, wieder ausgeschaltet[39].

---

[37] Noch einmal von der Sorte Braun, in: Freiburger Bote für Stadt und Land vom 4.1.1919, Abendausgabe, S. 1–2. Auch diese Replik verfasste vermutlich Tille Sieglitz.

[38] Volkswacht vom 4.1.1919 (wie Anm. 32).

[39] Am 16.1.1919 veröffentlichte die „Volkswacht" noch eine „Zuschrift aus Frauenkreisen", die eine ausführliche Richtigstellung gegen die polemischen Beiträge des Freiburger Boten lieferte. Nach diesem Beitrag folgten in der Zeitung keine weiteren Informationen

Die Forderungen des Freiburger Frauenkomitees lassen sich auf radikale feministische Positionen im 19. und frühen 20. Jahrhundert zurückführen[40]. Für Freiburg ist das Frauenkomitee nach dem Stand der erschlossenen Quellen jedoch ein solitärer Fund[41]. Diese magere Quellenlage schließt jedoch nicht aus, dass Forderungen, wie sie für das Frauenkomitee 1919 konkret überliefert sind, auch in weniger revolutionären Zeiten und über diese hinaus verfolgt wurden. Dass sie in unterschiedlichen feministischen Milieus geteilt wurden, die sich in Freiburg vor allem im Umfeld der Universität herausbildeten, ist wahrscheinlich. Mögliche Mitstreiterinnen im Frauenkomitee ließen sich zum Beispiel mit dem „Freiburger Frauenklub" in Verbindung bringen, der als Projekt der bürgerlichen feministischen Vereine von 1907 bis 1928 existierte. Konzipiert als geselliges Zentrum für akademische und berufstätige Frauen, war der Klub eine Adresse für Frauenkultur und fungierte außerdem als Anlaufstelle für eine, in Selbsthilfe organisierte, soziale und rechtliche Unterstützung unter Frauen[42].

Auch eine der frühen, von Frauen geführten Anwaltskanzleien, das Büro Plum/Fettweis an der Kaiserbrücke, könnte in diese Tradition gestellt werden. Dr. Karola Fettweis (1910–1994), die während des faktischen Berufsverbotes für junge Anwältinnen im Nationalsozialismus in Dr. Maria Plums (1994–1962) bereits 1928 etablierter Kanzlei arbeitete, gehörte in der frühen Bundesrepublik zu den Juristinnen, die schließlich an der Reform des Ehe- und Familienrechts mitwirkten[43]. Vergewaltigung in der Ehe wurde jedoch erst 1997 unter Strafe gestellt.

Auch von Margarethe Braun sind nur fragmentarische biografische Informationen überliefert, doch weisen diese auf ein nonkonformistisches Frauenleben hin. Braun war 44 Jahre alt, als sie 1918 in die Öffentlichkeit trat. Offenbar Mitglied der Freiburger SPD, war sie vor und nach 1918/19 nicht erkennbar engagiert in der Frauensektion ihrer Partei. Margarethe Braun, geborene Homann, war 1911 mit ihrem ersten Ehenamen Ritzmann von Karlsruhe nach Freiburg gezogen[44]. Getrennt lebend, arbeitete sie als Krankengymnastin und bezeichnete sich von Beruf auch

---

zum Freiburger Frauenkomitee. (Die bekannten Vorträge der Genossin Braun, in: Volkswacht vom 16.1.19191, S. 3).

[40] Auch in der aktuellen Rezeption wird eine radikalfeministische politische Praxis für 1918/19 vor allem assoziiert mit Anita Augspurgs und Lida Gustava Heymanns Positionen und Aktionen in der Münchener Räterepublik. Unmittelbare Bezüge der Freiburgerinnen auf den bayerischen Nationalrat oder auch auf den Altonaer „Verein für Frauenstimmrecht", der 1918/19 das Projekt eines eigenständigen Frauenrats verfolgte, sind nicht überliefert und wohl auch nicht wahrscheinlich.

[41] Heidtke, Frauenstimmrecht (wie Anm. 2) S. 271–276.

[42] Birgit Heidtke, Der Freiburger Frauenklub, in: Dies./Rössler (wie Anm. 2) S. 247–251.

[43] Birgit Heidtke, Nationalsozialismus und Zweiter Weltkrieg, in: Dies./Rössler (wie Anm. 2) S. 361 f.; Borgmann (wie Anm. 25) S. 79–82.

[44] Die Informationen der Einwohnerkartei sind hier nicht ganz eindeutig, denn 1911 wird Braun dort als „verheiratet" ausgewiesen. Da die Spalte für ihren Ehemann leer blieb, lebten die Eheleute spätestens mit Brauns Umzug nach Freiburg wohl getrennt. Später wurde – ohne Datum – „geschieden" nachgetragen und schließlich auch die Wiederverheiratung mit Max Braun vermerkt.

als „Rednerin für naturgemäße Lebens- und Heilweise". Sie war außerdem aktiv in der Freireligiösen Gemeinde. 1918 heiratete sie den 19 Jahre jüngeren Lehrer Max Braun, der bereits ab 1914 unter ihrer Adresse gemeldet war. Im Mai 1920 zogen Margarethe und Max Braun in die Schweiz. In ihrem Visum ist „Locarno Monti" im Tessin als Aufenthaltsregion angegeben[45]. In der Schweiz blieb das Paar mindestens bis Ende 1927[46].

6. „An Zahl sind sie noch schwach" – die ersten Freiburgerinnen im Parlament

Die Wahlergebnisse und auch der Lauf der politischen Geschäfte in den neugewählten demokratischen Parlamenten sollten den Frauen die Grenzen ihrer politischen Wirkmacht sehr bald aufzeigen. In der badischen Verfassunggebenden Versammlung von 1919 sahen sich neun Frauen 98 männlichen Abgeordneten gegenüber. Alle drei Freiburgerinnen, die in der ersten Wahlperiode im Landtag vertreten waren, gaben sehr bald auf und engagierten sich politisch in anderen Bereichen. Erst mit Johanna Straub (1864–1956) zog 1921 für Freiburg eine gewählte Abgeordnete der DDP in den Landtag ein, die sich dort ein politisches Handlungsfeld erschließen konnte. Sie vertrat die Region über zwei Wahlperioden bis 1929[47]. Im ersten Freiburger Bürgerausschuss von 1919 saßen 14 Frauen, ihr Anteil in diesem Gremium lag bei knapp 15 Prozent[48]. Das mag aus heutiger Sicht ernüchternd niedrig erscheinen, doch sollte diese Frauenquote zum zweiten Mal erst wieder 1965[49], bei den Wahlen zum Freiburger Stadtrat, erreicht werden. In der Weimarer Republik sank der Anteil der weiblichen Stadtverordneten in Freiburg

---

45 Eine Anfrage bei der Casa Anatta, dem Museum und Archiv der Lebensreform-Kommune auf dem Monte Verità bei Ascona führte 1993 zu keinem Ergebnis für Margarethe und Max Braun. In den 1920er Jahren gab es am Lago Maggiore allerdings weitere, weniger bekannte pazifistisch-kooperative Siedlungsprojekte.

46 StadtA Freiburg, Abfrage aus der Einwohnerkartei; Aufenthaltsvisum Margarethe und Max Braun, Abfrage Schweizerisches Bundesarchiv.

47 Hochreuther (wie Anm. 9) S. 61 f. Johanna Straub, geborene Zipp, Jahrgang 1864, absolvierte als Tochter einer Freiburger Lehrerfamilie eine Ausbildung in der Krankenpflege und bildete sich weiter in der Sozialen Arbeit. Sie leitete unter anderem einen Kinderhort des „Badischen Frauenvereins" und gründete eine Ferienkolonie für Mädchen. Straub hatte bereits 1918 für die DDP auf dem (letzten) Listenplatz 30 kandidiert; vgl. Wahlkommissariatsbezirk Freiburg, in: Volkswacht vom 30.12.1918, S. 6. Als sie 1921 gewählt wurde, war sie 57 Jahre alt und verwitwet. Sie wurde Schriftführerin des Landtags und konzentrierte sich auf Sozial- und Kulturpolitik. Johanna Straub starb 1956 in Freiburg.

48 Adreßbuch der Hauptstadt Freiburg im Breisgau für das Jahr 1920, Abt. IV.

49 Liste der Freiburger Stadträtinnen ab 1945, erstellt 2018 vom Ratsbüro der Stadt Freiburg; Amtliche Adressbücher Freiburg im Breisgau, 1949–66, jeweils in der Abt. „Behörden"

kontinuierlich, bis auf acht Prozent bei den letzten demokratischen Kommunalwahlen 1930[50].

Das Zentrum brachte es bei den Kommunalwahlen 1919 auf sechs Frauen im Bürgerausschuss, darunter Mathilde Otto; die SPD auf fünf, unter ihnen Marie Haack. Die DNVP entsandte mit Berta Flemming eine, die DDP mit Lina Wäldin und Dr. Else Liefmann zwei Stadtverordnete[51]. Viele der Frauen im ersten Freiburger Bürgerausschuss der Republik waren keine Anfängerinnen in der Politik. Mehrheitlich gehörten sie zur Generation der 40- bis 60-Jährigen. Sie waren verbunden durch – bezahlte oder privat finanzierte – Berufstätigkeit und nur wenige von ihnen hatten Versorgungsarbeit in der Familie zu leisten. Es kann davon ausgegangen werden, dass die Frauen sich kannten, nicht zuletzt aus der gemeinsamen öffentlichen Arbeit im „Nationalen Frauendienst" während des Krieges. Möglicherweise hatten sie beim Kriegsamt zusammen gesessen und über bessere Unterstützungsstrukturen für vollerwerbstätige Frauen und Mütter verhandelt. Sie hatten sich bereits in der Vergangenheit gegenseitig eingeladen, zum Beispiel als fachkundige Rednerinnen zu den Veranstaltungen ihrer Vereine[52]. Diese Stadtverordneten waren es gewohnt, über politische Lager hinweg für konkrete Ziele zu kooperieren. Und angesichts der Verhältnisse in ihren Fraktionen hatten sie allen

---

50 Heidtke, Frauenstimmrecht (wie Anm. 2) S. 283; Adreßbuch der Hauptstadt Freiburg im Breisgau/Amtliches Einwohnerbuch der Hauptstadt Freiburg im Breisgau von 1920–1934, jeweils in der Abt. „Behörden"

51 Heidtke, Frauenstimmrecht (wie Anm. 2) S. 279, mit einer Liste aller 1919 gewählten weiblichen Stadtverordneten. Über Berta Flemming, geborene Sartorius, ist nur bekannt, dass sie als Witwe eines Verlagsbuchhändlers in der bürgerlichen Oberwiehre lebte. Dr. Else Liefmann wurde 1881 in Hamburg geboren und war Tochter einer jüdischen, evangelisch konvertierten Kaufmannsfamilie, die in den 1890er Jahren nach Freiburg zog. Nach einer Ausbildung zur Lehrerin studierte Liefmann Medizin und führte ab 1915 in Freiburg eine Praxis für Kindermedizin und Ärztliche Erziehungsberatung. Liefmann engagierte sich bereits im Ersten Weltkrieg in der öffentlichen Gesundheitsfürsorge für Säuglinge und Kinder und arbeitete in diesem Bereich mit der Universitäts-Kinderklinik zusammen. Sie war Mitbegründerin des „Deutschen Ärztinnenbundes" und engagiert im örtlichen Verein des „Deutschen Akademikerinnenbundes". Im Nationalsozialismus verlor sie mit den antisemitischen Gesetzen ihre Berufszulassung und wurde mit ihren ebenfalls in Freiburg lebenden Geschwistern im Oktober 1940 Opfer der vom badischen Staat organisierten Deportationen nach Südfrankreich, wo sie im Hochgebirgslager Gurs interniert war. Ihr Bruder Dr. Robert Liefmann starb in den Pyrenäen, den Schwestern gelang mit organisierter Hilfe die Flucht in die Schweiz. Dr. Else Liefmann starb 1970 in Zürich; vgl. Martha und Else Liefmann, Helle Lichter auf dunklem Grund, hg. von Erhard Roy Wiehn, Konstanz 1995.

52 So hielt Liefmann ab 1916 auch auf den Versammlungen der sozialdemokratischen Frauensektion regelmäßig Vorträge zu medizinischen und pädagogischen Themen. Marie Haack und Mathilde Otto sprachen im Mai 1917 mit gemeinsamer Stimme auf einer Versammlung der Gesellschaft gegen Geschlechtskrankheiten; vgl. Frauensektion des Sozialdemokratischen Vereins, in: Volkswacht vom 11.12.1916, S. 5; Sozialdemokratische Frauensektion, in: Volkswacht vom 18.12.1916, S. 3; Die Bekämpfung der Geschlechtskrankheiten, in: Volkswacht 19.5.1917, S. 5.

Grund, auch im Bürgerausschuss auf eine fraktionsübergreifende Zusammenarbeit unter Kolleginnen zu bauen.

Sehr bald machten sie in den Sitzungen des Bürgerausschusses die Erfahrung, dass die männlichen Fraktionskollegen die mündlichen Aussprachen und Debatten dominierten oder gar für sich allein beanspruchten. Zu Tagesordnungspunkten sprachen in der Regel Lokalpolitiker, die ihre Karriere im Mandat und in der Partei bereits in den Vorkriegsjahrzehnten ausgebildet hatten. Für weibliche Stadtverordnete waren in dieser Hierarchie eigentlich keine Plätze vorgesehen.

„Der Eintritt der Frauen gibt dem neuen Bürgerausschuß sein besonderes Gepräge. An Zahl sind sie noch schwach und wie stark sie durch überragenden Geist der Gemeindepolitik ihren Stempel aufzudrücken vermögen wird abzuwarten sein", schrieb die „Volkswacht" anlässlich der konstituierenden Sitzung des Bürgerausschusses im Juli 1919[53]. So war dann auch Marie Haack die einzige Frau, die in dieser Sitzung sprach. In der Debatte um die Einrichtung neuer Lehrerstellen war sie die fünfte Rednerin und stand damit in einer Rangfolge, die für die Alltagsverhältnisse im Bürgerausschuss der Weimarer Republik als günstig bezeichnet werden muss. In den Folgejahren sollte Frauen in der Regel erst in der Schlussrunde der Debatte das Wort erteilt werden[54].

Redezeit konnten sich die weiblichen Stadtverordneten vor allem über eigene, interfraktionelle Anträge verschaffen. Fast immer vertraten sie dabei Fraueninteressen. Wenn sie Fürsorgerinnen für die Sittenpolizei und den Jugendschutz forderten, wenn sie den Wunsch nach einem städtischen Heim für ältere, alleinstehende Frauen vortrugen oder gegen entwürdigende und schamlose Frauenbilder in den Freiburger Kinos protestierten, dann sprachen sie zumeist im Namen aller weiblichen Mitglieder des Kollegiums. Überfraktionell einig waren sie sich zum Beispiel in der Forderung nach einer stärkeren Repräsentation von Frauen in den bürgerschaftlichen Organen des Fürsorgewesens. In einer gemeinsamen Intervention gelang es ihnen im April 1920, die Einrichtung einer Arbeitskommission des Stadtrats zur Reform des Fürsorgestatuts zu erreichen. Als Mathilde Otto 1922 in den Stadtrat aufstieg, kam ihr die Aufgabe zu, diese Reform umzusetzen. Im neuen Fürsorgestatut, verabschiedet im Juli 1922, waren die städtischen Ämter im Sozialwesen, zum Beispiel die „Armenbezirksvorsteher(innen)", erstmals in zwei grammatischen Geschlechtern ausgewiesen[55].

Doch das Fazit aus den ersten Jahren der Arbeit des demokratisch legitimierten Bürgerausschusses ist im Hinblick auf die Geschlechterverhältnisse ernüchternd. Aus einer Minderheitsposition im Stadtparlament verschafften sich die weiblichen Abgeordneten im parteiübergreifenden Bündnis eine Stimme, doch ihr politisches Gewicht blieb gering. Die meisten ihrer Anträge verloren angesichts der wirtschaft-

---

53 Die erste Tagung des neuen Stadtparlaments, in: Volkswacht vom 19.7.1919, S. 4.

54 Aus diesem Grund sind die Beiträge der weiblichen Stadtverordneten auch kaum überliefert, da die Pressevertreter den Sitzungsaal zu ihrem Redezeitpunkt bereits verlassen hatten.

55 Heidtke, Frauenstimmrecht (wie Anm. 2) S. 282.

lichen Notjahre an Bedeutung und sie hatten zudem keine Chance auf eine (männliche) Mehrheit im Bürgerausschuss oder Stadtrat.

Die eigenständige politische Beteiligung der weiblichen Stadtverordneten im Bürgerausschuss verlor in den folgenden Wahlperioden an Stärke. Schon ab 1923, als nur noch neun statt 15 Frauen in das kommunale Gremium eintreten konnten, standen diese deutlich seltener auf der Redeliste und fraktionsübergreifende Initiativen für Frauenbelange verschwanden. Hierbei spielte sicher ein Traditionsbruch eine Rolle, der sich daraus erklärt, dass fast zwei Drittel der Bürgerausschuss-Kolleginnen bei den zweiten Kommunalwahlen 1922 nicht mehr angetreten oder gewählt worden waren[56].

Diese Entwicklung sollte sich fortsetzen. Am Beispiel des Freiburger Bürgerausschusses lässt sich nüchtern beobachten, wie rasch der politische Aufbruch der Frauen in den parlamentarischen Strukturen versickerte. Als Ende 1927 zwei selbstbewusst auftretende und wortgewandte Kommunalpolitikerinnen, Mathilde Otto und Marie Moritz[57] (1890–1957), die Stadtverordnete der Kommunistischen Partei Deutschlands (KPD), ihr Mandat abgaben, wurden Rednerinnen im Freiburger Stadtparlament zur Ausnahme. In den letzten Jahren der Weimarer Republik

---

[56] Für drei der neun ausgeschiedenen Stadtverordneten ließen sich die Gründe recherchieren. Lina Wäldin, DDP, war bereits 1920 aus Freiburg verzogen. Dr. Dora Landé, SPD verstarb 1923. Landé, geboren 1862, zog 1913 von Berlin nach Freiburg. Nach der Scheidung führte sie wieder ihren Geburtsnamen, für damalige Verhältnisse eine ungewöhnliche Entscheidung. Landé war promovierte Nationalökonomin und Schriftstellerin politischer Texte. Ab 1918 organisierte sie in der Freiburger SPD sozial-politische Kurse, um auch Frauen ohne höhere Bildung den Weg in die Soziale Arbeit zu eröffnen; vgl. StadtA Freiburg, Abfrage aus der Einwohnerkartei; Volkswacht vom 25.9.1919. Dr. Else Liefmann, DDP, kandidierte auf einem hinteren Listenplatz und wurde nicht wieder gewahlt; vgl. Stadtverordnetenwahlen, in: Volkswacht vom 15.11.1922, S. 4. Zum Vergleich ist auch die Studie von Gisela Lixfeld zu den Verhältnissen im Weimarer Bürgerausschuss von Schramberg interessant: Gisela Lixfeld (Hg.), Trotz Fleiß kein Preis. Frauen in der Kommunalpolitik zur Zeit der Weimarer Republik, in: Themenband Frauenforschung (Rheinisches Jahrbuch für Volkskunde, Bd. 29), Schramberg 1992, S. 97–121.

[57] Marie Moritz, geborene Öttl, war 31 Jahre alt, als sie 1923 für die KPD in den Freiburger Bürgerausschuss gewählt wurde. Sie stammte aus der Oberpfalz und kam wohl 1911 nach Freiburg, arbeitete hier zunächst als Hausangestellte. Moritz' Ehemann Wilhelm starb 1918, ihre Kinder waren zu diesem Zeitpunkt vier und sechs Jahre alt. Moritz arbeitete in der Freiburger Konsumgenossenschaft, sie führte dort die Sämerei. Nach der Geburt ihrer Tochter zog Marie Moritz mit ihrem Partner Hans Grimm nach Frankfurt am Main. Als Leiterin der „Internationalen Roten Hilfe“ in Frankfurt ging sie nach der Machtübernahme der Nationalsozialisten 1933 in den Untergrund. Moritz wurde 1935 verhaftet und zu einer langjährigen Haftstrafe verurteilt. Nach 1945 ging sie unmittelbar zurück in die Politik; sie war ab 1946 aktiv im Frankfurter Frauenausschuss und Mitglied des Hessischen Landtags von 1946–1950. Marie Moritz starb 1957 in Frankfurt; vgl. Landesarchiv Baden-Württemberg – Staatsarchiv Freiburg, Zugang 1970/13, P22, 1902–1952; Heidtke (wie Anm. 2) S. 284; Susanne Sander, Karrieren und Barrieren. Landtagspolitikerinnen der BRD in der Nachkriegszeit von 1946 bis 1960, Königstein 2004, S. 312.

äußerten sich die weiblichen Stadtverordneten allenfalls ein oder zweimal im Jahr. Zumeist sprachen sie über Schulfragen.

Der Nationalsozialismus sollte 1933 der kurzen Präsenz weiblicher Stadtverordneter nicht nur in Freiburg ein Ende setzen. Nur eine Kommunalpolitikerin aus der Weimarer Republik, Ernestine Zeiser (1888–1955), findet sich dann auch 1946 mit dem Wiedererstehen der Demokratie wieder im Freiburger Stadtrat[58].

[58] Amtliches Einwohnerbuch der Stadt Freiburg im Breisgau 1949, Teil 3, S. 5. Ernestine Zeiser arbeitete als Buchhalterin im Freiburger Wohlfahrtsamt. 1933 wurde sie aus politischen Gründen aus den städtischen Diensten entlassen. Tabellarische Übersicht des Freiburger Stadtarchivs zu den letzten demokratisch gewählten Stadtverordneten: https://www.freiburg.de/pb/site/Freiburg/get/params_E119830897/387815/NS_GR_tab1.pdf (letzter Zugriff: 14.05.2020).

Die Folgen des Frauenwahlrechts in Karlsruhe – eine wahlanalytische Herangehensweise

Leonie Richter

„Es ist die Pflicht einer jeden Frau zur Wahlurne zu gehen und von ihrem Wahlrecht Gebrauch zu machen!"[1] Mit diesen Worten appellierte der Karlsruher Architekt Emil Deines (1867–1950) im Dezember 1918 auf einer Wahlversammlung der Deutschen Demokratischen Partei (DDP) in der Karlsruher Weststadt an die zahlreichen Erstwählerinnen, deren Stimmen für den Ausgang der kommenden Wahlen entscheidend sein würden. Deines war nicht der einzige Politiker in den Wochen des Wahlkampfs zur Verfassunggebenden Nationalversammlung Badens am 5. Januar 1919, der den deutschen – in diesem Falle den badischen – Frauen das neuerlangte Frauenstimmrecht als Wahlpflicht aufzuerlegen versuchte.

Baden galt – auch in der zeitgenössischen Frauenbewegung – als liberales Musterland, da Frauen seit der Änderung der Gemeinde- und Städteordnung im Jahr 1910 mit Amt und Stimme in städtische Kommissionen berufen werden konnten, was einen Einzelfall im gesamten Deutschen Reich darstellte[2]. Drei Jahre nach dieser Gemeindereform gab es bereits 45 badische Städte und Gemeinden, in denen Frauen in Kommissionen vertreten waren[3]. Zugleich war Baden im Bereich der Frauenbeschäftigung im öffentlichen Dienst fortschrittlicher als andere Länder: Neben den ersten Telegrafistinnen, die hier eingestellt wurden, arbeitete auch die erste akademisch ausgebildete Fabrikinspektorin in Baden. Die Fortschrittlichkeit manifestierte sich des Weiteren im Bildungsbereich mit der Gründung des ersten Mädchengymnasiums im Jahr 1892 in Karlsruhe und der Zulassung von Studentinnen an badischen Universitäten im Jahr 1900[4].

---

[1] Karlsruher Tagblatt vom 30.12.1918, S. 2.

[2] Bereits zuvor war es badischen Frauen möglich gewesen, in den Schul- und Armenkommissionen der Kommunalverwaltung mitzuwirken. Die neue Gemeindeordnung von 1910 wandelte diese „Kann- in eine Mußbestimmung", so: Konrad ELSÄSSER, Die badische Sozialdemokratie 1890 bis 1914. Zum Zusammenhang von Bildung und Organisation (Schriftenreihe für Sozialgeschichte und Arbeiterbewegung der Studiengesellschaft für Sozialgeschichte und Arbeiterbewegung, Bd. 14), Marburg 1978, S. 99.

[3] Vgl. Susanne ASCHE, Fürsorge, Partizipation und Gleichberechtigung – die Leistungen der Karlsruherinnen für die Entwicklung zur Großstadt (1859–1924), in: DIES. (u. a.) (Hg.), Karlsruher Frauen 1715–1945. Eine Stadtgeschichte (Veröffentlichungen des Karlsruher Stadtarchivs, Bd. 15), Karlsruhe 1992, S. 171–256, S. 251.

[4] Vgl. beispielsweise zur Frauenemanzipation in Baden Gertrud KLING, Frauen im öffentlichen Dienst des Großherzogtums Baden. Von den Anfängen bis zum Ersten Weltkrieg (Veröffentlichungen der Kommission für geschichtliche Landeskunde in Baden-Württemberg, Reihe B Forschungen, Bd. 142), Stuttgart 2000, S. 13.

Im Jahr 1913 arbeiteten in Karlsruhe bereits 18 Frauen in städtischen Kommissionen mit[5]. Eine uneingeschränkte kommunalpolitische Tätigkeit in Gemeinderäten und Bürgerausschüssen war allerdings auch den badischen Frauen erst nach der Einführung des Frauenwahlrechts 1918 möglich[6]. Neben der Chance, als Frau nun ein gewähltes Amt erlangen zu können, war auch das aktive Frauenstimmrecht eingeführt worden. Es muss insofern Beachtung finden, als es im Gegensatz zum passiven Wahlrecht, von dem nur sehr wenige Frauen Gebrauch machten, jede deutsche Frau im vorausgesetzten Wahlalter direkt betraf.

Doch welche Folgen zeitigte die Einführung des Frauenwahlrechts auf kommunaler Ebene? Um diese Frage für die ehemalige badische Landeshauptstadt Karlsruhe zu beantworten, werden die dortigen Auswirkungen sowohl des aktiven als auch des passiven Frauenstimmrechts untersucht. Als Quellengrundlage der Analyse der Folgen des aktiven Wahlrechts dienen statistische Erhebungen zur Wahlbeteiligung von Frauen bei den ersten Kommunalwahlen im Mai 1919 sowie das Ergebnis dieser Wahlen. In einem zweiten Schritt werden die Auswirkungen des passiven Wahlrechts anhand der Repräsentation gewählter Frauen in den ersten städtischen Gremien Karlsruhes, in denen Frauen als gewählte Vertreterinnen saßen, beleuchtet. Anhand der Untersuchung dieser Daten soll ein wahlanalytischer Zugang zu den ersten Gemeindewahlen in Karlsruhe nach der Einführung des Frauenstimmrechts ermöglicht werden.

1. Die Badenerinnen und das Frauenstimmrecht

Den badischen Frauen im Allgemeinen kam insofern eine besondere Rolle in der Geschichte des Frauenstimmrechts zu, als sie die ersten Frauen auf deutschem Boden waren, die ihre Stimmen bei politischen Wahlen abgeben konnten. Die am 5. Januar 1919 stattfindenden Wahlen zur Verfassunggebenden Nationalversammlung Badens waren die ersten Wahlen nach der Einführung des Frauenstimmrechts im November 1918.

Über das genaue Wahlverhalten der Frauen bei diesen ersten Wahlen kann keine Aussage getroffen werden, da die Stimmzettel nicht, wie es bei anderen Wahlen beispielsweise in Österreich der Fall war, zur geschlechterspezifischen Unterscheidung markiert waren[7]. Dies wurde bereits im Jahr 1921 in einer Veröffent-

5 Asche (wie Anm. 3) S. 215; sieben Frauen saßen im Armenrat, jeweils vier in der Krankenhauskommission und der Schulkommission und drei im Ortsschulrat.

6 Vgl. Jörg Schadt, Im Dienst an der Republik. Die Tätigkeitsberichte des Landesvorstands der Sozialdemokratischen Partei Baden 1914–1932 (Veröffentlichungen des Stadtarchivs Mannheim, Bd. 4), Stuttgart 1977, S. 43.

7 So wurden in der Republik Österreich bei den Nationalratswahlen im Jahr 1920 verschiedenfarbige Wahlumschläge für Männer und Frauen verwendet, anhand derer Aussagen über das Wahlverhalten von Männern und Frauen getroffen werden konnten. Die Untersuchung in Österreich ergab, analog zum Wahlergebnis der badischen Verfassunggebenden Nationalversammlung, dass die christlich-soziale Partei von der Stimmabgabe

lichung des Badischen Statistischen Landesamtes bemängelt, in der die Forderung nach einwandfreien Unterlagen zur „Beurteilung der Frage [...] welche Bedeutung der Einführung des Frauenwahlrechts für den Wahlerfolg der Parteien zukommt“[8], formuliert wurde. Allerdings kann im Hinblick auf das Wahlergebnis ein Rückschluss auf die Stimmabgabe der Frauen erfolgen.

Bei den Wahlen zur badischen Verfassunggebenden Nationalversammlung konnte die Zentrumspartei die meisten Stimmen erlangen, gefolgt von der Sozialdemokratischen Partei Deutschlands (SPD) und der DDP. Die Deutschnationale Volkspartei (DNVP) schaffte ebenfalls den Einzug in den späteren badischen Landtag, während die Unabhängige Sozialdemokratische Partei Deutschlands (USPD) nicht genügend Stimmen erhielt[9]. Im Hinblick auf das Gesamtergebnis der Wahlen lässt sich vermuten, dass die badischen Frauen sich mit ihrer Stimmabgabe gegenüber den Parteien SPD und DDP nicht dankbar zeigten, die sich für die Einführung des Frauenstimmrechts eingesetzt hatten, sondern vermehrt konservativ wählten. Das Wahlergebnis der größeren badischen Städte wie Karlsruhe oder Mannheim zeigte ein anderes Bild: Hier erlangte die SPD die meisten Stimmen und die Zentrumspartei folgte erst an dritter Stelle nach der DDP[10].

Das Jahr 1919 war ein wahlintensives Jahr: Die badischen Frauen konnten bei insgesamt drei Wahlen an die Wahlurne treten. Nach der Wahl zur Verfassunggebenden Nationalversammlung Badens am 5. Januar folgte zwei Wochen später, am 19. Januar, die Wahl zur Verfassunggebenden Deutschen Nationalversammlung. Außerdem war „durch die Neuordnung der innerpolitischen Verhältnisse“[11] auch die Neuwahl der Stadtverordneten und Stadträte in den Städten, in denen die badische Gemeinde- und Städteordnung gültig war, nötig geworden und musste bis Mitte Mai 1919 erfolgen.

In Karlsruhe wurde die Wahl der Stadtverordneten, Bezirksräte und Kreisabgeordneten auf den 18. Mai 1919 festgelegt, die Neuwahl der Stadträte fand am 27. Mai durch die Stadtverordnetenversammlung statt[12]. Die Städtewahlordnung Badens legte auch für Karlsruhe die Wahlrechtsbestimmungen fest, die für die Stadtratswahlen eine mittelbare Wahl vorsahen: Alle Stadtbürger Karlsruhes, die

---

der Frauen profitierte, vgl. Über die Deutschen Nationalversammlungswahlen in Baden, die Badischen Gemeinde-, Bezirksrats- und Kreisabgeordnetenwahlen und das Frauenwahlrecht. Bearbeitet im Badischen Statistischen Landesamt, Karlsruhe 1921, S. 1.

8 Ebd.

9 Vgl. zur Auflistung der genauen Wahlergebnisse: Volksfreund vom 6.1.1919; Das Zentrum erhielt 369.057 Stimmen, die SPD 316.181, die DDP 227.111, die DNVP 70.081 und die USPD 14.550 Stimmen.

10 Vgl. ebd.; In der Arbeiterstadt Mannheim fiel mit 40.973 Stimmen mehr als die Hälfte der dort abgegebenen gültigen Stimmen auf die SPD.

11 Chronik der Landeshauptstadt Karlsruhe für die Jahre 1918 und 1919 (34. und 35. Jahrgang), Karlsruhe 1925, Nachtrag zu S. 274. Die gesetzliche Grundlage dafür bildeten die neuen Vorschriften für die Städtewahlen vom 13.3.1919, durch die nach der Novemberrevolution 1918 die badische Städteordnung erweitert worden war.

12 Ebd.

das fünfundzwanzigste Lebensjahr erreicht hatten und deren Bürgerrechte nicht ruhten[13], konnten sich bei den Gemeindewahlen an der Wahl der Stadtverordneten beteiligen[14]. Die Zahl der zu wählenden Stadtverordneten war auf 96 Personen festgelegt[15]. Diese wiederum wählten aus ihren Reihen die Stadträte, deren Anzahl sich in Karlsruhe auf 22 belief[16]. Beide Wahlen unterlagen dem Grundsatz der Verhältniswahl auf der Grundlage gebundener Wahlvorschlagslisten[17]. Für die Stadtverordneten, die die Stadtverordnetenversammlung durch ihre Wahl in den Stadtrat verließen, rückten die nächsten Kandidaten der Wahlvorschlagslisten in die Stadtverordnetenversammlung nach[18].

Somit wählten die Karlsruher Bürgerinnen und Bürger am 18. Mai 1919 96 Personen in die Stadtverordnetenversammlung, aus deren Kreis 22 Stadträte gewählt wurden. Deren frei werdende Plätze in der Stadtverordnetenversammlung wurden wiederum durch die nächsten Kandidaten der Wahlvorschlagslisten besetzt. Dies ergab in Karlsruhe insgesamt 118 durch Wahl zu besetzende Ämter.

2. Der Kampf um die Stimmen der Wählerinnen

Den parteipolitischen Akteuren war bewusst, dass die Stimmen der Wählerinnen entscheidend für den Wahlausgang waren, da Frauen nach den schweren Verlusten

[13] Das Bürgerrecht konnte aus unterschiedlichen Gründen ruhen: Wenn ein Stadtbürger entmündigt war oder „wegen geistiger Gebrechen" eine Pfleg- oder Vormundschaft bestand, ruhten die bürgerlichen Rechte. Weiterführend konnte das Bürgerrecht auch verlorengehen, wenn ein Bürger die deutsche Reichsangehörigkeit verlor oder seinen Wohnsitz im Stadtbezirk aufgab und nicht binnen zweier Jahre den Wohnsitz wieder aufnahm. Vgl. Die Städteordnung für Baden in der Fassung des Gesetzes vom 13. März 1919 mit den auf die Städtewahlen bezüglichen neuen Vorschriften, Karlsruhe 1919, §10f.

[14] Städteordnung (wie Anm. 13), § 1, Abs. 1. In den 1.363 badischen Gemeinden, die weniger als 4.000 Einwohner hatten, waren die Gemeinderatswahlen unmittelbare Wahlen. In den 37 Gemeinden, die über 4.000 Einwohner hatten sowie den zehn Städteordnungsstädten wurden die Gemeinde- und Stadträte in mittelbarer Wahl von den Gemeinde-, beziehungsweise Stadtverordneten gewählt; Vgl. Über die Deutsche Nationalversammlungswahlen (wie Anm. 7) S. 11. Als Städteordnungsstädte werden die badischen Städte bezeichnet, in denen die Städteordnung für Baden kraft Gesetzes vom 24.6.1874 Anwendung fand. Zu den zehn Städteordnungsstädten zählten zunächst aufgrund ihrer Größe Karlsruhe, Mannheim, Freiburg, Heidelberg, Pforzheim, Baden und Konstanz. Städten mit mehr als 3.000 Einwohnern war die Annahme der Städteordnung freigestellt, sie erfolgte durch Gemeindebeschluss und bedurfte der Genehmigung des Ministeriums des Inneren. Mittels dieses Vorgehens unterstellten sich folgende drei Städte der Städteordnung für Baden: Im Jahr 1876 Bruchsal, 1889 Lahr und Offenburg um Jahr 1903, vgl. Vorwort der Städteordnung.

[15] Städteordnung (wie Anm. 13) § 43, 3. Nur in den großen Städten Badens betrug die Zahl der Stadtverordneten 96, in den übrigen Städteordnungsstädten wurden 84 Stadtverordnete gewählt.

[16] Vgl. Chronik 1918/19 (wie Anm. 11) Nachtrag zu S. 274.

[17] Städtewahlordnung, in Städteordnung (wie Anm. 13) § 1, 1.

[18] Ebd. § 2, 1.

in den Kämpfen des Ersten Weltkriegs den größeren Anteil der Bevölkerung stellten. Die Ortsgruppen der Parteien wandten sich bei den Gemeinderatswahlen, wie auch bereits bei den Wahlen im Januar 1919, konkret an die zahlenmäßig große Gruppe Erstwählerinnen. Insbesondere die DDP adressierte Frauen ganz gezielt: „Hausfrauen! Mütter! Erwerbstätige Frauen!“, um an diese zu appellieren: „Euch alle, die Ihr jetzt zum erstenmal Euer Gemeindewahlrecht ausübt, berühren die Dinge der Gemeindepolitik besonders eng, übt darum alle Euer Wahlrecht aus!“[19]

Anhand der Flugblätter vor der Wahl wird deutlich, dass die Parteien auch durch die Präsentation von Kandidatinnen versuchten, die Stimmen der Frauen für sich zu gewinnen. „Sorgt dafür, daß auch tüchtige demokratische Frauen aufs Rathaus kommen! Unser Wahlvorschlag enthält eine Reihe weiblicher Kandidaten an aussichtsreicher Stelle“[20]. Wie erfolgversprechend die Listenplätze der DDP-Kandidatinnen waren, wird an späterer Stelle beurteilt werden. Am Tag vor der Wahl beherrschten Wahlaufrufe auch das Parteiorgan der Sozialdemokraten, den „Volksfreund“. Nachdem auf der Titelseite allgemein alle Wählerinnen und Wähler angesprochen wurden[21], befand sich im Mittelteil des Blattes ein Aufruf adressiert an „Mütter! Werdende Mütter!“[22]. Anhand von Zahlen über die Säuglingssterblichkeit in Frankfurt und Berlin wurde die „Verwirklichung des Sozialismus“ als „Ausweg aus diesem Sumpf“ aufgezeigt. Bemerkenswert ist vor allem folgender Satz innerhalb des Aufrufs: „Am Sonntag könnt ihr helfen, sorgt dafür, daß Männer ins Rathaus ziehen, die gewillt sind, diese schrecklichen Zustände zu bessern.“[23] Während die DDP mit den vorderen Listenplätzen ihrer Kandidatinnen warb, verzichtete die SPD hingegen auf die bloße Erwähnung ihrer Kandidatinnen. Diese waren durchaus vorhanden, wie der Blick auf die Wahlvorschlagslisten zeigen wird. Auch der „Badische Beobachter“ versäumte es nicht, die „Zentrumswählerinnen und -Wähler“ nochmals am Tag vor der Wahl an den Wahlgang zu erinnern und einen nicht zu übertreffenden Wahleifer zu fordern[24].

3. Wahlberechtigte und Wahlbeteiligte an den Stadtverordnetenwahlen 1919 in Karlsruhe im Vergleich zu den Wahldaten in Baden

Der Blick auf die badische Wahlbevölkerung im Jahr 1919 zeigt, dass insgesamt 1.172.816 Personen berechtigt waren an den Gemeinde- beziehungsweise Stadtverordnetenwahlen teilzunehmen[25]. Das Verhältnis der wahlberechtigten Frauen zu

---

19 StadtA Karlsruhe, PBS X 1351.
20 Ebd.
21 Volksfreund vom 17.5.1919, S. 1.
22 Ebd., S. 4.
23 Ebd.
24 Badischer Beobachter vom 17.5.1919, S. 3.
25 Vgl. Über die Deutschen Nationalversammlungswahlen (wie Anm. 7) S. 6.

den wahlberechtigten Männern betrug 54,9 zu 45,1 Prozent zugunsten der Wählerinnen.

In Karlsruhe waren bei den Stadtverordnetenwahlen am 18. Mai 1919 insgesamt 79.717 Bürger wahlberechtigt, 45.695 davon waren Frauen, was einem Anteil von 57,3 Prozent entsprach[26]. Damit lag der weibliche Anteil der Wahlberechtigten in Karlsruhe über dem Landesdurchschnitt. Allerdings beteiligten sich nur 18.662 Karlsruherinnen an den Kommunalwahlen, knapp 60 Prozent der weiblichen Wahlberechtigten gingen nicht zur Wahl. Bei den Männern war der Anteil der Wähler etwas höher, sodass sich insgesamt eine Wahlbeteiligung von 44,82 Prozent ergab. Im Vergleich zu den Zahlen für den gesamten Landeskommissarbezirk Karlsruhe lag die badische Landeshauptstadt damit einige Prozentpunkte unter der durchschnittlichen Wahlbeteiligung dieses Bezirks, die bei 52,2 Prozent lag[27].

Im Vergleich mit den Werten der vergangenen Wahlen, war die Wahlbeteiligung um fast die Hälfte gesunken. Am 5. Januar 1919 strömten 88,07 Prozent der wahlberechtigten Badener bei der Wahl zur Verfassunggebenden Nationalversammlung Badens an die Wahlurne und an der Wahl der Weimarer Nationalversammlung beteiligten sich ebenfalls 86,5 Prozent[28]. Die geringe Wahlbeteiligung im Mai 1919 lässt auf eine einsetzende Wahlmüdigkeit schließen. Dieser hatten auch die Wahlaufrufe nicht entgegenwirken können, in denen sich durchaus ein Bewusstsein für die sinkende Bereitschaft zum Wahlgang der Wahlberechtigten zeigte: „Die Wahlen erscheinen klein und bedeutungslos" konnte man auf einem Flugblatt der DDP lesen. Doch bei der Beteiligung an den Wahlen handele es sich um „ein Bekenntnis zum deutschen Vaterland, mehr noch: eine vaterländische Pflichterfüllung in Tagen schwerster Not"[29]. Auf diese Weise suchte die DDP zum Urnengang zu bewegen. Am Tag nach der Wahl wurde im Karlsruher Tagblatt als Grund für die schwache Beteiligung der Wählerinnen und Wähler neben dem „Anhäufen der Wahlen in den letzten Monaten" auf den Umstand hingewiesen, dass die Wähler von ihrer Wahlpflicht durch „das schöne Wetter" abgehalten worden wären[30].

Die niedrige Wahlbeteiligung wirkte sich insbesondere negativ auf das Wahlergebnis der Sozialdemokraten aus[31]. Hatten diese bei den Wahlen zur badischen Verfassunggebenden Nationalversammlung und der Deutschen Nationalversammlung noch mit Abstand die meisten Stimmen im Karlsruher Wahlbezirk er-

---

26 StadtA Karlsruhe 1/AEST 1072.

27 Vgl. Über die Deutschen Nationalversammlungswahlen (wie Anm. 7) S. 10. Selbst dieser Wert lag noch unter der Wahlbeteiligung aller Badener, die bei 55,5 Prozent lag und durch die hohe Wahlbeteiligung im Landeskommissarbezirk Konstanz, der eine Wahlbeteiligung von 62,7 Prozent vorweisen konnte, nach oben korrigiert wurde.

28 Vgl. ebd., S. 56f.

29 StadtA Karlsruhe PBS X 1351.

30 Karlsruher Tagblatt vom 19.5.1919, S. 1.

31 Als ein möglicher Grund dieses schlechten Ergebnisses können Ausflüge von Vereinen, die sich aus Arbeiterkreisen zusammensetzten, genannt werden. Diese waren für den Wahltag angesetzt worden und bereits im Vorfeld vom Volksfreund als „Zeichen großer Interessenlosigkeit" betitelt worden, Volksfreund vom 17.5.1919, S. 4.

halten, so hatten nun die Demokraten (DDP) eindeutig die Oberhand mit 30,78 Prozent der Stimmen, während die SPD fast gleichauf mit der Zentrumspartei etwa 25 Prozent der Stimmen bekam. Das Ergebnis der Wahlen zeigte, dass mit „Ausnahme der Unabhängigen [...] sämtliche Parteien einen gewaltigen Stimmenrückgang zu verzeichnen" hatten[32].

4. Die Karlsruher Wählerinnen bei den Stadtverordnetenwahlen 1919

Vom Statistischen Amt liegt für die Stadtverordnetenwahl am 18. Mai 1919 eine „Entzifferung der Wahlberechtigten und Abstimmenden nach Beruf und Geschlecht" für die Karlsruher Gesamtstadt vor[33]. Darin finden sich die Wahlberechtigten und Abstimmenden in sechs verschiedene Berufskategorien aufgeteilt. Für jede der Kategorien wurde akribisch notiert, wie viele Wahlberechtigte – männliche und weibliche – sie umfing. In der darauffolgenden Spalte wurde festgehalten, wie viele von diesen am 18. Mai 1919 abgestimmt hatten und schließlich wie viele nicht von ihrem Wahlrecht Gebrauch gemacht hatten.

Kategorie A unterschied Berufe, die in den Bereich der Landwirtschaft, Gärtnerei und Viehzucht sowie Jagd und Fischerei fallen. Kategorie B führte Beschäftigte der Industrie einschließlich des Bergbaus und Baugewerbes auf, in Kategorie C waren die Beschäftigten aus Handel und Verkehr verzeichnet. Die im Bereich der häuslichen Dienste arbeitenden Wahlberechtigten wurden in Kategorie D erfasst, während in Kategorie E Angestellte in Militär- oder Hof-, bürgerlichen oder kirchlichen Diensten sowie freie Berufsarten gezählt wurden. Die Wahlberechtigten ohne Beruf oder ohne Berufsangabe fanden sich in Kategorie F wieder, die den weitaus größten Anteil an Frauen umfasste[34]. Innerhalb der sechs groben Kategorien wurde eine Unterklassifizierung konkreter Berufsfelder vorgenommen, die sich über elf Seiten erstreckt. Die letzte Seite dieser „Entzifferung der Wahlberechtigten" zeigt eine „Hauptzusammenstellung" aller Wahlberechtigten und Wähler. Um über die Zusammensetzung der Karlsruher Wählerinnen bei den Kommunalwahlen Aussagen treffen zu können, werden die Zahlen der männlichen Wähler in der folgenden Untersuchung keine Rolle spielen und es wird ausschließlich die Aufteilung der Wählerinnen auf die verschiedenen Berufsfelder betrachtet.

Insgesamt sind 10.941 Karlsruherinnen mit Berufsangabe verzeichnet, bei weiteren 1.064 Frauen kann außerdem eine Aussage über deren Status – beispielsweise Studentinnen, Pensionärinnen oder Privatieren – getroffen werden. Damit verbleiben 33.690 Frauen, die ohne Beruf waren beziehungsweise keine Angabe zu einer Berufstätigkeit gemacht hatten. Mit 73,7 Prozent entsprach dieser Wert knapp drei Viertel der Karlsruherinnen. Ein Großteil dieser Frauen kann wohl als

---

32 Karlsruher Tagblatt (wie Anm. 29).

33 StadtA Karlsruhe 1/AEST 1073.

34 Vgl. ebd., S. 13. Innerhalb der genannten Kategorien gibt es weitere Unterklassifizierungen, die bis zur Auflistung einzelner Berufsfelder reicht.

nicht berufstätige Hausfrauen und Mütter aufgefasst werden. Von den in dieser Kategorie gezählten Frauen gingen am 18. Mai 1919 41,8 Prozent zur Wahl, ein Prozentpunkt mehr, als die Gesamtzahl der Wählerinnen. Somit musste die Wahlbeteiligung unter den berufstätigen Frauen den Mittelwert gesenkt haben. Das Diagramm 1 zeigt das Verhältnis zwischen den wahlberechtigten und den abstimmenden Frauen jeder der fünf Kategorien.

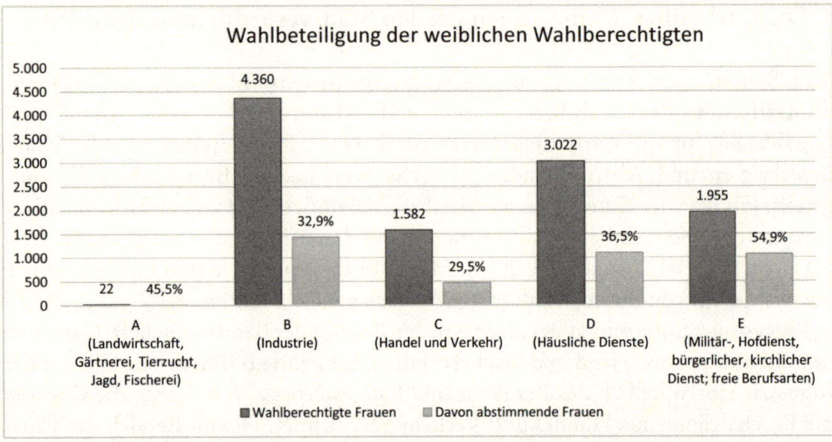

Diagramm 1: Das Diagramm zeigt das Verhältnis zwischen den wahlberechtigten Frauen der Kategorien A bis E (linker Balken) und den tatsächlich abstimmenden Frauen (rechter Balken) der jeweiligen Kategorie ohne Berücksichtigung der größten Gruppe der Wählerinnen ohne Beruf beziehungsweise Berufsangabe[35]. Die Prozentzahlen beschreiben den Anteil der Frauen, die in der jeweiligen Kategorie ihre Stimme abgaben.

Da im Bereich A nur 22 Frauen verzeichnet waren und er damit nicht einmal ein Prozent der Wählerinnen umfasste, kann dieser Bereich vernachlässigt werden[36]. Doch bereits im zweiten Berufsfeld waren die meisten Frauen beschäftigt und zwar 9,5 Prozent der Karlsruher Wählerinnen. Die Wahlbeteiligung der in der Industrie Beschäftigten fiel mit 32,9 Prozent gering aus und korrigierte die gesamte Wahlbeteiligung nicht unerheblich nach unten. Die sehr geringe Anzahl Arbeiterinnen, die am 18. Mai ihre Stimme abgaben, fällt ganz besonders auf. So gingen nur 24,7 Prozent der im Bereich der Industrie verzeichneten Arbeiterinnen zur Wahl[37]. Dieser Befund korreliert mit den Verlusten der Arbeiterpartei SPD bei diesen

[35] Dem Diagramm zugrunde liegen die Zahlen aus StadtA Karlsruhe 1/AEST 1073. Die Gruppe der Wählerinnen ohne Beruf wurde nicht berücksichtigt, da deren Zahlen im Vergleich zu den fünf anderen Kategorien so hoch waren, dass die Darstellbarkeit der Kategorien A bis E aufgrund des zwangsläufig größeren Maßstabs nicht mehr sinnvoll möglich gewesen wäre.

[36] Zehn dieser Frauen gingen zur Wahl, vgl. ebd., S. 1.

[37] Ebd., S. 4.

Wahlen. Innerhalb der Reihen der Fabrikarbeiterinnen, die separat aufgeführt werden, liegt der Wert kaum höher mit knapp 26 Prozent[38]. Die Wählerinnen, die in Bereich C verzeichnet waren, bildeten mit 29,5 Prozent im Vergleich zu den Nicht-Wählerinnen ebenfalls eine Minderheit der im Bereich „Handel und Verkehr" beschäftigten Frauen. Die Mehrheit der Frauen, die in dieser Kategorie gezählt wurden, waren als Verkäuferinnen tätig[39]. Der niedrigste Wert der Aufzeichnungen findet sich bei den ebenfalls in die Kategorie C zählenden Frauen, die im Gast- und Schankwirtschaftsgewerbe arbeiteten. Nur 11,3 Prozent der 230 dort beschäftigten Frauen gaben bei den Karlsruher Gemeindewahlen ihre Stimme ab[40].

Von den in häuslichen Diensten stehenden Frauen stimmten 36,5 Prozent ab. Die höchste Wahlbeteiligung von Frauen findet sich in Kategorie E. Insgesamt stimmten 54,9 Prozent der Frauen dieses Bereichs ab, wobei in der Unterkategorie „Bildung, Erziehung und Unterricht" mit 64,4 Prozent der höchste Wert verzeichnet ist.

Die Aufzeichnungen des Statistischen Amts spiegeln die Wahlmüdigkeit der Karlsruher Bevölkerung bei dieser dritten Wahl des Jahres 1919 durchaus wider. Auch wenn die Wahlbeteiligung in den Berufsbereichen, die einen gewissen Grad an Bildung erforderten, höher war als in Arbeiterkreisen, kann auch dort eine einsetzende Wahlmüdigkeit nachgewiesen werden. Die niedrige Akquirierung des Wählerpotentials der SPD könnte auch vermuten lassen, dass in diesen Kreisen Enttäuschung über den Verlauf der ersten Monate der Demokratie herrschte, weshalb viele der Wahl fernblieben.

5. Kandidatinnen der Parteien bei der Stadtverordnetenwahl 1919

Wie bereits im Zuge der Wahlregularien festgestellt wurde, handelte es sich bei den Stadtverordnetenwahlen in Karlsruhe um eine Wahl nach gebundenen Wahlvorschlagslisten. In der Konsequenz bedeutete dies, dass die Parteien selbst über die entsprechende Vergabe von Listenplätzen an Kandidatinnen steuerten, wie viele Frauen es in die Stadtverordnetenversammlung schaffen konnten. Daher stellen die Wahlvorschlagslisten für die Wahl im Mai 1919 die Grundlage der folgenden Untersuchung dar. Die Frist für die Einreichung von Wahlvorschlagslisten lief am Abend des 8. Mai 1919 ab[41]. Publiziert wurden die Listen dann „durch Anschlag an der Verkündigungstafel des Rathauses und nach Ermessen des Stadtrats auch an anderen geeigneten Orten sowie durch Einrücken in die für Bekanntmachungen

[38] Ebd., von den 685 verzeichneten Arbeiterinnen wählten nur 169, von den 154 Fabrikarbeiterinnen waren es 40.

[39] Ebd., S. 5.

[40] Aufgeteilt war dieser Bereich in selbständige Hoteliers und Wirte; Oberkellner/innen, Küchenpersonal; Hausdiener, wobei Frauen insbesondere als Kellnerinnen arbeiteten, 196 Frauen sind in diesem Bereich verzeichnet.

[41] Vgl. Badischer Beobachter vom 14.5.1919, S. 4.

der Stadtbehörde bestimmten Blätter“[42]. Fünf Parteien hatten Wahlvorschlagslisten eingereicht: Die Listen von SPD, DDP und Zentrum umfassten jeweils 50 Kandidaten während die DNVP 45 Kandidaten zur Wahl aufstellte und die USPD 40 Listenplätze vergab[43].

Die DDP, die mit aussichtsreichen Listenplätzen ihrer Kandidatinnen bereits um Wählerinnen geworben hatte, stellte insgesamt acht Frauen zur Wahl auf, was einem Anteil von 16 Prozent ihrer Kandidaten entsprach. Das Zentrum hatte ebenfalls acht Listenplätze an Frauen vergeben, während es bei den Sozialdemokraten nur sechs Frauen auf die Wahlvorschlagsliste geschafft hatten, die damit zwölf Prozent der Kandidaten der SPD stellten. Die DNVP hatte sieben Frauen in ihre Liste aufgenommen, was einen Anteil von 15,5 Prozent Frauen auf dieser Liste bedeutete. Die vier Frauen auf der Liste der USPD stellten einen zehnprozentigen Anteil der Kandidaten. Allein die Feststellung der Anzahl von Frauen auf den Wahlvorschlagslisten der Parteien sagt allerdings noch nicht viel darüber aus, welche Chancen die Frauen hatten, tatsächlich gewählt zu werden. Denn darüber entschied schlussendlich der genaue Listenplatz der Frauen.

DDP, Zentrum und DNVP hatten jeweils den dritten Listenplatz an die erste Frau vergeben, was einen sicheren Listenplatz darstellte. Bei der SPD war der vierte Platz an eine Frau vergeben, die USPD hatte erst den siebten Listenplatz mit einer Kandidatin besetzt, was durchaus das Risiko enthielt, dass keine Frau der USPD in die Karlsruher Stadtverordnetenversammlung einziehen würde. Dies war nur aufgrund des überraschend guten Wahlergebnisses der USPD nicht der Fall, denn bei den Wahlen zur Verfassunggebenden Nationalversammlung Badens hatte die USPD im Amtsbezirk Karlsruhe nur 2.927 Stimmen bekommen und den Einzug in das Karlsruher Landtagsgebäude damit verpasst[44].

Vergleicht man die Vergabe der Listenplätze an Frauen auf den fünf verschiedenen Wahlvorschlagslisten miteinander, so ergibt sich folgendes Bild: Die Kandidatinnen der DDP hatten durch ihre Listenplätze die besten Chancen, in die Stadtverordnetenversammlung einzuziehen[45]. Die Wahlwerbung der DDP traf also durchaus zu. An zweiter Stelle folgte die DNVP[46]. Die Frauen der Zentrumspartei hatten

---

[42] Städtewahlordnung, in Städteordnung (wie Anm. 13) § 9, Abs. 1.

[43] Es wurde mit den Listen gearbeitet, die das Karlsruher Tagblatt vom 14.5.1919, S. 6f. abdruckte.

[44] Vgl. Karlsruher Zeitung vom 6.1.1919, S. 3.

[45] Um vergleichbare Werte zu bekommen, muss der jeweilige an eine Frau vergebene Listenplatz gewertet werden, woraus ein Mittelwert errechnet werden kann. Dieser muss für die beiden Parteien, die weniger als 50 Kandidaten nominierten, entsprechend auf 50 hochgerechnet werden. Folgende Listenplätze der DDP waren an Frauen vergeben: 3. (Richter, Anna), 10. (Brehm, Elise), 19. (Himmelheber, Luitgard), 23. (Fuhr, Elisabeth), 28. (Oeder, Adele), 37. (Hauser, Armgard), 44. (Elsas, Antonie), 50. (Mayer-Pantenius, Berta); Karlsruher Tagblatt vom 14.5.1919.

[46] Die DNVP hatte diese Plätze mit Kandidatinnen besetzt: 3. (von Voß, Margarete), 12. (Schweickert, Auguste), 20. (Trau, Alice), 24. (Spengler, Charlotte), 29. (Kreßmann, Margarete), 36. (Miller, Beate), 40. (Leonhardt, Linam); Ebd.

ebenfalls recht gute Chancen, über ihre Platzierung in die Stadtverordnetenversammlung gewählt zu werden[47]. Die Frauen sowohl der Unabhängigen als auch der Sozialdemokraten hatten im Vergleich die schlechtesten Listenplätze erhalten[48]. Die SPD hatte demnach wohl zu Recht im Wahlkampf darauf verzichtet, mit den Listenplätzen ihrer Kandidatinnen zu werben, da diese im Vergleich zu den anderen Parteien nicht besonders gut waren[49].

Von den in Karlsruhe am 18. Mai 1919 abgegebenen Stimmen entfielen 9,09 Prozent auf die DNVP, 24,97 Prozent auf das Zentrum, die DDP konnte 30,78 Prozent erringen und die SPD 24,94 Prozent. Die USPD erreichte etwas mehr Stimmen als die DNVP und lag bei 10,28 Prozent[50]. Dies bedeutete für die Zusammensetzung der Stadtverordnetenversammlung folgende Sitzverteilung: 30 Stadtverordnete entstammten der DDP, Zentrum und SPD stellten jeweils 24 Stadtverordnete. Die USPD erlangte zehn Sitze und die DNVP war mit acht Stadtverordneten vertreten[51].

6. Die gewählten Frauen im Stadtrat und in der Stadtverordnetenversammlung Karlsruhes

Das Ergebnis der Gemeindewahlen in Karlsruhe bedeutete, dass folgende Frauen zunächst über ihre Listenplätze Stadtverordnete wurden: Für die DDP zogen die Professoren-Ehefrau Anna Richter (1868–1921), die Handelsgärtner-Ehefrau Elise Brehm (1874-?), die Fabrikanten-Ehefrau Luitgard Himmelheber (1874–1959), die

---

[47] Die Listenplätze der Kandidatinnen des Zentrums: 3. (Matheis, Maria), 12. (Birkhofer, Marie), 18. (Meyer-Kageneck, Tilla), 23. (Müller, Anna), 31. (Frey, Karoline), 38. (Bruttel, Karolina), 42. (Riester, Hedwig), 49. (Jörg, Mathilde); Ebd.

[48] Die vier Kandidatinnen der USPD hatten folgende Listenplätze inne: 7. (Völlinger, Babette), 18. (Medam, Anna), 28. (Kruse, Elise), 35. (Trabinger, Emma). Die Sozialdemokratinnen waren auf folgenden Listenplätzen der SPD vertreten: 4. (Fischer, Kunigunde), 16. (Bernauer, Anna), 29. (Russy, Maria), 35. (Schwarz, Luise), 43. (Trinks, Dora), 49. (Moritz, Elise); Ebd.

[49] Die Zahl der Frauen in den sozialdemokratischen Fraktionen der Bürgerausschüsse war insgesamt bemerkenswert gering, so gehörte beispielsweise der Mannheimer Stadtratsfraktion bis 1933 gar keine Sozialdemokratin an, vgl. SCHADT (wie Anm. 6) S. 43. Schadt sieht als Ursachen dafür einerseits „eine weitverbreitete, wohl durch lange Bevormundung verursachte Lethargie der Frauen" und andererseits „auch die Gleichgültigkeit der Unterorganisationen der Partei, die einer traditionalistischen Beschränktheit entsprach", ebd. Dem könnte entgegengehalten werden, dass gerade in der SPD die Mitarbeit innerhalb der Partei zu diesem Zeitpunkt bereits der Normalität entsprach. In den großen badischen Städten waren zu Beginn des 20. Jahrhunderts eigene Frauensektionen der SPD gegründet worden, innerhalb derer sich die Sozialdemokratinnen politisch engagierten. So wurde die Gründung der Karlsruher Sektion im März 1909 beschlossen, Volksfreund vom 31.3.1909, S. 6.

[50] Vgl. StadtA Karlsruhe 1/AEST 1072.

[51] Vgl. zur Sitzverteilung in der Karlsruher Stadtverordnetenversammlung Karlsruher Tagblatt vom 19.5.1919, S. 1.

Hauptlehrerin Elisabeth Fuhr[52] und die kaufmännische Angestellte Adele Oeder (?-1932) in das kommunale Gremium Karlsruhes ein. Das Zentrum konnte vier weibliche Stadtverordnete vorweisen: die Rechtsanwalts-Witwe Maria Matheis (1858–1941), die Dienstbotin Marie Birkhofer[53], die stellvertretende Vorsitzende des Karlsruher Katholischen Frauenbundes Tilla Meyer-Kageneck und die Hauptlehrerin Anna Müller. Aufgrund der schlechten Listenplätze der sozialdemokratischen Frauen zogen nur zwei Frauen für die SPD in die Gemeindeversammlung ein: die Buchdrucker-Ehefrau Kunigunde Fischer (1882–1967) und die Wagner-Ehefrau Anna Bernauer[54]. Die USPD wurde von der Schlosser-Ehefrau Babette Völlinger repräsentiert und die Arzt-Gattin Margarete von Voß vertrat die DNVP.

Auf Grundlage dieser Wahl fand am 27. Mai die Neuwahl der Stadträte mit Amtsdauer bis November 1922 statt. Die 22 gewählten Stadträte verteilten sich folgendermaßen auf die Parteien: Die DDP stellte sieben Stadträte aus ihren Reihen, das Zentrum und die SPD jeweils sechs. Die USPD, die DNVP und auch die Kommunistische Partei Deutschlands (KPD) stellten jeweils einen Stadtrat. Die Stadträte wurden nicht sämtlich neu gewählt, neun der bisherigen Stadträte blieben durch Wiederwahl in ihrem Amt. Der Stadtrat in seiner Gesamtzahl umfasste 27 Personen, fünf davon waren die Bürgermeister, die nicht zum Kreis der 22 Stadträte zählten[55].

Unter den neu hinzutretenden Stadträten befanden sich zunächst zwei Frauen. Anna Richter vertrat die Demokraten und Maria Matheis die Zentrumspartei. Im Oktober 1919 trat mit Kunigunde Fischer eine weitere Stadträtin hinzu, die als Ersatz für den verstorbenen Stadtrat Bonning nachrückte[56].

Damit waren nach den ersten Gemeindewahlen in Karlsruhe nach Einführung des Frauenwahlrechts zwei, ab Oktober dann drei, Stadträtinnen neben 24 Männern im Stadtrat vertreten. Dies entspricht einem prozentualen Anteil von 7,4 Prozent beziehungsweise ab Oktober 1919 sogar 11,1 Prozent an Frauen im Karlsruher Stadtrat. Die zehn Frauen in der Stadtverordnetenversammlung repräsentierten mit 10,4 Prozent einen ähnlichen Anteil gegenüber den 86 verzeichneten Männern[57].

---

[52] Als Ersatz für Fuhr wurde Armgard Hauser im April 1920 Stadtverordnete. Fuhr legte ihr Amt „aus Gesundheitsrücksichten" nieder, Karlsruher Tagblatt vom 21.3.1920, S. 3.

[53] Birkhofer schied allerdings schon im August 1921 wieder aus der Stadtverordnetenversammlung aus, da sie aufgrund von Wegzug aus Karlsruhe ihr Amt niederlegte, vgl. StadtA Karlsruhe 1/H.Reg. A 803 sowie Badische Presse vom 13.8.1921, S. 3.

[54] Die Berufs- beziehungsweise Statusbezeichnung der Frauen sind dem Verzeichnis des Stadtrats und der Stadtverordnetenversammlung 1919 entnommen, ebd.

[55] Vgl. ebd.; drei der Bürgermeister, einschließlich des Oberbürgermeisters, gehörten der DDP an und jeweils ein Bürgermeister dem Zentrum und der SPD.

[56] Vgl. hierzu Chronik 1918/19 (wie Anm. 11) Nachtrag zu S. 274b sowie StadtA Karlsruhe 1/H.Reg. A 803.

[57] Die Stadtverordnetenversammlung setzte sich aus einem neun Männer umfassenden „Geschäftsleitenden Vorstand sowie 87 übrigen Stadtverordneten" zusammen, vgl. StadtA Karlsruhe 1/H.Reg. A 803. Vgl. zudem Manfred Koch, Karlsruher Chronik. Stadtgeschichte in Daten, Bildern, Analysen (Veröffentlichungen des Karlsruher Stadtarchivs, Bd. 14), Karlsruhe 1992, S. 152. Asche (wie Anm. 3) S. 299 spricht von nur 87

Diese Werte können zunächst als gering empfunden werden. Bedenkt man allerdings, dass der Anteil von Frauen vor der Einführung des Frauenstimmrechts bei Null gelegen hat, so ist diese Entwicklung, so langsam sie vonstatten gegangen sein mag, sicherlich eine positive. Der vergleichende Blick auf die prozentualen Verhältnisse im gesamten badischen Land verdeutlicht, dass Karlsruhes Frauen bereits weit über dem Durchschnitt in den kommunalen Gremien repräsentiert waren. Allgemein bildeten Frauen nach den Wahlen im Jahr 1919 in den Vertretungskörperschaften Badens auf kommunaler Ebene eine verschwindend kleine Minderheit. Mit 1,8 Prozent war der Frauenanteil in den Gemeinde- und Stadtverordnetenversammlungen im Vergleich zu den anderen Körperschaften der höchste Wert. Nur 0,1 Prozent der Mitglieder von Gemeinde- und Stadträten in Baden waren weiblich, 0,4 Prozent Bezirksrätinnen und 1,6 Prozent weibliche Kreisabgeordnete zeugten von einer starken männlichen Dominanz in sämtlichen Entscheidungsgremien[58]. Diese Ergebnisse lassen die Vermutung zu, dass gerade in ländlicheren Gegenden überhaupt keine Frauen den Weg in die Kommunalpolitik gefunden hatten.

Durch die politische Gleichberechtigung und die Zulassung zum Wahlrecht ergab sich für Frauen eine ganz neue Handlungsoption[59]. Einige der Frauen, die ab Mai auf kommunaler Ebene an politischen Prozessen mitarbeiteten, waren bereits im Laufe des Wahlkampfes vor den Wahlen durch Vortragstätigkeiten in Erscheinung getreten. Die DDP war sehr aktiv in der Werbung um Wählerinnen und bezog auch die Kandidatinnen in den Wahlkampf mit ein. So fand am 15. Mai 1919 eine öffentliche Versammlung statt, bei der sowohl die Kandidaten als auch die Kandidatinnen, die in der Südstadt Karlsruhes wohnten, über „die bevorstehenden Gemeindewahlen“ sprechen sollten[60]. Die an Frauen gerichtete Vortragstätigkeit der DDP hatte rasch nach der Einführung des Frauenstimmrechts eingesetzt. Bereits Ende 1918 fanden zwei Versammlungen nationalliberaler Frauen statt, bei denen Julie Schenck zu den potentiellen Wählerinnen sprach[61]. Berta Mayer-Pantenius, eine der Kandidatinnen der DDP bei den Kommunalwahlen im Mai

Stadtverordneten und 22 Stadträten, die gewählt worden waren und damit von „insgesamt 109 Mitgliedern“ im „neuen Bürgerausschuß der Landeshauptstadt“. Einschließlich der neun Mitglieder des geschäftsleitenden Vorstands handelt es sich jedoch um insgesamt 118 Mitglieder im gesamten Karlsruher Bürgerausschuss, der sich aus Stadtrat und Stadtverordnetenversammlung zusammensetzte.

58 Vgl. zu den Zahlenverhältnissen: Über die Deutschen Nationalversammlungswahlen (wie Anm. 7) S. 12: 838 weibliche Gemeinde- und Stadtverordnete standen der Anzahl von 46.795 männlichen Verordneten gegenüber. Von den 9.659 Gemeinderäten und 177 Stadträten in Baden waren 14 weiblich. Zwei Bezirksrätinnen kamen auf 518 Bezirksräte und sieben weibliche Kreisabgeordnete auf 440 männliche Abgeordnete.

59 Vgl. Kirsten Heinsohn, „Grundsätzlich“ gleichberechtigt. Die Weimarer Republik in frauenhistorischer Perspektive, in: Aus Politik und Zeitgeschichte (APuZ) 18–20/2018, S. 39–45, S. 41.

60 Badische Presse vom 15.5.1919, S. 5.

61 Chronik 1918/19 (wie Anm. 11) S. 139. Schenck sprach am 27.11. und 2.12. jeweils über das Wahlrecht und am 5.12. über die kapitalistische, sozialistische und kommunistische

1919, sprach Ende 1918 über „Die Frauen und die Politik“[62]. Kurz vor dem Wahltag trat Elise Brehm am 15. Mai 1919 auf einer Wählerversammlung auf, rief die Bürger zur Pflichterfüllung auf und bat, „das den Frauen verliehene Wahlrecht nun aber auch als Wahlpflicht zu erkennen und darnach zu handeln“[63].

Für die SPD hielt die spätere Stadträtin Kunigunde Fischer am 27. Februar 1919 einen Vortrag über „Die Tätigkeit der Frau in der Gemeinde“[64], zum selben Thema fand am 12. Mai 1919 eine öffentliche Frauenversammlung statt, bei der Fischer ebenfalls als Rednerin auftrat[65].

Die Zentrumspartei organisierte nach der Einführung des Frauenstimmrechts ebenfalls Frauenversammlungen, beispielsweise am 11. Dezember 1918 in der Karlsruher Weststadt, bei der die spätere Landtagsabgeordnete Clara Siebert (1873–1963) sprach. Anna Geiger (1878–1959), die von 1930 bis 1933 im Karlsruher Stadtrat sitzen sollte, trat bereits am 8. Dezember bei einer Versammlung in Rüppurr auf[66].

Vonseiten der Parteien DNVP und USPD konnten keine gesonderten Frauenveranstaltungen festgestellt werden. Insbesondere die DDP war in Form von gezielt an Frauen gerichteter Vorträge und öffentlicher Vorträge der eigenen Kandidatinnen sehr bemüht um die Stimmen der Wählerinnen bei den Gemeindewahlen. Seit der Einführung des Frauenwahlrechts „traten die lokalen Protagonistinnen der Parteien in Frauenversammlungen auf und hielten Vorträge über die Bedeutung der kommunalen Wahlen“[67].

Die Untersuchung der Wahlbeteiligung der Karlsruherinnen an den Gemeindewahlen am 18. Mai 1919 macht deutlich, dass sich die Frauen nicht zwingen ließen, ihr neuerlangtes Wahlrecht als Wahlpflicht zu begreifen und bei jeder Wahl, an der sie teilnehmen durften, an die Wahlurnen zu strömen. Insbesondere in Arbeiterinnenkreisen, den potentiellen Wählerinnen der SPD, war die Wahlbeteiligung an diesem Sonntag im Mai sehr gering. Dies spiegelt das Wahlergebnis wider. Ebenso lässt sich das Bemühen der DDP um die Stimmen der Wählerinnen in dem guten Abschneiden der Demokraten bei diesen Wahlen wiederfinden.

Wirtschaftsordnung; vgl. die Ankündigung der Vorträge in Badische Presse vom 2.12.1918, S. 4.

62 Badische Presse vom 24.12.1918.

63 Ebd. vom 17.5.1919, S. 4. Brehms Vortrag ließ beim Verfasser des Berichts „die Freude aufkommen, daß es der neuen Zeit gelungen ist, solch treue deutsche Frauen zur Mitarbeit, auch auf dem Rathause, zu gewinnen“.

64 Volksfreund vom 25.2.1919, S. 4.

65 Ebd. vom 10.5.1919.

66 Chronik 1918/1919 (wie Anm. 11) S. 141. Vor den Wahlen am 19.1. fand am 13.1.1919 ein Vortrag der späteren Landtagsabgeordneten Maria Rigel statt, bei dem diese „Die Frauen und die deutsche Nationalversammlung“ thematisierte, Badischer Beobachter vom 14.1.1919, S. 2. Die Begrüßung der Mannheimer Sozialdemokratin fand durch Tilla Meyer-Kageneck statt.

67 Lisa Sterr, Aufbrüche, Einschnitte und Kontinuitäten – Karlsruher Frauen in der Weimarer Republik und im „Dritten Reich“, in: Asche (u.a.) (wie Anm. 3) S. 293–390, S. 295.

Vergleicht man die Zusammensetzung des letzten mit Zensuswahlrecht gewählten Stadtrats vor der Einführung des Frauenstimmrechts mit der Zusammensetzung des Stadtrats aus dem Jahr 1919 ergibt sich folgendes Bild:

Parteien	**Sitzverteilung im Stadtrat 1911–1919**	**Sitzverteilung im Stadtrat 1919**	**Davon Frauen im Stadtrat 1919**
Nationalliberale Partei (NLP)*	8	–	–
SPD	6	6	1 (ab 10.1919)
Fortschrittliche Volkspartei (FVP)*	4	–	–
Zentrum	4	6	1
DDP	–	7	1
DNVP	–	1	–
USPD	–	1	–
KPD	–	1	–

Die mit * gekennzeichneten Parteien waren 1918 in der Deutschen Volkspartei (NLP) bzw. der DDP (FVP) aufgegangen.

Das Zentrum profitierte damit neben dem linken Lager von der Einführung des allgemeinen Wahlrechts auf kommunaler Ebene.

Mit der Einführung des allgemeinen Wahlrechts und insbesondere des Frauenwahlrechts änderte sich in Karlsruhe nicht nur die Sitzverteilung der Parteien in der Stadtverordnetenversammlung und im Stadtrat. Erstmals zogen Frauen als ordentliche Mitglieder in die kommunalen Gremien der Stadt ein. Drei Stadträtinnen und zehn weibliche Stadtverordnete machten die Einführung des Wahlrechts für Frauen in der Zusammensetzung der Gremien sichtbar.

Den Kommunalpolitikern war die Wichtigkeit der Stimmen der Wählerinnen durchaus klar. Der Karlsruher SPD-Stadtrat Dr. Dietz (1866–1940) begründete das Interesse der Parteien an den Frauen im Dezember 1918 damit, „daß die Frauen heute eine politische Macht geworden sind“[68]. Wenn sich die Karlsruherinnen nicht von der allgemeinen Wahlmüdigkeit nach den zwei Wahlgängen im Januar 1919 hätten anstecken lassen, so hätte ihre politische Macht am 18. Mai 1919 sicherlich eindrucksvoller offenbart werden können.

Es bleibt zukünftigen Analysen vorbehalten zu untersuchen, ob und inwieweit die ersten Stadträtinnen Karlsruhes politikwirksam handeln und das passive Frauenwahlrecht in der Tagespolitik sichtbar machen konnten. Insbesondere die Frage, ob sich die Frauen fraktionsübergreifend vereinten, um ihren Forderungen

[68] Volksfreund vom 23.12.1918, S. 2.

vehementer Gehör verschaffen zu können, oder ob sie Einzelkämpferinnen innerhalb ihrer Fraktion blieben, böte einen geeigneten Ausgangspunkt zu weiteren Untersuchungen.

Wähler u. Wählerinnen der Stadt Karlsruhe!

Am Sonntag, den 18. Mai

sollen die **Stadtverordneten**, die **Bezirksräte** und die **Kreisabgeordneten** neu gewählt werden.

Die Wahlen erscheinen klein und bedeutungslos, verglichen mit den Geschehnissen der hohen Politik, die uns mit flammender Entrüstung über die Erdrosselungsabsichten der Feinde und mit banger Sorge um unseres Vaterlandes und unseres Volkes Zukunft erfüllen. Alle anderen Dinge, Gedanken, Wünsche und Hoffnungen müssen hinter diese Sorge weit zurücktreten.

Dennoch dürfen die Wahlen am 18. Mai die

Bürgerschaft Karlsruhes nicht lässig finden!

Denn auf der Arbeit der Gemeinde, des Bezirks und des Kreises baut sich die **Arbeit des Staates** auf. Und die Arbeit, die zur Wiedergesundung des Staates führen soll, muß bei der Gemeinde einsetzen.

Darum ist es in diesen schweren Tagen erst recht vornehmste

Bürgerpflicht,

sich an den Wahlen zu beteiligen.

„Wir wollen leben!“ ruft das deutsche Volk den raublüsternen Feinden in die Ohren. „Wir wollen leben!“ — darum arbeiten wir an der Wiederaufrichtung unseres schwergeprüften Vaterlandes, für das unser Herz in heißer Liebe schlägt.

Auch die Beteiligung an der Wahl am 18. Mai bedeutet ein

Bekenntnis zum deutschen Vaterland,

mehr noch:

eine vaterländische Pflichterfüllung

in Tagen schwerster Not!

Übt alle Euer Wahlrecht aus!

Gebt Mann für Mann und Frau für Frau die Stimmzettel der

Abb. 1: Wahlplakat zur Gemeinderatswahl der DDP von 1919. (Stadtarchiv Karlsruhe 8/PBS X 1351)

Der Weg zum Frauenwahlrecht – aus der Mannheimer Perspektive gesehen

Susanne Schlösser

Wann in Mannheim die Diskussion über das Frauenwahlrecht genau begonnen hat, lässt sich nicht eindeutig rekonstruieren. Sicher ist jedoch, dass 1906 das Jahr gewesen ist, in dem diese Thematik endgültig im öffentlichen Diskurs der Stadt angekommen und bis zur tatsächlichen Einführung des Frauenwahlrechts zwölf Jahre später auch nicht mehr daraus verschwunden ist. Deshalb ist es auch vorwiegend diese Zeitspanne, die im Nachfolgenden für Mannheim näher beleuchtet werden soll.

1. 1906: Drei Veranstaltungen – drei Haltungen zum Frauenwahlrecht

In der 1897 gegründeten Mannheimer Ortsgruppe des Vereins „Frauenbildung-Frauenstudium", über dessen Programm in der örtlichen Presse regelmäßig ausführlich berichtet wurde, fand am 12. Februar 1906 erstmals ein Vortrag statt, der sich dem Thema vorsichtig annäherte. Während das politische Frauenstimmrecht in der Einschätzung des Vereins noch in sehr weiter Ferne zu liegen schien, lag die Einführung des kirchlichen Stimmrechts eher im Bereich des Möglichen. Doch der Vortrag „Das kirchliche Wahlrecht der Frau", gehalten von der Vorsitzenden des evangelischen Frauenbundes, Paula Müller (1865–1946) aus Hannover, stieß in Mannheim nur auf wenig Interesse, wie der „General-Anzeiger" bedauernd berichtete, obwohl hoffnungsfroh der große Saal der Kasinogesellschaft für die Veranstaltung ausgewählt worden war und die Referentin den Eindruck hinterließ, dass sie „ihre ganze Kraft dem Dienste der von ihr vertretenen Sache widmet" [1]. Aber vielleicht war es der falsche Weg sich über ein Randthema dem „weitumstrittensten Punkt"[2] der Frauenbewegung, nämlich dem Frauenwahlrecht, anzunähern.

Denn die Veranstaltungen der im Mai 1906 ins Leben gerufenen Mannheimer Ortsgruppe des bereits seit 1902 bestehenden „Deutschen Vereins für das Frauenstimmrecht" fanden von Anfang an deutlich mehr Resonanz. Zum Einstieg sprach am 27. September 1906 Lida Gustava Heymann (1868–1943) – sie zählte zu den Mitbegründerinnen des deutschlandweiten Dachvereins und vertrat von Beginn an die Forderung nach dem allgemeinen und gleichen Wahlrecht, wie wir es heute kennen. In Mannheim rief sie vor allem die wohlhabenden Frauen dazu auf, sich dem Kampf um das Wahlrecht anzuschließen. Laut der Berichterstattung des

[1] Beiträge zur Frauenfrage, in: General-Anzeiger der Stadt Mannheim und Umgebung - Mannheimer Journal (im Folgenden: General-Anzeiger) vom 16.2.1906, Abendblatt, S. 2.

[2] Ankündigung des Vortrags „Das kirchliche Wahlrecht der Frau", in: General-Anzeiger vom 5.2.1906, Abendblatt, S. 3.

„General-Anzeigers" waren an diesem Abend zahlreiche Frauen und Männer anwesend und diese verabschiedeten am Ende einstimmig eine Resolution, „in der der Wunsch zum Ausdruck kam, daß diejenigen Frauen-Verbände, die sich dem Frauenstimmrecht gegenüber noch ablehnend verhalten, diese Forderung in ihr Programm aufnehmen möchten"[3].

Gemeint waren damit aber nur die bürgerlichen Frauenorganisationen. Der seit 1905 in Mannheim bestehende sozialdemokratische Frauenverein[4] war kein Adressat für diese Resolution. Das lag weniger daran, dass die Sozialdemokratische Partei Deutschlands (SPD) bereits 1891 die Forderung nach dem Frauenwahlrecht in ihr Parteiprogramm aufgenommen hatte, als an der Tatsache, dass die bürgerlichen und die Arbeiterfrauen sehr unterschiedliche Vorstellungen davon hatten, wie das Frauenwahlrecht aussehen sollte.

Dieser Unterschied wurde auch am 22. und 23. September 1906, also fast gleichzeitig mit der gerade besprochenen Veranstaltung, deutlich, als im Rahmen des in Mannheim abgehaltenen Reichsparteitags der SPD die 4. Konferenz sozialistischer Frauen stattfand. Dort hielt Clara Zetkin (1857–1933) ein Grundsatzreferat „Zur Frage des Frauenwahlrechts", in dem sie eine brillante Analyse der unterschiedlichen Haltungen ihrer Zeitgenossinnen zum Frauenwahlrecht lieferte und deutlich machte, was die bürgerliche von der proletarischen Forderung nach dem Frauenwahlrecht unterschied. Auch aus ihrer Sicht war eine Zusammenarbeit der proletarischen mit den bürgerlichen Frauen nicht möglich: „Die bürgerlichen Frauenrechtlerinnen wollen im öffentlichen Leben mitraten und mittaten, wollen am Ausbau der sozialen Reformen mitwirken, weil sie hoffen, dadurch die heutige bürgerliche Gesellschaftsordnung zu stützen und zu erhalten. Die Proletarierinnen dagegen wollen mittels des Wahlrechts nicht nur ihre ökonomischen und kulturellen Gegenwartsinteressen verteidigen, sondern auch für ihre teuersten Zukunftshoffnungen kämpfen. [...] Die politische Arbeit und der politische Kampf der proletarischen Frauen hat daher ein über die Gegenwart und ihre Reformierung hinausgehendes Ziel: den Sturz des Kapitalismus."[5]

Mit diesen drei Veranstaltungen des Jahres 1906 war der Rahmen gesetzt, in dem in Mannheim auch in den Folgejahren über das Frauenwahlrecht diskutiert wurde. Die proletarischen und die bürgerlichen Frauen fanden in diesem Punkt auch hier zu keiner Zusammenarbeit, sondern kämpften unabhängig voneinander um die Einführung des Frauenwahlrechts, über dessen Ausformung sie sehr unterschiedliche Vorstellungen hatten.

---

[3] Der Verein für Frauenstimmrecht Mannheim, in: General-Anzeiger vom 29.9.1906, Abendblatt, S. 1.

[4] Bereits zwischen 1892 und 1895 gab es erstmals einen „Verein sozialistischer Mädchen und Frauen", von dem aber nur wenig bekannt ist. Vgl. Christiane PFANZ-SPONAGEL, Vom Frauenverein zum Mandat. Frauen, Frauenbewegung und Politik im Rhein-Neckar-Raum 1890–1933, Ludwigshafen 2004, S. 24.

[5] Clara ZETKIN, Zur Frage des Frauenwahlrechts. Nach dem Referat auf der Konferenz Sozialistischer Frauen zu Mannheim, Berlin 1907, S. 12.

Das für uns heute selbstverständliche allgemeine, gleiche, sowohl aktive wie passive Wahlrecht, wie es 1918/19 schließlich eingeführt wurde, forderten in Mannheim ausdrücklich nur die Frauen der SPD, die damit Clara Zetkin folgten, die in der von ihr geleiteten Zeitschrift „Die Gleichheit" viele Jahre die Argumente für diese Forderungen lieferte.

Die bürgerliche Frauenbewegung in Mannheim ging nicht soweit. Sie ließ es weitgehend offen, wie genau das Frauenwahlrecht aussehen sollte, einigen der Beteiligten hätte es auch genügt, wenn das Dreiklassenwahlrecht für Frauen eingeführt worden wäre. Deshalb schloss sich die Mannheimer Ortsgruppe des „Vereins für das Frauenstimmrecht" später, während eines Richtungskampfes und einer damit einhergehenden Spaltung innerhalb der bürgerlichen Stimmrechtsbewegung, dem gemäßigten „Deutschen Verband für das Frauenstimmrecht" an und nicht dem radikaleren „Deutschen Stimmrechtsbund" von Lida Gustava Heymann und Anita Augspurg (1857–1943)[6].

Ansonsten sah der Mannheimer „Verein für das Frauenstimmrecht" seine Aufgabe vor allem darin, politische Bildung für die weibliche Bevölkerung anzubieten, damit die Frauen, wenn es je zum Frauenwahlrecht kommen sollte, für Entscheidungen im politischen Bereich vorbereitet seien. Das zeigt sich im Programm des Vereins ziemlich deutlich, in dem sich im Übrigen nicht nur Frauen, sondern auch zahlreiche Männer engagierten. Auch im Vorstand[7] waren beide Geschlechter vertreten: Neben der Vorsitzenden Selma Wolff-Jaffé[8] eine Lehrerin namens Reinmann[9], Rechtsanwalt Dr. Stern[10], Hauptlehrer Max Enderlin[11] sowie Rechtsanwalt

[6] Pfanz-Sponagel (wie Anm. 4) S. 117f.

[7] Vereinsnachrichten. Der Mannheimer Verein für das Frauenstimmrecht, in: General-Anzeiger vom 4.1.1908, S. 3.

[8] Selma Wolff-Jaffé, geboren am 31.8.1858 in Posen, kam mit Ehemann Louis (1851–1914), einem Kaufmann, und einem Sohn (geboren 1883 in Stettin) im Oktober 1885 nach Mannheim. Hier wurde 1887 noch eine Tochter geboren, die 1905 im Alter von 17 Jahren starb. Vor 1910 war Selma Wolf-Jaffé Mitglied der Freisinnigen Partei, dann gehörte sie der Freiheitlichen Volkspartei an. 1917 zog sie nach Heidelberg, wo sie ab 1919 für die SPD im Stadtrat saß. Gestorben ist sie um 1925 in Berlin, wo ihr Sohn lebte. MARCHIVUM Mannheim, Familienbogen Louis Wolff; Meldekarte Louis Wolff; Pfanz-Sponagel (wie Anm. 4) S. 139, Anm. 17.

[9] Der Vorname wird in der Zeitung nicht genannt, wahrscheinlich handelt es sich aber um Ella Reinmann, geboren am 22.10.1876 in Mannheim. Sie wurde 1940 nach Gurs deportiert und starb am 15.2.1942 im Lager Noé in Frankreich. MARCHIVUM Mannheim, Meldekarte Ella Reinmann; Dokumentation D 44: Schicksal der Mannheimer Juden in der NS-Zeit, Eintrag Ella Reinmann.

[10] Dr. Sally Stern, geboren am 22.1.1861 in Mannheim, war seit 1898 Stadtrat für die Freisinnige Partei. Er starb am 14.5.1923 in Mannheim. MARCHIVUM Mannheim, ZGS S 1/2331 – Dr. Sally Stern.

[11] Max Enderlin, geboren am 31.1.1872 in Bötzingen, lebte seit 1903 in Mannheim. In den 1920er Jahren wurde er als Reformpädagoge an der Feudenheim-Schule überregional bekannt. Er starb am 3.10.1940 in Mannheim. MARCHIVUM Mannheim, Meldekarte Max Enderlin; ZGS S 1/4347 – Max Enderlin.

Dr. Weingart[12]. Bis auf Enderlin waren alle Vorstandmitglieder jüdischer Herkunft. Nicht nur an dieser Stelle fällt auf, dass die Frauenwahlrechtsbewegung in Mannheim zu einem hohen Prozentsatz von jüdischen Frauen und Männern getragen wurde. Möglicherweise haben sich an diesem Punkt die emanzipatorischen Bestrebungen der Mannheimer Juden mit denen der Mannheimer Frauen getroffen. Forschungen gibt es zu dieser Vermutung bisher nicht und aus Zeitgründen konnten sie für diesen Aufsatz auch nicht durchgeführt werden.

Typisch für das Angebot des „Vereins für das Frauenstimmrecht" waren Vorträge wie zum Beispiel zum Thema „Die Reichstagswahl und die Frauen", der im Januar 1907 von Dr. Käthe Schirrmacher (1865–1930) aus Paris gehalten wurde. Auf deren Aufruf hin, dass sich bei der bevorstehenden Reichstagswahl die Frauen an der „praktischen Wahlarbeit", also der Mithilfe beim Wahlkampf, beteiligen sollten, erklärte die im Publikum anwesende Alice Bensheimer (1864–1935) für den Verein „Frauenbildung-Frauenstudium", dass dieser sich zwar nicht als politischer Verein verstünde, sondern lediglich die Erweiterung der Frauenbildung zum Ziel hätte, doch wolle sie ihren Verein zur Beteiligung an der praktischen Wahlarbeit aufrufen, „um dem großen Augenblick gerecht zu werden"[13]. Daraufhin wurde die Gründung eines Frauen-Wahlkomitees beschlossen, das aus Mitgliedern beider Vereine („Frauenstimmrecht" beziehungsweise „Frauenbildung-Frauenstudium") bestehen sollte. Ab diesem Moment begann auch der Verein „Frauenbildung-Frauenstudium" sich am Kampf um das Frauenwahlrecht zu beteiligen, was vorher so nicht der Fall gewesen war.

2. Rückblick 1899 – Vorschau 1910: Beteiligung von Frauen in den Kommissionen der Stadt Mannheim

Mit Alice Bensheimer[14] betrat hier eine Aktivistin die Bühne, die sich bereits seit vielen Jahren für die Rechte der Frau engagierte, nicht nur in Mannheim, sondern

[12] Wahrscheinlich handelt es sich um Dr. Eugen Weingart, geboren am 9.5.1868 in Mannheim. Er wurde 1940 nach Gurs deportiert, aber aufgrund französischer Fürsprache dort entlassen, weil er im August 1908 mit dem höchsten Grad des Ordens der Palmes Académiques ausgezeichnet und zum Officier de l'Instruction Publique ernannt worden war. Danach lebte er bei Grenoble und in der Schweiz und kehrte 1948 nach Mannheim zurück. Er starb am 12.7.1952 in seiner Geburtsstadt. MARCHIVUM Mannheim, Dokumentation D 44: Schicksal der Mannheimer Juden in der NS-Zeit, Eintrag Dr. Eugen Weingart; ZGS S 1/3095 – Dr. Eugen Weingart.

[13] Die Reichstagswahl und die Frauen, in: General-Anzeiger vom 15.1.1907, Mittagsblatt, S. 2; Druckfehlerberichtigung, in: General-Anzeiger vom 15.1.1907, Abendblatt, S. 3.

[14] Alice Bensheimer, geborene Coblentz, geboren am 6.5.1864 in Bingen, war eine Schwester von Ida Dehmel. 1885 heiratete sie den Mannheimer Verleger Julius Bensheimer, mit dem sie zwei Kinder hatte. Sie starb am 20.3.1935 in Mannheim. Zu ihrem vielfältigen politischen und frauenbewegten Engagement vgl. u.a. Karl Otto WATZINGER, Bensheimer, Alice, in: Badische Biographien, NF Bd. 3, Stuttgart 1990, S. 38–39; PFANZ-SPONAGEL (wie Anm. 4) S. 364f.; Sylvia SCHRAUT, Chancen und Grenzen kommunalen

auch überregional, unter anderem im „Bund Deutscher Frauenvereine" (BDF). Ihr war bereits 1899 etwas gelungen, was in Baden erst ab 1910 zur Regel wurde: Sie wurde zur Armenpflegerin ernannt und erstes weibliches Mitglied in der städtischen Armenkommission. Die Beteiligung von Frauen an der kommunalen Sozialarbeit war ein erster und wichtiger Schritt auf dem Weg zur politischen Gleichberechtigung. Das Land Baden war ein Vorreiter für diese Entwicklung und in Baden war es die Stadt Mannheim, wo sehr frühzeitig und zahlreich Frauen in die städtischen Kommissionen berufen wurden. So folgten 1904 Bertha Hirsch[15] als Mitglied der Schulkommission und 1905 Marie Tillessen[16] als weiteres Mitglied der Armenkommission.

Bis zum Jahr 1911 hatte sich die Zahl der Frauen in den städtischen Kommissionen vervielfacht, wie dem Verwaltungsbericht für dieses Jahr zu entnehmen ist. Es waren übrigens nicht nur bürgerliche Frauen, die hinzugezogen wurden, sondern auch Arbeiterfrauen. Und in diesem Zusammenhang fand dann auch eine Begegnung und wahrscheinlich auch eine Zusammenarbeit zwischen den beiden Gruppen statt, die auf anderen Ebenen nicht denkbar gewesen wäre.

Von insgesamt 33 städtischen Kommissionen waren im Jahr 1911 die folgenden 13 auch mit Frauen besetzt[17]:

1. Kommission für das Arbeitsamt: Fanny Boehringer[18], Lina Kehl[19]

Engagements der bürgerlichen Frauenbewegung im Wilhelminischen Kaiserreich: das Beispiel Alice Bensheimer (Mannheim), in: Ernst Otto Bräunche, (Hg.), Stadt und Demokratie, Ostfildern 2014, S. 179–194.

[15] Bertha Hirsch, geborene Eberstadt, geboren am 11.9.1850 in Worms, gestorben am 10.1.1913 in Mannheim, war die Ehefrau von Kaufmann Emil Hirsch (1840–1918). MARCHIVUM Mannheim, Meldekarte Emil Hirsch.

[16] Marie Tillessen, geboren am 19.10.1862 in Paderborn, gestorben am 1.3.1944 in Mannheim, war eine Tochter des Geheimen Rechnungsrats Wilhelm Tillessen (1815–1906), der seit 1872 mit seiner Familie in Mannheim lebte. Sie war unverheiratet und ohne Beruf, aber offensichtlich finanziell abgesichert, so dass sie sich zahlreichen karitativen und öffentlichen Aufgaben widmen konnte. MARCHIVUM Mannheim, Familienbogen Wilhelm Tillessen; Meldekarte Marie Tillessen.

[17] Verwaltungsbericht der badischen Hauptstadt Mannheim für das Jahr 1911, S. 28. f.

[18] Fanny (eigentlich Franziska) Boehringer, geborene Joerger, geboren am 21.12.1868 in Mannheim, gestorben am 30.11.1936 in Mannheim, war eine Tochter von Kommerzienrat Karl Joerger, der 1889 in Mannheim eine Volksküchenstiftung einrichtete. Im selben Jahr heiratete Fanny den Fabrikanten Ernst Boehringer (1860–1892), 1890 wurde eine Tochter geboren. Seit 1900 war sie eine der Leiterinnen der Rechtsschutzstelle für Frauen und Mädchen. Nach der Einführung des Führerscheins 1909 gehörte Fanny Boehringer zu den ersten Mannheimerinnen, die eine entsprechende Prüfung ablegten. Als Witwe brauchte sie dafür keine Erlaubnis des Ehemannes, wie das sonst der Fall war. MARCHIVUM Mannheim, Familienbogen Karl Joerger und Ernst Boehringer; Meldekarte Fanny Boehringer; Ordnungsamt Zug. 4/2018, Nr. 00002.

[19] Lina Kehl, geborene Heck, geboren am 30.8.1872 in Assamstadt/Franken, gestorben am 26.6.1945 in Mannheim, war mit Franz Xaver Kehl (1869–1944), dem Geschäftsführer des Malerverbandes Mannheim, verheiratet und hatte eine 1901 geborene Tochter. Die Familie lebte seit 1905 in Mannheim, wo sie sich sofort in der gerade gegründeten sozialdemokratischen Frauengruppe engagierte. 1919 wurde sie in den Bürgerausschuss ge-

2. Armenkommission: Alice Bensheimer, Marie Tillessen, Therese Blase[20]
3. Handelsschulrat für Handelsfortbildungsschule: Bertha Hirsch
4. Krankenhauskommission: Marie Engelhorn[21], Josefine Gießler[22], Lina Kehl
5. Ortsgesundheitsrat: Emma Kromer[23], Selma Wolff-Jaffé
6. Schulkommission für die Volksschule: Hauptlehrerin Eugenie Kohl[24], Hedwig Schott[25], Frau Hoffmann[26]
7. Stiftungskommission: Leontine Simon[27]

---

wählt. MARCHIVUM Mannheim, Meldekarte Franz Xaver Kehl; PFANZ-SPONAGEL (wie Anm. 4) S. 24.

[20] Therese Blase, geborene Knauf, geboren am 6.5.1873 in Craula/Thüringen, gestorben am 2.5.1930 in Mannheim, war mit dem Kupferschmied Heinrich Blase (1865–1945) verheiratet, mit dem sie drei Kinder hatte. 1903 zog die Familie nach Mannheim. Therese Blase war von 1919 bis 1930 SPD-Abgeordnete im badischen Landtag. Susanne SCHLÖSSER, Blase, Therese, in: Badische Biographien, NF Bd. 6, Stuttgart 2011, S. 31–32.

[21] Marie Engelhorn, geborene Joerger, geboren am 7.5.1866 in Mannheim, war eine weitere Tochter von Kommerzienrat Karl Joerger und also eine Schwester von Fanny Boehringer. Seit 1885 war sie mit dem Fabrikanten und Kommerzienrat Dr. Friedrich August Engelhorn (1855–1911) verheiratet, mit dem sie vier Söhne hatte. MARCHIVUM Mannheim, Familienbogen Karl Joerger, Meldekarte Friedrich August Engelhorn.

[22] Josefine Gießler, geborene Faller, geboren am 14.3.1864 in Lenzkirch, war die Ehefrau von Amtsgerichtsdirektor Joseph Gießler (geboren 1854), mit dem sie vier Söhne hatte. Die Familie lebte von 1904 bis 1915 in Mannheim. MARCHIVUM Mannheim, Meldekarte Joseph Gießler.

[23] Emma Kromer, geborene Brauch, geboren am 15.2.1874 in Frankfurt a. M., gestorben im Juni 1947 in Ziegelhausen, war die Ehefrau des Hofopernsängers Joachim Kromer (1861–1939), der von 1895 bis 1922 am Mannheimer Nationaltheater engagiert war. Sie war ab 1915 Gründungsvorsitzende des „Mannheimer Hausfrauenbundes“ (später dessen Ehrenvorsitzende), außerdem Vorstandsmitglied im „Reichsverband deutscher Hausfrauenvereine“ und seit 1921 Mitglied des Verwaltungsrats der Reichsanstalt für Arbeitsvermittlung. MARCHIVUM Mannheim, Meldekarte Joachim Kromer; ZGS S 1/1773: Kromer, Emma; PFANZ-SPONAGEL (wie Anm. 4) S. 64–74.

[24] Eugenie Kohl, geboren am 1.4.1867 in Mannheim, war eine Tochter des Juweliers Wilhelm Kohl (1832–1905). Sie unterrichtete an einer Volksschule in der Innenstadt, wo genau ließ sich leider nicht ermitteln. MARCHIVUM Mannheim, Familienbogen Wilhelm Kohl; Meldekarte Eugenie Kohl; Mannheimer Adressbuch 1907, S. 756.

[25] Hedwig Schott, geborene Thorade, geboren am 23.4.1874 in Oldenburg, gestorben am 4.1.1939 in Mannheim, war die Ehefrau von Prof. Sigmund Schott (1868–1953), dem Leiter des Statistischen Amtes der Stadt Mannheim von 1897 bis 1934, mit dem sie zwei Söhne hatte. MARCHIVUM Mannheim, Meldekarte Sigmund Schott.

[26] Wahrscheinlich handelt es sich um Stephanie Hoffmann, die erste Leiterin der SPD-Frauengruppe; PFANZ-SPONAGEL (wie Anm. 4) S. 24.

[27] Leontine Simon, geborene Salomon, war am 7.10.1860 in Mainz geboren. Sie heiratete 1882 den Kaufmann David Simon (1851–1923), der bereits 1878 von Mainz nach Mannheim umgezogen war. Das Ehepaar hatte drei Söhne. Leontine Simon war die Gründerin des Arbeitsheims für badische Blinde und leitete ab 1900 zusammen mit Fanny Boehringer die Rechtsschutzstelle für Frauen und Mädchen. Sie war Mitglied im nationalliberalen Frauenverein und nach 1919 Mitglied der DVP. 1930 zu ihrem 70. Geburtstag noch hoch geehrt, sah sich sie als Jüdin nach 1933 zunehmend Repressionen ausgesetzt und verzog wahrscheinlich deshalb 1936 nach Wien, danach verliert sich ihre Spur. MARCHIVUM

8. Meß-, Markt- und Verbrauchssteuerkommission: Bertha Sickinger[28]
9. Park- und Anlagenkommission: Elisabeth Blaustein[29]
10. Kommission für Verabreichung von Frühstück und Unterrichtsmaterialien an Volksschüler: Lise Lenel[30], Clara Pfliegner[31], Maria Rigel[32]
11. Kommission für das Viktor-Lenel-Stift: Oberin Marie Zentmayer[33]

Mannheim, Familienbogen David Simon; Meldekarte David Simon; ZGS S 1/2207: Simon, Leontine.

[28] Bertha Sickinger, geborene Römhildt, geboren am 20.9.1860 in Karlsruhe, war die Ehefrau von Professor Anton Sickinger (1858–1930), der sich als Schulreformer und Begründer des Mannheimer Schulsystems einen Namen gemacht hatte. Die Familie mit 2 Kindern lebte seit 1895 in Mannheim und verzog in den 1920er Jahren nach Oberstdorf. MARCHIVUM Mannheim, Familienbogen Anton Sickinger; Meldekarte Anton Sickinger.

[29] Elisabeth Blaustein, geborene Hitze de Waal, geboren am 30.1.1884 in Mannheim, gestorben am 2.4.1942 in Mannheim, war bis zu ihrer Verheiratung mit Arthur Blaustein (1878–1942), dem Syndikus der Mannheimer Handelskammer, Lehrerin. 1907, im Jahr ihrer Eheschließung, als sie ihren Beruf aufgeben musste, gründete sie den Mannheimer Ortsverband des Bundes für Mutterschutz, den Verein „Zum Schutze lediger Mütter". Als langjährige Vorsitzende dieses Vereins setzte sie sich intensiv mit der schwierigen Lage lediger Mütter auseinander und forderte in den 1920er Jahren die Abschaffung des § 218. MARCHIVUM Mannheim, Meldekarte Arthur Blaustein; S 1/2782: Blaustein, Elisabeth; Sabine HEISSLER, „Stets hab ich mir ein nahes Ziel gewählt, doch hat ein fernes mich dazu beseelt". Sexualreform, der Bund für Mutterschutz und der Kampf gegen den § 218 von 1907 bis 1933, in: Stadt ohne Frauen, hg. von der Frauenbeauftragen der Stadt Mannheim, Mannheim 1993, S. 185–200.

[30] Lise (eigentlich Luise) Lenel, geborene Levy, geboren am 20.3.1854 in Breslau, gestorben am 13.12.1915 in Mannheim, war seit 1875 die Ehefrau des Mannheimer Kaufmanns Alfred Lenel (1841–1918), mit dem sie zwei Töchter hatte. Sie stand 26 Jahre lang den drei Volksküchen in Mannheim vor und war Gründungs- und Vorstandsmitglied des Vereins „Frauenbildung-Frauenstudium". MARCHIVUM Mannheim, Familienbogen Alfred Lenel; Meldekarte Alfred Lenel; ZGS S 1/1692: Lenel, Lise.

[31] Clara Pfliegner, geborene Engert, geboren am 21.1.1860 in Breslau, gestorben am 25.4.1936 in Mannheim, war die Ehefrau von Johann Franz Josef Pfliegner (1858–1915), einem Gewerkschaftsmitarbeiter. Die Familie (das Paar hatte einen Sohn) lebte seit 1907 in Mannheim. MARCHIVUM Mannheim, Meldekarte Johann Franz Josef Pfliegner.

[32] Die Lehrerin Maria Rigel, geboren am 11.9.1869 in Adelsheim, gestorben am 10.9.1937 in Konstanz, kam 1896 nach Mannheim und unterrichtete zunächst an der Hildaschule. 1926 wurde sie die erste Frau, die in Mannheim als Rektorin die Leitung einer Schule, der K 5-Mädchenschule, übernahm. Nach der Einführung des Frauenwahlrechts wurde sie 1919 sowohl in die Mannheimer Stadtverordnetenversammlung als auch in die Badische Nationalversammlung gewählt. Bis 1933 war sie ohne Unterbrechung Landtagsabgeordnete für ihre Partei, das Zentrum. MARCHIVUM Mannheim, ZGS S1/2214: Rigel, Maria; Konrad EXNER, Maria Rigel – Mannheimer Abgeordnete im badischen Landtag nach Einführung des Frauenwahlrechts 1919, in: Badische Heimat 1 (2007), S. 133–139.

[33] Marie Zentmayer, geboren am 15.12.1874 in Worms, war ausgebildete Volksschullehrerin. Sie galt als treibende Kraft für die Errichtung des Viktor-Lenel-Stifts in Neckargemünd, einem Kindererholungsheim für Mannheimer Kinder, dessen Leitung sie ab dessen Eröffnung im Mai 1911 als Oberin übernahm und über 40 Jahre lang ausübte. Gestiftet wurde das Heim von Kommerzienrat Viktor Lenel (1838–1917) anlässlich seines 70. Ge-

12. Wohnungs-Untersuchungs-Kommission, Wohnungspflegerinnen:
    1. Bezirk: Therese Cronauer[34]
    2. Bezirk: Barbara Hauser[35]
    3. Bezirk: Emma Kromer und Helene Mössinger[36]
    4. Bezirk: Elise Witzigmann[37]
    5. Bezirk: Elisabeth Post[38]
    6. Bezirk: Hedwig Schott
    7. Bezirk: Wilhelmine Ramsperger[39]
    8. Bezirk: Anna Bühler[40], Anna Goetter[41]
    9. Bezirk: Alice Bensheimer
    10. Bezirk: Bernhardine Dornheim[42]
    11. Bezirk: Elisabeth Altmann-Gottheiner[43]

---

burtstags 1908. Marie Zentmayer starb am 12.4.1954 in Neckargemünd. MARCHIVUM Mannheim, Meldekarte Marie Zentmayer; ZGS S2/0029: Viktor-Lenel-Stift.

34 Therese Cronauer, geborene Riesser, geboren am 13.12.1845 in Rülzheim/Pfalz, war verheiratet mit dem Lehrer Friedrich Cronauer. Bereits verwitwet zog sie 1877 mit ihren beiden Töchtern nach Mannheim. Sie starb dort am 30.12.1918. MARCHIVUM Mannheim, Familienbogen Therese Cornauer; Meldekarte Therese Cornauer.

35 Genauere Angaben zu Barbara Hauser konnten nicht ermittelt werden.

36 Genauere Angaben zu Helene Mössinger konnten nicht ermittelt werden.

37 Elise Witzigmann, geborene Hoffmann, geboren am 13.8.1857 in Speyer, war seit 1879 mit dem Agenten Julius Witzigmann (1849–1902) verheiratet und hatte zwei Söhne. Sie starb am 11.6.1936 in Mannheim. MARCHIVUM Mannheim, Familienbogen Julius Witzigmann; Meldekarte Julius Witzigmann.

38 Elisabeth Post, geborene Nagel, geboren am 20.12.1868 in Hamburg, war seit 1887 mit dem Versicherungsdirektor Richard Post (geboren 1852) verheiratet und hatte zwei Töchter. 1919 verzogen die Eheleute nach Heppenheim/Bergstraße. MARCHIVUM Mannheim, Familienbogen Richard Post; Meldekarte Richard Post.

39 Genauere Angaben zu Wilhelmine Ramsperger konnten nicht ermittelt werden.

40 Genauere Angaben zu Anna Bühler konnten nicht ermittelt werden.

41 Anna Goetter, geborene Maier, geboren am 31.8.1867 in Heilbronn, war seit 1889 verheiratet mit dem Kaufmann Adolf Goetter (1853–1931), mit dem sie zwei Kinder hatte. Am 22.10.1940 wurde sie nach Gurs in Frankreich deportiert. Von dort gelang es ihr 1941 zunächst nach Trinidad und dann in die USA zu emigrieren. Sie starb am 9.6.1953 in New York City. MARCHIVUM Mannheim, Familienbogen Adolf Götter; Meldekarte Adolf Götter; D 44 Schicksal der Mannheimer Juden in der NS-Zeit, Eintrag Anna Goetter.

42 Bernhardine Dornheim, geborene Kühn, geboren am 20.8.1860 in Steinbach/Baden, war verheiratet mit Professor Otto Dornheim (1852–1929), mit dem sie einen Sohn hatte. Die Familie kam 1885 nach Mannheim. Nach dem Tod ihres Mannes verzog sie nach Heidelberg. MARCHIVUM Mannheim, Familienbogen Otto Dornheim; Meldekarte Otto Dornheim.

43 Elisabeth Altmann-Gottheiner wurde am 26.3.1874 in Berlin geboren. Sie studierte in London und Berlin und promovierte 1903 Zürich. 1906 heiratete sie Sally Altmann, Dozent, später Professor für politische Ökonomie, der im Wintersemester 1907/08 an die Handelshochschule Mannheim berufen wurde. Elisabeth Altmann-Gottheiner erhielt ebenfalls an der Handelshochschule eine Anstellung als Lehrkraft für einzelne Vorlesungen. Sie ist damit eine der ersten Hochschuldozentinnen Deutschlands und erste Professorin Mannheims. Sie war führendes Mitglied im BDF sowie im Mannheimer Ver-

12. Bezirk: Elisabeth Post, Elise Witzigmann
13. Bezirk: Minna Moericke[44]

13. Kommissionen für Mittel- und Fachschulen (für elf Schulen, nur bei 5 waren Frauen beteiligt):
    1. Elisabethschule: Ida Katz[45], Barbara Hauser
    2. Kochschule für Frauen und Mädchen: Bernhardine Dornheim, Elisabeth von Hollander[46], Lise Lenel, Elise Witzigmann
    3. Lessingschule: Anna Bassermann[47]
    4. Liselotteschule: Julie Bassermann[48], Elisabeth Post
    5. Realgymnasium: Fanny Boehringer

---

ein „Frauenbildung-Frauenstudium" und Mitbegründerin der 1916 eingerichteten Sozialen Frauenschule. Während des Ersten Weltkrieges engagierte sie sich stark in der Kriegsfürsorge. Elisabeth Altmann-Gottheiner starb am 21.10.1930 in Mannheim. Rosemarie GÜNTHER, Eine vorbildliche Netzwerkerin. Elisabeth Altmann-Gottheiner (1874–1930), in: Mannheimer Geschichtsblätter, NF. 20 (2010), S. 21–34. PFANZ-SPONAGEL (wie Anm. 4) S. 360f.

[44] Minna (eigentlich Elisabeth) Moericke, geborene Döll, geboren am 23.10.1880 in Karlsruhe, heiratete 1907 Stadtrechtsrat Dr. Otto Moericke (1880–1965), mit dem sie fünf Kinder hatte. 1917 verzog die Familie nach Speyer, wo Otto Moericke zum Bürgermeister gewählt worden war. Minna Moericke starb 1950. MARCHIVUM Mannheim, Meldekarte Otto Moericke; Nachlass Otto Moericke, Zug. 35/2014.

[45] Ida Katz, geborene Reif, geboren 13.12.1862 in Stuttgart, gestorben 24.2.1940 in Mannheim, war mit dem Rechtsanwalt Robert Katz (geboren 1860) verheiratet, lebte seit 1884 in Mannheim, wo ihre drei Söhne geboren wurden. Ihr Mann wurde am 22.10.1940 nach Gurs deportiert, wo sich seine Spur verliert. MARCHIVUM Mannheim, Familienbogen Robert Katz; Meldekarte Robert Katz; D 44 Schicksal der Mannheimer Juden in der NS-Zeit, Eintrag Robert Katz.

[46] Elisabeth von Hollander, geborene von Hollander, wurde am 28.7.1860 in Riga geboren. Sie war verheiratet mit Eduard von Hollander (1852–1935), mit dem sie einen Sohn hatte. 1898 kam die Familie nach Mannheim als Eduard von Hollander zum 3. Bürgermeister gewählt wurde. Elisabeth von Hollander starb 1934. MARCHIVUM Mannheim, Familienbogen Eduard von Hollander; Meldekarte Eduard von Hollander; ZGS S1/1608: Eduard von Hollander.

[47] Anna Bassermann, geborene Weyland, geboren am 15.12.1857 in Darmstadt, war seit 1876 mit Rudolf Bassermann (1850–1910) verheiratet, der aus der bekannten Mannheimer Kaufmannsfamilie stammte. Sie hatte zwei Söhne. Anna Bassermann starb am 22.12.1938. MARCHIVUM Mannheim, Familienbogen Rudolf Bassermann; Meldekarte Rudolf Bassermann.

[48] Julie Bassermann, geborene Ladenburg, geboren am 2.3.1860 in Mannheim, gestorben am 18.9.1940 in Mannheim, stammte aus einer alteingesessen jüdischen Bankiersfamilie, ihre Mutter Ida Ladenburg (1840–1928) war Vorsitzende des Mannheimer Frauenvereins. Julie Bassermann war mit Ernst Bassermann (1854–1917) verheiratet, mit dem sie 3 Kinder hatte. Ihr Ehemann war Stadtrat und Reichstagsabgeordneter der Nationalliberalen Partei. Julie Bassermann engagierte sich im BDF, im „Badischen Verband für Frauenbestrebungen", war von 1901–1933 Vorsitzende des Vereins „Frauenbildung-Frauenstudium" Ortsverband Mannheim und von 1919–1923 Mitglied im Bürgerausschuss. MARCHIVUM Mannheim, ZGS S1/1055: Bassermann, Ernst; PFANZ-SPONAGEL (wie Anm. 4) S. 362.

Zum 300-jährigen Stadtjubiläum 1907 richtete Alice Bensheimer in der „Neuen Badischen Landeszeitung“ einen bemerkenswerten Glückwusch an die Quadratestadt, der sich genau auf die weibliche Mitarbeit in den städtischen Kommissionen bezog: „Mannheim – Jubelstadt – ich soll dir einen Wunsch sagen. Nun denn, du hast das Verlangen der Zeit verstanden, du hast deinen Mädchen gewährt, mitzuwirken im Kampf gegen Armut und Elend, Beschränktheit und Unwissenheit. Freimütiger als andere Städte hast du diesen arbeitsfrohen Frauen zugebilligt, den Männern gleichgeordnet zu wirken, nicht untergeordnet. Laß dies meinen Wunsch sein: Nutze weiter die von deinen Frauen dir dargebrachte Arbeitskraft! Sieh in ihnen nicht nur Mütter des Hauses, sieh in ihnen auch Mütter der Stadt! Doppelt wirst du gedeihen, du Jubelstadt, wenn dich Männer und Frauen hüten und pflegen!“[49] Auch in ihrem 1908 erschienenen Aufsatz „Die Frau im Dienste der Gemeinde“[50] schildert Alice Bensheimer, wie in Mannheim Frauen Zutritt zu den Kommissionen erhalten haben, die – nach Bensheimers Meinung – deren Mitarbeit „geradezu bedürfen“[51].

Der Boden in Mannheim war also schon gut vorbereitet für den nächsten Meilenstein in Richtung Frauenwahlrecht.

3. 1908: Frauen dürfen Parteimitglieder werden

Am 15. Mai 1908 trat das Reichsvereinsgesetz in Kraft, das Frauen in allen deutschen Ländern erlaubte, politische Organisationen zu gründen und Mitglieder von solchen zu werden. In Baden war das theoretisch schon seit 1851 erlaubt, als das sehr liberale badische Vereinsgesetz erlassen worden war. Doch faktisch spielt dieses Gesetz für die Partizipation von Frauen bis 1908 nur eine sehr ungeordnete Rolle. Bei der SPD traten zwar bereits 1906 die mehr als 300 Mitglieder des „Sozialdemokratischen Frauenvereins“ der Partei bei und die Nationalsoziale Partei in Baden gewährte etwa seit 1904 Frauen die Parteimitgliedschaft und auch die Freisinnige Partei ließ zu dieser Zeit bereits Frauen in ihren Reihen zu. Bei allen anderen Parteien konnten Frauen vor 1908 bestenfalls inoffiziell mitarbeiten. Insofern war das Reichsvereinsgesetz ein wichtiger Schritt für die staatsbürgerliche Gleichberechtigung der Frauen.

In Mannheim, das neben Berlin und Hamburg ein Zentrum der bürgerlichen Frauenbewegung genannt werden kann, zögerten die führenden Frauenrechtlerinnen der Stadt nicht, die neue Chance zu ergreifen und Parteien beizutreten. Die meisten fühlten sich gut bei den liberalen Parteien aufgehoben. So gehörten Elisabeth Altmann-Gottheiner, Alice Bensheimer und Selma Wolff-Jaffé

[49] Neue Badische Landeszeitung, Unser Mannheim. Gedenkblatt zum dreihundertjährigen Jubiläum der Stadt vom 31.5.1907, S. 2

[50] Alice Bensheimer, Die Frau im Dienste der Gemeinde, in: Die Frau 15 (1908) Heft 4, S. 193–199.

[51] Ebd., S. 196.

der 1910 entstandenen Fortschrittlichen Volkspartei[52] an, die offen für weibliche Beteiligung war. Die Nationalliberale Partei lehnte auch noch nach 1908 an vielen Orten Frauen als Mitglieder ab. In der Mannheimer Ortsgruppe war allerdings eine Mitgliedschaft möglich und so traten Marie Bernays[53] und Julie Bassermann dieser Partei bei. Vielleicht war letztere als Ehefrau von Ernst Bassermann, des reichsweiten Parteivorsitzenden der Nationalliberalen, nicht ganz ohne Einfluss darauf, dass sich die Partei zumindest in Baden den Frauen öffnete, auch wenn sie die Forderung nach dem Frauenwahlrecht noch nicht unterstützte, was im Übrigen auch für die liberalen Parteien galt[54]. Erst 1912 erreichten es die weiblichen Mitglieder der Fortschrittlichen Volkspartei auf deren Parteitag in Mannheim, dass eine Resolution verabschiedet wurde, in der alle Mitglieder aufgefordert wurden, den Kampf der Frauen um politische Gleichberechtigung mitzutragen[55].

Wie es seiner selbst gewählten Aufgabe entsprach, fand im „Verein für das Frauenstimmrecht" am 7. Februar 1908 eine Informationsveranstaltung zu dem bevorstehenden Reichsvereinsgesetz statt. Margarethe von Gottberg aus Stuttgart sprach über die „Stellung der politischen Parteien zu der Frauenbewegung", um den Frauen mit diesem Überblick über alle Parteien Entscheidungshilfen zu geben, welcher sie sich vielleicht anschließen wollten[56]. Die Idee, reine Frauenparteien zu gründen, wurde in dem Vortrag als unzweckmäßig verworfen, „dagegen sei von dem Eintritt der Frauen in die bestehenden Parteien ein allgemeiner anregender fortschrittlicher Einfluß im Sinne einer Milderung der schroffen Gegensätze und veralteten Vorurteile auf manchen Gebieten zu erhoffen"[57]. Zugleich wurde von der Mannheimer Ortsgruppe des Vereins betont, dass sie politische Neutralität übe und keine Empfehlungen abgeben werde, welche Parteien zu bevorzugen seien.

In der SPD kristallisierte sich in Mannheim zu dieser Zeit Therese Blase als die Frau heraus, die sich in der Partei durchsetzen konnte. Sie leitete seit 1907 die Frauengruppe und hatte keine Scheu vor öffentlichen Auftritten. Schon bei den Feiern zum 1. Mai 1905 hielt sie im Saalbau eine engagierte Ansprache, in der sie die anwesenden Frauen zum Beitritt in die SPD-Frauengruppe aufforderte, „damit

---

[52] Sie entstand aus einer Fusion der Freisinngen Vereinigung, der Freisinnigen Volkspartei und der DVP.

[53] Marie Bernays, geboren am 13.5.1883 in München, legte 1904 am Humanistischen Gymnasium in Heidelberg ihre Reifeprüfung ab. Danach studierte sie von 1906–1908 an der Universität Heidelberg Nationalökonomie und promovierte dort 1910. Seit 1915 lebte sie in Mannheim. Von 1921 bis 1925 war sie für den Wahlkreis Mannheim Mitglied des Landtages für die DVP. Sie war Mitbegründerin der Sozialen Frauenschule in Mannheim und leitete diese vom Beginn des Jahres 1916 an. Aufgrund ihrer jüdischen Abstammung wurde sie 1933 von den Nationalsozialisten von ihrem Amt suspendiert. Sie zog sich nach Beuron zurück und starb dort am 22.4.1939. Auf ihren Wunsch hin wurde ihr schriftlicher Nachlass verbrannt. PFANZ-SPONAGEL (wie Anm. 4) S. 365.

[54] Zu dem gesamten Abschnitt ebd., S. 136 f.

[55] Ebd., S. 117.

[56] Zu Margarethe Gottberg vgl. den Beitrag von Corinna Schneider in diesem Band.

[57] Verein für Frauenstimmrecht, in: General-Anzeiger vom 8.2.1908, Mittagsblatt, S. 2.

endlich auch die Frauen in der Lage seien [...] um die Erringung der Menschenrechte zu kämpfen“[58]. 1910 und 1911 war sie Delegierte auf Parteitagen der SPD und 1912 wurde sie als erste Frau Mitglied des badischen Landesvorstandes ihrer Partei[59]. Kein Wunder also, dass sie auch beim ersten Internationalen Frauentag in Mannheim eine Rolle spielte.

4. 1911: Der erste Internationale Frauentag in Mannheim

Am 19. März 1911 fand in Europa erstmals der Internationale Frauentag statt. Neben Deutschland beteiligten sich die Staaten Bulgarien, Österreich-Ungarn, die Schweiz und Dänemark, also noch eine sehr überschaubare Anzahl. Der Internationale Frauentag hat seine Wurzeln in der amerikanischen Arbeiterbewegung und die Idee war, dass die Frauen selbst um ihre Rechte und um ihre gleichberechtigte Stellung in der Gesellschaft kämpfen sollten. In Deutschland war es wiederum Clara Zetkin, die ihr Möglichstes tat, damit dieser Tag 1911 begangen werden konnte[60].

Die bürgerlichen Frauen taten sich lange sehr schwer mit diesem Tag. Umgekehrt wollten die führenden Arbeiterfrauen auch nicht unbedingt, dass sich die bürgerlichen Frauen an „ihrem“ Tag beteiligten. Und so kam es, dass es in Mannheim im März 1911 innerhalb von fünf Tagen zwei Frauenveranstaltungen gab – eine der SPD-Frauen zum Internationalen Frauentag und eine Gegenveranstaltung des „Vereins für Frauenstimmrecht“, denn die Forderung des ersten Internationalen Frauentages lautete zeitgemäß „Heraus mit dem Frauenwahlrecht“.

Im großen Saal des Mannheimer Gewerkschaftshauses traten am 19. März 1911 Clara Zetkin selbst und Therese Blase vor das Publikum. Von diesem Ereignis ist nur ein Bericht des bürgerlichen „General-Anzeigers“ erhalten und so erklären sich die kleinen Spitzen in der Berichterstattung, wie zum Beispiel der Satz: „Daß die Rednerin von der bürgerlichen Frauenbewegung nichts wissen will, versteht sich am Rande.“[61] Leider ist die sozialdemokratische Zeitung „Volksstimme“ aus dieser Zeit nicht mehr erhalten, es wäre sicher interessant gewesen, zu vergleichen, wie dort über die Veranstaltung berichtet wurde. Offen bleibt die Frage, warum Clara Zetkin, die Initiatorin dieses ersten Internationalen Frauentags, an diesem für sie sicher sehr wichtigen Datum nach Mannheim kam und nicht in Stuttgart, wo sie lebte, oder sogar in Berlin aufgetreten ist. Darüber waren keine verlässlichen Angaben zu finden, so dass nur darüber spekuliert werden kann: Mannheim war auch

---

[58] Zitiert nach: Therese Blase. Vorkämpferin für Frauenrechte, in: Hans-Joachim Hirsch/ Walter Spannagel, (Bearb.), 24 Köpfe der Arbeiterbewegung in Mannheim, Mannheim 2013, S. 23.

[59] Schlösser (wie Anm. 20).

[60] Vgl. den Beitrag von Mascha Riepl-Schmidt in diesem Band.

[61] Sozialdemokratischer Frauentag, in: General-Anzeiger vom 20.3.1911, Mittagsblatt, S. 3.

für die sozialistische Frauenbewegung ein wichtiges Zentrum in Südwestdeutschland und vielleicht wollte Clara Zetkin das mit ihrer Anwesenheit demonstrieren.

Fünf Tage später, am 24. März 1911, sprach dann die Vorsitzende des „Badischen Vereins für Frauenstimmrecht", die Konstanzer Lehrerin Helene Schieß, in einer „Propagandaversammlung" zum Thema „Warum fordern wir das Frauenwahlrecht?" bei der Ortsgruppe ihres Vereins. Leider ist nicht überliefert, was genau sie an diesem Tag ausführte und ob sie sich direkt auf den Internationalen Frauentag bezog oder nur allgemein die Forderungen der bürgerlichen Frauenbewegung darlegte[62]. In der weiteren Entwicklung der Mannheimer Ortsgruppe des „Vereins für das Frauenstimmrecht" ist festzustellen, dass sie nach dem Kriegsbeginn 1914 zunächst die Arbeit an der „Heimatfront" in den Mittelpunkt der Aufmerksamkeit rückte, erst gegen Ende des Krieges wurde das Frauenstimmrecht wieder zum zentralen Thema der Vereinsarbeit.

Wie es in Mannheim mit dem Internationalen Frauentag bis 1918 weiterging, ist bisher unklar. Trotz intensiver Suche waren keine weiteren Hinweise zu finden, ob und wie dieser Tag in den nachfolgenden Jahren hier begangen wurde. Die bürgerliche Presse schweigt, die sozialdemokratische ist nicht erhalten und auch andere Quellen konnten bisher nicht ausgemacht werden.

5. 1918/1919: Am Ziel – das Frauenwahlrecht wird eingeführt

Wie schon erwähnt, wurde die Forderung nach dem Frauenwahlrecht mit dem Beginn des Ersten Weltkriegs auf breiter Front erst einmal zurückgestellt. Selbst die badische SPD nahm 1917 diese Forderung nicht in ihr Aktionsprogramm auf, weil sie die „Frauenfrage" damals für zweitrangig hielt. Die Mannheimerin Therese Blase – noch immer die einzige Frau im Landesvorstand – wurde daraufhin von der sozialdemokratischen Frauenzeitschrift „Die Gleichheit" sehr dafür gerügt, dass sie sich offensichtlich nicht genug für die Rechte der Frauen eingesetzt habe[63].

Erst im Laufe des Jahres 1918 fanden auch in Mannheim wieder Aktionen zum Frauenwahlrecht statt. Am 22. Februar 1918 versammelte sich im Saal der Mannheimer Liedertafel die nationalliberale Frauengruppe der Stadt, die von Julie Bassermann geleitet wurde. „Die Versammlung [...] war die erste, wird aber, so hoffen wir nach dem interessanten Verlauf, nicht die letzte gewesen sein"[64], berichtete der „General-Anzeiger" am Folgetag. Julie Bassermann erinnerte in ihren einführenden Worten daran, welche tüchtigen Leistungen die Frauen in den vergangenen Kriegsjahren in allen Bereichen erbracht hätten und dass sie sich nicht vorstellen könne, dass diese Tüchtigkeit nach dem Kriegsende nicht ebenso gebraucht werden würde. Im anschließenden Referat von Camilla Jellinek aus Heidel-

[62] Pfanz-Sponagel (wie Anm. 4) S. 122f.
[63] Ebd., S. 126.
[64] Nationalliberale Frauenversammlung, in: General-Anzeiger vom 23.2.1918, Mittagsausgabe, S. 3.

berg über das „Gemeindewahlrecht", stellte die Rednerin fest, dass in den vergangenen Jahren in vielen Ländern das Frauenwahlrecht eingeführt worden sei. Aber in „Deutschland ist es, [...], mit den staatsbürgerlichen Rechten der Frau noch sehr stiefmütterlich bestellt"[65]. Deshalb appellierte sie an die Anwesenden, in dieser „gewaltigen Zeit" nicht zu schlafen, sondern laut auszurufen: „Vorbei ist die Zeit für alle alten Vorurteile." Gefordert wurde in einer Petition an den badischen Landtag das aktive und passive Gemeindewahlrecht für die Frauen in gleicher Weise, wie es künftig für die Männer gelten sollte.

Wenige Wochen später, am 18. März 1918[66], schloss sich auch der Mannheimer „Verein für das Frauenstimmrecht" diesen Forderungen an und schickte seinerseits eine ähnliche Petition an den badischen Landtag. Aber noch war die Zeit nicht reif und die männlichen Abgeordneten des Landtags konnten sich – solange das Kaiserreich bestand – nicht zu einem solchen Schritt durchringen[67].

Dass es dann doch nur noch wenige Monate – bis zum 12. November 1918 – dauerte, bis das gleiche, geheime, direkte und allgemeine Wahlrecht für alle Frauen und Männer im Alter von mindestens 20 Jahren eingeführt wurde, verwundert fast. Trotz aller Bemühungen der verschiedenen Frauenvereine um das Frauenwahlrecht – zu verdanken war es in dieser Umbruchssituation nicht ihnen, sondern es fiel ihnen mehr oder weniger in den Schoß in dem Moment als der Rat der Volksbeauftragten das Machtvakuum ausfüllte, das der Rücktritt von Kaiser Wilhelm II. hatte entstehen lassen.

In der Vorbereitung der ersten Wahlen waren dann aber neben den Parteien auch wieder die Mannheimer Frauenvereine sehr aktiv. Am 2. Dezember 1918 fand im Musensaal des Rosengartens eine große Frauenversammlung statt, „die in der Geschichte der Mannheimer Frauenbewegung einzig dastehen durfte"[68]. Denn es sprachen alle bekannten Vertreterinnen der verschiedenen bürgerlichen Parteien und Berufsorganisationen zur Bedeutung des Frauenwahlrechts, unter anderem Elisabeth Altmann-Gottheiner, Marie Bernays, Julie Bassermann, Maria Rigel und Selma Wolff-Jaffé. Auch in den Zeitungen erschienen viele Artikel, die die Wichtigkeit des Frauenwahlrechts betonten.

Nun war es also soweit: Frauen konnten wählen und gewählt werden. In Mannheim zum ersten Mal am 5. Januar 1919 bei den Wahlen zur badischen Nationalversammlung, die zugleich die erste Wahl in Deutschland war, an der sich Frauen beteiligen durften. 98 Prozent der Wahlberechtigten machten in Mannheim von ihrem Wahlrecht Gebrauch, eine statistische Aufgliederung zwischen Männern und Frauen liegt bei dieser Wahl nicht vor. In Mannheim gab es bei dieser ersten Wahl bei 98.201 abgegebenen nur 22 ungültige Stimmen, was zeigt, dass auch die Neuwählerinnen verstanden hatten, die Stimmzettel korrekt auszufüllen. Mit

---

[65] Ebd.
[66] PFANZ-SPONAGEL (wie Anm. 4) S. 126f.
[67] Vgl. hierzu den Beitrag von Frank Engehausen in diesem Band.
[68] Frauenversammlung, in: General-Anzeiger Mannheim vom 2.12.1918, Mittagsausgabe, S. 3.

Maria Rigel wurde aus Mannheim auch eine Frau in die badische Nationalversammlung gewählt[69].

Schon 14 Tage später standen die nächsten Wahlen an: Am 19. Januar 1919 wurde die Verfassunggebende Deutsche Nationalversammlung[70] gewählt. Daran beteiligten sich in Mannheim 81 Prozent der wahlberechtigten Frauen[71] und 85, 2 Prozent der Männer. Damit ist bereits ein Trend zu erkennen, der für die gesamte Weimarer Republik gilt: Die weibliche Wahlbeteiligung lag zumeist unter der männlichen. Aber so hohe Wahlbeteiligungen wie im Jahr 1919 sind in den Folgejahren bei beiden Geschlechtern nicht mehr zu beobachten[72]. Die Hoffnung auf einen Neuanfang beflügelte offensichtlich die Wahlberechtigten des Jahres 1919.

Schauen wir zum Schluss noch auf die Ergebnisse der Kommunalwahl am 18. Mai 1919. Unter den 96 gewählten Stadtverordneten, die den Bürgerausschuss stellten, finden sich neun Frauen, fünf davon bereits alte Bekannte aus den städtischen Kommissionen: Therese Blase (SPD), Lina Kehl (SPD), Julie Bassermann (Deutsche Volkspartei (DVP)), Berta Gulde[73] (Deutschnationale Volkspartei (DNVP)), Emma Kromer (Deutsche Demokratische Partei (DDP)), Barbara Hauser (DDP), Maria Rigel (Zentrum), Therese Mutscheller[74] (Zentrum) und Auguste Maue[75] (Unabhängige Sozialdemokratische Partei Deutschlands (USPD)). Lediglich die Letztgenannte, die in Mannheim ganz wenig Spuren hinterlassen hat,

---

69 Das Volksurteil in Baden, in: General-Anzeiger vom 6.1.1919, S. 1f.

70 Dass bei dieser Wahl Frauen auch in den Wahlvorständen als Wahlhelferinnen eingesetzt wurden, zeigt die Berufung von Luise Junker zur Beisitzerin bei der Wahl zur Verfassungsgebenden Nationalversammlung im Wahllokal Neckarschule, Zimmer 1. MARCHIVUM, Kleine Erwerbungen 1519.

71 Für diese Wahl gibt es auch eine Statistik für Mannheim nach Geschlecht und Wahlalter, die zeigt, dass bei den jungen Wahlberechtigten zwischen 20 und 30 Jahren tatsächlich mehr Frauen als Männer zur Wahl gegangen sind, was aber wohl damit zu tun hat, dass viele junge Männer noch nicht aus dem Krieg zurückgekehrt waren. Pfanz-Sponagel (wie Anm. 4) S. 166.

72 Ebd., S. 159f.

73 Berta Gulde, geboren am 9.11.1880 in Mannheim, gestorben am 2.11.1962 in Heidelberg, war eine Tochter des Kaufmanns Gustav Gulde. Seit 1901 war sie als Lehrerin in Mannheim tätig. 1938 wurde sie die Direktorin der Hauswirtschaftlichen Berufsschule. MARCHIVUM Mannheim, Meldekarte Berta Gulde; Standesamt, Zug. 1/2009 Nr. 37 Geburtenregister 1880, Urkunde 1673; ZGS S1/1536: Gulde, Berta.

74 Therese Mutscheller, geboren am 1.1.1874 in Albert-Hauenstein/Baden, war verheiratet mit dem Obersteuerkontrolleur Josef Mutscheller. Das Ehepaar lebte von 1909 bis 1925 in Mannheim und verzog dann nach Waldshut. MARCHIVUM Mannheim, Meldekarte Josef Mutscheller.

75 Auguste Maria Maue, geborene Schön, geboren am 28.12.1883 in Bad Kissingen als uneheliches Kind von Katharina Schön. Sie war Handelslehrerin und Redakteurin, ihr Mann Otto Maue Handels- und Sprachlehrer. 1908 kam der gemeinsame Sohn zur Welt. Seit 1915 war die Familie in Mannheim gemeldet, 1934 erfolgt die Abmeldung nach Trappstadt. Am 3.8.1967 starb Auguste Maue im Alter von 83 Jahren in Bad Königshofen im Grabfeld. MARCHIVUM Mannheim, Meldekarte Otto Maue; schriftliche Auskunft des Stadtarchivs Bad Kissingen vom 21. März 2019.

Abb. 1: Elisabeth Altmann-Gottheiner (u. l.), Gertrud Bäumer (u. r.), Alice Bensheimer (o. l.), Emma Ender (o. r.), alle im Vorstand des Bunds deutscher Frauenvereine, 1919. (MARCHIVUM Mannheim, Bildsammlung, GF00053)

wurde am 3. Juni 1919 zur Stadträtin gewählt und war damit die erste Frau in diesem Gremium, dem sie bis 1922 angehörte[76].

6. 2019: Fazit des Rückblicks

Was fällt 100 Jahre nach den Ereignissen besonders auf beim Blick auf die Mannheimer Frauenwahlrechtsbewegung zu Beginn des 20. Jahrhunderts? Wie oben schon erwähnt, ist es zunächst die hohe Beteiligung von Jüdinnen in der bürgerlichen Frauenbewegung. Von den 34 Frauen, die in diesem Beitrag biografisch genauer vorgestellt werden konnten, waren elf Jüdinnen, also fast ein Drittel. Das liegt deutlich über den circa sechs bis sieben Prozent, welche die Juden Anfang des 20. Jahrhunderts in der Mannheimer Bevölkerung ausmachten, zeigt aber einmal

[76] MARCHIVUM Mannheim, ZGS S2/1868: Kommunalwahl 1919.

mehr, wie sehr sich die jüdischen Einwohner der Stadt für das öffentliche Leben interessierten und sich an diesem beteiligten.

Außer den beiden Töchtern des Kommerzienrats Joerger, Marie Engelhorn und Fanny Boehringer, und den beiden Vertreterinnen der Familie Bassermann fehlen alle bedeutenden nichtjüdischen Mannheimer Familienamen in der Aufzählung derer, die sich vor 1919 für weibliche Gleichberechtigung eingesetzt haben: Bopp, Guilini, Haas, Lanz, Reiß, Reuther, Röchling – um nur die Wichtigsten zu nennen.

Doch insgesamt waren es mit 29 deutlich mehr bürgerliche Frauen als Arbeiterinnen, die die gebotenen Möglichkeiten weiblicher Partizipation ergriffen. Die meisten stammten aber nicht aus den sehr wohlhabenden Familien, sondern aus der gehobenen Mittelschicht (Kaufleute, Beamte). Lediglich fünf proletarische Frauen lassen sich anhand der Quellen ausmachen, die vor 1919 öffentlich in Erscheinung getreten sind.

Altersmäßig waren es vor allem Frauen des mittleren Alters, die sich engagierten. 25 von ihnen waren zwischen 1860 und 1880 geboren, sechs vor 1860 und drei nach 1880. Die Jüngste war Elisabeth Blaustein, die bereits mit 23 Jahren öffentlich aktiv wurde. Ansonsten ist festzustellen, dass es Frauen zwischen Mitte 30 und Mitte 50 waren, die sich besonders stark für das Frauenwahlrecht einsetzten.

Wie bei dieser Frauengeneration nicht anders zu erwarten, waren die meisten aktiven Frauen ohne Berufsausbildung, sondern Ehefrauen, teilweise auch Mütter bereits jugendlicher oder erwachsener Kinder. Das trifft auch auf die Frauen aus der Arbeiterbewegung zu. Neben den beiden Frauen mit Hochschulstudium, Marie Bernays und Elisabeth Altmann-Gottheiner, finden sich noch sechs Lehrerinnen unter den vorgestellten Frauen. Andere Berufe ließen sich nicht nachweisen.

So lässt sich abschließend feststellen, dass der Kampf um das Frauenwahlrecht in Mannheim vor allem von bürgerlichen Frauen aus der gehobenen Mittelschicht und aus dem jüdischen Umfeld getragen wurde, die zumeist verheiratet waren und der mittleren Altersgruppe angehörten.

„Eure Kinder brauchen Frieden und Brot. Darum Frauen: Wählt!“ Frauenwahlrecht und Versorgungskrise 1919 in Ulm

Edeltraud Aubele

Als am 12. November 1918 der Rat der Volksbeauftragten das allgemeine Wahlrecht verkündete, ging für die Frauen des Deutschen Reichs ein über ein halbes Jahrhundert geforderter Wunsch in Erfüllung. Mehr als zwei Frauengenerationen hatten die Ungleichbehandlung der Frauen immer wieder kritisiert und eine gleichberechtigte Teilhabe am gesellschaftlichen und politischen Leben gefordert. Es wurde ihnen stets von neuem unter fadenscheinigen Gründen verweigert. Vielfach wurde ihr Intellekt dem eines Kindes gleich gesetzt oder ihre Person auf ihre körperlichen Merkmale reduziert. So meinte der angesehene Arzt, Professor Rudolf Virchow (1821–1902), alles was wir an der Frau „bewundern und verehren, ist nur eine Dependenz des Eierstockes“[1].

Die Diskriminierung bestimmter Personengruppen war im 19. und Anfang des 20. Jahrhunderts ein in der Gesellschaft weit verbreitetes Phänomen. Neben Frauen wurden auch Menschen jüdischen Glaubens ausgegrenzt[2]. Während den jüdischen Männern die rechtliche Emanzipation seit Beginn des 19. Jahrhunderts gelungen war, blieben die Frauen ausgegrenzt. Es überrascht daher nicht, dass man sie im Kampf um Bildung und Bürgerrechte Seite an Seite mit ihren christlichen Schwestern findet. Dabei haben die Aktivistinnen der Parteien und die Frauen aus den Vereinen nicht immer zusammengearbeitet. Clara Zetkin (1857–1933), die Führerin der proletarischen Frauenbewegung, wollte mit der „humanitätstrunkenen Allerweltsbasenschaft“[3] nichts zu tun haben. Doch gerade die Vielgestaltigkeit der sozialen und politischen Frauenbestrebungen veranschaulicht, dass es eine Bewegung war, die in allen Gesellschaftsschichten angekommen war.

Als es 1919 nun endlich zur Wahl ging, warb der Ausschuss der Frauenverbände Deutschlands für die Wahl mit dem Plakat von Martha Jäger (1884–1955), welches die Überschrift trägt: „Eure Kinder brauchen Frieden und Brot.“ Dargestellt ist eine Frau mit zwei Kindern, die erwartungsvoll zu ihr aufblicken. Sie hat ein Brot

[1] Zitiert nach Barbara Beuys, Die neuen Frauen – Revolution im Kaiserreich. 1900–1914, München 2014, S. 33.

[2] Zu Antifeminismus und Antisemitismus vgl. Antisemitismus – Antifeminismus: Ausgrenzungsstrategien im 19. und 20. Jahrhundert, hg. von Frauen & Geschichte Baden-Württemberg e.V., Roßdorf 2019.

[3] Gisela Notz, „Her mit dem allgemeinen, gleichen Wahlrecht für Mann und Frau!“. Die internationale sozialistische Frauenbewegung zu Beginn des 20. Jahrhunderts und der Kampf um das Frauenwahlrecht, Bonn 2008, S. 14. Zu Clara Zetkin vgl. den Beitrag von Mascha Riepl-Schmidt in diesem Band.

Abb. 1: Martha Jäger zeichnete das Motiv für das Plakat 1918. (Museum Brot und Kunst. Forum Welternährung, Ulm, A-3.268)

in der Hand und schneidet davon eine Scheibe ab. Der Untertitel des Plakats lautet: „Darum Frauen: Wählt!“

Damit wurden die Frauen aufgefordert, von ihrem nun geltenden Wahlrecht Gebrauch zu machen. Frieden und Brot? Gab es nichts Wichtigeres, nachdem mehrere Frauengenerationen für die Gleichheit der Frauen gekämpft hatten? Also kleinster gemeinsamer Nenner, um allen Mitgliedsverbänden gerecht zu werden? Oder doch wichtigste Voraussetzung für eine Zukunft überhaupt?

Dabei war die Frauenbewegung 1919 längst auch in Ulm angekommen. Die Stadt war industriell geprägt, aber das Leben war beschaulicher als in den Großstädten. Dennoch lassen sich hier schon früh Frauenvereine nachweisen. Um diese und die Wahlkämpfe 1919 vor dem Hintergrund der herrschenden sozialen Krise wird es im Folgenden gehen.

1. Die Bürgerrechtsbewegung der Frauen

Frauenvereine sind in Ulm ab den 1830er Jahren nachweisbar. Der Charakter der Vereine war wohl hauptsächlich der Wohlfahrtspflege geschuldet; so der 1831 gegründete Frauenverein für verwahrloste Kinder oder 1847 der israelitische Frauenverein. Das Ulmer Vereinsleben erachtete Juden als gleichwertige Mitglieder, weshalb wir sie in überkonfessionellen Vereinen Seite an Seite mit Katholiken oder Protestanten finden[4].

Seit Mitte des 19. Jahrhunderts waren Frauenvereine trotz Einschränkungen im städtischen Leben fest verankert. Bis an die Wende zum 20. Jahrhundert waren die Forderungen der Frauen in alle gesellschaftlichen Schichten vorgedrungen. Da war die Wissenschaftlerin, Theoretikerin, Bankiersgattin und die Fabrikarbeiterin; sie alle forderten die Gleichberechtigung also die Gleichsetzung in allen Lebensbereichen. Reichsweit gründeten sich Frauenvereine, die wiederum bis in den ländlichen Raum Ortsvereine nach sich zogen. Es entstanden reichsweite Netzwerke mit jährlichen Konferenzen und mit Publikationsorganen.

Nachdem es „Frauenspersonen, Schüler oder Lehrlingen“[5] insbesondere in Preußen und Bayern bis 1908 verboten war, Vereinen beizutreten, welche politische Gegenstände erörterten, fanden sie sich in Lesegesellschaften zusammen. Der Verein „Frauenwohl“ wurde 1887 in Berlin von Minna Cauer (1841–1922) gegründet, dort wurde auch die Zeitschrift „Die Frauenbewegung“ herausgegeben. In Ulm gründete sich der Leseverein „Frauenwohl“ 1895 unter dem Vorsitz von Bertha Laupheimer-Gutermann (1860–1932). Die Frauen trafen sich regelmäßig, um gemeinsam in der Zeitschrift zu lesen und natürlich, um zu diskutieren.

Die Gründung des Frauenstimmrechtsverbandes in Hamburg durch Lida Gustava Heymann (1868–1943) erregte 1902 viel Aufmerksamkeit. Sie fand ein juristisches Schlupfloch im hanseatischen Stadtrecht, was die Gründung eines politischen Verbandes erlaubte. Die Änderung des Vereinsgesetzes zog etwas später die Gründung weiterer Ortsgruppen nach sich. In Ulm entstand 1907 der Ortsverein unter dem Vorsitz von Bertha Laupheimer-Gutermann[6].

Im Jahre 1888 gründete Hedwig Kettler (1851–1937) in Weimar den Frauenverein „Reform“, der reichsweit die Gründung vieler Ortsgruppen nach sich zog. In Baden und Württemberg bildeten sich im Jahre 1900 in Wiesbaden, Mannheim und Stuttgart Ortsvereine, vier Jahre später auch in Tübingen und Ulm. Der Name des Vereins änderte sich mehrfach und blieb dann aber bis zur Gleichschaltung durch die Nationalsozialisten „Frauenbildung-Frauenstudium“[7].

---

[4] Zeugnisse zur Geschichte der Juden in Ulm. Erinnerungen und Dokumente, hg. vom Stadtarchiv Ulm, Ulm 1991, S. 200–219.

[5] Ottilie Baader, Ein steiniger Weg. Lebenserinnerungen, Stuttgart 1921, S. 22.

[6] Vgl. den Beitrag von Corinna Schneider in diesem Band.

[7] Karin Ehrich, Stationen der Mädchen Schulreform. Ein Ländervergleich, in: Elke Kleinau/Claudia Opitz (Hgg.), Geschichte der Mädchen- und Frauenbildung, Bd. 2, Frankfurt a. M. 1996, S. 129–148; Sylvia Schraut, Frau und Mann, Mann und Frau. Eine

In Ulm gaben 15 namhafte Damen dem neuen Verein am 10. Oktober 1904 das Geleit. Vorsitzende war von 1904 bis 1908 wohl Frau Heyberger. Berta Hellmann (1851–1920) übernahm von ihr den Vorsitz 1908, Schriftführerin wurde Berta Laupheimer-Gutermann und Schatzmeisterin war Frau Hohreiter[8]. Die Ziele des Vereins waren literarische, künstlerische und weltanschauliche Weiterbildung. Berta Hellmann organisierte mit großem Enthusiasmus Vorträge und Konzerte in Ulm. Das wichtigste Anliegen des Vereins war jedoch die Mädchenbildung – speziell ihre Angleichung an die Knabenbildung. Während der Tübinger Verein sich vermehrt um die studierenden Frauen kümmerte, richtete sich in Ulm die Konzentration auf das Mädchenschulwesen. Landesweit hat der Verein „Frauenbildung-Frauenstudium" für einen Zugang der Mädchen an Knabengymnasien gekämpft. Der Verein vergab auch Stipendien. Finanzielle Basis war ein von Berta Hellmann eingerichteter Fond, aus dem jährlich sechs junge Frauen unterstützt werden konnten. Zu diesem Zweck sprachen die Vorstandsfrauen in Ulm die Rektoren der Schulen an, um sich besonders begabte Mädchen nennen zu lassen. Diesen ermöglichten sie den Zugang zum Studium. Die geförderten Studentinnen hielten dann in höheren Semestern selber Vorträge oder führten eine Exkursion. Manchmal wurden auch Auslandsaufenthalte finanziert[9].

Wer waren die Ulmer Aktivistinnen? Berta Hellman, langjährige Vorsitzende des Vereins, wurde in San Francisco geboren und kam im Alter von acht Jahren nach Nürnberg. Dort heiratete sie mit 19 Jahren den Bankier Salomon Hellmann und zog mit ihm nach Ulm. Sie gehörte zur israelitischen Gemeinde, war jedoch in all ihren Aktivitäten überkonfessionell tätig. Innerhalb kurzer Zeit war sie eine sehr angesehene Bürgerin der Stadt. Sie gab Kurse in Kunst, Literatur und Sprachen und wurde über alle Maßen bewundert. Berta Hellmann führte von 1908 bis 1914 den Vorsitz im Verein „Frauenbildung-Frauenstudium"[10]. 1914 organisierte sie noch die reichsweite Mitgliederversammlung des Vereins, bevor sie ihr Amt, wohl an Emmy Wechsler (1883–1969), weitergab.

Die Biografie von Berta Laupheimer-Gutermann ist weitgehend unerforscht, doch aus der Lebensgeschichte der Enkelin, Linde Otto lassen sich Rückschlüsse auf die Großmutter ziehen. So wird in Zukunft weitere Spurensuche notwendig

---

Geschlechtergeschichte des deutschen Südwestens (1789–1980), Stuttgart 2016, S. 150–160.

[8] Von Frau Hohreiter und Frau Heyberger sind die Vornamen sowie weitere biographische Daten nicht bekannt, außer, dass erstere mit Louis Hohreiter dem Oberamtssparkassenleiter und Frau Heyberger mit einem Bildhauer, der Professor und Zeichenlehrer an der Fortbildungsschule in Ulm war, verheiratet waren. Nicht erforscht sind der Lesekreis „Frauenwohl" und der Stimmrechtsverein.

[9] Vgl. Nachruf auf Berta Hellmann, in: Der Gemeindebote. Beilage zur „Allgemeinen Zeitung des Judentums" vom 15.10.1920, S. 3; Gertrud Beck, Ein Frauenverein wird 80. 1904–1984, Ulm 1984, S. 2–10; Günter Sanwald, Ulm 1914. Politische Strömungen und Stimmungen am Vorabend des Ersten Weltkriegs, Ulm 2013, S. 59–78; vgl. ebenso Schraut (wie Anm. 6).

[10] Vgl. Nachruf (wie Anm. 8).

sein[11]. 1886 heiratete sie Alexander Laupheimer, einen jüdischen Tuchhändler und Bankier. Die beiden wohnten in Neu-Ulm und hatten sechs Kinder. Später übersiedelte die Familie nach Lautern, wo das Paar ein Haus gekauft hatte. Die Laupheimers standen der Lebensreformbewegung nahe und unterstützten die Wandervogelbewegung. Berta Laupheimer-Gutermann erkämpfte 1903 für ihre Tochter den Zugang zum örtlichen humanistischen Gymnasium, wo diese 1913 die erste Abiturientin Ulms wurde.

Emmy Wechßler (1883–1969) wurde in Neu-Ulm geboren und war 1904 schon Gründungsmitglied von „Frauenbildung-Frauenstudium“. Sie hielt sich dann für eine Schauspielkarriere bis 1908 in München auf. Ihrer Liebe zum Theater blieb sie treu, doch ihre Leidenschaft war der Verein. 1908 kehrte sie 25-jährig zurück, heiratete den rund 50 Jahre älteren Tabakfabrikanten Adolf Wechßler. Wohl ab 1914 übernahm sie den Vorsitz von Berta Hellmann. Der Zeitpunkt ist nicht exakt belegt. Da aber Berta Hellmann sehr intensiv in der Bahnhofshilfe beschäftigt war, wäre es vorstellbar, dass Emmy Wechßler den Verein weiterführte. Sie galt als Verfechterin des Frauenwahlrechts und saß ab 1919 für die Deutsche Demokratische Partei (DDP) im Ulmer Stadtrat zusammen mit Katharine Lutz (1882–1962) von der Sozialdemokratischen Partei Deutschlands (SPD). Dort meldete sie sich meist zu sozial- und kulturpolitischen Themen zu Wort. Zum 50-jährigen Vereinsjubiläum erhielt sie das Bundesverdienstkreuz, im Alter von 86 Jahren verstarb sie[12].

Die Mitglieder des Vereins „Frauenbildung-Frauenstudium“ kamen sowohl aus Ulm als auch aus Neu Ulm und es gehörten ihm Frauen aus allen Konfessionen an. Dies ist in doppelter Hinsicht beachtlich, bezeugt es doch, dass es ein länderübergreifendes und überkonfessionelles Zusammenwirken von Frauen gegeben hat, zu einem Zeitpunkt als die Zugehorigkeit zu einer Konfession sehr wohl das soziale Umfeld bestimmte. Dem Mitgliederverzeichnis, das ab 1927 vorliegt, ist zu entnehmen, dass viele jüdische Frauen dem Verein angehörten[13]. So auch Jenny Hilb (1886–1943), sie war seit 1913 mit Julius Hilb verheiratet. Während er im Ersten Weltkrieg an der Front war, kümmerte sie sich bei der Bahnhofspflege um die durchfahrenden Soldaten. Die beiden hatten zwei Söhne und unterhielten eine „Baumwoll- und Wollladenhandlung“. Nach seinem Tod konnte sie das Geschäft bis 1939 halten und verkaufte es dann. In späteren Jahren hat sie erneut geheiratet. Mit ihrem zweiten Mann Hugo Moos wurde sie nach Theresienstadt deportiert und 1943 weiter nach Auschwitz, wo sie ermordet wurde[14]. Sofie Levy (1872–1942) war mit Ludwig Levy verheiratet. Sie hatten drei Kinder. Neben ihrer Mitgliedschaft in „Frauenbildung -Frauenstudium“ war sie Vorsitzende des israelitischen

---

[11] Vgl. Linde OTTO, Gertrud Laupheimer. Leben und Überleben im kleinen Lautertal, Ulm 2014.

[12] Vgl. BECK (wie Anm. 8) S. 7; Frank RABERG, Biographisches Lexikon für Ulm und Neu-Ulm. 1802–2009, Ulm 2010, S. 456 f.

[13] StadtA Ulm B 352/24 Nr. 1.

[14] Ingo BERGMANN, Und erinnere dich immer an mich. Gedenkbuch für die Ulmer Opfer des Holocaust, Ulm 2009, S. 118.

Frauenvereins. Sie war Teilhaberin an einem Hutgeschäft, das sie 1935 aufgeben musste. 1942 wurde sie über Theresienstadt nach Treblinka deportiert, wo sie ermordet wurde[15]. Rosa Mann (1870–1942) wurde in Heilbronn geboren, heiratete 1905 Hugo Mann und kam nach Ulm. Sie war Eigentümerin einer Textilfirma und aktiv bei „Frauenbildung-Frauenstudium" sowie im jüdischen Vereinsleben. Auch sie wurde nach Theresienstadt deportiert und später in Treblinka ermordet[16]. Bertha Moos (1875–1842) war neben ihrer Mitgliedschaft bei „Frauenbildung-Frauenstudium" in der Frauengruppe der DDP aktiv. In den 30er Jahren stellte sie ohne Erfolg ein Auswanderungsgesuch beim US-Konsulat. Über Theresienstadt wurde sie 1942 nach Treblinka deportiert, wo sie ermordet wurde[17]. Fanny Hedwig Ury (1894–1944) war mit dem Arzt Sigmar Ury verheiratet, hatte einen Sohn und arbeitete als Sprechstundenhelferin in der Praxis des Ehemanns mit. Während der nationalsozialistischen Diktatur wurde sie nach Theresienstadt verbracht. Dort hat sie bis 1944 als Krankenschwester gearbeitet, bevor sie ebenfalls nach Auschwitz deportiert und ermordet wurde[18]. Bela Weglein (1862–1943) war verheiratet mit Max Weglein, die Familie hatte ein Bekleidungsgeschäft am südlichen Münsterplatz. Zusammen mit ihrer Schwiegertochter Resi entwarf sie die Frühjahrs- und Herbstkonfektionen. Sie hatte vier Kinder. Nach dem Tod ihres Mannes wohnte sie bei Sohn und Schwiegertochter. Mit diesen zusammen wurde sie nach Theresienstadt deportiert. „Wie alle anderen Frauen, mußte sie dort zuerst auf dem Fußboden liegen, bis auch hier Bettgestelle beschafft waren. Einen Ofen gab es in diesem Zimmer nicht. Merkwürdigerweise war es trotzdem nicht kalt, weil die alten Frauen eng gedrängt dort wohnten. In diesen Räumen starben täglich ein bis zwei alte Frauen an Hunger."[19] Auch Bela Weglein verstarb dort.

2. Die XVI. Generalversammlung des Vereins „Frauenbildung-Frauenstudium" in Ulm

Zu den Großereignissen der Frauenbewegung in Ulm dürfte die XVI. Generalversammlung des Gesamtvereins „Frauenbildung-Frauenstudium" zählen. Der Zeitungsbericht über die Versammlung erlaubt tiefe Einblicke in den Ablauf des Kongresses. Vom 16. bis 19. April 1914 trafen sich Frauen aus dem ganzen Reich in Ulm, sie kamen aus 29 Ortsvereinen. Die Stadt gab für die Veranstaltung einen Zuschuss von 200 Mark und einige Honoratioren sprachen Grußworte. Julie Bassermann (1860–1840) aus Mannheim, stellvertretende Vorsitzende, führte durch die Veranstaltung. Johanna Gottschalk aus Bonn begrüßte die verschiedenen Sektionen

15 Ebd., S. 101.
16 Ebd., S. 107.
17 Ebd., S. 114.
18 Ebd., S. 156.
19 Silvester Lechner/Alfred Moos, Als Krankenschwester im KZ Theresienstadt. Erinnerungen einer Ulmer Jüdin, Stuttgart ^{2}1991, S. 34.

und hielt Rückschau. Sie berichtete über verschiedene Eingaben an Ministerien, über einen neuen Ortsverein in Bielefeld, darüber, dass es nun reichsweit 13 Auskunftsstellen für Frauenberufe gab. 1914 habe es 2.065 Anfragen gegeben, nur 183 zu akademischen Berufen. Es wurde ein Bericht zum Mädchengymnasium und Internat in Karlsruhe verlesen. Das Vereinsvermögen belief sich auf 18.394 Mark und 48 Pfennige. Aus der angeschlossenen Stiftung erhielten 30 Frauen im Berichtszeitraum Stipendien[20]. Die Versammlung schickte Grüße an Königin Charlotte von Württemberg (1864–1946)[21]. Der evangelische Garnisonspfarrer Gustav Hartmann gratulierte dem Ulmer Verein zum zehnjährigen Jubiläum und erläuterte: „Seit dem Jahre 1908, in welchem Frau Hellmann die Leitung des Vereins übernahm, ist seine Mitgliederzahl auf 530 gestiegen, so daß der Verein damit an der Spitze all dem großen Verband angehörigen Vereine steht und mit Hoffnung und Vertrauen in die Zukunft sehen darf."[22]

Diskutiert wurde hauptsächlich über einen gleichwertigen Zugang für Mädchen und Frauen zu Bildung und Beruf. Dabei wurde bei allen Beschlüssen des Frauenkongresses auf die Gleichbehandlung der Geschlechter geachtet. In der abschließenden Resolution gab die Generalversammlung „der Überzeugung Ausdruck, daß die Pflichtfortbildungsschule für die Mädchen bei den ökonomischen, technischen und sozialen Bedingungen unseres modernen Wirtschaftslebens eine unerlässliche Notwendigkeit"[23] sei. Das bedeutete, dass es in jedem Bereich Fachunterricht geben sollte, der in Umfang und Inhalt dem der Knaben nicht nachstand. Un- und angelernte Kräfte sollten Unterricht in Berufs- und Lebenskunde als Hauptfächer erhalten. Weiter angeregt wurde ein Antrag zur Zulassung von Frauen zu juristischen Prüfungen.

Doch es ging nicht nur um Bildungsforderungen, auch finanzielle Anträge wurden bearbeitet. So erhielt der Ortsverein Dresden 2.000 Mark zur Unterstützung einer humanistischen Gymnasialklasse für Mädchen. Es handelte sich um die einzige in ganz Sachsen. Gräfin Üxküll[24] beantragte eine Subvention von 500 Mark zur Tilgung der Bauschuld des Königin Charlotte-Gymnasiums in Stuttgart. Doch man hat auch über politische Veränderungen gesprochen. Alice Bensheimer (1864–1935) vom Mannheimer Ortsverein, hatte schon am ersten Tag des Kongresses das Motto ausgegeben: „Die Frau soll sich der Pflicht bewusst werden, an den Nöten der Zeit mitzuheilen, und sich in den Dienst der Gemeinde und des Staates zu stellen."[25] Dies gelte als Vereinsziel seit der Generalversammlung in

[20] Eine mögliche Verflechtung der Ulmer Stiftung mit der überregionalen des Gesamtvereins ist unklar.

[21] Ulmer Tagblatt vom 18.4.1914, S. 4.

[22] Ebd. vom 17.4.1914, S. 3.

[23] Ebd. vom 20.4.1914, S. 2.

[24] Wahrscheinlich handelte es sich hier um Olga von Üxküll-Gyllenband (1852–1935), Mitbegründerin des Vereins „Frauenbildung-Frauenstudium" in Stuttgart sowie Initiatorin des Königin Charlotte Gymnasiums.

[25] Ulmer Tagblatt vom 17.4.1914, S. 3.

Göttingen 1905. In Baden habe der Staat bereits Bedingungen geschaffen, die der Frau dies ermöglichten. Eine andere Teilnehmerin betonte, dass die Frauenbewegung erst dann vorankomme, wenn die Frauen Stimmrecht hätten und auf die Gesetzgebung Einfluss nehmen könnten. Bei den über mehrere Tage stattfindenden Diskussionen fällt auf, dass keine Ulmerin das Wort ergriff. Zum Abschluss des Frauenkongresses wurde der Vorstand neu gewählt. Vorsitzende wurde die Mannheimerin Julie Bassermann, ihre Vertretung übernahm Julie von Kästner (1852–1937) aus Kassel. Der Kongressbericht belegt, dass sich der reichsweit bekannte Frauenverein keinesfalls als Bildungsreformverein, sondern als frauenrechtlerischer politischer Verein verstand und als solcher auch in Ulm agierte.

3. Frauenbewegtes Engagement in Ulm während des Ersten Weltkriegs

Mit Kriegsbeginn änderten sich die Lebenswelten der Frauen gravierend. Der Verein „Frauenbildung-Frauenstudium" forderte zwar weiter die Gleichbehandlung der Geschlechter, doch im Alltag der Frauen traten andere Aufgaben in den Vordergrund. Viele Männer mussten ihre Familien verlassen und an die Front ziehen. Die Frauen und Mädchen sorgten dafür, dass die Arbeit in den Fabriken und das Leben in Ulm weitergingen. Der Krieg war von einer reichsweit spürbaren, schweren Versorgungs- und Hungerkrise begleitet, die sich nach Kriegsende noch verschärfen sollte. In den allgemeinen Wirren der ersten Tage versuchten noch alle Vorräte anzulegen, was die Preise in die Höhe trieb. Die in den Frauenvereinen organisierten Frauen übernahmen an der sogenannten Heimatfront die Aufgaben, die von ihnen kriegsunterstützend erwartet wurden, auch in Ulm. Bereits am 3. August 1914 rief Berta Hellmann die Bahnhofspflege ins Leben. Rund 170 Frauen und Männer schlossen sich an und verköstigten durchfahrende Soldaten, nahmen Verwundete in Empfang und unterstützten alleinreisende Kinder. Erst Ende 1918 stellte die Bahnhofshilfe ihre Arbeit ein. In den vier Kriegsjahren wurden von der Gruppe über 350.000 Soldaten verköstigt, was in Anbetracht der Nahrungssituation eine mehr als beachtliche Leistung darstellte. Die materiellen Mittel hierzu hatte der Verein über seine Veranstaltungen (Eintrittsgelder und Spenden) selbst erwirtschaftet[26]. Die Nachfrage nach Zerstreuung war groß und von daher waren die organisierten Veranstaltungen immer gut besucht. Aus dem Erlös beschenkte der Verein auch jedes Jahr fast 600 Kinder zu Weihnachten. Die Mütter erhielten gut gefüllte Pakete, um diese an die Kinder weiterzuverteilen. Und das Engagement wurde durchaus auch gewürdigt. So wurde Berta Hellmann am 3. März 1917 das König Ludwig-Kreuz verliehen, eine bayerische Anerkennung ihrer Unterstützungstätigkeit für die Armee. In der Tat war die privat organisierte Hilfe von großer Bedeutung auch für die Frauen und Familien der Soldaten. Viele leisteten

[26] Vgl. Berta Hellmann, Diary. Leo Beack Institut New York, AR 53 Sys #: 000193266, http://www.lbi.org (letzter Zugriff: 25.05.2020), S. 87.

gemeinnützige Arbeit, weil sie hofften, dass dann auch ihre Männer auf Unterstützung hoffen konnten, wenn jede mithalf. Viele Frauen fühlten sich dadurch mit ihren Männern im Feld verbunden. Eine Art Welle weiblicher Solidarität schwappte mit den Soldaten durch das Land.

Diese Solidarität half die Not der Kriegsjahre zu ertragen. Bereits ab 1915 waren die Vorräte aufgebraucht oder nur noch auf dem Schwarzmarkt erhältlich. Damit begannen die Rationierungen. Ab Februar durften Erwachsene wöchentlich nur noch 250 Gramm Mehl erwerben, für Kinder galt die halbe Menge. Die Stadt kaufte zusätzlich Kartoffeln auf; auch Milchkühe wurden für die städtischen Höfe erworben, um die Versorgung mit Milch zu verbessern. Die Stadtverwaltung verpachtete außerdem kleine Teilgrünflächen zum Gemüseanbau, was dankbar angenommen wurde. Bis zum Herbst war es verboten Obst-, Kartoffel- und Zwiebelkuchen zu backen[27]. Ab dem zweiten Kriegsjahr wurde in Ulm Fleisch rationiert, selbst die Seife fiel unter die Rationierung. Papier und Stoff waren knapp und es wurden Ersatzprodukte wie Brennnesseln und Obstkerne gesammelt[28]. Die Versorgungskrise führte in Ulm schon 1916 zu einem regelrechten Ansturm von ungefähr 100 Frauen auf den Eiermarkt. Die Polizei scheint den Vorgängen nicht gewachsen gewesen zu sein. Von hilflosen Regulierungsversuchen zeugt die Anordnung, zukünftig den Eiermarkt nur noch mit Ausweispapieren betreten zu dürfen[29]. Das dritte Kriegsjahr ging allgemein als Steckrübenwinter in das kollektive Gedächtnis einer ganzen Nation ein. Die Ernte war schlecht ausgefallen und es gab keine Vorräte. Der Winter wurde von den Zeitgenossen als der härteste seit 100 Jahren angesehen und zu allem Übel war die Kohle knapp. Überall wurden „Theater, Kinos, Schulen, Säle geschlossen, um Kohlen zu sparen und auch das Licht. [...] Am meisten freuten sich die Kinder über die ‚Kohleferien‘“[30].

Da wegen allgemeinen Nahrungsmangels selbst Grundnahrungsmittel fehlten, aßen die Menschen hauptsächlich Steckrüben und andere Ersatzstoffe. Die Not machte erfinderisch, viele Frauen entwickelten raffinierte Rezepte, die jedoch weder den Nährwert sicherten noch den Gaumen zufrieden stellen konnten. Aufgrund der desolaten Ernährungslage waren viele Menschen mangelernährt, was wiederum die Anfälligkeit für Krankheiten erhöhte. Im Sommer 1918 kam die Spanische Grippe in Ulm an, nachdem sie bereits unter den Soldaten in den Schützengräben gewütet hatte[31]. Die Tuberkulose nahm sprunghaft zu und Kranke und Alte waren von einer erhöhten Sterblichkeit betroffen. Hinzu kam, dass die Kriegsgefangenen und verletzten Soldaten auch Seuchen mit in die Stadt brachten.

---

[27] Vgl. Karl HÖHN, Ulmer Bilderchronik, Bd. 4: 1915–1926, Ulm 1937, S. 1–16.

[28] Vgl. ebd., S. 25–45; zur Situation unmittelbar zu Kriegsausbruch vgl. SANWALD (wie Anm. 8) S. 108–121.

[29] Vgl. HÖHN (wie Anm. 26) S. 25–45.

[30] HELLMANN (wie Anm. 25) S. 12.

[31] Vgl. Manfred VASOLD, Die Spanische Grippe. Die Seuche und der Erste Weltkrieg, Darmstadt 2009; HÖHN (wie Anm. 26) S. 81–98.

Berta Hellmann berichtete, dass die Ruhrfälle sehr zunahmen[32]. Die Nahrungsversorgung verschlechterte sich im Laufe des Jahres 1918 weiter. Die städtische Bilderchronik berichtete, dass die Brotversorgung Probleme machte, da keine Getreidevorräte geliefert wurden[33]. Es gab nun auch fleischlose Wochen. Im Juni kam es bereits zu Aufständen in der Neu-Ulmer Garnison. Soldaten widersetzten sich der Versendung ins Feld. Nicht erst im November brach auch die Heimatfront endgültig zusammen. Berta Hellmann versprach zwar bei den Nachmittagen, die der Verein „Frauenbildung-Frauenstudium“ für die Verwundeten der Lazarette organisierte, „daß die deutschen Frauen im Haus, im Beruf und in Vertretung der Männer, die im Felde stehen und die Grenzen schützen, auch künftig wie bisher treu ausharren wollen“[34].

Die engagierten Frauen leisteten zudem einen wichtigen Beitrag in der Verwundetenpflege. Ohne die vielen freiwillig arbeitenden Frauen wäre die Verwundetenversorgung überhaupt nicht möglich gewesen. Wobei die Helferinnen sich vorher einem Kursus zu unterziehen und anschließend eine Prüfung abzulegen hatten. Eine dieser Prüfungen fand am 18. April 1917 in Anwesenheit von Königin Charlotte und Gräfin Üxküll statt[35]. 28 junge Frauen legten ihre Prüfung zu Helferinnen in der Verwundetenversorgung ab. Zu ihren Aufgaben gehörte das Anlegen von Verbänden an unterschiedlich verletzten Soldaten. Berta Hellmann und andere Damen und Herren empfingen die hohen Gäste und beaufsichtigten die Prüflinge[36].

Trotz des ungeheuren Engagements der Frauen verbesserte sich auch nach der Revolution die Versorgungssituation vorerst nicht wesentlich. Dass diese Problematik sich auch im Wahlgeschehen niederschlug, sollte sich in den ersten Wahlkämpfen nach der Einführung der Republik zeigen.

4. Frauen wählt!

Der Wahlkampf begann schon im Dezember 1918. Bei Durchsicht der Tagespresse fällt auf, dass das Wahlrecht für Frauen 1919 nicht mehr in Frage gestellt wurde. Die Vereinsarbeit mit vielen Informationsveranstaltungen zu politischer Teilhabe scheint Früchte getragen zu haben. Alle Parteien sprachen die Frauen als neue Wählerinnen an. Schlagwörter waren Friede, Freiheit, Arbeit, Ordnung und Brot – angesichts der Streiks und der andauernden Versorgungsengpässe die dringlichsten Erfordernisse der Zeit. Alle Parteien betonten die Pflicht der Frauen, ihre

[32] HELLMANN (wie Anm. 25) S. 30.
[33] HÖHN (wie Anm. 26) S. 81–98.
[34] HELLMANN (wie Anm. 25) S. 56f.
[35] Hierbei könnte es sich um Alexandrine von Üxküll-Gyllenband (1873–1963) handeln, die bei ihrer Tante Olga am Stuttgarter Hof aufgewachsen war und zu diesem Zeitpunkt DRK-Oberin war.
[36] Vgl. HELLMANN (wie Anm. 25) S. 22f.

Stimme abzugeben. Die DDP organisierte dafür eigens eine Frauenversammlung, zu der wohl nur wenige Besucherinnen kamen. Die Rednerin, Frau Dr. Kaufmann aus Stuttgart[37], befürchtete, dass die Frauen keine rechte Freude an der neuen Errungenschaft hätten. Sie mahnte: Frauen begingen bei Nichterfüllung der Wahlpflicht Verrat am Vaterland, da sich der Frieden verzögere und dies die Feinde ins Land hole. Hungersnot und Seuchen seien die Folge. Auch der „Deutsch-Evangelische Frauenbund“ ging davon aus, dass die evangelischen Frauen nicht das Stimmrecht gewollt hätten, aber da es ihnen nun gewährt wurde, sei es ihre Pflicht zur Wahl zu gehen, um den christlichen Sinn wiederzuerwecken[38]. Wie die DDP forderte der „Deutsch-Evangelische Frauenbund“ Frauen auf, den Parteien beizutreten. Auffällig ist, dass die DDP am 23. Dezember 1918 in Ulm ein Wahlprogramm präsentierte, das Frauen die gleichen Bildungs- und Arbeitsbedingungen sowie die privatrechtliche Gleichstellung in Aussicht stellte. Mathilde Planck (1861–1955) (DDP) richtete kurz vor der Reichstagswahl an die Ulmer Frauen das Wort. Sie wies darauf hin, dass die Bürgerpartei keine einzige Frau auf ihrer Liste habe, während die DDP fünf Frauen nominiert und den Frauen die weitestgehenden Zusagen gemacht habe. Sie selbst belegte den fünften Listenplatz[39]. Das Zentrum versuchte breite Bevölkerungsschichten und explizit auch Frauen anzusprechen. „Bürger, wenn Ihr keine Klassenherrschaft, keine Zügellosigkeit und keinen Bürgerkrieg, sondern mehr Freiheit, bald Friede, Ordnung und Brot haben wollt [...], Frauen, wenn Ihr das christliche Familienleben nicht zerstören lassen wollt [...], dann wählt Zentrum.“[40] Die Sozialdemokratische Partei rief auf zur entscheidenden Wahlschlacht! Für Demokratie, Frieden und Volkswohlfahrt. Dabei suchte sich die SPD die Tatsache zu Nutzen zu machen, dass unter ihrer Leitung die erste Übergangsregierung zu Friedenszeiten gestanden hatte. Den Frauen versprach die SPD neben den Streik- und Arbeitsrechten auch gleichen Lohn[41].

Für den Wahlkampf 1919 kamen erstmals politische Plakate zum Einsatz, die sich mitunter speziell an Frauen wandten. Ein Plakat der Deutschnationalen Volkspartei (DNVP) stellt einen Demonstrationszug dar. Abgebildet sind unterschiedlichste Menschen: Kinder, Jugendliche, Frauen und Männer, sie tragen ein Plakat mit der Aussage: „Die Deutschnationale Volkspartei ist die Partei des Mittelstandes – Wir alle wollen leben!! Wir alle wollen Brod!!“[42] Brot wurde in der Wahlkampagne als Synonym für Nahrung benutzt, was sich übersetzen lässt; ohne Brot

[37] Es ist unklar, ob es sich bei der Rednerin um Thekla Kauffmann, Mitbegründerin der württembergischen DDP und Mitgliedsfrau der Stimmrechtsbewegung, handelt. Zweifel sind angesichts der unterschiedlichen Schreibweise des Namens und der ungesicherten Doktorwürde nicht ganz auszuräumen.

[38] Ulmer Tagblatt vom 20.12.1918, S. 3; vom 23.12.1918, S. 4, vom 28.12.1918, S. 4 sowie vom 4.1.1919, S. 4–5.

[39] Ebd. vom 16. Januar 1919, S. 3.

[40] Ebd. vom 11. Januar 1919, S. 10.

[41] Vgl. SANWALD (wie Anm. 8) S. 72.

[42] Werner TROSTEL, Schlagwort Brot. Politische Plakate des 20. Jahrhunderts, Ulm 1997, S. 53.

gibt es kein Leben und keine Zukunft. Brotlose Zeiten waren in den menschlichen Erfahrungswelten immer auch Hungerzeiten. Wenige Wochen nach Kriegsende hatte sich die Versorgungslage nicht wesentlich verändert. Von daher spiegelt das in der Einführung angesprochene Plakat des Ausschusses der Frauenverbände, die Bedeutung der Frau und Mutter wider. Die brotschneidende Mutter charakterisierte die Frau als Ernährerin der Familie, die in Kriegszeiten die Arbeit auf dem Feld und in der Fabrik übernahm. Von emanzipatorischen Forderungen scheint die Zielrichtung des Plakats weit entfernt. Und doch veranschaulicht die Wahlwerbung, welch' große Bedeutung den Schlagworten „Frieden" und „Brot" in der Nachkriegszeit zugesprochen und welche Rolle den wählenden Frauen für die Sicherung beider Bereiche zugewiesen wurde. Oder, um im Sprachgebrauch von Alice Bensheimer zu bleiben: Frauen waren aufgerufen, „an den Nöten der Zeit mitzuheilen"[43].

Die Wahlen zu den verfassunggebenden Versammlungen in Württemberg und auf Reichsebene erbrachten in Ulm eine Bestätigung der zukünftigen Regierungskoalition in Berlin. Die Ulmer Reichstagsergebnisse für die SPD (41 Prozent) und die DDP (30,8 Prozent) lagen weit über dem Durchschnitt und für das Zentrum (18,7 Prozent) darunter. Dies entsprach den Ergebnissen auf Landesebene und spiegelte die soziale Zusammensetzung des Industriestandorts Ulm wider[44].

Mathilde Kühnert (1874–1957) war die einzige Frau, die in Ulm ein Mandat erringen konnte. Die zuvor politisch wenig in Erscheinung getretene Wahlkandidatin zog für das Zentrum in die württembergische Landesversammlung. Über ihr Leben ist wenig bekannt. Sie war in ihrer Kindheit nach Ulm gezogen, hatte hier die Volksschule besucht und war anschließend als Fabrikarbeiterin tätig. Sie heiratete in Leipzig und lebte bis zum Tod ihres Mannes in Ulm. Mathilde Kühnert war Vorstandsmitglied des Landesausschusses der württembergischen katholischen Arbeiterinnenvereine. Bei der Wahl 1920 trat sie nicht mehr an[45].

Ein wenig mehr Erfolg als auf Reichs- oder Landesebene hatten in Ulm Kandidatinnen anlässlich der Gemeinderatswahl im Mai 1919. Emmy Wechßler zog für die DDP, Katharina Lutz für die SPD in den Ulmer Gemeinderat. Von Katharina Lutz ist lediglich ihr Beruf – Hebamme – überliefert. Ergänzt wurden die Gemeinderätinnen wenige Monate später durch die Nachrückerin des Zentrums, Agnes Schultheiß (1873–1959). Sie entstammte einer großbürgerlichen Familie aus Danzig, hatte dort die höhere Mädchenschule besucht und eine pädagogische Ausbildung erhalten. In Leipzig und Danzig war sie als Lehrerin tätig gewesen, bevor sie in Oxford und Bonn Sprach- und Literaturwissenschaft studierte. 1906 heiratete sie Franz Schultheiß und kam mit ihm nach Ulm. Sie war Mitbegründerin und Vorsitzende (1912–1939) des Rettungsvereins „Guter Hirte", der sich besonders schwangerer und verstoßener Mädchen annahm. Agnes Schultheiß war eine gesellschaftspolitisch

[43] Ulmer Tagblatt vom 17.4.1914, S. 3.

[44] Der Stadtkreis Ulm. Amtliche Kreisbeschreibung, hg. von Landesarchivdirektion Baden-Württemberg in Verbindung mit der Stadt Ulm, Ulm 1977, S. 412.

[45] Raberg (wie Anm. 11) S. 223 f.

engagierte Frau mit großer Willenskraft. Über 20 Jahre war sie Vorsitzende des Guten Hirten und 1917 gründete sie außerdem noch einen Ortsverband des „Katholischen Frauenbundes“. Ihre Maxime lautete: „Politisch handeln durch Aufklärung in der Presse, durch Einfluss auf die Männer, auf die Kriegsteilnehmer und vor allem durch die Beteiligung an der Wahl!“[46]

5. Nach der Wahl ist vor der Wahl – Ausblick

Die Ulmer Frauenbewegung war eine breit verankerte bürgerliche Bewegung, die 1919 durchaus eine Geschichte aufzuweisen hatte. Der Verein „Frauenbildung-Frauenstudium“, der Teil eines überregionalen Netwerkes war, wurde in der Öffentlichkeit wahrgenommen. Politisch aktiv machte er durch Petitionen auf sich aufmerksam und versuchte tatkräftig Frauen fit zu machen für eine Mitwirkung in allen Bereichen der Gemeinde. Die Ulmer Abteilung gehörte zu den größeren des Gesamtvereins, wenn auch die Mitgliederzahlen sich ständig veränderten. Ihre Vorstandsfrauen fanden immer wieder Erwähnung in der Presse. Berta Hellmann und Berta Laupheimer-Gutermann waren zwei tatkräftige Frauen, die zum Zeitpunkt der Wahlen schon rund 60 Jahre alt waren. Hellmann war sicher eine großartige Organisatorin. Sie engagierte sich während der Kriegsjahre über alle Maßen in der Bahnhofspflege. Zu Ende des Krieges erkrankte sie und verstarb kurze Zeit später. In ihrem Kriegstagebuch finden sich leider kaum Aussagen zu ihren politischen Vorstellungen, Gedanken und Wünschen. Sie gab über weite Strecken nur die Kriegsnachrichten wieder.

Berta Laupheimer-Gutermann lebte zwischenzeitlich außerhalb von Ulm. Von ihr ist bekannt, dass sie außer für „Frauenbildung-Frauenstudium“ Initiatorin des Lesekreises „Frauenwohl“ und des Stimmrechtsverbandes war. Doch über ihre Tätigkeit als Organisatorin von Vorträgen hinaus ist nichts über ihr Engagement überliefert. Emmy Wechßler war bis 1933 im Ulmer Gemeinderat und meldete sich zu sozial- und kulturpolitischen Themen regelmäßig zu Wort. Ihr Anliegen war weiterhin die Bildung. Auch Agnes Schultheiß ist aus dem städtischen Leben in Ulm nicht wegzudenken. Ihr Augenmerk lag beim Mädchenschutz. Der von ihr gegründete „Gute Hirte“ wirkt bis in die Gegenwart fort. Mehrfache Mitgliedschaften in unterschiedlichen Frauenvereinen wie bei Laupheimer-Gutermann, Wechßler und Schultheiß waren nicht selten. Dies erschwert die differenzierte Zuordnung der Frauenrechtlerinnen zu politischen Strömungen. Während Hellmann und Laupheimer-Gutermann für die Wahlen nicht mehr kandidieren konnten, wagten Wechsler und Schultheiß den Schritt in das politische Leben und waren erfolgreich.

---

[46] Ilse SCHULZ, Agnes Schultheiß. Eine Ulmerin aus Danzig, in: Ulmer Frauenwege im 20. Jahrhundert, hg. vom Ökonomischen Arbeitskreis Frauen, Ulm 2006, S. 11–15, hier S. 11.

Insgesamt erhielten die Ulmer Repräsentantinnen des Vereins „Frauenbildung-Frauenstudium“ viel Anerkennung, wenn sie auch mitunter belächelt oder als Mitglieder des „Kapotthütlesverein“[47] verspottet wurden. Sie waren äußerst aktiv und hatten in ihren Veranstaltungen viel Publikum. Erstaunlich ist ihre reichsweite und insbesondere südwestdeutsche Vernetzung. Berta Hellmann notierte den Tod der Ehemänner von Alice Bensheimer und Julie Bassermann 1917 in ihrem Tagebuch, was nahe legt, dass es persönliche Beziehungen zu den Vorstandsdamen der badischen Landesorganisation von „Frauenbildung-Frauenstudium“ gegeben hatte. Die Vorsitzende der Stuttgarter Vereinssektion, Mathilde Planck[48], die in Neu-Ulm geboren wurde und dort die Schule besuchte, war ein gern gesehener Gast in Ulm. Von besonderer Bedeutung erscheint heute das Zusammenwirken der jüdischen und christlichen Frauen im Verein. Nur wenige Jahre später war dies nicht mehr möglich. Marga Baumgarten, die Ulmer nationalistische Frauenschaftsleiterin trat 1933 dem Verein bei. Jüdinnen wurden zum Austritt aufgefordert und der Verein gleichgeschaltet.

Doch zunächst galt es, die errungenen Mandate mit Inhalten zu füllen. Die neuen Betätigungsfelder von Frauen wurden in erster Linie im Bereich Familien- und Sozialpolitik gesehen, damit in Arbeitsfeldern, welche traditionell dem weiblichen Handlungsspielraum zugeordnet wurden. Dies lässt vermuten, dass Frauen keine Kompetenzen in anderen Bereichen zugestanden wurden. An diesem Punkt werden die Grenzen der weiblichen Partizipationsmöglichkeiten in der Weimarer Republik sichtbar, Grenzen, die bis in die Gegenwart fortwirken. Die Diskussionen um Quotenfrauen und die nach 100 Jahren immer noch aktuelle Forderung nach gleichem Lohn für gleiche Arbeit veranschaulichen die noch heute vorhandenen „gläsernen Decken“. Deutlich wird aber auch, dass geschlechtsspezifische Ungleichheiten in der Vorstellungswelt von Männern und Frauen beginnen. Die Durchsetzung der Gleichberechtigung scheint Geduld zu erfordern, sie ist nichts für Ungeduldige, sondern bedarf einer Politik der kleinen Schritte.

---

[47] Beck (wie Anm. 8) S. 5; Capote waren kleine Hüte, die unter dem Kinn gebunden wurden.

[48] Näheres bei Mascha Riepl-Schmidt, Mathilde Planck. Für Frieden und Frauenrechte, Leinfelden-Echterdingen 2009.

Kulturelle Repräsentationen, statistische Spurensuche und Bilanzen

„Es kommt doch nun auch was danach.“ 100 Jahre Frauenwahlrecht im Haus der Geschichte Baden-Württemberg

Franziska Dunkel

Die Entwicklung der Teilhabe unterschiedlicher Bevölkerungsgruppen in Baden, Württemberg und Hohenzollern an den verschiedensten Bereichen des Lebens von 1790 bis heute ist das zentrale Thema im ersten Teil der 2002 eröffneten Dauerausstellung im Haus der Geschichte Baden-Württemberg[1]. Insofern war es selbstverständlich, dass das hundertjährige Jubiläum des Frauenwahlrechts mit einer ganzen Reihe von Projekten und Veranstaltungen gewürdigt werden sollte. Die Große Landesausstellung 2018/19 zu Revolution und Republik 1918–1924 widmete sich in mehreren Untereinheiten dem Thema weiblicher Teilhabe; etliche Veranstaltungen thematisierten das Frauenwahlrecht und zwei Online-Projekte befassten und befassen sich in unterschiedlicher Intensität mit weiblicher Partizipation. Als eine Kuratorin der Großen Landesausstellung „Vertrauensfragen“ werde ich im Folgenden das Erinnern an Frauenpartizipation in der Sonderausstellung, in einem speziellen Führungsformat sowie im Online-Partizipationskalender vorstellen.

1. Die Sonderausstellung „Vertrauensfragen. Der Anfang der Demokratie im Südwesten 1918–1924“

Frauen waren in Museen lange Zeit unsichtbar beziehungsweise lediglich als Objekte, nicht aber als Subjekte von Kunst und Geschichte vertreten. Um Frauengeschichte dauerhaft in Museen zu integrieren, wurden in Deutschland erst in den 1980er Jahren mehrere Frauenmuseumsprojekte diskutiert, in Bonn und Wiesbaden auch realisiert[2]. Dieser Weg ist nicht unumstritten. So kritisiert die Museologin Regina Wonisch an der Konzeption von Frauenmuseen, Frauenausstellungen oder der Einrichtung von „Frauenecken“ in bestehenden Museen, dass damit Frauen wiederum ausgegrenzt werden und weist auf die Gefahr hin, so die Abwesenheit von Frauen im Hauptnarrativ zu legitimieren. Auch im Hinblick auf den Paradigmenwechsel weg von einer reinen Frauen- hin zur Geschlechter-

[1] Paula Lutum-Lenger, Die Gegenwärtigkeit der Geschichte. Eine Ausstellung zur südwestdeutschen Landesgeschichte seit 1790, in: Landesgeschichten. Der deutsche Südwesten von 1790 bis heute. Das Buch zur Dauerausstellung im Haus der Geschichte Baden-Württemberg, hg. vom Haus der Geschichte Baden-Württemberg, Stuttgart 2002, S. 10–21.

[2] Gerlinde Hauer (u. a.) (Hg.), Das inszenierte Geschlecht. Feministische Strategien im Museum, Wien 1997.

perspektive sollten Museen Frauen und Männer repräsentieren und dabei die Geschlechterverhältnisse und deren historische Bedeutung explizit thematisieren[3].

2018 haben Museen in Deutschland anlässlich des hundertjährigen Jubiläums des Frauenwahlrechts beide Wege beschritten[4]. Das Historische Museum Frankfurt lenkte mit der Ausstellung „Damenwahl! 100 Jahre Frauenwahlrecht“ vom 30. August 2018 bis zum 20. Januar 2019 den Blick explizit auf Frauenpartizipation von den Anfängen der Frauenbewegung über einen Schwerpunkt auf Kaiserreich und Weimarer Republik bis zu einem Ausblick auf die Situation heute[5]. Das Haus der Geschichte Baden-Württemberg nahm das hundertjährige Jubiläum der Novemberrevolution 1918 zum Anlass, mit dem Schwerpunkt auf „Vertrauen“ eine für die Demokratie eminent wichtige Ressource in ihrer historischen und gegenwärtigen Dimension zu präsentieren. In der Sonderausstellung „Vertrauensfragen. Der Anfang der Demokratie im Südwesten 1918–1924“ ging es nicht primär um Frauengeschichte, doch waren Geschlechterperspektiven in das Hauptnarrativ integriert, wie der vorliegende Beitrag aufzeigen wird[6].

Den Auftakt bildete ein Prolog zur Vertrauenskrise in den letzten Monaten des Krieges, die zur Revolution geführt hatte. Vor Großfotos von den letzten Panzerschlachten im Sommer 1918 und der massenhaften Gefangennahme deutscher Soldaten verwiesen Objekte zur Hungerkrise, zur Friedenssehnsucht, zu der Abdankung des Kaisers und dem Umsturz im November auf die Ursachen und unmittelbaren Folgen des Vertrauensverlusts. Dabei stammten zwei Objekte aus dem Lebensumfeld von Frauen. Ein Blutbrot aus dem Jahr 1918, bestehend aus Tierblut und Strohmehl, verwies auf die schwierige Versorgungssituation während der letzten Kriegsmonate[7]. Immer wieder protestierten vor allem Frauen gegen die Obrigkeiten, weil sie über das endlose, oft vergebliche Schlangestehen vor den Geschäften wütend waren[8]. Der Tanzstundenfächer einer 15-jährigen Ludwigs-

[3] Regina WONISCH, Facetten der Forderung nach Sichtbarkeit, in: DIES./Roswitha MUTTENTHALER (Hgg.), Rollenbilder im Museum. Was erzählen Museen über Frauen und Männer, Schwalbach im Taunus 2010, S. 10–15; vgl. Irmgard ZÜNDORF, Rezension zu: Monika HINTERBERGER/Susanne FLECKEN-BÜTTNER/Annette KUHN (Hgg.), „Da wir alle Bürgerinnen sind …“. Frauen- und Geschlechtergeschichte in historischen Museen. Leverkusen 2008 und Roswitha MUTTENTHALER/Regina WONISCH, Rollenbilder im Museum. Was erzählen Museen über Frauen und Männer? Schwalbach im Taunus 2010, in: H-Soz-Kult [17.2.2011], www.hsozkult.de/publicationreview/id/rezbuecher-14344 (letzter Zugriff: 27.05.2020).

[4] Eine Übersicht über alle Veranstaltungen inklusive Ausstellungen in Deutschland findet sich auf der Website https://www.100-jahre-frauenwahlrecht.de/mitmachen/100-jahre-frauenwahlrecht-veranstaltungen.html (letzter Zugriff: 27.05.2020).

[5] Dorothee LINNEMANN (Hg.), Damenwahl! 100 Jahre Frauenwahlrecht (Schriften des Historischen Museums Frankfurt, Bd. 36), Frankfurt a. M., 2018.

[6] Vertrauensfragen. Der Anfang der Demokratie im Südwesten 1918–1924, hg. vom Haus der Geschichte Baden-Württemberg, Stuttgart 2018.

[7] Stadtmuseum Crailsheim, Inv. Nr. 88_883_a.

[8] Friedrich LENGER, Metropolen der Moderne. Eine europäische Stadtgeschichte seit 1850, München 2013, S. 298.

burgerin symbolisierte die weit verbreitete Friedenssehnsucht. Öffentliche Tanzvergnügungen waren während des Weltkriegs verboten. Tanzunterricht durfte lediglich stattfinden, wenn garantiert werden konnte, dass die Veranstaltungen nicht zu einer „öffentlichen Tanzunterhaltung“ ausarteten. Nach Kriegsende zeigten sich Erleichterung und neue Lebensfreude dann in einer wahren „Tanzwut“. Der Fächer ist beschrieben mit meist allgemein-banalen Sinnsprüchen der Tanzherren, datiert von November 1918 bis Juli 1920: „Glücklich ist, wer vergisst, was nicht mehr zu ändern ist.“ oder „A bissle Lieb und a bissle Treu und a bissle Falschheit ist allweil dabei“[9]. Den Spruch „Pflück die Freuden, wie sie blühen“ nach Johann Wilhelm Gleim kann man aber als Motto einer Generation verstehen, die bislang vor allem Entbehrungen kannte. Diese beiden Exponate repräsentierten Lebenszusammenhänge, die geschlechterstereotyp vor allem Frauen zugewiesen wurden. Frauen als politische Subjekte kamen im Prolog der Ausstellung nur am Rande vor, als Teilnehmerinnen an den revolutionären Straßenprotesten, wie das Foto eines Demonstrationszugs durch die Stuttgarter Eberhardstraße vom 9. November 1918 veranschaulichte[10]. Das Foto der am selben Tag gebildeten und am 10. November um Mitglieder bürgerlicher Parteien erweiterten provisorischen Regierung zeigte dagegen nur Männer, und auch in dem badischen Pendant waren keine Frauen vertreten. Daraus ergab sich der Gesamteindruck, dass bis in die Revolution hinein Frauen politisch kaum repräsentiert waren.

Der Ausstellungsraum wurde gerahmt von Großfotografien von Männern, Frauen und Kindern aus Württemberg, Baden und Hohenzollern – teils als Individuen, teils als Gruppen. Sie repräsentierten den neuen Souverän, in dem Frauen nun gleichberechtigt vorhanden und vertreten waren. Über den Raum waren sechs „Foren“ verteilt: Vitrinenkarrees, die einerseits die historischen Exponate mit ihren Geschichten zeigten und andererseits mit interaktiven Elementen zur Auseinandersetzung mit der gegenwärtigen Demokratie anregten. Jedes Forum widmete sich einer Grundbedingung für das Vertrauen in die Demokratie: Teilhabe (1), Sicherheit (2), Zusammenarbeit (3), Glaubwürdigkeit (4)[11], Vielfalt (5) und Zugehörigkeit (6).

Während im Prolog Frauengeschichte implizit gezeigt wurde, stand sie im Forum „Teilhabe“ explizit im Fokus. Das zeigte schon der erste Blick auf diese Ausstellungseinheit, in der ein Plakat zum Frauenwahlrecht und eine Wahlurne dominierten (Abb. 1).

Im ersten Abschnitt „Räte und Demokratie“ widmete sich das Forum „Teilhabe“ (1) zunächst den Arbeiter- und Soldatenräten als den Gremien, die in der Revolution neu entstanden waren und die besonders mit ihr identifiziert werden. Letztere bestanden selbstverständlich nur aus Männern, aber Frauen waren auch in

[9] Ludwigsburgmuseum, Inv. Nr. 4606 V 98.

[10] Württembergische Landesbibliothek Stuttgart, Grafische Sammlungen, Rege.0092.

[11] Da leider im Forum Glaubwürdigkeit (4) Frauen sträflich unterrepräsentiert sind, wird in diesem Beitrag nicht weiter darauf eingegangen.

Abb. 1: Ausstellung „Vertrauensfragen“, Blick auf das Forum „Teilhabe“. (Haus der Geschichte Baden-Württemberg, Foto: Daniel Stauch, 2018, Signatur: A-2018/0335/10)

den Arbeiterräten unterrepräsentiert[12]. So waren unter den 319 Delegierten, die sich laut Teilnehmerverzeichnis am 25. und 26. November 1918 im Stuttgarter Gustav-Siegle-Haus zur ersten Vollversammlung des Arbeiterrates Groß-Stuttgart versammelten, beispielsweise nur neun Frauen[13]. Dennoch zeigte die Ausstellung hier die Ausnahme und präsentierte das Wahlprotokoll der Korsagen-Fabrik S. Lindauer & Co. in Cannstatt, in der die überwiegend weiblichen Beschäftigten eine Frau als Delegierte in das übergeordnete Rätegremium entsandten; der einzige männliche Kandidat erhielt lediglich eine Stimme[14]. Das daneben liegende Protokollbuch des Vollzugsausschusses des Groß-Stuttgarter Arbeiter- und Soldatenrates – eines rein männlich besetzten Gremiums – belegte nicht nur die mangelnde Repräsentation von Frauen. Aufgeschlagen war die Niederschrift der Nachmittagssitzung vom 26. November 1918, in der die Anerkennung der Gewerkschaften und die Bereitschaft zur Zusammenarbeit mit der provisorischen Regierung bekräftigt wurden, was zeigt, dass die mehrheitlich durch die Mehrheitssozialdemokratische Partei Deutschlands (MSPD) dominierten Räte im Süd-

[12] Kathleen Canning, Das Geschlecht der Revolution, in: Alexander Gallus (Hg.), Die vergessene Revolution von 1918/19, Göttingen 2010, S. 84–116, hier S. 91.

[13] Landesarchiv Baden-Württemberg, Hauptstaatsarchiv Stuttgart (im Folgenden: HStAS) E 135 a, Bü 13.

[14] Ebd., Bü 12.

westen wenig radikal dachten[15]. Dass Rätinnen trotz vielfältiger Konzepte für die Beteiligung von Frauen in der Rätebewegung kaum eine Rolle spielten, lag vor allem an der Demobilmachung, die die Arbeitsplätze von Frauen bedrohte. Darüber hinaus wirkten vermutlich tief verwurzelte Vorbehalte gegen die politische Arbeit von Frauen hemmend[16]. Möglicherweise waren viele Frauen auch nicht gewillt, sich in der wenig zukunftsträchtigen, aber mühseligen Rätearbeit aufzureiben, denn im deutschen Südwesten verstanden sich fast alle Räte von Anfang an lediglich als Übergangsphänomene, die die lokalen Verwaltungen bei der Bewältigung der besonderen Herausforderungen des Kriegsendes und der unmittelbaren Nachkriegszeit unterstützen sollten, so lange es noch keine demokratisch legitimierten Parlamente und Regierungen gab[17].

Unpolitisch waren die Frauen trotzdem nicht. Über 4.700 Tübingerinnen – bei einer Einwohnerzahl von etwa 20.000 sind das fast die Hälfte aller Frauen und Mädchen – unterzeichneten bis zum 12. Dezember 1918 eine Petition zur raschen Einberufung einer verfassunggebenden Nationalversammlung. Sie erhofften sich so Schutz vor dem „Überhandnehmen der Anarchie“, eine bessere Bekämpfung des Hungers und eine bessere Abwehr von „Willkür des vor den Toren stehenden Feindes“[18]. Nur eine kleine Gruppe um den Spartakusbund lehnte die Wahlen zur Verfassunggebenden Nationalversammlung als bourgeoises Projekt ab und versuchte vergeblich, sie Anfang Januar zu verhindern. Der Wunsch der Tübingerinnen ging in Erfüllung.

Der zweite Bereich, „Wählen und Wahlen“, thematisierte zunächst die Mobilisierung von Wählerinnen und Wählern für die Wahlen zur Verfassunggebenden Landesversammlung in Württemberg am 12. Januar und zur Nationalversammlung am 19. Januar 1919. Deutschlandweit gab es rund zwei Millionen mehr Wählerinnen als Wähler[19]; keine Partei konnte sich dieses Stimmenpotential entgehen lassen, und so versuchten auch diejenigen Parteien und Verbände, die bislang dem Frauenwahlrecht eher skeptisch gegenüber gestanden hatten, Frauen zu mobilisieren. In der Stuttgarter Ausstellung waren zwei Flugblätter zu sehen, die sich an bisherige Nichtwähler*innen wandten. Die Deutsche Demokratische Partei (DDP) appellierte „An die Frauen“, im Interesse der Versorgung Alter, Kranker und Invalider, aber auch, um gleiches Recht und Gesetz für alle zu garantieren und einen vom Spartakusbund angeblich intendierten Bürgerkrieg zu vermeiden, zu den Parteiversammlungen der DDP zu kommen und ihre Kandidaten zu wählen[20]. Ein

[15] Ebd., Bü 20.
[16] Axel Weipert, „Frauen für die Räte, die Frauen in die Räte“? Konzepte und Praxen von Frauen in der Rätebewegung 1918–1920, in: Ariadne 73/74 (2018) S. 40–47, hier S. 45.
[17] Eberhard Kolb/Klaus Schönhoven (Bearb.), Regionale und lokale Räteorganisationen in Württemberg 1918/19, Düsseldorf 1976, S. LXIV f.
[18] HStAS E 130 a, Bü 733.
[19] Damenwahl! (wie Anm. 5) S. 159.
[20] Haus der Geschichte Baden-Württemberg (im Folgenden: HdGBW), Inv.Nr. 2010/0656/01–11. Vgl. hierzu den Beitrag von Christopher Dowe in diesem Band.

zweites Flugblatt, diesmal der Zentrumspartei, spricht eine andere Gruppe der Erstwähler an, nämlich die Soldaten, die im Kaiserreich als „unpolitische“ Klasse ebenfalls nicht hatten wählen dürfen[21]. Frauenvereine gründeten ein eigenes Propagandainstrument, den „Ausschuss der Frauenverbände Deutschlands“, der sich mit zahlreichen Flugblättern und Wahlaufrufen direkt an die Wählerinnen richtete. Die Ausstellung zeigte das bekannte Plakat „Eure Kinder brauchen Frieden und Brot. Darum Frauen: Wählt!“, das mit dem damals vorherrschenden Frauenbild des Differenzmodells warb, indem es an den Mutterinstinkt appellierte[22]. Der „Württembergische Verein für Frauenstimmrecht“ ließ ein Flugblatt verteilen, das Frauen unter den Überschriften „Was tut die wahlberechtigte Frau vor dem Wahltage?“, „Was tut die wahlberechtigte Frau am Wahltage?“, „Was tut die vernünftige Frau nicht?“ die grundlegenden Informationen über Wählen und Wahlrecht nahebrachte[23]. Diese massiven Mobilisierungsbemühungen hatten Erfolg: Zwischen 80 und 90 Prozent der wahlberechtigten Frauen gaben ihre Stimme ab, prozentual etwa gleich viel wie Männer.

Frauen konnten nicht nur wählen, sondern auch gewählt werden. Die nicht verwendeten Wahllisten aus dem Nachlass eines Erstwählers, des Ulmer Standortkommandierenden Generalmajor von Adolf von Schempp (1846–1929), die neben einer Wahlurne ausgestellt waren, machten nicht nur die Wahlprozedur rekonstruierbar, sondern zeigten die Position der Kandidatinnen auf den Listen: eher auf den hinteren Plätzen[24]. So war (für die Reichstagswahl) die Vorsitzende des „Katholischen Deutschen Frauenbunds“ Hedwig Dransfeld (1871–1925) von der Zentrumspartei auf einen schlechten Listenplatz gesetzt worden, um einen verdienten Mann zu ehren. Man appellierte an ihre (typisch weibliche?) Kompromissbereitschaft: „Wir haben zu Ihrem oft bewährten generösen Sinn das Vertrauen gehabt, daß Sie uns deswegen keine Schwierigkeiten machen werden.“ Dransfeld ärgerte vor allem diese mit Genderklischees arbeitende Argumentation[25]. In Württemberg bekam die Pionierin des Frauenwahlrechts Clara Zetkin (1857–1933), von 1892 bis 1917 Herausgeberin der Frauenzeitschrift der Sozialdemokratischen Partei Deutschlands (SPD) mit dem programmatischen Titel „Die Gleichheit“, den besten Listenplatz: Sie stand bei der Unabhängigen Sozialdemokratischen Partei Deutschlands (USPD) auf Platz drei. 13 Frauen schafften es in das aus 150 Abgeordneten bestehende württembergische Parlament. Die USPD erhielt vier Sitze, Clara Zetkin konnte also die USPD mit vertreten. Von den 52 SPD-Abgeordneten waren vier Frauen, von den 38 DDP-Repräsentanten fünf. Das Zentrum entsandte 28 männ-

21 HdGBW, Inv.Nr. 2009/1522/01.

22 Ebd., Inv.Nr. 2000/0993.

23 Ebd., Inv.Nr. 2010/0639. Vgl. hierzu den Beitrag von Corinna Schneider in diesem Band.

24 StadtA Ulm, H Ernst Max 40.

25 Heide-Marie Lauterer, „Neulinge“, „Novizen“ und Berufspolitikerinnen. Parlamentarierinnen in der Weimarer Republik. Wahlrecht, Wahlbeteiligung und Wahlergebnis 1919, in: Günther Schulz (Hg.), Frauen auf dem Weg zur Elite, München 2000, S. 79–96, hier S. 91.

liche und drei weibliche Abgeordnete, die 25 Abgeordneten der Bürgerpartei, des Bauernbunds und des Kleinbauern- und Weingärtnerbunds waren alles Männer. In Baden waren neun von insgesamt 107 Abgeordneten Frauen – vier von den 36 SPD-Mitgliedern, vier von den 39 Zentrumsangehörigen, aber nur eine unter den 25 Parlamentariern der DDP, Marianne Weber (1870–1954). Ihr widmete sich die Ausstellungseinheit „Die Abgeordnete".

„Es ist auch ganz reizvoll bei den Demokraten das einzige Hühnchen im Korbe zu sein, u. die Parteifreunde sind ganz bethulich mit ihrer Frau, mal bringt mir der Eine ein Stück Kuchen von daheim, mal der andre zur Stärkung Bonbons", kommentierte Marianne Weber in einem Brief an ihre Schwiegermutter Helene Weber (1844–1919) ihre Ausnahmeposition[26]. Dass sie mit ihrer Parlamentsrede am 15. Januar 1919 die erste Frau war, die als gewählte Abgeordnete vor einem demokratisch gewählten deutschen Parlament sprach, wird im vorliegenden Band im Beitrag von Sybille Oßwald-Bargende ausführlich gewürdigt. Die Ausstellung im Haus der Geschichte Baden-Württemberg präsentierte die gesamte Rede als nachgesprochenes Tondokument, ergänzt von einem Brief Marianne Webers an ihre Freundin Marie Baum (1874–1964), der einen Einblick in den oft mühsamen Parlamentsalltag gewährte[27].

Denn im Parlament zu sein hieß für Frauen keineswegs automatisch, dort überhaupt oder als weibliche Stimme wahrgenommen zu werden. Während in der badischen Verfassunggebenden Versammlung bereits auf der ersten Sitzung am 15. Januar drei Frauen sprachen, dauerte es in Württemberg bis zur 6. Sitzung am 29. Januar, ehe einer Frau das Wort erteilt wurde. Clara Zetkin sprach, anders als Marianne Weber, dann zunächst nicht im Namen der Frauen zum Thema Frauenpartizipation, sondern griff entsprechend ihrer Vorstellung von der Gleichheit von Männern und Frauen ohne Bezugnahme auf ihr Geschlecht die „bürgerliche Politik" der Regierung an und forderte die „Überwindung der bürgerlichen und der kapitalistischen Gesellschaft." Erst im weiteren Verlauf ihrer Rede erinnerte sie daran, dass das Frauenwahlrecht eine Errungenschaft der Revolution gewesen sei[28]. Nach dieser Rede waren die Frauen im württembergischen Parlament wieder lange stumm. Erst am 8. März 1919, in der 13. Sitzung, kamen vier Frauen zu Wort, die gegen die Demobilmachungsverordnung protestierten, die sich also spezifisch frauenpolitisch äußerten[29]. Frauen wurden im Parlament oft als „Fremdkörper" wahrgenommen und nicht selten ausgegrenzt. Es gab keine Verstärkeranlagen, man musste also sehr laut sprechen, was manche Frauen als Problem empfanden.

[26] Bayerische Staatsbibliothek München, NL Max Weber, Ana 446.C, 9. Februar 1919.

[27] Universitätsbibliothek Heidelberg (im Folgenden: UB Heidelberg), NL Marie Baum, EE 2–107, Bl. 31, 6.2.1919.

[28] Verhandlungen der verfassunggebenden Landesversammlung beziehungsweise des Landtags des freien Volksstaates Württemberg in den Jahren 1919 und 1920, Protokoll-Band 1, 6. Sitzung, 29.1.1919, S. 112–120.

[29] Ebd., 13. Sitzung, 8.3.1919, S. 286–296.

Regelmäßig warfen Männer Frauen im Parlament „Gekreisch“ vor[30]. Die meisten Parlamentarierinnen redeten nur, wenn es um ihr Spezialgebiet ging; das traf zwar auch für die meisten männlichen Parlamentarier zu, jedoch brachte es die Dominanz der Männer in zahlreichen Berufen mit sich, dass Männer viel mehr Spezialgebiete für sich reklamieren konnten als Frauen, für die dann eben Frauenpolitik und Sozialpolitik reserviert schienen. Viele Debatten gerade in den Anfangssitzungen drehten sich um Verfahrensfragen – auch hier waren Männer, die schon langjährige Parlamentserfahrung mitbrachten, im Vorteil. Bei juristischen Fragen wurden Frauen ebenfalls nicht als Expertinnen für voll genommen, weil sie reichsweit erst ab 1922 zum Referendariat und zur Zweiten juristischen Staatsprüfung zugelassen wurden – der Deutsche Richterbund und der Deutsche Anwaltsverein hatten noch 1921 damit argumentiert, dass „Frauen ihrer Natur nach zu jeden Berufsarten, die strengste Sachlichkeit, Unbestechlichkeit des Urteils, Ruhe und Besonnenheit erfordern“, ungeeignet seien[31]. Marianne Weber empfand den Alltag als Parlamentarierin zwiespältig. Einerseits war sie stolz auf ihre neuen Möglichkeiten der Mitwirkung: „Die Dinge interessieren mich sehr, und man trägt ja auch die endlosen Verhandlungen über jedes Sätzchen der Verfassung geduldig, wenn man sich sagen kann ‚es kommt doch nun auch was danach.‘ Auch das Menschliche und Psychologische, was man neu erlebt und beobachtet, nimmt mein Interesse hier! Auch ich bin stolz und befriedigt, dass die Spuren der weiblichen Abgeordneten in der Verfassung kenntlich sein werden, indem in den ‚Generalrechten‘ jedenfalls die Verfassungskommission vier unscheinbare Wörtlein auf meinen Antrag aufgenommen hat: ‚Ohne Unterschied des Geschlechtes.‘“ Dies schrieb sie an ihre Freundin Marie Baum, die als Abgeordnete in der Weimarer Nationalversammlung saß. Doch andererseits hatte sie Zweifel: „Ob man aber als Abgeordnete dauernd in einem solchen Betrieb und als Ehefrau die Hälfte des Lebens auswärts zu bringen möchte, und dies alles bestehen könnte, ohne an Seele und Geist zu veröden – das ist mir doch sehr zweifelhaft, und ein banaler Durchschnittsparlamentarier zu werden, wäre doch trotz allem keine erhebende Aussicht.“[32] Nach dem Ende der ersten Legislaturperiode zog Marianne Weber nach München, wohin ihr Mann, Max Weber, einen Ruf erhalten hatte. Auf ihren Platz im badischen Parlament rückte ein Mann nach.

Frauen mit Gremienerfahrungen lachten oft, wenn sie in der Ausstellung Marianne Webers Brief an Marie Baum hörten – die Probleme kamen ihnen offenbar bekannt vor! Die Ausstellung lud auf verschiedenen Ebenen dazu ein, die historische Situation mit der heutigen Situation zu vergleichen – immer im Be-

---

[30] Thomas Mergel, Parlamentarische Kultur in der Weimarer Republik. Politische Kommunikation, symbolische Politik und Öffentlichkeit im Reichstag, Düsseldorf 2002, S. 105.

[31] Marion Röwekamp, Der graue Alltag des Stimmrechts? Die Zulassung von Frauen zu den juristischen Berufen als ein Schritt zu Citizenship-Rechten in der Weimarer Republik, in: Ariadne 73/74 (2018) S. 90–99, hier S. 94.

[32] UB Heidelberg, NL Marie Baum, EE 2–107, Bl. 31.

wusstsein der grundsätzlichen Historizität von Erfahrungen. Im Bereich „Teilhabe" konnten die Besucherinnen und Besucher über neun Vorschläge abstimmen, wie man in der heutigen Demokratie Partizipation verbessern könnte. Die neunte Frage lautete: „Sollen die Parteien gesetzlich verpflichtet werden, mehr Frauen bei Wahlen zu nominieren?" Der Erläuterungstext informierte darüber, dass Frauen im Bundestag und besonders im Landtag von Baden-Württemberg mit 31 beziehungsweise 24,3 Prozent der Abgeordneten immer noch unterrepräsentiert sind. Von 3.030 Personen, die diese Frage bis zum 11. April 2019 beantwortet hatten, sprachen sich 58 Prozent gegen eine Quotenregelung aus.

Während die Ausstellung im Bereich „Teilhabe" die politische Partizipation explizit mit einem Schwerpunkt auf Frauen thematisierte, war in den anderen fünf Themenbereichen die Geschlechterperspektive nicht der Fokus; doch befasste sich in jedem Forum mindestens eine Einheit mit einem frauenspezifischen Thema.

Das Forum Sicherheit (2) thematisierte die Ausstellung nicht nur als physische Sicherheit mit Objekten zur Abwicklung der Armee, dem Aufbau neuer, nicht zuverlässig republikanischer Sicherheitskräfte oder der Abwehr von Republikgegnern, sondern auch als ökonomische Sicherheit. Denn die Revolution hatte dem Sozialstaatsgedanken zum Durchbruch verholfen. Der Staat verstand in den Anfangsjahren soziale Maßnahmen als Möglichkeit, gesellschaftspolitisch Einfluss zu nehmen und sah sich in der Verantwortung für das soziale Wohlergehen der Bürgerinnen und Bürger[33]. Dies führte zwar angesichts der großen wirtschaftlichen und sozialen Probleme zu einer Überforderung der Sozialsysteme, doch erwiesen sich die Bemühungen langfristig als wegweisend, so das Fazit von Volker Hentschel: „Aufs Grundsätzliche hin gesehen hat die Weimarer Republik für die Entwicklung des Sozialstaats vermutlich mehr geleistet als Kaiserreich und Bonner Republik."[34]

Eine der wenigen Frauen, die nach 1918 nicht nur in der Legislative, sondern auch in der Exekutive hohe politische Ämter bekleideten, war Marie Baum. Sie war von 1919 bis 1921 Abgeordnete der DDP in der Weimarer Nationalversammlung und im Reichstag, seit Ende 1919 zunächst „Hilfsreferent", 1920 „Regierungsrat" und schließlich ab 8. November 1921 „Oberregierungsrat" im badischen Arbeitsministerium[35]. Eines ihrer Herzensprojekte wurde in der Ausstellung eingehend gewürdigt: das Kindererholungslager auf dem Heuberg bei Stetten – das größte deutsche Erholungsheim für kriegsgeschädigte Kinder. Baden und Württemberg betrieben das Heim gemeinsam, die Finanzierung teilten sich Reichsfinanzministerium, die beiden Länder, Kommunen, Kriegshinterbliebenenfürsorge,

[33] Christoph SACHSSE/Florian TENNSTEDT, Geschichte der Armenfürsorge in Deutschland, Bd. 2: Fürsorge und Wohlfahrtspflege 1871–1929, Stuttgart 1988, S. 211.

[34] Volker HENTSCHEL, Die Sozialpolitik in der Weimarer Republik, in: Karl Dietrich BRACHER/Manfred FUNKE/Hans Adolf JACOBSEN (Hgg.), Die Weimarer Republik 1918–1933. Politik, Wirtschaft, Gesellschaft, Düsseldorf 1987, S 197–217, hier S. 198.

[35] Petra SCHAFFRODT, Marie Baum. Ein Leben in sozialer Verantwortung, Ubstadt-Weiher 2000, S. 48 f.

Wohlfahrtsvereine und Auslandshilfe; auch die Eltern mussten sozial gestaffelte Beiträge übernehmen. Über 100.000 mangelernährte Kinder wurden im Kindererholungslager Heuberg in den 13 Jahren seines Bestehens betreut. Das Ferienlager leistete somit einen wichtigen Beitrag zur Ernährungssicherung. Fotos von Jugendgruppen, ein Hocker und Karteikarten, auf der die Gewichtszunahme der Kinder dokumentiert ist, gaben vom Alltag im Erholungsheim Zeugnis. Wie wichtig Marie Baum den Heuberg nahm, kann man aus ihrer Kündigung im Mai 1926 erschließen, die unmittelbar mit der negativen Haltung des ihr seit 1924 vorgesetzten Innenministers Adam Remmele zu dem Kindererholungslager zusammenhing.

Im Forum „Zusammenarbeit" (3) wurden unterschiedliche Kooperationsformen in den Blick genommen, die zum Funktionieren des Gemeinwesens beitrugen und so das Vertrauen in den Staat förderten, beispielsweise die Anfänge der Tarifpartnerschaft zwischen Arbeitgebern und Arbeitnehmern oder die zahlreichen Wohnungsbaugenossenschaften. Die Aushandlungsprozesse zwischen privaten und kommunalen Institutionen wurden am Beispiel des württembergischen „Landesausschusses für Säuglings- und Kleinkinderschutz" vorgestellt. Da Säuglings- und Kinderversorgung ein traditionell Frauen zugeschriebener Bereich war, richtete der Verein – in dessen Vorstand 14 Männer und zehn Frauen saßen, unter dem Vorsitz eines Mannes, Staatsrat Hermann von Kern – seine Arbeit vor allem auf Frauen aus. Der 1917 gegründete Landesausschuss koordinierte als Ausbildungs-, Informations- und Zentralstelle alle Aufgaben des Säuglings- und Kleinkinderschutzes. Von ihm besoldete Fürsorgeschwestern widmeten sich der „Heranbildung der weiblichen Jugend zu tüchtigen Hausfrauen und Müttern"[36]. Sie boten Weiterbildungskurse für Hebammen, Kinderpflegerinnen und Ärzte an, überwachten die Pflegestellen für Ziehkinder und beaufsichtigten unverheiratete junge Mütter. Der Verband finanzierte Mütterberatungsstellen, Wöchnerinnenheime und Säuglingskrippen – kurz, er war „die Zusammenfassung und der Mittelpunkt der Bestrebungen für Säuglings- und Kleinkinderschutz", wie Staatsrat Herrmann von Kern im Rückblick auf der Mitgliederversammlung 1920 resümierte[37]. In der Weimarer Republik übernahmen die Kommunen wichtige Aufgaben der Jugendfürsorge; in Württemberg wurden diese Fürsorgemaßnahmen bereits mit der Verwaltungsreform von 1919 in neu zu gründenden städtischen Jugendämtern gebündelt. Das württembergische Jugendamtsgesetz vom 8. Oktober 1919 nahm damit das spätere Reichsjugendwohlfahrtsgesetz von 1922/24 vorweg[38]. Die Aufgaben der bislang vom Landesausschuss beschäftigten Fürsorgerinnen gingen auf vom Jugendamt angestellte Bezirksfürsorgerinnen über. Für den Landesausschuss war dies ein tiefer Einschnitt, da ein großer Teil seiner Aufgaben

[36] Landesarchiv Baden-Württemberg, Abt. Staatsarchiv Ludwigsburg (im Folgenden: StAL) PL 414, Bü 4, Bericht der Freudenstädter Bezirkspflegerin Berta Huß, 19.4.1919.

[37] Ebd., Protokoll der Mitgliederversammlung, 22.4.1920.

[38] Hans-Peter JANS, Sozialpolitik und Wohlfahrtspflege in Ulm 1870–1930, Ulm 1994, S. 454 f.

entfiel; von einer Koordinationszentrale wurde er zu einem Player unter Vielen herabgestuft. Überflüssig geworden war er aber nicht, denn die Kommunen waren schon aus finanziellen Gründen gar nicht in der Lage, alle Aufgaben zu erfüllen und daher auf die Mitarbeit privater Träger angewiesen. Diese Kooperation wurde dadurch institutionalisiert, dass das Jugendamt kollegial verfasst war und im quasiparlamentarischen Gremium der Landesjugendkommission Kirchen und Vereine, darunter auch der Landesausschuss, vertreten waren. Das Knowhow und die Kontakte des Landesausschusses blieben unverzichtbar. So gestaltete sich der Übergang fließend, „Kind für Kind, Gemeinde für Gemeinde" sollten die Aufgaben ab April 1920 schrittweise aufs Jugendamt übertragen werden[39]. Man kam überein, dass das Jugendamt die praktischen Fürsorgeaufgaben übernahm, der Landesausschuss den Bildungsbereich. Zehn bis zwölf Wanderlehrerinnen zogen, mit einem Wanderkorb ausgerüstet, übers Land und hielten bis zur Auflösung des Verbands 1938 insgesamt 1.315 Kurse in Kinder- und Krankenpflege[40]. Vor allem auf dem Land übernahmen oft ältere Geschwister die Pflege und Erziehung der Kleinkinder; diesen „Kindsmägdles" galt daher die besondere Aufmerksamkeit der Wanderlehrerinnen. Fotos von den Kursen sowie ein Wasserfarbbild aus dem Unterricht dokumentierten in der Ausstellung die Arbeit der Wanderlehrerinnen, Säuglingskleidung und Milchflasche zeigten das Arbeitsmaterial[41]. Die Zusammenarbeit von privaten und kommunalen Trägern bei der Säuglingsfürsorge war erfolgreich: Die Säuglingssterblichkeit in Württemberg sank kontinuierlich von 15,5 Prozent im Jahr 1918 auf 6,4 Prozent 1932[42].

Während mit der Säuglingspflege ein Bereich vorgestellt wurde, der gesellschaftspolitisch traditionell Frauen zugeordnet wurde, zeigte die Ausstellung im Forum „Vielfalt" (5) das Aufkommen neuer Rollenbilder am Beispiel von drei Motorsportlerinnen – eine der wenigen Sportarten, in der Frauen direkt mit Männern konkurrieren konnten. Die Öhringerin Helene Wranovsky (1907–1973) trat 1924 erstmals bei dem bekannten Solitude-Rennen an. Da sie mit 17 Jahren noch nicht volljährig war, musste ihr Vater sie anmelden. In der Klasse Motorräder bis 250 ccm errang sie bei dem Bergrennen den zweiten Platz[43]. Während das Beispiel der „flotten Helene" neue Freiräume für heranwachsende, unverheiratete Frauen aufzeigte, stand Hilda Wickenhäuser für verheiratete bürgerliche Frauen. Sie hatte zusammen mit ihrem Mann in München eine NSU-und Fiat-Vertretung aufgebaut und war in der Weimarer Republik eine der bekanntesten Autorennfahrerinnen. 1923 fuhr sie beim Solitude-Rennen mit ihrem NSU 5/15 PS auf den

---

39 StAL PL 414, Bü 4, Protokoll der Ausschusssitzung vom 22. April 1920.
40 Ebd., Bü 13.
41 Fotos und Bild aus: Ebd., Bü 15, Bü 36. Kleidung und Flasche HdGBW, Inv.Nr. 2008/0444; 2008/0446; 2011/0959.
42 StAL PL 414, Bü 8.
43 Frank-Albert Ilg/Thomas Mehne, Die Solitude-Rennen. Motoren, Männer, Menschenmassen, Weissach 2003, S. 26.

zweiten Platz[44]. Die Freiräume, die sich Frauen wie Helene Wranovsky oder Hilda Wickenhäuser boten, basierten auf gesellschaftlichen Aushandlungsprozessen, die durch die Verheißungen und Versprechungen des Menschen- und Gesellschaftsbildes der neuen Demokratien geprägt waren. Sie „weckten und bestärkten auch das Vertrauen, Rechte und Freiräume wahrnehmen und neu nutzen zu können", und wirkten daher emanzipatorisch[45].

Dass die Partizipationsangebote für Frauen im Bereich der Wirtschaft stark eingeschränkt waren, zeigte die Ausstellung im letzten Forum „Zugehörigkeit" (6) beim Thema „Kriegsheimkehrer und Kriegserinnern". Denn die Integration der demobilisierten Kriegsheimkehrer in den Arbeitsmarkt funktionierte vor allem deshalb, weil die zurückgekommenen Soldaten die Arbeitsplätze erhalten sollten, die während des Krieges mit Frauen besetzt worden waren. Unter der Überschrift „Die Frauen müssen heraus" hatte das Preußische Kriegsministerium bereits am 8. November 1918 in einer Denkschrift die Entlassung von Frauen zugunsten von Kriegsteilnehmern angeregt[46]. Im Januar 1919 erließ das Reichsministerium für wirtschaftliche Demobilmachung eine Verordnung, die die Wiedereinstellung der Arbeiter an ihren alten Arbeitsplätzen garantierte. Damit die örtlichen Demobilmachungsausschüsse notfalls auch Kündigungen anordnen konnten, erließ das Ministerium am 28. März 1919 eine weitere Verordnung, die – formal geschlechterneutral – „die Entlassung derjenigen männlichen und weiblichen Arbeitnehmer ermöglicht, die nicht auf den Verdienst aus ihrer derzeitigen, nur anläßlich des Krieges angenommenen Stellung angewiesen sind und nun bedürftigen Volksgenossen, namentlich Kriegsbeschädigten und sonstigen Kriegsteilnehmern, Platz machen könnten"[47]. In der Realität traf diese Verordnung fast ausschließlich Frauen. Der „Verband der weiblichen Handels- und Büroangestellten" in Karlsruhe kritisierte am 20. September 1919 diese frauenfeindliche Demobilmachungsverordnung mit deutlichen Worten: „Die politische Gleichberechtigung ist für uns berufstätige Frauen bedeutungslos, wenn uns nicht auch wirtschaftliche Gleichberechtigung gewährt wird"[48]. Doch Frauen zogen den Kürzeren: So suchten 1924 in Baden 24.429 Frauen, aber nur 1.690 Männer Arbeit über private Arbeitsvermittler[49]. Der Kampf um Arbeitsplätze polarisierte und wurde auf Kosten der Schwächeren ausgetragen. Obwohl sich die Ausstellung zum

---

[44] Solitude 1903–1965. Das Automobilrennen, hg. vom ADAC Württemberg, Augsburg 1990, S. 11, S. 14, S. 17.

[45] Christopher Dowe, Neue Freiräume, in: Vertrauensfragen (wie Anm. 6) S. 142–143, hier S. 143.

[46] Richard Bessel, „Eine nicht allzu große Beunruhigung des Arbeitsmarktes." Frauenarbeit und Demobilmachung in Deutschland nach dem Ersten Weltkrieg, in: Geschichte und Gesellschaft 9 (1983), S. 211–229, hier S. 211.

[47] Landesarchiv Baden-Württemberg, Generallandesarchiv Karlsruhe 237, Nr. 26942. Vgl. hierzu den Beitrag von Sylvia Schraut in diesem Band.

[48] Ebd., Nr. 26942.

[49] Statistisches Jahrbuch Baden 1925, S. 110.

Ziel gesetzt hatte, vor allem die Chancen zu betonen, welche die neue Demokratie eröffnete, verwies sie bei allen Themen, so auch bei der Frauenpartizipation, auch auf problematische Entwicklungen, und machte so verständlich, wie fragil die Republik war.

Um die Ausstellungsbesucherinnen und -besucher für aktuelle Probleme zu sensibilisieren, regten nicht nur die interaktiven Stationen in der Mitte eines jeden Forums zur Auseinandersetzung mit Vertrauensfragen in der heutigen Demokratie an, sondern Landtagspolitiker*innen und Akteur*innen äußerten sich in jedem Forum in einer Videostation zu Fragen des Demokratievertrauens heute. Im Forum „Vielfalt" erzählte beispielsweise der Hausmann Matthias Fiola von dem „Privileg [...] so dicht bei meinen Söhnen sein zu dürfen". Die Autorin des Blogs „primamuslima", Merve Kayikci, berichtete von den Bedenken, die ihr von Mitschüler*innen und Lehrer*innen entgegenschlugen, nachdem sie sich entschlossen hatte, das Kopftuch anzulegen: „Ich musste sozusagen schon als junges Mädchen beweisen, dass ich Teil der Gesellschaft sein will." Und sie plädierte für grenzenlose Vielfalt: „Selbst wenn jemand ganz, ganz anders ist als ich und so ist, dass ich ihn gar nicht mag oder akzeptieren will, muss ich trotzdem damit umgehen, dass diese Person da ist, und das Wichtige ist nur, dass die Gesellschaft trotzdem im Gleichgewicht bleibt." Die in den Interviews vertretenen Thesen sollten die Besucherinnen und Besucher anregen, über den Wandel von Rollenbildern oder die von kontroversen Konnotationen bestimmte Haltung zum muslimischen Kopftuch zu diskutieren. So konnte die Ausstellung selbst ein Forum, eine „Agora" werden, in der „‚die Bürgerinnen und Bürger im Angesicht der dinglichen Überbleibsel ihrer kulturellen Tradition im gewaltfreien Austausch der Argumente sich darüber aufklären, woher sie kommen, wer sie sind und wohin sie wollen'"[50].

2. Themenführung „Frauenwahlrecht"

Die Sonderausstellung konnte nur einen kleinen Ausschnitt der Geschichte weiblicher Partizipation beleuchten. Um zu verdeutlichen, dass das Wahlrecht für Frauen zwar vom Rat der Volksbeauftragten eingeführt wurde, aber nicht vom Himmel fiel, und dass auch nach hundert Jahren Frauenwahlrecht viel zu wünschen übrig bleibt, entwickelte das Haus der Geschichte Baden-Württemberg eine Kombinationsführung mit der Dauerausstellung, die politische Teilhabe von Frauen vom Kaiserreich bis in die 1980er Jahre thematisierte. Den Auftakt bildete hierbei die proletarische Frauenbewegung im Kaiserreich. Clara Zetkin wurde als Redakteurin der Zeitschrift „Die Gleichheit" und als Teilnehmerin der ersten

---

[50] Michael PARMENTIER, Agora. Die Zukunft des Museums, zit. nach: Caroline GRITSCHKE, Vertrauensfragen heute: Mitreden und Mitmachen, in: Vertrauensfragen (wie Anm. 6) S. 12–13, hier S. 13.

Internationalen Frauenkonferenz in Stuttgart gezeigt[51]. Daneben ging es um Frauenbildung als wichtiges Ziel der Frauenbewegung im 19. Jahrhundert. Anschließend widmete sich die Führung im Bereich „Demokratie im Medienzeitalter“ den Defiziten in der parlamentarischen Repräsentation von Frauen in den 1970er und 1980er Jahren, der zweiten Frauenbewegung und den frühen Bemühungen der Grünen um Geschlechterparität. Daran schloss sich der Rundgang durch die Sonderausstellung mit einem Schwerpunkt auf das Forum „Teilhabe“ an. Den Auftakt zu diesem Format bildete eine Matinee zum Frauenwahlrecht am 5. Januar, dem Tag, an dem die Badenerinnen erstmals wählen durften; seither wurden diese Führungen besonders im Januar und Februar häufig nachgefragt.

3. Partizipationskalender

Vom 200. Jahrestag der badischen Verfassung (22. August 2018) bis zum 200. Jahrestag der württembergischen Verfassung (25. September 2019) bot darüber hinaus der Online-Kalender „Des Volkes Stimme“ multimediale Beiträge zu markanten Daten der Partizipation im deutschen Südwesten. Das Gemeinschaftsprojekt der Staatsrätin für Zivilgesellschaft und Bürgerbeteiligung, Gisela Erler, und des Hauses der Geschichte Baden-Württemberg illustrierte so die Entwicklung der Partizipation im Land – und widmete sich an wichtigen Daten ebenfalls der Teilhabe von Frauen. Mit dem Auswahlbutton „Gleichberechtigung“ waren am 16. April 2019 insgesamt 19 Beiträge zu diesem Themenbereich abrufbar[52]. Am 5. Januar ging es um das Frauenwahlrecht und die badische Zentrumsabgeordnete Anna Maria Beyerle (1882–1968) aus Konstanz, am 12. Januar um die Wahlen zur württembergischen Verfassunggebenden Versammlung und die einzige jüdische Abgeordnete, Thekla Kauffmann (1883–1980). Seit dem 15. Januar können die Follower Marianne Webers Rede vor dem badischen Parlament aus der Sonderausstellung auch online nachhören. Den 1. Februar 2019 nahmen die Autoren des Online-Kalenders, Rainer Schimpf und Valentin Hemberger, zum Anlass, eine Pionierin in der Polizei- und Sozialarbeit vorzustellen, Henriette Arendt (1874–1922), die ihren eigenen Memoiren zufolge am 1. Februar 1903 ihre Arbeit am Stadtpolizeiamt Stuttgart antrat (laut der Historikerin Henrike Sappok-Laue erst am 20. Februar) und damit die erste Polizeiassistentin Deutschlands wurde. Am Weltfrauentag, dem 8. März, wurde der Frauenstreik 1994 vorgestellt. Während am 28. Februar mit Rahel Straus (1880–1963) und Johanna Kappes (1873–1933) die ersten ordentlichen Studentinnen Deutschlands gewürdigt wurden, stellte der Kalender am 12. März die erste Professorin Deutschlands, Margarethe von Wrangell

[51] Vgl. hierzu den Beitrag von Mascha Riepl-Schmidt in diesem Band.

[52] https://www.des-volkes-stimme.de/kalender/?_sft_post_tag=gleichberechtigung (letzter Zugriff: 16.04.2019).

(1877–1932), vor, die am 12. März 1923 in Hohenheim ihre Stelle als „ordentlicher Professor" für Chemie antrat. Am 20. April wurde der Gründung der Landfrauenverbände nach dem Zweiten Weltkrieg gedacht, am 10. Mai der erste öffentliche politische Vortrag einer Frau in Deutschland thematisiert, den Louise Dittmar (1807–1884) 1847 in Mannheim gehalten hatte, und am 8. Juli ging es um den Verband lediger Mütter, den Louise Schöffel (1914–1997) 1967 ins Leben gerufen hatte, um nur einige Beispiele zu nennen.

Während der Partizipationskalender den Kampf der Frauen um Teilhabe als einen Themenbereich unter vielen zeigte, widmet sich ein weiteres Online-Projekt des Hauses der Geschichte dezidiert einem bislang noch wenig erforschten Bereich der politischen Partizipation von Frauen. Unter der Rubrik „Projekte" und dem Link „100 Jahre Frauenwahlrecht" kann man auf der Website des Hauses der Geschichte das partizipatorische Projekt „Ohne Unterschied" aufrufen, das sich mit Frauen in den südwestdeutschen Gemeinderäten befasst[53]. Die Autorin Christine Eiche stellt das Projekt im vorliegenden Band vor.

4. Die Rezeption der Frauenaspekte in den Medien

„Die Damen hatten Power unter dem Popo." Mit diesem Satz über Helene Wranovsky beginnt Adrienne Braun ihre Ausstellungsrezension in der „Stuttgarter Zeitung"[54]. Sie erwähnt vor allem die in der Ausstellung präsentierten Frauengeschichten und resümiert, die Ausstellung eröffne „schöne Zugänge zum Thema, weil sie nicht nur auf die politischen Akteure schaut, sondern auch aufs Volk, etwa auf Eleonore Kiesel (1903–1999), eine junge Frau aus Ludwigsburg, deren hölzerner Fächer für die Tanzstunde erhalten geblieben ist"[55]. Die Rezension in der „Badischen Zeitung" vom 4. Oktober 2018 nennt dagegen lediglich kurz Marianne Weber, die Kritik in der „Frankfurter Allgemeinen Zeitung" am 22. Oktober erwähnt fast nur Männer, wie den Kommandeur der Stuttgarter Sicherheitskompagnien Paul Hahn (1883–1952), den Industriellen Robert Bosch (1861–1942) oder den badischen Staatspräsidenten Anton Geiß (1858–1944). Die Geschichte von Helene Wranovsky dagegen wird als Anekdote, die ein Museum zwar „braucht", die aber vom eigentlichen Thema ablenke, abgetan[56]. Wenn Frauenthemen in ein Gesamtkonzept integriert sind, besteht offenbar die Gefahr, dass nur diejenigen sie sehen,

---

[53] https://www.hdgbw.de/ausstellungen/ohne-unterschied/ (letzter Zugriff: 24.04.2020).

[54] Adrienne BRAUN, Spannend wie ein Krimi, in: Stuttgarter Zeitung vom 30.9.2018, https://www.stuttgarter-zeitung.de/inhalt.print.084ee231-e662-4c82-b3ce-1366e0cab795.presentation.print.v2.html (letzter Zugriff: 24.04.2019).

[55] Ebd.

[56] Wulf RÜSKAMP, Die Chancen der Demokratie, in: Badische Zeitung vom 4.10.2018, S. 11; Rüdiger SOLDT, Der Sturm aufs Palais war ein Stürmle, in: Frankfurter Allgemeine Zeitung vom 22.10.2018, S. 12.

die sie sehen wollen oder die dafür sensibilisiert sind, während sie in einer Frauen gewidmeten Ausstellung unübersehbar sind. Frauengeschichte ist kein Nischenthema. Noch sind beide Wege – der integrierende und der spezifizierende Ansatz – wichtig und ergänzen einander, um zum einen die Augen zu öffnen für die Relevanz von Frauenthemen und zum anderen Frauengeschichte als integralen Bestandteil der Menschheitsgeschichte zu zeigen.

Feiern für die Demokratie – Die Kampagne „100 Jahre Frauenwahlrecht“ machte das Jubiläum in Baden-Württemberg präsent

Beate Dörr / Mareike Bahn / Corinna Schneider

2019 feierten die erste deutsche Demokratie und das Frauenwahlrecht ihren 100. Geburtstag. Im November 1918 wurde in Deutschland das allgemeine, gleiche und geheime Wahlrecht eingeführt. Am 5. Januar 1919 konnten Frauen in Baden erstmals wählen und gewählt werden, eine Woche später die Württembergerinnen. Am 19. Januar 1919 schließlich fanden die Wahlen zur Nationalversammlung statt.

Ist das nun nur ein Geschichtsjubiläum neben anderen? Oder doch ein zentrales Datum der Demokratiegeschichte? Angesichts aktueller Debatten um gesellschaftliche Grundwerte und vermehrt antifeministischer Strömungen geht es derzeit um mehr: Das historische Datum bot den Anlass, Bilanz zu ziehen über Erreichtes, noch nicht Erreichtes und über gefährdete Errungenschaften. Und es galt, die Diskussion um Demokratie und Gleichberechtigung voranzutreiben. Gründe genug, den Geburtstag des Frauenwahlrechts öffentlichkeitswirksam zu begehen!

1. „Frauen wählen – Frauen zählen“[1]

Wie so oft haben auch in diesem Fall frauenpolitisch Engagierte ihre Sache selbst in die Hand genommen und die Sichtbarkeit des Jubiläums im öffentlichen Kanon eingefordert. Im Frühjahr 2017 initiierten der Fachbereich „Frauen und Politik“ der Landeszentrale für politische Bildung Baden-Württemberg (LpB) und das Netzwerk „Frauen & Geschichte Baden-Württemberg“ ein Treffen von Multiplikatorinnen aus Landesgeschichte, Bildungsarbeit und Frauenpolitik. Das Ziel: Ideen für Aktionen zum Wahlrechtsjubiläum zu sammeln und publik zu machen. Beteiligt waren Vertreterinnen des Landesfrauenrats, der kommunalen Gleichstellungsbeauftragten, der Kommission für geschichtliche Landeskunde, aus kirchlichen Akademien, Kulturämtern, Frauengeschichtswerkstätten und dem Ministerium für Soziales und Integration Baden-Württemberg. Gemeinsam überlegten sie, wie 2018/19 als Jahre der Demokratie und des Frauenwahlrechts im Land verankert werden könnten.

Dabei sollte es zum Jubiläum nicht nur um die historische Aufarbeitung gehen, sondern auch um Aktuelles: So war die Gleichberechtigung mit Einführung der Demokratie noch lange nicht erreicht und über die politische Teilhabe von Frauen

---

[1] Motto der Kampagne „100 Jahre Frauenwahlrecht in Baden-Württemberg“, siehe https://www.frauenwahlrecht-bw.de/ (letzter Zugriff: 27.05.2020).

wird weiterhin diskutiert – etwa rund um die gescheiterte Reform des baden-württembergischen Landtagswahlrechts. Das Jubiläum bot sich als Aufhänger für eine Vielzahl von Aktivitäten geradezu an. Über einen langen Zeitraum – so die Vision – sollten möglichst viele Kommunen im Land zum Thema Wahlrecht und Demokratie bespielt werden.

Ein solches Projekt erfordert viele Ressourcen. Aus der Projektgruppe wurde daher im Mai 2017 der „Koordinationskreis 100 Jahre Frauenwahlrecht" mit weiteren Fachleuten aus Frauenbildung, Volkshochschulen, Wissenschaft, Mädchenarbeit, Archiven und Museen. Mit einem Thesenpapier ging der Kreis an die Öffentlichkeit und fragte bei Bildungs- und Kultureinrichtungen das Interesse an Aktivitäten oder konkreten Vorhaben zum Wahlrechtsjubiläum ab. Die vielen Rückmeldungen verwiesen auf Ausstellungen, Vorträge, Tagungen, Publikationen, Internet-Auftritte, lokalhistorische Projekte, intergenerative Formate, Exkursionen und Kunstaktionen. Sichtbar wurde aber nicht nur eine Fülle an Ideen, sondern auch ein großer Bedarf an inhaltlicher Unterstützung und finanzieller Förderung.

2. Eine eigene Stelle hilft

Ohne hauptamtliche Unterstützung hätte der Koordinationskreis die vielen Aktivitäten rund um das Frauenwahlrecht keinesfalls bündeln und unterstützen können. Entlastend war daher der positive Bescheid des Ministeriums für Soziales und Integration Baden-Württemberg auf einen Antrag des Koordinationskreises hin: Es bewilligte Personal- und Sachmittel für die landesweite Kampagne „100 Jahre Frauenwahlrecht". Die im Februar 2018 beim Ministerium eingerichtete Koordinierungsstelle steuerte das Projekt bis Herbst 2019.

Um Jubiläumsaktivitäten zu ermöglichen und das Thema landesweit ins Bewusstsein zu bringen, legte das Sozialministerium im Juni 2018 ein Förderprogramm auf. Für Vorhaben zum Wahlrechtsjubiläum und zur politischen Teilhabe von Frauen stand eine Fördersumme von insgesamt 50.000 Euro bereit. Es gingen rund 100 Anträge ein, in denen Kommunen, Institutionen und Vereine um Zuschüsse für lokale Aktionen baten. Angesichts dieser großen Zahl und der hohen Qualität der Anträge verdoppelte das Ministerium die Fördersumme. So konnten 51 Anträge bewilligt und mit einer Fördersumme von rund 100.000 Euro gefördert werden. Eine Auswertung nach den Regierungsbezirken Stuttgart, Freiburg, Karlsruhe und Tübingen zeigt die Zahl der bewilligten und der abgelehnten Anträge (Diagramm 1)[2].

[2] Die detaillierte Bilanzierung der geförderten Projekte der Kampagne zum 30.4.2019 ist in dieser Übersicht nicht enthalten. Bei den nicht-geförderten Vorhaben lässt sich kein erkennbares Muster identifizieren. Acht Veranstaltungen wiesen keinen expliziten Bezug zur Kampagne auf, zu nennen sind hier Veranstaltungen zur Berufsorientierung oder ein offenes Gesprächsangebot für suchtgefährdete Personen. Zudem wurde die Förderung

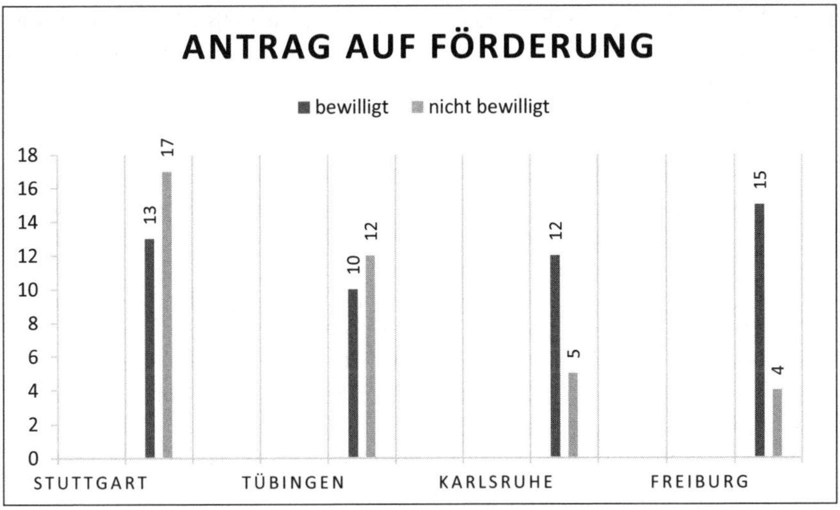

Diagramm 1: Angenommene und abgelehnte Anträge auf Förderung im Rahmen der Kampagne „Frauen wählen – Frauen zählen“. (Quelle: Ministerium für Soziales und Integration BW)

Im September 2018 startete der Internetauftritt der Kampagne „100 Jahre Frauenwahlrecht in Baden-Württemberg“ (www.frauenwahlrecht-bw.de). Er unterstützte die im Kontext des Jubiläums Engagierten und Interessierten in mehrfacher Hinsicht: Als Plattform für Vorhaben im Land bot und bietet er etwa Hintergrundinformationen, Literaturtipps oder Interviews mit und Kontakt zu politisch aktiven Zeitzeuginnen. Auch finden sich hier Vorlagen für Pressearbeit und Plakate sowie die Möglichkeit zur Vernetzung der Beteiligten. Ein digitales Archiv soll verhindern, dass die vielfältigen Aktivitäten nach dem Ende der Kampagne vergessen werden.

„Ich freue mich, dass wir mit der Website ein Signal ins ganze Land senden und aufzeigen, was wir in Sachen Frauenpolitik bereits erreicht haben. Wir Frauen sind Netzwerkerinnen, und ein Blick auf die interaktive Landkarte zeigt, wo überall im Land engagierte Frauen Projekte zum Thema Frauenwahlrecht initiiert und organisiert haben“, sagte Staatssekretärin Bärbl Mielich anlässlich der Präsentation des Internetauftritts in Stuttgart[3].

Zentrum der Website ist eine laufend aktualisierte interaktive Landkarte. Auf einen Blick zeigt sie, wo überall im Land Projekte organisiert wurden. Dazu zählt eine große Zahl unterschiedlichster Vorhaben, die noch über den Fördertopf des Ministeriums unterstützt wurden. Schon wenige Klicks auf der Karte vermitteln

---

einiger Angebote abgelehnt, die in einem sehr ähnlichen Format in anderen Städten bewilligt wurden.

[3] https://sozialministerium.baden-wuerttemberg.de/de/service/presse/pressemitteilung/pid/sozial-und-integrationsministerium-stellt-neue-website-zum-jubilaeum-100-jahre-frauenwahlrecht-vor/ (letzter Zugriff: 28.05.2020).

die Vielfalt an Themen und Formaten: Vorträge zu historischen Themen und Ausstellungen stehen neben einer „Marie-Juchacz-Matinee“, einem Radioprojekt für Mädchen, Stadtrundgängen, Radio-Sendungen oder dem Mentoring-Programm „Politik braucht Frauen“.

Für diesen Beitrag wurde eine erste Bilanzierung der Kampagne vorgenommen. Datenbasis ist die vom Sozialministerium Baden-Württemberg zur Verfügung gestellte Tabelle mit allen für die interaktive Landkarte der Homepage gemeldeten Veranstaltungen. Weitere Daten wurden mithilfe eines Fragebogens bei den Akteur*innen des Koordinationskreises und den Referentinnen einer vom Netzwerk „Frauen & Geschichte Baden-Württemberg“ bereitgestellten Liste erhoben, die mit unterschiedlichen Themen ihre Dienste zum Jubiläum anboten.

Im Zeitraum von Januar 2018 bis April 2019 wurden insgesamt 433 Veranstaltungen in 90 baden-württembergischen Städten und Gemeinden für die Datenbank der Kampagnen-Website gemeldet[4]. Für den Zeitraum nach dem 30. April 2019 waren zum Zeitpunkt der Erfassung über 20 weitere Vorhaben geplant. Zu den Veranstaltungsorten kam 2019 die Stadt Blaubeuren hinzu

Die Auswertung der Aktivitäten nach Regierungsbezirken zeigt, dass der Regierungsbezirk Stuttgart[5] mit 150 Veranstaltungen die Liste „anführt“ (Diagramm 2). Eine Veranstaltung fand außerhalb Deutschlands statt: der „Trinationale Kongress – Frauenpolitik am Oberrhein“ in Strasbourg (Frankreich).

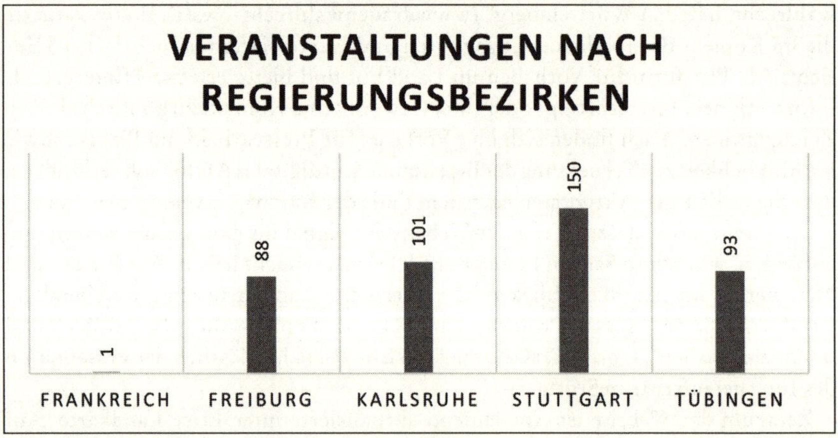

Diagramm 2: Veranstaltungen im Rahmen der Kampagne „Frauen wählen – Frauen zählen“. (Quelle: https://www.frauenwahlrecht-bw.de/ (letzter Zugriff: 27.05.2020))

[4] Ihre Durchführung wurde aufgrund der Daten des Fragebogens als gegeben angenommen, konnte jedoch nicht im Einzelnen überprüft werden.

[5] Flächenmäßig und nach Einwohner*innen der größte Regierungsbezirk.

Die regionale Verteilung der Veranstaltungsorte macht deutlich, wie sehr die Kampagne „100 Jahre Frauenwahlrecht" auch in der Fläche Baden-Württembergs angekommen ist. In mehreren größeren Städten wie Mannheim, Stuttgart, Esslingen, Heidelberg, Freiburg oder Tübingen wurden ganze Veranstaltungsreihen angeboten (Karte 1).

Karte 1: Orte an denen Veranstaltungen zum Thema „100 Jahre Frauenwahlrecht in Baden-Württemberg" von Herbst 2018 bis Ende 2019 stattfanden. (Grafik: Axel Bengsch, Daten: Beate Dörr)

Analysiert wurde weiterhin, von welchen Veranstalter*innen bzw. Träger*innen die Vorhaben jeweils geplant und umgesetzt wurden. Insgesamt ließen sich 14 Gruppen identifizieren, die als einzelner beziehungsweise einzelne Träger*in eine Veranstaltung oder Veranstaltungsreihe organisiert haben. Die meisten Veranstaltungen (172) verteilen sich auf die folgenden vier Gruppen: Ämter (hier in der Regel die kommunalen Gleichstellungsbeauftragten); kirchliche Träger; Bündnisse und Netzwerke wie etwa der Tübinger „Runde Tisch 100 Jahre Frauenwahlrecht" oder das Frauenforum Bad Saulgau sowie die Volkshochschulen.

Hinzu kommt die Kategorie „mehrere", die als Einzelgruppe die meisten (insgesamt 149) Veranstaltungen verantworten. In diesen Fällen der Zusammenarbeit mehrerer Akteur*innen zeigte sich, dass zumeist ein beziehungsweise eine Akteur*in der 14 Einzelgruppen mit anderen Gruppen oder mit einem Veranstaltungsort kooperiert hat. Zu den in dieser Kategorie zusammengefassten Veranstalter*innen, die nicht als Einzelgruppe genannt sind, gehören etwa die Gewerkschaft ver.di, der Landesfrauenrat Baden-Württemberg, verschiedene Wählervereinigungen, Wikipedia Stuttgart, Capitol Mannheim, Poetry Slam Tübingen, Filmclubs u. v. m. (Diagramm 3).

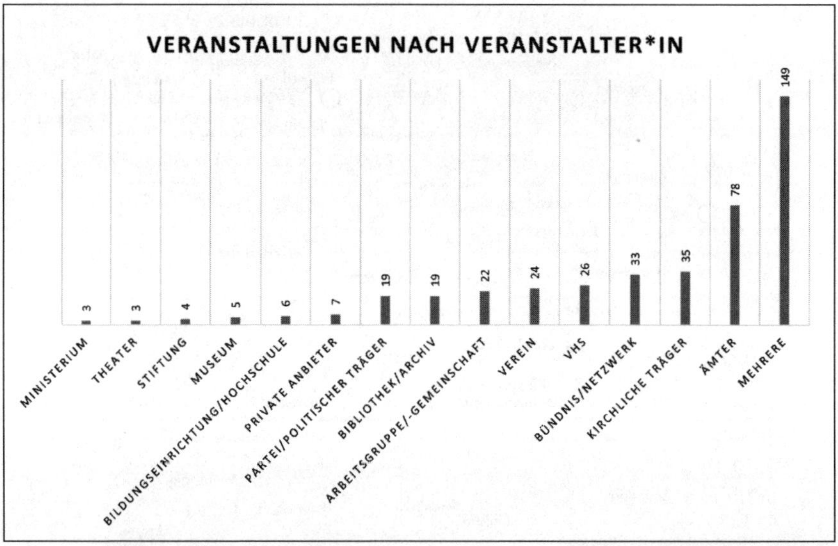

Diagramm 3: Träger*innen der Veranstaltungen zu „100 Jahre Frauenwahlrecht". (Quelle: https://www.frauenwahlrecht-bw.de/ (letzter Zugriff: 28.05.2020))

Die 433 erfassten Veranstaltungen konnten in 20 verschiedene Veranstaltungsarten eingeteilt werden. Der klassische Vortrag beziehungsweise die Vortragsreihe dominiert mit 140 Veranstaltungen deutlich, Filmvorführungen und Filmfestivals sowie Ausstellungen liegen mit 46 beziehungsweise 40 Nennungen auf Platz zwei

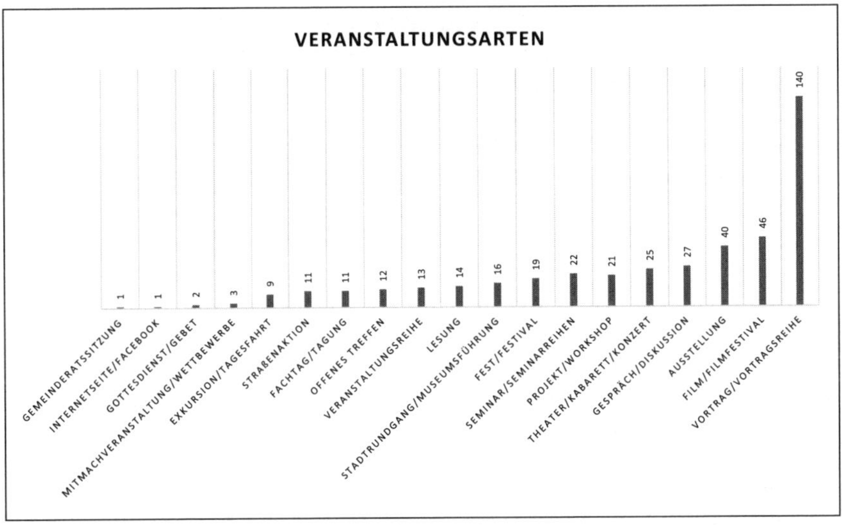

Diagramm 4: Veranstaltungsarten zu „100 Jahre Frauenwahlrecht in Baden-Württemberg“. (Quelle: https://www.frauenwahlrecht-bw.de/ (letzter Zugriff: 28.05.2020))

und drei. Der Sondertagesordnungspunkt „100 Jahre Frauenwahlrecht“ in einer Gemeinderatssitzung (Tübingen), eine informative Facebook- oder Internetseite (Marchivum Mannheim[6]), Gottesdienste und Mitmach-Veranstaltungen wurden hingegen mit ein bis drei Veranstaltungen/Aktionen seltener genannt (Diagramm 4).

3. Mehrwert für die Region

Neben der Auswertung der Veranstaltungsdaten wurden zudem Fragebögen an unterschiedliche Akteurinnen verschickt.

Das Vortragsangebot des Vereins „Frauen & Geschichte Baden-Württemberg“ listete 14 angebotene Vorträge auf[7]. Sechs Referentinnen meldeten auf Anfrage die Anzahl und Orte ihrer Vorträge zurück. Insgesamt genannt wurden hier 60 Vorträge in 39 Städten in Baden-Württemberg und Bayern, weitere Vorträge waren für den Rest des Jahres 2019 geplant. Besonders oft gebucht wurde der Vortrag „100 Jahre Frauenwahlrecht – Ende der Kostümierung!“. Fünf Referentinnen gaben an,

---

[6] Eine Aktion des Marchivum – Mannheims Archiv, Haus der Stadtgeschichte und Erinnerung. Unter dem Motto „Frauenrechte sind Menschenrechte – Mannheimerinnen kämpfen um Gleichberechtigung“ werden Mannheimer Frauen vorgestellt. Nach Abschluss der Aktion wurden 25 Biographien in einer Broschüre veröffentlicht: „Jede Frau hat eine Geschichte“ 25 Biographien Mannheimer Pionierinnen, Mannheim 2020.

[7] https://www.frauenwahlrecht-bw.de/fileadmin/user_upload/VORTRAEGE.pdf (letzter Zugriff: 03.06.2019).

mit ihren Veranstaltungen circa 4.000 Teilnehmer*innen erreicht zu haben. Die Spannbreite lag zwischen einer Zuhörerin bei einem Vortrag und 500 Teilnehmenden im Rahmen eines Webinars.

Der an die Mitglieder des Koordinationskreises versandte Bilanzierungsfragebogen wurde von neun Veranstalter*innen ausgefüllt[8]. Alle an der Umfrage Beteiligten nannten einen deutlichen Mehrwert der durchgeführten Veranstaltungen für Stadt oder Region. Insgesamt seien die Themen Frauenwahlrecht, Gleichberechtigung, Wahlbeteiligung und Frauenrechte stärker ins Bewusstsein gerufen und verdeutlicht worden, dass der Weg zur Chancengleichheit von Männern und Frauen bis heute ein „langer Weg" war, der aber noch keinesfalls zu Ende ist.

Im Einzelnen wurden von den Befragten insgesamt 116 Veranstaltungen durchgeführt und schätzungsweise rund 6.000 Teilnehmer*innen erreicht. Die tatsächliche Zahl der erreichten Personen liegt jedoch deutlich höher, da die Anzahl der Besucher*innen von Ausstellungen und Straßenaktionen nicht erhoben werden konnte.

Acht der neun Veranstalter*innen gaben an, dass sie auch ohne die Beteiligung am Koordinationskreis Veranstaltungen im Rahmen der Kampagne „100 Jahre Frauenwahlrecht" durchgeführt hätten. Die Veranstaltungsformate spiegeln auch bei den ausgewerteten Fragebögen die Vielfalt der angebotenen Veranstaltungen im Rahmen der Kampagne wider. Dazu zählen Filmvorführungen, Konzerte und Theaterstücke, Sing-Workshops, aber auch Dialogveranstaltungen mit Vorträgen und Diskussionen, ein politisches Nachtgebet zum Thema sowie eine Parteiveranstaltung und Festakte. Alle Veranstaltungen konnten wie geplant durchgeführt werden, in einem Fall kam es zu einer Terminverschiebung.

Sieben der neun Veranstalter*innen haben für die Veranstaltungen regionalspezifische historische oder aktuelle politische Daten erhoben. Die Verwertung beziehungsweise Verwendung dieser Daten erfolgte zum Teil ausschließlich im Rahmen der angebotenen Veranstaltungen. Die Ergebnisse wurden unter anderem in Vorträgen, Ausstellungen oder einer Postkartenaktion vorgestellt. Eine der geplanten Ausstellungen konnte nicht realisiert werden. In vier Fällen wurden/werden die Daten und Ergebnisse neben der Verwendung in Veranstaltungen auch für Veröffentlichungen (weiter-)verwertet.

So entstehen vier Publikationen: in Offenburg eine Biografie der Kommunalpolitikerin Marie Geck durch die Frauengeschichtswerkstatt, in Ulm die Veröffentlichung der Forschungsergebnisse zur „Geschichte der demokratischen Teilhabe der Frauen in Ulm seit 1955" durch die Historikerin Dr. Marie-Kristin Hauke im Jahr 2020, im Bodenseekreis die Broschüre „Mutig Engagiert Weiblich. 100

[8] Dies sind Stadt Offenburg – Gleichstellungsbeauftragte, Kreisfrauenrat Ostalb e.V., Alemannisches Institut Freiburg, Stadt Esslingen am Neckar – Referat für Chancengleichheit, Diözese Rottenburg-Stuttgart und Akademie der Diözese Rottenburg-Stuttgart, Evangelische Frauen in Württemberg, Frauenbüro der Stadt Ulm, Land ratsamt Zollernalbkreis – Gleichstellungsbeauftragte, Landratsamt Bodenseekreis – Frauen- und Familienbeauftragte.

Jahre Frauen im Tettnanger Gemeinderat“ und in Esslingen die Publikation „WeiblichES: Wählen und Wissen. 100 Jahre Frauenwahlrecht – 100 Jahre Volkshochschule“ der Esslinger Frauengeschichtswerkstatt.

Die in der Region realisierten Angebote setzten unterschiedliche Impulse. Dazu gehören die (oft erstmalige) Auseinandersetzung mit der Geschichte des Frauenwahlrechts oder die Gründung eigener Vernetzungen und neuer Kooperationen zu chancengleichheitsrelevanten Themen vor Ort. Mancherorts gaben die Veranstaltungen auch den Ausschlag für weitere Aktivitäten anderer Träger*innen in der jeweiligen Region. So hat etwa im Zollernalbkreis die Theatergruppe der Kleinkunstbühne K3 in der Kleinstadt Winterlingen ein eigenes Theaterstück („Anno 1918“) entwickelt, das bis Ende 2019 aufgeführt wurde. Ebenfalls im Zollernalbkreis entstand durch den Impuls der Kampagne im Vorfeld der Kommunalwahlen 2019 eine Frauenliste beziehungsweise konnte die Zahl weiblicher Kandidatinnen deutlich erhöht werden.

Alle Beteiligten erkannten einen deutlichen Mehrwert der Jubiläumsvorhaben für ihre Region. Insgesamt wurden Themen rund um das Wahlrecht und die politische Teilhabe von Frauen sichtbarer genauso wie die Tatsache, dass auch im Jahr 2019 die Gleichberechtigung noch nicht vollständig realisiert ist. Frauen – so wurde deutlich – sind in Politik und Führungspositionen immer noch unterrepräsentiert. Die Veranstaltungen und die Kampagne zeigten, dass das gesellschaftspolitische Engagement von Frauen wichtig ist, um die Themen Gleichberechtigung, Wahlbeteiligung und Frauenrechte weiter voranzubringen: Das ist das Fazit der Gleichstellungsbeauftragten in Offenburg.

Der „Kreisfrauenrat Ostalb e.V.“ betonte, dass durch die Jubiläumsaktivitäten die überparteiliche Zusammenarbeit gestärkt wurde und die Kandidatinnen für die Kommunalwahl 2019 sichtbarer geworden sind. Insbesondere hoffte der Kreisfrauenrat, dass sich dies auf das Wahlverhalten auswirke und mehr Frauen bei der Kommunalwahl 2019 „zu Stuhle kommen“. Auch das Ulmer Frauenbüro zählte mit Blick auf die Kommunalwahlen und einen höheren Frauenanteil im zukünftigen Gemeinderat auf positive Synergieeffekte. Vom Referat für Chancengleichheit der Stadt Esslingen wurde als Mehrwert formuliert, dass durch die im Rahmen der Kampagne geleistete Öffentlichkeitsarbeit mehr Vernetzung und inhaltlicher Austausch unter Frauen in Esslingen erfolgt ist. Die „Evangelischen Frauen in Württemberg“ resümierten, dass Teilnehmer*innen durch die Veranstaltungen bewusst geworden sei, über welche Selbstwirksamkeit sie verfügen. Teilweise entwickelten sich Teilnehmer*innen zu Multiplikator*innen, die vor Ort eigene Aktionen und Veranstaltungen durchgeführt haben. Bei der Diözese Rottenburg-Stuttgart lag ein wichtiger Fokus und Impuls auf der Rolle von Frauen in der katholischen Kirche wie auch auf der Frage, was das Frauenwahlrecht mit der Kommunalpolitik heute zu tun hat. Insgesamt zogen die Veranstalter*innen ein sehr positives Resümee. Die Aktivitäten haben eine Vielzahl an Teilnehmer*innen erreicht und sensibilisiert und teilweise sogar dazu geführt, dass Frauen in der Politik aktiv geworden sind.

In einer zukünftigen Untersuchung wäre es interessant zu fragen, ob sich das Anliegen vieler Veranstalter*innen, Frauen zu mehr Beteiligung in der Politik zu bewegen, umsetzen ließ. Eine im Bilanzierungsbogen formulierte Intention der Veranstalter*innen war es, eine stärkere Beteiligung von Frauen bei Wahlen sowie mehr aktive politische Beteiligung etwa durch eine Kandidatur bei den Kommunalwahlen 2019 zu erreichen.

4. Reichweite der Veranstaltungen

Für 167 der 433 Veranstaltungen sind circa 10.000 Teilnehmer*innen rückgemeldet worden. Da die Teilnehmer*innenzahl nicht für alle Veranstaltungen dokumentiert wurde und die diversen Angebote, vom Vortrag über Ausstellungen, Mädchenprojekte und Festveranstaltungen, keine Generalisierung erlauben, kann keine Aussage zu den insgesamt erreichten Personen gemacht werden. Sie dürfte jedoch deutlich höher liegen.

Aus den angegebenen Teilnehmer*innenzahlen lässt sich dennoch feststellen, dass Veranstaltungen mit sehr wenigen Teilnehmenden ebenso durchgeführt wurden wie solche mit großem Publikum. Betrachtet man die beiden Extreme, lässt sich festhalten, dass vereinzelt Veranstaltungen mit ein bis fünf Teilnehmer*innen stattfanden. Auf der anderen Seite erreichten Festakte, Webinare, Ausstellungen und Theateraufführungen oftmals ein großes Publikum: 100 bis 1.400 Personen.

Im Bilanzierungsbogen wurden darüber hinaus zahlreiche Aktionen und Programme genannt, die über die erfassten Vorhaben hinausgehen. Exemplarisch zu nennen sind hier Schulprojekte, Theaterprojekte, Ausstellungen oder von anderen Trägern durchgeführte Veranstaltungen. Bereits vorliegende oder noch in der Entstehung begriffene Publikationen werden ebenfalls weitere Menschen erreichen.

Zu einer zentralen Jubiläumsveranstaltung anlässlich des 100. Jahrestages der ersten Wahlen in Württemberg[9] luden am 12. Januar 2019 der Landtag von Baden-Württemberg, der Landesfrauenrat Baden-Württemberg und der Verein „Frauen & Geschichte Baden-Württemberg“ in den baden-württembergischen Landtag ein. Das Interesse an der Veranstaltung war so groß, dass nicht alle Anmeldungen berücksichtigt werden konnten. Über 500 Frauen und wenige Männer wollten der „Schnecke Gleichberechtigung“ Flügel verleihen – so ein im Landesfrauenrat Baden-Württemberg seit langem gerne genutztes Bild. Landtagspräsidentin Muhterem Aras verwies darauf, dass seit 100 Jahren kein Landesparlament paritätisch

[9] Dokumentation „100 Jahre Frauenwahlrecht - große Festveranstaltung im Landtag Baden-Württemberg“ im Rundbrief des Landesfrauenrates März 2019, S. 20–32: https://www.frauenwahlrecht-bw.de/fileadmin/user_upload/Dokumentation_Festveranstaltung_12_Januar_2019_aus_LFR_Rundbrief_01-2019_S20-32.pdf (letzter Zugriff: 22.06.2020).

besetzt gewesen ist. „Frauenfeindliche Kräfte gewinnen an Einfluss“, mahnte die Vorsitzende des Landesfrauenrats, Charlotte Schneidewind-Hartnagel. Und „Schluss mit den Platzhirschen, kämpft für ein neues Landtagswahlrecht!“, forderte die Vorsitzende des Vereins „Frauen & Geschichte Baden-Württemberg“, Prof. Dr. Sylvia Schraut[10].

Unterschiedliche Organisationen der Zivilgesellschaft realisierten in den Jahren 2018 und 2019 eine Fülle an Aktivitäten in ganz Baden-Württemberg. Kein anderes Bundesland bot in diesem Jahr eine ähnlich vielfältige Kampagne zum Jubiläum des Frauenwahlrechts. Und doch haben wir es mit keiner reinen Erfolgsgeschichte zu tun: Zentrale Akteure zeigten Desinteresse und glänzten durch Abwesenheit und mangels finanzieller Ressourcen musste manche Projektidee auf dem Papier verbleiben.

Dennoch kann mit Stolz auf das Jubiläum geblickt werden: Zu Kampagnen-Beginn war nicht absehbar, wie viele Menschen sich mit großem – oft ehrenamtlichen – Einsatz für dieses Thema stark machen würden! Zu hoffen ist, dass die Kampagne über den Tag hinaus wirkt und im Land das Bewusstsein für (Geschlechter-)Demokratie stärkt. Denn schon vor über 100 Jahren wussten die Kämpferinnen für das Frauenwahlrecht: Demokratie ist kein Geschenk – sie muss immer wieder neu erkämpft werden.

5. Daten und Fakten zur Kampagne „100 Jahre Frauenwahlrecht in Baden-Württemberg“

- März 2017: Treffen von Multiplikator*innen zum Wahlrechtsjubiläum in der Landeszentrale für politische Bildung Baden-Württemberg (LpB)
- Mai 2017: Gründung des „Koordinationskreises 100 Jahre Frauenwahlrecht“.
- Februar 2018: Einrichtung der Koordinierungsstelle im Ministerium für Soziales und Integration Baden-Württemberg (Vollzeitstelle bis 31.12.2019)
- Fachliche Beratung durch den Lenkungskreis (LpB, „Frauen & Geschichte Baden-Württemberg“, Landesfrauenrat Baden-Württemberg)
- Förderprogramm für Kleinprojekte: gut 50 bewilligte Vorhaben bis Herbst 2019 (Homepage: www.frauenwahlrecht-bw.de)
- Abschluss der Kampagne im Spätherbst 2019

[10] Kontext Wochenzeitung vom 16.1.2019, online abrufbar unter: www.kontextwochenzeitung.de/schaubuehne/407/fluegel-fuer-die-schnecke-5647.html (letzter Zugriff: 13.06.2020).

Frauen in der Kommunalpolitik. Gemeinderätinnen in der Zeit von 1919 bis 1960 – eine Umfrage unter baden-württembergischen Archiven

Lea Schneider

Die Abteilung Landesgeschichte des Historischen Instituts der Universität Stuttgart hat anlässlich des 100-jährigen Jubiläums des Frauenwahlrechts zu Anfang des Jahres 2018 eine Umfrage unter insgesamt 220 baden-württembergischen Stadt- und Kreisarchiven gestartet und um Auskunft zu den Gemeinderätinnen gebeten, die im Zeitraum zwischen 1919 und 1960 ihr Amt antraten. Da der Landtag von Baden-Württemberg die Informationen zu den weiblichen Abgeordneten seit 1919 bereits aufgearbeitet hat[1], ist es das Projektziel, neue Forschungsarbeiten zur Partizipation von Frauen auf Stadt- und Gemeindeebene anzuregen. Zwar gibt es zu einzelnen weiblichen Persönlichkeiten biografische Arbeiten, übergreifende Studien fehlen aber bislang noch. Auch die Zusammensetzung von Gemeinderäten nach Geschlecht, Beruf oder sozialer Herkunft stellt bis heute ein Forschungsdesiderat dar.

58 Prozent der angeschriebenen Archive haben im Rahmen dieser Umfrage ihre recherchierten Daten übermittelt. Diese Angaben wurden für das landeskundliche Informationssystem LEO-BW aufbereitet, auf dem die Ergebnisse online veröffentlicht sind[2]. Da die übermittelten Daten personenbezogene Informationen enthalten, können die Resultate dieser Umfrage nur in Form von anonymisierten Statistiken dargestellt werden (gemäß § 6 Abs. 2 LArchG). Die Hinweise der Archive auf den entsprechenden Archivbestand und, wenn vorhanden, auf weiterführende Literatur sind ebenfalls bei LEO-BW zur Verfügung gestellt.

Die eingegangenen Daten wurden nach verschiedenen Parametern ausgewertet: Alter der Gemeinderätin bei ihrem ersten Amtsantritt, Amtsort, Zugehörigkeitsdauer und Parteizugehörigkeit. Diesen Kategorien wurden außerdem noch drei Zeitschnitte zu Grunde gelegt und dadurch eine weitere Untergliederung dieser Gruppen ermöglicht. Die erste Periode umfasst die Zeit von 1919 bis 1933 und liefert gesonderte Ergebnisse für Baden und Württemberg. In Baden galt bis zur Zeit des Nationalsozialismus die Badische Gemeindeordnung von 1921, die neben den Gemeinderäten auch Stadt- beziehungsweise Bürgerverordnete vorsah. Diese waren Mitglieder des Bürgerausschusses und wurden auf vier Jahre gewählt[3]. Um

---

[1] Ina Hochreuther, Frauen im Parlament. Südwestdeutsche Parlamentarierinnen von 1919 bis heute, hg. vom Landtag von Baden-Württemberg, 3. akt. und fortgeschriebene Aufl., Stuttgart 2012.

[2] https://www.leo-bw.de/themen/landesgeschichtliche-quellen-und-materialien/frauenwahlrecht (letzter Zugriff: 28.05.2020).

[3] Vgl. Ulrich Peter Ecker/Christiane Pfanz-Sponagel, Die Geschichte des Freiburger Gemeinderats unter dem Nationalsozialismus, Freiburg im Breisgau 2008, S. 11.

eine bessere Vergleichbarkeit zu Württemberg, aber auch zu den beiden späteren Zeiträumen zu gewährleisten, wurden die weiblichen Stadt- und Bürgerverordneten bei der Auswertung daher nicht berücksichtigt. Aus dem preußischen Regierungsbezirk Sigmaringen (Hohenzollern) liegen für diesen Zeitraum leider keinerlei Daten vor, weswegen hierfür auch keine Ergebnisse veranschaulicht werden können. 1933 verdrängte die Nationalsozialistische Deutsche Arbeiterpartei (NSDAP) durch die Gleichschaltungsgesetze Frauen aus ihren Ämtern in Stadt- und Gemeindegremien, da diese nach nationalsozialistischer Auffassung als nicht belastbar in der Politik angesehen wurden und die Frau als Politikerin nicht dem ihr zugedachten Rollenbild entsprach[4]. Daher kann der zweite Zeitabschnitt erst im Jahr 1945 beginnen und erstreckt sich bis zum Jahr 1951. Der dritte Zeitraum reicht schließlich von der Gründung des Landes Baden-Württemberg im Jahr 1952 bis zum gewählten Endpunkt 1960. Für die Kategorien Alter und Zugehörigkeitsdauer gibt es zusätzlich eine Auswertung, die den gesamten Zeitraum von 1919 bis 1960 berücksichtigt.

Bei der ersten Zusammenstellung der Ergebnisse fiel bereits auf, dass sich signifikante Stadt-Land-Unterschiede abzeichneten. Im Zeitraum von 1919 bis 1933 waren große Städte Vorreiter bei der weiblichen politischen Partizipation. So konnte beispielsweise Karlsruhe in dieser Zeit insgesamt sechs Stadträtinnen vorweisen, Ulm sieben und in Stuttgart waren bis 1933 sogar elf Frauen im Gemeinderat vertreten. Dennoch war der Anteil der Frauen in den Stadt- und Gemeinderäten sehr gering, wie die Berechnungen von Leonie Richter für Baden zeigen. Gerade einmal 0,1 Prozent der badischen Gemeinderäte waren nach den Wahlen von 1919 Frauen[5]. Bei der Betrachtung des gesamten Untersuchungszeitraums bis 1960 zeichnet sich die Tendenz ab, dass sich weniger Mandatsträgerinnen finden lassen, je ländlicher die Strukturen sind. Interessanterweise reiht sich aber auch die Stadt Böblingen in die Reihe der eher kleineren und ländlicheren Orte wie beispielsweise Dautmergen[6] oder Wurmberg[7] ein, die bis 1960 keine einzige Gemeinderätin vorweisen können. In Böblingen zog erst nach den Wahlen am 7. November 1965 Irmgard Goller als erste Frau in den Gemeinderat ein[8].

Bei den Parteien, denen die Gemeinderätinnen im Zeitraum von 1919 bis 1933 angehörten, lag die Sozialdemokratische Partei Deutschlands (SPD) sowohl in Baden als auch in Württemberg anteilsmäßig vorne, wie die folgenden Diagramme zeigen.

---

[4] Vgl. Annelie Wieland, Charlotte Armbruster, in: Trümmerfrauen der Kommunalpolitik. Frauen im Stuttgarter Gemeinderat 1945 bis 1960, hg. vom Stadtarchiv Stuttgart, Stuttgart 2013, S. 7–10, hier S. 8; Ecker/Pfanz-Sponagel (wie Anm. 3) S. 41.

[5] Vgl. den Beitrag von Leonie Richter in diesem Band.

[6] Die Gemeinde Dautmergen gehörte zum damaligen Oberamt/Kreis Rottweil, ab 1938 zum Kreis Balingen und seit 1973 zum Zollernalbkreis.

[7] Die Gemeinde Wurmberg gehörte zum Oberamt/Kreis Maulbronn, seit 1973 zum Enzkreis.

[8] Vgl. Ute Knöpfle, Der Gemeinderat, in: Vierzig Jahre Stadtentwicklung. Böblingen in Bildern, Berichten und Dokumenten 1945–85, hg. vom Presseamt der Stadt Böblingen, Böblingen 1986, S. 437–443, hier S. 439.

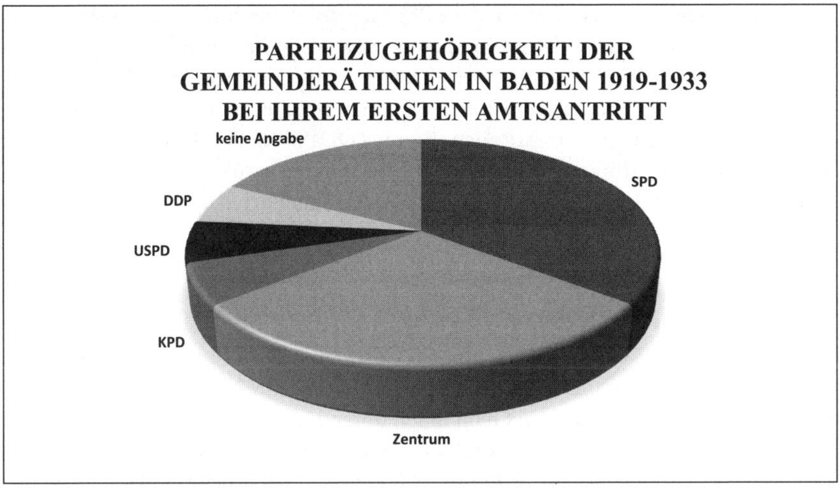

Diagramm 1: Zahlen basieren auf der Auskunft von 128 von 220 Archiven in Baden-Württemberg, die Gemeinderätinnen von 1919 bis 1960 berücksichtigen. SPD: Sozialdemokratische Partei Deutschlands, KPD: Kommunistische Partei Deutschlands, USPD: Unabhängige Sozialdemokratische Partei Deutschlands, DDP: Deutsche Demokratische Partei.

Diagramm 2: Zahlen basieren auf der Auskunft von 128 von 220 Archiven in Baden-Württemberg, die Gemeinderätinnen von 1919 bis 1960 berücksichtigen. SPD: Sozialdemokratische Partei Deutschlands, DDP: Deutsche Demokratische Partei, DNVP: Deutschnationale Volkspartei, KPD: Kommunistische Partei Deutschlands, USPD: Unabhängige Sozialdemokratische Partei Deutschlands, DVP: Deutsche Volkspartei.

In Baden gehörten sechs Frauen der SPD an, gefolgt von fünf Gemeinderätinnen aus der Zentrumspartei. Der Vorsprung der SPD bei weiblichen Mandatsträgerinnen fiel in Württemberg noch deutlicher aus: Hier waren 16 Frauen SPD-Mitglieder, nur acht Frauen gehörten der Zentrumspartei an und somit gleich viele wie der Deutschen Demokratischen Partei (DDP). In der Kategorie Sonstige werden Gemeinderätinnen subsumiert, die beispielsweise der Württembergischen Bürgerpartei oder der Vereinigten Arbeiterpartei angehörten, aber auch diejenigen Frauen, die parteilos waren.

Erst nach 1945 ging die Mehrheit der kommunalen Mandatsträgerinnen, deren Daten von den Archiven übermittelt wurden, nicht mehr aus der SPD hervor. Diese stellte bis 1951 nur noch 23,81 Prozent der Gemeinderätinnen, während die Christlich Demokratische Union Deutschlands (CDU) mit 29,76 Prozent vertreten war. Dieser Vorsprung der CDU spiegelt sich in den Ergebnissen der Gemeinderatswahlen von 1946 wieder. In den Gemeinden unter 20.000 Einwohnern des Landesbezirks Württemberg erreichte die CDU bei den Gemeinderatswahlen vom 27. Januar 1946 23,8 Prozent, die SPD nur 19,8 Prozent[9]. Deutlicher fiel das Ergebnis für den Landesbezirk Baden aus: Die CDU erhielt 63,6 Prozent der Stimmen, die SPD rangierte mit 25,1 Prozent deutlich dahinter[10].

Für die Folgeperiode 1952 bis 1960 zeigen die Umfrageergebnisse, dass die Anzahl der Gemeinderätinnen, die der CDU angehörten, im Verhältnis zur SPD weiter anstieg. Der CDU gehörten mit 41,57 Prozent beinahe doppelt so viele Gemeinderätinnen bei ihrem Amtsantritt an als der SPD, bei der nur 21,35 Prozent der Gemeinderätinnen Mitglied waren. Die Freie Demokratische Partei (FDP) war mit 14,61 Prozent vertreten.

Die Altersauswertung hat ergeben, dass die Gemeinderätinnen bei ihrem ersten Amtsantritt im Zeitraum zwischen 1919 und 1933 in Württemberg durchschnittlich 45,07 Jahre und in Baden 44,38 Jahre alt waren. In beiden Ländern waren die jüngsten Gemeinderätinnen bei ihrem Amtsantritt jeweils 30 Jahre alt. Dagegen war die älteste Mandatsträgerin in Baden 64, in Württemberg sogar schon 67 Jahre alt. Nach 1945 steigt das Durchschnittsalter an. Für den letzten Zeitabschnitt von 1952 bis 1960 errechnete sich ein Wert von 47,51 Jahren, wobei die jüngste Gemeinderätin bei ihrem Amtsantritt 31 Jahre alt war und die älteste sogar erst im Alter von 72 Jahren in den Gemeinderat in Geislingen an der Steige eintrat. Zum Vergleich mit männlichen Gemeinderäten kann an dieser Stelle das Beispiel Gerlingens herangezogen werden: Für den Zeitabschnitt von 1952 bis 1960 lag der Altersdurchschnitt der Gerlinger Gemeinderäte bei 43,69 Jahren und damit bei-

[9] Vgl. Die Wahlen des Jahres 1946 in Württemberg-Baden. Systematische Darstellung der amtlichen Ergebnisse der Wahlen zu den Gemeinde-, Kreis- und Landesvertretungen und der Volksabstimmung über die Verfassung mit textlichen und graphischen Erläuterungen, bearb. von den Statistischen Landesämtern in Stuttgart und Karlsruhe, Karlsruhe 1947, S. 23. Eine Aufschlüsselung nach männlichen und weiblichen Gemeinderäten findet hier allerdings nicht statt.

[10] Vgl. ebd., S. 48.

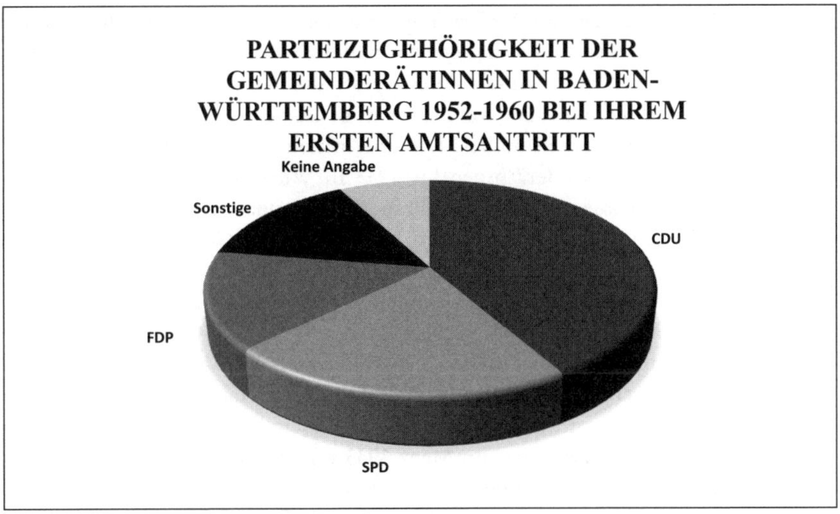

Diagramm 3: Zahlen basieren auf der Auskunft von 128 von 220 Archiven in Baden-Württemberg, die Gemeinderätinnen von 1919 bis 1960 berücksichtigen. CDU: Christlich Demokratische Union Deutschlands, SPD: Sozialdemokratische Partei Deutschlands, FDP: Freie Demokratische Partei.

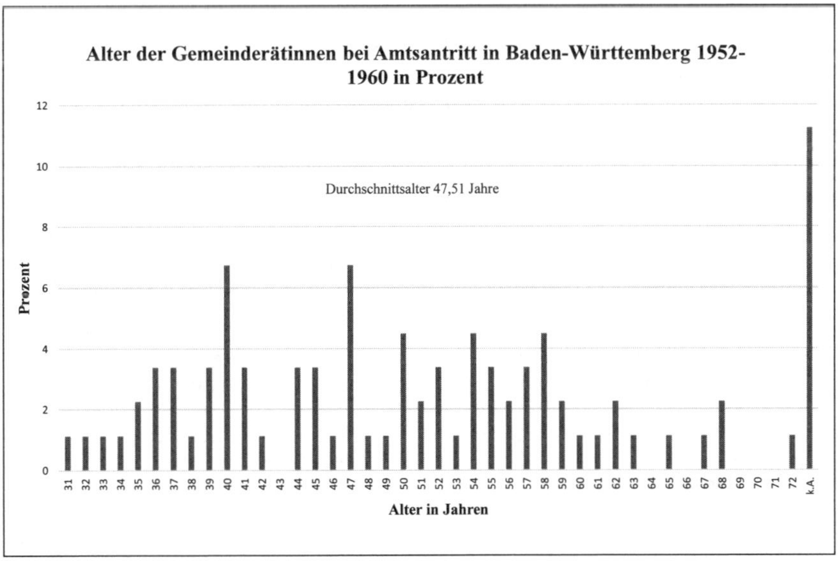

Diagramm 4: Zahlen basieren auf der Auskunft von 128 von 220 Archiven in Baden-Württemberg, die Gemeinderätinnen von 1919 bis 1960 berücksichtigen.

nahe vier Jahre unter dem aus der Umfrage ermittelten Landesdurchschnitt weiblicher Gemeinderätinnen. In Gerlingen war in diesem Zeitraum der jüngste männliche Mandatsträger 28 Jahre und der älteste gewählte Mann 63 Jahre alt[11].

Auch die Zugehörigkeitsdauer von Frauen zum Gemeinderat veränderte sich im Laufe des Untersuchungszeitraumes. Die übermittelten Daten ergaben, dass der größte Anteil der Gemeinderätinnen bis 1933 in Württemberg und Baden drei Jahre im Amt war, wobei in Baden zwei Frauen ihr Mandat im Karlsruher Stadtrat elf Jahre innehatten und in Württemberg erreichten fünf Gemeinderätinnen aus Ulm, Stuttgart, Calw, Tübingen und Reutlingen eine Zugehörigkeit von 14 Jahren. Eine längere Amtsdauer konnte in diesem Zeitabschnitt auch nicht erreicht werden, da die NSDAP seit 1933 Frauen konsequent aus den Stadt- und Gemeinderäten verdrängte. So erging es beispielsweise auch der ersten Tübinger Gemeinderätin Elisabeth Landerer (1876–1950), die 1919 als Kandidatin der Württembergischen Bürgerpartei gewählt wurde. Das „Vorläufige Gesetz zur Gleichschaltung der Länder mit dem Reich", welches im März 1933 erlassen wurde, führte zur Auflösung der frei gewählten Gemeinderäte und Elisabeth Landerer verlor ihr Mandat. Schon im April wurde der gleichgeschaltete Gemeinderat neu gebildet. Elisabeth Landerer ließ sich auf der Liste der deutschnationalen Kampffront Schwarz-Weiß-Rot wieder zur Wahl aufstellen, doch da sie nur einen hinteren Listenplatz erhielt, gelang ihr der erneute Einzug in den Gemeinderat nicht mehr. Am 14. Juli 1933 wurden alle Parteien außer der NSDAP verboten, der Gemeinderat war quasi endgültig ausgeschaltet[12].

Erst nach 1945 konnten daher Zugehörigkeitszeiten von 30 Jahren und mehr erreicht werden. Dies erreichte beispielsweise Johanna Vietzen (1902–1991), die Ehefrau des Stadtarchivdirektors und FDP-Landtagsabgeordneten Hermann Vietzen, die von 1951 bis 1982 dem Stuttgarter Gemeinderat angehörte. Neben ihrer insgesamt 31 Jahre währenden Gemeinderatstätigkeit war Johanna Vietzen unter anderem auch im Theaterbeirat der Württembergischen Staatstheater und im Beirat der Justizvollzugsanstalt Stammheim tätig, wo sie sich für die Interessen der Inhaftierten einsetzte[13]. Auch die Heidelberger Gemeinderätin Hannah Walz (1917–2002) gehörte mehr als 32 Jahre dem kommunalen Gremium an. Hannah Walz, deren Vater wie auch ihr Großonkel schon Bürgermeister der Stadt Heidelberg waren, wurde am 7. Dezember 1947 für die Deutsche Volkspartei (DVP) (aus der später die FDP hervorgegangen ist) in den Gemeinderat gewählt. Neben ihrem Wirken als Ge-

[11] Vgl. Stadtarchiv Gerlingen, Kommunalwahlen in Gerlingen. Gemeinderat, Kreistag und Regionalversammlung 1946–2009 (Veröffentlichung des Archivs der Stadt Gerlingen, Bd. 6), Gerlingen 2009, S. 34 f.

[12] Vgl. Martin Ulmer, Zerstörte Demokratie. Zwangsweise ausgeschiedene Tübinger Stadträte 1933. Eine Dokumentation (Kleine Tübinger Schriften, Bd. 39), Tübingen 2013, S. 16–23, S. 48 f.

[13] Vgl. Ute Blumenstock/Elisabeth Skrzypek, Johanna (Hanne) Vietzen geborene Zimmermann, in: Trümmerfrauen der Kommunalpolitik. Frauen im Stuttgarter Gemeinderat 1945 bis 1960, hg. vom Stadtarchiv Stuttgart, Stuttgart 2013, S. 45–46, hier S. 45.

meinderätin war die Lehrerin und Geschäftsführerin der Thadden-Schule in Heidelberg in der Landeszentrale für politische Bildung, im Vorstand des Roten Kreuzes und im Frauenring engagiert. Hannah Walz verließ im Jahr 1980 im Alter von 63 den Gemeinderat aus freien Stücken[14]. Auch wenn die Beispiele Hannah Walz und Johanna Vietzen für lange Amtszeiten stehen, so hatte doch bis 1951 mit 11,9 Prozent eine Amtsperiode von drei Jahren immer noch den größten Anteil. Erst seit 1952 werden längere Amtszeiten statistisch häufiger. Zugehörigkeitsdauern von sechs und zwölf Jahren bilden mit jeweils fast 17 Prozent die Spitze. Eine dreijährige Amtszeit rangiert mit 5,6 Prozent erst auf dem dritten Platz. Die längste Zugehörigkeitsdauer liegt in diesem letzten gesetzten Zeitraum bei 44 Jahren, die eine Gemeinderätin in Eberbach erreichte und damit weit über dem Durchschnitt lag.

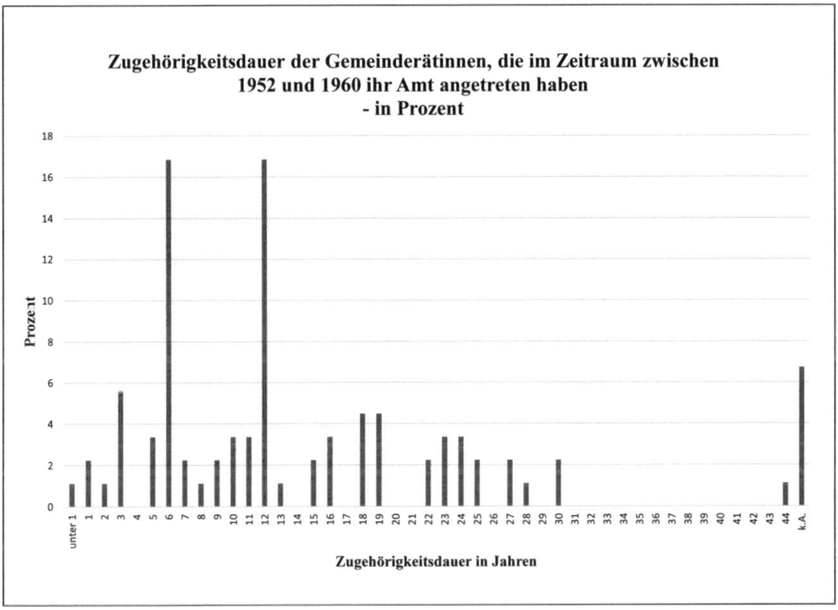

Diagramm 5: Zahlen basieren auf der Auskunft von 128 von 220 Archiven in Baden-Württemberg, die Gemeinderätinnen von 1919 bis 1960 berücksichtigen.

Fazit und Ausblick

Die Ergebnisse der Umfrage und deren Auswertung bieten kleine Einblicke in das noch offene Forschungsfeld der Partizipation von Frauen auf kommunaler Ebene. Signifikante Stadt-Land-Unterschiede konnten ebenso aufgezeigt werden wie die Entwicklung der Parteienzugehörigkeit der Gemeinderätinnen. Die übermittelten

[14] Vgl. Michael Buselmeier, Erlebte Geschichte erzählt 1994–1997, hg. von der Stadt Heidelberg, Heidelberg 2000, S. 89–103.

Daten wiesen darauf hin, dass bis 1933 die SPD anteilsmäßig die meisten Gemeinderätinnen stellte, nach 1945 diese vermehrt der CDU angehörten. Nicht nur das errechnete Durchschnittsalter stieg bis 1960 an, sondern auch die Zugehörigkeitsdauer der Frauen zum Gemeinderat veränderte sich im Laufe des Untersuchungszeitraums. Während bis 1952 statistisch eine Wahlperiode von drei Jahren noch am häufigsten war, wurden erst nach 1952 längere Amtsdauern häufiger.

Für künftige Untersuchungen könnten weitergehende Fragen wie nach dem beruflichen oder familiären Hintergrund der Mandatsträgerinnen oder nach weiteren ehrenamtlichen Tätigkeiten durchaus von Interesse sein, die leider nicht durch diese Auswertung beantwortet werden konnten. Nicht nur der Blick auf einzelne Persönlichkeiten, sondern auch die Untersuchung eines größeren Kontextes sowie ein Vergleich zu den männlichen Gemeinderäten scheinen durchaus lohnenswert.

Erbinnen der frühen Frauenwahlrechtskämpfe? Weibliche Erfahrungen mit politischer Arbeit in Baden-Württemberg

Gabriele Pieri

Die vielfältigen wissenschaftlichen und geschichtspolitischen Beschäftigungen mit der Themenstellung „100 Jahre Frauenwahlrecht in Baden und Württemberg“ in den Jahren 2018 und 2019 haben gezeigt, wie schwer es die ersten (Landes-) Politikerinnen hatten, das errungene passive Frauenstimmrecht in der Weimarer Republik umzusetzen. Während des Nationalsozialismus wieder auf die traditionelle Frauenrolle und rassistisch aufgeladene Mutterschaft verwiesen, hatten es Politikerinnen auch nach der Gründung des Südweststaats 1952 nicht leicht, in der parlamentarischen Politik auf kommunaler und Landesebene Fuß zu fassen. Bis 1992 blieb der Anteil der Parlamentarierinnen im Landtag unter 10 Prozent. Auch in den kommunalen Parlamenten dauerte es bis 1989, bis die Zehn-Prozent-Hürde fiel. Im Jahr 2014 betrug der Frauenanteil in den baden-württembergischen Gemeinderäten im Schnitt 23,9 Prozent[1]. In vielen Gemeinden war jedoch der Frauenanteil geringer und der Gemeinderat wurde in diesem Jahr in 22 Kommunen gar „zur frauenfreien Zone“[2]. Bis zur Parität der Geschlechter in den kommunalen Parlamenten scheint der Weg noch weit. Diese Beobachtung gab den Anlass zu einem kleinen Oral-History Projekt im Rahmen der Kampagne „100-Jahre Frauenwahlrecht“[3].

1. „Wie wir Politikerinnen wurden“

Befragt werden sollten „Pionierinnen“ – Frauen, die nach 1945 in den Kommunen des heutigen Baden-Württemberg zu den wenigen gehörten, die als Kommunalpolitikerinnen, Gewerkschafterinnen oder Betriebsrätinnen aktiv waren. Auch einbezogen werden sollten Frauen, die in den ab 1971 gegründeten Ausländerbeiräten (später auch Integrationsräte oder -beiräte genannt) mitwirkten.

---

[1] Inga Autzen, Baden-Württemberg hat gewählt, in: Statistisches Monatsheft Baden-Württemberg 8/2014, S. 34–40, hier S. 36 und S. 38.

[2] Sabine Schlager, Der lange Weg zu 50 %. In Baden-Württemberg läuft es besonders zäh (PDF-Präsentation), https://frauenwahlrecht-bw.de/texte-links/ (letzter Zugriff: 16.06. 2020).

[3] Das Projekt wurde vom Verein „Frauen & Geschichte Baden-Württemberg“ durchgeführt und von „Engagement Global gGmbH – Service für Entwicklungsinitiativen“ finanziert; „Engagement Global“ sei auch an dieser Stelle für ihr finanzielles Engagement gedankt.

Ziel des Projekts war es, die Erfahrungen und Sichtweisen früher Landespolitikerinnen sichtbar zu machen und exemplarisch Einblicke in das allmähliche Anwachsen weiblicher Teilhabe an den demokratischen politischen Institutionen des Landes zu gewinnen. Deshalb wurden die befragten Frauen auch auf der Webseite der Kampagne „100 Jahre Frauenwahlrecht" vorgestellt[4].

Das Vorhaben stieß angesichts der Vorgaben des Datenschutzes auf beträchtliche Probleme. Bislang ist nur eine fundierte Veröffentlichung zu den weiblichen Landtags- und Bundestagsabgeordneten publiziert. Sie stellt die Politikerinnen in Kurzbiografien vor[5]. Aber für die weiblichen Gemeinde- und Stadträte fehlt eine Veröffentlichung, selbst eine, die auch nur die Namen der Kommunalpolitikerinnen auflisten würde[6].

Um den Kontakt zu ehemaligen Gemeinde- und Kreisrätinnen herzustellen, mussten daher über das Ministerium für Soziales und Integration Baden-Württemberg alle Gemeinden des Landes angeschrieben werden. Kontakte zu Zeitzeuginnen im gewerkschaftlichen Bereich wurden über die Gewerkschaften auf Landesebene oder über lokale Gewerkschaftsgliederungen hergestellt. Und über den Landesverband der kommunalen Migrantenvertretungen Baden-Württemberg (LAKA) wurde der Versuch unternommen, mit Frauen, die in diesen Gremien tätig gewesen waren, in Verbindung zu treten.

Insgesamt gestaltete es sich schwieriger als angenommen, die Namen ehemaliger Gemeinderätinnen in Erfahrung zu bringen und Kontakt zu diesen aufzunehmen. Nur ein Bruchteil der angeschriebenen baden-württembergischen Gemeinden schickte Auflistungen dieser Politikerinnen oder reichte die Anfrage an noch lebende ältere ehemalige Amtsinhaberinnen weiter. Doch letztlich konnte mit 46 politischen Pionierinnen ein Interview vereinbart werden. Die meisten von ihnen waren in Gemeinderäten aktiv gewesen, einzelne unter ihnen auch in Kreistagen oder im Landtag Baden-Württembergs. Dazu kamen sieben ehemalige Gewerkschafterinnen und Betriebsrätinnen. Drei Frauen hatten in Migrationsbeiräten gearbeitet oder sind noch in diesem Feld aktiv. Und schließlich gelang es auch, mit zwei Frauen Gespräche zu führen, die als Ehrenamtliche in Strukturen für Frauen und Mädchen mit Migrationshintergrund arbeiten.

Unter den Interviewpartnerinnen waren immerhin auch zwei Bürgermeisterinnen: Beate Weber-Schuerholz (geboren 1943) und Gabriela Büssemaker (geboren 1956). Beate Weber-Schuerholz war 1990 in Heidelberg zur ersten Ober-

---

[4] https://frauenwahlrecht-bw.de/damals-heute/zeitzeuginnen/ (letzter Zugriff: 16.06.2020).

[5] Vgl. Ina HOCHREUTHER, Frauen im Parlament. Südwestdeutsche Parlamentarierinnen von 1919 bis heute, Landtag von Baden-Württemberg, 3. akt. und fortgeschriebene Aufl., Stuttgart 2012.

[6] Auf lokaler Ebene gibt es durchaus Bemühungen, lokal wichtige Politikerinnen in Erinnerung zu bringen. Stellvertretend sei erwähnt: Schwetzinger Frauengeschichten, hg. vom Zonta Club Schwetzingen/Stadt Schwetzingen, Schwetzingen 2013. Diese Publikation widmet unter anderem der ersten Schwetzinger Stadträtin Marie Meisenhölder (gewählt 1957) einen Aufsatz.

bürgermeisterin in Baden-Württemberg gewählt worden, nachdem sie bereits 15 Jahre im dortigen Gemeinderat gearbeitet hatte. Gabriela Büssemaker erreichte im Oktober 2003 als erste Frau die Ettlinger Rathausspitze.

Die Gesprächspartnerinnen aus den kommunalen und Landesparlamenten beziehungsweise die Bürgermeisterinnen waren während ihrer Amtszeit in den folgenden Parteien organisiert: 15 in der Sozialdemokratischen Partei Deutschlands (SPD), elf in der Christlich Demokratischen Union Deutschlands (CDU), vier Frauen gehören beziehungsweise gehörten der Partei Die GRÜNEN an, zwei der Freien Demokratischen Partei (FDP); und zwei wurden über Unabhängige Wählergemeinschaften in den Gemeinderat gewählt.

Auch die unterschiedlichsten Altersgruppen waren vertreten: Die zum Zeitpunkt unserer Befragung älteste „Ehemalige" war 98 Jahre alt, die jüngste 53 Jahre. Erstere wurde 1959 in den Gemeinderat gewählt und übte ihr Amt 30 Jahre lang aus. Zwei der Befragten wurden 1968 gewählt, 14 traten ihr Amt Anfang oder Mitte der 1970er an, 13 Frauen in den 1980ern und eine Frau im Jahr 1996. Der Großteil der Frauen war bei Amtsantritt 30 Jahre und älter.

Drei Abweichungen vom typischen Antrittsalter als Gemeinderätin waren zu beobachten: Eine Interviewpartnerin wurde 1984 mit 19 Jahren als jüngste Frau in Baden-Württemberg in einen Gemeinderat gewählt, eine zweite war 23, als sie 1971 in Heilbronn gewählt wurde und eine weitere Interviewpartnerin kam 1968 als 28-jährige junge Frau in den Gemeinderat der Gemeinde Wannweil – in der damaligen Zeit sicher eine Ausnahme[7].

Eine Reihe von vorgegebenen Fragen sollte die Interviews strukturieren: Was hat Sie bewogen, sich politisch zu engagieren? Welche Erfahrungen haben Sie als Frau in der Politik gemacht? Was bedeutet für Sie 100 Jahre Frauenwahlrecht? Und: Was meinen Sie, vor welchen politischen Aufgaben junge Frauen heute stehen?

Insgesamt waren die Antworten der Interviewten sehr persönlich geprägt und spiegelten nicht selten die individuellen Einzelkämpfersituationen der politischen Pionierinnen. Dennoch lassen sich eine Reihe von Charakteristika und Mustern herausarbeiten.

2. Was hat politische Pionierinnen in Baden-Württemberg motiviert, politisch aktiv zu werden?

Insgesamt wurden unterschiedliche Motivationen für den Eintritt in die Politik benannt: eine bürgerschaftlich geprägte Haltung etwa, das heißt ein das Gemeinwohl förderndes Engagement zur Erreichung gemeinsamer Ziele, allgemeines

---

[7] Nach einer Umfrage unter baden-württembergischen Archiven war das durchschnittliche Alter von Gemeinderätinnen bei Amtsantritt in Baden und Württemberg von 1919–1960 47,3 Jahre; in den Jahren 1952–1960 sogar 47,8 Jahre, https://www.leo-bw.de/web/guest/themen/landesgeschichtliche-quellen-und-materialien/frauenwahlrecht (letzter Zugriff: 16.06.2020).

Interesse an Politik oder auch die Haltung, nicht nur „meckern", sondern sich selbst um Veränderung bemühen zu wollen. Viele der Interviewten holten weit aus, um den Hintergrund ihres politischen Engagements zu erläutern. Dabei wurden häufig bestimmte prägende Elemente genannt: das Elternhaus, die Auseinandersetzung mit dem Nationalsozialismus, die politische Aufbruchsstimmung der 1960er und 1970er Jahre, schließlich auch die sozialen Bewegungen der 1970er und 1980er Jahre.

3. Die Bedeutung des sozialen und politischen Herkunftsmilieus

Insbesondere bei Sozialdemokratinnen wurde die Grundlage für das Interesse an Politik im Elternhaus gelegt: „Ich kann mich nicht daran erinnern, dass ich mich entschlossen hätte, mich politisch zu engagieren, es war vielmehr so, dass in meiner Familie Politik und die Diskussion darüber immer schon eine große Rolle gespielt hat: Mein Vater war bis 1933 Redakteur einer sozialdemokratischen Zeitung, nach Verhaftung, KZ, Krieg und Gefangenschaft war er ab 1946 wieder in der SPD aktiv. Besuche von politischen Veranstaltungen und Mithilfe bei Wahlkämpfen (z. B. durch Verteilen von Wahlwerbung) waren für mich schon als junges Mädchen selbstverständlich." (IP1[8], Sozialdemokratin, geboren 1938).

Auch gewerkschaftlich und in Betriebsräten aktive Frauen benannten das Elternhaus als wesentlichen Ort politischer Sozialisation. „Unsere Familie war sehr gewerkschaftlich orientiert", so eine ehemalige, 1944 geborene Betriebsrätin. „Mein Opa hat uns immer am 1. Mai abgeholt im schwarzen Anzug, Hemd und Krawatte und dem Gewerkschaftsabzeichen der IG Metall. Nach der Kundgebung gingen wir immer in den Schwarzen Adler zum Essen" (IP2, geboren 1944). Als Jugendliche war die Enkelin des Gewerkschafters in der evangelischen Jugendarbeit aktiv. Später engagierte sie sich in der betrieblichen Interessenvertretung und der Gewerkschaft.

Als junge Frauen, sozialisiert im sozialdemokratischen Milieu, wuchsen die politischen Pionierinnen offenbar bruchlos in das eigene politische Engagement hinein. Oft wurden die Väter als die politisch Aktiven und als Prägende benannt, nicht die Mütter. Deshalb fällt auf, dass eine 1940 geborene CDU-Politikerin Mutter und Großmutter als Rollenvorbild nennt. „Vielleicht lag es in den Genen und dem christlichen Handeln, das uns von meiner Großmutter und meiner Mutter vorgelebt wurde. [...] Meine Großmutter (geb. 1880) und meine Mutter (geb. 1911) mussten immer selbständig entscheiden und sich für die Familie einsetzen, auch bei der Flucht. Und deshalb war für uns das ‚Wahlrecht für Frauen' immer etwas Selbstverständliches, nicht so die mangelnde Gleichberechtigung." (IP3, geboren 1911)

[8] Aus Datenschutzgründen werden hier die Namen der Interviewpartnerinnen (IP) anonymisiert.

4. Die Auseinandersetzung mit dem Nationalsozialismus

Für mehrere Frauen war die Auseinandersetzung mit dem Nationalsozialismus und die Frage nach der Haltung der eigenen Familie wichtiges Moment des Politisierungsprozesses. Eine Gesprächspartnerin (IP4, geboren 1939) und Mitglied der SPD schilderte: „Als kleines Kind habe ich die Auswirkungen des Krieges erlebt und erfahren, ohne zu begreifen, was wirklich geschah. In meiner Jugend habe ich von den Erwachsenen wenig Antworten zu den Fragen nach der Vergangenheit bekommen. Von den Männern abwiegelnd: ‚Da könnt ihr nicht mitreden', von den Frauen: ‚Wir haben nichts gewusst.' Wir Jugendlichen in den 1950er Jahren hörten aufmerksam zu, aber wir agierten (noch) nicht. Mir wurde aber klar: Man kann sich nicht ‚raushalten', eine Demokratie ohne Demokraten und Engagement funktioniert nicht."

Eine Betriebsrätin, ebenfalls SPD-Mitglied, nannte das Fortwirken der NS-Vergangenheit in der Gesellschaft der Bundesrepublik als wesentlich für die eigene Politisierung: „Als Gymnasiastin in den 1950er Jahren politisierten mich vor allem der Wiederaufstieg der alten Nazi-Eliten und die Wiederbewaffnung, später die Notstandsgesetze." (IP5, geboren 1935)

5. Die gesellschaftliche Aufbruchsstimmung nach 1968

Für viele der Befragten war die 68er-Bewegung und die damit verbundene gesellschaftliche Aufbruchsstimmung Moment der Politisierung beziehungsweise der Ausgangspunkt für das eigene Engagement.

Ausschlaggebend war „[d]ie Chance, mehr Demokratie zu wagen oder zumindest bei diesem Wagnis helfen zu können und dabei zu sein", so eine Interviewpartnerin, die 1972 mit 44 Jahren ihre zweite Berufsausbildung abschloss und in die SPD eintrat (IP6, geboren 1928). Nicht selten steht die Chiffre „1968" für den Beginn der aktiven Politikarbeit. „Ich war schon früh interessiert an Politik. Das hat zuallererst zu tun mit der Nazivergangenheit Deutschlands, die mich sehr beschäftigt hat. Aktiv wurde ich dann aber erst mit der Studentenbewegung 1967/68, parteipolitisch aktiv später bei den GRÜNEN, denen ich 1982 beitrat." (IP7, geboren 1945)

Zur Chiffre „1968" gesellten sich öfters auch Erfahrungen mit der neuen Frauenbewegung, doch dazu später.

6. Was war entscheidend für eine Kandidatur zum Gemeinderat?

Die Wege in die Politik scheinen generationsspezifisch durchaus unterschiedlich gewesen zu sein. Sie spiegeln die gesellschaftlichen Entwicklungen und den jeweils erreichten Stand der Gleichberechtigung zwischen Ende der 1950er und der 1980er

Jahre. Während es scheint, als ob die Politikerinnen der späten 1950er bis hinein in die 1970er Jahre fast zu einer Kandidatur gedrängt werden mussten, bahnt sich parallel ab den 1970ern eine Entwicklung an, in der – damals vorwiegend jüngere – Frauen sich verstärkt für eigene Interessen auch in den politischen Gremien engagieren.

7. „Ich wurde gefragt."

Offenbar war der Weg vom politischen Interesse zur Kandidatur in einem politischen Gremium für die befragten Politikerinnen nicht selbstverständlich. Gerade die Älteren unter den Befragten wiesen nicht selten darauf hin, dass es sie keineswegs zu einer Kandidatur gedrängt hatte. Aussagen wie „Ich wurde gefragt" oder „Man trat an mich heran" finden sich häufig. Ohne weitere Forschung lässt sich nicht entscheiden, ob es sich um „frauentypische" Bescheidenheit handelt, die dieser Eigeninterpretation des politischen Werdegangs zugrunde liegt. Man kann aber sicher annehmen, dass eine Kandidatur ohne die Befürwortung oder Förderung durch die männlich dominierten Partei- und kommunalpolitischen Gremien kaum möglich gewesen wäre.

Es fällt auf, dass die zukünftigen Politikerinnen, egal ob in der CDU oder der SPD organisiert, durch gesellschaftliches Engagement außerhalb der politischen Gremien, sei es im Bereich kirchlichen Engagements, traditioneller ehrenamtlicher sozialer Arbeit oder durch Arbeit im Elternbeirat auf sich aufmerksam gemacht hatten. „Als unsere alte Stadträtin starb, haben mich alle gedrängt, weil ich hier im Kirchenchor war und im Pfarrgemeinderat. Es hieß: Frau H. ist die Richtige, die kommt an. So habe ich mich halt aufstellen lassen", so eine Kommunalpolitikerin, die Ende der 1950er Jahre für die CDU in den Gemeinderat gewählt wurde. (IP13, geboren 1920)

Eine Interviewpartnerin, die 1968 als erste Frau in den Rat ihrer Gemeinde einzog, schilderte: „Ich hatte einerseits begonnen, mir Gedanken über Altenarbeit zu machen, nachdem ich gesehen hatte, dass sich die Strukturen im Dorf veränderten und viele Ältere ‚heimatlos' geworden waren, keine Orte mehr hatten. Und ich habe mich auch sehr um Gastarbeiterkinder und deren Familien gekümmert. Ein Arzt und ein alter Schulrektor am Ort haben mich dann auf eine Kandidatur angesprochen, weil sie meinten, ich sei prädestiniert für die Arbeit im Gemeinderat. Ursprünglich war Mehrheitswahl vorgesehen. Nachdem aber eine zweite Liste eingereicht wurde, musste ich, wollte ich gewählt werden, auch eine Liste einreichen, was ich dann auch in buchstäblich allerletzter Minute geschafft habe. Meine Liste erreichte die höchste Stimmenzahl." (IP16, geboren 1928)

Auch in diesen Erinnerungen findet sich das Muster, dass eine Frau durch ihr soziales Engagement bekannt wird; doch der Wille zu kämpfen, um auch ein Mandat zu erhalten, wurde so explizit von keiner anderen der befragten Frauen formuliert.

8. Eigene Ziele durchsetzen

Es ist zu beobachten, dass Frauen, die ab den 1970er Jahren politisch aktiv wurden, ihr Engagement als eigenständiges zivilgesellschaftliches Engagement begriffen, das dann in eine Kandidatur für den Gemeinderat münden konnte – gelegentlich durchaus in Opposition zu vorhandenen politischen Strukturen beziehungsweise Mehrheitsverhältnissen.

„Kandidiert habe ich, weil ich das Gefühl hatte, dass in einigen mir wichtigen Dingen die Gemeinderäte entgegen den Wünschen der Bevölkerung entschieden. Ein Beispiel: Ich lebte in einem neuen Stadtteil, in dem es drei Gemeinderäte von der CDU gab. Ich war Elternvertreterin und wir hätten damals die Chance gehabt, unsere Grund- und Hauptschule zu einer Ganztagsschule zu machen. Die Mehrheit der CDU hat das im Gemeinderat abgelehnt. Ich war sehr zornig, denn bei uns im Stadtteil lebten sehr viele Familien mit kleinem Einkommen, wo die Frauen zusätzlich putzen gingen und die Kinder schon morgens um 7 Uhr auf dem Schulhof standen. Deshalb wäre eine Ganztagsschule ideal gewesen. Inzwischen ist die Schule Gesamtschule geworden, meine eigenen Kinder waren da aber nicht mehr betroffen." (IP8, geboren 1941, 1980 als Unabhängige Kandidatin auf einer SPD-Liste gewählt)

Die neuen politischen Bewegungen – Bürger*inneninitiativen gegen die Atomkraft und die Friedensbewegung – führten jenseits des Gleichberechtigungsthemas zu Politisierung und Engagement in der 1980 gegründeten Partei Die GRÜNEN und förderten die Bereitschaft, sich zur Wahl zu stellen, auch wenn mit dieser Entscheidung nicht unbedingt die Absicht verbunden war, tatsächlich ein Mandat zu erreichen: „Politisch interessiert war ich schon immer. Das fing in meiner Schulzeit an [...]. 1975 habe ich die Demos in Wyhl miterlebt, dann aber während des Studiums und während der ersten Jahre meines Arbeitslebens nicht mehr aktiv Politik gemacht. 1983 bei der Menschenkette von Stuttgart nach Ulm war ich beteiligt und dadurch auch in zwei Bürgerinitiativen aktiv. Einmal im Arbeitskreis Frieden und zum anderen in der Bürgerinitiative Umweltschutz Offenburg, bei der ich immer noch Mitglied bin. 1984 standen Kommunalwahlen an, es gab eine gemeinsame Liste BI Umweltschutz/GRÜNE, ich stellte mich zur Wahl, eigentlich nicht mit der Absicht, ein Ratsmandat zu bekommen, das hatte ich dann aber doch." (IP9, geboren 1952)

9. Die neue Frauenbewegung als Impulsgeber für eine eigene Kandidatur

Vor dem Hintergrund der neuen Frauenbewegung der 1970er Jahre entwickelte sich für einige Frauen auch eine explizit frauenpolitische Agenda: „In der Kommunalpolitik (wie in der ‚großen' Politik) bestimmten Anfang der siebziger Jahre in den Parteien, Verwaltungen und Gemeinderäten fast ausschließlich Männer. Die Lebens- und Berufserfahrungen von Frauen – vor allem jüngeren

Frauen – waren nicht oder zu wenig vertreten, meiner Meinung nach musste sich das unbedingt ändern, um bessere Entscheidungen für die gesamte Bevölkerung zu erreichen. Deshalb fing ich 1970 an, mich politisch in der SPD zu engagieren und kandidierte dann 1975 erstmals für den Gemeinderat in Heidelberg, denn die Lösung ganz konkreter Probleme fand ich am interessantesten", so die spätere Heidelberger Oberbürgermeisterin. (IP18, geboren 1943)

Sehr pointiert führte auch eine ehemalige FDP-Stadträtin und Bundestagsabgeordnete aus: „Von der Frauenbewegung der 1970er Jahre beeinflusst und dem Slogan folgend ‚Das Private ist politisch', trat ich 1977 – nach unserem Umzug von Berlin nach Karlsruhe – in die FDP ein. Schon in Berlin nahm ich häufig als Parteilose an Sitzungen des FDP-Arbeitskreises Emanzipation teil." (IP10, geboren 1944)

Und eine weitere SPD-Gemeinderätin, gewählt 1971, erklärte: „Kandidiert habe ich, weil ich fand, dass zu wenige Frauen im Gemeinderat sind – wir sind ja die Hälfte der Menschheit und müssen doch auch unsere Sicht einbringen!" (IP15, geboren 1928)

Insbesondere die Jüngeren unter den Befragten benannten die Erfahrung mit Defiziten in der Gleichberechtigung und/oder die Auseinandersetzung mit Sexismus als ausschlaggebend für eine Kandidatur oder zivilgesellschaftliches politisches Engagement: „Mich hat die Abholzung alter Alleebäume zwecks Verbreiterung von Straßen ebenso gestört wie die gezielte Beschämung von jungen Studentinnen durch alte Professoren. Und der Satz meiner Mutter: ‚Dagegen kannst du nichts machen' war für mich Ansporn, das Gegenteil zu beweisen." (IP11, geboren 1956, GRÜNEN-Politikerin)

„Schon als Kind hatte ich bemerkt, dass Jungen Mädchen vorgezogen wurden und man uns bestimmte Geschlechterrollen aufzwang. Das verstand ich damals noch nicht, habe aber trotzdem gegen diese Zuschreibungen angekämpft und versucht zu zeigen, dass Mädchen bzw. Frauen genauso wertvoll sind wie Männer." (IP12, geboren 1962, Bürgermentorin)

Dass mehrere Aspekte der Diskriminierung zusammenfallen können und bekämpft werden müssen, betonte eine politische Aktivistin mit Migrationshintergrund: „Politisch engagiert war ich schon immer. Warum passiert was, wann, wo, wer etc. Als Frau mit Migrationsgeschichte habe ich relativ schnell Defizite entdeckt. Defizite, als Frau sichtbar zu werden und Defizite, als Mensch mit Migrationsgeschichte sichtbar zu werden." (IP14, geboren 1976)

10. Frauen im Gemeinderat = zuständig für Soziales?

Unabhängig davon, in welchem Jahrzehnt sie in die politischen Gremien eintraten, sahen sich viele Gemeinderätinnen mit ähnlichen Problemen konfrontiert. Zu nennen ist zum einen die nur schwer aufzubrechende Tradition, weibliches politisches Engagement – wie seit dem 19. Jahrhundert üblich – mit Engagement für Soziales gleichzusetzen; dies führte dazu, dass sich Frauen in der Regel beispielsweise in Sozialausschüssen wiederfanden. Zum anderen war es ungewöhnlich, dass sich Frauen auf andere Gebiete vorwagten: „Neben mir gab es noch zwei Gemeinderätinnen, aber die waren viel älter als ich. Die waren in den sozialen Ausschüssen und ich kam in lauter Männer-Ausschüsse. Ich war überall die einzige Frau! Ich war die erste Frau im Bauausschuss, ich war die erste Frau im Werkausschuss, ich war die erste Frau im Schlachthof-Ausschuss, im Friedhofs-Ausschuss – da waren überall keine Frauen!“ So eine 1959 in den Gemeinderat gewählte Gesprächspartnerin (IP13, geboren 1920).

Auch noch mehr als zehn Jahre später musste sich eine Interviewpartnerin dagegen wehren, auf den Sozialausschuss festgelegt zu werden: „Ich [...] war aber oft genervt. Ich wollte zum Beispiel unbedingt in den Planungsausschuss und nicht in den Sozialausschuss, wo mich meine Kollegen gerne haben wollten. Der Grund war, dass mein Hauptanliegen die Einrichtung von Kinderspielplätzen war und der Planungsausschuss das entscheidende Gremium war, um solche Dinge durchzusetzen.“ (IP15, geboren 1928)

Dazu trat die Erfahrung struktureller Benachteiligung – als Frau und als Minderheit in den Gremien –, wenn es darum ging, sich Gehör zu verschaffen.

11. Erfahrungen in männlichen Strukturen

Der Gemeinderat als kommunales politisches Mitbestimmungs- beziehungsweise Entscheidungsorgan, schon im 19. Jahrhundert geschaffen und bis in die Weimarer Republik rein männlich besetzt, weist in vielfältiger Weise Charakteristika auf, die an männlicher Lebensweise orientiert sind. Die Arbeitsweisen der politischen Gremien basieren auf einem Geschlechterbild, in dem Männer frei von Pflege-, Haushalts- und Kinderbetreuungspflichten über ihre Zeit verfügen können. Zu nennen sind hier etwa die Sitzungszeiten, die beispielweise auf Kindergartenöffnungszeiten keine Rücksicht nehmen, oder das Fehlen von finanziellen Regelungen, wenn etwa bezahlte Kinderbetreuung notwendig wird. Auch sind die langen Tagungszeiten mit weiblicher Arbeitsbelastung schwerer vereinbar als mit männlicher Lebensweise. So zeigt eine Untersuchung über die Verteilung von Haus- und Fürsorgearbeit, dass im Durchschnitt aller Personen im Erwerbsalter Frauen noch heute bis zu 2,4-mal so viel an Zeit für tägliche Fürsorgearbeit aufwenden wie Männer und 1,6-mal so viel der Zeit für die tägliche Haushaltsführung[9]. Die Auswirkungen dieser ungleichen Arbeitsteilung in Bezug auf die Möglichkeiten der Arbeit in kommunalen Gremien kommen in den Erfahrungen der befragten Gemeinderätinnen ebenso zum Ausdruck wie die Tatsache, dass auch die Sprache dieses männlich dominierten Gremiums Frauen oft nicht zur Kenntnis nimmt.

---

[9] WSI-Report Nr. 35, April 2017: https://www.boeckler.de/pdf/p_wsi_report_35_2017.pdf (letzter Zugriff: 19.06.2020)

Zum Aspekt der Sprache berichtete eine Interviewpartnerin: „[...] in der vorgedruckten Urkunde des Landkreises für 30-jährige Mitgliedschaft im Kreistag war zu lesen: ‚Wir danken Frau [Name] für seine langjährige Tätigkeit [...]' – die weibliche Form kam in der vorgedruckten Urkunde noch nicht vor." (IP26, geboren 1938) Dies gab Anlass, sich zu wehren und gemeinsam mit anderen Frauen für Änderungen zu sorgen: „Ganz am Anfang meiner Zeit als Gemeinderätin haben wir Frauen gleich für eine Änderung gesorgt. Wir haben unsere Post immer als ‚Frau Stadtrat' bekommen. Ich habe mich gemeldet und habe gesagt, dass ich in Zukunft meine Post als ‚Frau Stadträtin' bekommen möchte – daraufhin musste die Gemeindesatzung geändert werden." (IP8, geboren 1941, 1980 gewählt.)

Die Abwehr eines männerdominierten Gremiums Frauen gegenüber und die Strukturen, die insbesondere der Mitarbeit von Frauen mit Kindern entgegenstehen, schilderte eine Befragte folgendermaßen: „Gemerkt habe ich sofort: In der Männergesellschaft war ich nicht willkommen. Ich bekam das bei jeder sich bietenden Gelegenheit zu spüren. Man kann sagen, ich hatte einen schweren Stand. Davon gäbe es in der Tat viel zu erzählen, aber ich möchte hier darauf verzichten. Ich habe mich eingearbeitet, und das war schon rein zeitlich nicht einfach, weil meine Kinder, damals 8 und 10 Jahre alt, noch nicht so selbstständig gewesen sind. Termine in Ausschüssen haben oft schon am frühen Abend begonnen, es gab häusliche Engpässe. Die Arbeit in der Schule durfte nicht zu kurz kommen. Es war viel zu tun, wäre jedoch leichter gewesen, wenn es Anerkennung und Wertschätzung in den Gremien gegeben hätte. Nach fast zwei Jahren erkrankte mein Sohn schwer, er musste mehr als sechs Monate im Krankenhaus verbringen. Ich war überlastet, fühlte mich aber unbedingt verpflichtet, die Amtsperiode zu Ende zu bringen. Im letzten Jahr meiner Tätigkeit wurde meine Mutter hinfällig und brauchte meine Hilfe. Damit waren die Würfel gefallen: Nach fünf Jahren schied ich aus den Gremien aus. Danach war ich nie mehr in politischen Ämtern, aber in vielen Bereichen ehrenamtlich tätig." (IP4, geboren 1939, gewählt 1975)

Das eigene Selbstverständnis als politisch aktive Frau konnte zunächst zu Nichtwahrnehmung frauenfeindlicher Strukturen führen, wie eine Gesprächspartnerin anmerkte. Die zunehmende Zahl jüngerer Frauen ab den 1970ern machte diese jedoch sichtbar und forderte Veränderung: „Weil politisches Engagement als Frau für mich selbstverständlich war, hat es ein wenig gedauert, bis mir Hindernisse oder mangelndes Verständnis für die Situation politisch engagierter Frauen in meinem Umfeld aufgefallen sind: Frauen mit kleinen Kindern waren im Gemeinderat eigentlich nicht ‚vorgesehen', sie mussten für Babysitter sorgen und sie bezahlen (zuerst von den geringen Beträgen des Sitzungsgelds). Der Bitte, man möge doch die Sitzungstermine auf den Abend verlegen (Sitzungsbeginn war immer 16 Uhr) wurde mit Unverständnis begegnet. Allerdings war es auch neu, dass junge Frauen im Gremium waren, die schon vorher im Gemeinderat tätigen Frauen waren älter und hatten die Familienphase hinter sich bzw. waren kinderlos. Kindergärten mit den damaligen Öffnungszeiten waren auch nicht hilfreich, weil sie gerade dann nicht mehr geöffnet waren, wenn die Sitzungen begannen, u.a. auch deshalb habe ich mich engagiert für den Ausbau und Veränderungen beim Angebot im Kita-Bereich.“ (IP1, geboren 1938, ab 1973 im Gemeinderat)

12. Einzelkämpferinnen im Gemeinderat

Wie gingen die Befragten damit um, dass sie sich Anerkennung und Respekt erst erkämpfen mussten? Welche individuellen Strategien entwickelten sie?

Da gab es zum einen die Strategie, sich mit weiblicher List und weiblichem Charme durchzusetzen: „Und ich musste mir überall meinen Stand erobern, bei den Männern! Die haben einen nicht akzeptiert, Frau und so weiter [...] Aber ich habe das so geschickt gemacht, ich war ja verheiratet, und ich habe schon gewusst, wie man so umgehen muss mit den Männern; ich hab‘ die Männer immer reden lassen, und wenn wir dann so im Gespräch waren, habe ich dann gesagt, ‚Jetzt hascht halt Blödsinn geredet, das ist doch gar nicht so!‘ – ‚Ja warum, ja wieso?‘ Und schon habe ich ihn rumgekriegt gehabt! So habe ich ihnen meine Meinung kundgetan!“ (IP13, geboren 1920, Mitglied der CDU, in den Gemeinderat gewählt 1959)

Die Entwicklung einer gewissen Härte zusammen mit dem Willen, sich und die eigenen Ziele auch durchzusetzen, wurden als andere Strategie zur Behauptung in einem männerdominierten Gremium geschildert: „In der ersten Zeit habe ich Geringschätzung erfahren, doch dann kamen Respekt und Wertschätzung. Man durfte sich nicht kleinkriegen lassen, musste halt auch ein bestimmtes Selbstbewusstsein haben. Aber das kann ich ja auch nur haben, wenn ich auch weiß, das und das will ich. Ich war hartnäckig und hatte den Willen, etwas durchzusetzen.“ (IP16, geboren 1928, in den Gemeinderat gewählt auf einer eigenen unabhängigen Liste 1968, später einige Jahre CDU-Mitglied)

13. Von Männern gefördert oder Konkurrentin?

Es schien für Frauen leichter zu sein, Akzeptanz oder Förderung zu erfahren, wenn sie nicht als Konkurrentinnen um Ämter auftraten. Eine sowohl im Betriebsrat als auch in einer Partei aktive Befragte führte dazu aus: „Meinem ehrenamtlichen Engagement in Partei und Gewerkschaft wurden keine Steine in den Weg gelegt. Im Gegenteil: Es waren oft gerade Männer, die den Anstoß dazu gaben. Anders wäre es sicher gewesen, wenn ich eine bezahlte/hauptamtliche Position bzw. ein Mandat auf Landes- oder Bundesebene angestrebt hätte. Als Unterstützerin von zunächst einer Bundestags- und später auch einer Landtagskandidatin habe ich erlebt, wie Männerseilschaften mit üblen Methoden versuchten, deren Wahl zu verhindern. Ich selbst habe nie ein solches Mandat angestrebt, weil mich die Aufgabe als Betriebsrätin voll erfüllte und ich nah bei den Menschen war. Männliche Konkurrenz machte mir kaum zu schaffen, wohl weil die Position eines freigestellten Betriebsrats für beruflich ambitionierte Männer wenig attraktiv ist." (IP5, geboren 1935)

Doch auch das eigene Alter und die Zahl der im Gemeinderat vertretenen Frauen spielten eine Rolle bei der Frage, ob Frauen dort akzeptiert wurden: „In der Partei sah ich mich als Frau gleichberechtigt, sofern es keine ‚Konkurrenz' zu männlichen ‚Mitbewerbern' gab. Als junge Frau, die mit 23 Jahren 1971 in den Gemeinderat der Stadt Heilbronn gewählt wurde, war es für mich nicht einfach, mir politisches Gehör zu verschaffen. Die Altersspanne war erheblich und Frauen mangelhaft im Gremium vertreten." (IP19, geboren 1948)

14. Stärke und Durchsetzungsvermögen durch weibliche Solidarität

Eine größere Zahl von Frauen im Gemeinderat erhöhte die Durchsetzungsfähigkeit, vor allem, wenn es gelang, parteiübergreifend zusammenzuarbeiten. Das war insbesondere bei frauenpolitischen Themen und Anliegen der Fall. Mehrere Gemeinderätinnen betonten, wie wertvoll die Erfahrung überparteilicher weiblicher Solidarität war: „Im Gemeinderat dagegen waren meine Erfahrungen durchwegs positiv. Ich war von 1984 bis 1989 im Offenburger Gemeinderat. Diese Zeit war für mich allgemein in hohem Maße ‚frauenbewegt'. Frauen aller Fraktionen haben parteiübergreifend zusammengearbeitet und manches erreicht." (IP7, geboren 1945)

Nicht nur bei den GRÜNEN organisierte Frauen, auch Politikerinnen von FDP, CDU und SPD betonten die Bedeutung und den Erfolg parteiübergreifender Zusammenarbeit von Frauen, gerade auch bei frauenpolitischen Themen. Ausführlich schilderte eine ehemalige Karlsruher Gemeinderätin: „In den Sitzungen des Orts- und Kreisverbands der FDP merkte ich, dass meine Redebeiträge Gehör fanden, ich zur Gremienmitarbeit und Mitarbeit am Kommunalwahlprogramm 1979 ermuntert und unterstützt wurde. So z.B. in meiner Forderung eines Autonomen Frauenhauses für Karlsruhe. Mit zwei weiteren Frauen erarbeitete ich die konzeptionelle Grundlage, die von der Karlsruher FDP-Gemeinderatsfraktion übernommen, mit der Konzeption der SPD zusammengebracht, dem Gemeinderat zur Abstimmung vorgelegt und mit knapper Mehrheit 1981 beschlossen wurde. Dadurch und Jahre später als Mitglied des Karlsruher Gemeinderates von 1989 bis 2014 erlebte ich, dass erfolgreiche Politik sich Mehrheiten suchen muss und die Fähigkeit zu überparteilicher Zusammenarbeit mit Frauen verlässlich und sachorientiert war." (IP10, geboren 1944)

Mehrere Politikerinnen betonten, dass es ihnen wichtig war, nicht den männlich dominierten Politikstil anzunehmen. Doch ein anderer weiblicher Politikstil, das heißt in obigem Beispiel fraktionsübergreifende und auch innerparteiliche Zusammenarbeit von Frauen, dürfe nicht mit Harmoniesucht oder der Negation politischer Differenzen verwechselt werden, so eine ehemalige Landespolitikerin der GRÜNEN: „Ich habe Verunsicherung bei älteren Abgeordneten anderer Fraktionen, Irritation bei erfahrenen Kollegen der eigenen Fraktion wegen anderen

Stils er- und durchlebt wie auch Versuche von Kolleginnen, mit der Forderung nach ‚Frauensolidarität' politische Differenzen zuzuschütten. Konfliktfähigkeit hat sich ausgezahlt. Vor allem im Bundestag gab es gute weibliche Seilschaften und viel fraktionsübergreifendes Verständnis – nicht zu verwechseln mit Harmonie." (IP11, geboren 1956)

Von der positiven Erfahrung weiblicher (überparteilicher) Zusammenarbeit, der Erkenntnis, dass es einer Mindestmenge an Frauen bedarf, um sichtbar und wirksam zu werden, hin zur Forderung nach Quotierung oder Parität war und ist der Weg nicht weit. „In vielen Gremien war ich am Anfang die einzige oder eine von wenigen Frauen, später wurden wir langsam etwas mehr. Um Entscheidungen jedoch beeinflussen zu können, bedarf es einer Mindestmenge von Frauen in Gremien. Erst als sich über viele Jahre zu wenig verbesserte, begann ich deshalb eine rechtlich vorgeschriebene Quotierung für dringend notwendig zu halten, wie es sie in vielen Ländern (vor allem Skandinavien) längst erfolgreich gab." (IP18, geboren 1943, SPD-Gemeinderätin, im Amt 1975 bis 1990)

15. Parteien, Gemeinderäte, Gewerkschaften – ähnliche Erfahrungen in unterschiedlichen Handlungsfeldern?

Obwohl fast die Hälfte der Erwerbstätigen Frauen sind, stellen Frauen in den Gewerkschaften des Deutschen Gewerkschaftsbundes (DGB) nur etwa ein Drittel der Mitglieder, auch wenn ihr Anteil an den DGB-Mitgliedern seit 1950 stark gewachsen ist: von 16 Prozent auf 33 Prozent im Jahr 2017[10]. Dabei ist der Frauenanteil in den Einzelgewerkschaften sehr unterschiedlich und ein Spiegel der Beschäftigtenstruktur der Branchen, die die jeweiligen Gewerkschaften organisieren: So hat die IG Metall nur einen Frauenanteil von 18 Prozent, bei der Dienstleistungsgewerkschaft ver.di stellen Frauen mehr als 50 Prozent der Mitglieder und bei der im Bildungs- und Erziehungsbereich organisierenden GEW sind fast 72 Prozent der Mitglieder weiblich[11].

Betrachtet man die Gewerkschaften und Betriebsräte, so stehen auch hier – ähnlich wie in den Gemeinderäten – strukturelle Hindernisse einem stärkeren Engagement von Frauen entgegen. Zu nennen sind nicht nur männliche Dominanz und Verhaltensweisen in Betriebsräten und gewerkschaftlichen Gremien, sondern auch die ungleiche gesellschaftliche Arbeitsteilung in Bezug auf Reproduktionsarbeit, die die Teilnahme von Frauen erschweren. Dazu kommen oft noch prekäre (Teilzeit-)Arbeitsverhältnisse von Frauen[12].

---

[10] Wolfgang SCHROEDER, Defizit mit Folgen. Den deutschen Gewerkschaften fehlen Frauen, in: WZB-Mitteilungen 161 (2018), S. 45–47, hier S. 45.

[11] Ebd.; WSI GenderDatenPortal: https://www.wsi.de/de/mitbestimmung-14620-frauenanteil-in-den-dgb-gewerkschaften-14770.htm (letzter Zugriff: 19.06.2020).

[12] SCHROEDER (wie Anm. 8) S. 46.

Bei der in ver.di aufgegangenen Gewerkschaft HBV (Handel, Banken, Versicherungen) stellten Frauen die Mehrheit der Mitglieder, insbesondere im Einzelhandel. So berichtete eine aus dieser Branche kommende ehemalige Betriebsrätin über ihre Erfahrungen im Amt: „Ich persönlich habe keine schlechten Erfahrungen gemacht. Das kam vielleicht daher, weil in einem Kaufhaus überwiegend Frauen arbeiten und ich auch immer die Wertschätzung der Kolleginnen, auch der gewerblichen, hatte. Ich habe keine Diskriminierung als Frau erlebt. Auch die Vorgesetzten haben mich akzeptiert." (IP2, geboren 1944)

Anzumerken ist jedoch, dass auch im Handel im Jahr 2015 nur 43,1 Prozent der Betriebsratsmitglieder weiblich waren und Frauen nur 32,3 Prozent der Betriebsratsvorsitzenden stellten[13]. Insofern war eine von uns befragte ehemalige Betriebsratsvorsitzende aus dem Großhandel, die diese Position von 1978 bis 2000 einnahm, sicher eine Ausnahme (IP24, geboren 1945): „Ich war damals [Ende der 1950er] die einzige in der Gewerkschaft. Ich war zwar schüchtern, aber trotzdem war ich es, die zum Chef gerannt ist, wenn was war und sagte: ‚Herr Lutz, so geht es nicht.' Ich habe nach und nach Mitglieder für die Gewerkschaft geworben, es hat allerdings 20 Jahre gedauert, bis wir 1978 einen Betriebsrat wählen konnten. Meine Kollegen wollten, dass ich den Vorsitz übernehme, weil sie sagten, ich könne das, sie nicht." Sie wurde offenbar in diese Position gewählt, weil sie Angestellte war, ihr deshalb Erfahrung im Umgang mit Schriftlichem zugeschrieben wurde (was wohl vielen Männern in ihrer Firma nicht lag) und dazuhin noch über viele Jahre die gewerkschaftlichen Strukturen im Betrieb aufgebaut und darüber Bekanntheit und Ansehen gewonnen hatte.

Bei weiblichen Betriebsräten der IG Metall mit zumeist männerdominierten Belegschaften, sind Frauen oft die Repräsentantinnen von Frauenabteilungen (mit häufig geringer qualifizierter und entlohnter Arbeit) oder sie stammen aus Angestelltenbereichen, in denen der Frauenanteil um einiges höher ist als in der Produktion. Und vielleicht mehr noch als in den Gemeinderäten mussten die Betriebsrätinnen für die Berücksichtigung frauenspezifischer Belange kämpfen: „Wir Frauen waren im Betrieb eine Minderheit und ich fühlte mich deshalb besonders den Kolleginnen verpflichtet. Wir bekamen zwar den gleichen Lohn, aber nicht den Zugang zu höherwertigen Tätigkeiten. Wichtig war uns der Kampf für das Rückkehrrecht auf Vollzeit nach der Familienpause und anschließender befristeter Teilzeit. Auch haben wir uns mit Erfolg für einen Betriebskindergarten eingesetzt, um die Vereinbarkeit von Familie und Beruf zu erleichtern. Als Frauen war uns wichtig, unsere spezifischen Probleme und Themen zu benennen, sie durch kollektive und phantasievolle Aktionen und Ideen zu lösen, u.a. in der Kabarettgruppe ‚Rote Disteln', in der ich Mitglied war." (IP22, geboren 1947)

In der IG Metall als politische Sekretärin angestellte oder als gewerkschaftliche Funktionsträgerinnen aktive Frauen waren lange Zeit in der Minderheit und wurden in der Organisation als eine zu vernachlässigende Größe angesehen, die

---

[13] WSI GenderDatenPortal (wie Anm. 11).

um Anerkennung und Sichtbarkeit kämpfen musste: „Uns Frauen wurde nichts geschenkt, wir hatten keinerlei Netzwerke, jede hat für sich alleine kämpfen müssen, oft auch gegen den Widerstand von Männern. Ab 1982 kamen dann doch immer mehr dazu. Wir trafen uns auf bezirklicher Ebene, um unsere Probleme zu diskutieren. Unsere bezirklichen Frauentreffen wurden teilweise toleriert, aber auch blockiert. Gar manche Gewerkschaftssekretärin durfte nicht teilnehmen bzw. die Teilnahme wurde nicht gerne gesehen. In Diskussionsrunden wurden wir einfach übersehen. Unsere Positionen in der Gewerkschaft mussten wir über lange Jahre durch ständige Auseinandersetzungen mit den jeweiligen Führungen durchsetzen. Wir wollten keine Alibifrauen sein, sondern als gleichwertig und wegen unserer Arbeit und Qualifikation anerkannt werden. Es gab dann in einzelnen Geschäftsstellen bereits Frauen als Zweite Bevollmächtigte. Aber es hat 22 Jahre gebraucht bis eine Frau Erste Bevollmächtigte wurde. Dabei sind viele männliche Kollegen, die viel kürzer in der Gewerkschaft waren, an uns vorbeigezogen." (IP23, geboren 1953)

Auch eine ehemalige Gewerkschafterin, die in den Führungsebenen verschiedener Einzelgewerkschaften arbeitete, betonte, wie wenig selbstverständlich die Repräsentation von Frauen in den gewerkschaftlichen Führungsstrukturen war, ganz abgesehen von Frauen, die feministische Positionen vertraten und dazuhin einen akademischen Hintergrund hatten. Letztere wurden in der Gewerkschaftswelt als Fremdkörper wahrgenommen: „Mein feministisches Leben in Baden-Württemberg begann 1980: Ich war die erste weibliche Gewerkschaftssekretärin in der kämpferischen Bezirksleitung der IG Metall neben 158 Männern. Kein leichtes Brot. Arbeitsschwerpunkte Frauen-, Technologie- und Tarifpolitik. Es war die Zeit der Kämpfe um die 35-Stunden-Woche und um die ‚Frauenförderung'. Wir Frauen spielten im Arbeitskampf eine wichtige Rolle. Mit unserer Losung ‚[...] mehr Zeit zum Leben, Lieben, Lachen' kam eine neue Melodie in den Streik und unser Rap ‚Wir wollen 5 Stunden mehr für Liebe und Verkehr' gefiel durchaus nicht allen Metallern. 2000 mit der ver.di-Gründung und nach einer schönen kleinen Karriere bei der IG Medien wurde ich Landesbezirksleiterin von ver.di – auch nicht ganz einfach. Frau, bekennende Feministin, Akademikerin." (IP24, geboren 1945)

16. Politische Aktivistinnen mit Migrationshintergrund

Nur wenige der Gesprächspartnerinnen stammten aus Familien mit Migrationshintergrund. Dies verweist auf den langen (und konfliktreichen) Weg hin zu einer Einwanderungsgesellschaft, die sich auch selbst als solche begreift. Der späte Eintritt von Frauen mit Migrationshintergrund in die Politik ist sicher der Tatsache geschuldet, dass sie ohne deutschen Pass keine politischen Partizipationsrechte und -möglichkeiten haben. Diese Problematik thematisierte eine der befragten Aktivistinnen, die 2014 in einen Integrationsrat gewählt wurde: „Was bringt eine

Kommune weiter? Wenn alle, die da wohnen, mitbestimmen dürfen oder nur diejenigen mit deutschem Pass? Ich glaube, dass auf kommunaler Ebene die Zukunft liegt. So scheint es mir ein Nachteil, dass manche Frauen weder mitentscheiden können, wer in die Gremien gewählt wird, noch dass sie selbst in diese Gremien gewählt werden können. Die Forderung sollte nicht nur lauten: ‚Mehr Frauen in die Gremien', sondern auch mehr Menschen in die Gremien, die die Vielfalt der Kommune widerspiegeln." (IP14, geboren 1976)

Auch sie thematisierte die männlich geprägte Kultur der kommunalpolitischen Gremien: „Frauen sind immer noch auf allen Ebenen benachteiligt. Auf individueller, struktureller und diskursiver Ebene. So nehmen bspw. Redebeiträge männlicher Kommunalpolitiker nicht nur mehr Raum ein, sondern werden auch mehr wahrgenommen – sei es in den Gremien selber, oder in der Öffentlichkeit. Es ist die Aufgabe der Politik diese Benachteiligungen schnellstmöglich abzuschaffen, wie beispielsweise ungleiche Löhne, mehr Frauen in Führungspositionen und mehr Frauen in der Kommunalpolitik."

Von widersprüchlichen Erfahrungen in unterschiedlichen politischen Kontexten, in denen entweder ihr Status als (EU-)Ausländerin oder ihre Rolle als Frau im Vordergrund standen, berichtete eine CDU-Gemeinderäten mit schwedischem Hintergrund, die 1991 bis 1995 im Ausländerrat und 1999 bis 2014 im Gemeinderat tätig war: „Im Ausländerrat der Stadt Heidelberg war es eine besonders große Herausforderung, mich als Frau durchzusetzen. Das Gremium hatte nämlich viele männliche Mitglieder aus Ländern mit sehr deutlichen Rollenverteilungen zwischen Mann und Frau. Im Gemeinderat gab es mit 40 % Frauenanteil und einer Frau als Oberbürgermeisterin (bis 2006) kaum Probleme, als Frau aufzutreten. In der CDU gab es eher Schwierigkeiten, als nicht-Deutsche und als Seiteneinsteigerin zu arbeiten. Als Frau spürte ich eher Rivalitäten und Konkurrenz von anderen Frauen." (IP25, geboren 1952)

17. Vor welchen Aufgaben stehen junge Frauen heute?

Die Antworten auf diese Frage sind sehr breit gefächert. Sie reichen von einer sehr positiven Zustandsbeschreibung in Bezug auf das, was Frauen erreicht haben, bis hin zur Feststellung, dass sich nicht sehr viel geändert habe im Vergleich zur Zeit der eigenen politischen Arbeit in Gemeinderat oder an der Spitze der Verwaltung.

Finden wir auf der einen Seite die Aussage: „Heute wird die Gleichberechtigung gelebt, wer sich engagieren möchte, steht nur noch bedingt Ressentiments gegenüber. Frauen haben sich durchgesetzt, das sieht man in vielen Berufen" (IP16, geboren 1928), so steht auf der anderen Seite die Einschätzung eines geringen Wandels: „Junge Frauen haben weiterhin dieselben Herausforderungen zu bewältigen, wie ich vor 15 Jahren. Politikerinnen werden weiterhin nicht so ernst genommen wie männliche Kollegen und müssen sich und ihre Argumente stärker beweisen. Frauen werden weiterhin auch in der Politik stärker auch vom Aussehen, Haltung, Sprache beurteilt als Männer“ (IP27, geboren 1956, 2003 zur Oberbürgermeisterin gewählt). Oder: „Ich glaube nicht, dass sich das wesentlich geändert hat. Die höheren Positionen sind ja immer noch in Männerhand.“ (IP28, geboren 1928, Gemeinderätin von 1975 bis 1989)

Die meisten der Befragten betonten, dass die Herstellung von Gleichberechtigung nach wie vor auf der Tagesordnung steht, nicht nur in Bezug auf politische Teilhabe, sondern auch in ökonomischer und gesellschaftlicher Hinsicht. Deshalb sollten sich junge Frauen nicht auf dem Erreichten ausruhen: „Junge Frauen sollten nichts für selbstverständlich nehmen. Was nicht auf der gesellschaftlichen Tagesordnung bleibt und immer neue Verständigung erfordert, geht unter“ (IP11, geboren 1956). Und: „Für junge Frauen gilt es, das Errungene zu bewahren und darauf aufzubauen. Noch immer ist die Gleichberechtigung im Berufsleben nicht erreicht. Es gilt zu sehen, dass der berufliche Erfolg nicht nur von der einzelnen Frau selber abhängt, sondern mindestens ebenso von den gesellschaftlichen Gegebenheiten.“ (IP7, geboren 1945)

Viele forderten Maßnahmen zur Vereinbarkeit von Familie, Beruf und Politik. Betont wurde von Einzelnen auch die Bedeutung einer guten Ausbildung und vor allem auch eigener – qualifizierter und sozialversicherungspflichtiger – Berufstätigkeit, um frauentypischer Armut im Alter zu begegnen, wozu nicht selten auch lange Phasen mit Teilzeitarbeit oder berufliche Auszeiten beitragen: „Was mir auch noch ganz wichtig ist, ist etwas, das ich jetzt als Rentnerin merke. Ich habe 27 Jahre – meist in Teilzeit – gearbeitet und müsste, wenn ich jetzt keine Witwenrente von meinem Mann hätte, mit Grundsicherung auskommen. Deshalb ist es wichtig, dass Frauen eine gute Schulbildung mit Schulabschlüssen haben, einen Beruf lernen. Und dass sie, wenn sie arbeiten, eine sozialversicherungspflichtige Beschäftigung haben. Möglichst keine langen beruflichen Auszeiten, wenn sie Kinder haben. Nur so entgehen sie der Altersarmut.“ (IP8, geboren 1941)

Explizit abgelehnt wurde Quotierung von Frauen mit CDU-Parteibuch. Nur diejenigen, die sich als Feministinnen begriffen beziehungsweise eine frauenpolitische Agenda vertreten (haben), forderten energisch Quotierung oder Parität ein: „Schluss mit den Platzhirschen – kämpfen wir für ein neues Landtagswahlrecht!“ (IP24, geboren 1945)

18. Resümee

Unser kleines Oral-History-Projekt zeigt die Spannbreite weiblicher Wege und Motivationen in die Politik. Die Zeit in den Kommunalparlamenten wurde unterschiedlich bewertet, manchmal als „gute Zeit“, manchmal als sehr problembehaftete Periode, die im Einzelfall zum Abschied aus der institutionellen Politik, nicht aber dem politischen Engagement insgesamt führen konnte. Eine gemeinsame Erfahrung der Befragten ist, dass sie in Gemeinderäten, Kreistagen, Landesparlamenten oder Gewerkschaften nicht als geschlechtslose Wesen Politik machen (konnten), sondern dass Geschlecht in diesen Institutionen sichtbar wurde, obwohl diese geschlechtsneutral scheinen.

Es gibt auf Baden-Württemberg bezogen eine Untersuchung zur kommunalpolitischen Partizipation von Frauen am Beispiel der Stadt Ludwigsburg[14]. Diese Untersuchung zeigt ähnliche Ergebnisse wie unser Projekt, beispielweise in Bezug auf die Motivation zur politischen Arbeit oder in Bezug auf die Diskriminierungserfahrungen in den kommunalpolitischen Gremien. Dennoch wären weitere Untersuchungen zu den Wegen und Erfahrungen von Politikerinnen insbesondere auf lokaler und regionaler Ebene wünschenswert, mit dem Ziel, die Partizipation von Frauen sichtbar zu machen, ihr Engagement in die Landesgeschichte einzuschreiben und weiblichen Erfahrungen in den demokratischen Institutionen des Landes ein Gesicht zu geben.

[14] Annette HOLUSCHA, Frauen und Kommunalpolitik. Kommunalpolitische Partizipation von Frauen in Baden-Württemberg am Beispiel der Stadt Ludwigsburg, Konstanz 1999.

„Ohne Unterschied des Geschlechts" – Frauen im Gemeinderat

Christine Eiche

Kommunalpolitik gilt als Schule der Demokratie, als niedrigschwelliger Einstieg in die politische Arbeit. Diese Wahrnehmung hatten die Wahlrechtsaktivist*innen des 19. Jahrhunderts, aber sie liegt auch der Herabsetzung des Wahlalters auf 16 Jahre im Jahr 2014 und den Kampagnen zugrunde, die anlässlich der Kommunalwahl 2019 Frauen zur Übernahme von kommunalen Ämtern motivieren sollten. Dennoch: Die Quote der Gemeinderätinnen in Baden-Württemberg liegt bei 23,9 Prozent und ist damit niedriger als die aktuellen Werte des Bundestags oder des baden-württembergischen Landtags.

Im Projekt „‚Ohne Unterschied des Geschlechts' – Frauen im Gemeinderat" des Hauses der Geschichte Baden-Württemberg wird die Frage, warum das so ist, an kommunalpolitisch engagierte Frauen aus dem Land zurückgegeben. Biografien und Erfahrungsberichte von Kommunalpolitikerinnen von 1919 bis heute werden partizipativ gesammelt und in ihren historischen Kontext eingeordnet. Zentraler Ort des Projektes ist die Website www.ohne-unterschied.de. Dabei entsteht ein multiperspektivisches Bild, das uns Aufschluss darüber geben kann, welche strukturellen Mechanismen der Kommunalpolitik zu Hürden werden können und welche Antworten diese Frauen darauf gefunden haben.

1. Geschichte des Kommunalwahlrechts in der Frauenstimmrechtsbewegung

Seit den 1860er Jahren haben sich unterschiedliche Zielsetzungen und damit unterschiedliche Gruppierungen in der Frauenbewegung im Deutschen Reich ausdifferenziert. Nicht alle Gruppierungen traten für das parlamentarische Stimmrecht auf Landes- oder Reichsebene ein, aber die Forderung nach dem aktiven und passiven Wahlrecht in der Gemeinde fand sich bei den verschiedenen bürgerlichen und sozialdemokratischen bzw. sozialistischen Flügeln[1]. Dabei verfolgten die Aktivist*innen verschiedene Strategien, diese Forderung durchzusetzen. Die einen

[1] Ute Rosenbusch, Der Weg zum Frauenwahlrecht in Deutschland, Baden-Baden 1998, S. 344; Birgitta Bader-Zaar, Politische Rechte für Frauen vor der parlamentarischen Demokratisierung. Das kommunale und regionale Wahlrecht in Deutschland und Österreich im langen 19. Jahrhundert, in: Hedwig Richter/Kerstin Wolff (Hgg.), Frauenwahlrecht. Demokratisierung der Demokratie in Deutschland und Europa, Hamburg 2018, S. 77–98. Zum Frauenwahlrecht als „Gemeinschaftsprojekt aller Flügel und Richtungen" vgl. Kerstin Wolff, Noch einmal von vorn erzählt. Die Geschichte des Kampfes um das Frauenwahlrecht in Deutschland, in: ebd., S. 35–56, hier S. 38.

wollten durch die Übernahme von Ehrenämtern innerhalb der Gemeindeverwaltung dem Anspruch auf politische Partizipation Nachdruck verleihen, andere gingen den direkten Weg der politischen Agitation mit Petitionen und Versammlungen.

Die politische Mitbestimmung in der Gemeinde stellte für die Aktivist*innen der Frauenbewegung einen ersten Schritt in Richtung des parlamentarischen Wahlrechts dar[2]. Sie orientierten sich dabei an anderen europäischen Nationen, in denen die sukzessive Erweiterung der Frauenrechte bereits erfolgreich gewesen war[3]. Gleichzeitig war die Kommunalpolitik auch ein Einstieg im inhaltlichen Sinne. Denn: Die politische Arbeit war und ist von Männern erdacht, organisiert und dominiert. Der Gedanke, dass Frauen in ihr gestalterisch mitwirken können, musste erst etabliert werden. Zahlreiche Akteur*innen der Frauenbewegung des 19. Jahrhunderts schafften mit Publikationen, Bildungsinitiativen und Vernetzungsangeboten die Voraussetzungen für die politische Mitbestimmung von Frauen. Ab der Jahrhundertwende intensivierte sich der Kampf um das Wahlrecht mit der Gründung eines Frauenstimmrechtsvereins, der sich international vernetzte. Die Publikationen dieser Zeit sind kämpferisch: Im „Jahrbuch der Frauenbewegung", dem publizistischen Organ der bürgerlichen Frauenbewegung, veröffentlichten Frauen praktische Anleitungen zu direkten Aktionen mit Titeln wie „Praktische Winke zum Abfassen von Petitionen"[4] und Artikel über „Die Frau im Staat"[5] oder „Die Frau in der Gemeinde"[6].

Im deutschen Südwesten trafen die Aktivist*innen auf unterschiedliche Voraussetzungen: Im Großherzogtum Baden war die Übernahme kommunaler Ehrenämter durch Frauen möglich und ab 1906 in der Gemeindeordnung ausdrücklich erlaubt. Als 1910 die Gemeindeordnung erneut überarbeitet wurde, nutzen die Frauenverbände den entstehenden Verhandlungsspielraum, um Druck auf den Landtag aufzubauen und den Zugang zu allen kommunalen Ämtern zu erreichen – zuerst mit Petitionen an den Landtag, dann folgten öffentliche Versammlungen in allen größeren Städten. Abschließend fand eine Konferenz statt, bei der eine Denkschrift an das Innenministerium verfasst wurde. Elisabeth Altmann-Gottheiner (1874–1930), ab 1912 Herausgeberin des „Jahrbuch der Frauenbewegung" und Hochschuldozentin in Mannheim, dokumentierte die als beispielhaft geltende

---

[2] Zur Haltung der Sozialdemokrat*innen zum Gemeindewahlrecht vgl. Bader-Zaar (wie Anm. 1) S. 93 f.

[3] Elisabeth Altmann-Gottheiner, Wie erlangen wir das Gemeindewahlrecht?, in: Die Frau 18 (1910), S. 98–106.

[4] Alice Bensheimer, Praktische Winke zum Abfassen von Petitionen, in: Elisabeth Altmann-Gottheiner (Hg.), Jahrbuch der Frauenbewegung 1912, Leipzig 1912, S. 201–204.

[5] Margarete Treuge, Die Frau im Staat, in: Altmann-Gottheiner, Frauenbewegung (wie Anm. 4) S. 111–120.

[6] Jenny Apolant, Die Frau in der Gemeinde, in: Altmann-Gottheiner, Frauenbewegung (wie Anm. 4) S. 101–111. Jenny Apolant leitete ab 1907 die Auskunftstelle für Gemeindeämter für die Frau des „Allgemeinen Deutschen Frauenvereins" in Frankfurt.

Aktion der badischen Frauenvereine[7]. Die Kampagne für das Wahlrecht scheiterte aber im Landtag mit nur wenigen fehlenden Stimmen an den Nationalliberalen[8]. Doch in der neuen Gemeindeordung von 1910 wurde die Mitarbeit von Frauen in Ehrenämtern als obligatorisch festgeschrieben. In gewissen Kommissionen mussten von nun an Frauen beteiligt werden. Diese Verpflichtung begründete der Landtag so: „Es empfehle sich, in diesem Fall einen gesetzlichen Zwang auszuüben, denn man habe es hier mit Widerständen zu tun, die sich weniger aus dem Verstand als aus dem Gefühl herleiten und daher schwer zu bekämpfen seien“[9]. Mit dieser Regelung war Baden trotz allem noch weit davon entfernt, Frauen dieselben staatsbürgerlichen Rechte zuzugestehen, die Männer qua Geburt innehatten. Auch waren es ausschließlich die Kommissionen, „bei denen nach Art des Gegenstandes die Mitwirkung von Frauen wünschenswert ist“[10]: Armenwesen, Unterrichts- und Erziehungsangelegenheiten, Gesundheitswesen. Aber das Beispiel Baden verdeutlicht die Dynamik des Kampfes um Mitbestimmung. Für Altmann-Gottheiner war die Kampagne ein Erfolg, denn sie habe „manche Gleichgültigen aufgerüttelt, manche Feinde zu Freunden des Frauenstimmrechts in der Gemeinde gemacht“[11].

Auch im württembergischen Landtag wurde das Thema des Frauenwahlrechts auf Gemeindeebene immer dann thematisiert, wenn die Gemeindeordnung modernisiert werden sollte und dadurch Verhandlungsspielraum entstand. Aber es gab in Württemberg keine mit Baden vergleichbaren Aufweichungen: 1904 entgegnete Theodor Liesching[12](1865–1922) den Sozialdemokraten, dass seiner Wahrnehmung nach „doch die Mehrzahl unserer Frauen zur Zeit nicht das Bedürfnis [...] und nicht den Wunsch hat, am Gemeindewahlrecht teilzunehmen“[13]. Und wenn das Wahlrecht schon kommen würde, dann sollte es das allgemeine im ganzen Reich sein, aber dabei wollte Liesching in Württemberg nicht vorangehen[14]. Und auch noch 1916 wurde die Legitimation der Forderung in Frage gestellt: „[...] ich bin auch überzeugt, daß unsere Bauernfrauen und die anderen Frauen das Wahlrecht nicht wünschen und nicht wollen.“[15] Diese erste Hürde zur politischen

---

[7] Altmann-Gottheiner, Gemeindewahlrecht (wie Anm. 3) S. 101.

[8] Rosenbusch (wie Anm. 1) S. 358; Jenny Apolant, Das kommunale Wahlrecht der Frauen in den deutschen Bundesstaaten, Leipzig 1918.

[9] Verhandlungen der Zweiten Kammer der Stände-Versammlung des Großherzogtums Baden, Beilagen 1909–1910, 2. Beilagenheft, Heft 493, Beilage Nr. 58a, S. 753.

[10] Gesetz- und Verordnungsblatt für das Großherzogtum Baden Nr. XLV, 15.11.1906, S. 523 f.

[11] Altmann-Gottheiner, Gemeindewahlrecht (wie Anm. 3) S. 101.

[12] Abgeordneter der Volkspartei und letzter königlicher Ministerpräsident vom 7.-9.11.1918.

[13] Verhandlungen der Württembergischen Zweiten Kammer, Protokolle 1904–1905, Bd. 1, 3. Sitzung, 9.11.1904, S. 44.

[14] Vgl. ebd.

[15] Verhandlungen der Württembergischen Zweiten Kammer, Protokolle 1915–1916, Bd. 99, 157. Sitzung, 13.7.1916, S. 3966. Abgeordneter Stiefel (Bund der Landwirte/Konservative). Vgl. hierzu die Beiträge von Corinna Schneider und Frank Engehausen in diesem Band.

Gleichberechtigung fiel nicht vorzeitig, auch in Württemberg blieb Frauen das Gemeindewahlrecht bis 1918 vorenthalten.

2. Unterrepräsentation von Frauen im Gemeinderat

Mit der Zulassung zum aktiven und passiven Wahlrecht war die zentrale Forderung der Aktivist*innen erreicht. Dadurch veränderten sich die Aktivitäten: Politische Aktionen wie Eingaben und Petitionen waren in der Form zunächst nicht mehr nötig. Stattdessen gingen die Frauen verstärkt den anderen Ebenen des Aktivismus nach: Mit Vorträgen, Publikationen und Wahlkampfveranstaltungen sollten Wählerinnen, aber auch Kandidatinnen motiviert werden. Frauen sollten nicht nur wählen, sondern auch auch gewählt werden. Und dieser Aspekt gestaltet sich damals wie heute schwierig.

Das Statistische Landesamt erhebt erst seit 1984 systematisch Daten über Frauen in den Gemeinderäten, vereinzelte Erhebungen und lokale Studien können über die Zeit davor nur lückenhaft Auskunft geben. So dokumentiert eine zeitgenössische Studie für die Gemeinderatswahlen 1919 in Baden 14 Gemeinderätinnen[16]. Eine aktuelle Datenerhebung vom landesgeschichtlichen Lehrstuhl der Universität Stuttgart[17] weist ergänzend für den Zeitraum von 1919 bis 1933 in Baden und Württemberg 71 Frauen in den Gemeinderäten aus[18], Spitzenreiter waren die Städte Stuttgart mit elf, Ulm mit sieben und Karlsruhe mit sechs Frauen im Gemeinderat. Diese Erhebung zeigt auch, dass hauptsächlich in größeren Städten Frauen den Weg in die kommunalen Parlamente fanden. Die Gemeinderatswahlen 1946 wurden für Württemberg-Baden zwar ausführlich dokumentiert[19], aber in den Wahlergebnissen wurde nicht nach Geschlecht unterschieden[20]. Die hohe Wahlbeteiligung[21] legt aber nahe, dass ein sehr hoher Prozentsatz der Frauen zumindest ihr aktives Wahlrecht wahrnahm. 1984 dokumentierte das Statistische Landesamt, dass 9,5 Prozent der baden-württembergischen Kommunalpolitiker*innen weiblich waren. 2019 sind in den Gemeinderäten des Landes 23,9 Prozent Frauen vertreten und in 1.101 Gemeinden des Landes gibt es sieben Oberbürgermeisterinnen und 76 Bürgermeisterinnen.

---

16 Badisches Statistisches Landesamt, Über die Deutschen Nationalversammlungswahlen in Baden, die Badischen Gemeinde-, Bezirksrats- und Kreisabgeordnetenwahlen und das Frauenwahlrecht, Karlsruhe 1921.

17 Vgl. den Beitrag von Lea Schneider zu Frauen in der Kommunalpolitik in diesem Band.

18 55 Frauen in Württemberg, 16 Frauen in Baden.

19 Statistische Landesämter Stuttgart und Karlsruhe (Hg.), Wie wählte Württemberg-Baden? Die Ergebnisse der Wahlen des Jahres 1946, Stuttgart 1947.

20 Die Erhebung der Universität Stuttgart nennt 88 Gemeinderätinnen für den Zeitraum von 1945 bis zur Gründung des Südweststaates 1952.

21 Die Wahlbeteiligung lag in Baden im Januar 1946 bei 89,9 Prozent, in Württemberg bei 84 Prozent. Statistische Landesämter Stuttgart und Karlsruhe (Hg.) (wie Anm. 19) hier S. 11, 23, 48.

Wieviele Kandidatinnen seit 1919 an der Wahl gescheitert sind, lässt sich statistisch kaum belegen. In der badischen Studie von 1921 wird die schlechte Datenlage dazu lediglich bedauert[22]. Das Statistische Landesamt erhebt diese Daten erst seit 1994[23], weshalb wir für die Zeit davor ausschließlich auf lokale Studien zurückgreifen können. Beispielsweise standen 1919 in Mannheim mit Julie Bassermann (1860–1940) und Marie Bernays (1883–1939) zwei reichsweit etablierte Frauenrechtlerinnen auf den vorderen Plätzen der liberalen Deutschen Volkspartei (DVP), sie wurden aber nicht gewählt[24]. In Weilimdorf bei Stuttgart standen auf den Wahlvorschlägen der Sozialdemokraten und der bürgerlichen Vereinigung jeweils eine Frau, allerdings: Sie standen auf dem vorletzten beziehungsweise letzten Platz und wurden nicht gewählt[25].

Es wurde ab 1919 schnell deutlich, dass Wahlrecht alleine nicht zu einer geschlechtergerechten Repräsentation in der Politik führte. Frauen, die sich in der Kommunalpolitik etablieren wollten, stießen von Beginn an auf Widerstände. Deshalb entwickelten die Aktivist*innen Strategien: Politische Strategien wie parteiinterne Quotenregelungen oder Frauenlisten[26] sollten strukturelle Hürden auf dem Weg in die Politik abbauen. Mit Seminaren[27], Kampagnen[28] und Mentoring-Projekten[29] sollte Frauen auch zur Kommunalwahl 2019 die Entscheidung für den Einstieg in die Kommunalpolitik erleichtert werden. Gleichzeitig arbeiten gegen-

[22] Badisches Statistisches Landesamt (wie Anm. 16) S. 11.

[23] Inga AUTZEN, Endgültige Ergebnisse der Gemeinderats- und Kreistagswahlen 2014 in Baden-Württemberg, in: Statistisches Monatsheft Baden-Württemberg 12 (2014), S. 41–47. Zur Gemeinderatswahl 2019 werden darüberhinaus dazu Daten erhoben, bis zu welchem Platz auf den Wahllisten das Reißverschlussprinzip angewendet wird.

[24] Sylvia SCHRAUT, Vom Wählen und Gewählt-Werden. Warum das Frauenwahlrecht schon vor 100 Jahren keine Garantie für erfolgreiche Frauenpolitik bot, in: Momente. Beiträge zur Landeskunde von Baden-Württemberg 1 (2019), S. 2–5.

[25] Bernhard KLAR, Weil im Dorf 1918–1919. Krieg – Not – Revolution – Demokratie. (Weilimdorfer Heimatblatt, Bd. 41), Stuttgart 2019, S. 20–22.

[26] Seit der Stuttgarter Frauenliste 1931 treten in Baden und Württemberg immer wieder Frauenlisten zur Kommunalwahl an (Tübingen 1949, Offenburg 1959), vermehrt seit den 1990ern. 2014 haben sich in 24 Kommunen Frauenlisten zur Wahl gestellt.

[27] Bspw. der E-Learning-Kurs „Frauen verändern ihre Kommune" der Landeszentrale für politische Bildung und der Landesarbeitsgemeinschaft der kommunalen Frauen- und Gleichstellungsbeauftragte Baden-Württemberg (LAG) oder das Projekt „Macht fair teilen" der Stadt Esslingen 2018/2019.

[28] Vgl. die Veröffentlichungen des Landesfrauenrates zu den Kommunalwahlen, bspw. Sabine ZÜRN, Bestimmen Sie mit: mehr Frauen in die Kommunalpolitik! Kommunalwahlen Baden-Württemberg 2009. Informationen für kommunalpolitisch interessierte Frauen und Kandidatinnen für die Kommunalwahlen, Stuttgart 2007.

[29] Bspw. das Mentoring-Projekt der Landeszentrale für politische Bildung „TiP – Tandem in der Politik".

wärtig Institutionen und Initiativen wie der Landesfrauenrat[30] oder das „Aktionsbündnis Parité“[31] daran, eine Quote im Wahlrecht zu verankern.

In der Forschung sind sechs Thesen[32] etabliert, mit denen die (Nicht-)Repräsentanz von Frauen in der Politik erklärt wird. In diesen Thesen werden die verschiedenen Faktoren deutlich, die das Engagement von Frauen in der Kommunalpolitik beeinflussen:

1. Sozialisationsthese: Frauen haben aufgrund ihrer traditionellen Rollenzuweisung ein geringes Interesse an Politik und haben ein zu schwaches Selbstbewusstsein, um politische Ämter von sich aus anzustreben.
2. Abkömmlichkeitsthese: Die traditionelle geschlechtsspezifische Arbeitsteilung führt bei den Frauen zu einer Doppelbelastung durch Arbeit und Familie/Care-Arbeit. Als Folge haben Frauen oft keine Zeit für politische Ämter.
3. Sozialstrukturthese: Frauen sind seltener als Männer in beruflichen oder ehrenamtlichen Führungspositionen vertreten, die die Aussicht auf ein politisches Mandat erhöhen. Besonders im baden-württembergischen Gemeindewahlrecht spielt die persönliche Bekanntheit in der Kommune eine Rolle.
4. Diskriminierungsthese: Frauen werden in Parteien von Führungspositionen bewusst ausgeschlossen. Das „old-boys-network“ innerhalb der Parteien reproduziert sich selbst und fördert nur Männer.
5. Quotenthese: Je mehr Parteien mit Quotenregelung in Parlamenten vertreten sind, umso höher wird der Frauenanteil.
6. Wahlverhalten: In personenbezogenen Wahlen entscheiden sich Wähler*innen eher für Männer.

Auf jede Frau in den Gemeinderäten trafen und treffen diese Faktoren in ganz individueller Zusammensetzung zu. Für manche, wie beispielsweise Margarete Hartmann (1920–2020), die von 1959 bis 1989 Stadträtin in Freiburg war, gelten einige Thesen auch gar nicht: Sie hatte schon vor ihrer politischen Aktivität durch ihr Engagement einen so hohen Bekanntheitsgrad in ihrem Stadtteil, dass die Christlich Demokratische Union Deutschlands (CDU) auf sie zukam, um sie als Stadträtin für die Liste zu gewinnen. Dennoch war ihre politische Arbeit nur dadurch möglich, dass ihr Mann die familiären Aufgaben übernahm. 45 Jahre später gelang es Marina Nohe (*1954), von 2004 bis 2019 Gemeinderätin in Kehl, trotz Jahren außerparlamentarischen Engagements nicht, in der Partei ihrer Wahl auf einen aussichtsreichen Listenplatz zu kommen. Sie gründete eine Frauenliste, über die neben ihr noch einer weiteren Frau der Einzug in den Gemeinderat gelang und war ab 2007 die erste weibliche Fraktionsvorsitzende in Kehl. Die Frauenliste

---

30 Landesfrauenrat Baden-Württemberg (Hg.), 20 Jahre Engagement für Parität in den Kommunalparlamenten, Stuttgart 2014.

31 www.aktionsbuendnis-parite.de

32 Elke Wiechmann/Lars Holtkamp/Sonja Schnittke, Unterrepräsentanz von Frauen in der Kommunalpolitik, Berlin 2009, S. 9.

stellte sich 2019 nicht zur Wahl, allerdings waren auf allen anderen Listen mehr Frauen vertreten als zuvor.

Nohe und Hartmann stehen demnach für unterschiedliche Antworten auf die Frage, woran weibliche Teilhabe in der Kommunalpolitik noch heute scheitert. Die Publizistin Antje Schrupp (*1964) macht als Grundproblem unserer parlamentarischen Demokratie aus, dass die politische Sphäre „von Männern für Männer entwickelt"[33] worden sei. Das führe neben schlechterer Wahlchancen auch dazu, „dass ihnen die Arbeit dort weniger Spaß macht und sie sich deshalb seltener zur Wahl stellen oder rascher wieder zurückziehen"[34]. Diese Aussage bestätigt Nohe, wenn sie die ritualisierten Routinen von Redebeiträgen im Gemeinderat als wenig zielführend empfindet und eine lösungsorientierte, sachliche Diskussion vermisst. Frauen müssen die Spielregeln, nach denen Politik funktioniert, lernen – oder auch nicht? Wäre es nicht, wie Schrupp fordert, „eigentlich notwendig, in einem neuen Prozess [...] gemeinsam herauszufinden, wie ‚Demokratie' organisiert werden soll"[35]?

3. Das Projekt

Hier setzt das Projekt „Ohne Unterschied des Geschlechts" an und erzählt die Unterrepräsentation von Frauen in der Kommunalpolitik mit Biografien von Baden-Württembergerinnen. In den gesammelten Erfahrungen der Frauen wird deutlich, mit welchen Strukturen Frauen in der Politik konfrontiert sind und was eine erfolgreiche kommunalpolitische Laufbahn begünstigt oder erschwert. Auch wird dabei sichtbar, mit welchen Strategien Frauen strukturelle Benachteiligungen umgehen. Daraus ergibt sich ein multiperspektivisches Gesamtbild aus Chancen, Hinderungsgründen und gesellschaftlichen Veränderungen. Denn die Frage der mangelnden politischen Repräsentation steht nicht für sich, sondern verweist auf weitere Aspekte der Gleichberechtigung von Frauen und Männern im Land. Deshalb gibt es auf die Frage, warum sich Frauen engagieren oder nicht, nicht nur eine, sondern viele Antworten.

Der partizipative Anteil des Projektes besteht darin, dass jede und jeder Interessierte auf der Website eine eigene Geschichte beitragen kann. Dabei kann der Beitrag ganz verschiedene Formen annehmen – von der (Archiv-)Recherche in der kommunalen Vergangenheit, einer Dokumentation der Gegenwart bis hin zum eigenen Erfahrungsbericht. Auch in der Art der Darstellung steht den Partizipierenden die Wahl der Mittel offen. Durch diesen weitgefassten Rahmen, der viel individuellen Spielraum lässt, soll eine breite Vernetzung durch alle Bevölkerungsschichten er-

[33] Antje Schrupp, 10 Fragen und Antworten über Frauen und Politik, veröffentlicht am 29.6.2018 auf: https://antjeschrupp.com/2018/06/29/zehn-fragen-und-antworten-ueber-frauen-und-politik/ (letzter Zugriff: 01.07.2020).

[34] Ebd.

[35] Ebd.

reicht werden: Je vielfältiger die Vernetzung, umso differenzierter sind die Perspektiven, die einen neuen Blick auf ein bekanntes Problem ermöglichen. Es soll dabei zur Auseinandersetzung mit den politischen Gegebenheiten in der eigenen Kommune angeregt werden. Indem der Blick auf die unmittelbar unseren Alltag betreffende Politik gelenkt wird, will das Projekt zu einem Dialog über politische Repräsentation und Geschlechtergerechtigkeit anregen.

Ziel des Projektes ist eine sich ständig erweiternde Datenbank als Antwort auf die lückenhafte Dokumentation. Die Vervollständigung wird zum einen durch das Haus der Geschichte vorangetrieben, interessierte Gruppen oder Personen können aber auch eigenständig aktiv werden. Es entsteht eine Datenbank, die langfristig als Forschungsgrundlage für kommunal- und genderpolitische Fragestellungen dienen soll.

Autor*innen- und Herausgeberinnenverzeichnis

Aubele, Edeltraud M.A., freie Historikerin im Bereich der Sozial- und Geschlechtergeschichte, Ulm; Aubele, Edeltraud/Pieri, Gabriele (Hgg.): Femina Migrans: Frauen in Migrationsprozessen (18. – 20. Jahrhundert), Sulzbach/Ts. 2011.

Bahn, Mareike, Projektmitarbeiterin am Institut für Psychologie, Pädagogische Hochschule Heidelberg.

Deigendesch, Dr. Roland, Stadtarchivdirektor, Stadtarchiv Reutlingen.

Dörr, Beate, Leiterin Fachbereich „Frauen und Politk", Landeszentrale für politische Bildung Baden-Württemberg, Stuttgart; Dörr, Bea/Kaschuba, Gerrit/Maurer, Susanne (Hgg.): ‚Endlich habe ich einen Platz für meine Erinnerungen gefunden!' Kollektives Erinnern von Frauen in Erzählcafés zum Frauenalltag im Nationalsozialismus, Pfaffenweiler [1]1999.

Dowe, Dr. Christopher, Ausstellungs- und Sammlungskurator im Haus der Geschichte Baden-Württemberg, Stuttgart; Dunkel, Franziska/Dowe, Christopher (Hgg.): Vertrauensfragen. Der Anfang der Demokratie im Südwesten 1918–1924, Ausstellungskatalog Stuttgart 2018.

Dunkel, Dr. Franziska, Ausstellungskuratorin im Haus der Geschichte Baden-Württemberg, Stuttgart; Dunkel, Franziska/Dowe, Christopher (Hgg.): Vertrauensfragen. Der Anfang der Demokratie im Südwesten 1918–1924, Ausstellungskatalog Stuttgart 2018.

Eiche, Christine M.A., Mitarbeiterin im Haus der Geschichte der Bundesrepublik Deutschland, Bonn.

Engehausen, Dr. Frank, außerplanmäßiger Professor an der Ruprecht-Karls-Universität Heidelberg; Engehausen, Frank/Weber, Reinhold (Hgg.): Baden und Württemberg 1918/19. Kriegsende - Revolution - Demokratie (Schriften zur politischen Landeskunde Baden-Württembergs Bd. 48), Stuttgart 2018.

Heidtke, Birgit M.A, freie Historikerin, Themenschwerpunkte Frauen- und Migrationsgeschichte, Projektarbeiten u. a. in der Feministischen Geschichtswerkstatt Freiburg e.V., Mitarbeit beim Netzwerk Miss Marples Schwestern; Heidtke, Birgit/Rössler, Christina: Margarethas Tochter. Eine Stadtgeschichte der Frauen von 1800 bis 1950 am Beispiel Freiburgs, Freiburg 1995.

Höfner, Mirjam M.A., Wissenschaftliche Mitarbeiterin am Archiv der deutschen Frauenbewegung (AddF), Kassel; Höfner, Mirjam: „Weltoffene" Interventionen. Dorothee von Velsen (1883–1970) und die Internationalisierung der deutschen Frauenbewegung in der Weimarer Republik, in: Ariadne. Forum für Frauen- und Geschlechtergeschichte 73–74 (Juli 2018), S. 82–89.

Holtz Prof. Dr. Sabine, Leiterin der Abteilung Landesgeschichte der Universität Stuttgart, Vorsitzende der Kommission für geschichtliche Landeskunde in Baden-Württemberg, Stuttgart.

Liebig, Dr. Sabine, Professorin für Neuere und Neueste Geschichte und ihre Didaktik, Pädagogische Hochschule Karlsruhe; Liebig, Sabine/Übel, Brigitte: 19. Januar 1919: Frauenwahlrecht – Ein Meilenstein zur Gleichberechtigung, Stuttgart 2020.

Nattermann, PD Dr. Ruth, Privatdozentin am Lehrstuhl für Europäische Geschichte des 19. und 20. Jahrhundertsm, Ludwig-Maximilians-Universität München; Nattermann, Ruth: Jüdinnen in der frühen italienischen Frauenbewegung (1861–1945). Biografien, Diskurse und transnationale Vernetzungen, (Bibliothek des Deutschen Historischen Instituts in Rom, Bd. 140), Berlin 2020.

Osswald-Bargende, Dr. Sybille, Historikerin, langjährige Mitarbeiterin der Max Weber-Edition bei der Bayerischen Akademie der Wissenschaften, Vorstandsmitglied von Frauen & Geschichte Baden-Württemberg e.V; Liselotte Homering/Sybille Osswald-Bargende/Maja Riepl-Schmidt/Ute Scherb (Hgg.): Antisemitismus Antifeminismus. Ausgrenzungsstrategien im 19. und 20. Jahrhundert, Roßdorf 2019.

Pieri, Gabriele, Historikerin, Mannheim; Aubele, Edeltraud/Pieri, Gabriele (Hgg.): Femina Migrans. Frauen in Migrationsprozessen (18.-20. Jahrhundert), Sulzbach/Ts. 2011.

Richter, Leonie, Gymnasiallehrerin für Geschichte und Deutsch, Heidelberg; Richter, Leonie: Karlsruherinnen machen Politik. Die Stadträtinnen der Weimarer Jahre, in: Aufbrüche und Krisen. Karlsruhe 1918–1933, hg. vom Stadtarchiv Karlsruhe, Bretten [2020].

Riepl-Schmidt, Dr. Mascha, freischaffende Literaturwissenschaftlerin, Autorin, Dozentin, Frauenforscherin; Riepl-Schmidt, Maja: Clara Zetkin, Die „rote" Emanze, in: Wider das verkochte und verbügelte Leben. Frauenemanzipation in Stuttgart, Stuttgart/Tübingen 1990 und 1998, S. 157–172.

Schlösser, Dr. Susanne, Archivoberrätin, Abteilungsleiterin Historisches Archiv im MARCHIVUM, Mannheim; Schlösser, Susanne: Therese Blase. In: Badische Biographien. Neue Folge 6, Stuttgart 2011, S. 31–32.

Schneider, Corinna, M.A., Historikerin, Vorstand Frauen & Geschichte Baden-Württemberg e.V.; Schneider, Corinna: Hedwig Wachenheim (1891–1969), SPD-Politikerin, Mitbegründerin der Arbeiterwohlfahrt, Verfolgte des Nationalsozialismus – „Vom Großbürgertum zur Sozialdemokratie", in: Mannheimer Geschichtsblätter, 29 (2015), S. 81–102.

Schneider, Lea, M.A., Doktorandin am Historischen Institut der Universität Stuttgart, Abteilung Landesgeschichte

Schraut, Prof. Dr. Sylvia, Professorin für Neuere und Neueste Geschichte, Vorsitzende des Vereins Frauen&Geschichte Baden-Württemberg; Schraut, Sylvia: Frau und Mann, Mann und Frau. Eine Geschlechtergeschichte des deutschen Südwestens 1789–1980, Stuttgart 2016.

Orts- und Personenregister

Erstellt von Lea Schneider

Aberle, Theodora 83
Agallis 159f.
Altheim 93
Altmann-Gottheiner, Elisabeth 18, 23, 26, 47, 246, 248, 252, 255, 328f.
Amsterdam 44
Andreas, Willy 157
Apolant, Jenny 109
Aras, Muhterem 298
Archangelskoje 201
Arendt, Henriette 286
Aristoteles 56
Äthiopien 124
Augspurg, Anita 13, 16, 33, 42, 44, 48, 95, 98, 100, 104, 175, 241
Auschwitz 261f.

Bad Cannstatt 28, 43, 133, 276
Bad Mergentheim 85
Bad Saulgau 294
Baden 2–9, 13f., 16–22, 27, 30, 33, 47, 55, 58–62, 64–69, 71f., 76–80, 82f., 86, 88f., 93–96, 99, 102, 104, 107f., 110, 112–115, 124f., 147, 169f., 172f., 176–184, 186, 206–209, 215, 218, 223–225, 227f., 232, 235, 243, 248–253, 259, 264, 270, 273, 275, 279, 281, 284, 286f., 289, 301f., 304, 306, 309, 328–331
Baden-Baden 43, 96, 102, 107, 209
Baden-Württemberg 1, 6–8, 273f., 279, 281, 285f., 289–295, 298f., 301f., 309–311, 323, 326f., 330, 332f.
Bärlocher, Mathilde 44
Bassermann
– Anna 247, 255
– Ernst 249
– Julie 247, 249, 251–253, 255, 262, 264, 270, 331
Baum, Marie 17f., 164, 176, 181f., 279–282
Bäumer, Gertrud 18, 95, 99, 149, 155, 163, 174, 176
Baumgarten, Marga 270
Bayern 16f., 72, 163, 259, 264, 295
Bebel, August 132, 188, 191
Below, von 208
Bensheim-Auerbach 41
Bensheimer, Alice 18, 47, 242, 244, 246, 248, 263, 268, 270
Berlin 1, 17, 28, 36, 39, 41, 61–65, 72, 74, 85, 103, 111, 113, 125, 129, 134f., 147, 151f., 154–156, 160, 162, 169f., 172, 197, 199, 202, 205, 227, 248, 250, 259, 268, 316
Berlin-Birkenwerder 197
Bern 120, 196
Bernauer, Anna 234
Bernays, Marie 18, 249, 252, 255, 331
Betzingen 136
Beyerle, Maria 83, 95, 286
Bielefeld 263
Bielefeld, Otto 209
Binder-Asch, Betty 49f.
Birkhofer, Marie 234
Blase, Therese 19, 21, 86, 244, 249, 250f., 253
Blaubeuren 292
Blaustein, Elisabeth 245, 255
Blos
– Anna 49f., 74, 136, 197, 199
– Wilhelm 64, 194
Böblingen 302
Bodensee 77
Bodenseekreis 296
Bodman, Heinrich von und zu 58, 61, 94
Boehringer, Fanny 243, 247, 255
Bonaparte, Napoleon 1
Bonn 100, 102, 262, 268, 273
Bonning, Karl 234
Bosch
– Paula 197
– Robert 196f., 287
Brand 46
Braun
– Margarethe 214f., 217f.
– Max 218
Brehm, Elise 233, 236
Breitscheid
– Rudolf 39
– Tony 45
Breslau 161
Bühl 110

Bühler, Anna 246
Bulgarien 250
Burckhardt, von 38
Büssemaker, Gabriela 310f.

Calw 306
Camerer, Clementine 42
Cannstatt (→ Bad Cannstatt)
Cauer, Minna 13, 48, 175, 185, 259
Cavallotti, Felice 117–120, 122f.
Crispi, Francesco 125
Cronauer, Therese 246
Curtius, Ludwig 157

Dänemark 250
Danzig 75, 268
Darmstadt-Eberstadt 42
Daur, Johanna 49
Dautmergen 302
DDR 190, 195
Degerloch (heute Stuttgart-Degerloch) 39f.
Deines, Emil 223
Den Haag 42
Depretis, Agostino 118
Deutschland 1, 18, 20, 25, 33f., 38, 41, 45f., 48f., 60, 64, 67, 73f., 81, 85, 111f., 118, 120, 124f., 135, 188, 191f., 194, 201, 209, 250, 252, 257, 273f., 277, 286, 289, 292, 313
Dibelius, Martin 157
Dietz
- Eduard 66f., 182, 237
- Johann Heinrich Wilhelm 191
Dittmar, Louise 287
Dohm, Hedwig 95
Dornheim, Bernhardine 246f.
Dransfeld, Hedwig 95, 278
Dresden 75, 263
Duhn, Friedrich Carl von 156–158
Duncker, Käte 192, 199

Eberbach 307
Eckard 85
Ehingen 93
Eisner, Kurt 16
Eißner, Gottfried 190
Elben, Clara 38
Elsass 93, 96, 104, 107, 205, 208f.
Elsass-Lothringen 104–106
Enderlin, Max 241f.
Engelhorn, Marie 244, 255
England 120, 125, 151
Engler, Wilhelm 212
Erfurt 196
Erler, Gisela 286
Esslingen 39, 42, 78, 293, 297
Ettlingen 311

Fehn, Karl Ernst Lorenz 40
Fehrenbach
- Constantin 84
- Richard 210
Fettweis, Karola 217
Feuerstein, Franz 20
Fichte, Johann Gottlob 173
Finnland 41
Fiola, Matthias 285
Fischer, Kunigunde 21, 234, 236
Flemming, Berta 219
Frankfurt 1, 38, 109, 227, 274
Frankreich 42, 124, 151, 190, 195, 201, 292
Freiburg 5, 78, 87, 107, 173f., 205–209, 211–222, 290, 293, 332
Freudenberg, Ika 163
Freudenstadt 42, 93
Fuhr, Elisabeth 234
Fuld, Augusta 113
Furuhjelm, Annie 40

Garibaldi, Giuseppe 118
Gayler, Julius 137
Geck
- Adolf 179
- Marie 296
Geiger, Anna 236
Geiß, Anton 64, 66, 287
Genf 41, 115
Gent, Frank 116
Georges, Stefan 157
Gerlach, Helmut von 175
Gerok 38
Gießler, Josefine 244
Giolitti, Giovanni 125
Gleim, Johann Wilhelm 275
Glockner, Karl 68
Goegg
- Amand 115, 120
- Anna 95
- Marie 115, 120
Goethe, Johann Wolfgang von 135, 152, 156
Goetter, Anna 246
Goller, Irmgard 302
Göppingen 34, 50

Gottberg
- Anna von 33, 36–38
- Margarete von 33, 35, 37f., 249
Göttingen 264
Gottschalk, Johanna 262
Gröber, Adolf 84
Gropper, Roberta 77
Groß-Berlin (→ Berlin)
Großbritannien 124
Gulde, Berta 253
Gundolf, Friedrich 157f.

Haack
- Carl 207
- Marie 205–207, 212, 219f.
Hahn, Paul 287
Hall (→ Schwäbisch Hall)
Hamburg 13, 17, 36, 94, 248, 259
Hanau 113
Hannover 40, 172, 239
Harbou, Sophie von 100
Hartmann
- Gustav 263
- Margarete 332f.
Hauser, Barbara 246f., 253
Heidelberg 4, 16f., 27, 31, 47, 96, 147–149, 155–168, 174, 176–179, 251f., 293, 306f., 310, 316, 324
Heidenheim 34, 50, 77
Heilbronn 31, 39, 50, 76, 262, 311, 320
Hellmann
- Berta 260f., 263f., 266, 269f.
- Salomon 260
Hepp, Emil 139
Hertrich, Luise 102
Herzog, Gotthilf 138f.
Heyberger 260
Heymann, Lida Gustava 13, 33, 37, 42, 48, 95, 239, 241, 259
Hieber, Johannes 66
Hilb
- Jenny 261
- Julius 261
Hiller, Emilie 21
Himmelheber, Luitgard 233
Hinsberg 213
Hirsch, Bertha 243f.
Hitler, Adolf 145
Hofen 28
Hoffmann, Stephanie 244
Hohenheim 286
Hohenzollern 88, 273, 275, 302
Hohreiter 260
Hollander, Elisabeth von 247
Hopf, Margarete 38f., 47
Hörle, M. 50
Hörmann
- Paula, geb. Frey 28
- Unterlehrer 28
Hoschka, Ferdinand 138
Huch, Ricarda 164

Italien 4, 111–113, 115–126, 151, 200

Jaekle, Ludwig 110
Jaeneke 38
Jaffé-von Richthofen, Else 163f., 176
Jäger, Martha 257
Jaspers, Karl 156f.
Jaurès, Jean 188
Jellinek, Camilla 251
Joerger, Karl 255
Juchacz, Marie 171, 193, 292
Kappes, Johanna 286
Karlsruhe 5, 55, 61, 64, 95f., 102, 164, 169, 172, 217, 223–226, 228–237, 263, 284, 290, 302, 306, 316, 320, 330
Kassel 264
Kästner, Julie von 264
Katz, Ida 247
Kaufmann, Dr. 267
Kauffmann
- R. 44
- Thekla 25, 286
Kautsky, Karl 196
Kayikci, Merve 285
Kehl 332
Kehl, Lina 243f., 253
Keil, Wilhelm 140
Keinath, Maria 25
Kern, Hermann von 282
Ketteler, Wilhelm Emanuel von 85
Kettler, Hedwig 259
Kiene, Johannes Baptist von 84
Kiesel, Eleonore 287
Kipfmüller, Bertha 109
Kisbye, E. 100f.
Kneile, Gotthold 138
Kochel am See 162
Kohl, Eugenie 244
Köhler, Ludwig von 50
Kohlund, Johanna 95
Kollontai, Alexandra 192
Köln 41

Königsberg 113
Konstanz 95 f., 251, 286
Kopenhagen 192
Kopf, Ferdinand 66
Kräuter, Luise 207, 209, 211
Kromer, Emma 244, 246, 253
Krukenberg, Elsbeth 102
Krupskaja, Nadeschda 200
Kuhn, Johanna 96
Kühnert, Mathilde 268
Kuliscioff, Anna 119
Künstle, Barbara 129 f.
Kurpfalz 77

Ladenburg 102
Landerer, Elisabeth 306
Lang, Clara 163
Lange, Helene 18, 96–99, 101, 105, 107, 149, 163, 172, 176, 209
Lanz, Minna 102
Lassalle, Ferdinand 191
Laupheim 34
Laupheimer, Alexander 261
Laupheimer-Gutermann, Bertha 44, 259–261, 269
Lautern 261
Leipzig 31, 98, 190 f., 268
Leitner, Eberhard 145
Lenel, Lise 245, 247
Lenin, Wladimir Iljitsch 188, 196, 200 f.
Leu, Käthe 75
Levy
- Ludwig 261
- Sofie 261
Lichtental 102
Liebknecht
- Karl 170
- Wilhelm 124 f., 135
Liefmann, Else 214, 219
Liesching, Theodor 62, 329
Lindauer, Sigmund 276
Lindemann
- Anna 37–41, 44, 46 f., 49
- Hugo 40, 62 f., 67
- Margarete Rose Teresa 40
- Sofie Julie Dora Hilde 40
Locarno Monti 218
Loeper-Housselle, Marie 96, 99
Loerbroks, Anna 151 f.
Lombardei 111 f., 117 f., 121, 123
London 41, 189
Lörrach 75
Ludwigsburg 42, 133, 275, 287, 326
Lutz, Katharine 261, 268
Luxemburg, Rosa 170, 188, 192, 196, 199

Maier, Barbara 113, 115 f., 124
Mailand 111, 113, 115, 117, 119, 121–126
Mainz 84
Mann
- Hugo 262
- Rosa 262
Mannheim 4–6, 18, 23, 27, 38, 46 f., 75, 95 f., 111–117, 124, 126 f., 133, 177, 184, 189, 225, 239–243, 248–255, 259, 262–264, 287, 293–295, 328, 331
Marburg 161
Marcora, Giuseppe 122 f.
Maria Maximilianowna, Prinzessin von Baden 102
Martzloff, Marie 212
Marum, Ludwig 61
Marx, Karl 134, 173, 191
Matheis, Maria 234
Matz, Elsa 95
Maue, Auguste 253
Max, Prinz von Baden 61, 63
Mayer-Pantenius, Berta 235
Mazzini, Giuseppe 116, 118, 120
Mecklenburg-Strelitz 170
Mergentheim (→ Bad Mergentheim)
Meyer-Kageneck, Tilla 234
Meyer-Rottmannsdorf, Marie 163
Mielich, Bärbl 291
Moericke, Minna 247
Mohr, Josef 59 f.
Mommsen, Theodor 156
Moneta, Teodoro 123
Moos
- Bertha 262
- Hugo 261
Morelli, Salvatore 120 f.
Moritz
- Marie 221
- Martha 93
Mosbach 96, 177
Moskau 197, 200 f.
Mössinger, Helene 246
Mozzoni, Anna Maria 119, 121 f.
Müller
- Anna 234
- Ella 25
- Paula 239
München 163, 184, 261, 280, 283

Muser, Oskar 56
Mussolini, Benito 111, 126
Mutscheller, Therese 253

Naumann, Friedrich 18, 175 f.
Neapel 121
Neu-Ulm 261, 266, 270
Nitti, Francesco Saverio 126
Noack, Clara 75
Nohe, Marina 332 f.
Nürnberg 102, 260

Oberschlesien 151
Oberschwaben 86, 134
Odessa 191
Oeder, Adele 234
Oerlinghausen 172
Offenburg 74, 102, 296 f., 315, 320
Ohr, Wilhelm 37
Öhringen 283
Oppenheimer, Hilde 23
Ortenau 211
Ostalb 297
Österreich 116 f., 224
– Ferdinand Maximilian, Erzherzog von 116
Österreich-Ungarn 124, 250
Osteuropa 152
Otto
Linde 260
– Mathilde 209–211, 219–221
Otto-Peters, Louise 105
Oxford 268

Pankow-Niederschönhausen 41
Pappritz, Anna 18
Paris 191, 195, 201, 242
Pavia 112, 117 f., 123
Perlen
– Alfred 42
– Eugen 42
– Frida 38–40, 42, 45, 50, 53, 65, 72
– Karl Hans 42
Pfenning, Johannes 129–131
Pfliegner, Clara 245
Pforzheim 34
Pfrondorf 129
Pfülf, Toni 95
Philipp, Klara 83
Planck, Mathilde 18, 25, 34, 37, 42, 47, 49, 267, 270
Platenius, Helene 207
Platon 56
Plum, Maria 217
Post, Elisabeth 246 f.
Preuss, Hugo 185
Preußen 15, 17 f., 44, 68, 78, 84, 100, 133, 151, 176, 259, 284
Prinzhorn, Martha 98

Rade
– Dora geb. Naumann 161
– Paul Martin 161
Radomski, Hilde 23
Raether, Gewerkschaftssekretär 133
Ramsperger, Wilhelmine 246
Rapp, Albert 141
Rastatt 96
Ravensburg 72, 79
Ravizza, Alessandrina 119
Reinmann, Ella 241
Reis, Helene 50
Remmele, Adam 282
Renchen 95, 115
Reutlingen 3, 34, 129–132, 134–145, 306
Richter
– Anna 233 f.
– Josephine geb. Vitale 190
Richthofen, Else von 17
Rickert, Heinrich 156
Ried 150, 162
Riegel, Marie 96
Rigel, Maria 21, 245, 252 f.
Rist, Luise 25 f., 83
Rom 122, 124 f.
Rommel, Febronie 3, 93, 96, 98–100, 102, 104–110, 208 f.
Rottenburg 78 f., 297
Rümelin, von 38
Rüppurr 236
Russland 42, 191 f., 199 f.

Sachsen 33, 68, 114, 195, 263
Salomon, Alice 16, 18, 151
San Francisco 260
Sappho 159
Sardinien-Piemont 117 f.
Sasbach 109
Sasbachwalden 93, 109
Schempp, Adolf von 278
Schenck, Julie 235
Schieß, Helene 251
Schiff
– Adolph 114

- Augusta 113
- Leopold 116
- Paolina 4, 111–127
- Samson 113, 115 f., 124
- Samuel geb. Schwalbach 113
Schirrmacher, Käthe 242
Schlesien 161
Schlicke, Alexander 24–26
Schmidt, Auguste 96, 99, 191
Schneidewind-Hartnagel, Charlotte 299
Schofer, Joseph 84
Schöffel, Louise 287
Schopenhauer, Arthur 135
Schott, Hedwig 244, 246
Schradin
- Fritz 3, 132, 134, 137, 143, 145
- Laura 86, 129–132, 134–145
Schraut, Sylvia 299
Schrupp, Antje 333
Schubert, Hans von 157
Schultheiß
- Agnes 268 f.
- Franz 268
Schulze-Gaevernitz, Ruth von 158–160, 167
Schwäbisch Hall 34, 50, 84
Schweden 324
Schweiz 115, 125, 196, 218, 250
Shakespeare, William 135
Shaw, George Bernard 188
Sheepshanks, Mary 41
Sickinger, Bertha 245
Siebert, Clara 19, 21, 83, 236
Sieglitz, Tille 215
Siemsen, Anna 95
Sigmaringen 302
Sillenbuch (heute Stuttgart-Sillenbuch) 196 f.
Simmel, Georg 173
Simon, Leontine 244
Skandinavien 321
Soden
- Amelie von 83
- Eugenie von 38, 40, 42 f., 46
- Theodor August von 42
Solitude 283
Sontheim 76
Sowjetunion 200 f.
Sproll, Joannes Baptista 84–86
Stalin, Josef 200
Stammheim (heute Stuttgart-Stammheim) 306
Stern, Sally 241
Stetten am kalten Markt 281
Straßburg 93, 105, 208, 292
Straub, Johanna 218
Straus, Rahel 286
Stritt, Marie 40, 47 f.
Stuttgart 4, 6 f., 29, 33 f., 36–40, 42–50, 61, 64, 67, 72, 74, 80, 133–135, 140, 187–189, 191–193, 195–197, 199, 249 f., 259, 263, 267, 270, 275–277, 285–287, 290–294, 297, 301 f., 306, 315, 330 f.

Täubler, Eugen 158
Tessin 218
Tettnang 297
Teusch, Christine 95
Thalheimer, Berta 77
Theresienstadt 261 f.
Tillessen, Marie 243 f.
Treblinka 262
Treuge, Margarete 103
Trient 117
Triest 111 f., 116 f.
Trochtelfingen 137
Tübingen 34, 37, 39, 43 f., 46, 50, 129, 134, 139, 145, 259 f., 277, 290, 293–295, 306

Ulm 6, 34, 37, 39, 43 f., 50, 258–265, 267–270, 278, 296 f., 302, 306, 315, 330
Ury
- Fanny Hedwig 262
- Sigmar 262
USA (→ Vereinigte Staaten von Amerika)
Utah 59
Üxküll-Gyllenband
- Alexandrine von 266
- Olga von 263

Velsen
- Dorothee von 4, 147–168
- Gustav Julius von 151 f., 155
- Ruth von 160
Vereinigte Staaten von Amerika 56, 250, 262
Versailles 1
Vietzen
- Hermann 306
- Johanna 306 f.
Viktoria, Königin von Großbritannien und Irland 1
Villingen 96
Vinci, Leonardo da 1

Virchow, Rudolf 257
Völlinger, Babette 234
Voß, Margarete von 234

Wäldin, Lina 213, 219
Waldshut 96
Walz, Hannah 306f.
Wannweil 311
Weber
- Alfred 176, 179
- Helene 95, 172, 176, 279
- Marianne 4, 16–19, 67, 71, 77, 147, 155f., 162–165, 168–186, 279f., 286f.
- Max jun. 155, 171, 173–176, 179, 184, 280
- Max sen. 172, 175
Weber-Schuerholz, Beate 310
Wechßler
- Adolf 261
- Emmy 260f., 268–269
Weglein
- Bela 262
- Max 262
- Resi 262
Wegner, Marie 31
Weil, Ludwig 44
Weiland, Erna 170
Weilimdorf 331
Weimar 48, 95, 181, 192f., 228, 259, 280f.
Weingart, Eugen 242
Weingarten 72
Weizsäcker, Karl von 62
Welczeck, Adelheid von 95
Wenzel, Dorothea Wilhelmine 40
Werner, Emma 50
Westmeyer, Friedrich 196
Wickenhäuser, Hilda 283f.
Wider, Fritz 26, 142
Wiederau 190
Wien 113
Wiesbaden 259, 273
Wilbrandt, Robert 134
Wilhelm II., dt. Kaiser 42, 252, 274
Willemer, Marianne von 161
Willig, Eugenie 25, 141
Winterlingen 297
Wirth, Joseph 84
Wittemann, Josef 56–59
Witzigmann, Elise 246f.
Woker, Gertrud 39
Wolff-Jaffé, Selma 241, 244, 248, 252
Wolke, Rosa 91
Wörner, 38
Wrangell, Margarethe von 286
Wranovsky, Helene 283f., 287
Wurm, Theophil 79
Wurmberg 302
Württemberg 2, 6–9, 13f., 17–22, 24f., 27–30, 33–50, 52f., 55, 59–68, 72, 76–80, 83f., 86, 88f., 93f., 129, 133–135, 142, 187f., 193–195, 199, 259, 268, 273, 275, 277–279, 281–283, 286, 289, 297f., 301f., 304, 306, 309, 329f.
- Charlotte Königin von 263, 266
- Wilhelm II. König von 17, 62f.
Württemberg-Baden 330
Wyhl 315
Wyoming 59

Zabrze 151
Zehnter, Johann Anton 65, 68
Zeiser, Ernestine 222
Zentmayer, Marie 245
Zetkin
- Clara 4f., 19, 38, 50, 86, 95, 133, 142, 171, 187–197, 199–202, 240f., 250f., 257, 278f., 285
- Kostja 191, 195–197, 201
- Maxim 191, 195–197
- Ossip 191, 195
Zietz, Luise 198
Zimmerle, Theresia 83
Zollernalbkreis 297
Zundel
- Elisabeth 144f.
- Georg Friedrich 190, 195–197